Albert Eberhard Friedrich Schäffle

Die Steuern

Hand- und Lehrbuch der Staatswissenschaften

Albert Eberhard Friedrich Schäffle

Die Steuern
Hand- und Lehrbuch der Staatswissenschaften

ISBN/EAN: 9783743434332

Hergestellt in Europa, USA, Kanada, Australien, Japan

Cover: Foto ©Suzi / pixelio.de

Manufactured and distributed by brebook publishing software (www.brebook.com)

Albert Eberhard Friedrich Schäffle

Die Steuern

DIE STEUERN

ALLGEMEINER TEIL

von

Dr. Albert Schäffle,

k. k. Minister a. D.

LEIPZIG,
VERLAG VON C. L. HIRSCHFELD.
1895.

Vorwort.

Um dem Zweck des grofsen Hand- und Lehrbuchs zu entsprechen, welchem „die Steuern" mit zwei Bänden angehören, war ich vor Allem bestrebt, mit dem dermaligen Stand der Wissenschaft vollständig bekannt zu machen. Deshalb habe ich zumeist mit jenem Werke über den Gegenstand, welches die lückenloseste Behandlung giebt und am meisten Verbreitung hat, mit der „Finanzwissenschaft" meines hochverehrten Freundes AD. WAGNER engere Fühlung genommen. Diese Anbequemung meiner Bearbeitung der Steuern hat jedoch der völligen Selbständigkeit der Auffassung, wie der Leser leicht bemerken wird, keinen Abbruch gethan. Wie selten ich auch in der Lage war, zu den vielen neueren und neuesten „Fortbildungen" der Steuerlehre mich zustimmend zu verhalten, glaube ich doch im Ganzen und im Einzelnen selbst Manches auf schlichte Weise weiter geführt zu haben. Wenn dies wirklich der Fall ist, so wird das Ergebnis wesentlich dem Umstande zuzuschreiben sein, dafs sich für die Bearbeitung der Steuerwissenschaft die Grundlegung der gesamten Sozialwissenschaft, wie ich solche in meinem „Bau und Leben des sozialen Körpers" versucht habe, als durchgreifend fruchtbar erwiesen hat.

Die Grundauffassung der Steuerwissenschaft, welche ich im Jahre 1880 in den „Grundsätzen der Steuerpolitik" öffentlich niedergelegt habe, ist bei unbefangenster Prüfung der seither erwachsenen Streitlitteratur für mich nicht blos nicht erschüttert, sondern noch weiter befestigt worden. Jene Auffassung war deshalb für die folgende Bearbeitung, namentlich in der das „Steuersystem" behandelnden 1. Hauptabteilung des Buches III, unverändert festzuhalten. Zur Beseitigung des alten verwirrenden Sprachgebrauches ist jedoch an Stelle der in RAU's Sinne gefafsten Bezeichnung: „direkte — indirekte Steuern" der Ausdruck: Tragsteuern —Vorschufssteuern (bezw. Nachschufssteuern) unmafsgeblich eingeführt und die Bezeichnung: „direkte — indirekte Steuern" nun (vergl. §§ 48 f.) ausschliefsend im Sinne der „Grundsätze der Steuerpolitik" angewandt worden.

Gegenüber dem ursprünglichen Plan, die direkten Steuern im einen, die indirekten im anderen der zwei übernommenen Bände zu behandeln, ist eine Änderung insofern eingetreten, als der gegenwärtige Band nun aller Steuern „allgemeiner Teil", der folgende aber aller Steuern „besonderer Teil" geworden ist. Ich hoffe der Übersichtlichkeit, der Gründlichkeit und der Kürze der Gesamtdarstellung hiermit einen Dienst gethan zu haben.

Den nach § 1 für den Schluß des gegenwärtigen Bandes beabsichtigt gewesenen statistischen Überblick über die Besteuerung in den bedeutendsten Staaten der Gegenwart habe ich mich — während der Bearbeitung — entschlossen, vielmehr an den Schluß der „Steuern, besonderer Teil" zu verlegen.

Stuttgart, im Mai 1895.

Dr. Schäffle.

INHALT.

Zweites Buch. Die Unterlagen der allgemeinen Steuerlehre: Steuerstaatslehre, Steuervolkswirtschaftslehre und Steuerfinanzlehre.

I. Hauptabteilung. Die Steuerstaatslehre.

---

1) Die Überschriften der Paragraphen 46 und 47 sind im Text durch ein Versehen weggeblieben. Die Überschrift „§ 46. Fortsetzung" ist auf Seite 63, vierte Zeile von unten, vorn, die Überschrift „§ 47. Fortsetzung" ist auf Seite 64, Zeile 14 von oben, vorn einzusetzen.

Drittes Buch. Die Hauptgegenstände der Steuerlehre.

I. Hauptabteilung. Die Grundfragen der Steuertheorie: Steuergewalt,
Steuerpflicht, Steuerkraft, Steuerlast und Steuersystem.

I. Abschnitt. Die Steuergewalt (Steuerzuständigkeit).

II. Abschnitt. Die Steuerpflicht.

III. Abschnitt. Die Steuerkraft.

IV. Abschnitt. Die Steuerlast.

Erstes Buch.

Die Grundlegung der Steuerwissenschaft.

1. Kapitel. **Unsere Aufgabe.**

§ 1. *Unser Gegenstand.* — In zwei Bänden dieses Hand- und Lehr-buchs ist das Steuerwesen zu behandeln.

Dem gegenwärtigen ersten Band ist die Aufgabe gestellt, die all-gemeine Steuerlehre zur Darstellung zu bringen; der weitere Band wird als „Steuern, besonderer Teil" den einzelnen direkten und indirekten Steuern samt den Gebühren zugewendet sein.

Die gestellte Aufgabe war nicht zu lösen, ohne daſs ein Abriſs der allgemeinen Steuerlehre als feste Grundlage der zu pflegenden Einzelerörterungen gegeben wird. Da nach dem Programm des Gesamt-werkes, zu welchem unsere zwei Bände über Steuerwesen gehören, jeder Band vollständig „sich selbst begründen" soll, so wird auch in der be-sonderen Steuerlehre das Ergebnis der allgemeinen Untersuchungen des gegenwärtigen Bandes in gedrängtester Form obenan zu stellen sein.

Nach einer anderen Seite haben wir uns eine wesentliche Be-schränkung aufzuerlegen. Dem Kommunalsteuerwesen ist in diesem Hand- und Lehrbuch eine besondere Darstellung zugedacht. Demselben wird daher in unseren beiden Bänden nicht mehr Aufmerksamkeit zu schenken sein, als nötig ist, um seine Stellung zum Gesamtsteuerwesen klar erkennen zu lassen.

Hiernach ist die Systematik der folgenden wissenschaftlichen Be-handlung des Steuerwesens gegeben.

Der „erste Band" wird umfassen:

Buch I: Die Grundlegung der Steuerwissenschaft.

Buch II: Die Unterlagen der Steuerwissenschaft:
Steuerstaatslehre, — Steuervolkswirtschaftslehre, —
Steuerfinanzlehre.

Buch III: Die Grundfragen der Steuertheorie, die Steuer-verwaltung, die Steuerentwicklung:

1. **Hauptabteilung, Die Grundfragen der Steuertheorie:**
   Die **Steuergewalt**, — Die **Steuerpflicht**, — Die **Steuerkraft**, — Die **Steuerlast**, — Das **Steuersystem**.
2. **Hauptabteilung:**
   Steuerorganisation — **Steuerverwaltung**.
3. **Hauptabteilung:** Die **Steuerentwicklung**;
   Steuergeschichte, — **Steuerstatistik**, — **Steuerpolitik**.
Der Band „**Steuern, Besonderer Teil**" wird umfassen:
Buch I (IV): Die **direkten Steuern**:
   Ertragssteuern, — Einkommenssteuern samt
   Vermögenssteuern.
Buch II (V): Die **indirekten Steuern**:
   Konsumsteuern:
   Verbrauchssteuern — Gebrauchssteuern,
   Bereicherungssteuern:
   einschließlich der Verkehrssteuern, Gebühren.
Buch III (VI): Die deutsche Reichssteuerreform.

§ 2. *Unser Verfahren.* — Alle betretbaren Wege, welche zu wissenschaftlicher Erkenntnis führen d. h. alle Methoden haben nebeneinander Berechtigung, eine jede nach dem besonderen Ertrage, welchen sie der Wissenschaft zu bringen vermag. Wir werden auch in dem folgenden Werke jeden einseitigen Methodenstandpunkt, sowie jeden beschränkten Methodenhochmut zu vermeiden bestrebt sein.

Die **Induktion** und die **Deduktion** haben auch in der Steuerwissenschaft nebeneinander auf Geltung Anspruch. Die bloße „Inducistik" darf ebenso wenig herrschen, als die bloße „Deducistik".

Wir erachten ferner Beides für fruchtbar, die **systematische** und die **entwicklungsgeschichtliche** Behandlung. Und weiter halten wir der systematischen Behandlung sowohl die Aufgabe der **Beschreibung**, wie diejenige **theoretischer Klarlegung des typischen Wesens** der Steuererscheinungen gestellt. Nicht minder der entwicklungsgeschichtlichen Betrachtung: wie die **historische** Erforschung des Gewordenen und die **statistische** Klarlegung des Seienden, so die **politische** Ergründung des in der Gegenwart neu Werdenden und in der nächsten Zukunft zu Machenden.

Bei der **systematischen** (theoretischen) Behandlung wird das Steuerwesen stets als im Zustand des Gleichgewichtes seiner Kräfte und Einrichtungen befindlich angenommen; denn anders kann das Wesen seiner Veranstaltungen und Beziehungen nicht erkannt werden, als daß man von den gleichzeitig vor sich gehenden Veränderungsvorgängen absieht. Es ist passend, die Entwicklung selbständig zu betrachten und diejenigen Erscheinungen, welche die geschichtlichen Veränderungen bewirken, abgesondert zu erfassen. Daher die Grundgliederung in die

systematische und die entwicklungsgeschichtliche Behandlung. Trotz der
Notwendigkeit der Auseinanderhaltung der systematischen und der hi-
storisch-politischen Behandlung ist es dennoch erlaubt, beim einzelnen
Gegenstand beiderlei Betrachtungsweisen zu verknüpfen, wenn dabei das
oberste Interesse jeder Wissenschaft, die Erkenntnis, wohl dabei fährt.

Dem Ausweisungsbefehle gegen die Steuerpolitik, wie ihn einzelne „Historiker" so gern erlassen, vermögen wir keine Folge zu geben.
Wohl ist es richtig, daß, wie die Politik überhaupt, so auch die Steuerpolitik als Forschungsrichtung besonderen Gefahren unterliegt. Was
PHILIPPOVICH von der Volkswirtschaftspolitik bemerkt [1]), gilt auch von
der Steuerpolitik: „Da es sich um Darstellung der auf Veränderung bestehender Zustände gerichteten Kräfte handelt, wird der Blick des For-
schers leicht durch die im Kreise seiner persönlichen Lebenserfahrung,
Erziehung und Bildung liegenden Ideen und durch die den eigenen
Wünschen naheliegenden politischen Bestrebungen beeinflußt und verhindert, eine gerechte Würdigung aller in der Gesellschaft wirksamen
Kräfte vorzunehmen." Daraus geht aber nicht ein wissenschaftliches
Verbot der politischen Betrachtung, sondern nur die Notwendigkeit besonderer Objektivität in der Darlegung der Mittel und Wege zur Erreichung der von der Gegenwart aufzustellenden oder schon aufgestellten
Ziele hervor. Unsere nicht bloß für Theoretiker, sondern auch für ak-
tuelle und künftige Praktiker berechnete Darstellung der Steuerwissenschaft darf sich der Steuerpolitik am wenigsten entschlagen.

Man hat — sagt LEHR [2]), wohl schon bemerkt, es sei nicht Aufgabe
der Wissenschaft, Politik zu treiben, sie habe nur zu erklären, was da
sei, und wie es sich entwickelt habe. Damit aber überläßt man gerade
die Schwierigkeiten der Praxis, indem man sich selbst hinter die etwas
bequeme Theorie flüchtet. In der Wirklichkeit aber haben sich die
Gelehrten der historischen Schule keineswegs damit begnügt, nur die
leichteren Lasten zu tragen. Nicht allein, daß Historiker schon oft
zur Beratung praktischer Fragen zugezogen worden sind, sie haben
sich auch, und zwar nicht in letzter Linie, mit gutem Erfolge an der
litterarischen Behandlung von solchen beteiligt.

Der Wert historischer Forschung ist gerade für die Steuerwissenschaft stark zu betonen. Daß die Arbeit solcher Forschung im Gebiete des Steuerwesens bis jetzt nur unvollständig bewältigt ist, macht
für die Gegenwart die vollkommene Lösung aller Aufgaben der Steuerwissenschaft zur Unmöglichkeit. Wäre aber auch die steuergeschichtliche Forschung in ihrer Arbeit schon viel weiter gediehen, als es leider
der Fall ist, so würde die reine Steuergeschichte nur beschränkte Erkenntnis gewähren; denn sie allein ließe ganz neuen Voraussetzungen

---

1) MARQUARDSENS Handw. Einl. 3. Bd.
2) Vgl. dieses Hand- und Lehrbuch Bd. 1.

und Faktoren des staatlichen und volkswirtschaftlichen Lebens gegenüber selbst den Theoretiker der Gegenwart, geschweige den Politiker
im Stich.

Über den Methodenstreit in der Volkswirtschaftslehre vgl. die sachlich
vorzügliche, bibliographisch vollständige Auseinandersetzung A. WAGNERS, Grundlegung, 3. Auflage.

2. Kapitel. **Die Steuererscheinungen überhaupt.**

§ 3. *Die Steuer als Erscheinung öffentlicher Haushaltführung.* —
Das Steuerwesen gehört dem Kreise der Erscheinungen öffentlicher
Haushaltführung an.

Diese Haushaltführung hat zum Inhalt die Sachgüterversorgung
der Gemeinschaften des öffentlichen Rechtes, der sonst auch
sogenannten „öffentlichen Körper“, und ist insofern nach einem
neuerdings üblich gewordenen Ausdruck Zwangsgemeinwirtschaft.

Die Zwangsgemeinwirtschaft oder wirtschaftliche Sachgüterversorgung der Gemeinschaften des öffentlichen Rechtes ist teils Herstellung
des erforderlichen Einkommens zur Bestreitung des öffentlichen Sach-
güterbedarfes, teils wirtschaftlich geregelte Verwendung der aus dem
öffentlichen Einkommen angeschafften Sachgüter für die öffentlichen
Zwecke auf Grund eines Haushaltplanes. Alle öffentliche Haushaltführung durchläuft hiernach zwei Hauptstadien: wirtschaftlich geregelte
Ausgabenbestimmung und Einkommensgewinnung oder die Finanz und
wirtschaftlich geregelte Verwendung des öffentlichen Einkommens für
öffentliche Zwecke oder die öffentliche Konsumwirtschaft.

Das Steuerwesen gehört ausschließend dem ersten Kreise zwangs-
gemeinwirtschaftlicher Erscheinungen, dem Bereiche der Finanz im
weiteren Sinne letzteren Wortes an, wonach Finanz neben der Ausgabenbestimmung (Etatisierung der Bedarfe) die Einkommenswirtschaft
nicht bloß der öffentlichen Körper staatlicher und kommunaler Art, sondern diejenige aller Gemeinschaften des öffentlichen Rechtes umfaßt.

Wie alle Erscheinungen öffentlicher Haushaltführung ist auch das
Steuerwesen eine unteilbar doppelseitige, zugleich eine öffentliche (politische) und eine volkswirtschaftliche Erscheinung,
zugleich ein im wahren Sinne staatswissenschaftliches und ein
nationalökonomisches Problem.

Die Ansicht, daß die Besteuerung lediglich ein volkswirtschaftlicher
Vorgang sei, ist ein Irrtum, welcher sich an den Steuertheoretikern stark
gerächt hat. Der Staat bleibt für die Steuerlehre so wesentlich, wie
die Volkswirtschaft (§ 52).

§ 4. *Die allmähliche Herausbildung des Begriffs und Wortes
Finanz.* — Die Scheidung der Volkswirtschaft in Einzelnwirtschaften
teils familienhafter teils nicht familienhafter Art, weiter der nichtfamilien-

haften Haushaltführungen in private und öffentliche Wirtschaftskreise ist geschichtlich nur sehr langsam vor sich gegangen, und so wie diese Scheidung heute besteht, ist sie das Erzeugnis einer langen Arbeit des allgemeinen Differenzierungs- und Integrationsprozesses der Volksgemeinschaften (vgl. § 12). So ist denn auch der Begriff Finanz Produkt einer verhältnismäfsig spätern Epoche der Staats- und Wirtschaftsentwicklung.

Das Wort Finanz taucht zuerst im mittelalterlichen Latein auf, wo finatio, financia eine schuldige Geldleistung bezeichnet. Das Wort ist abgeleitet von finis als Bezeichnung des Zahlungstermins: heute noch „Ziel", „Zieler"; ähnlich im Griechischen τελος, wovon Zoll. Man hat wohl auch die Abstammung des Wortes für germanisch gehalten und an die Abkunft von Finden, fein, erfinderisch u. s. w. gedacht, im Anschlufs an den im 16. u. 17. Jahrhundert aufgekommen gewesenen schlimmen Wortsinn, welcher die Finanz als erfinderisch und fein der „Schinderei", dem Wucher, Betrug gleichsetzte. Sebastian Brand (Narrenschiff) fafst „Untreu, Finanz, Neid und Hafs" zusammen.[1] In Frankreich findet sich schon vom 16. Jahrhundert an der heutige Begriff der Finanz.

§ 5. *Das Steuerwesen als Erscheinung der Finanz im engeren Sinne, d. h. der Einkommenswirtschaft der Staats- und der Kommunalkörper oder der Gemeinwesen.* — Das Steuerwesen gelangt nicht für jegliche Art öffentlichrechtlicher Gemeinschaften zu reicher und selbständiger Entwicklung, sondern nur für die eine von zwei Hauptgattungen solcher Gemeinschaft. Hiernach verengt sich der Begriff der Finanz und der Steuer.

Die Verbände des öffentlichen Rechtes treten nämlich aus der geschichtsursprünglichen Verquickung und Ununterschiedenheit (Indifferenz) immer schärfer in zwei Hauptgattungen auseinander, und unter den Augen der Gegenwart schreitet diese Scheidung weiter fort: auf der einen Seite stehen verschiedenerlei Spezialverbände für besondere Zweige des Volkslebens, wie Kirche, Schule, Wirtschaftskammern, Zwangsversicherungskörper, öffentliche Stiftungen u. s. w. Auf der anderen Seite treten jene öffentlichen Gemeinschaften hervor, welche alle Arten örtlich (gebietlich, territorial) gemeinsamer Interessen in sich zusammenfassen, um sie mit dem Willen und der Macht der Gesamtheit wahrzunehmen, nämlich die Gebietsgemeinschaften oder Territorialkörperschaften, kürzer die — Gemeinwesen.

Beiderlei Gattungen öffentlicher Gemeinschaft sind ein notwendiges Ergebnis des allgemeinen Gesetzes der Entwicklung jeder Volksgemeinschaft (§ 12). Die einen stellen das Ergebnis der öffentlichen Differenzierung oder Arbeitsteilung, die anderen das Ergebnis der mit der Differenzierung parallel laufenden öffentlichen Integration oder Arbeits-

---

1) Vgl. Roscher, Geschichte der Nationalökonomie, München 1874, S. 241.

vereinigung dar — Arbeitsteilung und Arbeitsvereinigung im weitesten,
nicht blofs nationalökonomischen Sinne des Wortes genommen. Beiderlei
Gattungen öffentlicher Gemeinschaften machen zusammen die öffentliche
Gliederung der Volksgemeinschaft aus.

Die Gemeinschaften der zweiten Art oder die Gemeinwesen bilden
heute ein System auseinander aufsteigender und nebeneinander sich aus-
breitender engerer und weiterer Verbände. Dieselben sind heute S t a a t s -
w e s e n und K o m m u n a l k ö r p e r s c h a f t e n. Letztere werden auch
„S e l b s t v e r w a l t u n g s k ö r p e r“ genannt. Die Kommunalkörperschaften sind weitere und engere Gemeinwesen innerhalb des Staates:
P r o v i n z i a l -, B e z i r k s (Kreis)- und O r t s gemeinden.

Die Gemeinwesen stellen sich, s t a a t s w i s s e n s c h a f t l i c h betrachtet,
als die e i n h e i t l i c h e n Willens- und M a c h t o r g a n e universaler
Volksgemeinschaft nach der Gebietsabgrenzung und Gebietsgliederung
dar. Wirtschaftswissenschaftlich, d. h. nach der Seite ihrer Sachgüterversorgung betrachtet, sind sie Wirtschaftskörper öffentlicher Art, jedoch
regiert, geordnet und verwaltet durch die verfassungsmäfsigen Gewalten.

Das Steuerwesen gehört wesentlich der F i n a n z i m e n g e r e n
S i n n e, d. h. der Einkommenswirtschaft s t a a t l i c h - k o m m u n a l e r Art
an. Wenigstens für die Betrachtungen dieses Werkes (§ 1). Je mehr
die grofsen Spezialgemeinschaften des öffentlichen Rechtes vom Staats-
und Gemeindewesen selbständig sich abzweigen, desto mehr ist es gerechtfertigt, das Finanz- und Steuerwesen des Staates und der Kommunalkörperschaften von demjenigen der Kirche, Schule, Wirtschaftskammern abzuheben.

Übrigens steht nichts im Wege, gewisse Arten von Einkünften der
Spezialkörperschaften im w e i t e r e n S i n n e Steuern (Kirchensteuern,
Schulsteuern, Handelskammer-Steuern) zu nennen, besonders wenn sie in
der Form von Zuschlägen zu den Staats- und Kommunalsteuern auftreten.

Arbeitsteilung und Arbeitsvereinigung im weiteren a l l g e m e i n -
s o z i a l w i s s e n s c h a f t l i c h e n Sinne, als Differenzierung und Reintegrierung der Glieder sowohl des ganzen Gesellschaftskörpers, als der
Bestandteile einzelner sozialer Einrichtungen, schreiten vom Nullpunkte
ursprünglicher Zerstreuung, Gleichartigkeit und Einheitslosigkeit zu
immer höheren G r a d e n der Zusammenfassung und Durchbildung des
Gleichartigen (Grofsbetrieb, Grofsmacht), zu immer höheren Graden in-
niger Verbindung, lebhaften Verkehrs, vielseitigen Ideen- und Güter-
austausches, reicher Tradition, zu immer höheren Graden der Spezialisierung korrelater Glieder und Funktionen fort. Alles dies, namentlich
die Thatsache, dafs die Anpassung auch in der Civilisation vom Nullpunkte der Gleichartigkeit h o m o l o g e r Elementarbestandteile ausgeht
und zu einem Gliedbau von h ö c h s t e r M a n n i g f a l t i g k e i t sich erhebt, dafs die Vervielfältigung der Mannigfaltigkeiten im sozialen Körper

ähnlich wie nach MILNE-EDWARDS im organischen Körper von einer Vielheit gleichartiger Einheiten ausgeht, läßt sich in wenigen Sätzen nachweisen, wenigstens andeuten.[1]

Die Finanz selbst ist Erscheinung und Produkt der Arbeitsteilung, nämlich auf dem Gebiete einerseits des Staatslebens, anderseits der allgemeinen Sachgüterversorgung der Volksgemeinschaft, der sog. Volkswirtschaft als eines „Sozialstoffwechsels" ethischer Art (vgl. § 95). Die Finanz bewirkt die Beteiligung des Staates mit einer entsprechenden Portion des zur Aufteilung unter alle Sozial- und Privathaushalte gelangenden Reinertrages der „Nationalproduktion".

Dazu gehört zweierlei: Die Feststellung und die Anschaffung des Staatsbedarfes.

Die eine Aufgabe der Finanz, Feststellung der materiellen Staatsbedarfe, erfolgt jetzt im Zusammenwirken der Regierung als der Vertreterin aller Zweige des öffentlichen Dienstes mit der Volksvertretung als der Repräsentation aller jener außerstaatlichen Haushalte, aus welchen der Staat seinen Bedarf zu entnehmen und gegen deren eigene Bedarfe er seinen Bedarf in das volkswirtschaftlich richtige Verhältnis zu setzen hat. Die Feststellung des Staatsbedarfes im Zusammenwirken von Regierung und Volksvertretung ist eben das, was den Inhalt verfassungsmäßiger Budgetwirtschaft der Gegenwart ausmacht.

Die zweite Aufgabe der Finanz besteht in der Anschaffung der Deckungsmittel zur Bestreitung des materiellen Staatsbedarfes. Dieser zweiten Aufgabe wird die Staatsverwaltung allein gerecht, indem sie innerhalb der Schranken der Finanzgesetze durch verschiedene Dienstzweige des Finanzministeriums fortlaufend die zur Deckung des Staatsbedarfes zureichenden Staatseinkünfte herbeischafft. Die Anschaffung der geldmäßigen Deckungsmittel ist also diejenige Seite der Finanz, auf welcher der moderne Staatshaushalt in das Getriebe des großen sozialen Ernährungsprozesses, in das weitere Gebiet der Volkswirtschaft, eingreift. Der Staatseinnahmedienst bildet den Löffel, womit der Staat anderen Haushalten gegenüber in die große allgemeine Nährschüssel des „Nationaleinkommens" taucht, um einen verhältnismäßigen Anteil vom Ertrage der Nationalproduktion als materiellen Staatsunterhalt herauszuschöpfen.

§ 6. *Einige Schwierigkeiten des finanzwissenschaftlichen Sprachgebrauches:* „*Staatswirtschaft*", „*Finanzwirtschaft*", „*Politik.*" — Das Steuerwesen gehört nur einem besonderen Gebiet öffentlicher Haushaltführung an, dem Gebiet der öffentlichen Einkommenserscheinungen. Die Steuer ist bei heutiger Entwicklung allerdings die bedeutendste aller öffentlichen Einnahmen, sie greift aber nicht in das Gebiet des wirtschaftlich geregelten Konsums, der oben sog. öffentlichen Konsumwirt-

---

[1] Vgl. mein „Bau und Leben des sozialen Körpers" II, S. 180 ff.

schaft hinüber, ausgenommen den wirtschaftlichen Unterhalt des Steuerdienstes selbst.

Die Besteuerung reicht aber nicht einmal in das letzte Stadium der
Finanzwirtschaft selbst hinein. Letztere umfaßt zwei aufeinander folgende Vorgänge: einmal die Gewinnung der Einkünfte bis zur Ab-
lieferung an die Staatskassen, sodann Zuweisung aus den letzteren an
die einzelnen Zweige des öffentlichen Dienstes, zur Dotation aller Ausgabeetats. Teilweise reicht noch die Anschaffung der Gebrauchsgüter
(Bauten, Grundstücke u. s. w.) in den Finanzdienst hinein. Das Steuerwesen gehört nur dem Bereich des ersten Teiles der Finanz an.

Die Besteuerung nimmt aber für ihren staatlichen Zweck, die Ableitung eines Teiles der öffentlichen Einkünfte, den ganzen Organismus
der Gemeinwesen in Anspruch, setzt Regierung und Gesetzgebung und
Verwaltung in Bewegung, sie ist eine umfassende öffentliche oder
im weitesten Sinne politische Erscheinung.

Leider verwischen sich diese Einsichten leicht infolge des Schwan-
kens und der Unsicherheit, welchen die Begriffe Finanz, Staatswirtschaft, Politik im wissenschaftlichen und im gemeinen Sprachgebrauche unterworfen sind.

Im gegenwärtigen Werke wird unter „Staatswirtschaft“ nicht
die Finanzwirtschaft schlechtweg, auch nicht der wirtschaftlich geregelte
Konsum der öffentlichen Sachgüter — die öffentliche Konsumwirtschaft, sondern der vom Staat aus öffentlichen Gründen über-
nommene Anteil an der Güterherstellung, an dem Güterumsatze und dem
Verkehre verstanden.

Als Finanz gilt hier nur der Inbegriff der Bedarfsbestimmung, sowie der Gewinnung und Dienstbereitstellung der öffentlichen Sachgüter.

Unter Politik im weiteren Sinne verstehen wir die staats-
männisch staatskluge Behandlung der öffentlichen, namentlich staatlichen
Angelegenheiten, unter Politik im engeren Sinne die fortgehende,
staatsklug durchzuführende Weiterbildung der öffentlichen
Einrichtungen und Geschäfte.

Das Wort öffentlich gebrauchen wir im Sinne aller Erscheinungen
des öffentlichen Rechts, namentlich aber der staatlich kommunalen Erscheinungen. In erster Linie ist dabei immer an Staatliches gedacht,
was auch darum zulässig ist, weil (vgl. § 1) das Staatssteuerwesen den
eigentlichen Gegenstand des gegenwärtigen Werkes bildet.

„Staatswirtschaft“. Andere nehmen Staatswirtschaft und Staatshaushalt,
jedenfalls Staatswirtschaft und Finanz als gleichbedeutende Begriffe. Ehedem ver-
floß der Begriff mit demjenigen der „Volkswirtschaftspflege“ und „Volkswirtschaftspolitik“ und näherte sich dem Begriff der économie politique
der Franzosen, political economy der Engländer. Ich selbst habe noch in meiner
„Steuerpolitik“ das Wort „Staatswirtschaft“ im Sinne wirtschaftlich geregelten öffentlichen Konsums gebraucht (S. 10).

„Staatswirtschaft" und Privatökonomik lagen in der älteren deutschen Finanzwissenschaft mehr oder weniger unverbunden nebeneinander. Und zwar, wie A. Wagner (Finanzwissenschaft) zutreffend bemerkt, im Prinzip ganz richtig, weil in den deutschen Territorialstaaten das Domänenwesen bis in die Neuzeit hinein den Hauptteil des Finanzwesens bildete und die praktischen Cameralisten in der Verwaltung die privatökonomische, technische, volkswirtschaftliche und die eigentlich finanzwirtschaftliche Seite gleichzeitig behandeln mufsten.

Öffentlich, „politisch". Leider giebt es keine gemeinsame Bezeichnung für Staats- und Kommunalwesen. Wir gebrauchen daher den Ausdruck „staatlich-kommunal", und gelegentlich, wo keine Verwirrung droht, kraft erlaubter „Benennung nach dem Hauptteil" (denominatio a parte potiori) auch das Wort „öffentlich" oder „staatlich"; „gemeinwesig" geht leider nicht.

Politisch ist uns alles, was sich als der Staatskunst und Staatsklugheit angehörig erweist, „politisch" die Auffassung von der staatswissenschaftlichen Seite aus im Gegensatz zur nationalökonomischen Betrachtung.

„Gesellschaft". Der Ausdruck im Sinne der „bürgerlichen Gesellschaft" wird thunlichst vermieden. Wo der Ausdruck „Gesellschaft", „sozialer Körper" gebraucht wird, bedeutet er für uns nicht einen Gegensatz zum Staat, nicht den Inbegriff der Sondergemeinschaften gegenüber der staatlich-kommunalen Einheitsgemeinschaft, sondern den Inbegriff aller Verbindungen von Menschen. Der Staat ist nur die Einheitserscheinung dieses allgemeinen Gesellschaftsverbandes. Für den letzteren ziehen wir meist die Benennung, Volk, Volksgemeinschaft, sozialer Körper vor.

§ 7. *Der geldwirtschaftliche Charakter des heutigen Finanz- und Steuerwesens.* — Die Gemeinwesen bedürfen zwar (vgl. unten § 97) gleich allen physischen und juristischen Personen für den Vollzug ihrer Aufgaben Güter jeder Art, ebenso der Dienstleistungen durch Arbeitskräfte im allerweitesten, nicht blos produktionswirtschaftlichen Sinne des letzteren Wortes, wie der Sachgüter. Sie bedürfen beiderlei Sachgüter, nämlich der Gebrauchsgüter und der Verbrauchsgüter. Und wieder sind von den Sachgütern sowohl bewegliche Güter, Betriebsmittel, als unbewegliche Güter, unbebaute und bebaute Grundstücke, zur Durchführung des öffentlichen Haushaltes unumgänglich notwendig. Doch wird es aus staatlichen und aus volkswirtschaftlichen Gründen immer zweckmäfsiger, daher politischer (staatskluger) und wirtschaftlicher Weise immer vorteilhafter, sowohl die Dienste als die Ge- und Verbrauchsgüter mittelbar, d. h. durch Vermittelung der Geldwirtschaft, und in Geldform aus der Volkswirtschaft herauszuziehen, soweit sie nicht schon in vorgeldwirtschaftlicher und vorsteuerwirtschaftlicher Zeit aus dem Gesamtvermögen der Volksgemeinschaft als Gebrauchsgüter von ewiger Dauer, als öffentliche Grundstücke für die Gemeinwesen ausgeschieden sind und noch im Sondervermögen der letzteren sich befinden.

Die Sachgüter sind in derjenigen Beschaffenheit, welche der öffentliche Dienst erfordert, innerhalb jeder Sonderwirtschaft der Mitglieder des Gemeinwesens, unmittelbar gar nicht vorhanden. Die Sonderanschaffung durch die Gemeinwesen für das Gemeinwesen oder durch

Private für die Gemeinwesen, die Anschaffung von Diensten und Sachgütern gegen Geld ist daher unvermeidlich und macht sich immer ausschliefsender geltend. Politisch und wirtschaftlich ist diese Entwicklung
unaufhaltsam.

Schon im fünfzehnten Jahrhundert beherrscht wenigstens in den
Städten die Geldwirtschaft das Finanz- und das Steuerwesen.

Die finanzielle Geldwirtschaft ist nur ein Ausfluss der allgemeinen staatlichen und volkswirtschaftlichen Differenzierung (vgl. § 12).

§ 8. *Zur Entwicklung der Finanz- und Steuerwissenschaft.* —
Die Steuerlehre liefs sich als selbständige Disziplin erst dann absondern,
nachdem die Finanzwissenschaft, losgelöst von der Kameralwissenschaft,
d. h. der Wissenschaft von der Bewirtschaftung der Kammergüter durch
die fürstlichen Rentkammern, zur Entwicklung gelangt war. Das ist
aber erst in neuester Zeit geschehen. „Die Eulen der Minerva fliegen",
was die Theorie betrifft, „erst am Abend aus"; der Gegenstand der
Theorie muſs zuvor im Leben zu einiger Entfaltung gelangt sein, bevor
die wissenschaftliche Betrachtung seiner typischen Erscheinungen beginnen kann.

Die systematische Finanzwissenschaft trieb denn nicht vor dem Zeit-
alter des vorgerückten Territorialstaates (IV. Verfassungsstufe § 58) ihre
Wurzeln (v. JUSTI, v. SONNENFELS), und erst im 19. Jahrhundert ist die
Steuerlehre, losgelöst von der Kameralwissenschaft unter dem Einfluſs
der liberalen Rechtsphilosophie und Nationalökonomie zur selbständigen
Entfaltung gelangt.

Der Anfang einer wirklichen Wissenschaft des Finanzwesens ist
kaum vor die zweite Hälfte des 18. Jahrhunderts zu setzen. Anklänge
finden sich freilich schon im klassischen Altertum und im germanischen
Mittelalter in der Gestalt einzelner Aussprüche von Staatsmännern und
Philosophen.

Die ersten litterarischen Versuche finanzwissenschaftlicher Theorie
sind nämlich schon vom 17. Jahrhundert an zu treffen, teils in all-
gemein staatswissenschaftlichen Werken: BODIN, GREGORIUS THOLO-
SANUS, BOXHORN u. A., teils in abgesonderten Darstellungen der Finanz:
BORNITZ, BESOLD, KLOCK, v. SECKENDORF u. A. (vgl. namentlich
W. ROSCHER, Gesch. der deutschen Nationalökonomie).

In dieser Epoche der Vorläufer sind besonders wichtig zwei
Perioden mit ihrer Litteratur: die von ROSCHER sog. Periode des „Ein-
dringens des wälschen Regalismus" im 16. Jahrhunderts und die
Periode des sog. „Accisestreites" am Ende des 17. Jahrhunderts.

Die neueste Wendung der Nationalökonomie gegen die einseitig
individualistische Richtung hat auch auf die Finanzwissenschaft, insbesondere die Steuerlehre bedeutend zurückgewirkt. Durch diese Um-
wendung ist namentlich die Vorstellung von der Steuer als einer Art

öffentlichen Preises, welcher für Rechtssicherheit und andere Leistungen den Gemeinwesen bezahlt wird, fast allgemein gewichen (§§ 63 ff., 95, 196 ff.).

Vgl. hierzu „Vocke", Grundzüge der Finanzwissenschaft 1894 (II. Abt., 1. Bd. des gegenwärtigen Hand- und Lehrbuches) S. 8 ff.: „Im 17. Jahrhundert wird schon der Handels- und Gewerbebetrieb des Staats widerraten, das Lotto als unehrenhaft verworfen (Besold), die Besteuerung mit der Verwendung ihres Ertrages zum Rechtsschutz und zur Sicherheit der Unterthanen begründet, das Vermögen mehr nach seinem Ertrage als nach seiner Größe dabei berücksichtigt, die Steuerfreiheit der Armen befürwortet und die Belastung der Reichen nicht blos im geraden, sondern im progressiven Maß gefordert (Klock). Die privatrechtliche Anschauung tritt hier schon stark zurück, die persönliche Natur der Steuer macht sich entschieden geltend, aber ohne zur Klarheit zu kommen, und aus der Verquickung beider, der Beteiligung an der Privatbetriebsamkeit mit der Leistungspflicht der Unterthanen unter Anwendung der Staatsgewalt, entstanden nun, lebhaft begrüßt und ebenso bestritten, die Verbrauchsauflagen, welche zu Ende des 17. und während des ganzen 18. Jahrhunderts zur Herrschaft kamen. Wegen ihrer Einträglichkeit, ihrer bequemen Erhebung in großen Beträgen von den Geschäftsleuten und wegen der Unkenntnis derjenigen, welche sie schließlich tragen sollten, erfreuten sich dieselben einer großen Beliebtheit bei den Finanzkünstlern, die Bevölkerung ließ sie sich gefallen, bis sie allmählich die Last erkannte, die ihr damit aufgebürdet wurde, und die Schriftsteller führten zwar scharfe Kämpfe für und gegen die Accisen, aber ihre Geltung als eine regelmäßige Quelle der Staatseinnahmen blieb unerschüttert. Um die Mitte des 18. Jahrhunderts begann ein Umschwung. Volkswirtschaftliche Erkenntnisse hatten sich aufgethan, und die Ideen, welche die französische Revolution vorbereiten halfen, übten ihren Einfluß auf das Finanzwesen. In der Litteratur war inzwischen an die Stelle der bloßen Mitbehandlung von Finanz- und besonders Steuerfragen in staats- und rechtswissenschaftlichen Werken die Bearbeitung des Finanzwesens in selbständigen Arbeiten getreten, und nun trat Justi auf mit Werken, welche das Finanzwesen als System behandeln. Justi ist als der Begründer der eigentlichen Finanzwissenschaft zu betrachten, welche sich von der kameralistischen Behandlungsweise namentlich dadurch unterscheidet, daß sie das stark in den Vordergrund getretene Steuerwesen infolge richtiger und umfassender Weise auf Grundsätze von allgemeiner Geltung zu stützen sucht und auch die Ausgaben, die Schulden und die Verwaltung in ihr Bereich zieht."

§ 9. *Die Bibliographie der Steuerwissenschaft.* — Dieser Gegenstand findet nach den für die Bearbeitung sämtlicher Bände dieser Encyklopädie maßgebenden Grundsätzen abgesonderte Behandlung im Anhange.

3. Kapitel. Die Steuer als Glied des öffentlichen Gesamteinkommens.

§ 10. *Die möglichen Wege zur Deckung der öffentlichen Sachgüterbedarfe.* — Die Besteuerung ist nur einer dieser Wege. Die Bestimmung ihres Verhältnisses zu den anderen Arten der Gewinnung öffentlicher Einkünfte ist es daher, was zur Feststellung des Wesens und des Begriffes der Steuer führen muß.

Die möglichen Wege zur Deckung des öffentlichen Bedarfes sind

nun sachlich verschieden und geschichtlich wechselvoll. In jeder Ge-
schichtsepoche ist ein anderer Weg zielführlich und ist unter den mehreren
Wegen, welche eingeschlagen werden können, der eine und der andere
von verschiedener Breite und Gangbarkeit. Doch werden sich sämtliche
Einnahmeweisen in einer von zwei Hauptrichtungen bewegen, welche
sich nebeneinander aufthun, sobald die Volksentwicklung über jene
ersten völkerschaftlichen Anfänge hinausgediehen ist, in welchen die
Volkswirtschaft noch einen die Individual- und die Gemeinbedürfnisse zugleich versorgenden Abstammungsverband, eine Stammes- oder Familienwirtschaft im Grofsen darstellt.

Die eine dieser zwei Weisen zur Gewinnung öffentlichen Einkommens
stellt sich als unmittelbarer oder ursprünglicher Einkommens-
erwerb dar, die andere als Ableitung des öffentlichen Einkommens
aus dem Einkommen und Vermögen der dem besteuernden Gemeinwesen
irgendwie mitgliedlich zugehörigen Personen.

Der unmittelbare Erwerb oder das ursprüngliche öffentliche
Einkommen kann weiter auf dreierlei Weise erfolgen:

1. Durch Beteiligung an dem privatwirtschaftlich-privatrechtlichen
Produktions- und Verkehrserwerb (sog. „öffentlichen Privaterwerb",
Domanialerwerb).

2. Durch unmittelbare Anwendung der öffentlichen Gewalt zum Erwerb (gewisse nutzbare Vorrechte, Hoheitsrechte, s. g. Regalien u. s. w.).

3. Durch Anwendung der öffentlichen Gewalt zur Erhebung von Vergütungen für Leistungen, welche die Gemeinwesen an Einzelne gewähren.

Die Vergütungen sind teils Gebühren für eigentliche Amtshandlungen, welche der Staat im Interesse irgend eines Angehörigen
vollzieht, teils Genossenschaftsbeiträge für den Unterhalt von Einrichtungen, welche bestimmten Schichten der Bevölkerung zum besondern
Vorteil gereichen. Beide Arten von Vergütungen fliefsen in einander
über, nehmen oft teils dem Namen, teils der Sache nach den Charakter
von Steuern an (vgl. § 18 bis 21).

Das abgeleitete öffentliche Einkommen ist von zweierlei Art.
Entweder beruht es auf Freigebigkeit (freien Beiträgen) oder und
hauptsächlich auf pflichtmäfsigen Beiträgen, welche bei mitgliedlich zugehörigen Sonderwirtschaften vom Gemeinwesen ohne spezielle
Gegenleistung des letzteren kraft Hoheitsrecht und Mitgliedschaftspflicht
als Steuern erhoben werden.

Die freien Beihilfen sind teils Privatbeihilfen (Geschenke, Widmungen, Stiftungen), teils Geldleistungen aus der Hand anderer öffentlicher Körper: „Zuwendungen" (§ 20), „Beiträge" im engeren Sinne,
Unterstützungen, Dotationen u. s. w.

Die hauptsächliche Unterart des abgeleiteten öffentlichen
Einkommens stellt sich in den Steuern dar.

Mit einer Gattung ursprünglicher öffentlicher Einkünfte, den Gebühren, haben die Steuern dies gemein, daſs sie erzwingbar, kraft Finanzhoheit auferlegt sind, sodaſs beide, Gebühren und Steuern, als Abgaben oder Auflagen sich darstellen.

Die Besteuerung wird in steuergeschichtlich steigendem Maſse (§ 104 ff.) zur „politisch" und nationalökonomisch sachgemäſsen Einnahme der Gemeinwesen als gemeinnütziger Zwangsgemeinwirtschaften. Die Steuer wird auch immer mehr die Grundeinnahme und ist dieses unter anderen Namen und Rechtstiteln schon in den früheren Epochen staatlicher Entwicklung (§ 58) geworden.

Im Sprachgebrauch der Finanzwissenschaft lautet die Entgegenstellung: „privatwirtschaftliche" Einkünfte — Abgaben (Gebühren und Steuern). „Ursprüngliches" — „abgeleitetes" Einkommen im obigen besonderen gemeinwirtschaftlichen, finanzwissenschaftlich erlaubten Sinne — erschiene uns als die zutreffendere Klassifikation.

Auch beim ursprünglichen Einkommen öffentlicher Art tritt allgemein eine Modifikation der Einkommensbildung auf, welche der rein privatwirtschaftlichen Einkommensbildung fremd ist. Die öffentliche Gewalt wird gebraucht und zu Zeiten gewaltig miſsbraucht, um auch das im engeren Sinne erwerbswirtschaftliche Einkommen zu verstärken. Es geschieht durch die Einführung ausschlieſslicher Rechte und Verkaufsprivilegien (Monopole, Regalien) für den vom Staat geführten „privatwirtschaftlichen" Geschäftsbetrieb.

Auf diesem Wege der Regalität und des Monopols verwandeln sich die öffentlichen Erwerbsgewinne thatsächlich mehr oder weniger in Steuern verdeckter Art (§ 22).

Die pflichtmäſsigen Beiträge oder Steuern sind im modernen Staat hauptsächlich Beiträge aus Privatwirtschaften, nicht Beiträge von öffentlichen Körperschaften. In der Steuergeschichte kommen jedoch auch Beisteuern von Korporationen vor. Will man den Begriff der Steuern auf die Steuern privater Personen einengen, so ist es jedenfalls nicht zweckmäſsig, die Beiträge eingeordneter öffentlicher Körper (Matrikularumlagen u. s. w.) Beiträge zu nennen; denn Beiträge einer gewissen Art sind auch die Steuern, sind die freien Beihilfen an den Staat und die Gemeinde, sind die Unterstützungen, welche einzelne Glieder dem Staat, der Staat den Gemeinden, gewähren.

Eher könnte man die pflichtmäſsigen Beiträge kommunaler und öffentlicher Körperschaften an jene höheren und weiteren Verbände, welchen die steuernden öffentlichen Körper gliedlich angehören, Beisteuern nennen.

Das immer stärkere Hervortreten der Steuer im Kreise der öffentlichen Einnahmen hängt nicht blos mit der steigenden Differenzierung der Volkswirtschaft in die dreierlei Sonderwirtschaften (§ 12) und dem entwicklungsgesetzlichem Wachstum des Staatsbedarfs (§ 66), sondern auch damit zusammen, daſs die Steuern „politisch" und volkswirtschaftlich immer leichter und erfolgreicher sich erlangen lassen, während mit dem „politisch" und wirtschaftlich unvermeidlichen Dahinsinken des Obereigentums der Gemeinwesen an Grund und Boden, mit der steigenden Betriebsintensität in allen Zweigen der Erwerbswirtschaft, mit dem Untergang der absoluten Staatsgewalt die Domanialeinkünfte und die Einkünfte aus Vorrechten, Regalien und Monopolen immer unzureichender, „politisch" schwieriger, ökonomisch aber kostspieliger und ertragsschwächer, also staatlich und volkswirtschaftlich unvorteilhafter werden.

Gegen den usus tyrannus betr. die Klassifikation der öffentlichen Einkünfte aufzukommen, ist wohl keine Aussicht vorhanden, und darum stellen auch wir den Abgaben gelegentlich die „Erwerbseinkünfte" oder „privatwirtschaftlichen Einnahmen" entgegen. Die Benennung „privatwirtschaftliche Einnahme" oder Erwerb ist als Bezeichnung nach dem Hauptfall (denominatio a parte potiori) zuläſsig. Völlig genau ist sie aus mehreren Gründen nicht. Einmal deshalb nicht, weil die ursprünglichen Einkünfte öffentlicher Art das Übergewicht gerade zu der Zeit haben, wo Privatwirtschaft und Privatrecht im streng neuzeitlichen Sinne sich noch nicht ausgesondert haben. Weiter darum nicht, weil die nicht in Abgaben bestehenden öffentlichen Einnahmen nicht blos aus wirtschaftlichem Erwerb, sondern auch aus Anwendung der öffentlichen Gewalt zu Vorrechten hervorgehen. Endlich drittens deshalb nicht, weil die finanzielle Erwerbswirtschaft in den Monopolen und Regalien aufhört, rein privatrechtlicher Natur zu sein, was wenigstens diejenigen beachten müſsten, welche die „Verbrauchsabgaben", „Monopole", „Regalien" u. s. w. aus dem Gebiet der Besteurung ausweisen.

Das, was wir oben Beisteuern nannten, kommt heute noch vor, z. B. im Preuſsen, wenn die Städte ihr Kreissteuerkontingent (vgl. § 11 der Kr.-O.), „vielfach gleich im Ganzen aus ihren Einnahmen decken" (A. WAGNER, Fin. W. II, § 55).

§ 11. *Grundvoraussetzung der Steuerentwicklung* — ist die steigende Gliederung der Volksgemeinschaft. Diese Gliederung ist staatlich-kommunaler und volkswirtschaftlicher Art.

Die fortschreitende Gliederung, an sich eine entwicklungsgesetzliche Notwendigkeit (vgl. Anm.), führt eine stets reichere Sonderung von öffentlichen und privaten Wirkungskreisen, von öffentlichen und privaten Sonderwirtschaften, hiermit das Bedürfnis und die Möglichkeit der Ableitung des öffentlichen Einkommens aus dem Einkommen von Gemeinwesensangehörigen herbei.

Die fortschreitende Gliederung der Volksgemeinschaft besteht in einem doppelten Grundvorgang: einerseits in Sonderung der Wirkungskreise verschiedener Art, Verzweigung oder Differenzierung, anderseits in einheitlicher Willens- und Machtzusammenfassung zu Gemeinwesen, in staatlich-kommunaler Integration.

Dieser doppelte Vorgang der Sonderung und der Zusammenfassung, der Differenziation und der Integration ist teils ein Prozeſs der Funktionsgliederung, d. h. der sog. Arbeitsteilung und Arbeitsvereinigung im weitesten, nicht blos nationalökonomischen Sinne. Teils

ist er ein Prozefs der Organisationsgliederung, d. h. der Gliederung
der für jede Funktion erforderlichen selbständigen Individual- und
Kollectivkräfte sowie der Güterausstattungen der letzteren; juristisch
gedacht ist er Gliederung in Subjekte oder Personen des öffentlichen, des privaten und des Familienrechtes.

Dieser doppelte Vorgang ist, da jedes Organ und jede Funktion
der Volksgemeinschaft eine Sachgüterversorgung benötigt (§ 97), nicht
blos ein „politisch"-staatswissenschaftlicher, sondern auch ein volkswirt-
schaftlich-nationalökonomischer. Wie sich die selbständig wirkenden
Kräfteeinheiten in physische und in juristische Personen scheiden, so
gliedert sich zugleich die Volkswirtschaft in eine Mannigfaltigkeit
von Sonderwirtschaften familienhafter und nichtfamilien-
hafter, privater und öffentlicher, individueller und kollektiver Art (§ 100 ff.).

Diese Gliederung mufs schon begonnen haben, ehe es politisch und
ökonomisch möglich und zweckmäfsig wird, die öffentlichen Bedarfe
durch Abgaben, besonders Steuern zu decken. Ohne Sonderpersonen
mit zugehörigen Sonderwirtschaften, ohne Entstehung von „Einzelwirtschaften" sind einerseits keine Kräfte vorhanden, welche Steuern zahlen
können. Ohne Herausbildung von öffentlichen Gemeinwesen sind anderseits keine Gewalten da, welche den Einzelwirtschaften als ihren Gliedern
Steuern aufzulegen rechtlich befugt und wirtschaftlich berechtigt sind.
Die Steuer ist in diesem Sinne ein Ausflufs des allgemeinen sozial-
wissenschaftlichen, nicht blos nationalökonomischen Gesetzes der Differenzierung und der Reintegration der Volksgemeinschaft, der Arbeitsteilung
und der Arbeitsvereinigung, kurz der steigenden Gliederung des Volks
und der Volksthätigkeit. Jede Fortbildung der Volksgliederung mufs
Fortentwicklung, jede Rückbildung mufs Verfall auch des Steuerwesens bringen.

Die entwicklungsgesetzliche Notwendigkeit der Organisations-
und der Arbeitsgliederung — ist nachgewiesen im Band II meines „Bau und
Leben des sozialen Körpers". Vgl. insbesondere über fortschreitende Arbeitsteilung
und Arbeitsvereinigung im weitesten Sinne des Wortes II, 166 ff.

Das zu Grunde liegende „allgemeine Gesetz sozialer Entwicklung",
auf welches wiederholt zurückzugreifen sein wird, habe ich a. a. O. (II, 55 f.) wie
folgt formuliert:

„die fortschreitende Gesellschaftsbildung (Zivilisation) ist das höchste Ergebnis
der vervollkommnenden Auslese der menschlichen Daseinskämpfe. Genauer gesagt
— ist sie das unausbleibliche Produkt aller Daseins- und Interessenkämpfe:

„welche von den sozialen Einheiten jeder Entwicklungsstufe teils unter sich,
teils gegen die äufsere Natur, mit den wachsenden Mitteln der menschlichen Geistes-,
Körper- und Vermögensausstattung und innerhalb einer durch Recht und Sitte ge-
setzten Streitorganisation ausgekämpft,

„durch den Trieb individueller und kollektiver Selbsterhaltung, durch den
organischen Vermehrungstrieb, durch den Eigennutz, durch gemeinnützige Verbesserungsbestrebungen erweckt und in immer höherem Grade erneuert,

„um die Befriedigung nicht blos der sinnlichen Notdurft, sondern mehr und
mehr um ein steigendes Mafs höherer materieller und ideeller Lebensansprüche geführt,

„durch Zufall, durch Spiel, durch äufseren und inneren Krieg, durch freien
Austrag und durch vielgestaltige Urteilsinstanzen des Wettstreites entschieden werden,

„und notwendig dahin führen:

„dafs im einzelnen die relativ besten Anpassungen sowohl angeregt als zur
Herrschaft, Ausbreitung und Überlieferung gebracht, dagegen die relativ schlechtesten
Anpassungen, die Entartungen und fremdartigen Bildungen vernichtet, abgestofsen,
oder zu besserer Anpassung genötigt werden,

„und dafs im ganzen ein wachsendes Mafs ideeller und materieller Kräfte
für die kollektive Führung des menschlichen Daseinskampfes sich anhäuft, dafs
immer mehr Gesellschaftsbildung, das heifst immer mehr Gliederung und Vereinigung der geistigen und physischen Arbeitskräfte, sowie der zugehörigen Güterausstattungen stattfindet."

§ 12. *Die heutige Gliederung der Volksgemeinschaft in Personen
und Sonderwirtschaften.* — Die selbständig wirkenden Kräfte jeder
Volksgemeinschaft gliedern sich, jedoch erst auf der heutigen, geschichtlich spätesten Stufe der Entwicklung, in Subjekte oder Personen des
Familien- und in solche des übrigen Rechtes,

die Subjekte des übrigen Rechtes in Personen des privat- und
in solche des öffentlichen Rechtes,

diejenigen des Pr.-Rechtes in physische Personen und in freie Verbände, diejenigen des öffentlichen Rechtes in Gemeinwesen und in
Spezialkörperschaften (§ 5),

die Gemeinwesen in Staaten und in Kommunalkörperschaften,

die Staaten in Staatenverbindungen und in einfache Staaten
(sog. Einheitsstaaten),

die Staatenverbindungen in freie Bünde und in Reiche mit Er-
oberungs- oder mit Kolonialdependenzen,

die Kommunalkörper in Provinzial-, Kreis- und Ortsgemeinden.

Dieser subjektiven Gliederung nach dem Rechte entspricht diejenige
in der Volkswirtschaft:

in Familienwirtschaften und in Sonderwirtschaften nicht familienhafter Art,

der letzteren in Privatwirtschaften und in öffentliche Wirtschaften,

der Privatwirtschaften in Individualwirtschaften (W. physischer
Personen) und in Gemeinwirtschaften des Privatrechtes (Gesellschaften, Genossenschaften, Vereine),

der Wirtschaften des öffentlichen Rechtes in staatlich-kommu-
nale W. oder Finanzhaushalte (§ 5) und in die Wirtschaften der
Spezialkorporationen (§ 5),

der Kommunalhaushalte in Provinzial-, Bezirks- und Lokal-
Gemeindewirtschaften,

endlich der Staatshaushalte in Finanzwirtschaften der einfachen Staaten (Einheitsstaaten) und der Staatenverbindungen (der Bünde, der Bundesstaaten, der Reiche mit und ohne Dependenzen, Kolonieen u. s. w.).

Die vorstehend klassifizierten, rechtlich und wirtschaftlich selbstthätigen Subjekte des volklichen Gesamtlebens stehen mit ihren Wirtschaftsführungen hinsichtlich des Steuerwesens im Verhältnis vielseitiger Wechselwirkung.

Die Subjektformen sind vor Allem Kraft- und Machterscheinungen (vgl. „Bau u. Leben" II, 129 ff.). Bei der Untersuchung der Subjektformen auf dem langen Wege vom Horden- bis zum Neustzeitgemeinwesen vergesse man nie den dynamischen Standpunkt der Betrachtung!

Es handelt sich nicht zuerst um logische und juristische Werte, sondern um Kräfte für kollektive und partielle Selbsterhaltung, um Ausbildung, Gliederung und Reintegrierung besonderer Kräfte nach den jederzeitigen Forderungen und den gegebenen Mitteln der Selbsterhaltung; denn die Subjektformen sind soziale Kraftformen.

Hält man dies fest, so wird man auch begreifen, weshalb „Überlebsel" aller älteren Subjektformen sich erhalten konnten; denn nicht überall und nicht zu gleicher Zeit stellen sich die neuen Kraft- und Machtbedürfnisse ein.

Man wird dann weiter begreifen, weshalb die jeweilig stärksten Subjekte — seien es Häuptlinge oder Grundherren oder absolute Dynastieen oder Lehensherren oder Einungen oder Allianzen (Bünde) oder öffentliche Anstalten und Körperschaften oder Individualveranstaltungen — selbst in die Funktion des Willens- und Machtorgans der Volksgemeinschaft selbstberechtigt einrücken.

Man wird begreifen, weshalb äquivalente Verrichtungen zu verschiedener Zeit und an verschiedenem Ort in völlig abweichende und oft rasch wechselnde Organisationsformen sich werfen.

Man wird sich aber auch hüten, für irgend welche Form unterordnender oder koordinierender Bildung von Kollektivkräften die Erklärung auf der Eitelkeits- und Eselsbrücke der „nationalen Uranlage" zu suchen, womit ja eben den Völkern, welche höhere Machtformen erstmals gefunden haben, ihr wirkliches Verdienst um die Menschheit streitig gemacht wird.

Man wird sich hüten, jene Kollektivkräfte, welche durch Gewalt, durch Besitz- und Kapitalübermacht, durch Überlegenheit des Geistes, durch Autorität und Stellung, durch Familienansehen erzeugt, verschmolzen, erhalten worden sind, an sich für geringer anzusehen, als die durch freie Vereinigung entstandenen. Auch Zwang, Gewalt und Autorität bilden vollkommenere Kollektivkräfte, gerade dann, wenn zur freien Verbindung die Einsicht in die Solidarität der Interessen und freier Verkehr unter den zu einigenden Elementen fehlen. Die Zukunft wird noch weit hinaus durch Eroberung, Annektierung, Revolution große neue Machtgebilde entstehen sehen und periodisch immer wieder neben den Freiheits- zu den Gewaltformen der Machtbildung greifen.

Man wird den Traum aufgeben, daß irgend einmal eine einzige Form der sozialen Organisation allen Bedürfnissen genügen werde; selbst im Innern der Staaten wird die Zwangsorganisation von Staatswegen nie aufhören, ein Bedürfnis zu sein. Proudhon's „gemütliche Anarchie" eines reinen Vertragsgewebes für die gesamte Organisation der Gesellschaft ist so wenig realisierbar, als das Ideal eines absolut streitlosen Zustandes der Menschheit überhaupt.

Die soziale Entwicklungslehre bestätigt es, daß die immer stärkere Individualisierung des Familienvereins, der Individualexistenzen und Privatverbände, der Körperschatten, sowie die Ausbildung der subjektiven Freiheits- und Gleichheitsrechte, eine unerbittliche Forderung und ein unausbleibliches Ergebnis der immer gröfsere Macht heischenden und hinterlassenden Daseinskämpfe ist. Die Selbsterhaltung der Gesellschaft und in der Gesellschaft verlangt mit jeder höheren Stufe der Entwicklung stärkere Kräfte; denn die Daseinskämpfe hinterlassen fortschreitend stärkere Sieger auf den Streitplätzen, und Alle müssen nun nach den höheren Mafsen selbsterhaltungsfähiger Kraft (Macht i. w. S.) streben; die soziale Entwicklungslehre hat von dem Gesetz der wachsenden Macht-, Streit- und Organisationsmafsstäbe als einem Lehnsatz des Entwicklungsgesetzes näher zu handeln. Diese höhere Macht kann nur erreicht werden, wenn jede Kraft und Organisationsform der Aufgabe gegenübertritt, für deren Bewältigung sie spezifisch geeignet ist, wenn sie ferner mit anderen Kräften freiwillig oder unter öffentlichem Zwange zu einer Häufung gleichartiger Kräfte oder zu einer gegliederten Kollektivkraft sich vereinigt, endlich wenn jede Kraft ohne Unterschied und ohne Hemmung durch Andere sich anpassen und im Streit sich geltend machen kann, d. h. wenn geordnete Rechtsgleichheit und Freiheit bestehen. Das langsam, aber unvermeidlich wachsende Machtbedürfnis führt zur allmählichen Verwirklichung dieser Bedingungen höherer Streitkräfte der Selbsterhaltung, damit aber auch zur spezifischen Ausbildung aller späteren Hauptgattungen von Subjektformen, einer jeden für ihr eigentümliches Anwendungsgebiet und in der entwicklungsgeschichtlich zweckmäfsigen Abart und Verbreitung.

Aus einer indiskreten Einheit der ursprünglichen Geschlechts-, später Gaugenossenschaft sind die drei Hauptgruppen wirkender Subjekte: die modernen Familien, die Privatindividuen und die Privatverbände, die öffentlichen Anstalten und Körperschaften langsam, durch formenreiche Übergangsreihen hindurch hervorgegangen und haben nur allmählich den Grad ihrer heutigen Differenzierung erreichen können. Entsprechend konnte sich das stark individualisierende heutige Recht mit seinen drei Hauptästen des Familien-, des privaten und des öffentlichen Rechtes nur allmählich aus einem Sitten- und Rechtssätze noch nicht trennenden, indiskreten Familienurrecht, aus geschlechtsgenossenschaftlichen Instinkten hervorarbeiten. Kein einziger Fortschritt auf der langen Bahn dieser Entwicklung erfolgte ohne Kampf.

Die Differenzierung der Subjektformen dauert, wie der ganze Lauf der zivilen Weltschöpfung, noch fort, aber auch die erst der Zukunft angehörigen Formen werden Produkte der Wirkung des sozialen Entwicklungsgesetzes sein.

Wie die privat- und familienrechtlichen Verbände Ergebnis einer langen Differenzierungs- und Integrationsarbeit der Geschichte sind, so auch die Verbände des öffentlichen Rechts (s. o.). Der Anblick heutiger Staats- und Gemeindeeinrichtungen zeigt einen Grad von Differenzierung in der öffentlichrechtlichen Organisation, welcher der Individualisierung des Privatlebens und der Privatverbände mindestens gleichkommt. Die Zeit des indiskreten Kommunismus der archaischen Geschlechtsgenossenschaft ist für immer dahin, aber nicht um blos einem atomistischen Individualismus und der schrankenlosen Freiheit der Einzelnen und der Privatverbände, sondern auch um einer hochgradigen Individualisierung der öffentlichrechtlichen und familienrechtlichen Organisationen Platz zu machen. Diese Grundthatsache ist von Anfang an um so mehr zu betonen, je häufiger jetzt in allen Formen der wissenschaftlichen Erörterung durch plumpe Verwechselung die blos privatrechtliche Individualisierung an Stelle der allgemeinen Individualisierung als „das" Geschichtsgesetz hervorgehoben werden will. Jede der drei Hauptformen sozialer Machtbildung und Machtanwendung hat ihre spezifische Aufgabe, und der soziale Daseinskampf, welcher immer gröfsere Machtbildungen herbeiführt und herbeinötigt, bringt auch die Bildung gegliederter Kollektivkräfte in den Formen des öffent-

lichen Rechtes sicher zur Geltung. Das Gesetz der „wachsenden Staatsthätigkeit"
ist so giltig, wie das Gesetz der wachsenden Individualisierung der Privatthätigkeit.
Familien-, Privat- und öffentlichrechtliche Machteinheiten müssen nebeneinander,
je nach ihrer spezifischen und historischen Tauglichkeit, in das Spiel der sozialen
Daseinskämpfe eingesetzt werden und gehen aus diesem als die passendsten siegreich hervor.

Diejenigen Formen, welche sich als die passendsten bewähren, kommen zur
Geltung, Überlieferung und Nachahmung. Für die eine Funktion und Entwicklungs-
periode ist diese, für eine andere jene Form die passendere. So erklärt sich die
Mannigfaltigkeit und der geschichtliche Wechsel der nebeneinander angewendeten
und nacheinander folgenden subjektiven Organisationsformen, damit auch der nebeneinander bestehenden Sonderwirtschaften, damit auch die immer noch fortschreitende Sonderung der Steuergewalten und der Steuerkräfte.

§ 13. *Die Fortdauer öffentlicher Einkünfte nichtsteuerlicher Art.* —
Die fortschreitende Sonderung der öffentlichen und der nicht öffentlichen Wirtschaften rückt zwar die Steuer immer mehr in den Mittelpunkt des öffentlichen Einnahmenkreises. Darum braucht doch weder
„politisch" noch nationalökonomisch die Steuer zur alleinigen Staats-
einnahme gemacht zu werden. Es ist staatlich sehr wünschenswert,
und zwar gerade im konstitutionalen Staat, daſs der politisch geforderte
und volkswirtschaftlich zuläſsige Staatsbedarf (vgl. § 27) stets mit Sicherheit zu erlangen, also wenigstens zum Teil der konstitutionellen Ab-
kargung seitens der Steuerkräfte entzogen sei. Und es ist volkswirtschaftlich vorteilhaft, daſs die Gemeinwesen gewisse Erwerbszweige
teilweise oder ganz an sich halten und an sich nehmen (vgl. § 143 f.).

In jeder Zeit, in jedem Lande, für jede Art von Gemeinwesen liegen
die „politischen" und die nationalökonomischen Voraussetzungen anders,
Wahl und Zusammenstelluug der einzelnen Einnahmequellen zum Finanz-
system wird daher nach Zeit, Land, Staats- und Kommunalverfassung
verschieden sein. Der allgemeine Zug der Entwicklung geht jedoch
nach dem sozialen Entwicklungsgesetz auf gesteigerte Bedeutung der
Steuer als öffentlicher Einkommensquelle (vgl. §§ 104 f.).

4. Kapitel. Name, Begriff und Wesen der Steuer.

§ 14. *Der Ausdruck Steuer.* — Die Benennung für jene Abgaben,
welche nicht Gebühren sind, ist nicht blos in den verschiedenen Sprachen,
sondern auch innerhalb der Sprache desselben Volkes steuergeschichtlich mannigfaltig und wechselnd. Bald knüpft die Benennung an den
Gebrauch der Finanzgewalt zur Steuer-„Auferlegung", bald an die
Ermittelung (Schätzung, Taxe) der Steuerquelle, am meisten aber und
gerade mit den Namen „Steuer", aide, dazio u. s. w. an die Thatsache
der Beihilfe der Mitglieder des Gemeinwesens für die Bestreitung öffentlicher Zwecke an.

Auch der Unterschied der einseitigen Auferlegung und der ver-
tragsmäſsigen Erbittung vom Volke tritt hervor: Auflage, contribution,

impôt — Bede, Postulat. Der jetzt im Deutschen allgemein eingebürgerte
Ausdruck „Steuer" im Sinne einer öffentlich-rechtlichen Abgabe an einen öffentlichen Körper bedeutet etymologisch soviel wie
Stärkung, Unterstützung, Stütze, Hilfe, kommt früh (a. h. d.)
als steora, stiora (und in ähnlichen Formen), jedoch noch nicht in
fester Abgrenzung gegen andere verwandte Abgaben dafür, vor und weist
insofern auf den historischen Entstehungsgrund der Steuern hin. Er
findet das Analogon seines etymologischen Sinnes in den gleichbedeu-
tenden Ausdrücken des mittelalterlichen Latein „adjutorium", „sub-
sidium" wie in den älteren französischen und englischen Ausdrücken
„aides", „aids". — Als technischer Ausdruck im finanziellen Sinne
wird „Steuer" lokal in einzelnen deutschen Landen (im Süden) früher
als in anderen gebraucht, wo dafür der etymologisch und historisch auf
„bitten", „fordern" zurückzuführende Ausdruck „Bede" (Bete) benutzt
wird. Dieser, wie sonstige allgemeinere und engere Ausdrücke wurden
in Deutschland durch das Wort „Steuer" allmählich ganz verdrängt.
An sich etymologisch passende Worte wie „Auflage" (impositio, impôt, assisa) und „Abgabe" (Beitrag, tributum, contribution) werden
eigentümlicher Weise in Deutschland nicht feste technische Ausdrücke
des Steuerwesens, der zweite, Abgabe, behält im Sprachgebrauch eine
allgemeinere Bedeutung, auch für privatrechtliche Leistungen. Im
Französischen und Italienischen bürgern gerade sie sich ein, vielleicht
mit unter dem Einfluss historischer Reminiscenzen römischen Ursprungs,
als die allgemeinsten Bezeichnungen der „Steuer überhaupt"
(besonders impôts, imposte, seltener aber auch contributions,
tributi). Im Englischen wird dagegen die anderswo auch vorkommende,
aber regelmäßig sich auf bestimmte Arten der Steuer beschränkende
Bezeichnung der „Steuer überhaupt" nach dem Maßstabe der Umlage
zur allgemeinen: taxes, taxation (A. WAGNER, F. W. II, § 88).

Für den Unterschied der von öffentlichen Körperschaften als
Gliedern der weiteren öffentlichen Verbände geleisteten Beihilfen oder
Steuern und der von Personen des Privatrechtes an jede der öffentlichen
Steuergewalten entrichteten Steuern hat sich ein feststehender Sprachgebrauch nicht gebildet. Für die erstere Art Steuern, welche heute
noch im deutschen Reiche als Matrikularbeitrag der Gliedstaaten übrig
ist, haben wir die Bezeichnung „Beiträge" bereits abgelehnt; eher wäre
das Wort Beisteuer zu wählen. Da aber die „Beisteuer" immer mehr
vor der Individualsteuer schwindet (§ 10), so ist einer festen ter-
minologischen Scheidung überhaupt kein erheblicher Wert beizulegen,
vielmehr der Individualsteuer schlechtweg der Name Steuer zuzu-
erkennen.

Über die drei Formen und Epochen der „Steueranordnung" — nämlich
Steuerauferlegung, Steuerpaktierung und Steuerverwilligung —, wo-

mit die Nomenklaturverschiedenheit der Steuer aufs engste zusammenhängt vgl. unten § 207.

§ 15. *Begriffsbestimmung.* — Auf Grund der im Vorstehenden gewonnenen Einsichten läfst sich nun folgende Begriffsbestimmung der Steuer geben:

Die Steuer ist der Inbegriff aller jener Sachgüterbeiträge (Geldbeiträge), welche einem Gemeinwesen von mitgliedlich zugehörigen Sonderwirtschaften zur Bestreitung des gemeinnützigen (nicht speziell vergütbaren) Aufwandes, lediglich nach dem Berechtigungsgrund der Stellung des Gemeinwesens über seinen Mitgliedern (Hoheit) und aus dem Verpflichtungsgrund der Mitglieder als solcher — also ohne Rücksicht auf den aus dem Gemeinwesen gezogenen Nutzen und ohne Rückerstattung — entrichtet werden.

Die Begriffsbestimmungen Anderer lauten verschieden, aber im Kerne der Sache kommen sie einander meist sehr nahe. Es sind mehr Vernachlässigungen oder einseitige Pointierungen einzelner Merkmale als Fehlgriffe von einiger Tragweite wahrzunehmen. Namhafte Bearbeiter der Steuerlehre in Lehrbüchern, Handbüchern, Encyklopädien, Monographien definieren:

RAU: „Steuern sind solche Auflagen, welche ohne eine einzelne Veranlassung, also ohne eine besondere Gegenleistung der Regierung, aus allgemeiner Bürgerpflicht und nach einem allgemeinen Mafsstabe von den Bürgern gefordert werden" (F. W. I § 86, § 247).

ROSCHER (Fin. W. § 33) nennt die Steuern „die Beiträge, welche die Einzelnwirtschaften dem Staate, der Provinz, der Gemeinde u. s. w., überhaupt der jeweilig über ihnen stehenden Zwangsgemeinwirtschaft schon wegen ihrer blofsen Zugehörigkeit leisten müssen, um den finanziellen Bedarf des Empfängers befriedigen zu können."

HELFERICH (in Schönbergs Handbuch): „Die Steuern sind Abgaben, welche von der Obrigkeit aus dem Vermögen aller Unterthanen gleichmäfsig erhoben werden zum Zwecke der Befriedigung der allgemeinen öffentlichen Bedürfnisse, wovon und soweit die Einnahme aus dem privatrechtlichen Erwerb der Organe der öffentlichen Gewalt und aus denjenigen öffentlichen Geschäften unzureichend sind, bei deren Ausübung besondere Abgaben erhoben werden."

VOCKE (Grundzüge S. 159): „Im sog. Altertum, wie im nichtklassischen Altertum, im Mittelalter wie heute war und ist die Steuer der Beitrag, welchen der Angehörige eines Gemeinwesens zur Erreichung seiner (des Gemeinwesens) Zwecke unbedingt blos wegen seiner Angehörigkeit leisten mufs."

v. MAYR (Artikel Abgaben in v. STENGELS Wörterbuch des deutschen Verwaltungsrechtes): „Allgemeine Geldbeiträge der Bevölkerung, welche zur Bestreitung des öffentlichen Aufwandes kraft der Finanzhoheit erhoben werden."

ADOLF WAGNER (Fin. W. II, § 83): Steuern „im rein finanziellen" (d. h. bei WAGNER nicht sozialpolitischen) „Sinne sind diejenigen Auflagen oder Abgaben, welche als Zwangsbeiträge von Einzelnwirtschaften (Einzelnen) zur Deckung der allgemeinen, öffentlichen, d. h. der Ausgaben des Staats und anderer Zwangsgemeinwirtschaften (Selbstverwaltungskörper), kraft der Souveränität oder Finanzhoheit (Finanzgewalt) des Staates von der öffentlichen Gewalt — direkt von der Staatsgewalt oder abgeleitet von ihr mittelst Kompetenzübertragung — in einseitig bestimmter Weise und Höhe im Sinne von generellen Entgelten und Kostensätzen der Gesamtheit der öffentlichen, bezw. der Staats-, Gemeinde- u. s. w. Leistungen nach allgemeinen Grundsätzen und Mafsstäben eingefordert werden."

EHEBERG (in Conrads Handwörterbuch, Artikel Steuer): „Die Steuern lassen sich definieren als die zum Zweck der Befriedigung kollektiver Bedürfnisse kraft öffentlicher Autorität angeordnete Zahlung an den Staat und an die übrigen öffentlichen Körperschaften."

NEUMANN definiert die Steuer als „die zur Gewinnung von Staats- und Gemeindeeinnahmen angeordneten Zahlungen, soweit sie weder Entgelte für spezielle Gegenleistungen des Staates oder der Gemeinde, noch Zahlungen öffentlicher Verbände als solcher sind."

§ 16. *Begriffsbestimmung, Fortsetzung. Die einzelnen Merkmale des Steuerbegriffes* — ergeben Folgendes:

1. Die Steuern sind inhaltlich S a c h g ü t e r beiträge: teils und in späterer Zeit fast ausschliefsend G e l d b e i t r ä g e, teils und umfangreich in früheren Epochen der Finanzgeschichte N a t u r a l b e i t r ä g e. Die Beiträge an persönlichen, dem Gemeinwesen geleisteten Diensten der Mitglieder zählen nicht zu den Steuern.

Dies schliefst weder aus, dafs auch diese Dienste L a s t e n von schwerem Gewichte sein können, welche im Krieg und im Frieden geleistet auch für die Verfassungspolitik von grofser Tragweite werden müssen, also neben der Steuerlast „politisch" und wirtschaftlich stark ins Gewicht fallen. Noch schliefst es aus, dafs Steuern zur Bezahlung und zum Unterhalte der Soldaten und Beamten, zur Bestreitung der öffentlichen sog. Personalbedarfe erforderlich und begründet sind. Nur im eigentlichen Sinne Steuer ist beispielsweise der Militärdienst — „Blutsteuer" — nicht. Auch kommt einem persönlichen „Zwangsbeitrag" nicht allgemein oder auch nur überwiegend das Merkmal der unvergoltenen Ableistung zu, ganz nicht einmal beim sog. ehrenamtlichen Dienst der neuzeitlichen Selbstverwaltung.

Über die „W e h r s t e u e r" in unserem Band „Steuern (besonderen Teil)". Ausgleichung der Militärdienstlast durch Steuerabzüge zu gunsten der Wehrleute und ihrer Angehörigen — an Stelle einer besonderen Wehrsteuer — ist natürlich nicht ausgeschlossen.

2. Die Steuern sind B e i t r ä g e, und zwar aus dem Recht der Finanzhoheit kraft Mitgliedschaftspflicht schuldige, also r e c h t s - und z w a n g s v e r b i n d l i c h e Beiträge. Letzteres sind sie selbstverständlich, und es ist wohl nicht erforderlich, mit A. WAGNER das Merkmal des Z w a n g s b e i t r a g e s in die Definition selbst aufzunehmen.

In unserer Definition ist der Ausdruck „Beiträge" absichtlich beibehalten, da er sowohl die paktierten als die diktierten Steuern in sich fafst. Die Bezeichnung der Steuern als „angeordnete Zahlungen" erscheint uns mindestens kein Fortschritt der Definition zu sein.

Da die Steuer weiter als Beitrag kraft Hoheitgewalt und Mitgliedschaftspflicht (u. Z. 3) bezeichnet ist, so ist die Bezeichnung „Beitrag" für die Steuern wohl zulässig und letztere vom „Beitrag" als freier Gabe oder vom „Beitrag" im Sinne der öffentlichen Unterstützungsreichungen (§ 21 ff.) abgehoben.

Gegen das Merkmal „rechtsverbindlich", „zwangsmäfsig" ist neuerdings von VOCKE eingewendet worden, dafs das Steuerzahlen sittliche Pflicht sei. Dafs das Steuerzahlen dies gleich der Erfüllung aller übrigen staatlichen und nicht staatlichen Lebensaufgaben auch ist, ist indessen so selbstverständlich, dafs die Definition der Steuer das gar nicht zu erwähnen braucht, aufser wenn man offene Thüren einstofsen will. Die Steuerpflicht ist aber noch mehr; sie ist, wenn auch ihrem Betrage nach altständisch oder neukonstitutionell paktiert — im Gegensatz zu freien Beiträgen rechtsverbindliche Pflicht. Wäre sie es nicht, aus der Sittlichkeit allein würde sich jetzt und für alle Zeit ein sehr geringer Steuerertrag ergeben.

Dafs sämtliche Steuern stets durch äufsere Gewalt beigetrieben werden müssen, ist eine Behauptung, welche unseres Wissens keinem Steuertheoriker jemals beigefallen ist.

VOCKE hat Recht, zu bemerken (a. a. O. S. 172): „Beruht der Staat auf einer seine Angehörigen wider ihren Willen zusammenhaltenden Gewalt? Er entsteht allerdings zunächst ohne ihren Willen, aber gegen denselben ebensowenig als die Familie, als selbst der einzelne Mensch. Aber wenn er da ist, besteht er mit dem Willen seiner Glieder, welche in ihm und durch ihn leben, wie in der Luft, ohne welche sie nicht sein können. So wenig als die Beobachtung der bürgerlichen Gesetze in erster Weise auf Zwang beruht, ebensowenig die Erfüllung der Steuerpflicht. Hier wie dort ist die freie Pflichterfüllung aus sittlichem Antriebe im allgemeinen vorausgesetzt (sic!) und der Zwang nur für die Ausnahme bestimmt. Keine Gewalt der Welt könnte ein Gemeinwesen durch Zwang gegen den Willen seiner Glieder zusammenhalten, auch nicht die äufserste Gewaltherrschaft. Was sie verbindet, ist immer ein sittliches Band, sei es die Autorität, sei es der Gemeinsinn, und wäre es auch nur die Macht der Gewohnheit und das Gefühl der aus der Vereinigung erwachsenden Vorteile."

Allein die Schlufsfolgerung hieraus, dafs die Verbrauchsabgaben keine Steuern seien, weil sie nur wegen des Zwanges, nicht aus Sittlichkeit geleistet werden, erscheint nicht haltbar. Auch die einzigen eigentlichen Steuern VOCKES, die Ertrags- und Einkommensteuern werden mangels sittlicher Raison unter dem Zwang der ultima ratio regum gezahlt, und der Zwang ist hier sogar ein „unmittelbarer" Zwang, welcher, wenn der „allgemeine mittelbare Zwang" (der Verbrauchsauflagen) „das sittliche Moment der Pflicht ausschliefsen würde", VOCKE's Ertragssteuern den Charakter von Steuern erst recht entziehen müfste.

§ 17. *Fortsetzung.* — 3. Die Steuern sind die von mitgliedlich zugehörigen Einzelnwirtschaften einem Gemeinwesen geleisteten Sachgüterbeiträge. Diese Fassung wählen wir aus zwei Gründen. Die Steuern sind einmal nicht Beiträge, welche von den, d. h. allen Einzelwirtschaften gezahlt werden; leistungsunfähige Einzelnwirtschaften sollen gar keine Steuern bezahlen und ganze Kategorien von Einzelwirtschaften, z. B. die Gemeinwirtschaften ohne eigenen Erwerb und ohne werbendes Vermögen, brauchen „politischer" und ökonomischer Weise (vgl. § 105) nicht zur Besteuerung gezogen zu werden, wenigstens nicht unter den Verhältnissen heutiger Steuerentwicklung. Sodann um-

geht die Bezeichnung „mitgliedlich zugehörige Einzelnwirtschaft" die
Folgerung, dafs Steuern nur von Unterthanen, nicht auch von Angehörigen dritter Staaten erhoben werden dürfen. Steuerpflichtig ist jede
leistungsfähige Einzelnwirtschaft als solche, welche auch nur teilweise durch Grundbesitz, durch Aktienbesitz, durch Benutzung der
Transportanstalten — selbst nur höchst flüchtig, vorübergehend und unvollständig in die Volkswirtschaft des steuererhebenden Gemeinwesens
thatsächlich als Mitglied eintritt. Auch der Ausdehnung und Art
der Besteuerung ist hiermit Mafs und Richtung vorgezeichnet. Für die
Fragen der Steuerpflicht (s. unser III. Buch) ist dieser Punkt von erheblichem Belang.

Wir vermeiden hiernach auch „von der Bevölkerung" (G. v. MAYR): der auswärtige
Besitzer eines inländischen Grundstücks ist grundsteuerpflichtig, auch wenn er keinen
Augenblick der Bevölkerung angehört hat, mit seinem Grundbesitz ist er volkswirt-
schaftlich Mitglied des Staates. Ähnliches gilt für den fremden Inhaber inländischer
Aktien in Beziehung auf die Gewerbesteuer, von dem fremden Reisenden und Ver-
frachter in Hinsicht auf etwaige Transportsteuern.

Die „Beiträge" der öffentlichen Körperschaften, welche freigebig geleistet werden,
sind keine Steuern (§ 10), aber Beiträgen steuerlicher Art können auch solche Körperschaft unterworfen sein und sind sie steuergeschichtlich unterworfen gewesen. Die
steuerfreie Absonderung der Körperschaften, Vereine u. s. w. von den übrigen Einzelnwirtschaften kann aus darzulegenden Gründen volkswirtschaftlich ganz gerechtfertigt
sein, sie ist aber weder staatswissenschaftlich noch nationalökonomisch als durchaus
gefordert anzusehen.

§ 18. *Fortsetzung.* — 4. Die Steuern sind Beiträge der unter Nr. 1—3
bezeichneten Art, welche zur Bestreitung des — sonstwie nicht gedeckten — gemeinnützigen Aufwandes der Gemeinwesen zu entrichten sind. Die im Interesse einzelner Angehöriger erfolgenden Leistungen sind im Mafse mindestens ihrer Kosten und höchstens ihres
Gebrauchswertes durch eine andere Hauptgattung öffentlicher Abgaben,
die Gebühren und sonstigen Vergütungen, von den nutzenden Angehörigen zu vergelten.

Durch die Aufnahme obigen Merkmals in die Definition ist also
die Gebühr neben der Steuer gefordert und der Besteuerung als
unübersteigbares Höchstmafs der Betrag des gemeinnützigen Aufwandes gesetzt.

Bis zu diesem Betrag darf die Steuerlast ausgedehnt werden. Dieselbe soll aber für die Regel hinter diesem Höchstmafse mindestens
um den Betrag der Eingänge aus dem politisch und volkswirtschaftlich geforderten Eigenerwerb (§ 143 ff.) zurückbleiben.
Die „Steuerfinanzlehre" (Buch II) wird positiv darthun, dafs und wie
weit ein solcher Erwerb begründet ist, und in diesem positiven Sinne
ist eben das Merkmal „anderswie nicht gedeckt" zu verstehen.

Man kann mit EHEBERG statt gemeinnützigem, speziell unvergütbarem
Bedarf auch den Ausdruck Bedarf für die „reinen Kollektivbedürfnisse" ge-

brauchen. Dieser ist das eigentliche Objekt der Steuerdeckung. Öffentliche Sachgüterbedarfe „anderer Art erfordern auch andere Deckungsmittel". — Der Ausdruck
„allgemeine" Bedürfnisse (HELFERICH, WAGNER) für dieses Merkmal kann mifsverstanden werden. — Eine dritte Fassung: Steuern sind u. s. w. „Zahlungen,
soweit sie weder Entgelte für spezielle Gegenleistungen des Staates und der Gemeinde, noch Zahlungen öffentlicher Verbände als solcher" sind, ist abzulehnen, da
zu den Steuern auch die Zwangsdarlehen, obwohl sie als angeordnete Zahlungen
sich darstellen und weder Beiträge noch Entgelte sind, nicht gehören. Auch fehlt
dabei jede grundsätzliche Mafsbestimmung positiver Art.

§ 19. *Fortsetzung.* — 5. Die Steuer ist Sachgüterleistung lediglich
aus dem Berechtigungsgrunde der Hoheit des Gemeinwesens und aus dem Verpflichtungsgrund der Gliedzuge-
hörigkeit, also unabhängig von der Voraussetzung einer
Gegenleistung und unabhängig von einer Pflicht der Heimzahlung. Dieses Moment ist von keiner der angeführten Definitionen
übersehen, aber mit besonderen Nachdruck betont und ausgeführt
von VOCKE (a. a. O.).

Im obigen Moment ist auch die Forderung der Besteuerung „nach
der Leistungsfähigkeit" und „nach allgemeinen Regeln und Mafsstäben"
gegeben. Wenn nämlich Einzelnwirtschaften ohne jede Rücksicht auf
besondere Gegenleistung lediglich als Mitglieder des Gemeinwesen den
Steuerbeitrag zu leisten haben, so ist damit entschieden, dafs sie ihre
Pflicht nach ihrer Leistungsfähigkeit erfüllen, und dafür sind dann
später auch „allgemeine Regeln und Mafsstäbe" unumgänglich. Wir
lassen daher das Merkmal „Beitrag nach der Leistungsfähigkeit, nach
allgemeinen Regeln und Mafsstäben" als für die Definition entbehrlich
fallen. Desgleichen die Bezeichnung der Steuer als „generellen Äqui-
valentes". Die Äquivalenz zwischen Steuergesamtleistung und Staats-
gesamtnutzen, auch die generelle, fehlt eben, wenn man den Begriff der
Gleichwertigkeit streng nimmt.

Vgl. übrigens hierzu unten § 64. Besteuerung nach dem Interesse oder Vorteil ist für uns ein „hölzernes Schüreisen" (§ 21).

§ 20. *Der Unterschied der Steuer von den übrigen „beitrags-
mäfsigen" Einkünften der Gemeinwesen.* — Die Steuer ist eine bestimmte (§ 16) Art von Beiträgen. Man kann sie daher zu den Beiträgen
anderer Art nicht in das Verhältnis eines Gegensatzes stellen, namentlich
nicht zu jener Art steuerlicher Beiträge selbst, welche wir als Beisteuern
(§ 10) bezeichnet haben. Viel wichtiger ist es, eine falsche Vermengung
als eine irrige Entgegensetzung der verschiedenen Arten von beitrags-
mäfsigen Einkünften an der Schwelle abzuweisen.

Die öffentlichen Einkünfte aus nicht steuerlichen „Beiträgen"
neben den Steuern und Beisteuern sind: die freien Beihilfen (Geschenke,
Stiftungen u. s. w.), die Eingänge aus Genossenschaftsbeiträgen und die
öffentlichen Zuschüsse (Zuwendungen).

1. Die Beisteuern, wie umgekehrt die Steueranteile — tragen (§ 10) wirklich den vollen Charakter von Steuern. Das Besondere der Beisteuern und der Steueranteile ist nur dies, daſs sie Steuern sind, welche die eine Steuergewalt aus dem Einkommen einer anderen öffentlichen Gewalt, sei es aus dem Gesamteinkommen, sei es aus dem Steuereinkommen dieser anderen Gewalt ableitet.

Als Beisteuern bezeichnen wir die wirklichen Steuern, welche die niedrige einer höheren öffentlichen Gewalt — der engere dem weiteren Kommunalverband, der Kommunalverband dem Staate, der Gliedstaat dem Reiche — als öffentlicher Körper kraft Mitgliedschaft entrichtet. Die Steuer im engeren modernen Sinne des Wortes ist der Beitrag, welchen die steuerpflichtige, nicht öffentliche Einzelwirtschaft wesentlich nur aus ihrem ursprünglichen Einkommen entrichtet (§ 10).

Die Beisteuern werden nicht ganz und direkt aus dem ursprünglichen Nationaleinkommen geschöpft, sondern aus dem verbundenen ursprünglichen und abgeleiteten Einkommen durch Vermittlung der Finanzgewalt der untergeordneten Gemeinwesen. Die Schwäche der Beisteuer wird für die heutige Zeit, — selbst im Bundesstaat, wo sie als Matrikularbeitrag nach irgend welchem öffentlichrechtlichen Matrikularschlüssel geleistet wird —, später nachgewiesen werden. Ihre Schwäche beruht wesentlich darauf, daſs sie die Verteilung der Steuerlast nach dem Verhältnis der Steuerleistungsfähigkeit sehr erschwert. Dennoch ist sie noch nicht ganz entbehrlich; für frühere Zeit ist sie umfassend als Mittel der Sachgüterversorgung der weiteren Verbände durch Vermittlung der Steuergewalten der engeren Gebiete in der Natur der gegebenen Verhältnisse gelegen gewesen.

Unter Steueranteilen sind hier jene Steuerbeträge verstanden, welche die eine Steuergewalt für eine andere zusammen mit ihrem eigenen Steuerbezug erhebt und an diese andere Finanzgewalt abführt. Den Steueranteilen sind auch die „Zuschläge“ zu den direkten Steuern zuzuzählen, wenn der Staat erstere den Gemeinden zuweist, sowie die „Ablieferungen“ an direkten Steuern, wenn diese die Gemeinde für den Staat erhebt. „Überweisungen“ sind die Steueranteile am Ertrag der indirekten Steuern, welche der Staat aus dem Erträgnis seiner Steuereinhebung an eine andere Finanzgewalt abgiebt.

Die Steueranteile können staatlich und wirtschaftlich wohlbegründet, ja sogar geboten sein.

Beisteuern und Steueranteile dürfen mit den Dotationen und den Kostenbeiträgen nicht verwechselt werden, welche nichts an sich haben, was steuerartig wäre.

2. Die freien Beihilfen der Privaten. Neben den entgeltlichen, verzinslichen und tilgbaren Beihilfen, welche der öffentliche Kredit bei Gläubigern schafft, spielen die freien Zuwendungen der Angehö-

rigen an ihr Gemeinwesen eine sehr untergeordnete Rolle. Man nennt
sie wohl auch die „Beiträge" im engeren Sinne. Doch wird es vor Verwirrung schützen, wenn man für die freien Zuwendungen eine besondere
Bezeichnung — hier „Beihilfen" im Gegensatz zu den ö f f e n t l i c h e n
Z u w e n d u n g e n — wählt. Die freie Beihilfe ist eine Art abgeleiteter
öffentlicher Einkünfte, aber keine Steuer, auch keine Beisteuer in obigem Sinne.

Die Beihilfe, welche in Gestalt eines öffentlichen S t i f t u n g s fonds geleistet wird,
verwandelt sich für den Staat in eine Quelle von Erwerbseinkünften.

§ 21. *Fortsetzung.* — 3. D i e G e n o s s e n s c h a f t s b e i t r ä g e. Unter
dem Titel der „Besteuerung nach dem Vorteil" wurde die Steuer von
einigen teils mit der Gebühr, teils mit der Genossenschaftsauflage ver-
mengt. Wir vermögen uns dieser vermeintlichen Fortbildung der Steuerlehre nicht anzuschliefsen.

Niemand wird die Beiträge zu einer öffentlichen Versicherungsge-
nossenschaft, etwa diejenigen zur Zwangsarbeiterversicherung, als Steuern
ansehen, obwohl der Staat die betreffende Versicherungsgemeinschaft be-
fiehlt und leitet. S p e z i e l l e W i r t s c h a f t s g e n o s s e n s c h a f t ö f f e n t -
l i c h e r A r t [1]) steht hier in Frage, in keiner Weise kommunale oder
staatliche Gemeinwirtschaft. Ähnlich verhält es sich mit Meliorations-
genossenschaften, Commassationsgenossenschaften, Feldweggenossen-
schaften, Deichgenossenschaften u. s. w., welche innerhalb des Staates oder
der Gemeinde eine öffentlich rechtlich geordnete Organisation finden. Was
hier die Sonderinteressenten zuschiefsen, sind G e n o s s e n s c h a f t s l a s t e n,
in keiner Weise Steuern; dieses selbst dann, wenn diese Beiträge nach
Realsteuerkatastern bemessen werden und eine andere Bemessung als
diese nicht finden können. Von einer „S t e u e r nach dem Vorteil" ist
hier überall nicht die Rede, sondern nur von Spezialinteressenten-
Leistungen im ungefähren Verhältnis empfangener Gegenleistung.

Die Natur dieser Beiträge ändert sich auch dann nicht, wenn die
öffentliche Wirtschaftsgenossenschaft mit Zwangsgemeinwirtschaft staatlicher oder kommunaler Art k o m b i n i e r t wird, wenn etwa die Gemeinde
eine Strafse anlegt und unterhält, welche zwar von gemeinem, im einzelnen unbemefsbaren Nutzen für die Gesamteinwohnerschaft, aber daneben von einem annähernd mefsbaren Sondernutzen für bestimmte Interessenten ist, daher sachgemäfs teils durch Steuern, teils durch die
Sonderinteressentenbeiträge hergestellt und unterhalten wird.

Die letzteren Beiträge zu einer g e m i s c h t e n kommunal-wirtschafts-
genossenschaftlichen Anstalt bleiben Genossenschaftslasten, auch wenn
sie nach dem Wert des Gebäude-, Grund-, Gewerbebesitzes der Anlieger,
nicht nach anderen Mafsstäben — etwa der Wagen- und Gespannshal-
tung — bemessen werden. Dafs die Kommunalorgane es sind, welche

1) Vgl. Tüb. Ztschr. 1895, 3. Heft, Abh.: „Das Problem der Wirtschaftskammer."

diese Kosten ganz oder teilweise von der Interessenten- oder Wirtschaftsgenossenschaft einholen, macht diese Interessentenbeiträge immer noch
nicht zu wirklichen Steuern, wenn sie auch mit wirklichen Steuern ins
Gemenge (§ 25) zu liegen kommen mögen. Dieselben sind und bleiben
Genossenschaftsbeiträge, und zwar Zweckbeiträge, welche sich volkswirtschaftlich nicht als Steuern, nicht einmal als Zwecksteuern ansehen
lassen, da die früheren Zwecksteuern sich als allgemeine Steuern nach
der Leistungsfähigkeit für einen bestimmten, lediglich gemeinnützigen
Staats- oder Kommunalaufwand darstellten. Die angebliche Steuer nach
dem Vorteil ist besten Falles nur nominell eine Steuer; die angebliche
wirkliche Steuer nach dem Vorteil ist nicht viel widerspruchsfreier als
das bekannte „hölzerne Schüreisen". Die Betreffenden zahlen neben
oder zugleich mit dem Genossenbeitrage die ordentliche Gemeindesteuer
für den unvergütbaren Teil des Strafsenaufwandes mit wie alle übrigen
Kommunalsteuerträger. Weil — in obigem Beispiele — die Herstellung
und Erhaltung der Strafse gemischt wirtschaftsgenossenschaftlicher und
allgemein einwohnergemeinschaftlicher Art ist, nimmt der Staat oder die
Gemeinde die Veranstaltung in die Hand und zieht dafür neben den Steuer-
beiträgen Interessenten- oder Wirtschaftsgenossenschafts-Beiträge ein.

Die Ziehung der Scheidelinie zwischen Steuer- und Genossenschaftsbeitrag ist zwar überaus schwer und stets mehr oder weniger willkürlich, daher sind die Genossenschaftsbeiträge nach allgemeinen Vorteils-
merkmalen, zuletzt selbst nur nach den Realsteuerkatastern zu bemessen;
eine wirkliche Steuer wird die nominelle Steuer, der in Steuerform
eingekleidete Genossenschaftsbeitrag, darum nicht. Dafs überhaupt die
Sonderinteressenten als solche, nicht blofs als Mitglieder der allgemeinen
Einwohnergemeinschaft im Mafs ihres besonderen Vorteils, wenn dieser
nur irgendwie mefsbar oder nach objektiven Kriterien schätzbar ist,
herangezogen werden dürfen und sollen, ist nie bestritten worden;
zur Rechtfertigung der Interessentenbelastung bedarf es
daher keiner „Steuer nach dem Vorteil".

Die nominalsteuerlichen Genossenschaftsbeiträge streifen sehr
nahe an die Gebühren hin, da auch die Interessentennutzung durch die
ausschliefslich öffentliche Verwaltung vermittelt wird. Teilweise fliefsen
beide Arten öffentlicher Vergütungen, Gebühr und Genossenschaftsbeitrag, ineinander über. Auch dann sind die Vorteils-Nominalsteuern,
bezw. Steuerzuschläge, doch nur genossenschaftsmäfsig regulierte Vergütungen oder Kollektivgebühren neben den Individualgebühren (§ 24).

Unter dem Namen der „Besteuerung nach dem Vorteil" vermag einseitige Belastung des Besitzes für Ausgaben, welche zugleich wahrhaft gemeinnützigen Aufwand darstellen, sich geltend zu machen. Wie weit die Ansichten über die Möglichkeit fester Scheidelinien zwischen dem gemein- und dem privatnützigen Charakter
gewisser Aufwendungen auseinander gehen, wie stark daher bei der „Besteuerung
nach dem Interesse" ins Ungefähr gegriffen werden mufs, zeigt z. B. die Meinungs-

differenz darüber, ob die Steuern nach dem Vorteil sich mehr für die weiteren oder mehr für die engeren Kommunalverbände eignen. Die Strafe beispielsweise ist nie eine blofse Genossenschaftsanstalt, der Aufwand für den Strafsenunterhalt daher nie ganz noch in sicher erfafsbarem Mafse nach Verhältnis der Interessentenvorteile aufzubringen.

§ 22. *Fortsetzung.* — 4. Die öffentlichen Zuwendungen — sind eine dritte Kategorie beitragsmäfsiger Einkünfte nicht steuerlicher Art. Im Gegensatz zu den Genossenschaftslasten sind es Beiträge von Finanzgewalten der einen Art an solche der andern Art, des Reiches an die Länder, der Länder an die Gemeinden oder umgekehrt.

Es sind teils einmalige Kapitalbeiträge, deren Zinsen die Erwerbs-einnahmen verstärken (Dotationen im engeren Sinne), teils fortlaufende Beitragssummen von fixiertem Betrage, welche vom Staat geleistet nach irgend einem Schlüssel — Bevölkerungszahl, Kommunalsteueraufbringen u. s. w. — zur Verteilung an die Gemeinden gelangen (Dotationen im weiteren Sinne).

Die fraglichen Zuwendungen sind öffentliche Beibilfen teils zur Be-streitung des Gesamtaufwandes, sog. allgemeine Zuschüsse, teils zur Bestreitung bestimmter Aufwendungen für einzelne Zwecke (Spezial-zuschüsse, Subventionen).

Die Zuwendungen erfolgen teils für gemeinsame Zwecke der Gemeinwesen, welche die Zuwendung geben und empfangen, Zwecke, für welche der empfangende Teil die Verwaltung übernommen hat (Betei-ligungs-Kostenzuschüsse); teils erfolgen die Zuschüsse lediglich zur Unterstützung des ungenügend mit eigenen Einnahmen ausge-statteten Gemeinwesens (Unterstützungszuschüsse); teils sind es Zuschüsse zur Entschädigung für aufgetragene Leistungen (Ersatzzuschüsse).

Auch die Zuwendungen sind an sich nicht ungerechtfertigt; denn die verschiedenen öffentlichen Körper sollen auch im Finanzwesen sich nicht unbedingt gegeneinander isolieren und abschliefsen, sondern in der Beschaffung des Gesamtfinanzbedarfes zusammenwirken und einander ergänzen, soweit nicht jeder Teil sich selbst genügen kann.

Allein „Beiträge" steuerlicher Art sind auch die Zuwendungen nicht, wenn gleich die oben sog. „allgemeinen Zuschüsse" von Gemeinden oder Gliedstaaten an den Staat oder das Reich mit den oben sog. Beisteuern sich nabe berühren. Die Zuwendungen erfolgen auch keineswegs blofs in der Form von Steueranteilen.

Von den Genossenschaftslasten und den Gebühren unterscheiden sich die Zuwendungen dadurch, dafs sie nicht Gegenleistungen der Angehö-rigen des Gemeinwesens für Privatvorteile, Privatinteressenleistungen, sondern Leistungen von Steuergewalten für einander, Beteiligungs-, Unterstützungs- und Kostenersatzbeiträge aus öffentlichem Inter-esse sind.

Die „Dotationssteuern“ (v. Bilinski) genannten Einnahmequellen, welche
vom Staate den Gemeinden im Steuerzuständigkeitensystem überlassen sind, dürfen
nicht als Zuwendungen angesehen werden. Es sind selbständige Gemeindeeinnahmen,
und zwar nicht blos Gemeindesteuern, sondern auch Gebühren und andere Verwaltungseinnahmen.

Über die Zuwendungen ist die Doktrin noch zu keinem Abschlusse, insbesondere noch zu keinem feststehenden Sprachgebrauch, gelangt. Auch die oben gewählten Bezeichnungen machen daher auf allgemeine Annahme keinen Anspruch.

Über die Zuwendungen des Staates an die Kommunalkörper s. v. Reitzenstein
bei Schönberg III, 3. A., S. 730 ff. — Mischler in Schanz Finanzarchiv IV, S. 807 ff.

§ 23. *Der Unterschied der Steuer von der Gebühr.* — Nach der
üblichen Klassifikation (§ 10) führt die Steuer mit den Gebühren den ge-
meinschaftlichen Namen der „Abgaben“ oder „Auflagen“. Wodurch
unterscheiden sich beide? Die Gebühr ist zwar in keiner Weise privatwirtschaftliche Vergeltung, weder Preis, noch Genossenschaftsbeitrag,
sie ist aber Vergütung öffentlich rechtlicher Art für Genüsse aus dem Gemeinwesen, einseitig festgesetzt durch
das Gemeinwesen.

Die Gebühren haben finanziell den Zweck, mindestens die Kosten
der öffentlichen Leistungen, soweit letztere nicht als gemeinnützig zu betrachten sind, von den Sonderinteressenten der öffentlichen Leistung dem leistenden Gemeinwesen vergüten zu lassen. Der
Gebührenansatz darf jedoch einerseits über den Kostenbetrag bis zur
Höhe des Gebrauchwertes, welchen die öffentliche Leistung für den einzelnen hat, aufsteigen (vergl. den Band „Steuern, besonderer Teil“).
Ein Überschufs der Gebühr über den Kostenbetrag hinaus bis zum Werte
des Vorteils ist als Reineinnahme aus der Ausübung der öffentlichen
Gewalt anzusehen.

Ein Überschufs der Gebühr auch über den Vollwert der Leistung
für den Empfänger hinaus fällt unter den Begriff der eigentlichen Steuereinnahme; einzelne sehen schon jeden Überschufs der Gebühr über den
Vollbetrag der Kosten hinaus als „eigentliche Steuereinnahme“ an.

Das Gemeinwesen stiftet mit den gebührenpflichtigen Erweisungen
meist auch gemeinen Nutzen. Die Gebührensätze dürfen daher hinter
dem öffentlichen Kostenbetrag entsprechend zurückbleiben. Das Wieviel
ist nicht streng berechenbar. Die Finanzpolitik ist aber auch, und zwar
mit vollem Bewufstsein, weit über das Kostenmafs und den Gebrauchswert oder Vorteil in den Gebührensätzen hinausgegangen und hat Steuern
in die Gebühren eingekleidet. Dies ist namentlich bei den Gebühren von Rechtsgeschäften geschehen. Bei solchen Gebühren ist
der Überschufs über den Vorteil der öffentlichen Leistung
hinaus als Steuer zu beurteilen, beziehungsweise, wofern die
Voraussetzungen einer guten Steuer fehlen, zu verwerfen. Umfassend
hat sich der Fiskalismus in den Gebühren eine mafslose Besteuerung

erlaubt, welche zurückzubilden ist. An und für sich aber kann jener Überschuß eine gute, wenn auch dem sachgemäßen Gebührensatz zugemengte Steuer sein, wenn derselbe im Sinne der berechtigten indirekten Besteuerung auf bestimmte Vorgänge in dem Maße gelegt wird, als die letzteren auf besondere Leistungsfähigkeit hinweisen. Der Zusatz gedachter Art ist auch dann als Steuer zu beurteilen, wenn derselbe in der Erhebung mit der Gebühr zu einer gemischten Ausgabe verschmolzen ist.

Ob die Gebühren unmittelbar oder durch Zwang zur Anbringung ausgegebener Steuerwertzeichen, der Stempel, erhoben werden, geht den Unterschied der Gebühr von der Steuer nichts an. Auch Steuern können stempelmäßig erhoben werden, z. B. der Banderollenstempel bei der Tabakbesteuerung.

Die „Stempelgebühr“ als besondere Art von Staatseinkünften ist nach Boxhorn, disquis. polit. Amst. 1663 p. 391, von einem Holländer erdacht worden, nachdem die Generalstaaten einen Preis auf die Erfindung einer neuen, nicht drückenden und doch einträglichen Abgabe gesetzt hatten. Die Einführung geschah 1624 und erwies sich bei der Menge der Vertragsurkunden, die in jenem reichen Lande jährlich ausgestellt wurden, sehr einträglich.

§ 24. *Reine Steuern und Gemengesteuern.* — Der § 23 hat ergeben, daß die Gebühren mehr oder weniger in Steuern übergehen. Dasselbe trifft für andere Gattungen öffentlicher Einkünfte zu: für die Regalien, für den Geschäftsgewinn aus Erwerbszweigen, selbst für die Genossenschaftsbeiträge, wenn diese in unbilliger Höhe den Realsteuerträgern auferlegt werden, wozu unsere Zeit in der Gemeindefinanz eine starke Neigung hat. Die Steuer kann mit jeder dieser Einnahmegattungen, wie mit der Gebühr im Gemenge liegen. Namentlich die Durchführung der Steuererhebung durch Benutzung der Steuergewalt zum Monopol, hebt den steuerlichen Charakter reiner Monopoleinnahmen nicht auf. Steuer und Einhebung der Steuer durch das Mittel der Monopolpreise schließen einander nicht aus. Die Steuer auf Tabakfabrikate bleibt Steuer, ob sie vom Staate selbst in den Monopolpreisen oder vorschußweise bei den Tabakfabrikanten oder den Tabakhändlern eingehoben wird; auch bei Absatzpreisen der Privaterzeugung von Verbrauchssteuergegenständen schmelzen Profite und Steuerbeträge ineinander.

Dennoch hat man reine Steuern und Gemengesteuern scharf zu unterscheiden. Reine Steuern sind solche, welche keine Bruchteile andersartiger öffentlicher Einkünfte mit enthalten. Zugemischte oder Gemengesteuern sind solche, welche, sei es mit eigentlichen Gebühren, sei es mit privatwirtschaftlichen Reinerträgen verschmolzen, zur Vereinnahmung gelangen; man kann sie verkleidete Steuern nennen, wenn sie den Namen einer anderen Einnahmegattung führen.

Die Gemengesteuern sind nicht an sich verwerflich, da die Mengung vielmehr „politisch“ und „wirtschaftlich“ wohl begründet sein kann. Nicht die Mengung an sich, sondern der Umstand, daß der

steuerhafte Bruchteil der gemischten Einnahme als Steuer sich nicht
rechtfertigen läfst, läfst so viele ältere Regaleinkünfte und selbst noch
manche heutige Gebühren- und Gewinn-Gemengesteuer als verwerflich erscheinen.

§ 25. *Unzulässige Merkmale des Steuerbegriffes.* — Es ist unzulässig, den Steuerbegriff nur deshalb enger zu fassen, um gewisse Einkünfte, welchen Mängel anhaften, als Steuern zu verneinen und finanzwissenschaftlich aus der Steuerlehre zu verdrängen, wie es neuestens
den Monopolen, den Verkehrssteuern und den Verbrauchsabgaben begegnet ist. Jedenfalls müfste bei solcher Einengung stets der Aus-
schliefsungsgrund ersichtlich gemacht werden, z. B. die sittliche Ab-
scheulichkeit, die „Ungerechtigkeit" einer Abgabe u. dgl. Das ist aber
meist nicht geschehen.

Eine Steuer kann in vielerlei Hinsicht schlecht sein, daraus folgt
nur, dafs sie besser reguliert oder, wenn unverbesserlich, abgeschafft
werde. Die Definition mufs aber schon das Prinzip der guten Regulierung, beziehungsweise der Unzulässigkeit, wenigstens dem Keime
nach, mit enthalten. Dieser Forderung wird unsere Auffassung gerecht,
wie wir zu zeigen hoffen.

Eine Hauptprobe für die richtige Charakterisierung einer Gattung
von Einkünften als Steuer wird darin liegen, dafs jede unter den wesentlichen Merkmalen als Glied eines wohlgefügten Steuersystems sich
ergiebt. Diese Probe wird, hoffen wir, unsere Realdefinition bestehen,
indem letztere alle geschichtlichen Thatsachen der Besteuerung umfafst,
alle Arten und Formen nicht gebührenartiger Abgaben ungezwungen neben
sich annimmt und zu Gliedern eines geschlossenen Ganzen gleichartiger
Erscheinungen zusammenzufassen gestattet.

Abgaben, welche unter unseren Steuerbegriff fallen, können als sehr
verschiedenwertig unter den Gesichtspunkt der erst festzustellenden Anforderungen guter Besteuerung sich darstellen. Wenn einzelne Arten
von Abgaben ihres üblichen Namens Steuer unerachtet als Steuern begrifflich nicht anerkannt werden dürfen, so folgt daraus doch nur, dafs
sie sich als Arten einer anderen Gattung öffentlicher Einkünfte oder
als Einkünfte völlig eigener Art finanzwissenschaftlich rechtfertigen
lassen müssen.

Diese Ansicht setzen wir namentlich UMPFENBACH und VOCKE entgegen, welche gewisse Gattungen von Finanzeinkünften einer weit ver-
breiteten Auffassung entgegen aus dem Bereiche der Steuererscheinungen
ausweisen. UMPFENBACH scheidet „Prinzipiensteuern" und „Fis-
kalabgaben"; seine Ausführungen sind gezwungen, geschichtswidrig
und unklar. Die Terminologie — „Das vom Fiskalprinzip überschattete
Tragwerktum" u. dgl. — ist geschraubt. UMPFENBACHS Versuch ist er-
folglos geblieben.

Viel bedeutender ist die Reaktion VOCKES. Dieser bedeutende und hochgebildete, von ernster staatswirtschaftlicher Moral erfüllte Verwaltungsmann giebt den indirekten Steuern als Steuern den Laufpaſs. Wir werden ihm nicht zu folgen vermögen, anerkennen aber gerne, daſs VOCKE entgegen anderen Schriftstellern, welche es an prinzipieller Begründung der indirekten Steuern stark mangeln lassen, die Verbrauchsabgaben, „Verkehrssteuern", Monopole wenigstens als „Steuer-Ergänzungen" positiv zu begründen bestrebt ist. Er sucht in den „Grundzügen der Finanzwissenschaft" sein in der Vorrede gegebenes Versprechen in seinem Sinne wirklich einzulösen, d. h. den „Verbrauchsauflagen und Verkehrsabgaben ihre richtigen Plätze in der Reihe der Staatseinnahmen anzuweisen und ihre Natur positiv zu bestimmen". Bei diesem Bemühen kommen aber die am Vorderthor der Sittlichkeit aus dem Bereiche der Steuererscheinungen ausgewiesenen Verbrauchsabgaben, Monopole, Gebührensteuern durch das Hinterthor der Opportunität, der *ratio temporum habita*, ziemlich breitspurig als „Ergänzungen des Steuersystems" wieder herein. Damit nähert sich auch dieser bedeutende Schriftsteller praktisch wieder sehr stark der Auffassung, gegen welche er so geharnischt zu Felde zieht.

VOCKES wiederholte Betonung, daſs das wilde Heer ehemaliger Verbrauchs-, Regal- und Gebührensteuern immer mehr Bestandteile verloren habe, beweist nur, daſs man im Gebiete der indirekten Besteuerung mehr und mehr auf wirklich als Steuern zu rechtfertigende Teile der betreffenden Einnahmegattungen zurückgegangen ist. Diese erfreuliche, noch lange nicht zu Ende geführte Wandlung ergiebt daher gar nichts gegen den Steuercharakter der betreffenden Einnahmegattungen an sich.

Daſs die Steuergewalt nicht bloſs den Steuerzahler, sondern auch den Steuerträger erkenne, ist kein wesentliches Merkmal der Steuer. Abwälzbaren Ertragssteuern, — und deren gab es bis jetzt genug, müſste folgerichtig der Steuercharakter ebenfalls abgesprochen werden.

§ 26. *Der Zweck der Besteuerung.* — Hierüber, sowie über „Grund" und „Recht" der Besteuerung ist eine weitschweifige Litteratur erwachsen. Die aufgeworfene Frage wird sich kurz dahin beantworten lassen: der Zweck der Besteuerung ist unmittelbar nur ein finanzieller, nämlich Deckung des aus anderen Einnahmequellen nicht bestreitbaren öffentlichen Bedarfes, und zwar normalerweise Deckung der aus dem angemessenen (§ 143 ff.) Eigenerwerb und aus der angemessenen (§ 142) Gebührenerhebung nicht bestreitbaren Aufwandes für die gemeinen (schlechthin gemeinnützigen, einzeln unvergütbaren) Leistungen des Gemeinwesens.

Neben diesem Hauptzweck ergeben sich mittelbar so viele Nebenzwecke, als der Staat andere Staats- und Privatzwecke zu verfolgen und durch die Steuereinrichtung zu fördern hat. Die Steuer hat hiernach eine Vielheit von Nebenzwecken verschiedenster Art, sofern

die Erfüllung der letzteren mit der Erreichung des Hauptzweckes nur
immer vereinbar ist.

Die Entscheidung, ob Steuern aus Rücksicht auf bestimmte Nebenzwecke öffentlicher Art auferlegt werden dürfen, und wie sie im Be-
jahungsfalle bemessen werden sollen, gehört der allgemeinen Verwaltungs-
politik an. Die Steuerpolitik hat sich jedoch nach ihrem besonderen
Gesichtspunkte bei der Entscheidung zu beteiligen.

Der Hauptzweck der Besteuerung liegt in der Sachgüterversorgung
aller Zweige gemeinnütziger Staatsthätigkeit, in der Förderung der
Gesamtheit der einzelnen Staatsaufgaben. Es ist nach der gegebenen
öffentlichen Haushaltführung der Neuzeit, mit ihrem Prinzip der Kasseneinheit im Einnahme- und im Ausgabedienst nicht mehr angebracht,
besondere Steuern für einzelne Zwecke, Zwecksteuern zu erheben. In der Steuergeschichte fehlen übrigens die besonderen Zwecksteuern nicht.

Das Steuerwesen ist so wenig als irgend eine andere Staatseinrich-
tung eine als Mittel oder als Ziel völlig für sich bestehende, vom übrigen
Gemeinwesen losgelöste Erscheinung.

Zu den Nebenzwecken der Besteuerung gehört daher jede mit
dem Hauptzweck der Besteuerung vereinbare Einwirkung auf die wünschenswerte Verteilung und Verwendung des Volkseinkommens, also
das, was A. WAGNER als den „zweiten" sog. „sozialpolitischen"
Zweck der Besteuerung sogar in seinen Steuerbegriff aufgenommen hat.
Es ist als ein Verdienst A. WAGNERS anzusehen, daſs auch dieser Neben-
zweck zur rechten Zeit nachdrücklich zur Geltung gebracht worden ist.
Daſs der sozialpolitische Zweck als zweiter Hauptzweck anzusehen
und anzuerkennen wäre, d. h. unter den Nebenzwecken allein in die
Begriffsbestimmung der Steuer aufzunehmen sei, wird allerdings nicht
zugegeben werden dürfen. Es kann von WAGNERS Doppelhauptzweck
ein gefährlicher Gebrauch gemacht werden; die Konsequenzen, welche
WAGNER selbst daraus zieht, sind nicht grundstürzend.

Ich begreife die s. z. s. wissenschaftliche Aufregung gegen A. WAGNERS sozialpolitische Steuertheorie nicht ganz, so sehr ich VOCKE beistimmen kann, wenn
dieser bemerkt: „Dessen, was mittels der Besteuerung zu erreichen ist, giebt es noch
mancherlei. Man kann dem Luxus entgegentreten wollen, dem Branntweingenuſs,
dem Übermaſs im Halten von Hunden, (der Bedrängung durch die Auslandskonkurrenz)
u. a. Jeder dieser Zwecke hätte den nämlichen Anspruch, bei der Begriffsbestimmung
der Steuer genannt zu werden. Ja wenn einzelne Zwecke bezeichnet werden sollen,
würden vor allem die regelmäſsigen anzugeben sein: die Rechtspflege, die Polizei,
die Bildung, das Heer u. s. w. Das ist aber unnötig, denn in der Bestimmung der
Steuer, zur Erreichung der Staatszwecke zu dienen, oder — was gleichbedeutend ist
— zur Befriedigung der Staatsbedürfnisse, ist das schon enthalten. „Die" Steuer
kann nur allen Staatszwecken dienen. Für besondere Zwecke kann es besondere
Steuern geben, diese treten aber entweder aus dem Rahmen der Finanzwirtschaft
heraus und gehören ihr nur der Form nach an, dem Wesen nach aber der Politik,

der Polizei u. s. w., oder ihre Bestimmung muſs sonst besonders bezeichnet sein. So ist auch der sozialpolitische Zweck, wenn der Staat sich denselben zur Aufgabe gemacht hat, im Steuerbegriff von selbst enthalten, wenn nicht, dann ist seine Erwähnung überflüssig."

Über „Grund" und „Recht" der Besteuerung vgl. § 64.

5. Kapitel. Die sogenannten obersten Prinzipien der Besteuerung.

§ 27. *Die „obersten Prinzipien" nach unserer Auffassung* — ergeben sich durch Ergründung der Steuergewalt, der Steuerpflicht, der Steuerkraft, der Steuerlast (Steuerverteilung) und des Steuersystems ungezwungen und ohne jeden Rückgriff auf „Prinzipien" des spekulativen Idealismus, als da sind: Sittlichkeit, Gerechtigkeit, Gleichheit u. s. w. Will man jedoch, wie es üblich geworden, „oberste Prinzipien" obenanstellen, so müssen sie sich aus dem eigensten Wesen der Besteuerung selbst ergeben und dürfen nicht aus der Pistole der spekulativen Konstruktion geschossen werden.

Nun ist die Besteuerung:

1. eine staatliche Erscheinung und hat daher zuoberst ein staatswissenschaftliches „Princip": die Auferlegung nach Maſsgabe der geschichtlich gegebenen Anforderungen des Staates in staatsmännischer (staatskluger) Weise (§ 52).

2. Die Besteuerung ist zweitens eine volkswirtschaftliche Erscheinung und hat daher ein zweites nationalökonomisches Grundprinzip: die vollkommenste Sachgüter-Versorgung der ganzen Volkswirtschaft einschliesslich der öffentlichen Wirtschaftsführung auf die wirtschaftlichste, d. h. mindest kostspielige, aber höchst wirksame Weise. — Die Besteuerung ist

3. eine kombinierte staatlich-volkswirtschaftliche, finanzielle Einkommenerscheinung, bestimmt, dem schlechthin gemeinnützigen Theil öffentlichen Bedarfs Deckung zu geben, und hat daher zum dritten obersten Grundsatz die politisch und wirtschaftlich vollkommenste Ausbildung des Steuerwesens als Gliedes des öffentlichen Gesammteinkommens, ein Prinzip, welches in die Doppelforderung ausläuft:

a) Entwicklung der Besteuerung im richtigen Verhältnisse zu den übrigen Gattungen der öffentlichen Einnahmen und

b) Entwicklung des Steuersystems in der Richtung der verhältnismäſsigen Verteilung der Steuereinnahmen unter die verschiedenen Steuergewalten nach deren verhältnismäſsigem Bedarf und in der Richtung der politisch wie volkswirtschaftlich vollkommensten Verteilung der Steuergesammtlast unter die Steuerpflichtigen nach Verhältnis ihrer Leistungsfähigkeit.

Diese Grundsätze bedürfen einerseits keiner Heischungen spekulativer Philosophie und umschliessen andersseits alle staatswissenschaftlichen,

nationalökonomischen und finanzwissenschaftlichen Anforderungen, welche
an die Besteuerung zu stellen sind.

Dieselben Grundsätze schliefsen die Postulate der Sittlichkeit und
Gerechtigkeit, welche für die Besteuerung auch mafsgebend sind, nicht
nur nicht aus, sondern setzen die Geltung dieser Postulate als selbstverständlich voraus.

Von den drei obigen Prinzipien ist bis jetzt keines weder zu
einheitlicher, noch zu vollständiger Geltung gekommen. Selbst das
volkswirtschaftliche und finanzielle Prinzip ist nach der in § 133 (unten)
betonten Richtung bisher unbeachtet geblieben. Gar das staatswissenschaftliche Prinzip ist fast ganz vernachläfsigt worden. Alle drei Prinzipien werden wir genauer im Buch II je an der Spitze der Steuerstaatslehre, der Steuervolkswirtschaftslehre und der Steuerfinanzlehre
entwickeln.

Die Bedeutung des staatswissenschaftlichen Prinzips
der Besteuerung ist besonders zu betonen. Die Besteuerung ist
keine blofs volkswirtschaftliche Erscheinung. Der Staat ist zwar auch
Wirtschaft, sog. „Zwangsgemeinwirtschaft". Darum hört er aber
doch nicht auf, mehr als Wirtschaft zu sein, bleibt vielmehr
in erster Linie Erscheinung der Willens- und Machteinheit, und dieses
sein Grundwesen darf bei der Durchführung der Besteuerung nicht in
die Brüche fallen, darf daher auch wissenschaftlich bei Aufstellung von
„obersten Grundsätzen" der Steuerlehre nicht vernachlässigt werden.
Gleichwohl sind die „obersten Grundsätze der Besteuerung" im ganzen
höchst einseitig unter den blofs volkswirtschaftlichen Gesichtspunkt — und sogar unter diesen nur bruchstückweise —
gerückt worden. Selbst bei den sog. „finanzpolitischen Prinzipien"
werden mehr die finanzwirtschaftlichen Ziele (Zureichendheit und
Beweglichkeit der Steuern) ins Auge gefafst, die Bestimmung der Stellung
der Steuer im Deckungsgesamtsystem ist stark vernachlässigt.

§ 28. *Die Schulmeinungen über den Gegenstand. Vier „Maximen"
nach* SMITH. — Seit ADAM SMITH schleppt sich ein heute noch nicht
beigelegter Schulstreit über die „obersten Prinzipien der Besteuerung"
fort. Bei dem breiten Raum, welchen dieser Streit immerfort in den
Steuerdoktrinen einnimmt, darf an demselben nicht vorübergegangen
werden.

Der Streit über die obersten Prinzipien hat der Steuerwissenschaft
wenig Ertrag eingebracht, ihr durch Begünstigung unzulässiger Einsei-
tigkeit in der deduktiven Konstruktion des Steuersystems nach dem Geiste
des Individualismus, dessem Schofs er durch A. SMITH entsprossen ist,
vielleicht mehr geschadet als genützt. Wir erledigen denselben wohl am
besten sogleich an der Schwelle des Eintritts in die Steuerlehre.

ADAM SMITH stellt (wealth of nations V. ch. 2) vier „Maximen" (maxims) auf, welche man dann in der theoretischen Nationalökonomie der Deutschen als die „vier obersten Prinzipien" der „Gleichmäfsigkeit", der „Bestimmtheit", der „Bequemlichkeit" und der „billigen Erhebungskosten" bezeichnet hat.

Nach der Begründung, welche SMITH seinen Maximen gegeben hat, stellen sich diese wesentlich als Postulate der individualistisch naturrechtlichen Nationalökonomie dar.

Diese Lehre von den obersten Prinzipien der Besteuerung hat unter dem Einflufs vieler Anfechtungen manche Abwandlungen erfahren. Während die „vier Maximen" SMITHS von den einen durch das einzige Prinzip der „Sittlichkeit" oder der „Gerechtigkeit" ersetzt wurden, haben andere diese Prinzipien vermehrt; unser erster Finanzschriftsteller A. WAGNER hat sie sogar mehr als verdoppelt.

Die „vier Maximen" A. SMITH's lauten: 1. „The subjects of every state ought to contribute towards the support of the government as nearly as possible, in proportion of their respective abilities, that is, in proportion to the revenue which they respectively enjoy under the protection of the state." — Also Gleichmäfsigkeit oder Verhältnismäfsigkeit nach dem die Leistungsfähigkeit begründenden Einkommen, gerechtfertigt durch den Staatschutz für das Eigenthum.

2. „The tax which each individual is bound to pay ought to be certain and not arbitrary. The time of payment, the manner of payment, the quantity to be paid ought all to be clear and plain to the contributor and to every other person: der sog. Grundsatz der „Bestimmtheit" der Besteuerung.

3. „Every tax ought to be levied at the time or in the manner, in which it is most likely to be convenient for the contributor to pay it: Grundsatz der „Bequemlichkeit".

4. „Every tax ought to be so contrived as both to take out and to keep out of the pockets of the people as little as possible, over and above what it brings into the public treasury of the state": Grundsatz der „billigen Erhebungskosten".

Über diese Smithischen Maximen ist eine reichhaltige Litteratur erwachsen, welche bei A. WAGNER (F. W. II § 123) nachgewiesen ist. Über diese Literatur sind zu vergleichen: A. HELD, Einkommensteuer, S. 121 ff., NEUMANN, progressive Einkommenssteuer, S. 75 ff., ROBERT MAYER, Prinzipien der gerechten Besteuerung.

Besonders beachtenswert sind: G. COHN (CONRADS Jahrb. N. F. II, S. 200 ff. und 2. Buch seiner Finanzwissenschaft), SAX (Grundlage), welcher Gesichtspunkte der verteilenden Gerechtigkeit als unzugehörig behandelt und blofs ökonomische Mafsstäbe für anwendbar hält.

Über VOCKE und A. WAGNER in den folgenden Paragraphen.

§ 29. *Die spekulative Sittlichkeitstheorie* VOCKES. — VOCKE geht auf ein einziges Prinzip, die Sittlichkeit zurück. Die Begründung, die er demselben giebt, ist höchst beachtenswert und lautet:

„Der Staat ist die menschliche Gesellschaft in ihrer Gestaltung und Ordnung. Er besteht aus und nur in seinen Gliedern und für sie; an und in ihnen findet er seinen Zweck. Dieser Zweck ist kein besonderer, sondern ein höchst allgemeiner; er kann nur darin bestehen, die Glieder der Gesellschaft im einzelnen und im ganzen nach allen Seiten ihres Wesens und Daseins zu fördern, d. h. nicht nur alle Hindernisse ihres Wohlergehens und ihrer Entwickelung zu beseitigen, sondern auch deren Fortgang zu unterstützen. Entwickelung aber ist Ziel und Aufgabe alles Geschaffenen, und wenn die natürliche Entwickelung im natürlichen Dasein des Menschen ihre höchste Stufe erreicht hat, so muſs die weitere zum Übernatürlichen hingehen. Dieses kann sich in der sichtbaren Welt nur in der Überwindung und Beherrschung des Blos-natürlichen äuſsern, welches sich in dem Naturtrieb der Selbstbefriedigung ausdrückt, der zur Selbstsucht wird. Die Überwindung des Naturtriebes ist eben die Sittlichkeit, ohne welche die Menschheit nicht zur Gesellschaft werden könnte, sondern zum Krieg aller gegen alle. Die Gesellschaft wiederum ist aber das Mittel, den Menschen zur Sittlichkeit zu erziehen und heiſst in ihrer höchsten Form und Entwickelung: „Staat". Der Staat hat also den Zweck, den Menschen in jeder Hinsicht, d. h. im Verhältnis zum Staat selbst, zu der dem Menschen unterworfenen Auſsenwelt und zu seinen Nebenmenschen nicht nur in geistiger, wirtschaftlicher, sondern auch in sittlicher Hinsicht zu fördern. Was die Gesellschaft zusammenhält, und ohne was auch ein wirtschaftliches und geistiges Gedeihen nicht möglich ist, das ist die Sittlichkeit. Sie ist Wurzel und Frucht, Voraussetzung und Wirkung der Gesellschaft und des Staates, das Grundgesetz, welchem also der höchste Rang auf allen Seiten des Staatslebens zukommt. Der Ausdruck des jeweiligen Standes und Grades der Sittlichkeit ist das in einem Gemeinwesen geltende Recht, und die Gerechtigkeit ist die im Recht ausgedrückte Sittlichkeit. Recht und Gerechtigkeit enthalten deshalb nicht immer die gleiche, noch weniger die volle Sittlichkeit, aber deren Idee müssen sie stets enthalten und in mehr oder weniger vollkommener Weise ausdrücken. Und diese Idee ist eben die Beherrschung und Überwindung der Selbstsucht, vermöge deren der eine den anderen auszubeuten, der Starke dem Schwachen seine Last aufzubürden sucht. Die Sittlichkeit und nach ihrer Idee die Gerechtigkeit verlangt also das Gegenteil von dem, was die Selbstsucht gebieten will, sie verlangt, das der Stärkere die schwerere Last übernehme und der Schwächere die leichtere. Was sich hieraus zunächst ergiebt, ist dieses: daſs ein jedes Glied der Gemeinschaft nach dem Maſs und Verhältnis seiner Leistungsfähigkeit zu den Leistungen herangezogen werden soll, welche das Gemeinwesen erfordert. Das ergiebt sich mit rechnerischer Sicherheit auch daraus, daſs, wenn im äuſsersten Fall jeder seine ganze wirtschaftliche oder sonstige Leistungsfähigkeit, also der eine viel, der andere wenig einsetzen muſs und hierdurch der Gerechtigkeit volle Genüge gethan wird, dies auch dann zutrifft, wenn bei einer teilweisen Inanspruchnahme von jedem der gleiche Bruchteil gefordert wird. Für die Verteilung der Staatslasten ist also der oberste Grundsatz und das vornehmste Gebot, daſs die Verteilung der Last nach dem Maſs und Verhältnis der Leistungsfähigkeit stattfinden soll.

Wenn nun die Gerechtigkeit und — was hier gleichbedeutend ist — die Verhältnismäſsigkeit das allererste, wesentlichste Erfordernis für die Verteilung der Staatsleistungen ist, so muſs sie sowohl bei deren ersten Anfängen erkennbar sein, als auch bei fortschreitender Entwicklung in ihrer Hauptrichtung immer vollkommener zum Ausdruck kommen. Und das ist auch der Fall, denn sie zeigt sich unverkennbar schon da, wo die Steuer noch nicht ist, sondern die Glieder des Gemeinwesens dessen Zwecke durch Dienstleistung unmittelbar selbst erfüllen, in der Familie und in den gesellschaftlichen Verbänden der ersten Kulturstufen. Die Forderung der Gerechtigkeit erstreckt sich daher auf alle Arten von Leistungen, welche auf allen, auch den höchsten Kulturstufen, vorkommen, sie mögen in Diensten oder in wirtschaftlichen Leistungen bestehen. Zu den wirtschaftlichen Leistungen gehört insbesondere auch die Einquartierungslast, hinsichtlich deren man durch Verteilung der Mannschaft und Gewährung von Entschädigungen dieser Forderung mehr und mehr gerecht zu werden sucht. Ähnlich verhält es sich hinsichtlich der Kriegsdienstpflicht, deren Einrichtungen in Ansehung der Verhältnismäfsigkeit zwar durch die allgemeine Wehrpflicht entschieden verbessert sind, aber doch noch manches zu wünschen übrig lassen, woran sich die vielumstrittene Wehrgeldfrage knüpft. Was aber die übrigen persönlichen Dienstleistungen betrifft, wie den Geschworenen- und Schöffendienst, so kommen bei diesen die wirtschaftlichen Opfer nur in untergeordneter Weise in Betracht. Hier ist das Verhältnis das nämliche auf den höchsten Kulturstufen wie auf den niedrigsten, hier leistet jeder dem Gemeinwesen seinen Dienst nach dem Mafse seines Verstandes und Charakters. Damit giebt sich die Gerechtigkeit in der Verteilung dieser Leistung von selbst. Und was die damit verbundenen wirtschaftlichen Opfer betrifft, so mufs darauf Bedacht genommen werden, und das geschieht auch wenigstens in der Hauptsache, dafs sie niemandem zugemutet werden, der sie nicht ohne erhebliche Beschwerde bringen kann. Eine Abstufung dieser Opfer nach der Verschiedenheit der wirtschaftlichen Leistungsfähigkeit wäre freilich schwierig, aber in vielen Fällen erwünscht.

Was nun für alle Arten von Anforderungen gilt, welche die Gesellschaft an ihre Glieder, der Staat an seine Angehörigen stellt, mufs in ganz besonderem Mafs für deren heutzutage wichtigste und allgemeinste Art, für die Steuer, gelten. Die in der Verhältnismäfsigkeit sich ausdrückende Gerechtigkeit mufs der oberste Grundsatz für die Verteilung der gesamten Steuerlast des Volks auf die einzelnen Steuerpflichtigen sein. Die Verhältnismäfsigkeit und mit ihr die wahre Gleichheit besteht darin, dafs jeder in dem nämlichen Verhältnis zu der Gesamtsteuer beiträgt, in welchem seine Leistungsfähigkeit zur Gesamtleistungsfähigkeit steht, oder mit anderen Worten, dafs die Steuer jedes einzelnen zu seiner Leistungsfähigkeit in dem nämlichen Verhältnis steht, wie dies bei jedem anderen auch der Fall ist.

Die Durchführung einer vollen Gerechtigkeit im Steuerwesen wird zwar auf absehbare Zeit ein unerreichtes Ideal bleiben. Sie würde auf Seite der Steuerpflichtigen einen hohen Grad von allgemeiner sittlicher und geistiger Bildung, auf Seite der Regierenden eine Mäfsigung in Ansehung der Ansprüche an die ersteren voraussetzen, welche dem allgemeinen Bildungsstande derselben genau entspräche. An beiden Voraussetzungen fehlt es aber noch gar sehr. Die Folge davon ist, dafs ein so grofser Teil des Staatsbedarfs nicht auf dem sittlich-vernünftigen Wege der Besteuerung, sondern durch Eingriff der Staatsgewalt in die Privatwirtschaft aufgebracht werden mufs. Ist also letzteres nicht zu vermeiden, so mufs doch die Forderung gestellt werden, dafs der Staatsbedarf, soweit es nicht durch die rein privatwirtschaftlichen Einnahmequellen thunlich ist, in erster Reihe durch die Steuer gedeckt werde, und erst dann und soweit als dies nicht möglich ist, zu Monopol-, Verbrauchs- und Verkehrsabgaben gegriffen werde."

§ 30. *Fortsetzung. Kritik der Sittlichkeitstheorie.* — Diese hohe Auffassung VOCKES ist nicht an sich unrichtig, und die tiefere Begründung der Forderungen der Gerechtigkeit und Verhältnismäfsigkeit fährt dabei besser, als bei der individualistisch naturrechtlichen Ableitung dieser Prinzipien aus dem Rechte des Individuums gegenüber dem Staate. Ohne Zweifel richtig ist auch, dafs die „Gerechtigkeit" selbst nur eine einzelne Seite am Prinzip der Sittlichkeit, Erscheinung der letzteren im Rechte sei, und nicht minder richtig ist es, dafs aus der Gerechtigkeit die Forderung der Steuerbelastung nach der Leistungs-

fähigkeit, hiermit das „oberste Prinzip" der Verhältnismäfsigkeit (sowie
der Allgemeinheit) der Besteuerung spekulativ sich ableiten läfst. Der
Idealismus, welcher diese Prinzipien formulierte, ist für den Fortschritt
des Steuerwesens sehr fruchtbar geworden.

Es ist jedoch selbstverständlich, dafs die Sittlichkeit, wie sie
alles menschliche Thun und Lassen bestimmen soll, so auch die Besteuerung — und zwar zweiseitig auf Seite der Steuergewalten, wie der
Steuerzahler — durchdringe. Als das besondere Grundprinzip der
Besteuerung wird sich die Sittlichkeit hiernach nicht aufstellen lassen.

Die apriorisch-philosophische Ableitung der besonderen Prinzipien
der Besteuerung aus der Sittlichkeit genügt auch deshalb nicht, weil
der Gehalt des Sittlichkeits- und hiermit des Gerechtigkeitsideals selbst
ein Ergebnis der moralgeschichtlichen Entwicklung, daher für jede Zeit
und jedes Volk ein andrer ist.

Da die Besteuerung eine zugleich staatliche und volkswirtschaftliche
Erscheinung ist, und da dieselbe nur ein Glied des allgemeinen That-
bestandes öffentlichen Einkommens ist, so wird die Bestimmung der mafsgebenden Prinzipien nur eine speziell staatswissenschaftliche, nationalökonomische und finanzwissenschaftliche sein können (vgl. § 27).

In der Ablehnung der Grundsätze der „Zweckmäfsigkeit", der „Zureichendheit",
der „Beweglichkeit" als oberster Prinzipien der Besteurung können wir uns Vocke
(S. 164—166) in der Hauptsache anschliefsen.

Wie gefährlich spekulative Steuertheorien auch der nicht atomistischen Gesell-
schaftsanschauung werden können, zeigt sich in Jul. Stahls Rechtsphilosophie. Man
kann aus diesen Theorien alles ableiten, aber kaum etwas erweisen.

Die Bedeutung des Ideals — für die Entwicklung auch der Besteurung
wird durch die obige Auffassung nicht bestritten, sondern nur dies, dafs die Ideale
den festen Boden einer wissenschaftlichen Begründung abgeben. Es ist mit
der „Gerechtigkeit" im Steuerwesen, wie mit der „Freiheit und Gleichheit" im Staatsleben überhaupt; der Idealismus kann befruchtend wirken. Vom Standpunkt des
Glaubens mag man selbst Lotzes Wort (im Mikrokosmos) für wahr halten: „Das
betreffend, was als beherrschendes Gesetz oder als forderndes Ideal den einzelnen endlichen Gestaltungen gegenübersteht, mögen wir sagen, dafs die Fähigkeit,
des Unendlichen inne zu werden, die auszeichnende Gabe des menschlichen
Geistes ist, und wir glauben zugleich als ein Ergebnis unserer Betrachtungen aus-
sprechen zu können, dafs nicht die Erfahrung und ihr noch so mannigfaltiger Inhalt durch seine Einwirkung uns diese Fähigkeit anerzogen hat, sondern dafs sie,
unmittelbar in der Natur unsers Wesens begründet, nur zu ihrer Entfaltung die begünstigenden Bedingungen der Erfahrung bedurfte."

§ 31. *Die obersten Steuer-„Prinzipien" als Unterbau für die Konstruktion des Steuersystems.* — Hauptsächlich die Gewinnung von Richt-
mafsen für den Aufbau des „Steuersystems" ist es, was bei A. Wagners
Theorie der neun Prinzipien in vier Gruppen mafsgebend gewesen zu sein scheint. Wagner unterscheidet:

I. *Finanzpolitische* Prinzipien:

  1. Ausreichendheit der Besteuerung.

2. Beweglichkeit der Besteuerung.

II. *Volkswirtschaftliche* Prinzipien: nämlich als

    3. Wahl richtiger Steuerquellen, d. h. insbesondere Er-
örterung der Frage, ob die Besteuerung nur aus dem Einzel-
und Volkseinkommen oder auch aus dem Einzel- und
Volksvermögen, bezw. -Kapital schöpfen darf, und ob
und wie hier volks- und einzelwirtschaftlicher Standpunkt
zu unterscheiden sind.

    4. Wahl der Steuerarten mit Berücksichtigung der Wirkun-
gen der Besteuerung und der verschiedenen Steuerarten auf
die Steuerzahler und generelle Untersuchung der sogenannten Überwälzung der Steuern.

III. Prinzipien der *Gerechtigkeit* oder der *gerechten Steuerverteilung.*

    5. Allgemeinheit und

    6. Gleichmäfsigkeit der Besteuerung.

IV. Steuerverwaltungsprinzipien (oder Prinzipien der Logik
im Besteuerungswesen):

    7. Bestimmtheit der Besteuerung.

    8. Bequemlichkeit derselben.

    9. Streben nach möglichst geringen Erhebungskosten
der Steuern.

Den Sinn dieser nur teilweise spekulativen, vielmehr wesentlich
konstruktiven Theorie der „obersten Prinzipien der Besteuerung" erläutert WAGNER selbst des Näheren:

Es ist, bemerkt der angesehene Autor, eine unrichtige theoretische
Forderung, allem voran „gerechte" Steuerverteilung im Steuersystem zu verlangen und auf den Grundsätzen der Allgemeinheit und
Gleichmäfsigkeit dies System aufbauen, nach diesen Grundsätzen in
erster Linie die Steuergattungen und die einzelnen Steuern wählen
und deren technische Einrichtung bestimmen zu wollen. Vielmehr
mufs, wie es nach Ausweis der Steuergeschichte auch die Praxis stets
gethan hat und unvermeidlich thut, der Aufbau des Steuersystems nach
den finanzpolitischen und volkswirtschaftlichen Prinzipien
erfolgen, und der Ausbau kann erst nach der Richtschnur vor sich
gehen, welche die Gerechtigkeitsprinzipien angeben. Diese letztere
Richtschnur mufs alsdann aber allerdings auch möglichst befolgt werden, und zwar auch im Gemeinschaftsinteresse, denn sicherlich ist „Erfüllung der Gerechtigkeit" nicht blos um der Einzelnen, sondern auch
um des Ganzen willen ein ethisches Gebot. Demgemäfs sind die
Hauptsteuern des Systems, die eigentlichen Grund-
pfeiler desselben, zu wählen und nach den Gesichtspunkten,
welche sich aus den finanzpolitischen und volkswirtschaftlichen Grundsätzen ergeben, technisch einzurichten. Alle weiteren Anforde-

rungen, welche vom Standpunkt der Gerechtigkeit aus zu stellen sind
und nicht schon durch die Erfüllung der volkswirtschaftlichen Postulate
von selbst mit befriedigt werden, müssen sich darauf beschränken, in
dem dergestalt aufgebauten Steuersysteme **Modificationen** in den
Steuern und Steuereinrichtungen desselben und abermals **Ergänzungen** durch weitere einzelne Steuern u. dgl. m. eintreten zu lassen. —
Die geschichtliche Entwicklung der Besteuerung zeigt auch,
dass dies der Gang der Dinge bei Kulturvölkern war. — Die älteren
roheren Steuersysteme sehen wesentlich nur auf die Gewinnung des
Steuerertrags, mit oberflächlicher Rücksicht auf die volkswirtschaftlichen
Wirkungen und Voraussetzungen der Besteuerung, auf gerechte Steuerverteilung und auf steuer- oder verwaltungstechnisch zweckmässige Einrichtung der Steuern. Dann werden allmählich mit der Erkenntnis der
volkswirtschaftlichen Dinge, mit der Änderung der politischen Lage und
Klassenordnung der Bevölkerung und mit dem Fortschritt des Rechts-
gefühls jene anderen Rücksichten mehr genommen, und es treten, auch
unabhängig von dem Zwange, für einen erhöhten Finanzbedarf zu sorgen,
Reformen des Steuersystems oder eben ein „Ausbau“ desselben ein,
wobei der leitende Gedanke ist: keine oder nur nebenbei eine
Erhöhung, sondern eine volkswirtschaftlich richtigere und
gerechtere Verteilung und technisch zweckmässigere Einrichtung der Besteuerung!“

§ 32. *Fortsetzung. Zur Kritik der neun Steuerprinzipien.* — 1. Der
Vorrang, welchen A. WAGNER seinen zwei *„finanzpolitischen“* Prinzipien
giebt, ist bestreitbar, zumal da „Zureichendheit“ und „Beweglichkeit“ wesentlich finanzwirtschaftliche Grundsätze sind. Beide
„Principien“ bringen nur einzelne Seiten auch des volkswirtschaftlichen
(unseres zweiten) Hauptprinzips zur Geltung, sind daher auch ein nur
unvollständiger Ausdruck des volkswirtschaftlichen Prinzips. Das staatswissenschaftliche Prinzip kommt überhaupt nicht zur Geltung, und von
den Anforderungen, welche unseres Erachtens das finanzpolitische Prinzip
stellt, kommen diejenigen des Gleichgewichtes der steuerlichen mit der
aussersteuerlichen Deckung (§§ 139 ff.) nicht ausreichend zur Beachtung.

Die „Ausreichendheit“ ist ein nicht ausreichender Grundsatz, wenn
sie überhaupt ein Grundsatz ist. Aus derselben kann ebenso die karge,
als die verschwenderische Steuerdeckung öffentlicher Bedarfe abgeleitet
werden. Die Ausreichendheit als Minimalmaſs der Steuerregulierung ist
als Ausfluſs in unserem volkswirtschaftlichen Prinzip mit enthalten. Entscheidend ist nicht die Ausreichendheit, sondern das, was ich unter der
„Verhältnismäſsigkeit“ zwischen dem öffentlichen und dem nicht öffentlichen Teile des Volksgesamtbedarfes verstehe (§ 132).

Die „Beweglichkeit“ der Besteuerung, d. h. des ganzen Steuersystems, ist ein schwer auszugestaltender Grundsatz, welcher überdies

nicht für die Besteuerung allein, sondern nur für das Gesamtsystem
aller Einnahmen (Deckungsgesamtsystem) zur vollen Geltung gebracht
werden kann. Beweglich, d. h. beweglich in ihrer Ertragsregulierung,
ist bis zu einem gewissen Sättigungspunkte der „Steuerkraft" jede
Steuer, darüber hinaus aber keine einzige.

Man darf jedoch WAGNER diesfalls nicht mißverstehen. Er selbst will nur die
Beweglichkeit des ganzen Steuersystems. „Der Grundsatz der Beweglichkeit — sagt
er — bedeutet, daß die Besteuerung mindestens solche Bestandteile oder Arten
enthalten muß, welche sich dem Wechsel des Finanzbedarfs bez. dem Wechsel
der von diesem durch Steuern zu bedeckenden Quote anpassen und die etwaigen
Ausfälle anderer Steuern und anderer Deckungsmittel (wie namentlich der privatwirtschaftlichen Einnahmen) ersetzen können."

Der Forderung, welche A. WAGNER für das System aus dem Prinzip der Beweglichkeit ableitet, kann man ebenfalls vollständig zustimmen: „Gerade unserem
großen staatlichen Privaterwerb gegenüber ist unser (deutsches) Steuersystem
viel zu unbeweglich. Fehlt der Besteuerung die erforderliche Beweglichkeit, so
kann entweder der Finanzbedarf nicht die vom Staatsleben verlangte Gestalt annehmen, oder er wird auf eine schädliche Weise, namentlich durch Schuldaufnahme
gedeckt. Rasch wachsende chronische Defizite sind dann die unvermeidliche Folge.
Das lehrt die Finanzgeschichte Oesterreichs von 1848 an, wo man die Steuern
dem Bedarf nicht folgen lassen konnte, zum Teil wegen der inhärenten Stabilität des
direkten Steuersystems. In Frankreich bot das (von VOCKE so gepriesene, gerade
hier seinen besonderen Mangel zeigende) direkte Ertragssteuersystem 1871 ff. wegen
seiner relativ großen Unbeweglichkeit ein Beispiel, wie bedenklich der Verstoß gegen
das Prinzip ist. Der Staatsbankerott, d. h. die Abschüttelung der Zinsen der Schuld
oder eines Teils davon, läßt sich schließlich nicht immer vermeiden."

2. Die „*volkswirtschaftlichen* Prinzipien" (Z. 3 u. 4 des § 31) sind:
„Wahl der richtigen Steuerquelle" und „Wahl der richtigen
Steuerarten."

Die große Bedeutung beider Forderungen an sich wird ebenfalls
von keiner Seite verkannt werden dürfen. Doch berühren dieselben nur
einige der beim Aufbau des Steuersystems in Betracht kommenden volkswirtschaftlichen Interessen. Volkswirtschaftlich von allgemeinerer Bedeutung sind noch ganz andere Forderungen, welchen der Vorrang gebühren würde, wenn es sich um die Aufstellung volkswirtschaftlicher
Prinzipien der Besteuerung handelt: z. B. die thunlichste Schonung der
Produktivität der Nationalarbeit, die möglichste Reproduvität des Steueraufwandes, die mindeste Störung der gegebenen volkswirtschaftlichen
Interessen, die wirtschaftlichste Steuereinhebung (9. Prinzip WAGNERS).
Die Theorie leidet also bezüglich der wirtschaftlichen Prinzipien ebenso,
wie hinsichtlich des finanzpolitischen, an Unvollständigkeit und ermangelt allseitiger Hervorhebung der wirklich allgemeinsten, wirklich
„obersten" Prinzipien der Besteuerung.

Die Wahl der richtigen Steuerquellen ist eine besondere Frage
der Besteuerung nach der Leistungsfähigkeit, die Wahl der richtigen
Steuerarten mit Rücksicht auf die Überwälzung ist eine besondere

Frage der Übereinstimmung der Steuerlast mit der wirklichen Steuerkraft, der wirklichen mit der gewollten Steuerbelastung (vgl. II. Bd.,
1. H. Abt.), bei beiderlei Wahl aber wäre zwischen prinzipieller und
technischer „Richtigkeit" zu unterscheiden, wenn man positive Richtmaße
der Richtigkeit gewinnen will.

§ 33. *Fortsetzung*. 3. *Die Prinzipien der „Gerechtigkeit", der „Allgemeinheit" und der „Verhältnismäfsigkeit" und 4. die „logischen Prinzipien".* — Die „Gerechtigkeit" ist gleich der „Sittlichkeit" (§ 30) ein
Idealprinzip, welches, wie alles übrige ethische, ökonomische und nicht
ökonomische, staatliche und aufserstaatliche Thun und Lassen, auch die
Besteuerung auf seiten der Steuergewalten, wie auf seiten der Steuerkräfte durchdringen soll. Allein eben seiner Allgemeingiltigkeit wegen
kann das Prinzip der Gerechtigkeit, so mächtig es als Ideal die Steuerentwicklung beeinflufst hat (§ 30), die Forderungen der Allgemeinheit und der Verhältnismäfsigkeit der Besteuerung wohl bestätigen, aber
dieselben weder staatswissenschaftlich, noch nationalökonomisch, noch
finanzwissenschaftlich begründen.

Es bedarf zur Begründung dieses weiteren „obersten Grundsatzes der
Besteuerung" eines Rückgriffes auf die Maxime der Gerechtigkeit überhaupt nicht.

Die „Allgemeinheit" der Besteuerung ist mit der staatlichen und wirtschaftlichen Zugehörigkeit zum Gemeinwesen gegeben und begründet.

Desgleichen ist die „Verhältnismäfsigkeit" der Besteuerung, die Besteuerung nach Verhältnis der Leistungsfähigkeit mit der schlechthinigen
Gemeinnützigkeit des gröfsten Teiles des Staatsaufwandes gegeben
da diese nicht nach Mafsgabe des Nutzens für die Einzelnen vergolten
werden kann, also aus der Steuerkraft der Einzelnen, damit nach Verhältnis dieser Steuerkraft aufgebracht werden mufs. Allgemeinheit und
Verhältnismäfsigkeit der Besteuerung sind mit der Steuerpflicht einerseits und mit dem Bestande der Steuerkraft anderseits überhaupt gegeben und begründet (Buch III.)

Die steuergeschichtliche Thatsache schreiender Steuerprivilegien und
grober Ungleichmäfsigkeiten kann gegen unsere Auffassung nicht angeführt werden; denn ebenso, wie die allgemeinen Prinzipien der Freiheit und der Gleichheit, sind auch die Prinzipien der Allgemeinheit und
der Verhältnismäfsigkeit der Besteuerung notwendige Ergebnisse, (vgl.
§ 35), nicht unveränderliche Urziele der Entwicklungsgeschichte des
Staates und der Volkswirtschaft.

Zur Ableitung der Grundsätze der Allgemeinheit und der Verhältnismäfsigkeit der Besteuerung bedarf es der spekulativen Begründung
durch die Gerechtigkeit überhaupt nicht. Nicht um gegen die Mitglieder
des Gemeinwesens gleiches Recht zu üben, sondern, weil jedes leistungsfähige Mitglied als solches steuerpflichtig ist und ohne Beziehung auf

eine Gegenleistung als Steuerkraft sich darstellt, ist die Allgemeinheit der Steuerbelastung nach Maßgabe der Leistungsfähigkeit begründet. Man braucht hienach beide Prinzipien nicht vom Idealhimmel der Gerechtigkeit zu holen, sie ergeben sich aus der durch die Mitgliedschaft bedingten Pflicht und aus der für gemeinnützigen Aufwand anzustrengenden Steuerkraft. Beide Prinzipien sind, ganz abgesehen von der Gerechtigkeit gegen Individuen politisch und volkswirtschaftlich gefordert, weil das Gemeinwesen und die Volkswirtschaft die möglichste Verwirklichung dieser Prinzipien zur Voraussetzung haben. Die Macht des Idealismus über die Bevölkerung leistet dem Durchdringen beider Prinzipien Vorschub, aber die Geltung der letzteren nach Maßgabe der gegebenen Voraussetzungen jeder Zeit und jedes Volkes ist doch das unaufhaltsame Ergebnis fortschreitender Entwicklung des Staates und der Volkswirtschaft, und sie werden nicht blos dem Individuum, sondern dem Staate selbst und ökonomisch der ganzen Volkswirtschaft gerecht. Ihre Geltung ist mindestens von demselben Interesse für die Steuergewalten, wie für die Steuerkräfte; denn nur bei Allgemeinheit und Verhältnismäßigkeit der Besteuerung kann der Staat im Einklang mit der Volkswirtschaft wohl gedeihen.

4. Die *„Prinzipien der Steuerverwaltung"*. Als solche werden aufgestellt: *Bestimmtheit, Bequemlichkeit, Wolfeilheit* (geringe Erhebungskosten). — Diese nach v. Hock sog. „logischen" Prinzipien sind nicht blos selbstverständlich, so daß sie nicht besonders aufgeführt zu werden brauchen. Dieselben sind auch willkürlich herausgegriffen, denn ihnen zur Seite ließen sich andere dringende Anforderungen an die Steuerverwaltung stellen, z. B. die Rücksicht auf die Sicherheit der Einhebung, die Rechtssicherheit, die Einfachheit, die Strenge der Beibringungsmittel, die Schonung notleidender Steuerkräfte u. s. w. Neben den Grundsätzen der Steuerverwaltung wären der Vollständigkeit wegen auch Grundsätze des Steuerregiments und der Steuergesetzgebung, namentlich der Steuerverabschiedung, zu formulieren.

„Logisch" ist wohl auch eine unhaltbare Bezeichnung. „Bestimmtheit" ist eine Forderung aller Rechts- und Wirtschaftsordnung, „Bequemlichkeit" ein Postulat der Staatsklugheit und der Wirtschaftlichkeit zugleich, Wohlfeilheit nur eine der Anforderungen der Wirtschaftlichkeit.

Ohne Schaden für die wissenschaftliche Steuerlehre können auch diese drei seit A. Smith fortgeschleppten Prinzipien beiseite gestellt werden. Alles, was sie ergeben, und vieles Andere, was sie vernachlässigen, kann (vgl. B. III) ohne spekulative oder konstruktive „Prinzipien" schlicht zur Geltung gelangen.

Die durchgreifende Abweichung von A. Wagner in der Lehre von den „Steuerprinzipien" soll mich nicht abhalten, mit aufrichtigstem Danke

der Anregung, die ich von ihm in der Steuerwissenschaft empfangen,
zu gedenken.

A. WAGNERS Konstruktion ist jedenfalls systematischer durchdacht und konse-
quenter verwertet, als diejenige des übrigens feinen Eklektikers HELFERICH. Der
letztere stellt (bei SCHÖNBERG 3. A., 3. Bd., S. 157 ff.) folgende zehn Anforderungen
an das Steuersystem: 1. Gerechtigkeit, 2. geringe Erhebungskosten, 3. Vermeidung
von Steuerbetrug der Steuerpflichtigen und der Steuerbeamten, 4. wenige, aber ein-
trägliche Steuern, 5. Entwicklungsfähigkeit des Ertrages, 6. möglichste Gleichmäfsigkeit des Ertrages, 7. Beweglichkeit des Ertrages, 8. Vermeidung der Störungen des
Gewerbefleifses, 9. Erzielung der Überwälzung der nach der Absicht des Gesetz-
gebens überzuwälzenden Steuern, 10. möglichst geringe persönliche Belästigung der
Pflichtigen.

§ 34. *Die Garantieen der Allgemeinheit und der Gerechtigkeit der
Besteuerung* — sind nicht in einer Urmoral oder einer Urgerechtigkeit
gelegen, sondern darin, dafs die fortschreitende Zivilisation politisch und
volkswirtschaftlich eine vollkommene Verwirklichung der Allgemeinheit
und Verhältnismäfsigkeit im untrennbaren Interesse zugleich des Staates
und der Volkswirtschaft verlangt. Es ist bereits nebenbei bemerkt worden, dafs, was von der Freiheit und Gleichheit gilt, auch von den Ideal-
prinzipien der Besteuerung gelte. Diese Ideale sind nicht unverlierbare
Uransprüche des Einzelnen, sondern unausbleibliche Ergebnisse der fortschreitenden Entwicklung, unumgänglich um des Staates, wie um der
Einzelnen willen. Es giebt nur eine einzige Garantie, wie der Freiheit
und Gleichheit im allgemeinen, so der steuerlichen „Gerechtigkeit" und
der Ausflüsse der letzteren: **die Behauptung jener Stufe staatlicher und wirtschaftlicher Zivilisation, mit welcher
Steuerprivilegien und Steuerungleichheiten unvereinbar
sind.** Auch die Allgemeinheit und Verhältnismäfsigkeit der Besteuerung
sind nicht Urforderungen, sondern Attribute der höheren Zivilisation,
nicht ewige naturrechtliche Prinzipien, sondern Ergebnisse der fortschreitenden sozialen Entwicklung. Mit je stärkeren Kräften der kollektive
Daseinskampf geführt werden mufs, desto unerläfslicher wird die Erfassung aller Steuerkräfte im Verhältnis ihrer Leistungsfähigkeit.

Die historische Veränderlichkeit des Inhalts der Allgemein-
heits- und Gleichmäfsigkeitsforderung ist genau mit der obigen Begründung gegeben, und A. WAGNER hat mich nicht überzeugt, wenn er u. a.
auch gegen mich bemerkt: „Hier gilt es meines Erachtens gerade eine
historische Anschauung in die Beweisführung hinein zu tragen und demgemäfs zu zeigen, dafs die ‚gerechte Steuerverteilung' sich notwendig
ändert mit den Rechtsgrundlagen der Volkswirtschaft und der Gesellschaft
und mit der Beurteilung dieser Grundlagen im Volksbewufstsein. Die
‚Gleichmäfsigkeit' der Besteuerung wird deshalb anders verstanden in
der ‚ständischen', anders in der ‚staatsbürgerlichen', anders
in der beginnenden ‚sozialen' Epoche des Steuerwesens, und ganz

folgerichtig. Nur bei dieser Auffassung lassen sich die endlosen Strei-
tigkeiten über proportionale und progressive, gleiche oder verschiedene
Besteuerung des fundierten und nicht fundierten Einkommens, Steuerfreiheit des ‚Existenzminimums‘, indirekte Verbrauchs-, Kapital-, Erbschaftssteuern u. s. w. überhaupt schlichten: weil nur so die getroffene
Entscheidung auf die Prinzipien der Rechtsordnung zurückgeführt
wird. Bei dem bisherigen Verfahren der Beweisführung überzeugt
ja auch niemand den andern, und Behauptung steht gegen Behauptung, z. B. daſs nur die proportionale oder nur die progressive Besteuerung die ‚gleichmäſsige‘ sei, die alle wollen“. Dieser Auffassung
wird ja eben meine obige Begründung gerecht. Der Inhalt, welchen
jedes Zeitalter dem Prinzip der „Gerechtigkeit“ wie demjenigen der
Sittlichkeit entnimmt, ist sehr verschieden. A. Wagner selbst nennt
deshalb die Gerechtigkeit einen „historischen Begriff“. Eben deshalb
wird aber nicht aus dem „Prinzip“ der Gerechtigkeit, sondern aus den
eigenartigen staatlichen und volkswirtschaftlichen Voraussetzungen jeder
Periode für den Steuerbedarf und für die Befriedigung des Steuerbedarfes
die historische richtige Besteuerung sich gewinnen, dem Ideal der historisch geforderte Inhalt sich geben lassen.

Allgemeinheit und Verhältnismäſsigkeit könnten ebensogut wie aus der Gerechtigkeit, aus dem aristotelischen Prinzip der verhältnismäſsigen Gleichheit
(„Gleichen gleich, Ungleichen ungleich“ — ἴσοις ἴσως, ἀνίσοις ἀνίσως) abgeleitet
werden; denn hiernach ist, wer steuerfähig ist, allgemein auch steuerpflichtig, und
wer ungleich ist, nach dem Unterschied der Steuerkraft ungleichpflichtig.
Allein auch diese „prinzipielle Begründung“ hätte keinen festen Boden. Allgemeinheit und Verhältnismäſsigkeit in der Besteurung wie Gleichheit und Freiheit,
sind und bleiben nur allmählich gewinnbare Ergebnisse, aber notwendige Ergebnisse
der fortschreitenden Entwicklung. Selbst der spekulativen Philosophie ist diese Entwicklung nicht entgangen, obwohl sie ihr als Paradoxie erschien. Kant war betroffen von der Wahrnehmung der Parodoxie der Thatsache, daſs der geschichtliche
Weg der Freiheit durch die Unfreiheit hindurchführt (Ges. W. VII, 1. 153). „Im
Gang menschlicher Dinge ist, wenn man ihn im groſsen betrachtet, fast alles paradox.
Die Regierung findet endlich es ihr selbst zuträglich, den Menschen, der nun mehr
als Maschine ist, seiner Würde gemäſs zu behandeln u. s. w.“
Bei genauer Betrachtung ist jedoch hieran nichts, was paradox wäre. Die
noch erträgliche, sagen wir relative Unfreiheit und relative Ungleichheit kann sich
so lange erhalten, bis die Lebenserhaltung infolge der Wirkungen der natürlichen
Auslese höhere Kraftansprüche, d. h. freiere und allgemeinere Anspannung der Kräfte,
sowie Erweckung und Verwendung aller Tüchtigen ohne Unterschied verlangt. Erst
wenn dieser Zeitpunkt eingetreten ist, wird die bisherige Ordnung unerträglich, aber
auch unhaltbar. Der Emanzipationskampf beginnt, und alle an der Kollektiverhaltung
beteiligten Elemente: Machthaber, idealistische Reformatoren mit den Unterdrückten
zusammen arbeiten für ein höheres Maſs relativer Freiheit und Gleichheit. Die
Freiheit und die Gleichheit ist daher keine konstante, sondern eine variable, entwicklungsgeschichtlich wechselnde Gröſse. Genau dasselbe gilt von der Gradation
der Sittlichkeit und der Gerechtigkeit, von der Allgemeinheit und Verhältnismäſsigkeit der Besteuerung.

6. Kapitel. **Die Elemente der Steuerorganisation und die
Elementarvorgänge des Besteuerungsverfahrens.**

I. Die Elemente der Steuerorganisation.

§ 35. 1. *Die subjektiven Elemente: Steuergewalten und Steuerkräfte.*
Als subjektive Elemente der Steuerorganisation stellen sich dar:

aktiv die Steuergewalten,

passiv, die zur Besteuerung gezogenen Einzelwirtschaften.

Die letzteren treten als konstitutive Elemente der Steuerorganisation
in dreifacher Eigenschaft auf:

als Steuerpflichtige (Steuerzahler) oder sogen. Steuersubjekte,

als Steuerträger, auf welche die Steuerlast fällt,

als Steuerzahler und Steuerträger zugleich.

Die steuerleistungsfähigen Einzelwirtschaften heifsen
wir Steuerkräfte. Die Steuerkräfte sind im Sinne normaler Steuergesetzgebung bestimmt (destiniert), wirkliche Träger der Steuerlast
zu werden; sie sind daher als die Steuerträger nach der Absicht des
Gesetzes auch Steuerdestinatäre genannt worden.

Nicht immer „destiniert" das Steuergesetz die effektiven Steuerkräfte, und anderseits werden die vom Gesetz zur Tragung der Steuerlast bestimmten Kräfte auch bei effektiver Steuerkraft nicht zu wirklichen Trägern der Steuerlast, da es ihnen häufig gelingt, wider den
Gesetzwillen eine vom Gesetzgeber beabsichtigte Zuwälzung abzu-
wenden oder eine vom Gesetzgeber nicht gewollte Abwälzung dennoch zu
Stande zu bringen.

Das Grundproblem der Besteuerung ist: durch das Steuersystem
den Steuerertrag den Steuergewalten im Verhältnis der
öffentlichen Aufgaben, wozu die Gewalten bestellt sind, die
Steuerlast aber den Steuerkräften auf Grund der Steuerpflicht nach Mafsgabe der wirklichen Leistungsfähigkeit
zuzuscheiden.

Die Steuergewalt, die Steuerpflicht, die Steuerkraft, die
Steuerlast, die Anlegung des Steuersystems auf die verhältnismäfsige Zuteilung der Steuerzuständigkeit an die Steuergewalten und der
Steuerlast an die Steuerkräfte bilden daher die Fundamentalgegen-
stände der Steuertheorie (vgl. Buch III, Abschn. 1).

Organe der Steuergewalt sind nicht blofs die Steuerbehörden,
als solche treten auch Einzelwirtschaften auf, sofern diese der Steuergewalt als Hebeorgane dienen, und die Steuerbeträge vorschufsweise
zahlen, um sie im Sinne des Steuergesetzes selbst auf die Steuerdestinatäre überzuwälzen. In ihnen löst sich der Steuerzahler vom Steuerdestinatär und effektiven Steuerträger los. Der Steuerzahler ist in
dieser Eigenschaft als Steuernachnehmer wesentlich Steuerein-

nehmer, öffentliches Hebeorgan auf eigene Rechnung und Gefahr. Er
braucht nicht eine steuerkräftige, sondern eine vorschufs- und über-
wälzungskräftige Einzelwirtschaft zu führen.

Die Steuerhebepflicht ist in der Staatsmitgliedschaft gegründet (§ 64)
gleich der Wehrpflicht oder Selbstverwaltungspflicht u. s. w.

Die Bezeichnung Steuersubjekt ist für den blosen Steuerzahler, gleichviel ob er auch Steuerträger wird oder nicht, sprach-
üblich geworden.

§ 36. 2. *Die objektiven Grundlagen der Steuerkraft oder die „Steuerquellen“, je im direkten und indirekten Verfahren.* — Als diese Grundlagen erweisen sich die Vermögen, d. h. die Fonds sämtlicher Sachgüter,
über welche die steuerpflichtigen Steuerkräfte verfügen, und zwar für
die Regel innerhalb des Ausmafses der periodisch neu zugehenden
Güterbestände, oder des Einkommens (§ 116), da andernfalls der Vermögensstamm sich erschöpfen, die Steuerkraft also nicht nachhaltig
erhalten bleiben würde. Aus diesen Mitteln werden die Steuerbeträge
geschöpft, und daher heifsen die objektiven Grundlagen der Steuerkraft,
Vermögen und Einkommen, auch die Steuerquellen.

Die Steuerquellen können in zweierlei Weise angefafst werden, entweder unmittelbar, sei es im ganzen, sei es in der Summe der
Teile des Vermögens und des Einkommens, oder mittelbar ohne quantitative Ermittelung der Quelle — durch Belastung bestimmter Vermögensbestandteile, Vorgänge, Handlungen, aus welchen sich auf eine
qualitativ fafsbare Leistungsfähigkeit schliefsen läfst.

Steuerobjekt ist daher nur bei den unmittelbaren oder direkten
Steuern das Vermögen oder Einkommen selbst; Vermögensobjekte
aber sind unmittelbar auch andere Gegenstände.

Der gröfsere Teil der Steuern ergreift die Steuerquellen wirklich
nur mittelbar in einzelnen Vorgängen der Entstehung und der
Verwendung des Vermögens oder des Einkommens bei jenen Steuersubjekten, welche in diesen Vorgängen handelnd oder leidend auftreten.

Die Steuergewalten, die Steuerkräfte und die Steuerquellen werden
im dritten Buche dieses Werkes eingehender Erörterung unterzogen werden.

Das Steuerobjekt ist auch bei den direkten Steuern nicht notwendig das ganze Vermögen oder Einkommen als Gesamtgröfse. Auch
einzelne Vermögensbestände und Einkommenszweige der Steuerkräfte
können zum Gegenstande der Besteuerung gemacht werden und sind
steuergeschichtlich zuerst hierzu gemacht worden; die hieraus leicht
hervorgehenden Besteuerungsfehler werden nähere Erörterung in der
Ausführung über die sogenannten Ertragssteuern finden. Bei anderen
Hauptgattungen von Steuern, welche die besondere Steuerkraft offenbarenden Vorgänge oder Steuerobjekte ergreifen, ist die Gesamterfassung der Steuerquellen *eo ipso* ausgeschlossen.

II. Die Elementarvorgänge des Besteuerungsverfahrens.

§ 37. *Das einheitliche Gesamtverfahren der Besteuerung* — ist eine
Kombination unmittelbarer und mittelbarer Anfassung der
Steuerquellen. Beiderlei Anfassungsweisen müssen in allerlei einer jeden
Steuerart eigentümlichen Kunstgriffen zusammenwirken, um die volle
Leistungsfähigkeit sämtlicher Steuerkräfte verhältnismäfsig zu erreichen.
Diese Grundverzweigung des Gesamtverfahrens stellt sich als die rich-
tigste Gliederung des Steuerwesens für S t e u e r t h e o r i e und S t e u e r -
p o l i t i k dar.

In dem einen Verfahren ermittelt man die Steuerquellen unmittelbar,
entnimmt die Steuer den Steuerquellen oder bestimmt ermittelten Bestandteilen des Einkommens und Vermögens, beziehungsweise den Erträgen, sei es, dafs man ihren Wert selbst ermittelt, sei es, dafs man
sie als durch die Existenz der steuerpflichtigen Person vorhanden und
gegeben annimmt. Das indirekte Steuerverfahren erfafst dagegen die
Steuerquellen und ermittelt (katastriert) sie nicht unmittelbar, sondern
nur mittelbar, d. h. aus Anlafs g e w i s s e r T h a t s a c h e n und V o r -
g ä n g e d e r E n t s t e h u n g und d e r V e r w e n d u n g e i n z e l n e r V e r -
m ö g e n s - und E i n k o m m e n s t e i l e, nämlich aus Anlafs solcher Thatsachen und Vorgänge, welche auf Steuerfähigkeit hinweisen. Bei der
indirekten Besteuerung sind die beiderlei Steuerquellen, obwohl letztere
auch die indirekten Steuern zu bestreiten haben, doch niemals das unmittelbare Steuerobjekt selbst.

Die Thatsachen und Vorgänge, welche als Offenbarungen besonderer Leistungsfähigkeit das Objekt der indirekten Steuern bilden, sind
teils Thatsachen und Vorgänge der B e r e i c h e r u n g, und zwar:

1. der Bereicherung, welche a u f s e r h a l b des wirtschaftlichen Erwerbes durch F u n d, G l ü c k s z u f a l l, Erbschaft stattfindet (Bereicherungssteuern ohne anerkannten gemeinsamen
Namen: An- und Zufallssteuern),

2. Thatsachen und Vorgänge, aus welchen besondere Bereicherung aus dem Verkehre, aus Rechtsgeschäften verschiedenster Art hervorgeht, sofern solche auf Zuwachs an der
Steuerfähigkeit schliefsen lassen: V e r k e h r s s t e u e r n, mit
eigentümlichen Erhebungsweisen;

teils sind es Thatsachen und Vorgänge der Verwendung — K o n -
s u m i e r u n g — von Vermögens- und Einkommensteilen: K o n s u m -
s t e u e r n, welche, je nachdem sie Gebrauchsgüter oder Verbrauchsgüter
betreffen, weiter

in G e b r a u c h s - und in V e r b r a u c h s s t e u e r n
auseinander gehen.

Den Unterschied der direkten und der indirekten Besteuerung sehen
wir für fundamental an und halten ihn für die Theorie der Steuerlehre

wie für die Richtung der Steuerpolitik als maßgebend fest. Die gegen
diese Grundunterscheidung neuerdings erhobenen Einwendungen erscheinen uns gänzlich unstichhaltig.

Dem Unterschied der direkten und indirekten Besteuerung ist jedoch ein besonderer Abschnitt zu widmen. Vorläufig sei nur bemerkt,
daß die beiderlei zusammengehörigen Einsteuerungsweisen n i c h t b l o s
d u r c h B e l a s t u n g e n, s o n d e r n n i c h t m i n d e r d u r c h F r e i l a s -
s u n g e n ihrem gemeinsamen Zwecke zu dienen haben.

Beiderlei Steuern werden entweder von den Organen der Staatsgewalt selbst veranschlagt, vorgeschrieben und eingehoben (S t e u e r -
r e g i e) oder die Einsteuerung kann im Auftrage der Steuergewalt durch
dritte Hand erfolgen, sei es durch öffentliche Organe, sei es durch Private.

Die mit der Einsteuerung betrauten öffentlichen Organe sind im
letzteren Falle bald die Gemeinden für die weiteren Kommunalverbände
und für den Staat, was steuergeschichtlich besonders bei den direkten
Steuern vorkommt, bald der Staat für die Gemeinden, bald die Gliedstaaten für das Reich, bald das Reich für die Gliedstaaten — alles in
mancherlei Modalitäten und Abwandlungen.

Die an Private übertragene Besteuerung tritt — trat — hauptsächlich als S t e u e r p a c h t und vorwiegend in der indirekten Besteuerung auf.

§ 38. *Die einzelnen Elementarvorgänge des Steuerverfahrens.*
— Bei j e d e r e i n z e l n e n Steuergattung folgen drei Vorgänge auf
einander:

a. die Ermittlung der Steuersubjekte und der Steuerobjekte nach
   ihrem Bestande und nach ihrer steuerlichen Beschaffenheit — die
   S t e u e r v e r a n l a g u n g, S t e u e r e i n s c h ä t z u n g, E r f o r -
   s c h u n g d e r S t e u e r o b j e k t e,

b. die S t e u e r b e m e s s u n g bis zur V o r s c h r e i b u n g der Steuerschuldigkeit,

c. die E i n h e b u n g der Steuerschuldigkeiten.

§ 39. 1. D i e V e r a n l a g u n g. — Die Ermittlung und Festhaltung
der Steuer s u b j e k t e erfolgt durch die Aufstellung und Richtigerhaltung
(Evidenzhaltung) der „Steuerlisten" und der S t e u e r r o l l e n.

Die Ermittlung und Festhaltung der Steuer o b j e k t e erfolgt in verschiedener Weise, je nachdem Vermögen und Einkommen im ganzen
bezw. einzelne Vermögens- und Einkommensteile unmittelbar oder aber
mittelbar in gewissen, die Steuerfähigkeit offenbarenden Vorgängen der
Entstehung und Verwendung der Vermögens- und Einkommenssubstanzen,
von der Besteuerung angefaßt werden.

Im einen Falle, welcher wesentlich jedoch nicht ausschließlich für die
direkten Steuern zutrifft, werden die Steuerquellen, d. h. das Gesamtvermögen und Gesamteinkommen oder die einzelnen Bestandteile des
Vermögens und des Einkommens, thunlichst nach der Wertgröße er-

mittelt und in periodischer Berichtigung eingeschätzt. Das heifst: es
findet Registrierung der Steuerobjekte, capita, (vgl. B. III. 2. Hauptab-
teile) „Katastierung" — so genannt nach dem capitationis regis-
trum (abgekürzt Kataster) der römischen Grundsteuer — statt. Die
Ergebnisse werden in das Steuerkataster eingetragen. Die Ermittelung
erfolgt entweder durch die Steuerbehörde ausschliefslich oder unter Mitwirkung der Steuersubjekte (Deklaration u. s. w.).

Im anderen Falle, welcher wesentlich, jedoch nicht ausschliefslich
für die indirekte Besteuerung zutrifft, werden die auf Steuerfähigkeit
hinweisenden persönlichen Thatsachen sowie Vermögens- und Einkom-
mensvorgänge ermittelt und von allen übrigen Erscheinungen der Bildung
und Verwendung von Vermögen und Einkommen geschieden erhalten.
Dies geschieht durch umfassende Beobachtung der das Steuerobjekt bildenden persönlichen Thatsachen mit Hilfe von Urerzeugungs-, Fabri-
kations-, Handels-, Transport- und Lagerkontrollen. Eine
besondere Bezeichnung dieser zweiten Art der Ermittlung und Festhaltung der Steuerobjekte fehlt leider. Wir gebrauchen dafür im Gegensatz zur Katastierung gelegentlich den Ausdruck: Kontroll-Ermitte-
lung oder Objekterforschung.

In beiden Fällen zwingt die Steuergewalt, sofern das Steuerobjekt
nicht von selbst evident ist, die Steuersubjekte in den Dienst der Steuerverwaltung, indem sie die Pflicht des „Selbstbekenntnisses", der „Deklaration", der Steuerbuchung, der Registrationsanmeldung, der Aufklebung der Steuerwertzeichen u. s. w. auferlegt.

Dieser Zwang zur Mitwirkung der Steuersubjekte wird teils durch
die Wirkung der Steuerhinterziehungsstrafen, teils durch die
Bedrohung der Rechtssicherheit der nicht zur behördlichen Ein-
registrierung gelangten Rechtsgeschäfte durchgesetzt.

Zu bemerken ist, dafs bei den durch den Klebe- und Ver-
packungs (Kontroll)-Zwang vollzogenen Steuern die Steuersubjekte
nicht blos die Ermittlung durch Selbstbekenntnis, sondern auch die beiden anderen Stadien der Verwaltung, die Steuerbemessung und die
Steuereinhebung unter blofser Kontrolle vollziehen, demnach als
Haupt- und Hilfsorgan des Steuerverfahrens nach dessen ganzem
Umfange wirksam werden.

Die Steuerliste verzeichnet übersichtlich die ermittelten Steuersubjekte. Bei den direkten Steuern ist die Bildung der Steuerliste
ganz unerlässlich. Eine Steuerliste wird auch nötig für die Gebrauchssteuern, welche ständig und jährlich wiederkehrend von den Nutzniefsern
dauerhafter Gebrauchsgegenstände (Wohnungen, Wagen, Hunde u. s. w.)
erhoben werden. Die Steuerliste fällt aber fort, wo das Steuersubjekt
gar nicht beständig ist, also bei den meisten indirekten Verbrauchssteuern und Gebühren. Es lohnt sich die Mühe einer Steuerliste nicht

mehr, wo die Steuer vereinzelt und abwechselnd trifft. Die Ermittlung geht hier in der Objektforschung oder in den Hilfsakten der Behörden auf.

Das *Kataster* hat zur Aufgabe die Entwicklung und Bewertung der Steuerquellen als ständiger, unmittelbarer Steuerobjekte. Die Katastierung gipfelt in der Ermittlung des „Steuerkapitals", d. h. des steuerbaren Wertbetrages der Objekte direkter Besteuerung, sei es des Ertragswertes und Einkommenswertes, was das Ertrags- und Einkommenskataster ergiebt, sei es des Kapitalwertes, was die Wertkataster ergiebt. Durch Kapitalisierung der steuerbaren Ertrags- und Einkommensgröfsen kann man die Ertragskataster, z. B. die Lohnsteuerkataster, rechnerisch in Wertkataster verwandeln.

Die Rendements der indirekten Besteuerung. Bei der Verbrauchsbesteuerung findet man die gesetzliche Annahme bestimmter Ausbringen, die Rendements, basiert auf die „mittlere Leistungsfähigkeit" jener Apparate und jener Materialien, mit und aus welchen Verbrauchssteuergegenstände erzeugt werden. Durch diese auf objektive Merkmale gestützte Mutmafsung der Gröfse des Steuerobjektes charakterisieren sich die sogenannten pauschalierten Verzehrungssteuern; alle Mängel der letzteren wurzeln in der Verdrängung der wirklichen durch mutmafsliche Mengen und Werte. Beispielsweise wird das verarbeitete Materialquantum an Rüben nicht gewogen, sondern das Ausbringen aus der Leistungsfähigkeit der Saftpressen und Diffusionsbatterien gemutmafst. Ähnliches kommt in der Branntweinbesteuerung vor, wo der Rauminhalt der Gähr- und Brenngefäfse als Grundlage der Pauschalierung dient.

§ 40. *Fortsetzung. 2. Die Steuerbemessung und Steuervorschreibung.* — Der Mafsstab der Steuerbemessung heifst bei den (in unserem Sinne) direkten Steuern Steuerfufs, bei den (in unserem Sinne) indirekten Steuern Tarifsatz.

Eine gemeinsame Bezeichnung für Steuerfufs und Tarifsatz steht nicht fest. Der Name „Steuersatz" wird wohl oft im Sinne einer gemeinsamen Bezeichnung beider verstanden, bedeutet aber auch den Steueransatz, den durch die Steuervorschreibung angesetzten Betrag der Steuerschuldigkeit.

Der Steuerfuss ist ein bestimmter Quotient der „Bemefsungsgrundlage", gleich x Procent des Ertrages, des Einkommens, des Wertes der sogen. „Steuereinheit". Der Tarif setzt nach Stück, Gewicht, Wertabstufung die von den Steuerobjekten zu entrichtenden „Sätze" fest.

Der Steuerfufs der direkten Steuern kann nur einen geringen Prozentsatz des Wertes der Steuerquelle erreichen, wenn er nicht die Existenz der Steuerträger in Frage stellen soll. Der Tarifsatz der indirekten Angaben kann den Wert des einzelnen Objektes ums Vielfache über-

steigen, ohne hierdurch die Steuerquelle übermäßig zu belasten. Die
Folgerungen aus diesem Unterschied werden weiterhin entgegentreten.

Vorläufig genüge es, nachdrücklich hervorzuheben, daß der Steuerfuß der direkten mit dem Tarif der indirekten Steuern nicht verwechselt
werden darf. Ersterer hat eine bestimmte quantitative Beziehung auf
den Wert und die Quantität der Werte der Steuerquelle, dieser sieht
quantitativ von der Steuerquelle ab, wie die indirekte Steuer selbst, und
wird auf Einheiten der einzelnen Steuerobjekte mit einem für jede
indirekte Steuerart besonderen Wertbetrag ausgeworfen.

Was den Steuerfuß der direkten Abgaben betrifft, so ist zwischen
Quoten- und Umlage- (Kontingentierungs)-Besteuerung zu unterscheiden. In einem Falle ist der Steuerfuß als Prozent (Quote) des Wertes
der Steuerkapitale bestimmt, und der Steuerhauptertrag ist das Unbestimmte und Wechselnde. Im anderen Falle ist der Steuerhauptertrag
(Hauptkontingent) fixiert und die Quote, womit der Wert des Steuerkapitals
getroffen wird, stellt sich erst durch Umlegung der Betreffe (Kontingente)
auf die Steuerobjekte fest, sie ist veränderlich. Steuern der ersteren
Art nennen wir Quotitätssteuern, Steuern der zweiten Art kontingentierte, repartierte, umgelegte Steuern (Umlagen).

Die sogen. Kontingentierung kommt hauptsächlich bei den direkten
Steuern vor auf Grund der Kataster. Sie ist aber auch bei den Verbrauchssteuern möglich durch Vereinigung der verbrauchssteuerpflichtigen
Produzenten oder Händler zu einer Steuergenossenschaft.

Steuerfuß und Steuertarif stehen entweder im einfachen Verhältnisse
zum Wert der Steuerobjekte, was die Proportionalbesteuerung ergiebt,
oder sie nehmen progressiv zu bezw. degressiv ab, was die Progressiv- bezw. Degressivbesteuerung ergiebt.

Die progressive Bemessung kann stattfinden entweder direkt durch
Anschwellen des Prozentsatzes von 1 auf 2, 3, 4 u. s. w. Prozent vom
Werte des Steuerobjektes oder durch Anschwellung des Quotienten
der Steuerkapitalisierung, indem etwa vom ersten Tausend Einkommen oder Vermögen ein Fünftel, vom zweiten zwei Fünftel, vom
dritten fünf Fünftel zum Steuerkapital gezogen werden, oder endlich
durch Staffelung des Steuerkapitals: 20—60 M. zahlen 1, 60—120 M.
zahlen 3 M. u. s. w.

Sehr bemerkenswert ist die Teilung des Steuerkapitals in Staffeln
behufs Anlegung des Progressivprozentes: für das erste Tausend
½ Proz., für das zweite Tausend 1 Proz., für das dritte Tausend 2 Proz.
u. s. w. Hierbei zahlen auch die grossen Einkommen und Vermögen für
die Anfangsstufen das niedrigere Prozent. Man verhütet damit starke
Sprünge in der Zunahme der Belastung. Die Steuerzahler erhalten bei
dieser Modifikation weit geringeren Anreiz zur Defraudation. Bei der
Staffelung der Prozentualprogression zahlt das Steuersubjekt für die

Niedrigstbeträge immerfort den niedrigeren Satz, auch wenn es den Höchstbetrag bekennt.

Die verschiedenen Progressivsteuern lassen den Steuerfufs entweder perzentual allmälig oder in Absätzen — Klassensätzen, Skalastufen — des Objektwertes auf- oder absteigen. Darnach sind Perzentual- und klassifizierte (bezw. Skala-) Steuern zu unterscheiden. Die letztere Abstufung empfiehlt sich bei summarischer Einsteuerung zu rascher Berechnung.

Steuerfufs und Steuertarif werden auf die sogen. „Bemessungsgrundlage" aufgesetzt, welche durch die vorausgegangenen Arbeiten der Ermittelung der Steuersubjekte und der Steuerobjekte bereits geschaffen, als Gütermenge oder als Wertgrösse gegeben ist. Diese Grösse braucht nicht in ihrem Gesammtbetrage der Berechnung zu Grunde gelegt zu werden, die Berechnung kann auch für die „Steuereinheiten", deren Summe die Bemessungsgrundlage ist (Werteinheiten, Einheiten der Betriebsmerkmale u. s. w.), geschehen.

Der durch Anwendung des Steuerfufses oder Tarifsatzes auf die Bemessungsgrundlage sich ergebende Geldbetrag ist es, worin für die Regel die Steuerschuldigkeit als einfache Steuer (Simplum) besteht; doch wird auch so verfahren, dass der einfache Satz im allgemeinen Steuergesetz normiert ist, im Jahres-Finanzgesetz jedoch das Mehrfache oder ein Bruchteil des Simplums periodisch als Steuerhöhe bestimmt wird.

Das zwischen der Steuerbehörde und dem Steuersubjekt vereinbarte Steuer-Pauschquantum heifst wohl auch der Steuer-Accord.

Zur Steuervorschreibung gehört auch die im Gesetz begründete Ansetzung der Steuerzahlungs-Termine mit der Gewährung einer Kreditierung der Steuerschuldigkeiten für bestimmte Zeit und einen bestimmten Steuerbetrag — Steuerkredit (vergl. Buch III, 2. H. A.).

Über die praktische Bedeutung des Unterschiedes der Quotitäts- und der Repartitionsbesteuerung, sowie des Unterschiedes der Wert- und der Gewichts (bezw. Stück)-Tarifierung s. unsere „Steuern, besonderer Teil", teils bei den direkten Steuern, teils bei den Zöllen.

§ 41. 3. *Die Steuereinhebung und Steuerentrichtung.* — Die Steuereinhebung erfolgt entweder direkt durch die Einziehung (Einzahlung) der Steuerschuldigkeit an die Steuerkassen, unmittelbare Entrichtung oder mittelbar durch dritte Hand.

Die mittelbare Einhebung erfolgt bei den direkten Steuern durch Stellvertretung, indem etwa Ortsgemeinden für die weiteren Kommunalverbände und für den Staat den Steuereinzug übernehmen. Bei den indirekten Steuern erfolgt häufig mittelbare Einziehung. Durch die Vorschrift der Anbringung und Kassierung von Steuerwertzeichen, welche der Steuerpflichtige zuvor bezahlt hat (Stempelentrichtung).

Bei direkter Besteuerung erfolgt mehr unmittelbare Erhebung, da das Steuerobjekt für die Steuergewalt mehr unmittelbare Erkennbarkeit besitzt.

Die Steuerentrichtung erfolgt ferner entweder durch den Steuerträger selbst, was bei den direkten Steuern sachgemäß ist, oder durch einen Dritten, welcher die Steuer vorschußweise leistet, um sie auf Dritte als endgültige Steuerträger überzuwälzen (Tragsteuern — Vorschußsteuern).

§ 42. *Offizialeinsteuerung — Selbsteinsteuerung, Isolierung — Konzentration des Steuerverfahrens.* — In allen drei Hauptstadien der Besteuerung wirken die Steuergewalten und die Steuerpflichtigen irgendwie zusammen, und ist der Steuerpflichtige zugleich mehr oder weniger Organ der Steuergewalt. Doch findet dieses in verschiedenem Verhältnisse statt. Innerhalb der indirekten Besteuerung wird der Pflichtige stärker herangezogen, z. B. in der Stempelbesteuerung zur Veranschlagung, Bemessung und Einhebung zugleich, und dies ist die notwendige Folge des geringeren Grades der Ersichtlichkeit des Steuerobjektes für die Steuergewalt.

Auf dieselbe Ursache führt ein anderer Grundunterschied der beiden Zweige des Steuerverfahrens zurück: die Vereinzelung in der Anfassung der Objekte der meisten direkten Steuern von heute und die möglichste Konzentration in der Anfassung der Objekte gewisser indirekter Steuern.

Die Objekte der direkten Besteuerung sind die Steuerquellen selbst oder doch einzelne Hauptbestandteile der letzteren; sie müssen in der Veranlagung für jeden Steuerdestinatär abgesondert erfaßt werden, eine Zusammenfassung ganzer Gattungen unbekannter Steuerdestinatäre, wie etwa bei den Vorschuß-Konsumsteuern, ist nach der Natur der Sache ausgeschlossen. Umgekehrt heischt namentlich bei den vorgeschossenen Konsumsteuern die Schwierigkeit und Kostspieligkeit der Ermittelung der Steuerträger, daß die letzteren für dieselbe Gattung von Steuerobjekten zusammen getroffen werden, indem das Steuerobjekt noch vor seiner Zerstreuung in den Konsum — zur Zuwälzung der Steuer im Preise an die Konsumenten — der Besteuerung unterzogen wird. Hierauf beruht die Erhebung an der Grenze und vor den Stadtthoren (Zölle, Thorsteuern), die Binnenabfertigung im Zolllager, die Gesamterfassung mittels des Steuermonopols, die Besteuerung beim Urproduzenten nach der Crescenz, beim Händler nach den Lagerbeständen, bei den Fabrikanten nach dem verarbeiteten Material oder nach dem Vorrat an Fabrikaten. Hierdurch ergiebt sich eine lediglich dem Steuerverfahren angehörige Mannigfaltigkeit in der Steuerklassifikation: Zölle, Thorsteuern, Produktionssteuern (Arealsteuern, Rohproduktsteuern), Lagersteuern, Fabrikatsteuern, Monopolsteuern u. s. w.

Übrigens fehlt die Konzentration des Einsteuerungsverfahrens auch bei der direkten Besteuerung nicht. Dieselbe findet z. B. bei der Regulierung der neueren Kapitalrentensteuer zur Kouponssteuer statt und empfiehlt sich in Zeiten dünner Bevölkerung und schwieriger Steuerquellenermittelung in der Gestalt des Steuervorschusses der Gemeinden an den Staat mit Umlegung der abgeführten Steuergesamtsumme auf die ortsangehörigen Steuerpflichtigen.

Umgekehrt fehlt die Isolierung nicht bei der in unserem Sinne indirekten Besteuerung; sie kann stattfinden bei den Luxus-Gebrauchssteuern, welche als Tragsteuern (§ 48) reguliert werden können. Die isolierende Einsteuerung ist überhaupt unerläßlich bei allen jenen in unserem Sinne indirekten Steuern, deren Objekte keine thatsächliche Zusammenfassung erfahren, z. B. bei den meisten Verkehrssteuern, obwohl auch diese (z. B. der Effektenstempel) unter Buchungszwang-Kontrolle konzentriert, sogar pauschaliert werden können.

Terminologische Schlusszusammenfassung. — Aus den Erörterungen des gegenwärtigen Kapitels haben sich folgende Unterbegriffe der Steuertheorie und der Steuerpraxis ergeben:

Steuergewalt, Steuerkraft, Steuersubjekt (Steuerpflichtiger), Steuerzahler, Steuerträger bezw. Steuerdestinatär, Steuerquelle, Steuerobjekt, Steuerliste, Steuerkataster, Heberolle (Heberegister), Bemessungsgrundlage, Steuerfuß, Steuertarif, Steuerschuldigkeit (Steuersatz, Steueransatz).

VOCKE, ein hervorragender Verwaltungsmann, definiert a. a. O.:

Steuerfuß ist das Verhältnis zwischen der Höhe der Steuer und deren Bemessungsgrundlage. Er kann in Prozenten des Ertrags oder Einkommens ausgedrückt sein, oder in anderen Bruchteilen der Steuereinheit z. B. in Pfennigen von der Mark, in Pence vom Pfd. Sterl. des Einkommens oder Ertrags; bei der Vermögenssteuer in der Regel in Tausendsteln (pro Mille). Bei der Ertragsbesteuerung nach Merkmalen besteht der Steuerfuß in einer Geldeinheit (bestimmte Anzahl von Pfennigen) gegenüber einer Einheit der Bemessungsgrundlage, z. B. bei der Gewerbesteuer für einen Gehilfen, bei der Grundsteuer für die aus der Flächeneinheit und Bodengüte sich berechnende Steuereinheit.

Steuereinheit ist die Einheitszahl des Gegenstandes, nach welchem die Steuer berechnet wird, insbesondere also die Normalmünze z. B. die Mark, die Krone, das Pfd. Sterl. oder eine gewisse Summe derselben, wie 100 Mark u. s. w. Aber auch andere Dinge kommen aushilfsweise als Steuereinheiten vor, namentlich bei den Ertragssteuern die Einheiten der Betriebs- oder Ertragsmerkmale. Sie kann alsdann selbst eine zusammengesetzte, berechnete Größe aus zusammenwirkenden Faktoren sein, wie soeben für die Grundsteuer erwähnt wurde, nämlich aus der Flächeneinheit (Hektar, Tagwerk, Morgen) und der Bodengüte (Bonitätsklasse), und heißt dann Verhältniszahl oder dgl.

Die **Bemessungsgrundlage** ist, wie die Bezeichnung schon sagt, der Rechnungsfaktor des einzelnen Falles — gegenüber den allgemeinen Faktoren der Steuereinheit und des Steuerfußes — bei der Berechnung der Steuer und besteht in der Gütermenge oder Wertgröße, welche sich aus der Summe der Steuereinheiten im einzelnen Falle zusammensetzt.

Aus der Steuereinheit, dem Steuerfuß und der Bemessungsgrundlage berechnet sich zunächst die **einfache Steuer** (Steuersimplum), welche in der Regel so, wie sie ist, die wirkliche Steuer bildet und zur Erhebung kommt. Öfters wird aber auch diese einfache Steuer nur als Normal- oder Minimalsatz vom Steuergesetz bestimmt und dem jeweiligen Finanzgesetz vorbehalten, anzuordnen, wie vielmal die einfache Steuer zu erheben ist. Dabei ist es im wesentlichen einerlei, ob die Vervielfältigung an der Steuereinheit oder an der Bemessungsgrundlage oder an der einfachen Steuer vorgenommen wird. In der Sache selbst ist eine solche Vervielfältigung immer die genauere Bestimmung des Steuerfußes. Auch die Anordnung von Steuerzuschlägen ist im wesentlichen nichts anderes, als eine Erhöhung des Steuerfußes in einer leichter beweglichen und erkennbaren, daher bequemeren Form.

Steuersatz ist die wirklich zur Erhebung kommende Steuer, entweder für die Steuereinheit oder für die ganze Bemessungsgrundlage. Es ist nicht rätlich, diesen Ausdruck mit dem „Steuerfuß" zu vermengen, und entspricht nicht dem Sprachgebrauch. Das Gesetz bezeichnet oftmals nicht den Steuerfuß ausdrücklich, sondern nur den Steuersatz, so z. B. das preußische Gewerbesteuergesetz von 1891 in der II., III. und IV. Klasse. Hier ist der Steuerfuß versteckt, während er in der I. Klasse mit 1 Proz. ausgesprochen ist. Ebenso bei der bayerischen Gewerbesteuer in der sog. „Normalanlage", d. h. derjenigen Steuer, welche für jedes Gewerbe beim einfachsten, beschränktesten Betriebe erhoben wird, und in vielen anderen Gesetzen.

Steuerkataster und **Steuerliste** (Steuerregister) sind die Aufzeichnungen über die Ergebnisse der Einschätzung. Sie unterscheiden sich hauptsächlich nur dadurch, daß die ersten für die schwerer veränderlichen Steuern auf eine lange Dauer angelegt sind (Grund- und Häusersteuer), die letzten auf eine kurze für die öfters neu zu regulierenden beweglichen Gewerbe-, Einkommen- und Zinsensteuern.

Steuerrollen, Heberegister, Heberollen sind Auszüge aus den Katastern und Steuerlisten, welche die Namen und Schuldigkeiten der Steuerpflichtigen und den Vermerk ihrer Zahlungsleistung enthalten.

Steuertarif ist das Verzeichnis der Steuersätze für die Steuereinheiten oder für die Bemessungsgrundlagen.

Steuerquelle ist (nach A. Wagner) der Fonds von Gütern, aus welchem die Steuer thatsächlich entrichtet wird, Bemessungsgrundlage der Gegenstand, die Handlung, die Thatsache, nach welchen die Steuer auferlegt wird.

7. Kapitel. **Die Einteilung der Steuern.**

§ 43. *Unsere Einteilung der Steuern.* — Die reinen Steuern, d. h. die Steuern mit Ausschluß der Gemengesteuern (§ 24) gliedern sich dem vorigen Kapitel zufolge:

A. nach dem Unterschiede der **Steuergewalten** in
   Staatssteuern und **Gemeindesteuern,**
   Staatenstaats-(Reichs)-Steuern und **Landessteuern**;

B. nach dem Unterschiede der **Unmittelbarkeit** und **Mittelbarkeit** für verhältnismäßige **Gesamterfassung der Steuerquelle** in
   direkte,
      indirekte Steuern;

C. nach dem Unterschiede der **Steuerobjekte**:
1. bei der **direkten** Besteuerung in
   a) **Vermögenssteuern**: allgemeine und teilweise;
   b) **Einkommensteuern**: allgemeine und teilweise:
      nach dem Einkommen und den Einkünften selbst reguliert;

c) **Ertragssteuern**: nach den Ertragskomponenten des Einkommens reguliert, und zwar neben den **Lohnsteuern**

Immobiliar- ⎰ **Grundsteuern**, ⎱ ⎰ ohne oder mit
Ertragssteuern ⎱ **Gebäudesteuern**, ⎰ ⎱ weiterer
Mobiliar- ⎰ **Gewerbesteuern**, ⎱ ⎰ Spezialisierung.
Ertragssteuern ⎱ **Rentensteuern** ⎰

Je **ohne oder mit weiterer Spezialisierung**: Bergwerkssteuern, Zettelbanksteuern, Dividendensteuern, Kouponssteuern u. s. w.

2. bei der **indirekten** Besteuerung, d. h. der Besteuerung von Vorgängen und Thatsachen, welche auf eine von den direkten Steuern nicht oder nicht ausreichend getroffene Leistungsfähigkeit hinweisen:

a) Steuern auf Vorgänge und Thatsachen dieser Art, welche der **Entstehung und Verwendung von Vermögen und Einkommen** angehören,
erstens der **Bereicherung**:

α) durch **aufserwirtschaftliche Vorgänge**:
Glückssteuern,
Erbschaftssteuern, einschliefslich der Abgaben der toten Hand;

β) durch **wirtschaftliche Vorgänge**:
Verkehrssteuern (Steuern von Rechtsgeschäften u. s. w.,

b) **zweitens** von Vorgängen und Thatsachen gedachter Art im **Vermögensgebrauche**
Konsumsteuern:
Gebrauchssteuern (Luxussteuern),
Verbrauchssteuern oder **Verzehrungssteuern** (Getränke, Tabak u. s. w.)

c) von **Vorgängen und Thatsachen der persönlichen Entlastung** in öffentlichen Leistungen (Militärbefreiungssteuer).

D. Nach **besonderen** Charakteren der **Technik** der Steuerverwaltung:

1. Abgaben der vorwiegenden **Offizialeinsteuerung** — der vorwiegenden **Selbsteinsteuerung**;

2. Abgaben der **Einzeleinsteuerung** — der **Masseneinsteuerung** und zwar bei der Masseneinsteuerung:
Zölle und Thorsteuern — **Binnensteuern**;
bei den Binnensteuern:
Monopolsteuern

Konsum-Vorschufs-
steuern:
$$\left\{\begin{array}{l} \text{Produktionssteuern,} \\ \text{Rohstoffsteuern,} \\ \text{Fabrikationssteuern} \\ \text{und dergleichen (vgl. § 43)} \end{array}\right.$$

3. nach der Behandlung in den drei Stadien der Einsteuerung:

in Ansehung der Veranschlagung:

Katastralsteuern — nicht katastrale Steuern;

in Ansehung der Steuerbemessung:

Steuern mit Steuernfufs, Tarifsteuern
$$\left\{\begin{array}{l} \text{Umlagesteuern, Quoti-} \\ \text{tätssteuern} \\ \text{Proportional- und Pro-} \\ \text{gressivsteuern;} \end{array}\right.$$

in Ansehung der Steuereinhebung:

unmittelbar eingehobene Steuern —
Stempelsteuern.

Über die Zweifel am Steuercharakter der sogen. Wehrsteuer s. d. Band „Steuern, besonderer Teil".

§ 44. *Insbesondere die Personal- und die Real-, Objekt- und Subjekt-steuern.* Den Namen Realsteuern führen zusammen die Grund-, Ge-bäude- und Gewerbesteuern samt den Vermögenssteuern, wogegen die Einkommensteuern samt den Lohnsteuern Personalsteuern heifsen.

Neuerdings stellt man annähernd im selben Sinne Subjektsteuern und Objektsteuern einander gegenüber. Wir enthalten uns der letzteren Gegenüberstellung gänzlich.

Überzeugend für mich ist VOCKES Abweisung (a. a. O. S. 173 ff.) der Bezeichnungen Objektsteuern und Subjektsteuern. Diese Unterscheidung ist mit Unklarheit behaftet und führt zu Verwirrungen.

Man kann schon im Zweifel sein, ob die Begriffe „Steuersub-jekt" im Sinne der steuerpflichtigen Person und „Steuerobjekt" im Sinne des Gegenstandes, wonach die Bemessung stattfindet, beizu-behalten sei; denn unter Subjekt der Besteuerung könnte man auch die Steuergewalt verstehen und unter Steuerobjekt die steuerpflichtige Person, welche für die Steuergewalt das Objekt der Besteuerung ist. Allein Verwirrung kann doch wohl nicht entstehen, wenn man für die be-steuerungsberechtigten Subjekte die besondere Bezeichnung „Steuer-gewalten" wählt, mit Steuersubjekt den engeren Begriff der steuer-pflichtigen Person verbindet, endlich unter dem Steuerobjekte den Gegenstand oder die Thatsache, wonach die Steuer bemessen wird, die sogen. Bemessungsgrundlage, versteht.

Dagegen empfiehlt es sich allerdings, mit VOCKE die Unterscheidung von Subjekt- und Objektsteuern ganz fallen zu lassen; denn diese Unter-scheidung führt in die Unklarheit und zwar, wenn sie der ganzen Konstruktion des Steuersystems zu Grunde gelegt werden will, in viele und grofse Unklarheit. Jede Gattung von Steuern ist Subjektsteuer; denn irgend Jemand mufs dafür steuerpflichtig sein. Jede Steuergattung, indirekte wie direkte, hat auch ein Steuerobjekt, wonach sie bemessen wird; selbst die sogen. „Personalsteuer" im älteren engeren Sinne der Kopfsteuer hat eine Bemessungsgrundlage, nämlich die Thatache der Existenz, der Angehörigkeit zu einem bestimmten Stande u. s. w.

Daher ist jede Steuer **Subjektsteuer und Objektsteuer zugleich**, der Gegensatz ist hiernach für die Einteilung der Steuergattungen unanwendbar. Wir unterlassen daher die Gegenüberstellung von Subjektsteuern und von Objektsteuern.

Unsere Grundunterscheidung bleibt diejenige in direkte und indirekte Steuern. Die direkten Steuern zerfallen danach weiter in Einkommen- und in Vermögenssteuern sowie Ertragssteuern.

Die Einkommensteuern gliedern sich wiederum in Steuern vom Gesamteinkommen (Gesamteinkommensteuern, auch „Personaleinkommensteuern") und in Steuern auf einzelne Teile des Gesammteinkommens.

Die **Ertragssteuern** sind für uns die nach den Erträgen bemessenen direkten Steuern: teils Steuern vom persönlichen Arbeitsverdienst: Arbeitsertragssteuern, Lohn- und Besoldungssteuern, früher „Personalsteuern", teils Rentensteuern (Zinssteuern), teils Kapitalprofit- oder Unternehmungssteuern: Gewinnsteuern, Geschäftssteuern, Grund-, Gebäude-, Gewerbesteuern, also Besitzertragssteuern, früher „Realsteuern" genannt.

Vereinzelte Ertragssteuern (etwa die Grundsteuer) neben einer Gesamteinkommensteuer oder vereinzelte, nicht alle Einkommensbestandteile anfassende „Partialeinkommensteuern" an Stelle einer Gesamteinkommensteuer werden wir verwerfen. Meine Ansicht über „Partialeinkommensteuern" hat Vocke (a. a. O. S. 175) sichtlich mifsverstanden.

Gegen die Aufstellung des Unterschiedes der Subject- und der Objektsteuern bemerkt Vocke a. a. O. treffend: „Man fand, dafs die Bemessungsgrundlagen der Besteuerung verschieden sind, und glaubte wahrzunehmen, dafs die einen in der Person, im Subjekt, die anderen in einem Gegenstand, Verhältnis oder dergleichen liegen. Wenn die Person selbst die Bemessungsgrundlage abgiebt, wie insbesondere bei der Kopfsteuer der Fall ist, dann soll die Steuer eine Personalsteuer, im anderen Falle aber, wie bei der Grundsteuer, Häusersteuer u. a., soll die Steuer eine Objekt- oder Realsteuer sein. Es ist leicht ersichtlich, dafs bei dieser Unterscheidung der Ausdruck „Objekt" schon in einem anderen Sinne gebraucht ist, als in der ursprünglichen Begriffsbestimmung. Während diese jede Bemessungsgrundlage, also auch die rein persönliche, als Objekt bezeichnet, wird nun nur die aufserhalb der Person stehende Bemessungsgrundlage zum Objekt gemacht, und damit beginnt die Unklarheit. Hierbei bleibt aber die Unterscheidung nicht stehen, sondern sie glaubt zu den Personalsteuern auch diejenigen rechnen zu müssen, deren Bemessungsgrundlage nicht blofs in persönlichen Eigenschaften und Verhältnissen, sondern auch in dem Ergebnis der persönlichen Arbeit, dem Lohne und überhaupt Arbeitsverdienst besteht, und weiterhin in der Gesamtheit der in einer Person vereinigten einzelnen Bemessungsgrundlagen, wie das bei der Einkommensteuer der Fall ist. — Hierdurch wird offenbar der Begriff der Personalsteuer über die Person hinaus ausgedehnt und der des Objektes noch mehr verengt und so ziemlich auf den der Sächlichkeit beschränkt. Die ursprüngliche Begriffsbestimmung von Objekt ist damit vollständig aufgegeben und der Weg zur völligen Verwirrung betreten. Dieser wird nun dadurch fortgesetzt, dafs das Objekt zur Realität gemacht und die Objekt- oder Realsteuer als eine Abgabe angesehen und erklärt wird, welche unabhängig von der Person von einem oder für einen Gegenstand gefordert wird. Die Ursache, aus welcher sich diese unrichtige Unterscheidung und die unklare Vorstellung von der Realsteuer einschleichen konnte, mag wohl folgende gewesen sein: Das Mittelalter war zwar längst vorüber, aber die Vorstellung von einem Obereigentum des Staates dämmerte noch. Hierzu kam als noch einflufsreicherer Umstand die andere, vom römischen Rechte hochentwickelte Vorstellung vom Rechte an Sachen, welche darin gipfelt, dafs eine Sache Rechte und Pflichten haben könne. Stand dies fest, so war es ja ganz naheliegend, dafs die Sache auch steuerpflichtig sein könne. Dazu kam, dafs in der rasch fortschreitenden Wissenschaft der Scharfsinn der Gelehrten in dem Bestreben nach immer gröfserer Klarheit immer neue Unterscheidungen und Unterschiede in seinem Gegenstand suchte und natürlich fand. Der Gedanke, dafs Sachen Rechte und Verpflichtungen haben können, dafs sich hiernach auch Rechte und Verpflichtungen unmittelbar an Sachen knüpfen können, war vorhanden, vorgefunden und unbestritten. Die grundherrlichen Abgaben wurden als Leistungen für die Sache und von der Sache betrachtet, warum nicht auch die staatsrechtliche Abgabe, die Steuer? Nun entstanden freilich Steuern, welche auf keine Sache zurückzuführen waren, und welche sich also von den Steuern unterschieden, bei denen dies der Fall war. Man hatte also Steuern mit — vermeintlich — sachlicher und solche mit persönlicher Natur und die Bezeichnung mit: Realsteuer und Personalsteuer konnte nicht ausbleiben. Daneben schritt aber doch die Erkenntnis fort, dafs die Steuer der „Beitrag des Unterthanen" sei, und daran knüpfte sich die weitere, dafs es für diesen Beitrag ein Mafs und einen Ausdruck der Leistungsfähigkeit geben müsse, und dafs mit diesem Ausdruck etwas aufserhalb der Person stehendes gemeint sei; so wurde er dann als „Objekt" der Steuer bezeichnet, aber nicht in dem Sinne einer Sache, an welcher die Steuer klebt, sondern eines Dinges, nach dem die Steuer bemessen wird, und das allerdings auch eine Sache sein kann, aber nicht sein mufs, sondern im Sinne der „Bemessungsgrundlage". Gleichwohl konnte man sich von der hergebrachten Vorstellung von der „Realität" gewisser Steuern noch nicht trennen. Regelmäfsig steht daher die Vorstellung von der Realsteuer in der Bedeutung, dafs sie von der von der Person losgelösten Sache oder für diese geleistet werde, mit der an die Spitze des Steuerwesens gestellten Umschreibung der Steuer als des vermöge unbedingter Verpflichtung zu leistenden Beitrages des Unterthanen im offenbaren Widerspruch."

§ 45. *Andere Einteilungen der neueren Litteratur.* — Jede gute Einteilung hat den Zweck, eine Gruppe von Gegenständen teils als Ganzes, als System, theils nach ihren Bestandteilen in ungezwungener Ordnung und strenger Scheidung der wissenschaftlichen Anschauung und Erkenntnis zu unterwerfen.

Man kann nun nicht sagen, dafs die Grundgliederung in direkte und indirekte Steuern, wie sie sich bis zu RAU herab allmählich herausgebildet hatte, für den fraglichen Doppelzweck besonders fruchtbar gewesen sei. Dies kam aber nun daher, dafs bei Entgegensetzung der Wörter und Begriffe „direkt" und „indirekt" untergeordnete Unterscheidungsmerkmale, bald das Moment der vorschufsweisen oder nicht vorschufsweisen Zahlung (§ 48), bald das Moment der Katastrierung oder Nichtkatastrierung (§ 49), bald das Moment der Dauerhaftigkeit oder Flüchtigkeit des Objekts u. s. w. zum Ausgangspunkt genommen wurden. Eine durchgreifende, logisch befriedigende Systematik konnte sich hierbei so wenig ergeben, wie eine scharf umrissene Abgrenzung der einzelnen Steuern gegeneinander. Dafs sich eine Reaktion gegen die Grundeinteilung in direkte und indirekte Steuern nach so untergeordneten und nicht durchgreifenden Merkmalen geltend machte, konnte nicht ausbleiben, und so gründlich ist hierbei verfahren worden, dafs man den Unterschied der direkten und indirekten Steuern neuestens ganz wegschaffte, und zwar teils durch Bestreitung des Steuercharakters für die indirekten Steuern überhaupt (VOCKE, oben § 26), teils dadurch, dafs man den bis zur Hülse entleerten Grundbegriff als unnütz fallen liefs, wie dies konsequent jüngst EHEBERG gethan hat (vgl. unten).

Am Worte ist nun freilich nichts gelegen. Es fragt sich jedoch, ob man ein anderes und zwar das fundamentale Moment für ein einheitliches System positiv aufgefunden und ob man mit den Teilen auch die Einheit in der Hand behalten hat. Diese Frage ist meines Erachtens zu verneinen und die andere Frage aufzuwerfen, ob sich die so lange mit instinktiver Zähigkeit festgehaltene Haupteinteilung in direkte und indirekte Steuern nicht auf ein anderes Merkmal fundieren lasse und dann nach solchem auch dem Namen nach streng aufrecht zu erhalten sei. Diese Frage bejahen wir. Wir stützen die Grundeinteilung der Steuern, den Aufbau des Steuersystems auf die Notwendigkeit der Kombination unmittelbarer und mittelbarer Besteuerungsangriffe auf die Steuerquellen und Steuerobjekte, behufs Erfassung aller Steuerkräfte nach der Leistungsfähigkeit, also auf die Planmäfsigkeit des Gesamtverfahrens der Besteuerung (§§ 37 und 48 ff.). Diese Kombination ergiebt aber den Begriff und den Namen direkter und indirekter Besteuerung. Diese in den Grundsätzen der Steuerpolitik erstmals von mir begründete Auffassung habe ich in keinem wesentlichen Moment widerlegt, vielmehr nur das GÖTHEsche Wort von den minutiösen Kritikern auf Neue bewährt gefunden: sie haben die Teile in der Hand, sind aber keine Webermeister geworden, es fehlt das geistige Band.

Die geschilderte Reaktion ist dennoch als ein Verdienst anzusehen und wesentlich ein Werk der deutschen und der von dieser beeinflufsten italienischen Finanzwissenschaft (COSSA). Dieselbe darf daher an dieser Stelle nicht unbeachtet bleiben.

Gegen die frühere Einteilung der deutschen Steuerwissenschaft entstand die Gegenströmung zuerst durch die Systematiker und zwar zur Gewinnung einer besseren Grundlage für den Aufbau des Steuersystems, nämlich durch L. v. STEIN und A. WAGNER.

STEIN stellt drei Gruppen von Steuern auf: 1. die direkten Steuern, 2. die indirekten Steuern, 3. die allgemeinen Einkommenssteuern. Die direkten Steuern teilt STEIN weiter ein in Ertragssteuern (Grund-, Gebäude- und Kapitalrentensteuer) und Einkommensteuern (Steuern auf den Ertrag vom Gewerbe, auf Unternehmergewinn und Vermögensverkehr). Die indirekten Steuern zerfallen in Steuern auf den Verbrauch, in Luxussteuern und Zölle. Die allgemeine Einkommenssteuer ist eine geschlossene Einheit für sich. — Diese Einteilung wirft offen ersichtlich verschiedene Einteilungsgründe durcheinander, ist willkürlich, ein „unglückliches Kompromiß zwischen Logik und Empirie" (EHEBERG).

Gründlicher, tiefer eindringend und fruchtbarer ist die Klassifikation A. WAGNERS, auf welche wir im Buch III, Hauptabt. 1., Abschnitt 5, zurückkommen.

Weiter sind zu erwähnen die neuesten Einteilungen von COSSA, NEUMANN und EHEBERG (vgl. CONRADS H. W. B., Artikel „Steuern".

COSSA teilt ein:
I. Direkte Steuern:
  a. Spezielle Einkommensteuern:
    α. Immobilarsteuern auf Gebäude, Grundstücke;
    β. Mobilarsteuern von Kapitalrenten, Personaleinkommen, Gewerberenten.
  b. allgemeine Einkommensteuern:
    auf das Einkommen;
    auf das Vermögen.
II. Indirekte Steuern:
  a. auf den Vermögensverkehr:
    Kaufsteuer,
    Schenkungssteuer,
    Ergänzungssteuer.
  b. auf den Aufwand:
    Verzehrungsgegenstände.
    Getränke.
    verschiedene Gegenstände.

NEUMANN teilt ein:
I. Allgemeine direkte Steuern:

A. Subjekt- oder Personalsteuern
- Kopfsteuern,
- Personalsteuern (von Erwerbsfähigen),
- Klassensteuern,
- Allgemeine Einkommen- und Vermögenssteuern.

B. Objektssteuern
1) Ertragssteuern
- Grundsteuern,
- Gebäudesteuern,
- Gewerbesteuern,
- Kapitalrentensteuern,
- Arbeitslohnsteuern;

2) Direkte Aufwandsteuern
- Wohnungsmietsteuern
- Gesindesteuern,
- Hundesteuern,
- Wagensteuern u. ähnl. bezw. Komplexe solcher Steuern (z. B. belgische Personalsteuer).

II. Direkte Spezial- oder Sondersteuern:

A. Spezialergänzungssteuern für Befreiung von gewissen allgemeinen Lasten
1) Befreiung von persönlichen Diensten (Wehrsteuern, Reluitionsgelder u. s. w.);
2) Befreiung anderer Art (Abgaben der toten Hand, Einquartierungssteuern u. s. w.).

B. Spezialsteuern im eigentlichen Sinne: Bergwerkssteuern, Zettelbankssteuern u. s. w.

III. Indirekte Verbrauchssteuern
1) Getränkesteuern,
2) andere Steuern.

IV. Indirekte Erwerbssteuern (bezw. Erwerbs- und Verkehrssteuern)
1) von entgeltlichen Rechtsgeschäften,
2) von unentgeltlichen Rechtsgeschäften.

Eheberg — hält folgende Begriff und Namen der direkten und indirekten Steuern ausmerzende Einteilung für die entsprechendste:

I. Personalsteuern (Kopfsteuern, Klassensteuern).

II. Einkommensteuern:
1) Allgemeine,
2) Spezielle (Ertragssteuern)
Grundsteuer,
Gebäudesteuer,
Gewerbesteuer,
Kapitalrentensteuer,
Arbeits- und Berufssteuer,
Dividendensteuer,
Kouponsteuer u. ähnl.

III. Vermögenssteuern:
1) Eigentliche Vermögenssteuer,
2) Erbschaftssteuer.

IV. Vermögensverkehrssteuern:
1) Verkehrssteuern vom unbeweglichen Vermögen,
2) Verkehrssteuern vom beweglichen Vermögen,
Steuer von Quittungen,
Steuer von Wechseln u. s. w.
3) Ersatzsteuern (Steuern der toten Hand).

V. Aufwandsteuern:
1) Verbrauchssteuern
a) auf Verzehrungsgegenstände (Mehl, Fleisch, Salz),
b) auf Getränke (Bier, Wein, Branntwein),
c) auf sonstige Verbrauchsgegenstände (Tabak, Zucker, Petroleum u. s. w.),
2) Aufwandsteuern im engeren Sinne: Mobiliarsteuern, Bedienten-, Wagen-, Pferde-, Hundesteuern u. s. w.
3) Zölle.

VI. Spezielle Steuer als Ersatz für dem Staate sonst zu leistende Dienste: Wehrsteuer.[1]

8. Kapitel. Zur näheren Orientierung über den Streit, betreffend direkte und indirekte Besteuerung.

§ 48. *Unsere Auffassung: Die Kombination direkter und indirekter Besteuerung.* Die Grundaufgabe der Besteuerung ist neben der verhältnismäßigen Verteilung der Steuerzuständigkeit unter die Steuer-

---

1) In dem Bande „Steuern, besonderer Teil" lehnen wir letztere überhaupt ab.

gewalten die Verteilung der Steuerlast unter die Steuerpflichtigen nach
Verhältnis der Leistungsfähigkeit.

Die Aufgabe kann durch eine einzige und einfache Steuer (§ 222 ff.)
nicht erreicht werden. Hierzu ist eine Mehrheit verschiedenartiger
Steuern erforderlich, welche zusammen geeignet sind, das grofse Problem
zu lösen.

Dies kann jedoch nur durch eine solche Kombination bewirkt werden, bei welcher die Steuerkräfte aller Einzelnen teils unmittelbar,
also im Vermögen und Einkommen, teils mittelbar nach Tatsachen und
Vorgängen erfafst werden, welche auf eine für die direkte Besteuerung
nicht ebenso erreichbare Steuerfähigkeit sicher schliefsen lassen. Dieses
Doppelverfahren ist so zu regeln, dafs die direkte Erfassung quantitativ nach der Gröfse des leistungsfähigen Vermögens bezw. Einkommens, die indirekte dagegen qualitativ nach der für die Leistungsfähigkeit schlüfsigen Beschaffenheit gewisser von der Gröfsenmafse
getrennter, die Leistungsfähigkeit nur offenbarender Thatsachen und
Vorgänge sich richtet, soweit letztere steuertechnisch erfafsbar und zusammen geeignet sind, alle Steuerpflichtigen im Verhältnis der Leistungsfähigkeit zu treffen.

Diese Kombination direkter und indirekter Besteuerung war es,
was meine „Grundsätze der Steuerpolitik" im Auge hatten, als sie die
Kombination direkter Steuern nach dem Mafse der „Durchschnittssteuerkraft", d. h. der Gröfse des leistungsfähigen Einkommens mit
der indirekten Besteuerung nach dem Grad der „besonderen Steuerkraft", nach der in Thatsachen der Bereicherung und des Konsums sich
offenbarenden Steuerkraft als Ziel für die Einrichtung des Steuersystems
aufstellten.

Diese Verknüpfung quantitativ-qualitativer Erfassung der Steuerkräfte, bezw. der Steuerquellen nach Mafsgabe der Leistungsfähigkeit halte
ich heute noch und zwar in dem Sinne fest, dafs die indirekten Steuern
nicht blofse sog. Ergänzungssteuern, sondern in qualitativer
Hinsicht ebenso sachlich berechtigte Hauptsteuern sind, wie
es in quantitativer Hinsicht die direkten Steuern sind. Es kommt eben
darauf an, beide in der Richtung vollständiger Erreichung der Steuerkräfte im Verhältnis der Leistungsfähigkeit zu verknüpfen. Nur durch die
Regulierung beider zusammen in dieser Richtung können die Mängel
und Lücken der direkten Besteuerung durch die indirekten Steuern, die
Mängel und Lücken der indirekten Besteuerung durch die direkten Steuern
korrigiert werden. Jede der beiden Steuerhauptgattungen ist darauf
anzulegen, solche Steuerkraft zu fassen, welche je für die andere Gattung
unerreichbar ist oder entschlüpft, also die Lücken, welche die andere
läfst, zu füllen, so dafs sie sich wechselseitig zur Vollständigkeit der
Besteuerung ergänzen.

Diese Auffassung wird, wie ich hoffe und glaube, auf die Dauer allen mifsverständlichen Deutungen derjenigen, welche den Wald vor Bäumen nicht sehen, und das Einheitliche der Steuersystematik zerfasern, Trotz bieten und gestatten die dialektisch auseinander gerissenen Glieder (disjecta membra) des Steuersystems wieder zusammenzufassen.

Die indirekte Besteuerung, nach den vorstehenden Grundsätzen reguliert, enthält eine Schonung der Steuerkräfte, indem sie es den letzteren ermöglicht, ihre Einsteuerung nach Mafsgabe der Steuerfähigkeit selbst zu beeinflufsen. Sie ermöglicht es andrerseits der Steuergewalt, solche Steuerkräfte, deren Einkommen und Vermögen nach der Gröfse gemessen im ganzen leistungsunfähig ist, mittelbar in deren effectiv leistungsfähigen Einkommensteilen zu treffen.

Die im gegenwärtigen Paragraphen ausgesprochene Überzeugung hat den Verfasser ermutigt, die Behandlung seines Gegenstandes nach der Unterscheidung direkter und indirekter Besteuerung (vergl. § 1) zu übernehmen.'

Die genauere Begründung vgl. Buch III, 1. H.-A., 5. Abschnitt.

§ 49. *Andere Fassungen des Unterschiedes direkter und indirekter Besteuerung. 1. Im Sinne des Gegensatzes der „Schatzungen" und der Verbrauchssteuern.* — Dieser Auffassung kommt die unsrige nur äufserlich, gegenständlich nahe. Nach RAU sind S c h a t z u n g e n diejenigen Steuern, welche „bestimmten einzelnen Personen" aufgelegt werden, auf Grund bestimmter, feststehender oder doch binnen kurzem nur wenig wechselnder Thatsachen ihrer individuellen Lebens-, Besitz- und Erwerbsverhältnisse und der in diesen Thatsachen sich äufsernden Steuerfähigkeit (neuere Formulierung von A. WAGNER, II § 93 d). Entgegengestellt werden die „V e r b r a u c h s s t e u e r n" RAUS, bei A. WAGNER auch „Verzehrungs-", „Konsumtions-", „Aufwands-", „Verwendungssteuern" genannt.

Diese Einteilung, welcher von Praktikern und vom gemeinen Sprachgebrauch der Name „direkte" und „indirekter Steuern" immer noch gern gegeben wird, streift an unsere Einteilung sehr nahe hin. Ihr fehlt jedoch die Evidenz dafür, dafs für Vollermittelung der Leistungsfähigkeit Aller beide Methoden, bezw. Grundmafse der Leistungsfähigkeit erforderlich sind. Obige Definition ergiebt weder „für die Schatzungen", noch für die „Verbrauchssteuern" das Princip dort der notwendigen Ausdehnung, hier der Begrenzung und Auswahl, ein Princip, welches von fundamentaler Bedeutung ist. In unserer Unterscheidung ist die „Schatzung" RAUS einer- und dessen „Verbrauchssteuer" andrerseits m i t e n t h a l t e n, da eben unsere direkte Besteuerung nur das Vermögen und Einkommen sei es in der Gesamtgröfse, sei es in der Vielheit der einzelnen Vermögens- und Einkommensbestandteile, also nur schatzungsweise als Durchschnittssteuerkraft, unsere indirekte Besteuerung aber die Steuerkräfte qualitativ nach gewissen Benutzungsakten, welche

5 *

eben besondere Steuerkraft offenbaren, ein zweites Mal erfaßt, alle übrige
Benutzungsweise aber freiläßt. Nur so wird allgemein die Vollermittelung der individuellen Steuerkraft erreicht werden, und zwar ohne
Unterschied, ob die Vermögensbestände und Einkünfte bezw. die Steuerpflichtigen „binnen Kurzem wenig wechseln" oder nicht. Meine Definition
ist daher eine entschiedene Fortbildung des RAUschen Unterschieds, und
eigentlich müßte A. WAGNER, welcher diesen Unterschied festhält, meiner
Auffassung sich nicht widersetzen.

Nahe verwandt ist die Einteilung von HOFFMANN (Nachlaß kleiner Schriften
S. 461 ff.). Nach HOFFMANN wären direkte Steuern diejenigen, deren Gegenstand etwas
Bestehendes, ein „Ist" sei: eine Sache, Person, Befugnis oder kurz „Steuern
auf den Besitz", indirekte Steuern wären nach HOFFMANN jene, deren Gegenstand
ein Geschehendes, eine Handlung sei, kurz Steuern von Handlungen.

Schon MURHARD unterscheidet: Der Gegenstand der Besteuerung ist im ersteren
Fall etwas Bestehendes, eine Sache, eine Person, eine Befugnis, im anderen Fall
etwas Geschehendes, eine Handlung.

Ähnlich jetzt wieder NEUMANN: Direkte Steuern sind solche, welche nach einer
Namensliste und nach dauernden Dingen und Zuständen erhoben werden, indirekte
Steuern solche, welche gewisse Produkte, Gegenstände oder Vorgänge ohne Rücksicht
auf die Person besteuern.

*Andere Unterscheidungen, Fortsetzung: 2. Unterscheidung im Sinne
des Gegensatzes der Trag- und der Vorschußsteuern.* — Eine Auffassung
hat weite Verbreitung gefunden, wonach die vom Steuersubjekt auch
wirklich getragenen Steuern als direkte, die vom Steuersubjekt (Steuerzahler) vorschußweise gezahlten Steuern als indirekte Steuern anzusehen seien.

Diese Unterscheidung ist wissenschaftlich von hoher Bedeutung.
Letztere geht bei unserer Fassung auch gar nicht verloren, abgesehen
davon, daß beide Fassungen gegenständlich nahebei zusammenfallen,
da die in unserem Sinne direkten Steuern aus Gründen der Steuertechnik ganz überwiegend als Trag-, die i. u. S. indirekten Steuern
jedoch als Vorschußsteuern reguliert werden müssen. Allein von derselben
Bedeutung für eine grundsätzliche Systematik ist diese Fassung des
Unterschiedes nicht; für die Fassung des Grundproblems der Gesamtbe-
steuerung dürfte unsere Unterscheidung von überwiegendem Werte sein.

Obige Unterscheidung, welche die Tragsteuern direkte, die Vorschußsteuern indirekte heißt, ist von RAU-WAGNER begründet worden:
Nach der beabsichtigten oder gemutmaßten Einwirkung
der Steuer auf die Steuerzahler unterscheide man in einem ersten
Sinne „direkte" und „indirekte" Steuern als „direkt" und „indirekt"
gezahlte oder erhobene Steuern: a) „Richtet sich die Forderung
(der Steuerzahlung) geradezu an die Personen, welche man belasten
will, so sind solche Steuern unmittelbar erhobene, direkte. Hier ist der
Steuerzahlende zugleich der Belastete oder der Steuerträger. Es wird
hier angenommen, daß der Steuerzahlende die Steuer nicht auf Andere

überwälzen könne oder werde, vielleicht dies sogar verboten und zu hindern gesucht; wenn und soweit es aber dennoch vorkommt, wird es im allgemeinen vom Gesetzgeber ignoriert, dem der Steuerzahlende vielmehr regelmässig als der Belastete gilt. b) Werden Steuern von Personen gefordert, die sie nach der Absicht (oder der Voraussicht) der Staatsgewalt nicht selbst tragen, sondern von den zu Besteuernden sich ersetzen lassen sollen, so sind es mittelbar erhobene, vorgeschossene oder indirekte Steuern. Man setzt hierbei voraus, daß derjenige, welcher die Zahlung an die Staatskasse leisten muß, im Stande sein werde, die gleich einem Vorschuß entrichtete Summe auf diejenigen überzuwälzen, welche man zu besteuern beabsichtigt. Wenn der Verkäufer einer Waare eine Steuer vorschießt und den Vorschuß in dem um die Steuer erhöhten Preis wieder einzieht, so tritt er zwischen die zu besteuernden Einzelnen und die Staatskasse in die Mitte und erscheint als Werkzeug der Steuererhebung." Hier gelte also der Zahlende nicht als der Belastete oder Steuerträger: man setze erfolgende Überwälzung voraus, treffe vielleicht Einrichtungen, um den Steuerzahlenden die Entrichtung der Steuer, die nur als ein Vorschuß von ihm angesehen wird, zu erleichtern, so mittelst Gewährung von Steuerkrediten. Wenn und soweit Überwälzung aber dennoch nicht oder nicht vollständig erfolge, werde das vom Gesetzgeber im allgemeinen wieder ignoriert.

Die Tragsteuern lassen sich daher auch als unüberwälzbare Steuern, die Vorschußsteuern als Überwälzungssteuern bezeichnen.

A. WAGNER hat nur die große Bedeutung des Unterschiedes von Trag- und Vorschußsteuer, nicht aber die Zweckmäßigkeit der Erhebung dieses Gegensatzes zur Prinzipalunterscheidung erwiesen. Er hält aber NEUMANN gegenüber, dessen Gegenüberstellung von „Kataster"- und „Tarifsteuern" er die Konzession der Benennung der in einem „zweiten" Sinne „direkten" bezw. „indirekten" Steuern gemacht hat, schließlich dennoch an der alten RAUschen Fassung des Unterschiedes direkter und indirekter Steuern fest (vgl. Anm.). In keiner Weise hat A. WAGNER die Vernachläßigung des nach meiner Ansicht prinzipalen Unterschiedes im Einsteuerungsverfahren gegen mich begründet.

A. WAGNER spricht sich wie folgt aus: „Ich halte NEUMANN und Anderen gegenüber doch an dieser „alten", öfters, aber mit Unrecht als „veraltet" geltenden Auffassung der direkten und indirekten Steuern fest. Sie ist nicht falsch, nicht unbrauchbar, wie behauptet wird, sie deckt sich nur mit der folgenden (Z. 3) zweiten Unterscheidung nicht. Aber letztere reicht für das Verständnis höchst bemerkenswerter Verschiedenheiten beider Arten auch nicht aus, nemlich nicht für das, was die Verhältnisse, Tendenzen, Voraussetzungen und Hauptvorgänge der Überwälzung anlangt."

Nun sind die Überwälzungsfragen (vgl. Buch III, 1. H. A. Abschnitt 4) höchst wichtig, aber maßgebend für die Konstruktion des Steuersystems wird darum die RAU'sche Unterscheidung doch nicht.

Daß die beabsichtigte Überwälzung für die Regel auch gelinge, steht außer-

halb der Macht der Steuergesetzgebung und der Steuerverwaltung. Dieses hebt die
grofse Bedeutung der Unterscheidung von **Trag-** und **Vorschufssteuern** zwar nicht
auf, aber zur Prinzipaleinteilung aller Steuern eignet sich die Unterscheidung doch
schon aus diesem Grunde nicht. Unsere Unterscheidung direkter und indirekter
Steuern ist dagegen eine schlechthin ausschliefsende und durchgreifende.

Weitere Unterscheidungen, Schlufs. 3. *Kataster- und Tarifsteuern.*
— In einem „zweiten Sinne" — neben dem „ersten" des § 48 — identi-
fiziert A. WAGNER die direkten Steuern mit den **Katastralsteuern**, die
indirekten aber mit den **Tarifsteuern**. Er bemerkt, indem er der Kritik
der scharfsinnigen, aber mich in keiner Weise überzeugenden Ausführungen NEUMANNS meines Erachtens allzuviel Folge giebt: „nach den
administrativ-technischen Verfahren der **Veranlagung** und **Erhebung**
der Steuern ist in einem **anderen, zweiten** Sinne zwischen „direkten" und „indirekten" Steuern zu unterscheiden, unter Berücksichtigung
der Praxis, welchem aber ein in der That wichtiges Unterscheidungs-
merkmal zu Grunde liegt. Letzterer betrifft das Vorgehen bei der **Veranlagung** und folgeweise bei der Erhebung der verschiedenen Steuern
oder die **Methode zur Ermittlung der Thatsachen** behufs Feststellung und Bemessung der individuellen Steuerschuldigkeiten. „Direkte Steuern in diesem zweiten Sinne sind dann solche Steuern, welche
nach feststehenden oder als feststehend geltenden und regelmäfsig auch
wirklich einigermafsen feststehenden und deshalb **im voraus ermittelbaren Thatsachen** — der Persönlichkeit, des Standes, des Erwerbes, des Vermögens, Besitzes, Einkommens u. s. w. — daher nach **Katastern**, wenn nicht ausschliefslich, erhoben werden — „indirekte"
Steuern in diesem Sinne sind dagegen solche, welche nach **einzelnen
wechselnden**, vorübergehenden, mehr oder weniger **zufälligen**,
deshalb **nicht im voraus zu ermittelnden Thatsachen** — der
Folge von Vorgängen, Ereignissen, Handlungen — und hier alsdann im
Falle ihres Eintritts nach **Tarifen** veranlagt und erhoben werden."

Es ist jedoch manches auch an dieser Unterscheidung unsicher.
Schon die Behauptung, dafs die ermittelbaren Thatsachen „**voraus**
feststehen" und „**nachhaltig fortbestehen**", ist z. B. bei den Einkommensteuern nicht genau richtig.

Gegenständlich trifft sodann auch diese Fassung des Gegensatzes direkter und indirekter Besteuerung, ähnlich wie der Gegensatz
der Trag- und der Vorschufssteuern mit derjenigen Unterscheidung, die
wir vertreten, **nahebei zusammen**; denn die in unserem Sinne direkten Steuern sind vorwiegend katastrale, die in unserem Sinne indirekten Steuern aber vorwiegend tarifarische Steuern, und zwar mit
steuertechnischer Notwendigkeit.

Weiter ist zwar zuzugeben, dafs auch die von NEUMANN in den
Vordergrund gestellte Unterscheidung von **grofser Bedeutung** namentlich für die **Verwaltungspraxis** ist, welche z. B. in Frankreich hier-

nach ihre Legaldefinition der direkten und indirekten Steuern fixiert hat. Allein an Fruchtbarkeit für Steuertheorie und Steuerpolitik bleibt auch sie meines Erachtens hinter der hier vertretenen Auffassung weit zurück, und die Bedeutung für die Praxis wird durch die viel gröfsere Bedeutung, welche unsere Fassung des Unterschiedes für Steuertheorie und Steuerpolitik haben dürfte, überragt. Die Ausführungen NEUMANNS gegen mich haben mich im einzelnen angeregt, aber im ganzen in keiner Weise zu einer anderen Anschauung veranlafst.

In einem Vorwort zu dem code des contributions directes, welchen die französische Regierung im Jahre 1811 herausgab, wurden bereits als direkte Steuern jene bezeichnet, „qui se lèvent par des roles, où les contribuables sont nominativement cotisés", als indirekte aber diejenigen, „qui se perçoivent en vertu des tarifs sans dénomination des personnes". Seitdem ist in Frankreich diese Scheidung für die Praxis und die Litteratur herrschend geworden und geblieben. Daraus ist nur nicht abzuleiten, dafs sie für Steuertheorie und Steuerpolitik die wissenschaftlich fruchtbarste ist.

Es wird gegen A. WAGNER zu bestreiten sein, dafs eine und dieselbe Bezeichnung in zweierlei ganz verschiedenem Sinne dem wissenschaftlichen Sprachgebrauche zugemutet werden darf. Dieser Doppelsinnigkeit kann viel Verwirrung entquellen.

Endlich ist zu beachten, dafs im Gegensatze zu der hier vertretenen Fassung des Unterschiedes direkter und indirekter Besteuerung die Unterscheidung von Katastral- und Tarifsteuern eine durchgreifende Klassifikation der Steuern nicht ergiebt. Letzteres Bedenken ist schliefslich auch von A. WAGNER mit Recht geltend gemacht. Derselbe bemerkt (Fin.-W. II. § 99): „Bei der Anwendung des Ausdruckes „indirekte" Steuer in dem hier gemeinten (zweiten) Sinne stöfst man einer wichtigen Steuergruppe gegenüber, auf welche die Praxis diesen Ausdruck auch anwendet, auf Schwierigkeiten. Die Unterscheidungsmerkmale zwischen direkten und indirekten Steuern treffen nämlich nur teilweise auf die Gruppe jener Steuern zu, welche sich unmittelbar an den Produktionsbetrieb einzelner inländischer Unternehmungen anknüpfen, deren Produkte (Fabrikate) einer Verbrauchssteuer unterliegen. Diese Steuern nähern sich in den Hauptpunkten den „direkten" Steuern nach ihrer Veranlagung, sie setzen ebenfalls Katastereinrichtungen voraus oder werden mit Hilfe solcher wenigstens passend mit veranlagt. Sie könnten daher gerade vom Standpunkte der Terminologie der Praxis eigentlich ebenso gut, öfters richtiger „direkte" Steuern als indirekte heifsen, — in verschiedenem Mafse allerdings je nach ihrer speziellen Einrichtung — während sie ohne Zweifel „indirekte" in unserer (WAGNER's) ersten Wortbedeutung („Tragsteuern — Vorschufssteuern") sein sollen und meistens sind."

Ein Punkt, setzt A. Wagner hinzu —, „den Neumann in seinen doch sonst so höchst eingehenden Erörterungen übersieht oder nicht genügend beachtet, zugleich ein Punkt, welcher vornehmlich gegen die Bezeichnung der „direkten" und „indirekten" Steuern der Praxis schlechtweg mit den Namen „Kataster"- und „Tarif"steuern spricht. Die wichtigsten Beispiele sind: die Bier-, Branntwein-, Rübenzucker-, Salzsteuern in der üblichen Einrichtung, die Tabaksteuer als Steuer auf den Tabakboden, den gewonnenen Rohtabak („Gewichtssteuer"), auf die Tabakfabrikate („Fabrikatsteuer"), die Weinsteuer als Wein-Bodensteuer und Wein-Erntesteuer („Productionssteuer"), mitunter auch noch andere, z. B. die Mahlsteuer. Bei diesen Steuern erfolgen Aufnahmen (und Kontrollen) über Zahl, Ort, Beschaffenheit, technische Einrichtung der Produktionsbetriebe, Ertragsfähigkeit und eventuell wirklichen Ertrag des Bodens (Tabak-, Weinsteuer), Leistungsfähigkeit und eventuell wirkliche Leistung der Apparate (Bier-, Branntwein-, Zucker-, Salz-, Mahlsteuer): daher wie teils bei der direkten allgemeinen agrarischen Grundsteuer, teils bei der Gewerbesteuer. Aufnahmen, welche in Bezug auf die Veränderungen der erwähnten Thatsachen auf dem Laufenden gehalten werden, wie prinzipiell, wenn auch nicht immer praktisch ebenso als bei den genannten beiden direkten Steuern, und doch wesentlich Katastrierungen darstellen, auch wenn sie nicht so genannt werden, was aber recht wohl zulässig und teilweise üblich ist. Unterschiede dieser „sich an den Produktionsbetrieb anschliessenden Verbrauchssteuern" von der Grund- und bezw. der Gewerbesteuer bleiben freilich, am meisten dann, wenn sich die Steuer genau nach der wirklich produzierten Menge und Güte der Erzeugnisse richtet, wie bei der reinen „Fabrikatsteuer" (Bier, Branntwein, Zucker, Mehl). Aber wenn das auch bei den genannten direkten Steuern geschähe, würde deren Charakter dadurch kein anderer, — im Gegenteil, nicht aus prinzipiellen, sondern aus praktischen Opportunitätsgründen begnügt man sich bei diesen Steuern mit der Feststellung der mittleren Produktionsfähigkeit, statt der wirklichen Produktion der Grundstücke, Landgüter, Gewerbebetriebe"

§ 50. *Vorläufiges Ergebnis zum Schulstreit betreffend direkte und indirekte Besteuerung.* — Für jeden Forscher ist es klar, daſs auch die Unterschiede der Trag- und der Vorschuſs-, der Kataster- und der Tarifsteuern eine tiefgehende Bedeutung haben. Wir erkennen diese Bedeutung vollauf an. Nicht ebenso ist der Unterschied der unmittelbaren Anfassung der Steuerkräfte, welche Anfassung auf die Steuerquellen direkt losgehen muſs, und der unmittelbaren Anfassung bezw. Freilassung besonders leistungsstarker oder leistungsschwacher Steuerkräfte nach Maſsgabe von besonderen Thatsachen der Verwendung und Entstehung verschiedener Teile der Steuerquellen, von anderer Seite gewürdigt worden. Damit wurde die Hauptsache vernachlässigt. Das Grundproblem der Besteuerung ist Schöpfung des öffentlichen Bedarfs aus den Einzelwirtschaften nach Maſsgabe der Leistungsfähigkeit Aller. Dieser Zweck ist nur durch systematische Kombination der in unserem Sinne direkten und indirekten Steuern erreichbar. Den Unterschied in unserem Sinne darf man daher mindestens nicht in die Brüche gehen lassen; es ist der kardinale, prinzipale Unterschied, und das ihn beherrschende Prinzip ergiebt das Maſs der Begrenzung und den Grund der Berechtigung jeder Steuergattung gleichsehr für Steuertheorie und Steuerpolitik.

Alle übrigen Unterschiede — Schatzungen und Verbrauchssteuern, Tragsteuern und Vorschußsteuern, Katastralsteuern und Tarifsteuern — haben den in unserem Sinne bestimmten Grundunterschied zur Quelle der ihnen — nur zu absolut — beigelegten charakteristischen Eigentümlichkeiten. Weil die unmittelbare Anfassung nötig ist, muß man die Steuerquellen unmittelbar nach Bestand und Größe ermitteln, festhalten und periodisch richtigstellen, d. h. Steuerkataster errichten und erhalten. Und weil anderseits die in unserem Sinne indirekte Anfassung der besonderen Steuerkraft m e i s t e n s nur in wechselnden, nicht dauerhaft fixierbaren Vorgängen der Entstehung und Anwendung einzelner Bestandteile der Steuerquellen sich offenbart, muß man die Steuerquellen mittelbar durch Anknüpfung an diese Vorgänge anfassen; dies wird politisch und ökonomisch für die Regel durch vorschußweise Erhebung und durch Einrichtungen zu geschehen haben, welche abweichend von der Katastrierung der in unserem Sinne direkten Steuern dem Steuerobjekte mit besonderer Beobachtung, mit Kennzeichnungs- und Selbstentrichtungszwang — Grenzkontrolle, Begleitkontrolle, Lager- und Transportverschluß, Anmeldungs- und Registrierungszwang, Stempelzwang und anderen vom Katasterverfahren abweichenden Ermittelungen — folgen. Bei dem in unserem Sinne direkten Verfahren, also dem einen der zwei zusammengehörigen Hauptzweige des Steuerverfahrens, ist die G e s a m t a n l e g u n g des Steuerfußes, bei der in unserem Sinne indirekten Besteuerung ist Vielheit besonderer Steuersätze, Tariefierung die notwendige Art der Berechnung der Steuerschuldigkeit. Die Gegensätze von Steuertragung und Steuervorschußleistung, des Steuerfußansatzes und der Steuertariefierung sind also für die Regel zutreffende Konsequenzen des in unserem Sinne fundamentalen Unterschiedes direkter und indirekter Besteuerung.

Zweites Buch.

Die Unterlagen der allgemeinen Steuerlehre: Steuerstaatslehre, Steuervolkswirtschaftslehre und Steuerfinanzlehre.

I. Hauptabteilung. Die Steuerstaatslehre.

1. Kapitel. Die Notwendigkeit staatswissenschaftlicher Behandlung der Steuerlehre.

§ 51. *Die Bedeutung einer Steuerstaats-, Steuervolkswirtschafts- und Steuerfinanzlehre überhaupt.* — Die Steuer ist, wie aus unserem ersten Buche hervorgeht, eine finanzielle, hiermit eine untrennbar staatlich-volkswirtschaftliche Erscheinung. Es gilt daher vor allem, dadurch Licht zu schaffen, dafs man das Steuerwesen nicht als ein abgerissenes Stück, sondern als ein Glied des Staates, der Volkswirtschaft und des Staatsgesamthaushaltes ins Auge fafst.

Die besondere Betrachtung der Wechselbeziehungen und Wechselwirkungen des Steuerwesens mit den so eben erwähnten umfassenderen Thatsachenkreisen, welchen das Steuerwesen als bedeutsames Glied angehört, ist nach dem Dafürhalten des Verfassers in hohem Grade wünschenswert. Blofse Andeutungen der allgemein staatswissenschaftlichen und allgemein nationalökonomischen Anknüpfungspunkte genügen nicht. Das Steuerwesen kann auch nicht ohne die Unterlage einer Steuerfinanzlehre ergründet werden; denn die Steuerdeckung ist durch den öffentlichen Bedarf überhaupt eigentümlich bedingt, Glied eines ganzen Systems von Deckungsmitteln, eines Systems, auf dessen dauerndes Gleichgewicht ganz besonders das Steuerwesen anzulegen ist.

Für ein Werk wenigstens, welches wie das gegenwärtige, nicht darauf ausgeht, das Steuerwesen nur als Bestandteil einer allgemeinen Finanzwissenschaft und diese als einen Teil eines ganzen „Systems der politischen Ökonomie" zu bearbeiten, werden besondere Abschnitte über Steuervolkswirtschaftslehre und über Steuerfinanzlehre wohl angebracht sein, zumal da bei solchen Unterlagen der Steuerwissenschaft die speziell steuertheoretischen und steuerpolitischen Erörterungen ohne Unterbrechung durch Einflechtungen aus der Nationalökonomie und aus der allgemeinen Finanzwissenschaft um so leichter einen geordneten Fortgang nehmen werden.

Die Steuerstaatslehre insbesondere halten wir beim gegenwärtigen Stande der Staatswissenschaften für unerläßlich. Das Studium der Staatswissenschaft im eigentlichen und engeren Sinne des Wortes ist seit einem Menschenalter durch die sog. „politische Ökonomie" weit in den Hintergrund gedrängt worden. Wir besitzen zwar vorzügliche Bearbeitungen des positiven Staats- und Verwaltungsrechtes, deren ziemlich übereinstimmende Ergebnisse als bekannt vorausgesetzt werden können. Dagegen dürfen tiefere Einsichten in die sog. „allgemeine Staatslehre", d. h. in das Wesen des Staates nach der theoretischen und entwickelungsgeschichtlichen, im Sinne von § 6 „politischen" Seite nicht als verbreitet, teilweise nicht einmal als schon geschaffen angesehen werden. Das sog. „allgemeine Staatsrecht", z. B. dasjenige von BLUNTSCHLI, sowie die Betrachtungen des Staates in den Theorieen erst der naturrechtlichen, dann der spekulativen Moral- und Rechtsphilosophie, ergeben keine vollständige Staatslehre. Selbst noch in dem hervorragendsten Lehrbuch über Politik, welches W. ROSCHER kurz vor seinem Tode geschaffen hat, sind bedeutende Gegenstände, z. B. über den Stufengang der Staatsentwickelung und über die Territorialgliederung der Gemeinwesen viel zu karg behandelt. Das aber sind Gegenstände, ohne welche ein volles Verständnis der Steuergeschichte und des steuerlichen Verhältnisses zwischen Staats- und Kommunalgemeinwesen, zwischen Reich und Gliedstaat nicht leicht wird genommen werden können.

Selbstverständlich handelt es sich hier nicht um eine allgemeine Staatslehre überhaupt, sondern nur um den allgemeinen, d. h. nicht positiv staatsrechtlichen Teil einer Steuerstaatslehre zu tieferer Erfassung der Steuertheorie, der Steuergeschichte und der Probleme der Steuerpolitik.

Die Aufgabe einer Steuerstaatslehre ist nicht schon dadurch erledigt, daß der Staat als „Zwangsgemeinwirtschaft" innerhalb der Volkswirtschaftslehre neuestens zur Geltung gelangt ist. Der Staat ist zwar nach der Seite seines materiellen Unterhaltes auch ein Glied der Volkswirtschaft, namentlich mit dem Steuerwesen, aber darum hört er nicht auf, in erster Linie mehr zu sein als Zwangsgemeinwirtschaft. Er ist zusammen mit den Kommunalkörpern das Gemeinwesen, öffentliche Territorialgemeinschaft und diese seine Grundeigenschaft bleibt in erster Linie bestimmend auch für seine Wirtschaftsführung. Das Steuerwesen ist daher keineswegs ein blos volkswirtschaftlicher Vorgang.

Die volle Einsicht in die Besteuerung kann aber stets nur durch

Kombination aller drei Betrachtungsweisen: der staatswissenschaftlichen, der nationalökonomischen und der finanzwissenschaftlichen gewonnen werden.

Beiträge zur Revision und Fortbildung der Staatslehre habe ich versucht in meinem „Bau und Leben des sozialen Körpers" (Bd. I und IV), dann in der „Tüb. Ztschr. für die gesamte Staatsw." 1890 (Anzeige von Lamprechts „Deutsche Wirtschaftsgeschichte im Mittelalter", weiter ausgeführt in meinen „Kern- und Zeitfragen 1. Bd., S. 79 ff.).

Die nationalökonomische Betrachtung des Staates (schon in der 2. Auflage meines „gesellschaftlichen Systems der menschlichen Wirtschaft", Tübingen 1863) ist zu umfassender Geltung gelangt. Vorzügliche Darlegung des Staates als zwangsgemeinwirtschaftlichen Gliedes der Volkswirtschaft später in A. WAGNERS „Grundlegung".

Die maßgebende Bedeutung des Staatlichen am ganzen Finanzwesen ist den großen Finanzpraktikern nie entgangen. „Macht mir eine gute Politik, und ich mache Euch gute Finanzen" hat der französische Finanzminister Baron LOUIS gesagt. Wäre die Theorie derselben Einsicht gefolgt, so brauchte sie vor der Praxis die Segel nicht so gefällig einzuziehen, wie dies z. B. in HELFERICHS sonst so schöner Abhandlung über allgemeine Steuerlehre (SCHÖNBERGS Handb. 3. Aufl., 3. Bd., S. 156) geschieht.

§ 52. *Das staatswissenschaftliche „Prinzip" der Besteuerung.* — Dieses Prinzip war bereits in § 27 nebenbei zu betonen. Dasselbe entzieht die Steuerpolitik dem tiefen Irrtum, daß für sie nur nationalökonomische Gesichtspunkte maßgebend seien. Letzteres aber ist nicht der Fall. Für die Steuerpolitik jedenfalls, aber auch für die Steuertheorie ist der allgemeine staatliche Standpunkt mindestens ebenso entscheidend. Die Steuerwissenschaft ist daher nicht befugt, den politischen Standpunkt neben dem allgemein volkswirtschaftlichen zu vernachlässigen. Eine nähere Betrachtung zeigt auch, daß allgemein politische Erwägungen in Fragen der Finanz- und Steuerstaatskunst meist sogar schärfer den Ausschlag geben als rein volkswirtschaftliche Gesichtspunkte.

Die Richtigkeit dieser Ansicht läßt sich leicht an großen Finanzfragen erweisen: Der außerordentliche, übrigens auch der ordentliche Bedarf, pflegt bei äußerem Krieg und angesichts drohender Unruhen, in Perioden des Mißwachses und der wirtschaftlichen Krisis eher zu steigen als zu fallen. In diesem Falle kann außerordentliche Kreditdeckung selbst dann nötig sein, wenn die Steuerkraft auch nur wenig angespannt ist, ja, selbst dann, wenn durch Steuererhöhung eine nutzlose Privatverzehrung der Steuerzahler ohne volkswirtschaftlichen Schaden eingeengt werden würde. In solchen Zeiten hat auch kaum je eine Regierung den Mut starker Erhöhung der Steuern gehabt, sie hat wohl eher dem in solcher Zeit gebieterischen Verlangen nach Steuererleichterungen klug nachgegeben. Wenn sie in Beidem nicht weiter ging als schlechthin notwendig war, hat sie gut gehandelt. Denn die Erhaltung des Volkes vom Staate aus ist nur möglich, wenn man einen der Staatsgewalt überlegenen Widerstand der Steuerkräfte, einen Widerstand, der in Revolution ausbrechend oder notwendige Aktionen hindernd den unvermeidlichen außerordentlichen Staatsbedarf selbst sofort ins vielfache und völlig nutzlos steigern würde, auf die Dauer der Gefahr zu umgehen weiß. Die Leihkapitale, welche freiwillig dem Staate sich anbieten, bereiten vorläufig keine Verlegenheit und Gefahr. Diese poli-

tische Erwägung muſs wohl immer ein ebenso gewichtiger Grund der Anlehens-
deckung in Zeiten der äuſseren Gefahr und der inneren Zerrüttung sein, wie das
Interesse volkswirtschaftlicher Schonung der Steuerkräfte.

§ 53. *Übereinstimmung der staatswissenschaftlichen mit der nationalökonomischen Behandlung.* — Die echt politische Auffassung des
Finanzdeckungs-, insbesondere des Steuerwesens schlieſst volle volkswirtschaftliche Rücksichtnahme nicht nur nicht aus, sondern leistet der
letzteren Vorschub. Gerade der Standpunkt der staatlichen Erhaltung
fordert die Entwickelung eines Steuersystems im Frieden, welches den
Staat dem Kriege und seinen Folgen gewachsen macht. Denn der
Staat geht um so sicherer den nationalen und internationalen Daseins-
kämpfen entgegen, je mehr er die nützlichen Staatseinrichtungen vorher
entwickelt, je mehr er die Nation durch gute Entwickelung des Steuersystems an regelmäſsige Opfer für die gemeinsam befriedigten ordentlichen und auſserordentlichen Bedürfnisse gewöhnt hat, je billiger er die
Nutzung amortisierter Verkehrs- und anderer Staatsanstalten tarifieren
kann, und je weniger groſs jener Teil der ordentlichen Einnahmen ist,
welcher für die Verzinsung untilgbarer oder ungetilgt gebliebener Schul-
denmassen vorweggenommen wird. Die ganze Erfüllung der Staatsaufgabe fordert eine Besteuerung, welche im Wechsel der Finanzperioden
der Tilgung der öffentlichen Schuld gewachsen ist (II, 3. Haupt-Abt.).

Umgekehrt ist die starke Betonung der für die Finanzpolitik nahe
liegenden auſserwirtschaftlichen, namentlich politischen Gesichtspunkte
andererseits nicht so einseitig, um die selbstständige volkswirtschaftliche Erwägung bei der Wahl der verschiedenen Be-
deckungsweisen zu untergraben. Vielmehr ist unbedingt anzuerkennen,
daſs bei der politischen Wahl der Deckungsweise die volkswirtschaftliche Rückwirkung voll und ganz mitberücksichtigt werden muſs. Voll
und ganz! Nicht blos die Sorge für die P r o d u k t i o n in dem beschränkten Sinne fortdauernder Möglichkeit privatwirtschaftlicher Kapitalbildung
liegt dem Finanzmanne ob. Auch die Rücksicht auf eine möglichst günstige V e r t e i l u n g der Güterbestände ins Vermögen und Einkommen
der Bürger ist mitbestimmend. Endlich ist die Abwendung von Bedrängnis
in der persönlichen K o n s u m t i o n der Steuerträger bei der Wahl zwischen
freier Bewerbung um Anlehen und zwischen Steuerauflage mitentschei-
dend. Die Einwirkung auf eine möglichst günstige „Verteilung des
Nationaleinkommens", auf Vermeidung der volkvernichtenden Scheidung
der Nation in Rentner und Proletarier, auf niedrigen Zinsfuſs und günstigen Lohnstand, kann dem Staate sogar näher liegen, als der Kummer
um Kapitalbildung. Denn für letztere sorgen tausend Privatinteressen,
nicht so für die richtige „Verteilung".

2. Kapitel. **Staat und Steuer.**

§ 54. *Das Wesen des Staates und die Notwendigkeit der Besteuerung.* — Der Staat und die Kommunalkörperschaften machen zusammen das Gemeinwesen (§ 5) aus.

Das Gemeinwesen ist die Volksgemeinschaft in der **Gliederung ihrer Willens- und Machteinheit** für die Erfüllung aller gemeinsamen Zwecke der Angehörigen.

Volksgemeinschaft ist ethisch vollzogene Lebensgemeinschaft menschlicher Individuen und aller Sonderverbindungen der letzteren, ähnlich wie der leibliche Organismus des einzelnen Lebewesens biologische Gemeinschaft von Elementarbestandteilen (Zellen), Elementarverbindungen (Geweben), Gewebekombinationen (Organen), endlich von ganzen Organsystemen ist. Die Volksgemeinschaft hat auf schlechthin ethische Weise ebenfalls eine Organisation der Einheit des Wollens und Handelns, wie der Organismus der tierischen Lebewesen eine biologisch-psychologisch bestimmte Zentralnervenorganisation des bewußten Wollens und einen Muskelorganismus der bewußten (willenseinheitlichen sog. animalen) Bewegung besitzt. Staat und Gemeinde zusammen sind die gegliederte Erscheinung dieser Willens- und Machteinheit der Volksgemeinschaft, welche in weiterem Wachstum vielleicht bestimmt ist, Völker- und schließlich Menschheitsgemeinschaft zu werden.

Je höher die Entwickelung der Volksgemeinschaft steigt, desto höhere Organisations- oder sog. Verfassungsformen gewinnt das Gemeinwesen gleich sehr in Staat und in Gemeinde, in desto reicherer und festerer Neben- und Überordnung entfaltet sich das Staats- und Kommunalwesen.

Desto reicheren Unterhaltes durch Sachgüter bedarf aber auch das Gemeinwesen. Mit dem Wachstum des schlechthin gemeinnützigen Aufwandes öffentlicher Art steigt die sachgemäße Deckung des letzteren durch Steuern, desto höher geht die Steuerentwickelung.

Die wenig fruchtbare, aber ausgedehnte Litteratur über Begriff, Wesen und Zweck des Staates siehe bei A. WAGNER politische Ökonomie (Bd. I).

Über die Bezeichnung des Staates als „Persönlichkeit" der Volksgemeinschaft (L. v. STEIN) vgl. K. V. FRICKER in der „Tübinger Zeitschrift für die ges. Staatsw." 1869 und 1872. Die „Persönlichkeit" hat sich im gewöhnlichen Sprachgebrauch auf die Vorstellung vom menschlichen Individuum als Subjekt des Wollens und Handelns fixiert, und im juristischen Sprachgebrauch hat jede Art Gemeinschaft in diesem Sinne Persönlichkeit (juristische Person) erlangt. Ebendeshalb aber ergiebt die Definition Staat als Persönlichkeit keine besondere Einsicht und wirkt eher verwirrend.

Die Bezeichnung als „Organismus" ist zu weit, selbst wenn man das Bildliche durch den Beisatz „sittlicher Organismus" ausmerzt; die Volksgemeinschaft ist ein gegliedertes Ganzes, also „sittlicher Organismus" nicht blos nach seiner staatlich-kommunalen Seite.

Als Steuergewalt ist der Staat eine besondere Seite des Fiskus, dieser allgemeinen „Finanz-Persönlichkeit" jedes Gemeinwesens.

Besser, doch nicht ganz zulänglich ist HERBART's Definition (Gesamm. W. VIII, 136): „Der Staat ist die Gesellschaft durch Macht geschützt."

§ 55. *Kommunalwesen und Steuer.* — Das Kommunalwesen ist gleich dem Staate öffentliche Gemeinschaft, jedoch solche Gemeinschaft für die engeren und weiteren Teilgebiete des gegliederten Volkes. Das Charakteristische, was der Gemeinde wie dem Staate eigen ist, ist die einheitliche Willens- und Machtintegration gemeinsamer Interessen v e r - s c h i e d e n a r t i g s t e r, aber lokal (territorial) vereinigter Anstalten, Familien und Individuen zur ortschaftlichen, bezirklichen, landschaftlichen U n i v e r s a l gemeinschaft.

Das kommunale Gemeinwesen ist nun einerseits l o k a l e s H i l f s - o r g a n d e s S t a a t e s, soweit eine Verzweigung des Staatsorganismus in die einzelnen Gebietsteile und für bestimmte einzelne Geschäfte nicht oder noch nicht notwendig ist. Der Kreis dieses Waltens der Kommunalkörper für den Staat heifst der ü b e r t r a g e n e W i r k u n g s k r e i s. In diesem Wirkungskeise ist die Kommunalkörperschaft integrierendes Glied des Staates, und mit dem Steuerbedarf für denselben ist der Staat zu belasten. Auch an der Steuerverwaltung, wenigstens der direkten Steuern, bethätigt sich die Gemeinde als Hilfsorgan des Staates.

Bedeutsamer für die Steuerwissenschaft ist der „eigene", „selbstständige", „a u t o n o m e" Wirkungskreis, die jetzt sogenannte S e l b s t - v e r w a l t u n g. Der Umfang und die Gliederung der Selbstverwaltung erhellt aus der Kommunalfinanzstatistik (§ 172).

Aus den statistischen Angaben des § 172 geht ohne weiteres hervor, dafs ein grofser Teil auch der Kommunalthätigkeit schlechthin gemeinnützig (unvergütbar) ist.

Die Kommunalkörper haben daher einen doppelten Anspruch auf Anteil an der Gesamtsteuerleistung eines Volkes: nämlich Anspruch auf Schadloshaltung aus dem Grunde der Leistungen für den Staat und Anspruch aus dem Grunde der eigenen (autonomen) Wirksamkeit für öffentliche Lokalinteressen, den letzteren Anspruch s o w e i t, als die a n d e r e n E i n n a h m e n nicht zureichen und je in d e m M a f s e, als die Lösung der öffentlichen Aufgaben den Kommunalkörperschaften zugewiesen ist.

Das Kommunalwesen fand verfassungs- und daher auch steuergeschichtlich nur langsam jenes Verhältnis zum Staate, welches heute bei den zivilisierten Völkern älterer Entwickelung den Grundzügen nach ziemlich gleichartig angetroffen wird. Dieses Verhältnis ist zugleich Ergebnis f o r t g e s c h r i t t e n e r D i f f e r e n z i e r u n g und h ö h e r e r R e i n t e g r a t i o n (§ 12), indem sich nicht blos „selbständige" Wirkungskreise der engeren Gemeinwesen mit staatlich anerkannter Autonomie ausbilden, sondern die engeren Verbände, namentlich der engste der Ortsgemeinden, einerseits als Organ eigentlich staatlicher Funktionen im sogenannten übertragenen Wirkungskreise auftritt, andererseits der Oberaufsicht und dem Schutze des Staates sich unterstellt zeigt. Das Kommunalwesen wird aber nie aufhören, mit einer seiner zwei Grundfunktionen staatliche Erscheinung zu sein, und der Staat wird nicht aufhören, in seiner Zentralfunktion dem Kommunalwesen angelegentlich sich zuzuwenden.

Eine gewaltige Verschiebung der Funktionsteilung zwischen beiden, Staat und Gemeinde, hat in neuerer Zeit insofern stattgefunden, als die Gemeinde die Justiz an den Staat abgegeben, aber viel lokale Volkswirtschaftspflege, Kultur- und Schulverwaltung, Polizei übernommen hat.

Ähnlich wie das Verhältnis zwischen Staat und Gemeinde gestaltet sich das Verhältnis der verschiedenen weiteren und engeren Kommunalkörperschaften zu einander. Es sind der letzteren vier: Provinzial-, Regierungsbezirk-, Kreis- (Stadtkreis und Landkreis-), Orts-Gemeindeverband. Jeder engere Kommunalverband hat einen selbständigen Wirkungskreis neben den weiteren Kommunalverbänden, wirkt aber auch für die letzteren und kann in seiner Selbstverwaltung der Aufsicht je des nächstweiten Verbandes als der höheren Förderungs-, Ordnungs- und Hemmungsinstanz des selbständigen Kommunallebens unterworfen werden. Der Schwerpunkt des Kommunallebens, daher auch der Kommunalbesteuerung, fällt in die Ortsgemeinde, und von den zweierlei Kreisverbänden, den städtischen und ländlichen, hat namentlich ersterer einer Fülle gemeinnützigen, also besteuerungsberechtigten Wirkens Genüge zu leisten.

Das bezeichnete Verhältnis des Kommunalwesens zum Staate und wieder des engeren zu dem weiteren Kommunalwesen, ist übrigens das späte Ergebnis der heutigen Epoche westeuropäischer Verfassungsentwickelung, und in der Kommunalsteuergeschichte weiter zurück trifft man daher das heutige Lokalsteuerwesen teils gar nicht, teils nur in stärkeren oder schwächeren Ansätzen vor. Man darf also nicht vergessen, daß rückwärts in der Geschichte Provinz, Staat, Grundherrschaft, Ortsgemeinwesen selbst staatsartig waren, Staats- und Kommunal-Steuerwesen noch nicht differenziert sein konnten.

Den Hauptwendepunkt der Entwickelung bildete in Deutschland der landesfürstliche Absolutismus, der die Gemeindefreiheit fast überall unterdrückt hatte, schließlich aber seit v. Stein's preußischer Städteordnung (1808) in neuerer Weise auch wieder herstellte. — In Frankreich und nach seinem Vorbilde in Belgien und Italien hat durch die Revolution eine Nivellierung des Gemeindewesens unter starker Staatsvormundschaft stattgefunden. Freiheitliche Gestaltung des französischen Gemeindewesens in der 3. Republik seit 1876). — In England beginnt das alte System einer Mehrheit von Zweckgemeinden, je mit selbständiger Verwaltung und Besteuerung unaufhaltsam zu weichen, was dem gegenwärtigen deutschen Kommunalwesen zuführt.

Den Unterschied des modernen gegenüber dem älteren Gemeindewesen charakterisiert v. REITZENSTEIN (a. a. O. S. 681) wie folgt: „Während im Mittelalter die heutigen Staatsaufgaben, soweit solche nach damaliger Kulturentwickelung vorhanden waren, gröfstenteils in den Gemeinden ihre Erfüllung fanden, ändert sich dies mit dem absoluten Staat. Wenn f r ü h e r die Leistungen der Gemeindegenossen sich auf Grund des G e n o s s e n s c h a f t s verhältnisses im wesentlichen durch die je nach dem Wechsel der Z e i t v e r h ä l t n i s s e verschieden sich gestaltenden Anforderungen an die Korporationen und an den W i l l e n ihrer O r g a n e bestimmten, so bezeichnen h e u t e in der Regel durch die R e c h t s o r d n u n g d e s S t a a t e s gegebene Normen die Grenze, bis zu welcher die Leistungen des Einzelnen von der Gemeinde für ihren Zweck in Anspruch genommen werden können; das Mafs dieser Anforderungen hat aber hierdurch für gröfsere örtliche Gebiete gleichartiger und schematischer sich gestaltet, als dies früher der Fall war.“ Also steigende Gliederung durch parallel gehende Differenzierung und Integrierung (§ 12).

Diese GIERKE entnommene Charakteristik findet ihre sichere Begründung in den Bedingungen des verfassungsgeschichtlichen Fortschrittes von der zweiten durch die dritte und vierte zur fünften Staatsentwickelungsstufe der §§ 58, 88 ff.

Zur Litteratur: REITZENSTEIN, das kommunale Finanzwesen in SCHÖNBERG's Handb., 3. Aufl., III., 627 ff. — ELY, Taxation in American States and Cities. — Die Schriften von GNEIST, insbes. Englisches Verwaltungsrecht 1893—1894. — SCHANZ, Die Steuern der Schweiz 1890. — LEROY-BEAULIEU, L' administration locale 1873. — E. v. MEYN in v. HOLTZENDORFF's Rechtsenc., Abschn. Verwaltungsrecht. — Über den Einfluss der modernen Staatsidee auf die Um- und Fortbildung des Kommunalwesens GIERKE, Das deutsche Genossenschaftsrecht, 1868. — BILINSKI, Die Gemeindebesteuerung und deren Reform, 1868.

§ 56. *Das Reich und die Steuer.* — Neben „einfachen“ Staaten, auch „E i n h e i t s s t a a t e n“ genannt, stehen „z u s a m m e n g e s e t z t e“ Staaten, „Staatenstaaten“, vereinigte Staaten, „Staatenverbindungen“, Staatenverbände und Bundesstaaten — R e i c h e.

Die Reiche sind teils Verbindungen auf dem Fufse der Herrschaft des einen Gliedes und der Unterwerfung aller übrigen Glieder, also u n f r e i e S t a a t e n v e r b i n d u n g e n, teils f r e i e Staatenverbindungen.

Die Unfreiheit beruht bald auf Eroberung, bald auf Kolonisation: E r o b e r u n g s r e i c h e — K o l o n i a l r e i c h e.

Die verschiedenen Arten der Staatenverbindungen bedingen eine sehr verschiedene Gestaltung auch des Steuerwesens; denn die Aufgaben, welche jeder derselben gesetzt sind, stellen sich ebenso verschieden dar, wie der Inhalt der Souveränetät der Reichsgewalt und der Grad der Einheit und der Verschmelzung.

Die loseste unter den freien Staatenverbindungen ist der sogenannte „S t a a t e n b u n d“. Derselbe entfernt sich zwar von der rein völkerrechtlichen Verknüpfung, der A l l i a n z, auch von der „P e r s o n a l u n i o n“, welche beide keine Besteuerungsgemeinschaft der durch Völkervertrag oder Gemeinschaft der Dynastie (Personalunion) vertretenen Teile zu erzeugen vermögen. Die Hauptzwecke des Staatenbundes sind: gemeinsame Verteidigung gegen aufsen, Schutz des Landfriedens, Ausschliefsung der Selbsthilfe zwischen den verbündeten Staaten, Gewährleistnng der Gleichbehandlung der wechselseitigen Unterthanen, Sicherstellung der Obrigkeitsrechte, auch gewisser Unterthanenrechte. ·Die Bundesgewalt (Kongrefs, Tagsatzung, Bundestag) ist ein Kollegium von Gesandten der konföderierten Staaten mit beschränkter Majorisierungsbefugnis und mit Abstimmung nach Instruktionen. Die Partikularstaaten vertreten sich im Auslande selbst. Die Kontrolle ihres Militärwesens lassen sie sich ungern gefallen. Der Staatenbund ermangelt in der Regel selbständiger Besteuerung und besitzt eine solche wesentlich nur in den Grenzzöllen, falls er nämlich die Zoll- und Handelseinheit erreicht hat. Der Bedarf wird weiter durch Zuschüsse der Bundesglieder (Matrikularbeiträge) gedeckt, der Schwerpunkt der Steuergewalt und der Steuerlast ruht also auf den Gliedstaaten.

Anders in „Bundesstaaten"! Monarchien und Republiken verabreden oder erzwingen von einander innigere Föderation in Gestalt des Bundesstaates. Einen solchen stellt wenigstens formell das deutsche Reich (seit 1871) dar. Einen solchen bildet auch Oesterreich als Doppelstaat Oesterreich-Ungarn mit gemeinsamem Staatsoberhaupt, Reichsministerium und Delegationsvertretung. Unter den Republiken sind die Schweiz seit 1847 und die amerikanische Union seit 1787 Typen des Bundesstaates. Im Bundesstaate gewinnt die Föderation nicht blofs eine gröfsere positive Fülle gemeinsamer Staatszwecke, sondern sie erlangt erstmals einen selbständigen Regierungs-, Getzgebungs-, teilweise selbst einen gemeinsamen Verwaltungsorganismus, einheitliches Militärwesen, gemeinsame oder gar ausschliefsende diplomatische Vertretung, eine Volksvertretung des Gesamtstaates durch Landtagsdelegation oder direkte Reichstagswahl, ein durch Majoritätsabstimmung weiter zu bildendes Recht und oberste Gerichtshöfe.

Der Bundesstaat kann selbständiger Einnahmen nicht entraten, und seinem ganzen Wesen und Wirken entspricht es, dafs er eine für die Volldeckung des Reichsbedarfes zureichende Steuerzuständigkeit besitze. Die Reichsgewalt erhält sachgemäfs die grofsen indirekten Steuern zugewiesen, welche schon steuertechnisch und administrativ die Zentralisation der Besteuerung verlangen. Es sind namentlich die Zölle, die Verbrauchs- und die Verkehrssteuern, welche dem Reiche zuzuweisen und zur Erhebung selbst für den Zweck von Ertägnisüberweisungen an die Gliedstaaten zu übertragen sind. Das Problem der richtigen Teilung der Steuerzuständigkeit zwischen Reich und Gliedstaaten ist überaus schwierig und für das deutsche Reich erst noch zu lösen (vgl. § 147 ff.). Matrikularbeiträge sind als Staatenbundsüberlieferungen anzusehen, aber ehethunlichst als mit dem Wesen des entwickelten Bundesstaates nicht vereinbar zu beseitigen.

Die unfreien Staatenverbindungen, d. h. die Reiche mit Oberherrschaft eines Vorstaates über abhängige Schutz-, Tributär- und

Koloniallän der sind in der Regel ein Werk der militärischen, fiskalischen und handelspolitischen Eroberungspolitik und fassen kulturungleiche Länder zusammen. Man trifft sie vielfach in der älteren Geschichte von den Assyrern bis auf die Römer und in der nachchristlichen Zeit von den germanischen Markgrafschaften bis zum spanischen Kolonialreich und bis zu Rußlands Militärkolonien. Man findet sie ferner bei den Handelsvölkern von den Phönikiern, Karthagern, Athenern bis auf die Levantebesitzungen der italienischen Handelsrepubliken und bis zum Kolonialbesitz der Portugiesen, Franzosen, Holländer, der Engländer und jetzt auch der Deutschen.

Der Natur solcher Schöpfungen entspricht auch die steuerpolitische Behandlung. Je nach der Entwickelungsstufe, auf welcher die beherrschten Bevölkerungen stehen, werden die für die gegebene volkswirtschaftliche Entwickelung geeigneten Arten der Steuern erhoben und das Erträgnis als Tribut an den herrschenden Staat soweit abgeführt, als der Beherrschungsaufwand dasselbe nicht verschlingt.

Die Art der Beherrschung ist meist ämterstaatlich-feudaler Art, (§ 89), das Steuerwesen in den unterworfenen Gebieten daher überwiegend ein Steuerwesen der Stufe II der Verfassungsgeschichte (§ 58), d. h. Feudal-Domanialwirtschaft (§ 89). Doch ist auch das andere Verhältnis anzutreffen, wonach der beherrschende Staat die Kosten des Schutzes und der Erziehung bestreitet und die Einnahmen aus Zöllen und Grundabgaben für das beherrschte Volk verwendet, wie dies fast durchaus in den neuesten Kolonien Deutschlands geschieht.

Für die Kolonialgebiete wird sich das allgemeine Gesetz, daß die Kolonialentwickelung eine abgekürzte Wiederholung der Entwickelung alter Staaten sei,[1]) wohl auch in Hinsicht auf das Steuerwesen nachweisen lassen. Z. B. die Besteuerung in Britisch- und Holländisch-Ostindien erinnert an die feudal-domaniale Finanz der Ägypter, an den Tribut der Provinzialen Roms, an die Zehnt- und Frohnwirtschaft der ersten Hälfte des Mittelalters, an die Steuerwirtschaft der Türken. Die Anfänge der Besteuerung in den jüngst in Kolonisation genommenen afrikanischen Naturvölkergebieten mit ihrem Übergewicht der Ausgangszölle bieten Manches, was unserer Altpatriarchalzeit eigen war.

Tribut der Bundesgenossen und der eroberten Provinzen war die Hauptsteuerart der stadtstaatlichen (§ 58) Reiche des Altertums. Zur Zeit der Blüte Athens bestanden drei Fünftel der Einnahmen aus Tributen der Bundesgenossen. Rom nahm nicht blos den Staatsgrundbesitz der eroberten Länder auf Verpachtung in Besitz, die Republik ließ auch in allen nicht mit Bürgerrecht oder Steuerfreiheit (Immunität) beschenkten Gebietsteilen eine jährliche Geldabgabe (stipendium, tributum soli) oder Zehnten und Hutgelder erheben. Die Steuerverfassung der Provinzen im römischen Kaiserreich bestand in einer hohen Grundsteuer für die besitzenden und einer Kopfsteuer (census, tributum) für die nichtbesitzenden Per-

1) Vgl. Kern- und Zeitfragen I, 211 ff.

6*

sonen. Die Steuerlast der römischen Provinzen war schließlich unerträglich. Vergl.
die Stellen bei SALVIAN und OROSIUS in GEFFCKENS schöner Arbeit, SCHÖNBERG,
Hdb. (3. Aufl. III, S. 3 ff.)

3. Kapitel. Fünf Entwickelungsstufen und fünf Gebietsweiten des Gemeinwesens.

§ 57. *Aufgabe.* — Zum Verständnisse dessen, was steuerpolitisch geworden ist, sowie dessen, was steuerpolitisch
werden soll, ist es durchaus erforderlich, sich eine klare Vorstellung
vom Stufengange der Verfassungsentwickelung des Staates wie vom
Werdegange der Volkswirtschaft zu bilden. Die Gebilde der Steuergeschichte sind Produkte beider Faktoren, der staatlichen und der volkswirtschaftlichen Entwickelung zugleich, und die Probleme der Steuerpolitik jeder Zeit sind durch den Entwickelungsdrang beider, des Staates
und der Volkswirtschaft in die Zukunft hinein, gestellt und hierdurch in
ihrer praktischen Lösung bedingt. Für die steuergeschichtliche Erklärung
jeder Epoche, wie für die Steuerpolitik muß man klar sehen, wo der
Uhrenzeiger der verfassungs- und der wirtschaftsgeschichtlichen Entwickelung gestanden hat, beziehungsweise wo derselbe jetzt steht.

Jedes Volk durchläuft nun beiderlei Entwickelungen auf seine besondere Weise, und heute noch liegen Gebilde der verschiedensten staatlichen und volkswirtschaftlichen Entwickelungshöhe teilweise innerhalb
derselben Rasse und auch desselben Volkes nebeneinander vor. Demgemäß trifft man auch steuergeschichtliche Gebilde der verschiedensten
Art nebeneinander. Starke Kontraste bestehen auch in entwickelungsge-
schichtlicher Hinsicht nicht blos |zwischen den Naturvölkern und den
Völkern alter Kultur, sondern schon zwischen den letzteren und ihren
Tochtervölkern. Steuergeschichtlich und steuerpolitisch ist eine fast ver-
wirrende Mannigfaltigkeit historischer Gebilde der Steuergeschichte und
praktischer Probleme der Steuerpolitik wahrzunehmen.

Der klare Überblick der geschichtlichen Thatsachen und der praktischen Zeitforderungen wird dadurch noch erschwert, daß auf keiner
der Verfassungsstufen die Gemeinwesen als gebietlich (territorial)
einfache, sondern als höchst zusammengesetzte Gebilde von mannigfal-
tigster Verzweigung und erst spät von einheitlicher Gliederung auftreten.
Auch in Ansehung des Steuerwesens sind Reich, Land, Landschaft,
Kreis, Ortschaft für die geschichtliche und für die politische Betrachtung auseinanderzuhalten.

Hiernach machen wir wenigstens den Versuch, die Stufen der
Verfassungs- und Volkswirtschaftsgeschichte, sowie die verschiedenen
Spannweiten des politischen und volkswirtschaftlichen Zusammenhanges
zu erkennen und in schärferen Umrissen zu bestimmen. Eine auch nur
annähernd vollständige Lösung kann diese Aufgabe bei dem heutigen
Stande der Forschung allerdings noch nicht finden.

Zuerst sind die verschiedenen Stufen staatlicher Entwickelung im Umrisse zu erfassen.

In der Steuervolkswirtschaftslehre werden parallel fünf Stufen der Intensität und fünf Umfassungskreise für die Volkswirtschaft angedeutet werden können.

Für die staatlichen Entwickelungsstufen werden hauptsächlich jene Momente zu betonen sein, welche die Steuergewalt und die Steuerpflicht bedingen, für die volkswirtschaftlichen Entwickelungsstufen dagegen jene, welche für die Steuerkraft und die Steuerlast (Verteilung der letzteren im Verkehr) bedeutsam sind.

Auf Grund der beiderlei Unterlagen wird sich dann die steuergeschichtliche und steuerpolitische Betrachtung in Buch III zu bewegen vermögen.

§ 58. *Fünf Verfassungsstufen* — sind es, welche beim umfassenden Eindringen in die weltgeschichtliche, volksgeschichtliche und ethnographische Litteratur bei aller Allmählichkeit der Übergänge vorwiegend sich voneinander abheben. Dieselben sind weltgeschichtlich in grofsen Epochen aufeinander gefolgt, sie sind volksgeschichtlich auseinander entstanden und heute noch ethnographisch und geographisch nebeneinander gelagert. Bei der Entwickelung der neuzeitlichen Ackerbaukolonien scheinen sie sich in abgekürztem Entwickelungsgange, soweit letzterer überhaupt schon gediehen ist, zu wiederholen (vergl. meine „Kern- und Zeitfragen" I.).

Jede dieser Hauptstufen hat Unter- und Übergangsstufen. Ansätze einer sechsten Stufe sind (vergl. meine „Kern- u. Zeitfr." I., Seite 111 ff.) allem Anscheine nach bereits vorhanden.

Auf jeder der fünf Stufen ist jede der drei Regierungsformen (Monarchie, Aristokratie, Demokratie) aktiv anzutreffen, und jede weist neben ihren normalen Ausgestaltungen solche pathologischer Art, d. h. Verfalls- und Rückbildungserscheinungen, auf.

Die fünf Verfassungsstufen sind:

    I. Die volkszeitliche, zuhöchst altpatriarchale Verfassungsstufe;

   II. Die stände-staatliche oder ämterstaatliche (kriegerstaatliche, priesterstaatliche, lehns- und gutsherrliche, feudale) Verfassungsstufe;

 III. Die bürgerschaftlich-stadtstaatliche Verfassungsstufe („Politeia");

 IV. Die länderstaatliche (landesherrliche, territorialistische), ständische d. h. landständische Verfassungsstufe;

  V. Die neuestzeitliche, nachterritorialistische, national- und reichseinheitliche Verfassungsstufe.

Die fünf Verfassungsstufen weisen in Bezug auf Steuergewalt, Steuerpflicht, Steuerkraft und Steuerlast die tiefgreifendsten Unterschiede auf (vergl. Bd. III).

Den obenbezeichneten Stufengang habe ich schon im Jahre 1875 (in meinem „Bau und Leben", I, 482 f.) anzudeuten vermocht. Fünfzehn Jahre weiterer Studien, welche namentlich aus den Werken der grofsen Historiker die Richtigkeit dieser Auffassung zu erhärten suchten, haben mich in meiner diesfälligen staatswissenschaftlichen Auffassung nur bestärkt. Die Ergebnisse meiner weiteren Untersuchungen habe ich aus Anlafs des Problems der neuestzeitstaatlichen Volksvertretung niedergelegt in meinen „Kern- und Zeitfragen" (I, 79 ff.)

Die Staatslehre hat bisher die Verfassungsstufenlehre fast ganz vernachlässigt.

In der politischen Geschichtsschreibung fehlt fast durchgängig die vollständige und scharfe Auseinanderhaltung der fünf Verfassungsstufen, wie anderseits der fünferlei Gebiets- oder Bezirksgröfsen, mit der Folge grofser Verwirrung des historischen Urteils, wovon man sich durch die Lektüre der Werke selbst der gröfsten Historiker überzeugen kann.

Die gewöhnliche entwickelungsgeschichtliche Abstufung nach Altertum, Mittelalter, Neuzeit gewährt, wenigstens für die Staats- und Steuerlehre, keine sicheren Ergebnisse.

Die Unterscheidung der ständischen (altlandständischen), staatsbürgerlichen, sozialen Epoche giebt nur von der in unserem Sinne territorialistischen Epoche an einigen Ertrag, stiftet aber, was die Zeit betrifft, in welcher wir stehen, für die Steuergeschichte und Steuerpolitik leicht mehr Verwirrung, als Klärung. Wenigstens der Verfasser hat aus den fraglichen geschichtsphilosophischen Konstruktionen LORENZ v. STEINS keinen Gewinn zu ziehen vermocht.

§ 59. *Fünf Gebietsweiten oder Bezirksgröfsen der Gemeinwesen.* — Neben die fünf Stufen intensiver Staatsentwickelung stellen sich fünf Gröfsen der extensiven Staatsentwickelung, fünf Gebiets- oder Bezirksweiten.

Diese sind jedoch im Laufe der Verfassungsgeschichte über die fünf Verfassungsstufen gewaltigen Abwandlungen der Sache und der Benennung nach unterworfen, und eine für alle Epochen der Verfassungsgeschichte zutreffende Bezeichnung giebt es für die fünf Territorialbereiche nicht. Da dennoch das Bedürfnis einer auf jede Verfassungsstufe anwendbaren kurzen Bezeichnung der fünf Ausdehnungsweiten vorliegt, so kann man letztere vom engsten zum weitesten Gebietsumfang aufsteigend mit A, B, C, D, E bezeichnen. Der engste, A, entspricht heute dem Ortsbezirk, der etwas weitere, B, dem Kreise (Stadtkreis, Landkreis, Oberamtsbezirk), der mittelgrofse, C, dem Regierungsbezirk, der nächstweite, D, der Provinz, dem Lande, der weiteste, E, dem einfachen Staat und dem Staatenstaat (Reich) von heute.

Auf der patriarchal-völkerschaftlichen Stufe entsprachen den fünf Gröfsen etwa die Einzelsiedelung (vicus), die Centena (Hundertschaft), der Gau, das Stammgebiet (Herzogtum), das Volksgebiet.

In der angloamerikanischen Kolonialwelt hat man nebeneinander: Township, Section, County (Grofsstadt), State, Union.

Auf den drei Verfassungsstufen zwischen Völkerschafts- und Neuestzeit-Staat liegen in der Gebietsabgrenzung und in der Bezirkseinteilung nach Umfang und Namen vielgestaltige Bildungen vor. Fünf Gebietsbereiche sind aber immer und überall wahrnehmbar.

In der Gebietsabgrenzung und in der inneren Gebietsgliederung wird nicht immer Gebietsgeschlossenheit erreicht, namentlich da nicht, wo die höhere Verfassungsstufe sich aus Gebilden der tieferen Verfassungsstufe heraus erst auswirkt und die Verschmelzung der niedrigen Gebilde miteinander zu einer Verfassung höherer Stufe dem Abschlusse noch fern steht. Jeder historische Atlas läfst dies mit einem Blick, namentlich für die älteren Epochen des Territorialstaates, erkennen.

Für das Verständnis der Steuergeschichte und der heutigen Verteilung der Steuerzuständigkeiten unter die verschiedenen Steuergewalten wird sich weiterhin die steuerstaatswissenschaftliche Unterscheidung des gegenwärtigen Paragraphen gleich derjenigen der Verfassungsstufen als bedeutsam erweisen. In jedem der fünf Gebietskreise liegen die Faktoren der Besteuerung: öffentlicher Bedarf, Leistungsfähigkeit, Autorität der Steuergewalt u. s. w. anders, und zwar in jedem anders für jede Stufe der Verfassungsentwickelung.

Eine steuergeschichtlich vollständige Verwertung der obigen Unterscheidung für jede der älteren Verfassungsepochen ist heute noch nicht möglich.

Für die deutsche Steuerpolitik der Gegenwart gipfelt das Interesse dieser Unterscheidung in den schwebenden Fragen der Reichs-, Landes- und Kommunalsteuerreform (vergl. „Steuern, besonderer Teil", Bd. III).

§ 60. *Verhältnis zwischen den Verfassungsstufen und den Gebietsgröfsen.*[1) — Man hat, wenn man nicht auch in der Steuerwissenschaft in tiefe Irrtümer hineingeraten will, mit allem Nachdruk die Thatsache festzuhalten, dafs die fünf Verfassungsstufen mit den fünf Territorialweiten (A bis E des § 59) sich nicht decken.

Ein gesetzmäfsiger Zusammenhang zwischen beiden besteht dennoch.[2)

Einmal ist mindestens die Gebietsgröfse A (§ 59) für die Entwickelungssufe I (§ 58), die Gebietsgröfse B für II u. s. w., endlich die Gebietsgröfse E für einen Neuestzeitstaat (V) erforderlich, um je der betreffenden Entwickelungsstufe das zureichende Bildungsmaterial zu sichern. Jedes Staatswesen, welches intensiv wachsen will, mufs also, wenn es nicht schon von Anfang ein Reich gewesen und ein solches geblieben oder wieder geworden ist, auch extensiv entsprechend wachsen.

Ein zweiter Zusammenhang von tieferer Bedeutung besteht zwischen Verfassungshöhe und Bezirksgliederung. Mit jeder höheren Verfassungs-

---

1) Vgl. hierzu meine „Kern- und Zeitfragen" I, S. 98 ff.
2) Vgl. hierzu meine „Kern- und Zeitfragen" I, S. 99 ff.

stufe steigt auch die Überordnung immer höherer über niedrigere
Gebietseinheiten, sowohl was den staatlichen Behördenorganismus als
den Aufbau der kommunal- und der berufskörperschaftlichen Selbstverwaltung betrifft (Vgl. oben § 55). Auch das gröfste Völkerschafts-
reich ist ein nur durch grofse Persönlichkeiten und Familien zusammen-
gehaltenes Nebeneinander (Aggregation) völkerschaftlicher Reichsbestand-
teile; bei aller Gebietsgröfse bleibt es ein Gebilde der Verfassungsstufe I.
Die gröfsten Feudalreiche sind, nebstdem, dafs sie noch kleinere und
gröfere, wenige oder viele Inseln völkerschaftlicher Verfassungsgebilde
umschliefsen, doch nur Aggregate ständestaatlicher Ämterbezirke im
weitesten Kreise E, wie im Kreise B mit ortschaftlicher Untereinteilung.
Und ähnlich erscheint auf der bürgerschaftlichen Verfassungsstufe noch
kein Aufbau der Grofsstadt- und Gaubezirke zu grofskommunaler Pro-
vinzialorganisation. Ein nationalstaatliches Übereinander von Ländern,
Provinzen, engeren Kommunalkörpern giebt es erst auf Stufe V. Desgleichen bildet sich ein länderstaatliches, stadtstaatliches, feudalstaat-
liches Übereinander von Grofsstadt- und Regierungsbezirken, beziehungsweise von Stadt- und Landkreisen; sowie von Ortsgemeinschaften erst
im Stufengange der Verfassungsentwickelung, d. h. der immer höheren
staatlichen Individuation aus. In den ortschaftlichen Verbänden der
Feudalzeit giebt es wohl gröfere Gebietsweite gleich dem heutigen
Kreis-, ja selbst Regierungs- und Grofsstadtbezirk. Es giebt weiter
Feudalkonglomerate von Landes- und Reichsweite. Allein die Zusammenfassung auch des weitesten Verbandes und die Verfassung aller Körperschaften (Gemeinden) ist feudaler, ämterstaatlicher Art. Ähnlich gab
es im Stadtstaatszeitalter wohl Provinzen im Sinne der Gebietsweite D,
aber nicht im Sinne der länderstaatlichen Entwickelungshöhe (IV). Endlich gab es schon auf Stufe IV Territorienreiche von der Gebietsweite E,
sogar Weltreiche, aber keine Verknüpfung derselben auf neuzeitstaatliche Weise.

Trotz des nachgewiesenen Doppelzusammenhangs zwischen Entwickelungshöhe und Gebietsweite ist es dennoch unzulässig, die Entwickelungshöhe mit der Gebietsweite einfach parallel laufen zu lassen.
Man findet in Reichen (E) Souveränitätstypen jeder Stufe: z. B. den
tausendfach souveränen Dorfstaat noch jetzt in Äquatorialafrika; den
ämterstaatlichen Mandarinenstaat in China; die athenische Politeia und
die römische Civitas (mit ihrer selten stadtstaatlichen Länderanlage!)
im Römerreich; dann den souveränen Territorialstaat im Deutschen
Reiche. Die Regel ist, dafs die höhere Stufe entweder innerhalb eines
mehr als zureichenden Gebietes von einzelnen Teilen aus erreicht wird,
oder dafs der weitere Kreis selbst zuerst der nächstniedrigen tieferen
Stufe angehört mit der Folge, entweder alle seine Teile auf die höhere
Stufe sich allmählich erheben zu lassen oder die schon höher entwickel-

ten Teile wieder zur Tiefe der politischen Organisation des Gesamtstaates herabzuziehen, also rückbildend zu wirken, wie die Germanen gegen die weströmische, die Türken gegen die früher oströmische Welt gewirkt haben. Ohne das Verständnis der Innenaufnahme und Aushäckung der höheren Stufen mittelst vorgreifender Territorialausdehnung wird man fast keine einzige Thatsache der Staatengeschichte, namentlich auch der Kolonialgeschichte, klar aufzufassen vermögen.

In neuester Zeit gestattet namentlich die kolossale Steigerung der Technik des Transportes und der Kommunikation weiteres Umsichgreifen der Grofsstaaten und weiteste Absteckung der Grenzen der Kolonialreiche. Der moderne Mafsstab der Staatenausdehnung ist gewaltig gröfser geworden, so grofs, dafs er den Hochkulturstaaten nur noch die Wahl zwischen Eroberung, Kolonisation oder Herstellung internationaler Verkehrsgemeinschaft läfst.

Die mögliche und geschichtlich meist gegebene Zwiespältigkeit zwischen Verfassungshöhe und Gebietsweite einerseits, das Übergreifen der Gebietsweite über die parallele Verfassungstufe anderseits haben den tiefsten Einflufs auf die Ausgestaltung des Gesamtfinanz- und namentlich des Gesamtsteuersystems jedes Reiches auf jeder Verfassungsstufe und liefern den Schlüssel zur Erklärung der komplexesten Erscheinungen der Steuergeschichte, sowie zur Lösung der Probleme der Steuerpolitik im bündischen Gemeinwesen.

Es findet namentlich eine Verrückung des Schwerpunktes der Besteuerung statt. Je höher die Staatsentwickelung steigt, desto gröfser wird der gemeinnützige, öffentliche Bedarf, und desto mehr kommt die Steuerlast hierfür auf die weitesten Kreise des öffentlichen Lebens zu liegen. Auf der Verfassungsstufe V fällt der politische Schwerpunkt der Besteuerung auf die Staatsgesamtbürgerschaft (Gesamtgebiet), rückwärts in der Steuergeschichte bei der Verfassungshöhe IV auf das Land, bei der Verfassungshöhe III auf das Stadtgebiet u. s. w.

4. Kapitel. Die Grenze der Staatsthätigkeit und des Besteuerungsanspruches auf das Volkseinkommen.

§ 61. *Das Gemeinwesen blofser Zentralorganismus für das Wollen und Handeln der Volksgemeinschaft.* — Nicht alles Wollen und Handeln des Volkes geht in öffentlichem Wollen und Handeln auf. Die Organe des Staates und der Kommunalkörper sind vielmehr für die Masse des Wollens und Handelns der zahllosen selbständig wirkenden sozialen Einheiten blofse Zentralapparate der Hemmung, Modifikation und Koordination der Teilbewegungen des sozialen Lebens, einheitliche Ordnungs-, Hemmungs-, Austrags- und Entscheidungsinstanzen. Eine Masse „sozialer Reflexwirkungen" findet statt, ohne über die Bewufstseinsschwelle dieser Centralapparate zu dringen [1]); denn obwohl die soziale Gesamtbewegung absolut immer stärker der Modifikation unterliegt und numerisch immer mehr Ordnungseingriffe herausfordert, wird sie doch relativ konstanter und regelmäfsiger und bedarf daher relativ immer weniger des Eingreifens der höchsten Willens- und Machtcentren.

Kommunen und Staaten sind anderseits nicht für allerlei Funktionen Centralorgane, sondern nur für das einheitliche Wollen und Handeln des Volks- und Einwohnerschaftsganzen. Mit den Centralorganen besonderer Anstalten des geistigen Volkslebens mufs zwar eine Verbindung hergestellt sein, aber diese anderen Anstalten und das Staatsorgan fallen normaler Weise nicht zusammen.

Dagegen ist der Staat regulativer Centralapparat der Koordination aller Teile der sozialen Gesamtbewegung und Organ des positiven Eingriffes im Interesse der Gesamterhaltung. Seine Aufgabe ist einheitliche Integration alles sozialen Wollens und Handelns im Interesse der Erhaltung und Entwickelung des Ganzen und aller wesentlichen Glieder des letzteren.

Befragt man die Erfahrung, so sagt sie, dafs im sozialen Körper ethisch wie im tierischen biologisch die Masse aller Bewegungen und Bewegungs-Einstellungen ohne Eingriff der centralen Organe der Bewegung sich vollzieht. Zu schweigen davon, dafs nicht der ganze Inhalt aller Unterlassungen und Handlungen von einem Willenscentrum aus bestimmt wird.

Das soziale Wollen und Handeln ist ein durch Recht und Sitte geregeltes kombiniertes Ganzes:

1. solcher Willensfestsetzungen und Bewegungen, welche in Vorsatz und Ausführung regelmäfsig allem positiven und unmittelbaren Einflufs des centralen Erregungs- und Hemmungscentrums entzogen bleiben,
2. solcher Entscheidungen und Teilbewegungen, welche nur einem modifizierenden Einflufs der obersten als Modifikations-, Koordinations-, Hemmungs- und Anpassungsapparate wirkenden Centralorgane unterworfen sind, endlich
3. solcher Entscheidungen bez. Entscheidungen und Bewegungen, welche von den Centralorganen getroffen oder getroffen und ausgeführt werden.

Die erste dieser drei Klassen sozialer Lebensäufserung berührt den Staat überhaupt nicht und bedingt daher auch keine Besteuerung.

Die zweite Klasse von Entscheidungen und Handlungen nimmt wenigstens eine geregelte Ordnungs-, Aufsichst- und Schutz-, Verknüpfungs-, Hilfs- und Ergänzungs-Thätigkeit in Anspruch, womit im Falle der Störung der sozialen Gesamtbewegung alsbald die

---

1) Vgl. Bau und Leben I, 44, 710, 716 f., 718 f.

erforderlichen Hemmungen, Modifikationen, Koordinationen und Anpassungen, sowie Hilfs- und Unterstützungseingriffe vorgenommen werden. Die „Hoheitsrechte" der inspectio und advocatia regeln dieses Eingreifen. Diese Aufsichts-, Hemmungs- oder Verbots-, Ordnungs- oder Anordnungs-Thätigkeit wird durch verschiedene Organe des Staates, in einer oder mehreren Instanzen, zuhöchst von den Ministerien und der Gesamtregierung, geübt. Ohne sie ist die für die Gesamterhaltung erforderliche Ordnung des Handelns und Unterlassens, die Koordination der Spezialsysteme sozialer Bewegung zur sozialen Gesamtbewegung und die den wechselnden Umständen entsprechende Modifikation der letzteren unmöglich, ja so undenkbar, wie die Harmonie der vegetativen Muskelerregungen und der Associationsbewegungen im Tierleibe ohne Hemmungs- und Koordinationscentren in den Nerven-Centralorganen undenkbar ist. Diese zweite Klasse sozialer Entscheidungen und Selbstthätigkeiten verursacht einen fortlaufenden, überwiegend gemeinnützigen Zivilverwaltungsaufwand, bedingt also bereits einen fortlaufenden Steuerbedarf von erheblichem Belang.

Die dritte Klasse von Staatsthätigkeiten erweist sich als Inbegriff der unmittelbaren Anwendungen der Güter- und Zwangsmacht des Staates. Sie bedingt für Militär, Bauten, Unterhalt öffentlicher Anstalten, Unterstützungen, öffentliche Zuwendungen (§ 23) einen im gemeinen Interesse gelegenen, daher zur Steuerdeckung veranlassenden öffentlichen Aufwand.

Die Betrachtung des Verhältnisses des Staates, als des blofsen Centralorgans der volklichen Willens- und Machteinheit zu den Funktionen der Z. 2 und 3 ergiebt voraus zwei Grundeinsichten für die Steuerwissenschaft:

einmal von der Begrenzung des Steuerbedarfes auf einen näher zu bestimmenden mäfsigen Teil des „Volksvermögens", da das letztere eben auch die weit überwiegende Masse der nichtstaatlichen Sozialfunktionen mit ihrem Sachgüterbedarfe zu versorgen hat,

sodann vom quantitativen Übergewicht der (oben Z. 3) für die unmittelbare Anwendung der Sachgüter- und der Streitmacht des Staates, für Unterstützungs- und für Machtzwecke aufzuerlegenden Steuerlast.

Die „Steuerquellen", Vermögen und Einkommen, dürfen hiernach nicht für den Staat allein oder auch nur überwiegend für diesen ausgeschöpft werden, der Staat hat den kommunalen Bedarfen und den Bedarfen der Spezialkörperschaften (§ 5) des öffentlichen Rechtes, vor allem aber den individuellen und kollektiven Privatbedarfen das Vermögen und Einkommen der Einzelwirtschaften zur verhältnismäfsigen Mitbefriedigung (§ 132) überwiegend zu überlassen und zwar desto mehr, je weniger Centralisation herrscht, und je mehr der freien Selbstthätigkeit zugemutet bleibt.

Eine absolute Grenze für den berechtigten Anspruch der Besteuerung an das Volkseinkommen läfst sich zwar ziffermäfsig nicht ziehen. Aber einen das obige bestätigenden Fingerzeig giebt die Berufsstatistik: die Verhältniszahl der nicht im öffentlichen Beruf stehenden Personen überwiegt weitaus. Dies ergiebt die folgende Übersicht nach den Berufszählungen von 1882 für Deutschland, 1881 für Frankreich, bezw. England und Wales. Von 100 Erwerbsthätigen waren beschäftigt in

Länder	Land- und Forst- wirtschaft	Industrie einschl. Bergbau	Handel und Verkehr einschl. Gastwirt- schaft	Lohnarbeit wechselnder Art und häuslicher Dienst- leistung	Heer- wesen	Staats- u. Gemeinde- dienst und sog. liberale Berufe
Deutschland . .	46,7	36,3	8,9	2,3	1,2	4,7
Frankreich . .	46,3	31,9	13,7	—	—	—
England u. Wales	14,0	54,5	17,2	—	—	—

Die eigentlich wirtschaftlichen Berufe umfassen darnach mehr als neun Zehnteile aller Erwerbsthätigen. Alles, was im vorstehenden vom Staate bemerkt ist, gilt analog für die dem Staate durchaus wesensgleichen Kommunalkörper.

Verglichen mit dem übrigen Gesamtlebensinhalt der Einwohnerschaft einer Gemeinde ist die Kommunalthätigkeit nur der weitaus kleinere Teil, und auch die Gemeindebesteuerung darf nur einen beschränkten Teil der Summe aller einwohnerlichen Einkommen beanspruchen.

Über Staats- und Gemeindeaufwand vergl. die statistischen Angaben in den Paragraphen 82 ff., 172.

§ 62. *Freiheit und Steuerlast, Zwangsherrschaft und Steuerlast als umgekehrte Verhältnisse.* — Die soziale (volkliche) Gesamtbewegung ist nicht Bewegung einer Maschine, deren mannigfaltige Räderbewegung zerlegte, aber aus einer Quelle bezogene Triebkraft ist, sondern Gesamtbewegung von selbständigen Teilkräften, Resultante zahlloser Initiativwillen, die sich zwar im Laufe der Entwickelung unter gemeinsame Regeln und unter kollektive Willens- und Machtorgane begeben, aber weder auf bestimmte Sphären der Freiheit, noch auf die Mitbestimmung der centralen Entscheidungen verzichtet haben und verzichten können. Je höher die Verstandes-, Gefühls- und Willensbildung der Glieder des Volkskörpers steht, desto mehr werden sich diese in die der Gesamterhaltung dienlichen Bahnen hineinfinden, ihre Bewegungen nach Gesichtspunkten der Gesamterhaltung selbst ändern, wenn die Umstände es verlangen, d. h. sie werden durch hohe und allgemeine Freiheit und Sittlichkeit den Centralorganen eine Menge von Verboten, Regulierungen, Hilfebringungen und Anwendungen der Gewalt ersparen. Je höher und verbreiteter die sittliche Freiheit, je vollkommener die innere Organisation der einzelnen Grund- und Hauptanstalten, je reger, innerlicher, geistiger, freier der soziale Zusammenhang wird, in desto stärkerem Verhältnis wird das Wollen und Handeln der Central-

organe und hiermit die Steuerlast relativ eingeschränkt werden
können, obwohl es absolut wächst und sich immer mehr ausbildet.
Als die Formel für den idealen Stand der sozialen Gesamtbewegung
haben wir das GAUSS'sche Axiom der Bewegung eines Systems von
Kräften unter geringstem wechselseitigem Zwang anzusehen, selbstverständlich in der Auslegung, die das Leben der Gesellschaft für ein
Ganzes von Teilsystemen bewußter, ethischer Bewegung ansieht. [1])
Öffentliche Zwangsgewalt und Steuerlast stehen im umgekehrten Verhältnis!

Die öffentliche Macht, deren Träger die Gemeinwesen sind, ist nun
durch zwei Hauptfaktoren bedingt, nämlich durch Autorität und durch
Zwangsgewalt.

Nicht blos durch die letztere, sondern auch und weit mehr durch
die freie Gravitation der Einsichten, Neigungen und Interessen des Volkes
zu den Organen der Staatsgewalt durch die Autorität. Diese aber
beruht auf dem unwägbaren Faktor der Gesinnung, nach dem Kar-
dinalsatz ($\sigma\tau o\iota\chi\epsilon\tilde{\iota}o\nu$) schon des Aristoteles: „Es muß der für den
Bestand der Staatsverfassung gesinnte Teil der Bevölkerung stärker
sein, als der nicht dafür gesinnte" (Pol. IV, 10. 1). Am meisten Machtbildung erfolgt durch die Macht der Träger der Autorität.

Je mehr nun als staatlicher Machtfaktor die Autorität
ab-, der Zwang aber zunimmt, desto höher muß die Steuerlast steigen, desto härter auch die Zwangsbeitreibung der
Steuern werden.

Die Ausbildung, Aufrechterhaltung und Ausübung des
Übergewichtes der mechanischen Zwangsmacht und ihrer
stets kostspieligeren Technik ist es, die am meisten zur Besteuerung drängt und hierzu drängen muß, weil dieser Aufwand ein
weit überwiegend unvergütbar gemeinnütziger ist.

Nur soll man nicht glauben, daß die Anwendung der mechanischen
Gewalt und hiermit die Besteuerung nach ihrem Hauptbetrage ganz
entbehrlich gemacht werden könne. Zwang ist für den Staat nicht
entbehrlich, und der Aufwand für andere gemeinnützige Zwecke,
als diejenigen der Anwendung der Zwangsmacht, ist in beharrlichem
Wachstum begriffen, in der Gemeinde wie im Staate.

5. Kapitel. **Ursprung, Grund, Wachstum des Gemeinwesens und der Besteuerung.**

§ 63. *Der Grund des Staates.* — Die Volksgemeinschaft ist an der
Spitze der natürlichen Schöpfung gegeben. Über alle Tiervölkerschaften
— der Heerden, auch über diejenige der Affen — erhaben ist die Men-
schenvölkerschaft als Grundbedingung der Herrschaft des Menschen über

---

1) Mein „Bau und Leben" IV, S. 202.

die anderen Lebewesen und über die Natur mit der Befähigung zu einer
zweiten geistigen Schöpfung der Gesittung erstanden. Völker können
sich selbst und andere Völker vernichten, aber leben und gedeihen
können die menschlichen Individuen nur als Mitglieder der Volksgemeinschaft. „Mehr als jedes andere Heerdentier" ist nach Aristoteles
der einzelne Mensch „ein von Natur auf den Staat angelegtes Wesen",
ist er ein Element des sittlichen Volksorganismus, wie die Zelle das
Element des Tierorganismus ist.

Die Volksgemeinschaft aber besitzt mit derselben Notwendigkeit,
wie der tierische Organismus eines centralen Nerven- und Muskelappa-
rates des bewußten Wollens und der sog. „animalen" Bewegungen bedarf, eine centrale Willens- und Machtorganisation, d. h. den Staat.
Der Staat ist ein notwendiger Apparat der Volksgemeinschaft, das Organsystem ihrer Willens- und Machteinheit, in welchem das Volk zur
Individualität oder „Persönlichkeit", d. h. zur Fähigkeit des Handels
per se gelangt.

Der Staat ist zwar eine geschichtlich sittliche Schöpfung, vom Volke
selbst gemacht und entwickelt, ein Produkt der Auslese sozialer Daseinskämpfe, in welchen geistige Übermacht und mechanische Gewalt,
Unterwerfung und Vertrag ihr entwickelungsgesetzliches Spiel treiben
(§ 66), aber er ist nichts, was — so lange Menschen bestehen wollen
— auch nicht sein könnte. Er ist mit der Thatsache der Volksgemeinschaft gegeben und in dieser begründet.

Mit dem Staate selbst ist aber auch die Notwendigkeit des Unterhaltes durch Sachgüter, der öffentliche Bedarf unabweislich (§ 97)
gegeben. Dieser Bedarf ist größtenteils ein Bedarf für unvergütbar ge-
meinnütziges Wirken, kann also nicht ganz durch Vergütung seitens
Einzelner hereingebracht werden. Durch eigene Erwerbsthätigkeit des
Staates vermag der gemeinnützige Aufwand bei höherer Entwickelung
auch nur teilweise gedeckt zu werden. Die Hauptdeckung kann immer
mehr nur durch Beiträge aus den Einzelwirtschaften der Angehörigen
nach Verhältnis ihrer Leistungsfähigkeit, d. h. im Wege der Besteuerung,
gewonnen werden. Dies ist (§ 11) die politisch natürlichste und
volkswirtschaftlich einfachste Einrichtung für die materielle
Versorgung der Willens- und Macht-Centralapparate der Volksgemeinschaft.

Auch im höheren tierischen Organismus ist das Organsystem des Bewußt-
seins und der animalen Bewegung vom Organsystem der Ernährung völlig
getrennt und läßt sich vom letzteren allein den Unterhalt liefern. Vergl. mein
„Bau und Leben", Bd. I u. III.

§ 64. *Der Grund der Besteuerung.* — Der „Grund" der Steuer
ist Gegenstand weitwendiger Erörterungen der Rechtsphilosophie, der
Nationalökonomie und der Finanzwissenschaft geworden.

Man darf hierbei den Grund der Steuer nicht mit den Gründen
ihrer Rechtfertigung, den Gründen für das Recht zur Erhebung und für

die Pflicht zur Entrichtung verwechseln. Unter dem Grunde der Steuer wird „dasjenige Moment verstanden, auf welches sich die Steuer als finanzwissenschaftliche Kategorie der öffentlichen Einnahmen **als auf das sie notwendig bedingende Moment** zurückführen läfst" (A. WAGNER). Dieses Moment wird dann freilich die Stütze für die Begründung des Besteuerungsrechtes.

Der Grund der Steuer ist nun ein doppelter, ein staatlicher und ein wirtschaftlicher, die Steuer ist auch ihrem Grunde nach eine zugleich staatswissenschaftliche und nationalökonomische Erscheinung.

In beiderlei Hinsicht hat die Steuer einen allgemeinen und einen besonderen Grund.

Der **allgemeine Grund**, d. h. derjenige, welcher der Steuer mit allen übrigen Finanzeinkünften gemeinsam ist, bildet staatswissenschaftlich die unbedingte Notwendigkeit von Gebietsgemeinwesen, von Staat und Kommunalkörpern. Damit ist auch unumgänglich das Bedürfnis nach Sachgütern für die Erfüllung der Zwecke dieser Gemeinwesen gegeben. Ihrer allgemeinen Begründung nach gehört also die Steuer einmal der allgemeinen Staatslehre, sodann der allgemeinen Wirtschaftslehre an, sofern überhaupt ein Bedürfnis vorliegt, die Notwendigkeit der Gemeinwesen und öffentlichen Wirtschaftsführungen zu begründen.

Der **besondere Grund** der Steuer, welcher der Finanz-, insbesondere Steuerwissenschaft angehört, liegt **staatswissenschaftlich** darin, dafs die Gemeinwesen zuoberst immer mehr Zwecke zu erfüllen haben, welche allen Angehörigen **unteilbar gemeinsam** sind, daher nicht abgesondert von jedem Nutzungsteilnehmer nach dem Mafs des Nutzens (Genufsanteiles) am Gemeinwesen vergolten werden können und sollen: Genufsunteilbarkeit und folgerichtig „Unvergütbarkeit" gewisser öffentlicher Aufwendungen. Dagegen liegt **nationalökonomisch** der besondere Grund darin, dafs in steigendem Mafse die Aufbringung des Bedarfes für den unvergütbaren Staatsaufwand auf wirtschaftlichere Weise durch zwangsweise **Ableitung** aus den zugehörigen Sonderwirtschaften als durch Teilnahme der Organe des Gemeinwesens an der privatwirtschaftlichen Produktions- und Verkehrswirtschaft aufgebracht wird, oder dafs überhaupt nur auf ersterem Wege genügende Sachgüterversorgung der Gemeinwesen erlangt werden kann (§§ 95, 105).

§ 65. *Das Recht zur Steuererhebung und die Pflicht zur Steuerentrichtung* — sind zum Gegenstand verschiedener Theorien geworden, welche ebenso eifrig verteidigt als bekämpft worden sind. Beide, jenes Recht und diese Pflicht, finden ihre Rechtfertigung in einfachster Weise. Das Besteuerungsrecht ist **begründet durch die Hoheit des Gemeinwesens über seine Mitglieder**, die Steuerpflicht aber **beruht auf der Mitgliedschaft am Gemeinwesen**, sofern die Mitglieder eine leistungsfähige Sonderwirtschaft führen.

Diese einfache Begründung des Besteuerungsrechtes gehört gleichwohl erst der neuesten Zeit an. Zu Zeiten brauchte die Steuergewalt
überhaupt keinen Grund ihrer Berechtigung anzugeben. Sie nahm kraft
des Rechtes des Stärkeren: *et la raison? Que je suis lion!* —, kraft
der schlechtsinnigen Unterthanenpflicht (subjectio). Erst vom 17. Jahrhundert an finden sich theoretische Begründungen des Rechtes der Steuergewalt und der Steuerpflicht.

Dabei drängte sich durch zwei Jahrhunderte eine Theorie in den
Vordergrund, welche heute in der Wissenschaft allgemein aufgegeben
ist, in der Volksanschauung jedoch noch breiten Boden besitzt.

Hiernach wäre das Besteuerungsrecht durch das privatwirtschaftliche Interesse des Individuums am Staate, durch die
Vorteile begründet, welche der Staat und die Gemeinden dem Besteuerten gewähren. Diese Rechtfertigung war eine Art Entschuldigung oder
Beschönigung dessen, was dem Staate aus seiner eigenen Souveränität
gebührt dem umgekehrt als souverän angesehenen Privatinteresse der
Mitglieder gegenüber. Die betreffenden Theorien gehören der in der
Rechtsphilosophie naturrechtlichen, in der Staatslehre
ultraliberalen, in der Volkswirtschaftslehre einseitig privatwirtschaftlichen Geistesrichtung an, welche von der Mitte des
17. Jahrhunderts an aufkam, dann allein herrschte und bis in die
zweite Hälfte des 19. Jahrhunderts fast unbestritten gegolten hat.

Diese individualistische Begründung des Rechts der Besteuerung
hat die verschiedenen Gestalten der „Genußtheorie", der „Assekuranz-
theorie" und der „Vertheilungstheorie" angenommen.

Man rechtfertigte die Besteuerung teils durch den allgemeinen Ge-
nuss, welchen die Besteuerten vom besteuernden Gemeinwesen haben,
sogen. Genusstheorie, teils durch den besonderen Vorteil der Sicherheit für Person und Eigentum, welchen sie dem Gemeinwesen verdanken,
sogen. Assekuranztheorie. Diese Theorien beruhen rechts- und
staatsphilosophisch auf der bekannten Voraussetzung des Naturrechtes,
daß die Staatsgemeinschaft auf Vertrag beruhe, nationalökonomisch
aber auf der noch vor wenigen Jahrzehnten herrschenden Anschauung,
daß die Volkswirtschaft lediglich ein privatwirtschaftliches Verkehrs-
gewebe von „Leistungen und Gegenleistungen" sei.

Von dieser Auffassung aus war nur noch ein einziger Schritt notwendig, um zu der Behauptung zu gelangen, daß auch für die Verteilung der Steuerlast das Verhältnis der Gegenleistung
des Staates maßgebend sei oder doch maßgebend sein sollte.
Die zwei individualistisch-privatrechtlichen Theorien der Steuerrecht-
fertigung haben diesen weiteren Schritt getan und sind hierdurch zu
sogen. „Steuer-Verteilungstheorien" geworden.

In jener ursprünglichen und in dieser fortgebildeten Formulierung sind jedoch beide Theorien, die „Genußtheorie" und die „Assekuranz-theorie" zu verwerfen; denn eben das, was das Wesen der Steuer aus-macht, ihr Charakter eines rechtsverbindlichen Beitrages für den unteilbar und unvergütbar gemeinnützigen Aufwand der Gemeinwesen lediglich nach der Leistungsfähigkeit und kraft der Mitgliedschaftspflicht wird verwischt und sogar in das Gegenteil einer Gebühr (§ 23), wenn auch einer Generalgebühr, einer Art privatwirtschaftlichen Verkehrsäqui-valents und Kostenersatzes verkehrt.   Die Besteuerung ist dem Steuer-träger gegenüber berechtigt, auch wenn dieser von der Verwendung der Steuer keinerlei Nutzen, geschweige wenn er davon keinen im Verhältnis zur Größe seiner Steuerleistung oder im Verhältnis zum öffentlichen Kostenbetrage stehenden Nutzen zieht.

Tatsächlich ist der Sondernutzen, welchen der Steuerträger aus der Verwendung seiner Steuern zieht, überhaupt nicht berechenbar, beide Größen: Steuer und Nutzen aus der Steuer sind gegenein-ander völlig inkommensurabel.

Unter der Benennung „Besteuerung nach dem Vorteil" ist die Genuß-theorie für das Gebiet des Komunalhaushalts wieder aufgefrischt worden. Allein die sogen. „Besteuerung nach dem Vorteil" ist überhaupt keine Besteurung (§§ 21 f). Die neueste Flagge, unter welcher die Genußtheorie segelt, soll namentlich die Tendenz einseitiger Heranziehung des Grund- und Gebäudebesitzes zur Deckung der Kommunallasten und die Überweisung der Realsteuern an die Ge-meinden decken, eine Tendenz, welche in Gemeinden und zu Zeiten des Ent-wickelungsstillstandes und Rückganges äußerst empfindlich wirkt.

Eine weitere Theorie, die „Reproduktionstheorie", ist in der Steuervolkswirtschaftslehre (vgl. u. § 108) zurückzuweisen.

Über die „Opfertheorie" vgl. u. § 197.

§ 66. *Das entwickelungsgesetzliche Wachstum des Staates und der Besteuerung.* — Die Ausbildung der Volksgemeinschaft zum Staat, und zwar sowohl die erste tausendfältige Willens- und Macht-Koncentration um selbständige politische Schwerpunkte, als die spätere Unterordnung der tausendfachen Kleinstaatsgebilde um wenige großstaatliche Schwer-punkte, — kurz die Entstehung, Mehrung und Auflösung der Staaten, ist ein unausbleibliches Ergebnis des äußeren und des inneren Daseinskampfes. Daß es Staaten giebt, daß die Staatengebilde des Anfanges klein, mannigfaltig, unausgebildet sind, daß sie sich im Laufe der Zeit eigentümlich gestalten, daß mehr und mehr die politische Kleinwirtschaft im politischen Leben großen Schlages auf-geht, daß die Staatsgewalt zuerst mehr den harten Zug persönlicher Herr-schaftsrechte an sich trägt und erst langsam öffentlichen Charakter ge-winnt, daß die Steuerlast absolut zu-, an Härte relativ abnimmt, das ist nicht zufällig, nicht von der Erfindung, nicht vom Zufall, nicht von der Willkür einzelner Despoten, noch vom Vertragswillen aller Glieder eines Gemeinwesens abhängig. Es ist unvermeidlich. Die Bildner

und Zertrümmerer der Staaten beeinflussen nur das Wie — sie sind
hierdurch verdienst- und schuldvoll genug, — nicht aber das Das
der Staatenbildung und der Staatenentwickelung.

Die Selbsterhaltung verlangt schon von der ältesten Horde Zusammenfassung zu einheitlichem Wollen und Handeln, der Daseinskampf drängt
sie dazu. Der letztere läfst kleinere in gröfseren Gemeinwesen aufgehen,
Staaten mit Staaten sich verschmelzen. Er stellt, wenn die einen staats-
bildenden Kräfte aufgebraucht sind, in den Siegern des fortdauernden
Kampfes immer neue starke Kräfte auf, welche fähig sind, die Staatenbildung fortzusetzen, neu aufzunehmen und für die aus dem Strome der
Geschichte neu auftauchenden Aufgaben kollektiver Selbsterhaltung mit
vereinten Kräften immer wieder einzutreten. Die „natürliche" Sozial-
auslese drängt zur Staatenbildung und sorgt für immer neue Kulissen-
stellung im grofsen Drama der Staatengeschichte.

Der staatliche Inhalt des Volkslebens entwickelt sich also zwar nur
allmählich, und die Besteuerung für die Verfolgung der gemeinen Interessen zeigt in der Finanzgeschichte fast unbemerkbare Anfänge. Allein
willens- und machteinheitliches Handeln für schlechthin gemeinnützige
Zwecke ist immer da, und die Mitglieder schon der noch ganz- oder
halbfamilienhaft (stammlich) gegliederten Gemeinwesen tragen Sachgüter
und Sachgüternutzungen zwangsverbindlich bei, so die Waffen und den
Proviant des Heerbannes am Schlufs der „Volkszeit". Mit dem Staat
beginnt auch die Besteuerung.

Es ist besonders die grofse Rolle, welche der auch die Staatenbildung beherrschende Daseinskampf, zu äufserst der „K r i e g als Vater
aller Dinge" (Heraclit) spielt und noch lange spielen wird, was wie
zur Staatenbildung parallel zur Steuerbildung entwicklungsgeschichtlich
beiträgt.

Der Krieg gegen äufsere Feinde, wie der Kampf des Schutzes gegen
die äufsere Natur verlangt b e i s t e i g e n d e r T e c h n i k u n d B e v ö l k e -
r u n g i m m e r m e h r G e l d, und zwar als Inbegriff von Thätigkeiten
zum gemeinen Nutzen immer mehr S t e u e r g e l d.

Allein auch alle übrige Staatstätigkeit nimmt extensiv und intensiv
und zwar ebensosehr mit entwicklungsgesetzlicher Notwendigkeit zu.

Der Spezialentwickelung des Steuerwesens selbst liegen fortgesetzte
und schwere Kämpfe der Steuergewalten mit den Steuerkräften und der
Steuerkräfte untereinander zu Grunde (§§ 206 bis 221).

Der äufsere internationale und der innere bürgerliche Daseinskampf
selbst, soweit er durch den Staat zu führen ist, bedingt immer mehr
Steuern. Doch nur dadurch, dafs der Staat als Hort des Völkerwohles
und des Volkswohles die schlechthin gemeinnützige, t e c h n i s c h i m m e r
v o l l k o m m e n e r e, a b e r a u c h i m m e r k o s t s p i e l i g e r e, s t e t s
s t e u e r b e d ü r f t i g e n Kriegs-, Polizei- und Justitzbereitschaft gegen

äufsere und innere Feinde zu unterhalten und anzuwenden, aufserdem noch gegen Elementarunglück Schutz zu geben hat.

Daneben führt auch der friedliche Daseinskampf immer stärkere Anforderungen in Beziehung auf jene gemeinnützigen Anstalten und Unterstützungen herbei, wodurch die Mitglieder des Volkes zur Führung des Daseinskampfes immer allgemeiner und vollkommener angepafst werden müssen (Bildungsaufwand), die notleidenden Angehörigen durch Unterstützungen aufzurichten sind. Auch nach dieser Seite führt das soziale Entwickelungsgesetz auch im Staate zu immer mehr Aufwand für gemeinsame Kultur- und Volkswirtschaftszwecke, daher zu immer stärkerem Steuerbedarf.

Als Beispiel des raschen Wachstums der Militärausgaben führen RAU und WAGNER (F. W. I § 182) folgende Daten für Preufsen an:

	Heer (Mann)	Kosten (Mill. Thlr.)
unter dem Grofsen Kurfürsten . .	28 000	1
Friedrich I.	40 000	1,8
Friedrich Wilhelm I.	76 000	4,834
Friedrich II.	200 000	13,5
Friedrich Wilhelm II.	235 000	17
Friedrich Wilhelm III. bis 1806	250 000	20
1806—1812	42 000	8
1820	114 000	22
Friedrich Wilhelm IV. . . . 1846	138 000	25,75
A. 1857	140 000	27,66
A. 1858	148 000	31,6

Die fortschreitende Staatsentwicklung ist, was Entstehung und Wachstum der Gemeinwesen und ihrer Steuergewalten betrifft, schon im § 12 auf das allgemeine Entwickelungsgesetz zurückgeführt worden. Es treffen alle Stücke der Entwickelungstheorie auch hier zu.

6. Kapitel. Der Staatsorganismus und das Steuerwesen.

I. DIE REGIERUNG UND DAS STEUERWESEN.

§ 67. *A. Der Regierungsorganismus des Staates.* — Die Aufgabe des Staates als des Trägers der Willens- und Machteinheit eines Volkes bedingt dreierlei Grundtätigkeiten: erstens die Herstellung der gemeinen Willensentscheidungen und Willensfestsetzungen oder die Gesetzgebung im weitesten Sinne des Wortes, zweitens die Ausführung des gemeinen Willens in allen diesem Willen unterliegenden Fällen oder die Verwaltung, drittens die Leitung der staatlichen Gesamtarbeit oder das Regieren.

Diese drei Grundtätigkeiten heischen viererlei Organe:

die Regierungsämter,

die Verwaltungsämter,

die Vertretungskörper,

einzelne Staatsangehörige, welche als Wähler, Soldaten, Geschworene, Ehrenamtsorgane, Steuereinheber zu Trägern von Staatsthätigkeiten berufen sind.

Alle vier Organe vollziehen zusammen jede der drei grofsen Grundthätigkeiten.

Die bedeutenste Stellung nimmt das Regierungsorgan ein. Dasselbe ist auch der eigentliche Träger der Steuerpolitik, sowie das leitende Organ der Steuergesetzgebung und der Steuerverwaltung.

Man nennt die Regierungsgewalt „Exekutive". Dieselbe ist aber weit mehr; sie ist Leitorgan auch der Gesetzgebung, oberstes Initiativ- und Vollzugsorgan zugleich. Man sieht beim Staate an der Bildung des Kollektivwillens, z. B. an der Gesetzgebung, öffentliche Meinung, Parlament, Parteiagitationen, Sachverständige neben der Regierung beteiligt, mit entscheidend wie mit beratend. Aber die Regierung hat ausschliefslich die erste Übersetzung des konstitutionell oder autokratisch zu Stande gekommenen Kollektivwillens in die Bahn der Ausführung zu besorgen. Sie allein hat den Exekutivorganen civiler und militärischer Art denjenigen Bewegungsanstofs zu geben, welcher dem Kollektiventschlufs entspricht. An der reinen Willensfeststellung ist immer auch die Regierung beteiligt.

Für das Steuerwesen ist eine gute Regierung ebenfalls das wichtigste Organ. Die Steuerpolitik, namentlich diejenige der Steuergesetzgebung ist wesentlich Aufgabe der Regierung. Die letztere hat immerfort die Zustimmung für gute Steuer- und Finanzgesetze der Volksvertretung und im Volke herzustellen, die Steuergesetzgebung und die Steuerbedeckung des Staatsbedarfes in geeigneter Weise vorzuschlagen und zur Verabschiedung zu bringen.

Die Regierung ist durchaus Inbegriff geistiger Arbeit höher gebildeter und kostspieliger Arbeitskräfte, welche unvergütbare Dienste leisten.

§ 68. *Fortsetzung. B. Die Regierungsformen.* — Die Zusammenfassung der politischen Kräfte der Gesellschaft zum einheitlichen Organsystem gemeinsamen Wollens und Handelns erfolgt rechtlich und formell in der Verfassung. Bestimmend für den Gesamtcharakter und die Grundform der Staatsverfassung wird die Bestellungsweise des Regierungsorgans, welches wir als den Springpunkt des Staatslebens erkannt haben. Die Bestellungsweise des Regierungsorgans, hiermit die Verfassungs- und Regierungsform, ist aber selbst abhängig von der Art der Machtbildung, welche aus der geschichtlichen Arbeit der sozialen Auslese fort und fort hervorgeht und die Träger der Regierung erzeugt. Thatsächlich wird die Verfassung durch die geschichtlich gegebenen Träger der überlegensten Macht bestimmt.

So vielerlei Machtschwerpunkte der Gesellschaft und so vielerlei Stellungen der Gesellschaftsglieder zu diesen geschichtlich hervorgearbeiteten Machtschwerpunkten sich ergeben können und wirklich ergeben, so vielerlei Verfassungs- und Regierungsformen sind möglich und werden wirklich. Stets kommt jene zur Geltung, welche der bestimmt gegebenen staatbildenden Machtgestaltung der Gesellschaft entspricht.[1])

Aus der politischen Entwickelung gehen im Laufe der Geschichte **verschiedenartige Subjekte der politischen Übermacht** hervor.

Übermächtig werden teils **Einzelne** für sich oder für sich und ihre Familie aus **eigenem** Recht (Fürstenherrschaft, Monarchie).

Übermächtig treten aus der geschichtlichen Arbeit der staatlichen Machtauslese **Minoritäten** hervor, welche zusammen als Klasse, Berufsstand, Nationalität durch weltliche und geistliche Autorität, durch körperliche Eigenschaften, durch Besitzübermacht oder durch alle diese Übermachtsfaktoren zusammen zum sozialen Machtschwerpunkt geworden sind und ihre politische Übermacht erblich von Generation zu Generation behaupten und festigen. Aus der Übermacht solcher Minoritäten geht in verschiedensten Abarten die **Adelsherrschaft** oder **Aristokratie**, die Regierung aus eigenem Recht einer Minderheit, hervor.

Übermächtig geht aus dem Laufe der Geschichte auch eine **Mehrheit des Volkes**, zuletzt als letzte und höchste Macht der **Wille und die Kraft des ganzen gegliederten** und in dieser Gliederung zum Staatsleben herangezogenen Volkskörpers hervor. Wo dies und so lange dies der Fall, bildet und erhält sich die mehr oder weniger vollkommene Volksherrschaft oder **Demokratie**. Damit die Verfassung wirkliche Demokratie sei, ist es nicht notwendig, daß das „Volk" unmittelbar selbst regiere und verwalte, oder daß das Volk dies nur als ungegliederter Haufen von Individuen thue, vielmehr daß es selbst die Quelle der politischen Macht sei und die Ausübung der letzteren in Wirklichkeit nach seinem Willen stattfinde.

Jede Art absoluter Regierung verdirbt für die Regel das Steuerwesen einmal durch Übertreibung der Steuerlast für maßlose Ausdehnung des Staatsaufwandes, sodann durch die Notwendigkeit eines weit größeren Aufwandes für Ausrüstung und Aufrechterhaltung der Zwangsgewalt (§ 63), namentlich für das Militär.

Allein jede der drei Regierungsformen erzeugt durch Absolutie die Steuerverderbnis auf **besondere** Weise.

Gut geartete und entartete Regierungsformen nach Aristoteles: sind die gut geartete oder echte und die entartete, unechte Monarchie: Königtum, Basilie — Tyrannis, Despotie;

---

1) Völlig klar ist diese dynamische Grundlegung der Verfassungslehre schon für Aristoteles. Er sagt: Ἀναγκαῖον, πολιτείας εἶναι τοσαύτας, ὅσαιπερ τάξεις κατὰ τὰς ὑπεροχίας εἰσὶ κατὰ τὰς διαφορὰς τῶν μορίων.

die gut geartete und die entartete Aristokratie: Aristokratie i. u. S. — Oligarchie;

die gut geartete und entartete Demokratie: Demokratie i. u. S. (Politie bei Aristoteles) — Ochlokratie („Demokratie" des Aristoteles), Pöbelherrschaft, besser Massenherrschaft.

Zahlreiche Exemplifikationen und eindringende Analysen der Normalgestaltungen und der Entartungen (παρεκβάσεις) in der Politik des Aristoteles, — wesentlich im Geiste des Aristoteles weiter geführt bis auf unsere Zeit, also mit Berücksichtigung der territorialistischen und modernen Entwicklungsstufen jetzt namentlich bei W. Roscher, Politik.

Das Entscheidungsmerkmal der guten und der entarteten Regierungweisen ist nach Aristoteles dies, daſs die Regierung entweder für das allgemeine Beste geführt oder für Sonderzwecke ausgebeutet wird.

§ 69. *Fortsetzung.* 1. *Die Monarchie.* — Monarchisch ist jene Regierungsform, in welcher eine einzige Person (Familie) virtuell durch ihre Macht, formell durch ihr eigenes Recht regiert.

Bei groſsem Verdienst um Volk, Kirche und Staat kann das Königtum, auch das absolute, wenn es sparsam bleibt, der Volksvertretung unbeschränkte Steuergewalt abringen. So der territorialistische Absolutismus Preuſsens. Die Gewalt des absoluten Königtums verdirbt jedoch früher oder später den Staat durch den Miſsbrauch des Steuerwesens.

Durch W. Roscher ist ein steuerpolitisches Kuriosum aus der preuſsischen Steuergeschichte weit und breit bekannt geworden. Als König Friedrich Wilhelm I. 1717 mehrere wandelbare Steuern mit einer festen Hufenschofs vertauschen wollte, protestierte der Landmarschall v. Dohna dagegen und schloſs: le pays sera ruiné. Der König erwiderte darauf: „tout le pays sera ruiné? Nihil credo, aber das credo, daſs die Junkers ihre Autorität wird ruiniert werden. Ich stabiliere die souveraineté wie einen rocher von Bronze". Zopf und Schwert! sagt dazu Roscher in der vorzüglichen Abhandlung über Staatsformen in A. Schmidts Ztschr. 1848.

Die Alleinherrscher machen nur ihre Freunde zu ihren Augen, Ohren, Händen und Füſsen, (Aristoteles). Die Absolutie vermag auch mit ihrem entwickeltsten Militair- und Beamten-Apparat, der sich so leicht korrumpiert, die Riesenaufgabe der Regierung, Verwaltung und Normirung groſser Gesellschaftskörper, auf die Dauer nicht zu bewältigen.

§ 70. *Fortsetzung.* 2. *Die Aristokratie.* — Vorzüge der wirklichen, namentlich der Grundbesitzaristokratie sind: Stetigkeit der Regierungsgrundsätze in der inneren und äuſseren Politik, Zähigkeit, Ausdauer, Tradition der Staatsmaximen, sorgfältige Erziehung und gute Formen des regierenden Standes und beharrliche Verfügung wenigstens über einige Kapazitäten, daher Vermeidung des Regiments von bloſsen Schwachköpfen, soziale Gleichartigkeit mit den regierenden Schichten fremder Staaten und den legitimen Monarchieen, die daher rührende Eignung zu diplomatischen Geschäften, anererbte Autorität und Gewicht durch überwiegenden materiellen Familienbesitz. Dies genügt, um den zum Teil langen Bestand der Aristokratien — römischer Senat, venetianische Nobilität, Priesterstaaten! — erklärlich erscheinen zu lassen.

Auf den Kehrseiten der glänzenden Eigenschaften finden sich: die innere und geheime Parteiintrige im Schofse des weltlichen und des geistlichen Adels, die Entgegensetzung gegen die Masse des Volkes, die Notwendigkeit, allen lebendigen Freiheits- und aktiven Bürgersinn der Massen niederzuhalten, daher die Ohnmacht in überwältigenden von aufsen kommenden Krisen.

Im Steuerwesen ist die Tendenz der Aristokratie durch die Tendenz der indirekten Besteuerung des Massenkonsums gekennzeichnet. Vocke kennzeichnet dies treffend (a. a. O.).

§ 71. *Fortsetzung.* 3. *Die Demokratie.* — Wo der Schwerpunkt der Macht thatsächlich und rechtlich in die gesamte Staatsbürgerschaft verlegt ist, wo die sog. Volkssouveränität besteht, ist Volksherrschaft vorhanden. Diese Volksherrschaft kann eine richtige Staatsform sein oder einst werden, wenn sie auf den Vorteil des Ganzen gerichtet und eingerichtet ist, wie es schon Aristoteles für seine „Politie" verlangt. Sie kann aber auch auf Privatinteressen und Privatlaunen des Pöbels oder derer, welche die Massen durch den Beichtstuhl, die Bestechung, die Presse und die Volksrednerei am Gängelbande zu den Wahlurnen führen, gerichtet sein.

Genau genommen waren auch die altgermanische Gaugemeinde und die spätmittelalterliche Zunftstadt keine Volldemokratie, da sie nur die freien Patres und die bevorrechteten Meister zur Herrschaft gelangen liefsen, also auf aristokratischer Beherrschung unfreier und halbfreier Arbeitskräfte beruhten.

Die richtige Demokratie hat ohne Zweifel viele Eigenschaften, welche es erklären, dafs sich für sie seit Aristoteles hohe Geister und edle Herzen erwärmt haben. Vor allem vermag sie in reichem Mafse zu verwirklichen, was die beiden anderen Verfassungsformen um ihrer selbst willen verhindern müssen: volle Entwickelung der ganzen geistigen, moralischen und materiellen Kraft des Volkes, allgemeinen Bürger- und Freiheitssinn, Verlegung der Staatsinteressen in das Verständnis und das Herz jedes Bürgers. Die wahre Demokratie vermag daher im gegebenen Augenblick die gröfste Summe vielseitigster Kraft, namentlich auch reiche Steuerkraft dem Staate zur Verfügung zu stellen.

Dagegen in Pöbelherrschaft und Demagogie entartet, bedingt die Demokratie neben grofsem Kriegs-, namentlich Bürgerkriegsaufwand einen zweiten Riesenaufwand für Volkskorruption, für Massenunterhalt aus dem Staatsbeutel, bald vielleicht Riesenvergeudungen für sozialrevolutionäre Experimente. Eine vollständige Zerrüttung des Steuerwesens, ein Umschlag in Überbürdung der Reichen, der Bundesgenossen und der unterworfenen Völker (Athen, Rom, altspanische Kolonialausbeutung) stellt sich unvermeidlich ein.

Angesichts der Zukunft bleibt hier namentlich PROUDHONS Kritik der entarteten Demokratie von brennenden Interesse, vergl. mein „Bau und Leben", IV, 319 f.

§ 72. *Folgerungen für das Steuerwesen.* — Keiner der echten Regierungsformen kann in Beziehung auf das Steuerwesen der Vorzug gegeben werden. Als „echt" würde sich jede eben nur dann zu bewähren vermögen, wenn sie das Volk in seiner geschichtlich gegebenen, öffentlich rechtlichen Gliederung zur Steuergesetzgebung, zur Steuerverwilligung und zur Kontrolle der Steuerverwaltung verhältnismäfsig heranzieht. Unter dieser Voraussetzung wird unter jeder der drei Regierungsformen ein starker Antrieb der Benutzung der Steuergewalt zum allgemeinen Besten gegeben sein. Nur ist diese Voraussetzung nicht leicht herzustellen und noch weniger leicht aufrechtzuerhalten. Die Träger der Regierungsmacht haben unter jeder Regierungsform die Neigung, wie die Staatsgewalt im ganzen, so die Steuergewalt insbesondere zu ihrem Vorteile und nach ihren souveränen Gelüsten zu mifsbrauchen; die Besteuerung wird unter Verkürzung des für den nichtstaatlichen Teil des Volksbedarfes verfügbaren Volkseinkommens quantitativ übertrieben oder „drückend" und, was die Verteilung der Steuerlast betrifft, von den Bahnen der allgemeinen Erfassung aller Steuerkräfte nach Verhältnis ihrer Leistungsfähigkeit mehr oder weniger weit abgedrängt (§ 207 ff.)

Die Art jedoch, wie die Vorgänge der Verfassungsentartung sich vollziehen, ist bei den verschiedenen Regierungsformen verschieden.

Zwar steuerpolitisch gleich verhalten sich alle drei Regierungsformen im Zustande der Entartung darin, dafs sie unterworfene, entrechtete Bevölkerungen durch Tribut oder durch Mifsbrauch der Vorstaatstellung zur Vergeudung der Bundessteuern bedrücken, die herrschende Bevölkerung aber bevorzugen; der Kalokagathos (Vollbürger) der athenischen, der Civis der römischen Volksherrschaft verhielt sich hierin nicht besser, als irgend einmal oder irgendwo ein Pharao oder ein Soldatenkaiser oder ein Eroberungssultan oder eine kaufmännische Kolonialherrschaft.

Der eigenen Bevölkerung gegenüber hat steuerpolitisch jede der verschiedenen Regierungsformen, wenn diese absolut und als solche bald mehr oder weniger entartet sind, je ein besonderes Gesicht.

Die absolute Monarchie zeigt die Tendenz, den ihr dienenden Militär-, Beamten- und Geburtsadel zu schonen, dagegen die ganze übrige Bevölkerung in der direkten und indirekten Besteuerung zugleich für ihren schrankenlosen Hof- und Zwangsgewaltbedarf mafslos zu besteuern.

Die absolute Aristokratie hat die Neigung, die Volksmassen in möglichst unmerkbarer Weise, also vorwiegend in Form der Verzehrungsbesteuerung zu belasten, wie denn die städtische Oligarchie der spätmittelalterlichen und nachmittelalterlichen Zeit zuerst in Form der Thorsteuern die Verzehrungsbesteuerung zur einseitigen Entwickelung gebracht hat.

Die zur Massen- und Pöbelherrschaft entartete Demokratie aber unterliegt der Versuchung, — zu Gunsten des Genusses der Massen, zum Vorteil der demagogischen Elemente, aber unter Vernachlässigung des Steuerbedarfes für die Wehrkraft — die Steuerlast auf die Reichen zu wälzen und die Steuergewalt als Hebel zur Beseitigung des Privatreichtums zu verwerten. Was darin die athenische Ochlokratie geleistet hat, ist bekannt, was die geplante Massenherrschaft, welche aus dem allgemeinen Stimmrecht hervorwachsen soll, im Schilde führt, das ist an der „einzigen" progressiven Einkommensteuer voraus sichtbar. Die Charakteristik der entarteten Regierungsweisen schon bei Aristoteles erklärt dies alles leicht.

Das deutsche Steuerwesen der Gegenwart leidet unter den Nachwehen des landesherrlichen Absolutismus, namentlich was die Gebührensteuern und die Verzehrungssteuern betrifft. Dasselbe ist aber auch bedroht vom Mißbrauch der Steuergewalt durch eine sich herausbildende absolute Volksherrschaft. Jener Grundfehler kann nur korrigiert, und diese Gefahr grundstürzender Umwälzung im Steuerwesen kann nur verhütet werden, wenn die Verfassungspolitik in der Fortbildung des Bestehenden das Volk nach seiner ganzen, für Gegenwart und nächste Zukunft gegebenen und geforderten, öffentlich rechtlichen Gliederung zu verhältnismäfsiger Geltung bringt; denn nur so wird vom Volke dem Kaiser werden, was des Kaisers ist, dem Volke bleiben, was des Volkes ist, dem Mißbrauch der Staatsgewalt aber, wie er von der Autokratie, der Plutokratie und der Ochlokratie — von jeder in ihrer besonderen Weise droht, wirklich gesteuert werden.

Die Steuerpolitik ist zu oberst und zu unterst eine Verfassungs-, namentlich aber Vertretungsfrage. Ihr hauptsächliches Seitenstück ist wohl die Herstellung zeitgemäfser korporativer Vertretungszusätze aus dem ganzen kommunal- und berufskörperschaftlich gegliederten Volke zum Grundstamm der durch allgemeines Wahlrecht der erwachsenen Männer gebildeten Elementargruppen-Vertretung (vergl. „Kern- und Zeitfr." I.).

Am schlimmsten wirkt im Steuerwesen wohl die absolute Aristokratie, namentlich Plutokratie (Geldsackherrschaft) durch Ausbildung und Übertreibung der Verbrauchsabgaben. Klassisch beleuchtet dies VOCKE a. a. O. S. 60 ff.

§ 73. *Die verfassungspolitische Grundbedingung guter Steuerpolitik für Gegenwart und nächste Zukunft* — ist die Rückkehr zum Absolutismus durch Zertrümmerung aller Volksherrschaft ebensowenig, wie die Herstellung der Massenherrschaft durch Beseitigung der gemäfsigten Monarchie dies sein würde.

In einem Jahrhundert, in welchem das ganze „Volk in Waffen" das Vaterland von Fremdherrschaft befreit und die staatliche National-

einheit begründet hat, kann man nicht mehr sagen, daſs der Staat nur
vom König geschaffen sei (ex me mea nata corona) und ist das L' état
c' est moi für die Dauer zur absoluten Unmöglichkeit geworden. Auch
eine moderne Steuerreform läſst sich nicht so begründen, wie Friedrich
Wilhelm I. (vergl. oben § 69) seinen Hufenschofs begründet hat.

Die ·Monarchie ist teils durch die Republik beseitigt (Frankreich),
teils durch das „parlamentarische Regime", sei es Besitzvertretung, wie
in Oesterreich-Ungarn, sei es die wirkliche oder scheinbare Demokratie des allgemeinen Stimmrechtes — gewaltig zurückgedrängt worden; selbst England erscheint heute keinem geringeren Politiker, als
W. Roscher war, eine „gemäſsigte Demokratie".

Wenn aber auch der Absolutismus so möglich wäre, als er für die
Dauer unmöglich erscheint, so wäre er nur unter der Form denkbar,
in welcher er für gute Steuerpolitik am gefährlichsten wäre, nämlich
in der Gestalt des Cäsarismus. Diese Gefahr ist aber in der fraglichen
Hinsicht so sehr zu meiden, wie die reine Massenherrschaft, welche in
moderner Gestalt „Brod und Spiele" aus dem Steuerbeutel verlangen
würde. Diese Massenherrschaft, welche für die Regel nicht einmal
Mehrheitsherrschaft, sondern scheindemokratische Herrschaft einer bunt-
scheckigen Minoritätenkoalition bedeutet, ist der Steuerreform keineswegs besonders günstig. Sie hat in Frankreich, wo der „Kapitalismus"
thatsächlich die gröſste Macht behauptet, nicht einmal die allgemeine
Einkommensteuer bis jetzt zu Stande zu bringen vermocht. Hiernach
handelt es sich wenigstens für Deutschland darum, auf Grund
der gemäſsigten Monarchie die verfassungspolitischen Voraussetzungen einer guten Steuerpolitik zu gewinnen.

Man könnte zwar die Frage aufwerfen und findet diese Frage schon
vielfach verneint, ob die parlamentarische Monarchie in Wirklichkeit
noch Monarchie sei. Diese Frage ist unbedingt zu bejahen.

Das Wesentlichste ist, daſs ein Einzelner aus dem eigenen Recht
seiner Familie an der Spitze des Staates stehe, Staatsoberhaupt sei.
Daſs dieser Einzige die ganze Regierung selbst führe, die Gesetze selbst
gebe und nach den Gesetzen selbst verwalte, ist überhaupt unmöglich
und vom Wesen der Monarchie in keiner Weise gefordert. Vielmehr
ist das öffentlich rechtlich gegliederte Volk berufen, durch seine Vertretung auch in der Monarchie unmittelbar an der Gesetzgebung teil-
zunehmen und mittelbar durch die budgetrechtlichen Befugnisse der
Volksvertretung auf die ganze Staatsverwaltung, sowie durch die
Vertrauensstellung zu der Krone, vielmehr zu den obersten Regierungs-
organen, auf die Regierung einen bestimmenden Einfluſs zu üben.
Die Monarchie wird der aristokratischen oder der demokratischen Ver-
fassungsform erst dann unterlegen sein, wenn das Staatsoberhaupt durch
Wahl bestellt, die persönliche Wahl der obersten Regierungsorgane der

Krone ganz entzogen, dem Königtum in der Gesetzgebung Initiative
und Veto entrissen und die Besetzung der Verwaltungsämter entzogen
ist. Ja die gute Verfassung verlangt, daſs das Volk nicht bloſs auf
die Gesetzgebung, sondern mittelbar durch die Unterstützung oder Nicht-
unterstützung der Minister auf die Regierung einen mitbestimmenden
Einfluſs nehme. Ist dies richtig, so sind Monarchie und parlamentarische Regierungsweise nicht überhaupt unverträglich. Es giebt wohl
eine Monarchie, welche allen Einfluſs des Volkes auf den Staat, auch
dessen nur mittelbaren Einfluſs auf Regierung und Verwaltung aus-
schlieſst, die Besetzung der Regierungs- und Verwaltungsämter, sowie
die Kontrolle der Regierung und Verwaltung dem Volke und seiner
Vertretung entzieht; das ist dann die absolute, bestenfalls die wenig
gemäſsigte sog. konstitutionelle Monarchie, aber nicht die Monarchie
überhaupt. Der mittelbare Einfluſs der Volksvertretung auf die Besetzung der obersten Regierungsämter, sowie die Mitbestimmung der
Verwaltung durch Handhabung der Rechte der Volksvertretung ist mit
der gemäſsigten Monarchie an sich wohl verträglich, also auch die sog.
parlamentarische Regierung von Monarchisten nicht unbedingt abzulehnen.

Es kommt in der heutigen Monarchie nur darauf an, der Volksvertretung eine Einrichtung und Stellung zu geben, womit die Staatsoberhauptschaft aus eigenem Rechte, die
Bestellung der obersten Regierungsorgane durch die Krone,
das gesetzgeberische Veto und Sanktionierungsrecht des
Königs, endlich die Bestellung der Minister und die Ober-
leitung der Geschäfte der Verwaltung zusammen bestehen
können. Dieses ist jedoch nur dann möglich, wenn die Volksvertretung als eine verhältnismäſsige Vertretung des ganzen
Volkes nach seiner öffentlich-rechtlichen Gliederung, weder
als reine Massenvertretung, noch als reine Klassenvertretung ausgestaltet wird.

Ganz allein die Verhältnismäſsigkeit in der Vertretung des Volkes
nach seiner staatlichen Gesamtgliederung entscheidet darüber, daſs
auch in der Besteuerung verhältnismäſsige Beteiligung
der verschiedenen Steuergewalten an der Steuerzuständigkeit (§ 170), verhältnismäſsige Belastung der besteuerten Einkommen nach der Gesamtheit der öffentlichen Bedürfnisse
einerseits und der privaten Bedürfnisse andererseits (§ 132), endlich daſs verhältnismäſsige Steuerleistung nach Maſsgabe
der Steuerkraft, also alle obersten Ziele guter Steuerpolitik erreicht werden.

Es kommt also darauf an, auf welcher Vertretungs-
grundlage das parlamentarische Regime steht, nicht auf das
Bestehen dieses Regimes überhaupt. Bei zeitgemäſser Ausgestaltung

verhältnismäfsiger Vertretung des ganzen Volkes kann die parlamentarische Regierung eine bessere Steuerpolitik ergeben, als jede andere Regierungsweise.

Damit ist die Steuerstaatslehre bei der steuerpolitischen Bedeutung des Vertretungsorganes angekommen.

Das Allmachtkönigtum (Pambasilie) hat schon Aristoteles richtig durchschaut. Auch die centralste Sphäre der geistigen Staatsthätigkeit wird durch eine Vielheit von Kollegien, Körperschaften und Individuen ausgefüllt. Kirchliche, pädagogische, landwirtschaftliche, gewerbliche, kommerzielle, wissenschaftliche, finanzielle, polizeiliche, justitielle, militärische Centralstellen sind am Regierungssitze vereinigt. Sie stehen untereinander und mit den Ministerien, die Ministerien wieder unter sich und mit dem Staatsoberhaupte in Verbindung. Mit dem Ministerium wirkt aufserdem das Parlament periodisch zusammen. Die oberste Sphäre der geistigen Organisation des Staates ist also nie ganz in einer physischen Person koncentriert, selbst nicht in der absolutesten Monarchie, in welcher auch der begabteste Fürst immer noch mit seinem Ministerium, seinem Staatsrat, seinen Regierungskollegien und diese untereinander kommunizieren. Sogar Napoleon I. schätzte seinen Staatsrat als „sa pensée en delibération", seine Minister als „sa pensée en exécution". Die Monarchie kann also nicht als abgeschafft angesehen werden, wenn eine gute Volksvertretung auf die Besetzung der Ministerien und auf die Führung der Verwaltung einen mittelbaren Einfluß gewinnt.

II. DIE VOLKSVERTRETUNG UND DAS STEUERWESEN.

§ 74. *Die Volksvertretung überhaupt.* — Die Regierung bedarf für Gesetzgebung und Verwaltung der Wechselwirkung mit dem ganzen öffentlich rechtlich gegliederten Volke. Sie bedarf dieser Wechselwirkung ganz besonders für die Besteuerung, zumal für die direkte Besteuerung. Ohne die freie Zustimmung des Volkes zu den gemeinnützigen Ausgaben und zur Deckung der letzteren durch Steuern ist die sachgemäfse Bemessung des öffentlichen Bedarfes und die ausreichende Aufbringung der Mittel zur Bestreitung dieses Bedarfes nicht möglich. Umgekehrt bedarf das Volk den Regierenden gegenüber gerade in der Besteuerung einer mafsgebenden Mitentscheidung, wenn es dem ausbeutenden Eingriff mifsbrauchter Regierungsgewalt in seine Gesamtsubsistenz entrückt werden und entrückt bleiben soll; bei keinem im Staate zur öffentlichen Willensentscheidung und zum öffentlichen Vollzug zu bringenden Gegenstande fordert auch das Volk immer wieder so sehr eine Vertretung mit mafsgebender Stimme, wie bei den Besteuerungsentscheidungen, und wenn der Absolutismus bei der Notwendigkeit neuer Steuern der empfindlichsten Art ankam, war er immer wieder genötigt, in Volksvertretung zu willigen. Hier verlangt das Volk unwiderstehlich ein: „Über uns Nichts ohne uns". *(De nobis nil sine nobis!)*

Die Volksvertretung nimmt in den verschiedenen Epochen der Verfassungsentwickelung und in den verschiedenen Gebietskreisen der Volksgemeinschaft eine sehr verschiedene Gestalt an. Sie ist daher auch steuergeschichtlich, steuertheoretisch und steuerpolitisch keine einfache

Erscheinung (vgl. die Nachweisungen in §§ 88 ff. und III. Buch, dritte Hauptabteilung).

Allein Volksvertretung ist normaler Weise immer da: im Thing der sefshaften Hausväter der Patriarchalzeit, dann auf den Hoftagen, Landtagen, Konzilien, Reichstagen der Feudalepoche, weiter in der griechischen und römischen Stadtverfassung und in den Vertretungskörpern unserer mitteralterlichen Städte, ferner in den Landtagen aller drei „Stände" des landesherrlichen Staates, bis die moderne Gemeinde-, Landes- und Reichsvertretung seit einem Jahrhundert zur Entwickelung gekommen ist. Und immer stand die Entwickelung der Volksvertretung im engsten Zusammenhange mit der Steuerentwickelung.

§ 75. *Die steuerpolitische Stärkung der Regierung durch die Volksvertretung.* — Letztere ist auch im Steuerwesen nicht blos Anwaltschaft der Unterthanen gegenüber den Obrigkeiten, der Steuerkräfte gegenüber den Steuergewalten, sondern auch Stärkung der Regierung und Verwaltung, Unterstützung der Steuerpolitik zur Erlangung der für den Staat notwendigen Steuerverwilligung. Nur der monarchische Absolutismus des l'État c'est moi, welcher allen Widerstand der Steuerkräfte zerschmettert, konnte dies verkennen. Desto nachdrücklicher mufs auch heute noch von der allgemein staatlichen, nicht einseitig individualistischen Bedeutung der Volksvertretung gerade in der Steuerlehre ausgegangen werden. Ohne Volksvertretung entbehrt die Steuergesetzgebung einer unschätzbaren geistigen Kraft, die Steuerverwaltung einer unentbehrlichen Kontrolle. Auch in der Monarchie ist Macht, nachhaltige und unbesiegbare Macht, das höchste Ziel der Politik. Diese Macht wird aber erst stark durch ein Steuerrecht und ein Steuermafs, welches das Volk selbst gutgeheifsen hat, und bei einer Finanzverwaltung, welche ebenso durch die Kontrolle als im Notfalle durch den Kredit und das Vermögen des ganzen Volkes gesichert ist. Noch mehr! Eben die fortlaufende politische Beschäftigung der hervorragendsten Kräfte des Volkes in den Wahl- und in den Parlamentserörterungen verbreitet die Einsicht von den Wohlthaten des Staates, vom Wert einer guten Regierung und befördert in unermefslich hohem Grade jene opfer- und steuerwillige Konvergenz aller sozialen Interessen gegen den staatlichen Mittelpunkt, worauf recht eigentlich die politische Macht beruht.

Auch die Volksvertretung gehört der geistigen Centralorganisation des Staatslebens an. Sie ist nicht mechanisch, sondern geistig und nur geistig thätig.

§ 76. *Die steuerpolitisch wünschenswerte Volksvertretung.* — Die herrschenden Vertretungssysteme der Gegenwart sind keine Verwirklichungen des Vertretungs-Ideals und daher weit entfernt, das Steuerwesen dem Ideale der Besteuerung auch nur nahe zu bringen.

Den Voraussetzungen einer guten Volksvertretung widerspricht für
den jetzigen Entwickelungszustand des westlichen Europa die Anknüpfung
der Volksvertretung blofs an bevorzugte Geburtsstände. Nicht
weniger die an den immobilen oder beweglichen Besitz durch Census.
Denn alle der Geburts- oder Besitzaristokratie entgegenstehenden oder
gleichgiltigen Interessen — und deren giebt es vielerlei und bedeutsame — sind dann von der repräsentativen Geltung ausgeschlossen.
Andererseits verstöfst die Vertretung blofs nach der Kopfzahl, die Wahl
blofs nach allgemeinem Stimmrecht gegen den Grundsatz, Gleichwertigem
politisch gleiches Gewicht beizulegen, überall da, wo die durchschnittliche Gleichheit der persönlichen Bildung, des Besitzes, der politischen
Tüchtigkeit in höherem Grade fehlt.

Das System der einseitigen Besitzvertretung begünstigt auf der Seite der indirekten, insbesondere der Verzehrungsbesteuerung, die einseitige Kopfzahlvertretung begünstigt auf der Seite der direkten Besteuerung Übertreibungen, also Mifsbildungen des Steuersystems.

Vom Standpunkte der Entwickelungstheorie ist die Volksvertretung das
Organ, gegen egoistischen Familien- und Klassenmifsbrauch der politischen Gewalt
friedlichen Streit zu erheben, den Kampf auf Austrag und Verständigung zwischen
verschiedenen Interessen einzuleiten und durchzuführen, endlich selbst als alleinige
oder mit der Regierung konkurrierende und paciszierende Instanz der Streit- und
Wettstreitentscheidung über Privat-, Partei-, Standes-, Klassen-, Nationalitäts- und
Glaubensgegensätze zu wirken. Ist dies ihr Wesen, so wird klar, dafs die Bestellung
einer Volksvertretung schrankenloser Regierungsgewalt gegenüber, der sie als Kri-
tikerin, Kompaciszentin und Zügel entgegentritt, grofse Vorteile haben kann und
solche häufig mit sich bringen wird. Es ist aber auch klar, dafs sie in die höchste
Willenssphäre des Gesellschaftslebens den Dualismus und mit diesem überwiegende
Schwäche bringen kann. Es wird weiter klar, dafs, wenn sie nicht alle Volks-
glieder und Volksschichten zur Geltung und zum Worte bringt, wenn sie nur bevor-
zugten Klassen, Ständen und Konfessionen Sitz und Stimme schafft, wenn sie nicht
mittelbar oder durch direkte Wahlen aus einem öffentlich-rechtlich wohlgegliederten
Volkskörper hervorgeht, selbige zur parteiischsten, heuchlerischsten, ge-
waltthätigsten, verschleiertsten Despotie der Bevorrechteten, zur
Trägerin des Egoismus und des scheinlegalen inneren Vergewalti-
gungskrieges gegen Mitbürger werden kann; ja es ist nicht zu leugnen, dafs
sie dies vielfach geworden ist. Der monarchische Absolutismus kann ihr an Wert
dann weit überlegen sein. Selbst die monarchische Despotie hat wenigstens den Vorzug
der Offenheit vor dem so entarteten Vertretungsstaate voraus.

Die geschichtliche Entwickelung der Volksvertretung — auf den
fünf in § 58 aufgestellten und weiter nachzuweisenden Entwickelungsstufen der bisherigen Verfassungsgeschichte (s. meine „Kern- u. Zeitfragen" I.).

Die modernen Landtage, wie sie in Deutschland am Schlusse der Territorial-
epoche zuerst in den Mittel- und Kleinstaaten auftraten, sind wenigstens in den
zweiten Kammern meist Erscheinungen einfacher, einheitlich verschmolzener Volksvertretung. Dieselben gehen unter dem Einflufs einer demokratischen Reichsver-
fassung höchst wahrscheinlich derselben Demokratisierung entgegen, welche von den
Franzosen in der Departementalvertretung für den vierten und in der Deputierten-

kammer für den fünften Kreis der Gebietserstreckung bereits vollzogen ist und in England für die Grafschafts- wie für die Parlamentsvertretung bald vollzogen sein wird. Vorläufig freilich ist die Landes- oder Provinzialvertretung in den eigentlichen Länderstaaten (Mittelstaaten) Deutschlands sowie in den ehemaligen Territorialreichen Preußen und Oesterreich noch mehr oder weniger stark besitzaristokratisch, in Resten selbst ämter- und feudalaristokratisch angehaucht.

Im übrigen herrscht in der unserer kapitalistischen Epoche angehörigen Form des einfachen oder des Dreiklassen-Census die Besitzaristokratie vor, was offenbar ein Zurückbleiben hinter der vollständigen Elementarvertretung der Länder mit allgemeinem oder nahezu allgemeinem Departemental- und Gemeindewahlrecht bedeutet.

In der neulandständischen Verfassung hat zwar durch die Herrenhäuser die Vertretung von Kommunalkörpern und Berufsschichten abermals Geltung gewonnen, aber weder in unmittelbarer, noch in privilegienloser, noch in vollständiger, noch in verhältnismäßiger Weise, keineswegs aber in der Weise, daß sie den ihr neben der vollständigen Elementarvertretung zugewiesenen Beruf im Steuerwesen wirksam erfüllen könnte. Beim neulandtäglichen Kammersystem müßte die erste Kammer eine vollständige und verhältnismäßige Vertretung aller Kommunal- und Berufs-Centralkörperschaften sein. Das ist aber mit nichten der Fall. Die ersten Kammern sind keine Körperschaftshäuser, geschweige vollständige und verhältnismäßige Vertretungen jener Gebiets- und Berufskörperschaften, wie solche unsere Zeit im öffentlichen Rechte hervorgetrieben hat und immer weiter hervortreibt.

Sie sind gleich dem englischen Hause der Lords, welchem sie abgesehen sind, und gleich den altlandständischen Vertretungen, welche durch sie nach langer Unterbrechung halb wieder aufleben sollten, Vertretungsgemengsel feudalistischer und territorialistischer Überlebsel mit Zumischung einiger Vertreter moderner Körperschaften (Universitätsabgeordnete, Prälaten, Oberbürgermeister) und mit Zumischung von lebenslänglich berufenen Würdenträgern des Staatsdienstes. Das ist keine gliederungsmäßige Volksvertretung aus dem körperschaftlichen Geiste und Fleische des öffentlichen Lebens der Neuzeit. Es sind in willkürlicher und für jedes Land anderer Zusammensetzung Herren-, Prinzen-, Erbadels-, Würdenträger-Häuser, wenn ihnen auch einige Vertreter, Ernannte und Abgeordnete von Großkommunen und Berufskörperschaften beigegeben sind (vergl. a. a. O.)

Hierzu kommt ein zweiter Grundmangel, welcher für das Gemeindefinanzwesen belangreich ist, das Zurücktreten des berufskörperschaftlichen Elements innerhalb sämtlicher Kommunalkörperschaften im öffentlichen Rechte der Neuzeit. Die Provinzial-, Regierungsbezirks-, Kreis- (Stadtkreis) und Ortsgemeinde-Vertretungen stellen nur einen vollständigen kommunalkörperlichen Unterbau für eine echte Landtags- und Reichstagsvertretung der Zukunft dar. Erst im Falle, daß die Ortsgemeindevertretung, von welcher aus stufenweise die Kreis-, Bezirks- und Provinzialvertretungen sich aufbauen, — mit Abstreifung des Census oder unter Beibehaltung des letzteren bloß für einen Teil der zu bestellenden Abgeordneten, zwar auf die Grundlage des allgemeinen Stimmrechtes wie in Frankreich, Württemberg und sonst gestellt, aber zugleich durch Beigabe von Berufsvertretungs-Bestandteilen vervollständigt werden würde, hätte man an jeder engeren Bezirkskörperschaft den gegebenen Unterbau für vollständige körperschaftliche Zusatzvertretung in jedem weiteren Kreise öffentlichen Lebens, zuletzt an den Land- und Provinzialtagen den Unterbau für vollständige und verhältnismäßige Reichsvertretung.

Auf der fünften Verfassungsstufe, welche im neuestzeitlichen National- und Gesamtstaate, teils bundes-, teils einheitsstaatlich erreicht ist, machen sich im allgemeinen dieselben Mängel geltend, welche auch der neulandständischen Landesvertretung in der Gegenwart noch anhaften. Es sind drei Grundgebrechen. Erstens ist die Elementarvertretung ungenügend, sofern in derselben das allgemeine Stimmrecht, sei es ausschliefsend, sei es neben beschränkter Besitzvertretung, nicht durchgreifend zur Geltung gelangt ist. Zweitens mangelt es an der körperschaftlichen Vertretung überhaupt; im deutschen Reichstage ist nur die Elementarvertretung, obwohl hier auf breitester demokratischer Grundlage, zur Herrschaft gelangt, und selbst die erstkammerlichen Vertretungselemente anderer Reichstage stellen, z. B. im österreichischen Herrenhause, in der ungarischen Magnatentafel, im italienischen Senate, im englischen Hause der Lords, eine unmittelbare und wirkliche Vertretung des im öffentlichen Recht körperschaftlich gegliederten Volkes nicht dar. Drittens hat man selbst in denjenigen National- und Gesamtstaatsvertretungen, welche ihre ersten Kammern, Senate, Ständeräte von der kommunalen bezw. landtäglichen (kantonalen) Vertretung ausgehen lassen, wie dies in Frankreich, der Schweiz und der nordamerikanischen Union der Fall ist, den berufskörperschaftlichen Aufbau vollständig in die Brüche gehen lassen, wodurch es geschieht, dafs die Gliederung des Volkes nach den öffentlichen Hauptseiten seines geistigen und materiellen Lebens, nach seiner nichtwirtschaftlichen und wirtschaftlichen Organisation einer Vertretung überhaupt, geschweige einer vollständigen und verhältnismäfsigen, einer allseitig unabhängigen und allseitig befähigten, steuerpolitisch tüchtigen Volksvertretung ermangelt.

Damit sind auch die drei Grundrichtungen für die weitere Entwickelung der Volksvertretung in Gegenwart und Zukunft gewiesen.

Ein Überblick über die besonderen Volksvertretungserscheinungen der fünf Verfassungsstufen ergiebt, dafs mit Ausnahme der ersten Stufe, auf welcher auch die Vertretung eine noch aller Differenzierung ermangelnde Vertretung nach der Familien- und der Stammgemeinschaft ist, stets auch gliederungsmäfsige Territorial- und Berufs-Vertretung vorhanden gewesen ist, dafs die Elementarvertretung als Vertretung elementarer Gruppen, nicht als Kopfvertretung nach den hyperindividualistischen „Naturrechts"-Anschauungen sich ausgestaltet hat, und dafs die Elementargruppen-Vertretung auch als allgemeines Stimmrecht nur der reifen erwachsenen Männer noch immer in Geltung steht (vergl. meine „Kern- u. Zeitfragen" I. a. a. O.).

§ 77. *Die Aufgaben und Gerechtsame der Volksvertretung auf dem Gebiete der Besteuerung.* — Die Grundaufgaben der Volksvertretung in Hinsicht auf die Besteuerung sind:

die allgemeine Beeinflussung der Steuerpolitik der Regierung mittelst der formellen Rechte der Volksvertreter,

die Zustimmung zu den Steuergesetzen,

die periodische Bestimmung des gemeinnützigen Staatsbedarfes und der Steuereinhebungen für letzteren,

die Kontrolle der Steuerverwaltung.

Hierzu bedienen sich die Vertretungskörper der allgemeinen Befugnisse der Volksvertreter.

Die Befugnisse, welche den Volksvertretungen der konstitutionellen und der parlamentarischen Monarchie eingeräumt wurden, sind materieller und formeller Natur.

Die materiellen Gerechtsame sind: Teilnahme an der Verfassungsgesetzgebung (Konstituierung des Staates), an der staatlichen Rechtsbildung durch Militär-, Justiz-, Polizei-, Unterrichts-, Volkswirtschafts- und Finanz-Gesetzgebung, Prüfung der Verordnungen und provisorischen Gesetze, Verwilligung und Kontrolle der Staatseinnahmen und der Staatsausgaben, Genehmigung aller oder gewisser (belastender) Arten von Staatsverträgen, Genehmigung von Staatsanlehen.

Die formellen, sozusagen prozessualischen Rechte der Volksvertretung sind: unbedingte Redefreiheit, die Befugnis zu Petitionen, Beschwerden und Adressen an die Regierung, das Recht, zu interpellieren und Aufklärungen der verschiedensten Art von der Regierung zu verlangen, sogar Enqueten selbst mit eidlicher Vernehmung der Beamten selbständig vorzunehmen, Recht auf Gehör für die Minderheit (durch gewisse Bestimmungen der Geschäftsordnung gesichert), Anregung oder förmliche Initiative zu Gesetzesvorschlägen.

Überblickt man diese beiden Gattungen der Gerechtsame, so wird sofort klar, daß die materiellen Befugnisse auf negative und positive Geltendmachung des Volkskörpers der Regierung und Verwaltung gegenüber gerichtet sind, und daß die formellen Befugnisse diese positive und negative Vertretung des Volkskörpers durch Organisation des friedlichen Streites der politischen Meinungen zu ermöglichen und zu sichern bestimmt sind.

Aus den Gründen der Abwehr willkürlichen Eingriffes und der richtigen positiven Erfassung der einzelnen Staatsaufgaben ist der Volksvertretung die periodische Verwilligung und Kontrolle aller Staatsausgaben und Staatseinnahmen überlassen. Eine Volksvertretung mit bloß beratender Stimme für Steuergesetzgebung und Staatshaushalt ist eine politische Null, die bald ausgelöscht wird oder das 1 der Macht selbst vor sich setzt. Bei der Finanzverabschiedung werden die politischen Institutionen und Leistungen in kontradiktorischem Verfahren gewertet, auch in materiell maßgebender Weise immer wieder einer volkstümlichen Urteilsinstanz unterworfen und steuerwirtschaftliche Kompromisse widerstrebender Interessen und Bestrebungen vollzogen.

III. DIE VERWALTUNGSÄMTER.

§ 78. *Das Wesen der Verwaltung.* — Die Verwaltungsämter stellen denjenigen Teil des Staatsorganismus dar, welcher die Masse gemeinnütziger Leistungen des Staates vollzieht und daher hauptsächlich die Besteuerung erforderlich macht. Der Organismus der Regierung und der Volksvertretung steht an Umfang hinter demjenigen der Verwaltung weit zurück. Auch im Bedarfe der Finanzministerien für das Steuerwesen ist der Aufwand für die Steuerverwaltung der bedeutendste.

Der Organismus der Verwaltung zeigt die Hauptgliederung in Verwaltungsämter, im engeren Sinne, welche in der Hauptsache nur geistige Arbeit leisten, die eigentlichen Zivilämter und Militärämter (Offizierschaft), und in die Organe des mechanischen Vollzuges: „niedere Staatsdiener", Schutzmannschaft, Soldaten u. s. w.

Den eigentlichen Verwaltungsämtern liegt nicht blofs die Ausführung des Regierungswillens ob. Einmal dienen sie auch als Organe
der Beobachtung, Berichterstattung u. s. w. Sodann ist die Übung mechanischen Vollzugszwanges ihre Sache gerade nicht; ein sehr geringer
Teil der civilen Verwaltungsthätigkeit ist mechanische Ausführung.

Das wirklichen Staatsdienerrang verleihende Verwaltungsamt gehört
der geistigen Arbeit an. Sein einziges äufseres Produkt besteht denn
auch nur in Symbolen: Akten, Berichten, Gutachten, Befehlen, Er-
kenntnissen, Vermerken u. s. w. Selbst die eigentlichen Militärbeamten, das Offizierskorps stellen einen Stand geistiger Berufsarbeit für den Staat dar.

Alles ein schlagender Beweis dafür, dafs die Verwaltung, wie die
Regierung dem Gewebe der geistigen Staatsorganisation angehört!

Aufser dem Dienst der Beobachtung und der Vollzugsvermittelung
für Zwecke der Regierung haben die Verwaltungsämter, namentlich auch
die Ämter der Steuerverwaltung, einen selbständigen Wirkungskreis. Das staatliche Centrum ist nicht mit allen Eindrücken, nicht
mit allen Entscheidungen, nicht mit der ganzen geistigen Arbeit der
ordnenden, hemmenden, ausgleichenden, unterstützenden Eingriffe in die
soziale Gesamtbewegung belastet. Jeder Zweig und jeder Bezirk der
Verwaltung hat einen Bereich selbständiger Beobachtung, Erkenntnis,
Beurteilung und Entscheidung, einen unabhängigen politischen Wirkungskreis, und auch für diesen Kreis haben die selbständigen Organe den
allgemeinen Rückhalt der unbedingten Autorität und Macht der einen
Staatsgewalt.

Eben dieser selbständige Wirkungskreis bedingt den gröfseren Teil
des mit Steuern zu deckenden Verwaltungsaufwandes.

IV. Einzelne als Träger staatlicher Funktionen.

§ 79. *Einzelne und die Besteuerung.* — Auch im Steuerwesen
dienen dem Staate nicht blofs die eigenen Verwaltungsämter und die Kommunalkörperschaften, welche im übertragenen Wirkungskreise namentlich für die direkte Besteuerung in der Veranlagung und Katastrierung,
in der Steuervorschreibung sowie in der Steuereinhebung mit oder
ohne Steuerhaftung Bedeutendes leisten, sondern auch die physischen
und juristischen Personen des Privatrechtes.

Als Steuerträger sind die Privaten zu elementaren Ernährungs-
organen des Staates in den Organismus des letzteren eingesetzt.

Als Steuerzahler leisten sie vorschufsweise die Steuern, ganz überwiegend die indirekten, teilweise auch die in unserem Sinne direkten
Steuern. Durch das Steuerbekenntnis, durch die Steuerbuchung, durch
das Halten von Privatlagern unter Steuerverschlufs, durch die Stempelentrichtung u. s. w. nehmen sie namentlich bei der indirekten Besteuerung

dem Staate die Hauptarbeit auch der Ermittelung des Steuerobjektes und die Steuervorschreibung (Stempelansatz) ab.

Als Mitglieder von Wählerschaften beeinflussen sie auch im Steuerwesen nicht nur die Gesetzgebung, sondern auch die Regierung und die Verwaltung.

Als ehrenamtliche, gewählte oder ernannte Mitglieder der Schätzungs-, Steuerbemessungs- und Reklamationskommissionen werden sie unmittelbar in den Organismus der Steuerstaatsverwaltung hineingezogen.

In allen diesen Stellungen werden die „Privaten" zu Elementen des Staatsorganismus.

In der Hauptsache sind es physische Personen, welche so Träger öffentlichrechtlicher Besteuerungsfunktionen werden. Doch lassen sich auch juristische Personen des Privatrechtes, namentlich Erwerbsgesellschaften und Wirtschaftsgenossenschaften als Organe der Einsteuerung und der Steuervorschußleistung zum großen Vorteil des Staates verwenden. Nur durch sie sind fremde Besitze von Anteilen inländischer Erwerbsgesellschaften mit den aus dem Lande des Gesellschaftswohnsitzes an sie gelangenden Einkünften für die Steuergewalt erreichbar.

Ebenso bedeutend, wie die Konstituierung zu Organen des öffentlichen Steuerrechtes, ist bezüglich der Besteuerung die Leistung des Einzelnen als Trägers der öffentlichen Meinung, als Mitgliedes des „politischen Publikums". Freilich ist dieses keine unmittelbare staatsrechtliche, keine erzwingbare, sondern eine freiwillige Leistung. Allein mittelbar ist auch diese Leistung notwendig, und sie ist vorgesehen durch das öffentliche Recht in den „staatsbürgerlichen Freiheitsrechten", deren Wert gerade für das Steuerwesen unschätzbar groß ist.

Die sogen. Freiheitsrechte haben ihre Bedeutung in der Ermöglichung politischer Arbeit des ganzen Volkes. Thatsächliche Voraussetzung dieser freien Teilnahme des Volkes am Staatsleben ist ein möglichst hohes Maß der Öffentlichkeit des Staatslebens, der Regierungsakte, der Verwaltungsergebnisse, der gesetzgeberischen Arbeit. Verschiedene Rechtsinstitutionen, von der Geschäftsordnung des Parlamentes bis zum öffentlichen Gerichtsverfahren, suchen die Öffentlichkeit zu gewährleisten. — Die freie Arbeit des politischen Publikums entscheidet zwar auch im Steuerwesen unmittelbar gar nichts, mittelbar aber sehr vieles. Man darf sie in ihrem Werte und in ihrer Wirkung nicht unterschätzen. Worauf beruht denn aber diese ihre große Wirksamkeit? Auf der Thatsache, daß die konstituierten Gewalten in weitem Umfange nur als vom Parteiwesen umworbene Kompromiß- und Urteils-Instanzen der vom Publikum selbst geführten Austrags- und Wettkämpfe wirken!

7. Kapitel. **Die Staatsthätigkeit.**

§ 80. *Das Staatsleben überhaupt.* — Der Inbegriff der Bethätigungen aller vier Glieder des Staatsorganismus von der Regierung an bis zu den zur öffentlich rechtlichen Wirksamkeit berufenen Privaten samt der

Einwirkung des ganzen Volkes auf den Staat in der sogenannten „öffentlichen Meinung" — ist es, was das Staatsleben ausmacht.

Um den Inhalt des Staatslebens ganz zu fassen und geordnet zu überschauen, muſs man sich den allgemeineren Prozeſs des Volkslebens, wovon das Staatsleben einen Teil ausmacht, vergegenwärtigen.

Den Volkskörper, welcher im Staate zu einheitlichem Bewuſstsein gelangt, erblickt man, wie den im Einzelngeist bewuſsten organischen Körper des Individuums,

erstens in einer doppelten Wechselwirkung mit der Auſsenwelt (zu welcher nicht blofs die auſsersoziale Natur, sondern auch die äuſseren Anstalten der Gesellschaft selbst gehören),

und zweitens in einer dreiseitigen „inneren" Geistesthätigkeit begriffen.

Jene doppelte Wechselwirkung ist Sinneswahrnehmung, welche die Auſsenwelt sinnlich in den Geist aufnimmt, und Bewegungsanstofs (Vollzugseinleitung), welche den Willen in äuſsere lebensförderliche Folgen übersetzt. Die eine bedient sich eines sensorischen (Perceptions- und Apperceptions-, Sinnes-)Apparates, die andere eines motorischen (executiven) Apparates.

Die „reine" Geistesarbeit aber stellt Zusammenhänge kollektiver Erkenntnis-, Gefühls- und Willensthätigkeiten dar, welche das sinnliche Material durch die Leistungen der sozialen Wahrnehmung empfingen und mit der Willensbildung praktische Rückwirkungen auf die natürliche und soziale Auſsenwelt vorbereiten. Ohne diese dreifache Thätigkeit — erstens der innerlich-logischen Zusammenordnung der Empfindungen, sodann der gefühlsmäſsigen (im w. S. ästhetischen) Beurteilung des Wertes unter dem Gesichtspunkte sozialen Nutzens und Schadens, endlich der Feststellung von Willensinhalten für ein dem sozialen Leben förderliches Thun und Lassen — ist überhaupt das Leben des Volkskörpers so undenkbar, als jenes der beseelten organischen Körpers.

Die Grundfunktion des Staates ist öffentliche Willensbildung und Übersetzung des öffentlichen Willens durch die Macht in das Volksleben. Doch bedarf der Staat als Mittel auch einerseits einer umfassenden Wahrnehmungsthätigkeit, anderseits einer vorbereitenden Erkenntnis- und begleitenden Gefühlsthätigkeit mit Hilfe der Wahrnehmungstechnik, der Wissenschaft, der Beratung. Diese unterstützenden Thätigkeiten werden in der Wechselwirkung und im Zusammenwirken der vier Glieder des Staatsorganismus mit dem politischen Publikum vollzogen.[1]

Die Hauptthätigkeiten und die Begleitthätigkeiten sind kollektive, in Raum und Zeit ausgebreitete, durch allerlei Symbolaustausch vermittelte Funktionen.

---

1) Vergl. mein „Bau und Leben" I, 467 ff.

Die politische Wahrnehmungsthätigkeit. Wäs wäre die Bevölkerungs-statistik ohne eine in Zeit und Raum ausgebreitete öffentliche Wahrnehmungs-thätigkeit? Was die Polizei ohne ein national und international ausgebreitetes Be-obachtungsnetz? Was die Besteuerung ohne Zoll- und Steuerschutzwache u. s. w.? In den kollektiven Wahrnehmungsapparat ist das ganze Personal der Staatsorgane, sowie das ganze Publikum mit allem Sinnesvermögen der Individuen und mit macht-vollsten künstlichen Hilfsmitteln der Beobachtung, Mittheilung, Aufzeichnung, Re-gistrierung, Berichterstattung verflochten. Die kollektive Wahrnehmungsthätigkeit des Staates ist Beobachten, Überwachen, Untersuchen, Kontrollieren, Aufsichtführen durch äufseren Polizei- und Gendarmeriedienst, ferner durch die höhere Sicherheits-polizei, die richterliche Untersuchung, weiter durch die Beobachtung und Bericht-erstattung der Gesandtschaften und Konsulate, endlich durch die Zivilregistrierung, durch die amtliche Statistik und durch die offiziellen „Enquêten". Allerdings sind nicht alle staatlichen Anstalten, welchen Beobachtung aufgetragen ist, blofs Beob-achtungsorgane. Wir finden selbst bei der amtlichen Statistik, sofern sie ihren Stoff aufschliefst, eine sehr wertvolle Thätigkeit wissenschaftlicher Verarbeitung.

§ 81. *Die geistige und die mechanische Arbeit im Staatsleben.* — Schliefslich ist ein Blick auf den allgemeinen Charakter staatlicher Thätigkeit erforderlich.

Die letztere ist wesentlich geistige Arbeit und zwar höher qualifi-zierter Art, kostspielige Beamtenarbeit. Daher wiegt der Per-sonalbedarf vor. Auch der Realbedarf, welcher den Personalbedarf be-gleitet, ist wesentlich Bedarf für geistige Arbeit, für Hilfsmittel der Be-obachtung und der Mitteilung: Kanzleibedarf, für Korrespondenz, Druck, Bücher, Schriftsammlung nebst dem Aufwande für den Standort der Beamten und der Schriftvorräte, sowie für Reisen der staatlich thätigen Personen und für den Transport öffentlicher Sachgüter. Doch kann schon dieser Aufwand recht beträchtlich werden.

Das staatlich beschäftigte Personal bedarf künstlicher Apparate des Befehlens und Anordnens, civiler und militärischer, telegraphischer und handschriftlicher Befehlserteilungen, Weisungen, Aufrufe, Manifeste, Or-donnanzen. Der Staat benützt eine äufserst zusammengesetzte und formenreiche Symbolik zur Ausbreitung kollektiven Wollens in tech-nisch-mechanische Gesamtbewegung. Ein nicht unbeträchtlicher Teil der Arbeit und des Vermögens verzweigter Veranstaltungen der Technik und der Macht gehört der Vollzugsleitung, der geistigen Arbeit der Exekutive an, sowohl für den Zweck der Formulierung und Erlassung von Befehlen und [sonstigen Formen sozialen Bewegungsanstofses, als für den Zweck 'der Fortleitung dieser Anstöfse in die Peripherie der ausführenden Arbeit! [Für die öffentliche Ausbreitung von Bewegungs-anstöfsen dienen auch Presse, Briefpost, gesellige Konversation als sehr bedeutende Leitbahnen.

Doch fehlt neben der geistigen die mechanische Arbeit nicht. Eine solche heftet sich an alle Zweige der Staatsverwaltung an, und einige dieser Verwaltungszweige sind ihr vornehmlich gewidmet. So-weit die Autorität nicht reicht, ist Zwang erforderlich, und Zwang üben im öffentlichen Interesse ist Aufgabe des Staates und der Gemeinde.

Beide sind nicht blos Organe des Wollens, sondern auch des unwiderstehlichen Machens, der Macht und der Gewalt. Es ist namentlich der Kampf gegen äußere und innere Feinde, sowie der Kampf gegen die Natur (Schutz, Bauten u. s. w.), was einen gewaltigen technischen Aufwand immerfort erheischt. Dieser Aufwand ist es hauptsächlich, welcher große Ausgaben verursacht und noch lange verursachen wird.

Beiderlei Aufwand ist ganz überwiegend gemeinnütziger Art, und für denselben ist deshalb in steigendem Maße Steuerdeckung begründet. Die Hoffnung auf Beseitigung des Krieges und des Steueraufwandes für das Militärwesen ist auf absehbare Zeit völlig eitel. Der Krieg wird allmählich abnehmen und hat wirklich abgenommen. Für die technisch ausgebildetste Kriegsbereitschaft dagegen ist das Ende noch nicht abzusehen.

Das ganze Spiel der sozialen Auslese hindert das Zustandekommen fester, dauernder Koalitionsmacht, auf die sich ein der inneren Staatsgewalt ähnliches Machtorgan des Weltfriedens für immer stützen könnte.

8. Kapitel. **Der Thatbestand des gemeinnützigen Staatsbedarfes.**

§ 82. *Übersicht über den Staatsbedarf.* — Es sind drei große Abteilungen des Staatsbedarfs: der Regierungsbedarf, der Vertretungsbedarf und der Verwaltungsbedarf. Der Verwaltungsbedarf hat das Übergewicht und nimmt einen steigenden Teil der gesamten Steuerdeckung in Anspruch.

In der absoluten Monarchie, wenn sie verschwenderisch und prachtliebend ist, in der absoluten Aristokratie, wenn sie u. a. für gottesdienstliche Zwecke zu reichlich ausgiebt (Egypten), in der absoluten Demokratie oder Ochlokratie, wenn sie die hauptstädtischen Volksmassen als Souverän auf öffentliche Kosten regaliert und vergnügt, ist wohl auch viel Steuer für die Regierung darauf gegangen. Allein als die Regel erweist sich wenigstens für spätere Zeiten das Übergewicht des Verwaltungsbedarfes.

Dagegen sind gerade der Regierungs- und der Vertretungsbedarf als gemeinnütziger, steuerdeckungsgemäßer Aufwand anzusehen. Vom Verwaltungsbedarf gilt dies nicht im selben Maße.

Civillisten. Von den Staatseinnahmen verschlingt die Civilliste überall nur wenige Prozente. Die Vergleichung verschiedener Staaten in Hinsicht auf die Civilliste ist übrigens schwierig, da die der Civilliste obliegenden Ausgaben für öffentliche Zwecke, die nebenher laufenden Einkünfte aus vorbehaltenen fürstlichen Hofdomänen, die Apanagen für nichtregierende Mitglieder der Fürstenhäuser sehr verschiedenartig geordnet sind.

§ 83. *Fortsetzung. Die Verwaltungsbedarfe des Staates und ihr*

Gröfsenverhältnis. — Diese Bedarfe lassen sich nach den Verwaltungs-
departements oder Ministerien gliedern wie folgt:

Bedarf für die auswärtige Verwaltung,
Bedarf für Heer und Marine,
Bedarf für die Finanzverwaltung einschliefslich des Bedarfes für
Tilgung und Verzinsung der Staatsschuld,
Bedarf für die Justiz,
Bedarf für die innere Verwaltung und zwar:
für die Sicherheitspolizei,
für die Regiminalthätigkeit oder innere Verwaltung im
engeren Sinne,
für die Wohlfahrtspflege und die volkswirtschaftliche Verwaltung,
für das Armen- und Unterstützungswesen,
für das Erziehungswesen, das Unterrichtswesen, das Bil-
dungswesen und den öffentlichen Kultus.

Die Gliederung des öffentlichen Dienstes nach Ministerien ist freilich flüssig und wird vermutlich weiteren grofsen Wandlungen entgegengehen. Viel kommt dabei auf die Kulturhöhe und den Umfang
der Staaten an.

Für das Gröfsenverhältnis der verschiedenen Verwaltungsbedarfe hat das Material mit besonderer Umsicht und grofsem Fleifs
PH. GERSTFELD (Beiträge zur Reichssteuerfrage 1879 und in CONRADS
Jahrbüchern) zusammengetragen und übersichtlich gemacht. Die Zahlen
haben sich zwar seitdem geändert und wohl noch mehr in der Richtung des Übergewichtes der Militärausgaben verschoben, sie geben
aber immer noch eine richtige Anschauung des ungefähren Gröfsen-
verhältnisses der verschiedenen Verwaltungsbedarfe. Nach der Verarbeitung des Materials bei A. WAGNER (Fin.-W., I. § 173) ergiebt sich:

A. Absoluter Staatsaufwand in Millionen Mark:

	Deutsches Reich und Einzel-Staaten	Grofs-britannien u. Irland	Frank-reich	West-Oesterreich	Rufsland
1. Kriegswesen . . .	468	628	657	158	741
2. Schuld	184	619	851	257	255
3. Civile u. s. w. . .	720	366	599	261	684
4. Civile ohne Erheb. u. Betriebskosten .	442	237	437	187	c. 204
Summe von 1, 2 und 4 oder Nettoaus-gabe	1094	1484	1945	602	1200

B. Absoluter Staatsaufwand auf den Kopf der Bevölkerung in Mark:

	Deutsches Reich und Einzel-Staaten	Grofs-britannien u. Irland	Frank-reich	West-Oesterreich	Rufsland
1. Kriegswesen . . .	11,0	18,5	17,8	7,2	10,6
2. Schuld	4,3	18,2	23,0	11,7	3,6
3. Civile u. s. w. . .	16,9	10,8	16,2	11,9	9,8
4. Civile ohne Erhe-bungskosten u. s. w.	10,3	7,0	11,8	8,5	2,9
Summe von 1, 2 und 4 oder Nettoaus-gabe	25,6	7,0	52,6	27,4	16,1

C. Absoluter Staatsaufwand in Prozenten der Gesamt-Nettoausgabe.

1. Kriegswesen . . .	42,8	42,3	33,8	26,2	61,7
2. Schuld	16,8	41,7	43,7	42,7	21,3
3. Civile, ohne Erheb.-kosten u. s. w. . .	40,4	16,0	22,5	31,3	17,0

§ 84. *Fortsetzung. Der Bedarf nach dem Unterschied von Staat und Gemeinde:*

Preufsen:

A. Absoluter Aufwand in Millionen Mark:

	Staat (incl. Reichsquote)	Selbst-verwaltung	Zu-sammen
1. Kriegswesen	274	4	277
2. Schuld	118	26	144
3. Civile	364	338	703
4. Steuerverwaltung	38	4	42
Summe	794	372	1166

B. Absoluter Aufwand auf den Kopf der Bevölkerung in Pfennig.

1. Kriegswesen	978	13	991
2. Schuld	420	93	513
3. Civile	1301	1209	2510
4. Steuerverwaltung	136	15	151
Summe	2835	1330	4165

C. Absoluter Aufwand in Prozenten der „ordentl. Nettoausgabe", nach Abzug der Schuld von der ganzen Nettoausgabe.

1. Kriegswesen	40,5	1,0	27,1
2. Civil- und Steuerverwaltung .	59,5	99,0	72,9
Summe	100	100	100
3. Schuld in Proz. dieser Summe	17,4	7,5	14,0

Grofsbritannien.

A. **Absoluter Aufwand in Millionen Mark:**

	Staat	Selbst-verwaltung	Zu-sammen
1. Kriegswesen	543	—	543
2. Schuld	594	12	606
3. Civile	360	1143	1503
4. Steuerverwaltung	57	?	57
Summe	1554	1156	2709

B. .Absoluter Aufwand auf den Kopf der Bevölkerung in Pfennig:

1. Kriegswesen	1551	—	1551
2. Schuld	1697	35	1732
3. Civile	1028	3267	4295
4. Steuerverwaltung	162	?	162
Summe	4438	3302	7740

C. Absoluter Aufwand in Prozenten der „ordentl. Nettoausgabe",
nach Abzug der Schuld von der ganzen Nettoausgabe.

1. Kriegswesen	56,6	—	25,8
2. Civil- und Steuerverwaltung .	43,4	100	74,2
Summe	100	100	100
3. Schuld in Proz. dieser Summe	61,9	1,1	28,8

Frankreich:

A. **Absoluter Aufwand in Millionen Mark:**

	Staat	Depart. u. Gemeind.	Zu-sammen
1. Kriegswesen	797	4	801
2. Schuld	901	252	1153
3. Civile	854	677	1531
4. Steuerverwaltung	84	24	108
Summe (netto)	2636	957	3549

B. Absoluter Aufwand auf den Kopf der Bevölkerung in Pfennig:

1. Kriegswesen	2153	12	2165
2. Schuld	2436	681	3117
3. Civile	2309	1830	4139
4. Steuerverwaltung	228	63	291
Summe (netto)	7126	2586	9712

C. Absoluter Aufwand in Prozenten der „ordendl. Nettoausgabe",
nach Abzug der Schuld von der ganzen Nettoausgabe:

1. Kriegswesen	45,9	0,7	32,8
2. Civil- und Steuerverwaltung .	54,1	99,3	67,2
Summe	100	100	100
3. Schuld in Proz. dieser Summe	51,9	34,3	47,2

§ 85. *Fortsetzung: Der besondere Bedarf für Heer und Flotte:*

	Heer	Flotte	Zus.	In Proz. d.	In Proz. ders. n. Abz.	pro Kopf
	Mill.	Mark um	1873.	Netto-ausgabe	d. Kosten d. Schuld.	Mark.
Russland . .	541,30	78,30	619,60	42,7	53,3	7,7
Grossbritanien	308,26	190,86	499,12	39,3	68,0	15,6
Preußen . .	—	56,20	208,26	36,6	45,4	—
Deutsches Reich	291,00	—	347,20	35,6	43,7	8,5
Niederlande .	29,07	15,88	44,96	35,4	56,0	12,2
Frankreich .	402,40	118,56	521,00	31,3	59,5	14,4
Oesterreich .	150,60	15,40⎱				⎰8,0⎱
Ungarn . . .	73,40	6,60⎰	246,00	29,1	43,5	⎱5,2⎰
Italien . . .	182,03	36,80	218,83	26,2	58,0	8,2
Schweiz . .	8,59	—	8,59	25,2	33,7	3,3

Aus dieser Übersicht, sowie aus den Übersichten der vorigen Paragraphen springt die relativ günstige Lage Deutschlands in die Augen. Die Lage ist thatsächlich (nach A. WAGNER) noch günstiger mit Rücksicht auf die weitere günstige Verteilung des Zivilbedarfes für Schulen, Justiz u. s. w., auf den Ursprung eines Hauptteils der deutschen Schulden aus rentablen Staatsbahnen und auf die erheblichen sonstigen privatwirtschaftlichen Deckungsmittel. So beträgt z. B. der Aufwand des Staates allein für Kultus und Unterricht pro Kopf in Deutschland 2.6, Großbritannien 2.1, Frankreich 2.5, Österreich 1.5, Russland 0.6 Mark oder in Proz. der Nettoausgabe 10.1, 4.8, 5.0 5.6, 3.7; der Aufwand des Staates für Justiz und Polizei pro Kopf in Deutschland 3.9, Großbritannien 3, Frankreich 2.7, Österreich 2.2, Rußland 0.6 Mark oder in Proz. der Nettoausgabe 15.3 6.8, 5.5 8.1 3.7. Dabei ist noch des gerade für Unterricht in Deutschland so bedeutenden Kommunalaufwandes zu gedenken. Das Bild der deutschen Finanzlage ist weitaus das günstigste nach jenen Seiten, welche für die kritische Beurteilung des Finanzbedarfes in Betracht kommen. Bedenklich ist jedoch das rasche Anwachsen der Reichsschuld im Frieden auf 2 Milliarden binnen 25 Jahren.

§ 86. *Der überwiegend gemeinnützige Aufwand.* — Unter gemeinnützigem Aufwande ist hier immer wieder derjenige öffentliche Aufwand verstanden, welcher nicht speziell vergütet werden kann. Nach den Ziffern des vorstehenden Paragraphen ist dieser Aufwand der weitaus überwiegende, selbst in Deutschland.

Zu diesem Aufwande ist nicht bloß der ganze Militäraufwand zu zählen, welcher ungefähr die Hälfte aller Ausgaben nach Abzug derjenigen für die Staatsschuld ausmacht, sondern auch der Aufwand für die Staatsschuld, welcher in den nichtdeutschen Großstaaten über 40 Proz. der Gesamtnettoausgabe beträgt, ferner der Aufwand für die Steuerverwaltung und für den größten Teil der Zivilverwaltung, namentlich was

die Pflege des Wohlstandes, des Unterrichtes und des Kultus, des Wohl-
thätigkeits- und Unterstützungswesens betrifft.

Der speziell unvergütbare Staats- und ähnlich der durch Gebühren
nicht zu deckende Gemeindeaufwand dürfte unter den Verhältnissen des
heutigen Staats- und Gemeindewesens wohl 90 Proz. des gesamten
öffentlichen Aufwandes ausmachen, selbst wenn man im Justizwesen
und im Betriebe der öffentlichen Verkehrsanstalten das Gebührenprinzip
der Deckung mindestens der Kosten zur vollen Geltung bringt und die
Kosten für die Armenpflege durch die Entwickelung der Selbsthilfe im
Wege des Versicherungswesens aus dem öffentlichen Aufwande mehr
und mehr hinauszuschaffen bestrebt sein wird.

Dieser überwiegend unvergütbare Teil des öffentliche Aufwandes
erheischt also Steuerdeckung, soweit nicht die durch öffentliche Interessen geforderte „beiläufige Erwerbswirtschaft" der Gemeinwesen (§ 143 ff.)
Deckung giebt.

§ 87. *Der Personalbedarf im öffentlichen Aufwande.* — Der zur
Steuerdeckung sich eignende öffentliche Bedarf ist größtenteils Personalbedarf, da die Masse der öffentlichen Leistungen, zumal der civilen, in geistiger Arbeit besteht (vgl. § 81).

Der Realbedarf ist wesentlich Bedarf für Bereithaltung und wohn-
liche Unterbringung sowie den Ortswechsel der geistigen Arbeitskräfte
und der symbolischen Sachgüter (Akten u. s. w.) der letzteren.

Bedeutend ist jedoch auch der Realaufwand für die öffentlichen Verkehrsanstalten, für die Organe der mechanischen
Zwangsvollstreckung und für das öffentliche Unterstützungswesen.

Der Personalbedarf ist besonders groß in Deutschland wegen
des Systems der Ämterbesetzung. Unwirtschaftlich ist darum dieser
starke Personalaufwand nicht; denn es kommt nicht blofs auf die
Kosten, sondern auch auf den Gebrauchswert der öffentlichen Dienstleistungen an. Dieser kann bei der vorwiegend berufsmäfsigen Äm-
terarbeit, wie sie in Deutschland üblich ist, den Kostenaufwand
vergleichsweise mehr überschreiten, als bei anderen Systemen der
Ämterbesetzung. Auch bleibt zu beachten, dafs bei anderen Systemen
der Ämterbesetzung der Personalbedarf volkswirtschaftlich (nicht
blos finanzwirtschaftlich) betrachtet kein geringerer zu sein braucht und
an Stelle der Steuerdeckung eine andere Deckung dennoch stattfinden
mufs.

Sehr gut bemerkt A. WAGNER (F.-W. I, § 53), dafs beim deutschen Amtersystem
die Kosten zwar als Staatsausgaben hervortreten, bei anderen Systemen aber im
„volkswirtschaftlichen Budget". In letzter Linie sei es doch der Aufwand
an Arbeit, der die Kosten bilde, und wenn überhaupt diese Arbeit im Staatsdienste
geleistet werde, so müsse irgend jemand ihn bestreiten.

9. Kapitel. **Die staatlichen Voraussetzungen der Besteuerung auf den fünf Verfassungsstufen (§ 58).[1])**

§ 88. I. *Im Völkerschaftsstaate.* — Die Völkerschaftsverfassung am Schlusse der geschichtlichen Vorzeit stellt sich dar als Verfassung der Jägerhorden, der Nomaden und der seßhaft gewordenen, aber noch stamm- und familienweise gegliederten sog. patriarchalen Ackerbauvölker. Letztere höchste Stufe folgte einer angeblichen Vorzeit der Mutterherrschaft. Verglichen mit dieser Matriarchalzeit (BACHOFEN, MORGAN) wäre die Patriarchie selbst schon ein verhältnismäßig spätes Gebilde.

Die Völkerschaftsverfassung fin det sich noch heute in Australien, in Südamerika, in Nordasien und auf ihrer höchsten Unterstufe, nämlich als Staat von Ackerbauvölkern, als Patriarchalurstaat in der ganzen Bantunegerwelt Centralafrikas vor. Die Völkerschaftsverfassung fand sich aber auch in der Vorzeit jedes heutigen Kulturvolkes, gipfelnd im Gemeinwesen der seßhaft gewordenen Völkerschaften, in der Herrschaft der hufenbesitzenden Familienväter, unter Herzögen und Königen für die weiteren Gebietskreise vor. Mit dieser Patriarchie hat die griechische, die römische, und als schon das altklassische Bürgerschaftszeitalter zur Neige ging, die germanische Völkerschaftszeit geendet —, je am Schluße derselben großen Wanderungen, aus welchen in Zentralafrika neuestens noch die seßhafte, ackerbauliche Patriarchie sich niedergeschlagen hat und niederschlägt.

Das Charakteristische aller Ur- oder Völkerschaftsverfassung ist der Mangel an ständischer Gliederung, die bloße Aneinanderlagerung der Volksbestandteile nach der Abstammung, zuletzt in der Hufenverfassung. Die Volksgemeinschaft ist noch nicht differenziert. Selbst der Gegensatz von Freien und Sklaven ist noch kein Ständeunterschied, sondern eine Scheidung innerhalb des Stammes-, Sippschafts- und Familienverbandes; eine misera contribunes plebs giebt es folgerichtig nicht in Gestalt eines Standes der Unfreien, sondern nur in Gestalt der unfreien Familienglieder (Sklaven, Hauskinder, Frauen). Regierung, Gesetzgebung und Verwaltung, an sich überaus einfach, fallen noch überwiegend in das Stammes- und Familienleben hinein, und selbst der weiteste Staatskreis, das Reich, soweit es ein solches gab und heute noch (Südcentralafrika) giebt, hat großpatriarchale Pfalz-(Palast-)Verwaltung.

Die Völkerschaftsverfassung, welche in unserer Epoche weltgeschichtlich und weltgeographisch zur Neige geht, hatte und hat schon alle drei Regierungsformen, aber nur wenig öffentlichen Bedarf und keine oder fast keine Steuerdeckung. Selbst für den weitesten Kreis, das Reich

---

1) Hierzu näheres in meinen „Kern- u. Zeitfragen" I, 79 ff.

(§ 59), wird der Bedarf aus dem gröfsten Familienhaushalte, dem des Königs oder Kaisers bestritten.

An die Hufenverfassung erinnert in der ersten Entwickelung der modernen Ackerbaukolonien die Farmen-Aneinanderlagerung, nur dafs die Stammesgliederung fehlt und wegen der Ableitung der Bevölkerung aus alten Ländern fehlen mufs. Die Kolonialurentwickelung beginnt, wo die alte Volkszeit endet.

.§ 89. II. *Im Stände-, Ämter-, Feudalstaate.* — Diese zweite Verfassungsstufe setzt die Scheidung der Gesamtbevölkerung in herrschende und beherrschte Schichten voraus. Ihr Wesen ist eben die erste Ständeherrschaft.

Solche Schichtung beruht stets auf Macht; der wahre Grund schon der Ständeherrschaft liegt nur in der geistigen und physischen oder in der grundbesitzlich wirtschaftlichen Übermacht der herrschenden Stände. Diese Übermacht kommt einmal von aufsen durch das erobernde Eindringen fremder Völker, was die verschiedenen Formen der Eroberungsfeudalität bis zur neukolonialen Ämterherrschaft herab ergiebt. Die den ständeherrschaftlichen Staat begründende Übermacht steigt aber auch aus dem Schofse der inneren Volksentwickelung auf. Dieses Aufsteigen erfolgt selbst auf verschiedene Weise: teils durch Entstehung von Bildungsübermacht, was namentlich den priesterherrschaftlichen Feudalismus (Theokratie, „Idiokratie") begründet, teils durch Entstehung von Waffenübermacht, was den kriegerstaatlichen (militärstaatlichen) Feudalismus erzeugt, teils durch Entstehung ständischer Verwaltungsübermacht, was den ämterstaatlichen Feudalismus zustande bringt; endlich und im Gegensatze zur Bildung persönlich übermächtiger Volksschichten erfolgt das Aufsteigen zur ständestaatlichen Verfassungsbildung durch Besitzübermacht, welche in dieser frühen Zeit dürftiger Ausbildung des beweglichen Vermögens stets Grundbesitzübermacht ist.

Die Ständestaats-, Ämterstaats-, Feudalverfassung, welche ebenfalls in Übergangsstufen sich gebildet hat, findet sich heute noch in der Welt weit verbreitet. Sie herrscht noch in ganz China, man trifft dieselbe in den Sultanaten von Westcentralafrika, in parthologischer Art in der Türkei als Herrschaft ursprünglicher Reiternomaden über Rückbildungsreste der klassisch bürgerstaatlich gewesenen Griechen- und Römerwelt. In der Kolonialentwickelung unserer Epoche liegt eine äufserst umfangreiche teils freie, teils unfreie ämterstaatliche Verfassungsbildung als eine durch Presse und Tribüne und Kanzel vermittelte Herrschaft der Advokaten, Journalisten, Geistlichen, Professionspolitiker vor. Die zweite Verfassungsstufe fand sich auch bei allen älteren Völkern. Die Römer und Griechen hatten ihre Feudalzeit, wir Deutsche hatten sie, die Engländer, Franzosen, Italiener, Spanier mufsten sie, nachdem sie von der älteren klassischen Civitätsverfassung längst rückfällig geworden waren, durchmachen. Die Feudalverfassung be-

herrschte aber auch das ganze vorklassische, altorientalische Weltalter,
mit welchem die eigentliche Weltgeschichtschreibung anhebt. Noch sehr
tief in die Zeiten der dritten und vierten, nämlich der bürgerschafts-
staatlichen und der länderstaatlichen (territorialistischen) Verfassungs-
epoche hinein hat sich der Feudalismus der christlichen Völker in starken
Resten erhalten, bis er den Revolutionen von 1789 und 1848 vollends erlag. Einzelne Völker, vielleicht sogar grofse Völker kommen
gar nicht über den Feudalismus hinaus, oder sie werden nur langsam,
vielleicht auch nicht sehr weit und nicht in absehbarer Zeit darüber
hinauskommen. Man denke an die ost- und südasiatischen Halbkultur-
reiche und an die centralafrikanischen Sultanate!

Das Charakteristische aller Verfassungszustände zweiter Stufe besteht in der ersten Bildung weltlicher und geistlicher B e r u f s k l a s s e n,
wovon eine allein oder mit anderen zusammen die den anderen Klassen
angehörige Volksmasse aus eigenem Recht, beziehungsweise aus eigener
Macht beherrscht. Die feudale Verfassungsstufe ist daher wesentlich
eine Stufe der M a s s e n u n f r e i h e i t. Nicht Einer oder Einzelne herrschen mit Zustimmung des ganzen Volkes, sondern bestimmte Schichten
herrschen aus eigenem Recht.

In den engeren Gebietskreisen feudaler Gemeinwesen tritt als Regierungsform überwiegend weltliche und geistliche Aristokratie hervor,
selbst im Reiche teilt der König oder Kaiser die Macht mit vasallitischem
Adel und dem Priestertum. Auf den geistlichen und weltlichen Staats-
und Vertretungskörpern, vom Reichstage und Konzil bis zum Hoftage
herab fehlt das demokratische Element so gut wie ganz.

Die zweite Verfassungsstufe heifse ich s t ä n d e s t a a t l i c h, soferne
man an ihre soziale Grundlage, das Vorhandensein herrschender Stände
denkt, ä m t e r s t a a t l i c h, sofern die mächtigen Stände durch priester-
liche, militärische und civile Amtsgewalt herrschen; endlich f e u d a l
im besonderen Sinne, sofern die Über- und Unterordnung innerhalb der
herrschenden Stände auf Grundlehen begründet erscheint.

Auf dieser zweiten Verfassungsstufe ist s t a a t s w i s s e n s c h a f t l i c h betrachtet bereits die Grundlage für B e s t e u e r u n g gegeben. Steuergewalten in allen fünf Gebietsbereichen des Staates stehen unterworfenen
Steuerkräften gegenüber. Die Hintersassen der grundherrlichen Gebietsbereiche liefern den lokalen Steuergewalten bereits steuerliche Deckungen jener lehensrechtlichen Verbindlichkeiten, welche den Gewalten
der weiteren Verbände gegenüber bestehen und mit diesen Gewalten
von den weltlich-geistlichen Feudalvertretungskörpern erledigt werden.
Die Masse der einst teils volksfreien, teils einer Sippschaft versklavt
gewesenen Familien wird zu Naturalsteuern (Fünften, Zehnten u. s. w.)
von dem herrschenden weltlich-geistlichen Stande herangezogen. Der
altpatriarchale Familienerwerb bleibt zwar noch in grofsem Umfange

Nährquelle der öffentlichen Wirtschaftsführung, erleidet aber doch sehr umfassend eine Umsetzung in Naturalsteuerwirtschaft aus den Rechtstiteln des feudalen Obereigentums, der Lehens- und der Gutsherrlichkeit.

Eine steuerpolitisch bedeutsame V e r t r e t u n g der Steuerträger fehlt in den engsten Territorialbereichen des Feudalstaates so gut wie ganz und ist Steuerverwilligung an die Gewalten der weiteren und weitesten Gebietsbereiche durch das Volk verfassungspolitisch ebenso wie verkehrswirtschaftlich überhaupt nicht möglich.

§ 90. III. *Im Stadtstaat oder Bürgerschaftsstaat (πόλις, civitas).* — In dieser Verfassung ist das Volk über den Feudalismus hinaus, wenn auch aus letzterem heraus zu einem einheitlichen Ganzen freier aus zugewanderten, wie heimischen Elementen bestehender Stände, zu einem e i n h e i t l i c h e n B ü r g e r g e m e i n w e s e n fortgeschritten. Der einfache Gegensatz herrschender und beherrschter Stände schwindet stufenweise, und die selbständigen Mitglieder aller höheren Stände einer burggeschützten Stadt gehören frei den auf diese höhere Zusammenfassungsstufe gebrachten Gemeinwesen an. Der Stadtstaatsbildung kommen zu ihrer Zeit eigentümliche Umstände des wachsenden Verkehrs- und Wehrbedürfnisses entgegen.[1]

Die bürgerschaftstaatliche Verfassungsstufe hat einmal ein bestimmtes Weltalter, das klassische Altertum in seiner ersten, besseren Hälfte beherrscht; es war in der griechischen p o l i s, deren Name auf die beiden folgenden Verfassungsstufen als Staatsbezeichnung übergegangen ist, und in der römischen c i v i t a s, welche sich von der u r b s zum o r b i s stadtstaatlich auswuchs. Die Stadtstaat-Verfassung hat sodann in der zweiten Hälfte des Mittelalters für alle älteren christlichen Nationen den Höhepunkt der Entwickelung ergeben. Nachdem das selbständige Stadtstaatsleben nach einem in Deutschland und Italien besonders großartigen Wiederaufbau bereits untergegangen und den weiteren Machtkreisen der landeshoheitlichen Gewalten einverleibt worden war, so wurde die ganze Landesverwaltung für Dörfer wie für Landstädte stadtartig, so zu sagen verstädtert, hauptsächlich durch die „Polizei", deren Begriff, wie der Name anzeigt, ursprünglich die städtische und stadtartige Verwaltung bedeutet hat.

Die Regierungsform ist zuletzt demokratisch, jedoch ohne Elementarvolksvertretung (§ 76), also ohne allgemeines Stimmrecht, vielmehr mit berufsgeschäftlich zünftiger Volksvertretung. Am Beginn und am Schlusse kommt in verschiedener Form das aristokratische Element, dort der Grundadel, hier der Geldadel, zur Herrschaft. Das umgebende Landgebiet — Stadt und Land bilden einen Gegensatz — nimmt an diesen ersten bürgerlichen Freiheiten keinen oder einen unvollständigen Anteil.

---

1) „Kern- und Zeitfr." S. 87 f.

Die stadtbürgerliche ist noch lange nicht landes- oder reichsbürgerliche Freiheit.

Für eine höhere Entwickelung der direkten und auch schon der indirekten Steuern sind auf dieser Stufe die staatlichen Voraussetzungen gegeben (vgl. III. B. 3. Hauptabt.).

Im grofsen Ackerbaukolonialreich Nordamerikas wird die Durchbildung der Stadtverfassung und Stadtverwaltung von Amerikanern selbst als die verfassungs-geschichtliche Haupterscheinung der Gegenwart angesehen; die einheitliche Territo-rialisierung hat dort begonnen, steht aber noch in den Anfängen.

Man büte sich nur vor der Verwechselung der Bürgerschaftsstaaten mit jeder Art örtlicher Volksverdichtung und Wohnanhäufung. Städte im Sinne der letzteren gab es und giebt es schon auf den Stufen I und II. WISSMANN fand vor Jahren selbst im innersten Kongobecken fünf Stunden lange Dörfer. Die Krieger-, Priester- und Mandarinenstaaten — China, Altegypten, Assyrien, Türkei — zeigen Millionenstädte, wie sie „Provinzen" haben, aber es sind und waren keine Bürgergemeinwesen, so wenig, als ihre Provinzen Länderstaaten darstellen. Es sind und waren Grofsortsverwaltungen. In den Kolonien giebt es grofse Ortsniederlassungen unter Wahlbeamten, lange bevor die Stadtstaatbildung beginnt.

§ 91. IV. *Im Landes- oder Territorialstaate.* Diese Verfassung ist Zusammenfassung und fortschreitende Verschmelzung städtischer, feu-daler und urbauerschaftlicher Gebilde dritter, zweiter und erster Stufe der Verfassungsbildung zur Einheit in Regierung, Gesetzgebung, Ver-waltung und Vertretung, mit landesgrofser (kantonaler, grafschaftlicher, provinzialer) Gebietsweite. Die Bildung beginnt mit einer Konglomerat-verfassung und läuft in einheitliches homogenes Landesgemeinwesen aus.

Die länderstaatliche oder gar neuzeitstaatliche Entwickelungshöhe ist im klassischen Zeitalter der polis und civitas, geschweige im alt-orientalischen Zeitalter der Feudalgrofsreiche nicht schon erstiegen wor-den. Solches hätte durch Verschmelzung der Städte samt ihren länd-lichen Bevölkerungsanhängseln mit einander, unter Gliederung und Ver-einigung zu gröfseren und höheren Territorialgemeinwesen und durch die Vereinigung der letzteren zu noch höheren und weiteren National-und Gesamtstaatseinheiten geschehen müssen. Es ist jedoch weder zu dem einen noch zu dem anderen gekommen. Rom blieb, selbst als es am Schlusse der Republik bereits „die Welt" geworden war, dennoch urbs, das Reichsbürgerrecht Stadtbürgerrecht und jede römische Pro-vinz eine Stadtstaatdependenz. Das heutige Europa hat die territoria-listische Verfassungsstufe schon hinter sich, kein Land hat sie so voll, aber auch so einseitig, so partikularistisch durchlaufen wie Deutschland.

Auch die länderstaatliche Entwickelung hat ihre Vorstufen. Es sind drei an der Zahl, nämlich auch hier so viele, als grofse Haupt-stufen vorangegangen sind. Sie hat schon um die Mitte des christ-lichen Mittelalters eingesetzt als elementare Nebeneinanderlage-rung von Altfreien, Lehensherrschaften und Städten im landesherr-lichen Besitze. Durch Gewalt, Belehnung, Kauf, Erbschaft, Heirat vollzieht sich diese erste Unterstufe der Aggregation und Agglomeration, vergleichbar der völkerschaftlichen Aneinanderlagerung (Stufe I). Als zweite Vorstufe ergiebt sich eine ämterstaatliche Gliederung des landesherrlichen Gesamtbesitzes durch die Beamten, die Räte und Ratskollegien des Landesherrn. Eine dritte Vorstufe ist die stadtverwaltungsähnliche polizeistaatliche Verwaltung mit Schaffung von allgemeinen Landrechts- und von Landespolizeiordnungen und mit Herstellung einer Gesamtvertretung aller unter der Landesherrschaft vereinigten städtischen, feudalen, etwa auch frei bauerschaftlichen Volksbestandteile; letzteres macht die altlandständische Verfassung aus. Die der Vorstufenarbeit folgende Hauptarbeit geschieht, nachdem der Polizeistaat nivelliert, die ungleichartigen Bestandteile schon etwas verähnlicht, mehr gleichartig geteilt und gegliedert hat, durch die völlige Verschmelzung des Landes, seiner Bevölkerung, seiner öffentlichen kommunal- und berufskörperschaftlichen Veranstaltungen zu einem einzigen und in sich gleichartigen, gegliederten Ganzen mit einheitlicher, neulandständischer Volksvertretung — der landesherrlichen Regierung, Gesetzgebung und Verwaltung gegenüber. Diese letzte Hauptstufe des Territorialismus gipfelt für Deutschland erst im neunzehnten Jahrhundert mit der Herstellung der konstitutionellen Landesverfassungen in den deutschen Mittel- und Kleinstaaten; Preußen und Oesterreich folgten für ihre Territorien-Komplexe von Provinzen und Kronländern seit 1848 und 1859 nach.

Die Länderstaatbildung konnte von der dritten Verfassungsstufe, von derjenigen der Stadtstaaten aus, versucht werden, und der Versuch ist in Deutschland, noch mehr in Italien so gemacht worden. Dieselbe konnte aber auch von der zweiten Vorstufe, vom Feudalismus aus gemacht werden, indem einzelne Feudalherrschaften die vielerlei ungleichartigen Verfassungsgebilde, zuletzt die Städte selbst sich aneigneten und schließlich unter sich einigten. Auf dem letzteren Wege hauptsächlich ist in Deutschland die länderstaatliche Verfassung ihrem Abschlusse entgegengeführt worden; in Frankreich, England und sonst ist es vom weitesten Territorialkreise der Feudalwelt, vom feudal gewesenen Nationalkönigtum aus geschehen.

Auch die vierte Verfassungsstufe ist in ihrem letzten Hauptstadium wiederum rascher durchlaufen worden, als die Hauptstufe vorher, als die vorausgegangene Stadtstaatbildung. Allein auch sie konnte nicht aus dem Stegreife geschaffen werden. Der Fortschritt der Technik, der wachsende Verkehr, die Verbesserung der Kommunikationsmittel, der steigende Handel, die im Manufakturwesen erstehende erste gewerbliche Großproduktion, das steigende Landfriedensbedürfnis, die zunehmende Widerwärtigkeit lokaler Verkehrshemmungen, der Bedarf der Finanzwirtschaft, dies und anderes ermöglichte und bewirkte immer mehr den durch ein Netz und eine Hierarchie von landesherrlichen Unter- und Oberbehörden vollzogenen, vollen Durchbruch der vierten länderstaatlichen Verfassungsstufe.

Der Verlauf war, zumal auf den Vorstufen, weit mehr unfreiheitlich, sogar hart absolutistisch. Erst am Schlusse bei der Erhebung zum Konstitutionalismus kehrt bürgerliche Freiheit allgemeiner und hochgradiger als in der besten Zeit stadtstaatlicher Demokratie wieder ein, jedoch noch heute mit besitzaristokratischen Ausgestaltungen der Volksvertretung.

Auch der Territorialismus hat ebenfalls teils monarchische, teils aristokratische, teils volksherrschaftliche, aufserdem gemischte Regierungsformen aufzuweisen. Der ersteren Form gehört der deutsche Territorialismus fast ganz bis zum Untergange des polizeistaatlichen Absolutismus in der konstitutionellen Landtagsverfassung an. Zu den aristokratischen Gebilden des Territorialismus gehört die Patrizierregierung der zu Territorien sich erweiternden Stadtrepubliken Deutschlands, Italiens und der Schweiz. Demokratisch sind die neueren Kantonsververfassungen der Schweiz, sowie der Territorialismus in den *States* der Vereinigten Staaten.

Die Endbestimmung auch der vierten länderstaatlichen Verfassungsstufe ist das Aufgehen in der nächst höheren Stufe, dem modernen Staate.

Im Territorialstaate sind die politischen Bedingungen der Höherbildung der Besteuerung zu einem einheitlichen und bereits vielgliedrigen Landessteuersystem gegeben.

Die Stufe des Territorialismus haben auch jene Reiche durchlaufen, welche den weiteren nationalen Zusammenhang zwischen den Territorien und Territorienconglomeraten nie verloren haben, wie Frankreich und England. Dem Territorialismus mit alter, buntscheckiger Landschafts- (Grafschafts-) oder mit Provinzialverfassung machte selbst in Frankreich erst die Revolution von 1789 das letzte gewaltsame Ende, nicht ohne eine bedenkliche Reduktion der einst stärker gewesenen Provinzial- zur neuzeitstaatlichen Departements-Gliederung des Staates. In Deutschland wird der früher partikularistische Territorialismus hoffentlich für immer eine kräftige und gesunde, übermäfsiger Centralisation trotzende Einzelstaats- beziehungsweise Provinzialgliederung hinterlassen.

Landstaatsbildung blieb dem Altertum versagt. Dazu fehlten namentlich die Mittel der Publizität, welche erst zu Anfang der Neuzeit die Buchdruckerkunst lieferte; ARISTOTELES bestimmte bekanntlich den Staatsumfang auf ein Gebiet, dessen Bürgerschaft in der ἐκκλησία durch eine bürgerliche „Stentorstimme" erreicht werden kann. Das Altertum hätte, wenn es auch die Repräsentativ-Demokratie schon erfunden hätte, doch die geistigen und materiellen Verkehrsmittel der höheren Verschmelzung in Verwaltung, Gesetzgebung, Polizei und Regierung zur politischen Landeseinheit nicht so gehabt, wie seit Guttenberg, der Renaissance und der Reception des römischen Rechtes der neuzeitliche Länderstaat sie hatte. Das Mittelalter hatte bis ins 13. Jahrhundert für die germanischen Völker die Feudal- und die Bürgerstaat-Bildung erst wieder anzufangen und in den romanischen Ländern dieselbe zu wiederholen. Erst nachdem dieser Prozefs vollendet war, in Deutschland während der älteren

Zeit der Landeshoheit, konnte die Ausbildung des hier sogenannten „Territorialstaates" durch Zusammenfassung von Bauerschaften (Herrschaftsgebilden I. Stufe), Feudalherrschaften (II. Stufe) und von Stadtherrschaften (III. Stufe) vor sich gehen; jetzt waren und wurden immer mehr die technischen Mittel für diese höhere Bildung gegeben.

§ 92. V. *Im Neustzeitstaate (Nationalstaate).* — Auf der vollen Höhe dieser Stufe stellt sich das Staatswesen dar als gegliederte Zusammenfassung aller einem Grofsvolke oder Völkerkonglomerate (Völkergemengsel) angehörigen Landschaftsbevölkerungen, sowie ihrer Kommunal- und Berufskörperschaften in Regierung, Gesetzgebung und Verwaltung.

Diese Bildung kommt unter dem Drange unwiderstehlicher neuer Kulturfaktoren zustande.

Die gewaltige Entwicklung der Technik in Industrie und Verkehr, die Fortbildung des Gewerbebetriebes über die Grofsmanufaktur hinaus zur Industrie, die Stärkung des Nationalbewufstseins durch die schöne Litteratur und durch die Publizistik, das rasch steigende Bedürfnis und die Verbreitung der Volksbildung, die Unerträglichkeit provinzieller und territorialistischer Zollschranken und Handelsabschliefsungen, die Bedrohung der Territorialstaaten durch die zuerst zu nationaler Wehreinheit durchdringenden Grofsstaaten und manche andere Faktoren ermöglichen und erzwingen den Neustzeitstaat, teils durch Machtdrang und Sieg der stärksten Territorialdynastien, teils durch intensivere Fortbildung der alten nationalen Reichsgewalten.

Die Entwicklungsbedingungen lagen und liegen für das Zustandekommen des Neustzeitstaates in verschiedenen Reichen sehr verschieden, am günstigsten dort, wo eine nationale Staatsgewalt für die Reichsgewalt (Gebietsweite E § 59) sich erhalten hatte (Frankreich, England). Viel ungünstiger dort, wo die Reichseinheit ganz oder nahebei ganz an den Territorialismus wegverloren war, wie im deutschen Territorienbund bis 1806 und 1815—1866, in Italien, in der kantonalterritorialistischen Schweiz. In Deutschland und in Oesterreich haben die grofsstaatlichen Territorialkonglomerate der hohenzollernschen und der habsburgischen Dynastie den Sieg des Neustzeitstaates, des nationalen für Deutschland, des gesamtstaatlichen oder vielmehr doppelstaatlichen für Oesterreich-Ungarn vermittelt, zunächst freilich nur und für absehbare Zeit unvermeidlich in der Form des Bundesstaates.

Der Prozefs begann mit der Zusammenziehung der Länder zu grofsstaatlichen Länderkomplexen mit Einheit auch eines Teiles der Gesetzgebung und Vertretung im vereinigten Landtage und im Kronländer-Reichsrate, im modernen Staatenbunde und Bundesstaate. Der letzte Schritt geschieht durch Herstellung der Einheit in der Verwaltung, Gesetzgebung und Regierung mit voller Nationalvertretung, durch ganze Eingliederung der zugehörigen, bisher selbständigen Länderstaaten (ihre Rückbildung auf Provinzen, aber ohne Verkümmerung

der Provinzialgemeinschaft in Landesangelegenheiten, ohne Beeinträchtigung der Stadt-, Kreis- und Orts-Selbstverwaltung, ohne Vernachlässigung ihrer öffentlichen Amter und Anstalten aller Art).

Die zweite Art der Bildung des Neustzeitstaates hatte und hat jedoch auch ihre Vorteile: Die Landesgemeinwesen vermögen sich kräftiger zu erhalten als in Frankreich und sind bereits durchgebildeter,
als vergleichsweise in der Grafschaftsverfassung Englands. Daſs Deutschland zu einer die provinziale Landesselbstverwaltung nach französischem
Muster verkümmernden Nationaleinheit im Staate durchzudringen hätte,
ist in keiner Weise gefordert oder wünschenswert.

Der Neustzeitstaat ist zufolge der im § 71 dargelegten entwicklungsgeschichtlichen Gesetzmäſsigkeit auch bei monarchischer Staatsoberhauptschaft dennoch weit demokratischer, als jede frühere
Epoche; ein reichsbürgerliches Staats- und Freiheitsbewuſstsein hat sich
herausgebildet, welches über das erst stadt- und dann landstaatliche
Bürgerschaftsgefühl unvergleichlich weit hinausreicht.

Die Stufe V der Verfassungsentwicklung hat auch das Steuerwesen unter ganz neue staatliche, namentlich mehr demokratische Bedingungen gestellt, welche freilich im neustzeitstaatlichen Reichsgemein-
wesen ganz anders liegen, als im modernen Einheitsstaate. Wir
kommen hierauf im Weiteren zurück.

Den fünf Verfassungsstufen entspricht die Aufeinanderfolge von „Volksrecht"
Lehensrecht, Stadtrecht, Landrecht und Nationalrecht.

§ 93. *Ausblick.* — Die Gegenwart steht noch mitten in der Arbeit
der Durchbildung der Stufe V der politische Individualisierung, in der Zusammenfassung einer Mehrheit verschiedenartiger Länderstaaten, Kronländer, Grafschaften, Kantone, Bundesstaaten, Provinzen zu intensiverer
Einheit und zu politisch noch höherem Aufbau. Dieser Aufbau ist eben
der moderne Staat. Deutschland hat in der Regierung, Gesetzgebung und Administration, in der Exekutive und in der Vertretung die
Einheit erst halb herausgearbeitet. Das neueste Deutsche Reich stellt
die Zusammenmischung eines Einheits-Halbgroſsstaates (aus den preuſsischen Provinzen) mit halb souveränen Territorialstaaten als Gliedstaaten unter Preuſsens Führung dar. In der Kompetenz der Reichsgewalten zeigt sich die Staatseinheit noch in mancher Hinsicht territo-
rialstaatlich gebrochen. Der in der staatsrechtlichen Litteratur viel
bestrittene Charakter des neuesten „Deutschen Reiches" ist gleichwohl
ein ganz anderer und viel höherer als auf den drei Vorstufen des Reiches von den Karolingern an bis 1806.

Gewiſs ist, daſs der moderne Staat, welcher als Nationalstaat am
leichtesten gedeiht und im vollen verfassungsmäſsigen „Einheitsstaat"
auf Basis freier Kommunal- und Berufsselbstverwaltung und gegliederter
Volksvertretung sich sein höchstes Ziel abgesteckt sieht, eine neue, hö-

here, fünfte Stufe politischer Individualisierung der Volksgemeinschaften darstellt. In seinem Aufbau aus der politischen Bevölkerung zu einzelnen Ämtern und Gemeinden, zu Kreis- und Stadt-Kommunalkörpern und Behörden, weiter zu Provinzialkörperschaften und Provinzialämtern bis zur Spitze der modernen repräsentativen Staats- und Reichseinheit im Gesamtministerium und Reichstag, stellt er das getreue Gegenbild der fünf Stufen dar, über welche sein welt- und sein volksgeschichtlicher Entwickelungsgang hinweggeführt hat und weiter wegführt.[1])

Diese eigentümliche Entwickelungslage ist maßgebend auch für die **deutsche Reichssteuerreform**, welcher wir besondere Aufmerksamkeit schenken werden.

Der Neuzeitstaat überhaupt hat die gesamte Zivil- und die ganze Militärverwaltung zu einem nie dagewesenen Umfange und daher das Steuerwesen zu einer gewaltigen Entwickelung gebracht. Erst er fand **staatlich** alle Bedingungen der Entwickelung eines einheitlichen Steuersystems auf Grund parallel günstiger Entwickelung der Volkswirtschaft. Der Steuerarten sind es dennoch viel wenigere geworden und einem System weniger, aber ineinandergreifender Steuergewalten auf dem einen Pole des „Steuersystems", von welchem überhaupt jetzt erst in Wissenschaft und Praxis die Rede ist, steht auf dem anderen Pole die ganze Masse staatsbürgerlich gleicher Steuerkräfte, — ohne wesentliche Vermittelung zwischen Staat und Steuerträgern durch korporative Verbände — gegenüber.

Steht unsere Zeit schon im Anfange einer sechsten Verfassungstufe? Eine ausführliche Betrachtung hierüber vergl. in meinen „Kern- und Zeitfragen" I 105 ff. Die sechste Stufe wäre noch lange nicht der Weltstaat, vergl. ebendaselbst. — Viel wichtiger sind die a. a. O. ebenfalls aufgeworfenen Fragen der Weiterentwickelung und Vollendung des Neuestzeitstaates selbst.

II. Hauptabteilung.   Die Steuervolkswirtschaftslehre.

1. Kapitel.   Das nationalökonomische Prinzip der Besteuerung.

§ 94. *Die Aufgabe einer Steuervolkswirtschaftslehre.* — Eine solche Lehre soll die nationalökonomischen Grundverhältnisse des Steuerwesens als Unterlage der allgemeinen und der speziellen Steuerwissenschaft hervorkehren.

Das Steuerwesen ist eben nicht blos ein Kreis staatlicher, sondern ebenso ein Kreis volkswirtschaftlicher Thatsachen in der doppelten Hinsicht: einerseits daß dasselbe den Staat und die Kommunalkörper als wesentlicher Bestandteil öffentlicher Wirtschaftsführung mit Sachgütern

---

1) Vgl. meine Kern- und Zeitfragen I, S. 94—98.

als den Stoffen des sittlichen Seins und Wirkens versorgt,
andererseits dafs es den öffentlichen Unterhalt aus der Volkswirtschaft
schöpft. Die volkswirtschaftliche Unterlage des Steuerwesens erheischt
daher ebenfalls eine Reihe gesonderter Erörterungen für die Anknüpfun-
gen der Steuerwissenschaft.

§ 95ᵃ. *Wirtschaft und Wirtschaftlichkeit überhaupt.* — Als Wirtschaft ist zu bezeichnen der Inbegriff der auf Sachgüterversorgung gerichteten Veranstaltungen und Verrichtungen bestimmter öffentlicher,
privater und familienhafter Bedürfniskreise.

Die Wirtschaft ist an sich auf Z w e c k m ä f s i g k e i t in der Sachgüterversorgung gerichtet, also ein Inbegriff t e c h n i s c h e r E r s c h e i -
n u n g e n.

Dieselbe unterliegt jedoch bei der U n b e s c h r ä n k t h e i t der Sach-
güterbedürfnisse gegenüber der B e s c h r ä n k t h e i t der M i t t e l des
Menschen der Nötigung, nach dem höchsten materiellen Erfolg, d. h.
n a c h m ö g l i c h s t h o h e m N u t z e n d e r T e c h n i k b e i m ö g l i c h s t
g e r i n g e n O p f e r n (K o s t e n) des technischen Aufwandes zu streben.
Diese durch die g e g e b e n e n G r u n d b e d i n g u n g e n der Sachgüterversorgung auferlegte Handlungsweise heifst Wirtschaftl i c h k e i t.

Das „Prinzip" der Wirtschaftlichkeit reicht zwar über die Sachgüterversorgung hinaus, durchdringt aber beherrschend gerade die Sachgüterversorgung, teils unter dem Einflusse des eigennützigen Gewinn-
strebens der im Erwerbe mit einander in Wettbewerb tretenden Wirtschaften, teils unter dem Einflusse jener anderen Triebfedern, welche
namentlich in der ganzen Gemeinwirtschaft, wie im konsumwirtschaft-
lichen Bereiche der Sachgüter-Privatversorgung sich wirksam erweisen.

§ 95ᵇ. *Die Wirtschaftlichkeit; Fortsetzung: Kosten und Nutzen.* —
Das wirtschaftliche Gut (Sachgut) ist das Ergebnis früheren Aufwandes
an persönlichen und sachlichen Gütern, Erzeugnis der durch diesen
Doppelaufwand ausgelösten sozialen Kräfte; es hat materiell einen Teil
früher vorhandener Gütersubstanz g e k o s t e t. Dasselbe Gut stellt aber
materiell zugleich einen Vorrat von nutzbaren Kräften dar, die in ihm
als Spannkräfte vorrätig sind; es giebt materielle Macht, einen bestimmten N u t z e n für soziale Zwecke zu ziehen, eine bestimmte Befriedigung
zu erlangen. Das Gut ist also einerseits ein wieder verstofflichter Teil
früher ausgelöster Volkskraft, andererseits das Mittel zur Erneuerung
dieser Kraft und zu neuer Auslösung lebendiger sozialer Kräfte. Es ist
S t o f f ä q u i v a l e n t v o n v e r g a n g e n e r u n d v o n k ü n f t i g e r, v o n
schon ausgelöster und von erst auszulösender L e b e n s a r b e i t von
Gliedern der Gesellschaft und von Bestandteilen des Volksvermögens.

Die Güter k o s t e n! Werden sie doch dem Stoffschatze der äufseren
Natur nicht mühelos entnommen. Um für das Volksleben brauchbar zu werden, müssen sie diesem angepafst werden, wie die Nahrungs-

stoffe des Leibes, welche durch die Arbeit der Verdauung „assimiliert"
werden. Die Anpassung oder Verähnlichung erheischt den Aufwand schon
vorhandener persönlicher und sachlicher Gütervorräte, wie die Arbeit
der Verdauung fortlaufend einen nicht unerheblichen Teil der Leibes-
substanz verzehrt.

Die Güter sind aber auch Brauchbarkeiten! Sie sind bestimmt,
wieder in lebendige gesellschaftliche Kraft durch funktionelle Verwendung für die sozialen Lebensverrichtungen, d. h. in — Nutzen überzugehen. Jedes Gut ist Träger gesellschaftlich nützlicher Spannkräfte
oder Auslösungsmittel der letzteren. Hervorgegangen aus stofforgani-
sierender lebendiger Kraft der Gesellschaft ist es bestimmt, wieder in
solche lebendige Kraft überzugehen.

Nach Entstehung und nach Bestimmung kann daher jedes Gut als
Äquivalent lebendiger gesellschaftlicher Kraft betrachtet werden;
es hat eben das Doppelgesicht des Stoffwechsels. Und zwar treten
die Güter in jeder Phase der sozialen Stoffwechselbewegung teils als
Kostenäquivalente, teils als Nutzäquivalente auf. In der Urproduktion
und in der gewerblichen Verarbeitung finden wir nämlich für jedes Gut
Produktionskosten und Ertrag, im Güterumlauf Anschaffungs-
kosten und Erlös, in der Konsumtion Haushaltungsaufwand
und persönlich-sozialen Gebrauchsnutzen oder Befriedigung.

Aber Kosten an integrierenden Bestandteilen der gesellschaftlichen
Personal- und Güter-Substanz sowie Nutzen für den Unterhalt integrie-
render Bestandteile und Lebensverrichtungen der Gesellschaft verursachen und stiften die Güter.

Die Nationalökonomie hat daher den Hauptnachdruck auf das gesellschaftlich mögliche Minimum der Durchschnittskosten und auf
das gesellschaftlich mögliche Maximum der Vernutzung zu
legen. Die privatwirtschaftlichen Bemühungen um geringste Eigenkosten
und höchste Nutzeffekte haben nationalökonomische und ethische Haupt-
berechtigung als Vermittelungsvorgänge zur Regulierung des
gesellschaftlichen Kostenminimums und des gesellschaftlichen Nutzmaximums; die heutigen privatwirtschaftlichen Kosten-
minderungs- und Nutzsteigerungs-Bemühungen verwirklichen diesen
Zweck noch unvollkommen.

Das wird sich uns (§§ 104 ff.) auch als der maßgebende Gesichtspunkt für die nationalökonomische Auffassung und Rechtfertigung der
Steuer ergeben.

§ 96. *Die Wirtschaftlichkeit und das Steuerwesen.* — Die Besteuerung als Ableitung des öffentlichen Einkommens aus dritten Sonderwirtschaften findet ihre wirtschaftliche Rechtfertigung wesentlich darin, daß sie in ihrem Umfange und für ihre Epoche der Volkswirtschaft
die wirtschaftlichere Art der Gewinnung öffentlichen Einkommens darstellt.

Auch das Steuerwesen ist objektiv ein Inbegriff auf Sachgüterversorgung gerichteter Einrichtungen mit eigentümlicher Technik. Dasselbe stellt sich als wirtschaftlich geregelte Technik dar.

Dies in einem dreifachen Sinne:

einmal muís die Steuer die wirtschaftlichste Herstellung ihres öffentlichen Nutzens vermitteln, darf die Gesamtwirtschaft des Volkes nicht stören, soll den privaten Wohlstand nicht angreifen, vielmehr die Produktivität der Volkswirtschaft und die gute Verteilung des Nationaleinkommens begünstigen und damit die Nachhaltigkeit der Steuerkraft selbst sichern;

sodann hat sich die Besteuerung als die unter örtlich und zeitlich gegebenen Voraussetzungen wirtschaftlichste Art der Erlangung öffentlichen Einkommens zu bewähren;

drittens. ist die Technik jeder einzelnen Steuergattung auf möglichst hohen Steuererfolg gegen möglichst geringe Einsteuerungskosten zu richten.

Es ergeben sich hiermit zum Eingang der Steuerwirtschaftslehre sogleich die nationalökonomischen „Prinzipien" der Besteuerung, wie sich am Eingang der Steuerstaatslehre die staatswissenschaftlichen Prinzipien der Besteuerung ergaben.

Als die „volkswirtschaftlichen Prinzipien" der Besteuerung werden von Andern die „Zureichendheit" und die „Beweglichkeit" aufgefaíst (§ 29). Diese Aufstellung ist unvollständig und unbestimmt. Unvollständig, weil beide Forderungen zusammen den Inbalt der Wirtschaftlichkeit [nicht erschöpfen, zu unbestimmt, weil es darauf ankäme, das zulässige Maís des öffentlichen Bedarfes, wofür die Steuern zureichen, den Grad der unvermeidlichen Beweglichkeit des Bedarfes, welchem die Besteuerung elastisch zu folgen im Stande sein soll, zu bestimmen.

2. Kapitel. Die volkswirtschaftlichen Grundverhältnisse mit Beziehung auf die Besteuerung.

§ 97. *Die Volkswirtschaft eine Stoffwechselerscheinung ethischer Art.* — Um das mit der Civilisation zunehmende Übergewicht der Besteuerung im öffentlichen Einkommenssystem zu verstehen, muís man die Stellung der Volkswirtschaft als Zweiges des Gesamtlebens der Volksgemeinschaft sich zu klarer Anschauung bringen.

Die Volkswirtschaft stellt den Organismus und Prozeís der Sachgüterversorgung der Volksgemeinschaft, einen groísen Stoffwechsel ethischer Art dar.

Jede Thätigkeit der kleinsten und der gröísten Teile des Gesellschaftskörpers setzt Vorräte an Arbeitskraft in Gestalt der Bevölkerung und des Sachgütervermögens voraus. Jede wirkliche Arbeit verbraucht einen Teil dieser Kraftvorräte und veranlaíst zur Erneuerung der letzteren. Das soziale Leben fordert daher einen alle Teile des Gesellschaftskörpers durchdringenden Stoffwechsel: Erzeugung, Umlauf, Verteilung, Verbrauch und Ausscheidung von Stoffen der personellen und anstaltlichen Erhaltung aller sozialen Einheiten. Und in der That sieht man Tag für Tag eine ungeheure Masse von Naturstoffen und Naturkräften durch Okkupation dem Gesellschaftskörper zu eigen werden, um dann durch Produktion ihm angepaſst, durch Umlauf in ihm verteilt, durch Anstalts- und Leibesunterhalt in soziale Einrichtungen verwandelt, endlich durch Konsumtion der Güter und der Leibeskräfte zersetzt und schließlich dem Schoſs der Natur zurückgegeben zu werden.

§ 98. *Die technische Gliederung der Volkswirtschaft* —, mit welcher das entwickelte Steuerwesen i h r e r g a n z e n A u s d e h n u n g n a c h in B e r ü h r u n g tritt, erreicht allmählich einen reichen Inhalt. Hiernach sind auseinander zu halten:

die H e r s t e l l u n g d e r G ü t e r b i s z u r K o n s u m b e r e i t s c h a f - i n n e r h a l b aller Teile des Volkskörpers, d. h. die vielgestaltige Gliederung des in der Anmerkung sogenannten p r o g r e s s i v e n S o z i a l - s t o f f w e c h s e l s, und

die V e r w e n d u n g d e r G ü t e r, K o n s u m t i o n o d e r r e g r e s s i - v e r S t o f f w e c h s e l.

Es greifen ineinander:

I. die U r p r o d u k t i o n, d. h. Aneignung und künstliche Herstellung der Sachgüterstoffe,

II. die g e w e r b l i c h - i n d u s t r i e l l e V e r a r b e i t u n g,

III. der G ü t e r u m l a u f oder Güterverkehr,

　　1) zur Vollendung der Güterherstellung,

　　2) zur Zuteilung der Produkte an die Konsumwirtschaften (Einkommensvermittelung),

IV. die K o n s u m t i o n.

Die Güterzuteilung erfolgt in dreifacher Weise:

A) in den Formen des P r i v a t r e c h t e s:

　　a) des entgeltlichen Verkehres,

　　b) der Freigebigkeit, d. h. aller, weder durch das öffentliche Recht, noch durch das Familienrecht (Alimentation) gebotenen, sondern freiwilligen Zuwendungen,

B) in der Form des ö f f e n t l i c h e n R e c h t e s: Abgaben und Verwandtes,

C) in der Form des F a m i l i e n r e c h t e s: Alimentation, Vererbung, wenn man absieht von den dem sittlichen Bewuſstsein der Zivilisation widerstrebenden Arten der Güteraneignung: Raub, Diebstahl, Betrug, Schmarotzerei u. s. w.

Die Besteuerung gehört zu den Erscheinungen der Phase III, 2 und zu der Zuteilungsform B oben, sie durchdringt aber durch Erhebung gewisser Steuern (Produktionssteuer, Fabrikatsteuer u. s. w.) in sämtlichen Phasen I und II den ganzen progressiven Stoffwechsel bis zum Schlusse des produktiven Güterabsatzes III, 1.

Man kann wie in der Ernährungsphysiologie so in der Volkswirtschaftslehre unterscheiden: Vorgänge des progressiven und solche des regressiven Stoffwechsels. Zu ersterem gehört die Okkupation, die Urproduktion, die gewerbliche Verarbeitung, der Umlauf, die Verteilung und die Zurichtung der Sachgüter zu Bestandteilen der Haushalte und zu persönlichen Kraftvorräten durch Leibesunterhalt. Zum regressiven Stoffwechsel gehört der Konsum der Sachgüter, die Ausscheidung der verbrauchten Stoffe, die Beseitigung der Güter- und der Menschenleichen durch Auswurf, Abflüsse, Abräumung, Abfuhr, Beerdigung. Den regressiven Stoffwechsel nennt man kurzweg nach seiner ersten Phase Konsumtion, den progressiven Stoffwechsel nach seiner ersten Phase auch Produktion.

Z w e c k des progressiven Teils des Stoffwechsels ist die Herstellung und Verteilung des Vorrates verschiedenartiger Spannkräfte sowie Herstellung der zur Auslösung dieser Kräfte erforderlichen Anstalten.

§ 99. *Die Volkswirtschaft als ein Ganzes vieler durch Güterverkehr, Freigebigkeit und Abgaben u. s. w. einander ergänzender Sonderwirtschaften.* — In der Wirthschaft ist das Volk nicht eine Einheit, wie dasselbe als Staat eine solche ist. Die soziale Ernährung bedarf eben der Einheit nicht, wohl aber bedarf dieselbe der Bethätigung der Willens- und Machteinheit, welche den Inhalt des Staates ausmacht. So ist ja auch in der organischen Natur eine ähnliche Gegenüberstellung der Organe des vegetativen Lebens gegen die Organe des Bewufstseins und der „animalen Bewegung" wahrzunehmen.

D a s V o l k a l s E i n h e i t hat zwar eine selbständige Sonderwirtschaft, nämlich den S t a a t s h a u s h a l t, aber für die Gesamtheit aller Sachgüterversorgung führt das Volk keine einheitliche und einzige Wirtschaft. Die „Volkswirtschaft" ist ein Ganzes zahlreicher Sonderwirtschaften, welche blofs durch Güteraustausch, Freigebigkeit, Abgaben, Zuwendungen nach privatem, öffentlichem und Familienrecht mit einander zu einem Unterhaltsganzen, nicht aber zur Einheit verknüpft sind.

Eine Gemeinsamkeit der Bedingungen des Wirtschaftens giebt es für alle innerhalb eines Staates ganz oder teilweise sich befindenden Sonderwirtschaften, die Einheit aber der Sachgüterversorgung fehlt. Sie war am ehesten vorhanden in der Urzeit, als die wirtschaftlichen Prozefse der Horde ungegliedert in einander flossen. Die Zukunft wird vielleicht mehr öffentliche Sonderwirtschaften haben, als die Gegenwart, aber eine Einheit wie der Staat wird die Volkswirtschaft gerade der Zukunft nicht darstellen können.[1]

Selbst die Gemeinsamkeit der Bedingungen, durch welche die Sonderwirtschaften eines und desselben Staates eine eigenartige Gruppe von Sonderwirtschaften, „V o l k s w i r t s c h a f t" in einem besonderen Sinne werden, ist eine Rückwirkung hauptsächlich der Staatseinheit, der Politik, des Rechtes, nicht am mindesten der Besteuerung und namentlich der Zolleinheit. Irgend ein Verkehr bleibt jedoch den Sonderwirtschaften des einen Staatvolkes mit den Sonderwirtschaften aller anderen Staat-

1) Vgl. „Kern- und Zeitfragen" I, 207 ff.

völker offen; denn der „geschlossene Handelsstaat", welcher allen welt-
wirtschaftlichen Verkehr der im eben erwähnten engeren Sinne sogenannten Volkswirtschaften ausschlösse, ist ohne die gröbste Mißachtung
des Grundsatzes der Wirtschaftlichkeit, welche die internationale Arbeitsteilung zur Voraussetzung hat, nicht möglich und hat sich volks-
wirtschaftsgeschichtlich niemals als haltbar erwiesen.

Dagegen steht das Volk als Ganzes von Sonderwirtschaften dem
Volk als Willers- und Machteinheit oder dem Staate nicht fremd und
gleichgültig gegenüber. Je mehr die Volkswirtschaft vom Staate getrennt ist, desto wirksamer kann der Staat im Schutz nach außen und
innen, in Justiz und Polizei, in Volkswirtschaftspolitik und Volkswirtschaftspflege, ganz besonders auch vom Steuerwesen aus, s e i n e Aufgaben auch a n der Volkswirtschaft erfüllen.

§ 100. *Die verschiedenen Arten der Sonderwirtschaften.* — Wenn
das Volk als solches nur Staats-, aber keine Wirtschaftseinheit hat, so
hat dagegen jedes selbständige Glied des Volkes, jede Person eine
Sonderwirtschaft für sich zu führen.

Diese Sonderwirtschaft umfaßt entweder den ganzen S t o f f w e c h s e l-
p r o z e ß (§ 98, I bis IV), ist also Vollwirtschaft, oder sie umfaßt nur
einen Teil dieses vollständigen Wirtschaftsverlaufes.

Danach zerfallen die Sonderwirtschaften in E r w e r b s wirtschaften,
welche der Güterherstellung gewidmet sind, u m einen Teil der hergestellten Güter zu erwerben, und in H a u s h a l t e, welche durch oder
ohne eigenen Erwerb die E i n k o m m e n stelle beziehen und konsumieren.
Einen Haushalt hat jede Person zu führen, nicht ebenso eine Erwerbswirtschaft.

Die verschiedenen Arten von Personen und daher von Sonderwirtschaften haben wir nun im allgemeinen schon kennen gelernt. Es giebt
nach der heutigen Gliederung der Subjektformen (§ 12)

1. die von der öffentlichen Gewalt konstituierten, meist zwingen-
den Wirtschaften „Z w a n g s g e m e i n w i r t s c h a f t e n": Staats-, Ge-
meinde-, Berufskorporations-Wirtschaften, überhaupt Haushalte öffentlicher Verbände, Anstalten, Stiftungen;

2. die aus freiem Antrieb von Individuen oder von vertragsmäßigen
Verbindungen organisierten Wirtschaften: P r i v a t wirtschaften, teils In-
dividual-, teils Kollektiv-Wirtschaften, letztere auch „freie Gemeinwirtschaften" (von Vereinen, Genossenschaften, Gesellschaften) genannt;

3. die F a m i l i e n wirtschaften.

Alle drei Formen der Organisation können eingegeben und zu-
sammengehalten sein — entweder von Liebe und Gemeinsinn oder vom
Sonderinteresse oder von beiderlei Beweggründen.

Viele öffentliche Haushalte sind vom dynastischen oder ständischen
Egoismus geschaffen worden. Unter den freien Gemeinwirtschaften sind

die Erwerbsgesellschaften ebenso einseitig egoistisch, als die Vereine
gemeinnützig sein mögen. Auch die Familie kann ihre ökonomische
Organisation dem Egoismus verdanken, während von Individuen organi-
sierte Haushalte, z. B. Stiftungen, von reinster Nächstenliebe angeregt
sein können. Formen und Motive der verschiedenen Arten der Sonderwirtschaft decken sich hiernach nicht.

In der 2. u. 3. Auflage meines „Gesellsch. Systems u. s. w.", sowie in meinem „Kapitalismus u. Sozialismus" (1870) habe ich die volkswirtschaftliche Organisationslehre
erstmals eingehend behandelt und das zwangsgemeinwirtschaftliche, das widmungs-
wirtschaftliche und das privatwirtschaftliche Organisationssystem unterschieden, auch
alle drei in ihrer wechselseitigen Begrenzung und Ergänzung erörtert. Ich halte die
betreffenden Ausführungen, deren Ergebnisse seitdem weithin anerkannt worden sind,
fast in allem heute noch für richtig. Fehlerhaft war nur die teilweise Vermengung
der Unterscheidung dem organisierenden Subjekte mit der Unterscheidung
nach den Organisations-Triebfedern. A. WAGNER hat daher Recht, zu bemerken,
daß als Prinzip der öffentlichen Wirtschafts-Organisationen nicht der Gemeinsinn,
sondern die öffentliche Gewalt anzusehen sei. Übrigens habe ich schon in meiner allgemeinen Lehre von den subjektiven Organisationsformen, wie sie im (1875 erschie-
nenen) ersten Band von „Bau und Leben" scharf durchgeführt ist, selbst mich be-
richtigt; dort ist auch bereits die Rolle der gemeinnützigen unter den freigemein-
wirtschaftlichen Haushalten erörtert.

§ 101. *Fortsetzung 1. Öffentliche Wirtschaften* — Wirtschaften von
Berufs- und Territorial-Korporationen, von Staats- und Kommunal-An-
stalten, von inkorporierten Verbänden.

Die öffentlichen Wirtschaften sind mehr und mehr bloß als Kon-
sumtionswirtschaften oder Haushalte, nicht als Geschäfte aufgetreten.
Nur Forstbetriebe, Bergwerke, Wasserleitungen, einzelne Fabriken der
Staaten und Gemeinden, Arsenale, öffentliche Kreditanstalten, Entrepots
u. dgl. lassen sich als öffentliche Geschäftsorganisationen nachweisen.
Straßenverwaltungen, Post, Telegraph und Staatseisenbahnen sind keine
reinen Geschäfte des Stoffwechsels, sondern öffentliche Verkehrseinrich-
tungen von einer nicht bloß dem Stoffwechsel zugewendeten Bestimmung.

Dagegen giebt es so viele öffentlichrechtliche Haushalte, als es
Subjekte, Verbände und Anstalten des öffentlichen Rechtes, des Staatslebens und der Selbstverwaltung giebt: Reichs-, Staats-, Provinzial-, Be-
zirks-, Gemeinde-, Kirchen-, Schul-, Universitäts-, Akademie-Haushalte.

Diese Haushalte sind freilich in erster Linie nicht der Wirtschaftlichkeit wegen öffentlich organisiert, sondern weil der Zweck, welchen
sie durchführen, die öffentliche Organisation verlangt. Doch ist meist die
letztere geeignet, jenen Zweck auch wirtschaftlich besser durchzuführen.

Nur aus den jeweiligen geschichtlichen Zuständen heraus läßt sich bestimmen, welche Aufgaben in den Bereich der zwangsgemeinwirtschaftlichen oder gar
der central-staatswirtschaftlichen Lösung fallen. Die allgemeine Bestimmung des
Staates, die in ihm konstituierte einheitliche Willenskraft und Macht der Gesamtheit
nach Gesichtspunkten der Gesamterhaltung für das Ganze und für einzelne Glieder
anzuwenden, begrenzt in jeder Geschichtsperiode die „Zwecke" und die Wirkungs-

kreise des Staates auf's neue. An sich übernimmt der Staat von jeder Grundaufgabe: Niederlassungswesen, Schulwesen, Stoffwechsel, Technik, Erziehung, Wissenschaft u. s. w. einen Teil, und zwar jenen, den seine Mittel zum Vorteil des Ganzen historisch am besten lösen.

Ohne irgendeine Mitwirkung der Staatsgewalt können Zwangsgemeinwirtschaften weder gegründet noch aufgelöst werden; der Aufsicht derselben können sie sich nicht entziehen. Es ist dagegen nicht entfernt richtig, daſs der Betrieb öffentlicher Wirtschaften nur durch Organe der Central-Regierung geführt werden könne und solle. Die öffentlichen Geschäfte eines „Sozialstaates" müſsten zwar der Gesetzgebung und Oberaufsicht der staatlichen Centralorgane unterstehen, wie die grofsen Verdauungs- und Umlaufs-Apparate unter dem Einflusse von Hemmungsapparaten des Central-Nervensystems stehen, aber ein hoher Grad selbständiger Bewegung im Zusammenwirken der nach Gewerkschaften, Bedarfsarten und Territorialbezirken gegliederten Organe der Nationalproduktion, des Nationalumsatzes und der Nationalkonsumtion könnte, ja müſste ihnen verbleiben. Mit dem Detail der laufenden Stoffwechselthätigkeit haben für jede Epoche der Geschichte die staatlichen Centralorgane ebensowenig zu thun, als das Gehirn mit der ganzen Direktion aller Ernährungsvorgänge des Leibes. Dies wird in der Regel zu wenig beachtet, wenn gegenüber dem Sozialismus der Popanz des Staatskommunismus und der wirtschaftlichen Regierungsdespotie aufgepflanzt wird. Die laufende Betriebsführung auch etwaiger öffentlicher Produktionsanstalten könnte ja und müſste ebenso selbständig sein, als die laufende Verwaltung der Wissenschafts- und Schulanstalten bei gesunder Organisation von der Bevormundung durch Regierungs- und Parlaments-Einflüsse unabhängig sein kann (vergl. hierzu namentlich auch „Kern- u. Zeitfragen", I. 407 ff.)

§ 102. *Forts.; 2. Die Gemeinwirtschaften und Individualwirtschaften des Privatrechtes.* — Die gröfsere Zahl aller Geschäfte und Haushalte erhält in unserer Epoche und wohl noch für lange Zeit ihre Organisation durch den freien Willen der Privaten. Die soziale Stoffwechselorganisation ist vorwiegend p r i v a t w i r t s c h a f t l i c h e r bez. p r i v a t r e c h t l i c h e r Natur.

Entweder ist es der Wille einzelner Individuen, welcher ein Geschäft oder einen Haushalt gründet, eine Unternehmung oder eine Stiftung organisiert, oder ist es der Vertragswille mehrerer, wovon die Organisation der Privatwirtschaften ausgeht. Wir scheiden die letzteren hienach in I n d i v i d u a l w i r t s c h a f t e n und in f r e i e G e m e i n w i r t s c h a f t e n. Die letzteren sind wieder nach dem leitenden Interesse Wirtschaften von Gesellschaften oder von Genossenschaften oder von Vereinen.

Man hüte sich vor der falschen Vorstellung, als ob die I n d i v i d u a l w i r t s c h a f t e n je ſnur eine einzige Persönlichkeit umschlössen. Organisiert und beherrscht sind sie durch den Willen einer einzigen physischen Person, den Gründer, Unternehmer, Stifter. Aber dieser Einzelne kann viele andere Arbeitskräfte seiner Wirtschaft einfügen, das Gesetz des wachsenden Organisationsmafsstabes zwingt ihn, wie dies namentlich unsere Zeit erfährt, durch Dienstmiete, Pacht, Miete, Kredit sehr viele fremde Kräfte an sich zu ziehen. Ja so stark ist dieser Drang und Zwang, daſs man erwarten kann, aus der Individual-

wirtschaft werden sich historisch immer gröfsere Gemeinwirtschaften
privatrechtlicher und öffentlichrechtlicher Natur entpuppen.

Die Neigung unserer Zeit zur freigemeinwirtschaft-
lichen, wie zur zwangsgemeinwirtschaftlichen Organisation, zu Aktiengesellschaften, Genossenschaften, Vereinen, ist eine entwickelungsgesetzlich natürliche Erscheinung. Nur beachte man, dafs die
kleinere Privat- und Familienunternehmung vorausgeht. Wie der Staat
einen dynastischen, so hat auch die Gemeinwirtschaft vielfach einen
individual- und familienwirtschaftlichen Ausgangspunkt der Organisation.
Schon das Individum begründet für sich und seine Familie wirtschaftliche Kollektivkräfte. Unserer Zeit ist nur dies eigen, dafs sie viele
Kollektivwirtschaften von einem Umfange, einer Festigkeit und Nachhaltigkeit verlangt, deren Gründung, Fortbildung und Aufrechterhaltung
ein kurzlebiges Individuum mit seiner Arbeits- und Kapitalkraft nicht
mehr gewachsen ist. Dies hat die soziale Entwickelung herbeigeführt,
sofern die Lebensfähigkeit für stärkere Daseinskämpfe aufsteigend gröfsere
und dauernd in sich selbst ruhende Gemeinwirtschaften verlangt.

Die auf Gewinn spekulierenden Individual- und Gemeinwirtschaften des Privatrechtes, Privatunternehmungen und Kapital-Assozia-
tionen, sind es heutzutage, welchen die Organisation und Durchführung
des progressiven Sozialstoffwechsels in der Hauptsache überlassen ist.
Spekulative Geschäfte führen in Konkurrenz um Gewinn die Organisation und die Gesamtbewegung der Nationalproduktion und des Handels durch. Spekulativ-privatwirtschaftlich habe ich daher die herrschende Organisationsform der Produktion genannt. Solidärgenossen-
schaften und gemeinnützige Vereine greifen zwar — durch Versicherung,
Kreditgewährung, Anschaffung von Rohstoffen und Maschinen, Absatz
für die Genossen und durch gemeinnützige Pflege der Interessen von
Produktion und Handel — in die grofse Bewegung des progressiven
Sozialstoffwechsels ein, aber nur als Korrektiv-, als Sicherungs-, Schutz-
und Ergänzungs-Wirtschaften. Ein anderes können sie gar nicht leisten,
da eine wirtschaftliche Gesamtbewegung der Produktion und des Umsatzes durch ein Geben und Ausgleichen zwischen unter sich zusammen-
hangslosen freien Gemeinwirtschaften schlechterdings nicht gesichert
werden kann. Die wirtschaftliche Regelung jener Gesamtbewegung
kann entweder nur durch das spekulative Drücken und Drängen aller
Produktivhaushalte im Kampf um den Gewinn oder durch sozialistisch
öffentlichrechtliche Organisation des Produktions- und Umlaufsprozesses
erreicht werden.

Die spekulativ-privatwirtschaftliche Organisation der Geschäfte nimmt
selbst mannigfaltige Gestaltung an. In der Landwirtschaft herrscht noch
jetzt ein halb familienhafter Individualbetrieb vor. Mehr und mehr sind
daneben Assoziationsbetriebe, Aktien-, Kommandit- und Kom-

pagnie-Geschäfte, neuerdings einzelne Kapital-Arbeits-Geschäfte d. h.
Produktivgenossenschaften aufgekommen. Alle diese Formen haben für
gewisse Anwendungsbereiche eine besondere Geltung und werden sich
da z. Teil dauernd behaupten.

Die freien Gemeinwirtschaften sind teils blofs Haushalte, teils auch
Erwerbsgeschäfte.

Vergl. meine eingehende Analyse und Kritik der kapitalistischen Unternehmungsformen in der „Tüb. Zeitschr." 1869, in „Kapitalismus u. Sozialismus"
und in meinem „Gesellsch. System u. s. w." 3. Aufl., insbes. § 221.

§ 103. *Fortsetzung 3. Die Familienwirtschaft.* — Als Haushalt
wird jede Familie stets eine besondere Wirtschaft bleiben. Je höher
die Civilisation steigt, desto selbständiger wird sich der reine Familienhaushalt herausbilden. Dies schliefst allerdings nicht aus, dafs die
materielle Versorgung der Familie von frei- und zwangsgemeinwirt-
schaftlicher Organisation gestützt und ergänzt werde, so von der Amts-
wohnung, dem Versicherungswesen, der öffentlichen Wasser- und Gas-
leitung u. s. w. Auch wird die letzte Phase des progressiven Stoffwechsels, die Fertigstellung der Güter des Familienunterhaltes, natur-
gemäfs in die Familienwirtschaft fallen; etwas Geschäft wird dem
Haushalt in der Familienwirtschaft beigemischt bleiben.

Der reine Familienhaushalt ist aber das späte Ergebnis einer sehr
hohen volkswirtschaftlichen Entwickelung. Zuerst liegt in der Wirtschaft der weiteren Familie die ganze Volkswirtschaft. So bleibt es
teilweise noch in der feudalen und altlandschaftlichen Periode. In der
letzteren sind die überallhin ausgesetzten Wirtschaften der Bauernfami-
lien die Produktionseinheiten, aus welchen durch Zinse, Abgaben, Zehnten, Frohnen dar Naturaleinkommen aller herrschaftlichen und anstaltlichen Haushalte abgeschöpft wird. Nachdem der Feudalismus beseitigt
ist, wird der Familienbesitz des nun freien Bürgerstandes Grundlage
der kapitalistischen Unternehmungsweise, an deren Ende sich für die
grofsen Produktions- und Umsatz-Funktionen Geschäfte herausbilden,
die eine vom Familienschicksal unabhängige Existenz, z. B. als Aktien-
geschäfte, erstreben. Die meisten der kleingewerblichen, namentlich
aber bäuerlichen Familienwirtschaften Deutschlands und Frankreichs
sind, obwohl sie zuschends für immer mehr Produkte und Bedürfnisse
zu Marktgängern werden, auch jetzt noch sowohl Geschäfte, als Haushalte, sie stellen daher auch noch die Masse der Steuerkräfte.

Diese Geschäfte, vorwiegend mit Familienkapital und Familien-
arbeit betrieben, verknüpfen Landbau und Handwerksarbeit. Sie erzeugen den gröfseren Teil des „Hausbrauches" selbst, stecken also noch
überwiegend in der Natural-, ja in der Primitivwirtschaft. Eben dieser
Zustand beweist deutlich, dafs die sehr junge Epoche des Kapitalismus
noch weit davon entfernt ist, sich vollständig ausgelebt zu haben. Nur

in England ist die Familien-Naturalwirtschaft gröfstenteils durch kapitalistischen Landwirtschaftsbetrieb, durch Farmwirtschaft und Eigenverwaltung aufgesogen.

Für das Steuerwesen ist diese Thatsache noch bis in die Gegenwart herein von grofser Tragweite, namentlich für die Art der Regulierung der Grundsteuer.

Geschichtlich sind Produktion und Umsatz zuerst ganz, später überwiegend
Hausökonomie der weiteren und engeren Familienverbände; aus der Hauswirtschaft
werden alle Bedarfe versorgt; aus eigenem Grund und Boden, fahrender Habe, Zinsen,
Renten, Fronforderungen, Zehnten, Regalbetrieben u. s. w. haben die Dynasten bis
gegen die neueste Zeit her selbst den Staatshaushalt bestritten.

§ 104. *Steigende Scheidung von Erwerb und Haushalt, ursprüng-*
lichem und abgeleitetem Einkommen. — Zweierlei ist für jede Person in
ihrer Wirtschaftsführung möglich: Verknüpfung der Erwerbs- und
der Haushaltwirtschaft, so dafs jede Sonderwirtschaft, was sie als Einkommen bezieht und dann konsumiert oder erspart, selbst erwirbt oder
sogar produziert: Sonderwirtschaften mit „ursprünglichem" Einkommen (Vollwirtschaften); die blofsen Haushaltführungen ergeben sich,
indem das Einkommen aus dem Erwerbe, dem Einkommen oder Vermögen dritter Personen durch Annahme von freien Gaben oder durch
Anwendung der Macht und Gewalt zu Auflagen, Aneignungen, Ent-
eignungen, Raub, Diebstahl, Betrug u. s. w. abgeleitet wird.

Es sind drei Fälle zu unterscheiden: Sonderwirtschaften mit abgeleitetem Einkommen allein, dann Sonderwirtschaften mit Verknüpfung
von Erwerbs- und abgeleitetem Einkommen, endlich Wirtschaften mit
blofsem Erwerbseinkommen, sei letzteres Gewinn- und Renten- oder Arbeitseinkommen.

Auch die Sonderwirtschaften der zweiten Art scheiden ihre Ge-
samt- oder Vollwirtschaft mehr oder weniger in Erwerb und in Haushalt, Erwerbs- und Haushaltabteilungen.

Eine Masse aller Sonderwirtschaften kann der Erwerbswirtschaft
ganz oder teilweise entraten und auf blofsen Haushalt (Einkommens-
und Konsumwirtschaft) sich zurückziehen, indem die Ableitung des
Einkommens aus Wirtschaften, deren Grundaufgabe der
Erwerb ist, volkswirtschaftlich immer günstiger sich gestaltet. Dies gilt namentlich von allen Arten öffentlicher Gemeinwirtschaft.

Die eigene Herstellung der in den Haushalt einzubringenden Güter
durch jede Person je im Ausmafse des Eigenbedarfes ist später nicht
als die normale und vollkommene, vielmehr als die abnorme und volkswirtschaftlich unvollkommene Einrichtung anzusehen. Die Volkswirtschaft wird, je höher sie sich entwickelt, desto weniger blofses Nebeneinander von Vollwirtschaften, vielmehr eine grofse Gliederung
einander ergänzender Sonderwirtschaften und Wirtschaftsabteilungen.

Die in Arbeitsteilung dem Erwerbe gewidmeten Personen haben aus den Erträgen ihrer Erwerbswirtschaft an die nicht dem Erwerbsberufe zugewandten Wirtschaften den erforderlichen Sachgüterwert als abgeleitetes Einkommen abzugeben, wogegen jene Personen, welche den übrigen, dem Erwerbe nicht angehörigen Berufen obliegen, ihre eigenartigen Leistungen zum privaten und gemeinen Nutzen vollziehen.

Hierbei kommt auch wirtschaftlich am meisten heraus, ergiebt sich ein Minimum von Kosten und ein Maximum von Nutzen (§ 96).

Die Erwerb treibenden Sonderwirtschaften produzieren den Volksgesamtbedarf leichter, als wenn jede Sonderwirtschaft ihren Bedarf an allen Gütern ihres Haushaltes für sich allein selbst erwerben oder gar produzieren müßte. Das Vollkommene ist also, daß die nicht der Sachgüterherstellung berufsmäßig obliegenden Personen ihr Einkommen aus dem Ertrage der berufsmäßigen Erwerbswirtschaften ableiten, daß das ursprüngliche Einkommen aus den Sonderwirtschaften der letzteren Art zu einem Teile als abgeleitetes Einkommen durch Freigebigkeit und durch Abgaben an die Haushalte der nicht dem Erwerbsberufe obliegenden Personen gelange, sobald und soweit (§§ 143 ff) der beiläufige Erwerbsbetrieb nicht ebenso wirtschaftlich von letzteren geführt werden kann oder als Mittel der Erfüllung ihres dem Erwerbe fremden Berufes ausgeübt werden muß.

Die Summe aus den Herstellungskosten der ins abgeleitete Einkommen abzugebenden Produkte des Erwerbes und aus den besonderen Kosten, welche bei Zuleitung durch freies Geben und durch Abgabenerhebung erwachsen, wird einen viel kleineren Kostenbetrag darstellen, als die Summe der Kosten aller von nichterwerbsberuflichen Sonderwirtschaften selbst hergestellten Güterbedarfe betragen würde; denn alle Vorteile der Arbeitsteilung in der Produktion würden geopfert sein. Umgekehrt wäre der Nutzen, welchen die nicht dem Erwerbe dienenden Berufe stiften, von jedem Einzelnen entweder gar nicht oder doch nicht in derselben Höhe zu erreichen, wenn jede Person die im außerwirtschaftlichen, namentlich öffentlichen Berufsdienste erstrebten Leistungen sich selbst leisten wollte; ja solcher Nutzen wäre größtenteils bei Allesthuerei jedes Einzelnen überhaupt nicht zu erlangen.

Die Besteuerung, welche als eine der Formen der Ableitung von Einkommen sich darstellt, ist also, je höher die Arbeitsteilung steigt, desto mehr auch volkswirtschaftlich gefordert und bei guter Regulierung keineswegs als Verkürzung der dem Berufserwerbe obliegenden Personen anzusehen.

Das Normale ist es bald, daß die der Güterproduktion nicht berufsmäßig zugewandten Sonderwirtschaften ihren Bedarf in

der Hauptsache aus abgeleitetem Einkommen und nur teilweise aus dem
unten sogenannten „beiläufigen Erwerbe" (§ 143) bestreiten.

§ 105. *Die Arten der Ableitung des Einkommens für die verschiedenen Arten der Sonderwirtschaft.* — Die Ableitung des Einkommens
(§ 104) geschieht auf verschiedene Weise: teils in der Form freier
Gaben unter dem Einflusse der Liebe und des Gemeinsinnes, teils in
der Form der Abgaben aus öffentlich-rechtlicher Verpflichtung, der Gebühren und der Steuern.

Die Gemeinwesen stiften ihren Nutzen auf zweierlei Weise, nämlich entweder so, dafs ihre Leistungen ganz oder teilweise nur Einzelnen, oder so, dafs ihre Leistungen allen ihren Gliedern zusammen
zugute kommen. In beiden Fällen stiften sie einen Nutzen, welchen eben so grofs weder der einzelne Gebührenzahler, noch die Gesamtheit aller Gebührenzahler je für sich erreichen könnte. Gebühren-
zahlung und Steuerzahlung verwirklichen als Formen des öffentlichen
Einkommens das Prinzip der Wirtschaftlichkeit und bedürfen daher als
volkswirtschaftliche Erscheinungen die in § 108 zurückzuweisende „Reproduktionstheorie" zu ihrer Rechtfertigung nicht. Die Gemeinwesen
decken als aufserhalb des Erwerbsberufes stehende Personen des öffentlichen Rechtes neben einem blofs „beiläufigen Erwerbe" ihren Bedarf
sachgemäfs durch das abgeleitete Einkommen der Steuern.

Die Steuern selbst werden zur Deckung des unvergütbaren Staatsaufwandes wirtschaftlicher Weise nur aus der Sonderwirtschaft von Personen mit ursprünglichem Einkommen abgeleitet.

Sonderwirtschaften, welche und soweit sie von abgeleitetem Einkommen leben, werden für die Regel nicht zur Besteuerung zu ziehen
sein. Es ist wirtschaftlicher, die Steuern ganz aus der Erwerbswirtschaft der dem Gemeinwesen zugehörigen Sonderwirtschaften zu ziehen.

Die Ableitung des Steuereinkommens kann auf zweierlei Weise
geschehen, nämlich entweder unmittelbar, indem man die Grundlagen
der Steuerkraft, Einkommen und Vermögen, direkt anfafst, oder indem
man letztere indirekt trifft. Beiderlei Bahnen der Ableitung des öffentlichen Einkommens müssen auch wirtschaftlicher Weise eingeschlagen
werden.

§ 106. *Das Wachstum der Volkswirtschaft und der Steuerkraft.* —
Auch die Entwickelung der Volkswirtschaft ist ein Ergebnis Jahrtausende
alter Arbeit der natürlich züchtenden, sozialen Auslese. — Eine Menge
nimmer aufhörender willkürlicher und unwillkürlicher „Variationen"
des „Naturfaktors", sowie der Bedürfnisse und der Arbeitskräfte, der
Produktionsmittel und der Herstellungsverfahren, bildet die unterste
Grundlage dieser Entwickelung. — Die wirtschaftliche „Anpassung"
erscheint hier als Spezialisierung, Gliederung und Vereinigung der materiellen Arbeits- und der Kapitalkräfte. — Vorgänge der wirtschaftlichen

„Vererbung" und Ausbreitung treten uns in der Vermögenserbschaft, in der Tradition der Fähigkeiten („Werkfortsetzung"), in der Ausbreitung ökonomischer Kenntnisse und Handgriffe entgegen. — Als die drei Triebfedern auch der wirtschaftlichen Entwickelung wirken die Notdurft, das Streben nach materiellen Vorteilen, dann die gemeinnützig-idealistische Tendenz, welche namentlich die schon erörterten freien Gemeinwirtschaften gründet und erhält. — Die Entwickelung erfolgt durch Kampf. Den nie endenden Gewaltkampf mit der Natur in der Produktion, sein Auslaufen in die Ausbildung wachsender wirtschaftlicher Kollektivkräfte an Arbeit und Vermögen und in steigende Maße der Wirtschaftlichkeit, habe ich a. a. O.[1]) dargestellt. Aber auch die gewaltige Bewegung der Erwerbs- und Einkommenskämpfe zwischen allen sozialen Einheiten — notwendige Folge gesellschaftlicher Produktion — wirkt als Flut, durch welche die volkswirtschaftliche Entwickelung höher und höher emporgetragen wird. Diese Kämpfe sind jetzt private Preiskämpfe um Lohn, Gewinn und Rente, um Gewinn- und Rententeilung, Profit und Zins, um den Besitz der Rentenquellen und der Befriedigungsmittel, — Vertrags- und Wettkämpfe mit rein privater Entscheidung.

Unsere volkswirtschaftliche Gegenwart zumal ist von Individual- und Kollektiv-Erwerbskämpfen zwischen Nation und Nation, Stadt und Stadt, Unternehmung und Unternehmung, Klasse und Klasse, sowie von Steuerentlastungskämpfen erfüllt. Die Verteilung des National- einkommens und des Nationalvermögens ist von der Übermacht in den Vertrags- und Wettkämpfen um Rente und Lohn abhängig; es giebt keine vorausbestimmte „natürliche" Proportion der Verteilung — etwa das geometrische Mittel zwischen Arbeitsunterhaltbedarf (a) und Arbeitsproduktwert (p), wie v. THÜNEN mit seiner Formel ($\sqrt{ap} =$ natürlichem Lohn) angenommen hat; die immer neuen Konjunkturen der Gewinn- und Lohnkämpfe entscheiden immer neu die Verteilung des materiellen Wohlstandes und des Einkommens. Persönliches Talent mag dann und wann siegen, das Kapital da und dort ungünstiger gestellt sein als die Lohnarbeit, für die Regel giebt den Ausschlag die Übermacht an politischem Einfluß, Autorität, Geschick und List und neuestens namentlich die Kapitalübermacht. Kampf herrscht, und der Stärkere siegt. Auch der Fortschritt des Sozialistenstaates könnte nicht in der Aufhebung des Unterhaltskampfes bestehen, sondern nur in der Verwandlung eines ungleich bewaffneten Wettstreites um möglichst große Privatportionen in einen gesellschaftlich geregelten Wettstreit um Prämien der persönlichen Tüchtigkeit und des Verdienstes.

Weiter treten alle Arten der in meiner allgemeinen Entwickelungs- lehre (a. a. O. Bd. II, 337 ff.) allgemein nachgewiesenen Streitfolgen

---

1) Bau und Leben II 322 f.

auf: Vernichtung, Verdrängung und Wanderung, aber auch abweichende
Anpassung, teils im unfreien Wege der ausbeutenden Unterwerfung und
der Vermögenszueignung, teils im freien Wege der Arbeitsteilung und
Arbeitsvereinigung solidarisch verbundener Glieder einer Volks- und
Weltwirtschaft.

Als Ergebnis normalen Wirkens der volkswirtschaftlichen Sozial-
auslese müfste sich reichlicher Unterhalt des Personals und vollkommene
Realausstattung aller sozialen Gliederungen nach Verhältnis der Gröfse
und des sozialen Gebrauchswertes der Leistungen, gerecht verteilter
Wohlstand und Reichtum ergeben. Dieses Ergebnis kann zwar nur
sehr allmählich sich einstellen, da auch die volkswirtschaftliche Wirksamkeit der sozialen Auslese zu keiner Zeit ideale Vollkommenheit erreicht hat.   Fortschritt in Reichtum und Wohlstand überhaupt ist aber entwickelungsgesetzlich unausbleiblich.

Die volkswirtschaftliche Entwickelung ist auch von den Daseins-
kämpfen in den übrigen Lebensgebieten mächtig beeinflufst und übt
ihrerseits auf die letzteren mitbestimmenden Einflufs.

Die grofsen Erscheinungen der Steuereinholung und der Steuerüberwälzung sind durch Erwerbs- und Entlastungskämpfe
der obigen Art vermittelt.

§ 107. *Die Rückwirkung der Steuern auf die „Volkswirtschaft".*
— Bei der Aufwerfung dieser Frage wird davon ausgegangen, dafs die
Steuer an sich als etwas volkswirtschaftlich Bedenkliches anzusehen sei.
Allein die Besteuerung ist selbst nur ein Stück Volkswirtschaft, und sie
stiftet, gut geregelt, den gröfsten Nutzen mit geringsten Kosten, wie es
die Steuerträger für sich nicht zu erreichen vermöchten (§ 104). „Im
allgemeinen" — bemerkt HELFERICH (bei SCHÖNBERG a. a. O. S. 143) vollkommen richtig — „darf man sagen, dafs der Angehörige eines Gemeinwesens mit keinem anderen Aufwande so viel an Gütern erzielt, als
mittelst der von ihm gezahlten Steuern. Im gewöhnlichen Leben vergifst man das, weil die Sicherheit und Ordnung als etwas Selbstver-
ständliches angesehen wird; bei jedem etwas anarchischen Zustande
überzeugt man sich, wie Grofses man mit relativ kleinen Kosten im
Staate bewirkt". Von einer Zurücksetzung der Besteuerungsinteressen
gegenüber einer grundsätzlich anzuerkennenden Mehrgeltung der nicht
öffentlichen Geschäfte und Haushalte — fälschlich allein Volkswirtschaft
genannt — darf also vorab nicht die Rede sein. Allein die Rückwirkung kann je nach der Qualität der Steuerkräfte dennoch sehr verschieden ausfallen, und dies ist wohl zu beachten.

Die Steuer, wohl geregelt, kann die Steuerträger zu erfolgreicherer
Wirtschaftsführung, zur Steuereinholung (§ 213) veranlassen; sie ist dann
nur vorübergehend empfindlich. Allein auch wenn dies nicht regelmäfsig

---

1) A. a. O. II, 341.

und nicht allen Steuerträgern gelingt, so darf man vor der Steuervermehrung an sich doch nicht zurückschrecken. Viel eingreifendere Veränderungen, z. B. Veränderung der Arbeitszeit, Versicherungszwang, Lohnerhöhungen und Lohnverminderungen, kommen vor, werden ertragen und gereichen schließlich zum Segen.

Die Hauptsache ist die Frage, wie man die Steuern auferlegt. Dabei kommen namentlich drei Momente in Betracht: die Gleichmäßigkeit der Auferlegung, die Vermeidung von jähem Wechsel, die Berücksichtigung schonungsbedürftiger besonderer Verhältnisse.

Darüber hat HELFRICH (a. a. O. S. 150 ff) vorzüglich gehandelt.

§ 108. *Die angebliche Reproduktivität aller Steuern.* Daß die Besteuerung die Produktivität der Nationalarbeit zu schonen habe und die volkswirtschaftlich vorteilhafteste Art der Deckung des öffentlichen Bedarfes sein solle, ist von uns selbst in den §§ 94 ff., 104 f. nachdrücklich betont. Ein Anderes ist eine gewisse R e p r o d u k t i v i t ä t, welche der Steuer von einigen zugeschrieben worden ist. Die Behauptung, daß jede Steuer durch ihre Verausgabung den Besteuerten wieder hereinkomme, ist in jeder Hinsicht unhaltbar. Die aus Steuern bestrittenen öffentlichen Ausgaben können thatsächlich Vergeudungen sein, und auch die nützlichsten Steuerverausgabungen sind für die Regel nicht Verausgabungen für die Nationalproduktion, sind also ihrem größten Betrage nach nicht reproduktiv im strengeren Wortsinne.

Es ist nicht richtig, daß irgend eine Steuer in der Wirtschaft des Steuerträgers, gar im Verhältnis des Betrages, welchen sie dem Vermögen und Einkommen entzieht, durch ihre Wirkungen wieder ersetzt werde oder ersetzt werden wolle. Die Steuern können sich e i n z e l n wirtschaftlich überhaupt nicht, geschweige verhältnismäßig für Vermögen und Einkommen des Steuerträgers „reproduzieren".

Die Gefahr dieser Theorie für die Steuerpraxis liegt darin, maßlose Besteuerung für maßlosen Aufwand zu beschönigen und allen aus Steuern bestrittenen Staatsaufwand ohne Maß und Ziel als vollen Ersatz bringend zu rechtfertigen. Für die Steuerfragen ist die Theorie von LORENZ V. STEIN nicht minder bedenklich, als DIETZELS Lehre von der Reproduktivität aller Staatsschulden für die Lehre vom öffentlichen Kredit es ist.

Mit Recht reagiert E. SAX gegen die Reproduktionstheorie, die Ausführungen L. v. STEIN's über die „kapitalbildende Kraft der Steuern", die Behauptung, daß die Steuer „vermöge der Verwaltung als Element der Kapitalbildung zu dem einzelnen zurückkehrt", (zurückkehren kann: ja!), der sie gezahlt hat (Fin.-W., 5. Aufl., S. 358). Diese Sätze sind, wie so viele Ausführungen und Behauptungen des stets originellen, anregenden, geistvollen Schriftstellers irrlichtelierend und übertrieben.

Nicht derselbe Vorwurf ist A. WAGNER zu machen, welcher (Finanz-W. II, § 87) Recht hat zu sagen: „die Besteuerten erhalten durch die öffentlichen Einrichtungen und Leistungen, welche mittels der Verwendung der Steuererträge hergestellt werden, die

Möglichkeit zu produktiver Leistung überhaupt oder zu vermehrter produktiver Leistung in ihrem Spezialberufe, damit aber zur ökonomischen Herstellung des Steuerwertes. Was sich in der Arbeitsteilung des freien Verkehrs bei Tausch, Kauf und Verkauf ökonomisch vollzieht, das findet auch hier, nur unter anderen Rechtsformen und nur nicht immer zwischen jedem einzelnen Besteuerten und dem öffentlichen Körper, sondern zwischen der Gesamtheit der Besteuerten und diesem Körper statt: eine Reproduktion der Steuern in den öffentlichen Einrichtungen und Leistungen und wieder eine Reproduktion letzterer in ersteren."

3. Kapitel. Die „Steuerquellen": Vermögen, Ertrag und Einkommen.

I. Das Vermögen.

§ 109. *Das Vermögen in der Besteuerung einst und jetzt.* — Früher als Ertrag und Einkommen ist das Vermögen Grundlage und Maß der Besteuerung geworden. Dasselbe ist viel leichter zu erkennen und zu messen, als der Ertrag der einzelnen Erwerbsquellen und als das gesamte Einkommen jeder Person. Das Vermögen bestand überwiegend in Grundbesitz von annähernd gleichem Ertrage; der Unterschied der Ertragsfähigkeit war bei extensivem Wirtschaftsbetrieb weit geringer als später, da die Ertragssteuern reguliert und allgemeine Einkommensteuern eingeführt wurden. Die Bemessung nach dem Grundbesitze konnte annähernd mit dem Ertrage übereinstimmen, da die Steuer nicht nach „den Flächeneinheiten" auferlegt wurde, sondern nach den Besitzeinheiten, nämlich nach den Höfen, „welche auf uralten Verteilungen beruhend jedem Besitzer einen thunlichst gleichen Anteil dem Werte (Ertrage) nach gewähren sollten" (VOCKE). Das bewegliche Vermögen war gering, was Betriebsmittel und Haushaltungsgegenstände betraf, auch ziemlich gleichartig und gleichwertig auf jedem Hofe, desgleichen die Betriebsweise. Die Hufensteuer war also für frühere Verhältnisse mittelbar eine sachgemäße Besteuerung auch nach dem Ertrage und Einkommen.

Allmählich ist dies alles ganz anders geworden. Der Grundbesitz ist längst nicht mehr einziger Hauptbestandteil des Vermögens, das Vermögen selbst nicht mehr mittelbar Maßstab des Ertrags und des Einkommens, da der Betrieb jetzt große Unterschiede der Arbeits- und der Betriebsintensität aufweist, die Arbeit aber als Ertrags- und Einkommensquelle durch Entwickelung des Lohnverhältnisses sich vom Besitz und vom Besitzeinkommen losgelöst hat.

Immerhin haben Vermögenssteuern neben den Ertrags- und Einkommensteuern immer noch einen Wert für das Steuersystem. Es gilt auch deshalb, den Begriff des Vermögens nach heutigen Verhältnissen für die Steuerwissenschaft nationalökonomisch festzulegen.

§ 110. *Fortsetzung. Der Begriff des Vermögens.* — Das Vermögen

läfst sich ohne Beziehung eines Sachgüterkreises auf bestimmte Subjekte nicht begreifen und definieren. Es ist als Kraftbegriff (dynamisch)
gedacht das Ganze der wirklichen materiellen oder Sachgütermacht
einer Person. Das persönliche oder sog. Arbeitsvermögen gehört nicht
dazu, aber der ganze Inbegriff der einer Person zur Verfügung
stehenden Sachgüter sowie der geldwerten Rechte (auch
Fabrikgeheimnisse) und der geldwerten Leistungsansprü-
che an dritte.

Die Sachgütermacht des Vermögens kann nur entstehen und bestehen durch die Einräumungen des positiven Privat-, des Familien- und
des öffentlichen Rechtes. Das Vermögen ist daher auch ein juristischer Begriff. Juristisch gedacht ist es das Recht auf die Nutzung
der im rechtlich umgrenzten Eigentum des Subjektes liegenden Sachgüter, samt den Rechten auf unmittelbare und mittelbare Mitnutzung
fremder Sach- und Personalgüter und auf ausschliefsliche Nutzung gewisser gesellschaftlicher „Verhältnisse". In der Steuerwissenschaft ist
die dynamische Seite des Vermögens, das materielle Kräftigsein durch
Macht über eigene und fremde Sachgüter, über Dienste und über gesellschaftliche „Verhältnisse" voranzustellen.

Bei dieser Auffassung wird auch die Thatsache, dafs das Recht
selbst als Ursache der Entstehung des Vermögens wirkt, und wenn es
veräufserlich ist, auch ganz in materielles Vermögen umgesetzt werden
kann, vollständig Beachtung finden können. Der Bestand einer Sach-
güter-Gesamtmacht einer Person schliefst nicht aus, dafs die materielle
Macht Wirkung einer Rechtsmacht sei. Im Mittelalter war die Masse
aller Rechte materiell nutzbar (dominium utile), ihre Bedeutung materiell; viele jetzt öffentliche Rechte wurden veräufsert. Durch Patent
geschützte ausschliefsende Absatzrechte sind Geldwertäquivalente, daher
Vermögensbestände für die Träger dieser Rechte.

Ursprünglich decken sich die Begriffe Vermögen und Eigentum. Erst der
Verkehr und seine eigentümliche Rechtsordnung spaltet beide und in der Summe
der Marktpreise der Bestandteile kommt der Wert des Vermögens zum
einheitlichen Ausdruck.

§ 111. *Die Vermögensbestandteile im nationalökonomischen Sinne.*
— Als Unterlage der Steuerlehre für die indirekte Besteuerung ist
eine Gliederung der Vermögensbestandteile vornehmlich zu beachten,
diejenige in Kapitalbestände — Anlage- und Betriebs-Kapital-
bestände — und in Genufsgüterbestände: Gebrauchs- und Ver-
brauchs-Güterbestände. Die einzelnen Bestandteile des Vermögens dienen nämlich teils der Produktion, teils der Konsumtion (Genufs).

Beide, Kapital- und Genufsvermögen, umfassen verbrauchbare
und gebrauchbare Güter. Der verbrauchbare Bestandteil des Ge-
nufsvermögens (Nahrungsmittel u. s. w.) kann Verzehrungsvermögen, der

verbrauchbare Bestandteil des Kapitalvermögens (Haupt- und Hilfsstoffe
u. s. w.) flüssiges Kapital genannt werden. Für das Genußvermögen
kann der gebrauchbare, d. h. nur in einer Reihe von Nutzungsakten
zu erschöpfende Güterbestand, das von HERMANN sogen. „Nutzkapital"
(Wohnhäuser, Pferde, Kleider u. s. w.) Nutzvermögen heißen; — der
gebrauchbare Bestandteil des Kapitals (Werkhäuser, Werkzeuge, Maschinen) kann fixes oder Anlage-Kapital genannt werden. Es ist
teils von der Natur der Güter, teils von der Willkür der Menschen abhängig, ob und in wie weit das einzelne Gut dieser oder jener Gattung
des Volks- oder Sondervermögens angehört.

Die zum Erwerb dienenden und darin begriffenen Vermögensbestandteile geben teils Macht der Produktion und Macht des Umsatzes,
teils Macht der Aneignung; zur illegalen und unmoralischen, wie zur
legalen und moralischen Aneignung wird das Vermögen von je benützt.
Hiernach unterscheiden wir das Kapitalvermögen in Produktiv- (und
Umsatz-) und in Aneignungs-, jetzt hauptsächlich Renten-Kapital.
Die heutige Volkswirtschaft beruht wesentlich darauf, daß die Bestandteile des Kapitalvermögens für die Masse der Produzenten, die Lohnarbeiter, nur als Produktionsmittel, dagegen für die Kapitalisten —
Grundbesitzer, Leihkapitalisten, Unternehmer — als bloßes Aneignungsmittel oder als Produktions- und Aneignungsmittel zugleich dienen.

Wäre der ganze Sozialstoffwechsel in seinem progressiven Teile gesellschaftlich
organisiert, so wäre das Kapitalvermögen der Nation lediglich Kollektivmacht der
Organisation und Durchführung der Produktion und des Umlaufs, Produktiv- und
Umsatz-Kapital der Gesamtheit, nicht Aneignungsmittel für Einzelne. Ob dabei die
Produktivität der „Nationalarbeit" und die Verhältnismäßigkeit des Gütergenusses
bezw. die Gerechtigkeit der Besteuerung im weiteren Sinne gewinnen würde, ist freilich sehr fraglich.

Wenn schon das Gesamtvermögen nach heutigen Verhältnissen der
Volkswirtschaft keinen Maßstab der Steuerkraft ergiebt, da die ganze
Masse des Lohneinkommens nicht auf Vermögen beruht, so kann nicht
daran gedacht werden, einzelne Bestände des Vermögens, sei es des
Genuß-, sei es des Erwerbs- oder sog. Kapitalvermögens, bezw. einzelne
Teile des einen oder anderen zur ausschließlichen Grundlage der
Besteuerung zu nehmen. Allein als Steuern neben den direkten Steuern
auf Ertrag und Einkommen können Konsumtionssteuern, sowohl Ge-
brauchs- als Verbrauchssteuern, darum doch erforderlich und wohl begründet sein.

Falsche Einwendung gegen die Verbrauchsbesteuerung. Die letztere ist neben
einer Besteuerung aller Erträge bezw. Einkünfte sehr angezeigt, um besonders steuerfähige Personen, welche gewiße Gebrauchs- und Verbrauchshandlungen begehen, zusätzlich zu treffen, geschweige, um an Stelle der direkten Steuern, sofern diesen die
Steuerkräfte entweder wegen ihrer Kleinheit oder wegen ihrer Geheimheit u. s. w.
nicht erreichbar sind, zu wirken. Ein „Widersinn" wäre allein dies, nur einzelne
Vermögensgattungen und alle einzelnen Bestandteile, sei es überhaupt, sei es gleich

treffen zu wollen. Vollends der Umstand, daſs Konsumsteuern die Vermögenserübri-
gungen nicht treffen, beweist nichts gegen Konsumsteuern, sondern nur dafür, daſs
neben der direkten Besteuerung nicht bloſs Konsumsteuern, sondern auch Bereicherungssteuern in rationeller Regulierung in das Steuersystem eingefügt werden. So
geregelt ist die indirekte Besteuerung auch keine Doppelbesteuerung, sondern
eine unter mehreren Mitteln einer leistungsverhältnismäſsigen einmaligen Vollbesteuerung. Dieselbe ist daher „überflüssig, ungerecht und widersinnig"
in keiner Weise. Der Widersinn liegt in diesem Falle nur bei der falschen Deutung
unserer indirekten Besteuerung, und diese Deutung ist nicht im Kopfe des Verf. d.
gewachsen.

§ 112. *Die angebliche Schwächung des Vermögens durch Vermögensteuern.* — Die Vermögenssteuern werden vielfach als Angriff auf
die Bildung des Vermögens, als Schwächung namentlich des Spartriebes,
also der Kapitalbildung der Nation angesehen. Diese Behauptung ist
in ihrer Allgemeinheit nicht richtig. Die Masse der nach dem Vermögen bemessenen Steuern werden nicht aus dem Vermögensstamme,
sondern aus dem periodischen Wertzuwachse zu letzterem, dem Einkommen, geschöpft. Die Besteuerung nach dem Vermögen kann
den Antrieb zur Vermögenssammlung sogar verstärken (§ 212).

Die Vermögensbildung ist auch keineswegs bloſs Produkt der Er-
sparung, sondern auch des Erwerbes auf Kosten anderer, oft sogar eines
höchst unrechtmäſsigen Erwerbes zum Nachteil anderer.

§ 113. *Die verschiedenen Wege der Vermögensbildung.* — Die Verschiedenheit dieser Wege ist für die Besteuerung nicht gleichgiltig; denn
die Vermögensmehrung weist für die Regel auf besondere Steigerung der
Steuerkraft hin. Allein nicht jede Art der Vermögensbildung
läſst sich unmittelbar anfassen; zu direkten Vermögenssteuern
müssen daher indirekte Steuern auf die Vermögensvermehrung (Berei-
cherungs-, Ansammlungs-, Erbschaftssteuern) hinzukommen.

Die verschiedenen Arten der Vermögensbildung haben in verschiedenen Zeitaltern verschiedene Bedeutung und sind daher auch steuergeschichtlich höchst beachtenswert.

Wir unterscheiden mit PHILIPPOVICH (MARQUARDSENS Handbuch,
Einleitungsb. III) sechs verschiedene Wege der Vermögensbildung:

1) Besitzergreifung (Okkupation);
2) gewaltsame Aneignung;
3) geschenkweise Zuwendung;
4) zufällige Erwerbung;
5) Vererbung;
6) Erwirtschaftung.

Die zwei erstgenannten Formen der Vermögensentstehung haben
in weitem Umfange statt in ursprünglichen Verhältnissen, bei ersten
Besiedelungen oder bei rechtlich und staatlich ungeordneten Verhältnissen, insbesondere bei kriegerischem Verkehr. In dicht besiedelten

Ländern bei einem rechtlich geordneten, staatlich geschützten Verkehr
spielen die beiden ersten Momente der Vermögensentstehung keine Rolle
mehr. Geschenkweise Zuwendungen treten häufiger auf, aber meist nur
als Überweisung von Gebrauchs- und Verbrauchsgütern und nicht in
solchem Maße, daß dadurch die Vermögensgestaltung der Volkswirtschaft stark beeinflußt würde. Hier sind wichtiger die drei letzter-
wähnten Entstehungsarten.

Die zufällige Erwerbung — beruht entweder auf Glücksge-
winnen, ein Fall ohne hervorragende Bedeutung, oder auf Werterhöhungen von bereits besessenen Gütern, ohne daß diese Werterhöhung
auf wirtschaftliche Thätigkeit des Besitzenden zurückzuführen wäre.
Sie ist entweder Erhöhung des Gebrauchswertes oder Erhöhung des
Tauschwertes der Güter oder beides zugleich. Sie kann auf Änderungen in den Eigenschaften der Güter oder auf dem Entdecken neuer
Brauchbarkeiten oder auf Änderungen in den Verhältnissen der Menschen, ihrer Bedürfnisse, ihrer Zahl, ihrer Kaufkraft und dergleichen
beruhen. In jedem Falle trifft sie alle Besitzer desselben Gutes, verändert also alle Vermögen, in welchen sich Güter dieser Art befinden.
Wenn hierbei auch nicht neue Güter entstehen, steigt doch der Einfluß
der Vermögenden auf die Produktion, indem sie mit wertvolleren Gütern daran teilnehmen und eine größere Macht der Zusammenfassung
der Produktionsfaktoren erhalten.

Vererbung führt in der Regel nicht zur Neuentstehung von Vermögen in der Volkswirtschaft — wie im Falle der Übertragung von
Vermögen auf dem Erbrechtswege aus dem Auslande —, aber meist
zur Entstehung neuer Vermögensgestaltungen, zur Teilung und Vereinigung von früher bestandenen Vermögen, also zu Veränderungen in der
individuellen Steuerkraft.

Erwirtschaftung von Vermögen heißt Bildung von Vermögen
auf Grund wirtschaftlicher Thätigkeit. Diese ist in der verkehrswirtschaftlichen Organisation der Volkswirtschaft entweder Produktion und
daran sich anschließender Erwerb oder Erwerb ohne Produktion. Im
ersteren Falle ist die Vermögensbildung immer auch zugleich Vermehrung der Vermögensgüter, die in der Volkswirtschaft überhaupt vorhanden sind, im letzteren ist sie von einer solchen Gütervermehrung
nicht begleitet; sie geht vor sich durch Übertragung von bereits vorhandenen Gütern auf die Erwerbenden oder in der Form der Bildung
von Bezugsrechten auf Güter. Für die Ermittelung der Steuerkraft ist
auch letztere Vermögensmehrung bedeutsam.

Offenbar können nicht alle Vermögenszugänge der Z. 1—6, ja nicht einmal alle
wirtschaftlichen Vermögenszugänge durch Ertrags- und Vermögenssteuern allein vollständig und im Maße der Steuerkrafterhöhung, welche sie zur Folge haben, getroffen
werden.

Die von A. Wagner u. anderen geforderte „Besteuerung der Konjunkturengewinne" ist ein Versuch der Besteuerung des Wertzuwachses (vergl. darüber unseren Band: „Steuern, besonderer Teil").

§ 114. *Fortsetzung. Das „Volksvermögen".* — Das Volk als solches hat kein Vermögen, sondern nur eine besondere Art von Einzelvermögen, Staatsvermögen, insofern es für seine willens- und machtteinliche Bethätigung wirtschaftlicher und rechtlicher Sachgütermacht bedarf. Die öffentlichen Vermögensbestände des Volkes fassen nur einen Teil aller Sachgüterbestände in sich. Daneben giebt es so viele Sondervermögen nicht öffentlicher Art, als es selbständige Personen und Gemeinschaften des öffentlichen, des privaten und des Familienrechtes giebt.

Die Summe aller Einzelvermögen ist es, was man im uneigentlichen Sinne des Wortes Volksvermögen (ideelles Volksvermögen) nennt. Die Besteuerung schöpft aber doch nur aus den Einzelvermögen, sofern sie überhaupt den Vermögensstamm, nicht das Einkommen trifft und treffen will. Die Forderung, daß die Vermögensbesteuerung das ganze Volksvermögen erfasse, daß die Steuern ordentlicherweise das Volksvermögen nicht angreifen, und dergleichen kann daher nur den Sinn haben, daß dieselbe alle leistungsfähigen Einzelvermögen zur Bemessungsgrundlage nehme und daß sie ordentlicherweise keines dieser Vermögen im Stammwerte angreife, oder daß wenigstens die Stammwertsumme aller Einzelvermögen nicht angegriffen werde.

Immerhin kann man von Volksvermögen in dem Sinne der Thatsache reden, daß die Einzelvermögen, aus welchen es besteht, zu einem gegliederten Ganzen besonderer Vermögen sich zusammenschließen, in welchem — namentlich was das Kapitalvermögen betrifft — die verschiedenen Einzelvermögen einander bedingen. Die Besteuerung hat darauf zu achten, daß auch einzelne Gliedbestandteile dieses Volksvermögens nicht auf schädigende Weise getroffen werden.

Für die Steuerpolitik wäre genaue Ersichtlichkeit der durch die Besteuerung in der Größe und Verteilung des ideellen Volksvermögens bewirkten Änderungen von großem Werte. Aber das Ersichlichmachen ist sehr schwierig. Vergl. hierzu J. Lehr, a. a. O. § 195 ff. Das „Volksvermögen", namentlich das „Nutzkapital", enthält gewaltige Bestände, welche sich in Geld kaum veranschlagen lassen.

II. Ertrag und Einkommen.

§ 115. *Die Begriffe Ertrag und Einkommen* — sind die wichtigsten, welche die Steuerlehre der Nationalökonomie zu entlehnen hat; denn, obwohl die Steuerbeträge stets dem Fonds von Sachgütern, worüber die Steuersubjekte rechtlich geschützte wirtschaftliche Macht besitzen, also dem Vermögen entnommen werden müssen, so kann die Steuer ordentlicherweise doch nur innerhalb des Ausmaßes des periodischen Wertzuwachses zum Vermögen oder des Einkommens, beziehungsweise aus dem Werte der reinen Erträge des Vermögens

und der Arbeit, aus welchen sich der periodische Gesamtwertzuwachs
des Vermögens zusammensetzt, geschöpft werden. Nicht der Wertstamm,
sondern der periodische Wertzuwachs zum Vermögen, d. h. das Einkommen und die Komponenten des letzteren, bilden die nachhaltige Quelle
der Steuerkraft.

Der Stammwert des Vermögens soll für die Regel von der Besteuerung auch dann nicht angetastet werden, wenn in der Steuerpraxis
aus dem Vermögen auf das steuerkräftige Einkommen geschlossen und
das Vermögen zur Bemessungsgrundlage der Besteuerung gemacht
wird.

Darum gilt es, in einer Steuervolkswirtschaftslehre die Begriffe Einkommen und Ertrag mit Umsicht festzulegen.

Ertrag ist die aus der Erwerbsverwendung der einzelnen Vermögensteile und der Arbeitskraft hervorgehende Gütermenge der Substanz
oder dem Werte nach. Im Begriffe Ertrag waltet stets die ursäch-
liche Rückbeziehung des Güterstammzuwachses oder des Güter-
wertzuwachses auf eine bestimmte Wachstumsquelle (Grundbesitz, Geschäftskapital, Arbeitskraft) vor.

Die Gröfse des Ertrages ohne Abzug der für dessen Erzielung auf-
gewendeten Kosten heifst Roh- oder Brutto-Ertrag. Der Ertrag, welcher nach Abzug der Kosten übrig bleibt, ist der Rein- oder Nettoertrag.

Alle Erträge ganz oder nach ihren Teilen werden für bestimmte
Sonderwirtschaften Vermögenszuwachs, Bestandteile des Einkommens
oder Einkünfte, ob zwar die Erträge nicht die einzigen Bestandteile des Einkommens sind.

Nach der in der Nationalökonomie und in der Finanzwissenschaft
herrschenden Auffassung ist als Einkommen nur derjenige Güterzu-
gang zu bezeichnen, welcher periodisch zum Vermögen zuwachsend
von dem diesen Wert beziehenden Subjekte ohne Verschlechterung
seiner wirtschaftlichen Lage teils konsumiert, teils zur Vermehrung der
Vermögensstämme verwendet werden kann. Nur dieser periodische
Vermögenszuwachs — sagt Philippovich a. a. O. — „bestimmt einerseits die Möglichkeit des Güterverbrauchs innerhalb des der Einkommensbildung zu Grunde liegenden Zeitraumes und daher die Lebenshal-
tung und den Anteil des Einzelnen an den materiellen Gütern seiner
Zeit und die dadurch gesicherten materiellen und geistigen Befriedi-
gungen; andererseits aber bestimmt er nicht etwa nur eine Verteilung
des in der Volkswirtschaft im Einkommenszeitraume produzierten oder
von aufsen erworbenen Güterzuwachses, sondern die Verteilung der er-
werbbaren Dinge überhaupt, sowohl der Genufsgüter, wie der Produk-
tivgüter, der Rechte wie der Verhältnisse. Das Einkommen ist
daher die Grundlage einerseits der persönlichen Konsum-

tion, andrerseits der Vermögensbildung. Nach beiden Richtungen wird es bestimmend für den Güterverbrauch und dadurch für
die Produktionsgestaltung der nächsten Zukunft." Es wird die Grundlage auch der Steuerkraft oder die eigentliche Steuerquelle.
Litteratur: A. Wagner, F. W. II, § 130 ff; Grundlegung §§ 22—31 u. 32—58.
Neumann, progressive Einkommensteuer, S. 102 ff. Schmollers vorzügliche Jugend-
arbeit., Tüb. Ztschr. 1863. Robert Meyer, das Wesen des Einkommens 1887. Hermann, Staatsw. Untersuchungen. S. auch Rau I §§ 254 ff. v. Hock § 9. Cohn, F. W.
in Bd. 2. Sax, Grundlegung, Absch. III. A. Held, Einkommensteuer.

§ 116. *Die Nutzungen als steuerbare Einkommensteile.* — Zum
Einkommen gehören auch die Nutzungen aus dem Gebrauchsvermögen, sog. Nutzkapital (§ 112). Dieselben sind freilich direkt, nämlich durch Einkommensteuern, sehr schwer zu fassen. Nur Teile dieser
Nutzungen lassen sich durch die Einkommensbesteuerung erreichen.
Andere Gebrauchsnutzungen können durch die ergänzende Vermögenssteuer, durch die Erbschaftsbesteuerung, durch eine allgemeine Vorschufsbesteuerung des Gebrauchs und Luxus angefaßt werden. Ein Steuersystem, welches diese Anfassung unterläßt, ist unvollständig.

Auch Vocke ist für die direkte Besteuerung der Wohnungsnutzungen als einer
Art der Einkünfte a. a. O. S. 236: „Der Ertrag bildet das Maß der Leistungsfähigkeit, weil er für die Befriedigung der Bedürfnisse die Mittel enthält, welche also die
Möglichkeit hierfür gewähren. Wenn nun diese Möglichkeit noch auf eine
andere Weise geboten wird, als durch den Ertrag, so wird hierdurch die
Leistungsfähigkeit vermehrt; es entsteht eine weitere Leistungsfähigkeit. Und da
diese das richtigste Maß für die Steuer ist, so muß eine solche Möglichkeit ebenso
zur Bemessung der Steuer benützt werden, wie der Ertrag."

§ 117. *Der Unterschied von Ertrag und Einkommen* — liegt
erstens darin, daß der Ertrag den einzelnen, aus einer bestimmten Ertragsquelle — Vermögen oder Arbeit — hervorgehenden
Vermögenszugang bedeutet, während das Einkommen die Summe der
Wertzugänge zum Vermögen einer bestimmten Person umfaßt;
zweitens darin, daß das Einkommen einer bestimmten Person
nicht blos aus Erträgen der Arbeit und des Erwerbsvermögens, sondern
auch aus Vermögenszugängen (§ 114) anderer Art besteht oder wenigstens
bestehen kann, so daß Einkommen und Ertrag auch der Quelle nach
sich nicht decken.

Ein bestimmter Ertrag kann für eine Mehrheit von Personen zu
Einkommensbestandteilen werden. Auch die Reinerträge sind nur für
diejenigen, welche eine bestimmte Ertragsquelle schuldenfrei bewirt-
schaften, ihrem ganzen Betrage nach Einkünfte. Die Erträge verschul-
deter Ertragsquellen und die Erträge von kollektiven Erwerbsunterneh-
mungen zerfließen ins Einkommen verschiedener Personen. Die Summe
der Einkünfte jeder Person ist für die Besteuerung, welche es nur mit
bestimmten Personen nach dem Maße der Leistungsfähigkeit zu thun
hat, unmittelbar maßgebend. Jene Ertragssteuern, welche nicht im

selben Mafse, als die Ertragsteile Dritten ins Vermögen zugehen, diesen
Dritten auch wirklich zugeschoben werden und ohne Gestattung des Zin-
senabzuges reguliert sind, können keine Besteuerung nach der Leistungsfähigkeit ergeben. Diese Thatsache ist für die Beurteilung der Ertragssteuern, selbst der Nettoertragssteuern, wie sich zeigen wird, von höch-
ster Bedeutung.

Dennoch kann der Ertrag allein der Besteuerung zu Grunde gelegt
werden müssen, wenn sich die Verteilung des Ertrages in das Einkommen mehrerer Personen nicht feststellen läfst, oder wenn Ertragsteile
an Personen gelangen, welche für die Steuergewalt unerreichbar sind.
Die Ertragsbesteuerung hat deshalb nicht blofs steuergeschichtlich als
Folge der früheren unvollkommeneren Steuertechnik, sondern auch heute
noch als Mittel der Erfassung sonst entschlüpfender Einkünfte Berechtigung, sowohl im Staats- als im Kommunalsteuersystem.

Keinen Wert hat es für die Steuerwissenschaft, Zinsen und Arbeits-
einkünfte als Erträge aus einer Erwerbsgemeinschaft von Schuldnern und
Gläubigern, Arbeitgebern und Arbeitnehmern darzustellen. Es ist nicht
einmal allgemein zutreffend, dafs Zinsen und Löhne aus Erträgen einer
Erwerbsgemeinschaft hervorgehen; die Zinsen können auch aus Ver-
mögenszubufsen gezahlt werden, und die Löhne werden vorläufig nicht
aus dem Ertrage, sondern aus dem Betriebskapital des Arbeitgebers
geschöpft, gleichviel ob der Produktions- und Absatzerfolg einen dem
Lohne proportionalen Ertrag abwirft oder nicht. Als Einkünfte, nicht
als Erträge kommen die Zinsen und Löhne für die Zins- und Lohnsteuern in Betracht. Die gegenteilige Konstruction VOCKES entspringt
dem einseitigen Bemühen für die Präpotenz der Ertragssteuern.

VOCKE sagt a. a. O.: „Genau betrachtet erscheint die Verteilung in der Regel
als nicht beim Einkommen, sondern schon beim Ertrage vor sich gehend, ehe dieser
zum Einkommen wird, denn der Zins soll nach der Natur der Sache aus dem mit
dem entliehenen Erwerbsvermögen gewonnenen Ertrage bestritten werden und ist der
Ertragsanteil des Gläubigers, welcher bei diesem zu Einkommen wird, nicht aber
beim Schuldner.

„Beim Lohn findet das gleiche Verhältnis statt, wie beim Schuldzins, nur in
umgekehrter Richtung. Beim letzteren ist demjenigen, der das Erwerbsvermögen
liefert, sein festbestimmter Anteil ausgemacht, und der Arbeitende trägt Gefahr und
Vorteil; beim Lohn wird der Arbeiter mit einem bestimmten Betrag abgefunden, und
der Eigentümer des Erwerbsvermögens hat Gewinn und Verlust, wobei er allerdings
als blofser Unternehmer und Schuldner auch noch mit seinem Gläubiger zu teilen hat.
Der Lohn ist also für den Unternehmer ein nicht ihm zustehender Theil des Gesamt-
ertrages oder Gesamteinkommens."

§ 118. *Die unberechenbaren und unwahrnehmbaren Erträge und
Einkünfte. Mittel ihrer steuertechnischen Erfassung.* — Der wirkliche
Ertrag — sagt VOCKE (a. a. O. S. 246) sehr gut — „ist keineswegs immer, vielmehr nur in der Minderzahl der Fälle so wahrnehmbar, dafs
er gemessen werden kann, ja der gröfste Teil der Wirtschafter ist beim

besten Willen nicht imstande mit annähernd genügender Genauigkeit
anzugeben, welchen Ertrag er wirklich hat. Dies trifft namentlich da
zu, wo ein erheblicher Teil der Arbeitsergebnisse nicht zu Geld gemacht,
sondern vom Wirtschafter selbst verbraucht wird, wie bei der mittleren
und kleineren Landwirtschaft und da, wo ein mehrfacher Umsatz der
Erzeugnisse und Waren im kleinen alljährlich stattfindet, wie beim
Handwerk und Kleinhandel. Wenn sich nun die Besteuerung nicht an
das im Ertrage gegebene Merkmal der Leistungsfähigkeit halten kann,
so muſs sie entferntere Merkmale der letzteren aufsuchen und benutzen, welche einen thunlichst sicheren Schluſs auf den Ertrag und
dadurch mittelbar auf die Leistungsfähigkeit zulassen."

Das ist richtig. Nur muſs konsequenterweise die Besteuerung nach
„entfernten Merkmalen" überhaupt zugegeben, also die indirekte Besteuerung als Besteuerung nach Merkmalen nicht schlechthin verworfen werden (vgl. § 26).

Wie mit den Erträgen verhält es sich mit vielen Einkünften;
dieselben sind steuertechnisch oft nicht unmittelbar faſsbar, teils weil
sie für genaue Einsteuerung zu kostspielig würden, teils weil sie überhaupt nicht wahrnehmbar sind. Dennoch ist die Aufgabe, dieselben zu
erreichen, nicht unlösbar. Die Lösung ist auf zwei verschiedenen Wegen
denkbar:

erstens durch Einschätzung der Erträge nach der durchschnittlichen
Ertragsfähigkeit der Ertragsquellen,

zweitens durch Freilassung der schwachen Steuerkräfte von der direkten Staatsbesteuerung und durch indirekte Besteuerung mittelst gewisser Ge- und Verbrauchssteuern.

Beide Wege, in neuester Zeit auch der letztere, sind wirklich mit
vollem Bewuſstsein eingeschlagen worden.

In meinen „Grundsätzen der Steuerpolitik" habe ich empfohlen, für die allgemeine
Einkommenssteuer die Einsteuerung nicht blofs auf Deklaration, sondern auch auf
Einschätzung der einzelnen Einkünftearten nach objektiven Merkmalen zu stützen
und die Einkommenssteuer als ein Ganzes tunlichst objektiv kontrollierter Teilein-
kommensteuern zu regeln, mit anderen Worten, die bisherigen Ertragssteuern mit ihren
Katastern für die allgemeine Einkommensbesteuerung zu verwerten. Ich habe hiermit einen Weg empfohlen, welcher vor der einseitigen, die besonderen Verhältnisse
des Steuersubjekts vernachlässigenden Merkmalbesteuerung der Ertragsquellen
hinwegführt. Dennoch soll ich den Ertagssteuern „den ihr gebührenden Rang haben
nehmen und sie blofs an das Objekt haben binden" wollen. Genau das Gegenteil habe ich erstrebt. Die angefochtene Auffassung hat gerade in meinem
Kopfe nie gespukt und zu dem „ganzen Gewebe von Unklarheit und Widersprüchen",
deren ich mich schuldig gemacht haben soll, bin ich weder der Zettelmacher noch der
Weber gewesen.

§ 119. *Das Volkseinkommen und das Ideal seiner Verteilung vom
Standpunkte der Besteuerung.* — Ähnlich wie das Volksvermögen gelangt auch das Volkseinkommen nicht zu selbständiger Erscheinung.

Man versteht darunter gewöhnlich die Summe aller Einkommen der
Sonderwirtschaften.

In einem besonderen Sinne aber ist es die Gesamtheit der in einer
bestimmten Zeitfrist allen Einzelwirtschaften über den Ersatz des Gü-
terverbrauches hinaus zuwachsenden, zur Wiederholung des Gesamtkon-
sums ohne Schwächung des Volksvermögenswertes verfügbaren Güter.
Volkseinkommen ist — nach PHILIPPOVICH —, der in gegebener Zeit
produzierte oder durch den auswärtigen Wirtschaftsver-
kehr gewonnene Konsumtionsfonds der Volkswirtschaft.
Das Volkseinkommen wird demnach gleich dem Einkommen der Ele-
mentarwirtschaft durch die Qualität der Güter und die Verwendung, die
sie erfahren, nicht durch ein Quantitäts- und Wertverhältnis derselben
bestimmt. Maschinen, Werkzeuge, Produktions- und Verkehrsanstalten,
die im gegebenen Zeitraume einer Volkswirtschaft zuwachsen, vermehren
zwar das Volksvermögen, aber nicht das Volkseinkommen, da sie
nicht Gegenstand des persönlichen Konsums sind."

Betrachtet man das Volkseinkommen als ein Ganzes, so wäre das
Ideal einer vollkommenen Güterzuteilung dann erreicht, wenn jedem Organ welches einem wirklichen Lebensbedürfnisse der Gesellschaft
entspricht, und innerhalb jedes Organs jedem seiner Bestandteile, genau
nach Verhältnis der Menge und Art jenes Berufsaufwandes, den es für
die von der Gesellschaft und von der zugehörigen Anstalt geforderten
Leistungen zu machen hat, Einkommen und Haushaltsversorgung ausgeworfen und fortlaufend zugeteilt würde.

Die jetzige Ordnung der Volkswirtschaft scheint zwar auf den ersten
Blick in ihrer Weise beide Bedingungen in ziemlich vollkommener Weise
zu erfüllen. Die Einkünfte richten sich — abgesehen von der allerdings grofsen Ausnahme der parasitischen Einkünfte — „im allgemeinen" nach der Leistung. Je mehr Arbeit und je kostspieliger die (ge-
bildete) Arbeit, desto gröfseres Einkommen! Der Lohn und der Gewinn
richten sich, sagt man, nach der Dauer und der Qualität der verschiedenartigen Berufsarbeiten. Mindere sich oder pausiere die Berufsarbeit,
weil ihr Gebrauchswert aufhöre oder sich mindere, so sorge das Spiel
der Marktpreise für die entsprechende Massenabnahme des Einkommens,
im umgekehrten Falle für die Zunahme. So werde die erste Bedingung
verwirklicht. — Die zweite Bedingung werde in der heutigen Einkom-
mensordnung durch den Geldgebrauch und den Handel erfüllt. Jedes
Glied des Gesellschaftskörpers empfange Geldeinkommen, aus welchem
es erst seinen spezifischen Bedarf (Sacheinkommen) anschaffe. Der Handel aber, bezw. der „Arbeitsmarkt" biete überall die verschiedenen
Güterarten und Dienste gegen Geld aus, wodurch die Umwandlung
des Geldeinkommens in Anschaffungen aller spezifischen Bedarfsquali-
täten möglich werde. — Dennoch ist es unverkennbar, dafs die dringend-

sten Anstalten oft gar keine Ausstattung finden, daſs riesige Einkommen
von denjenigen bezogen werden, welche dem sozialen Körper überhaupt
nichts leisten und widmen. Nicht weniger, daſs die unproduktiven, ja
destruktiven Spekulanten gröſstes Einkommen aus einer Arbeit ziehen,
welche der soziale Körper weder braucht, noch will, sondern nach seinen
reinsten Lebensgefühlen verabscheut. Ferner bemessen sich Lohn und
Profit keineswegs allgemein im Maſse der Leistung, sondern in ganz
anderen Proportionen; denn ihre Gröſse bestimmt sich nach den vom
Egoismus, nicht von Berufsleistung und Berufsbedarf beherrschten Preiskämpfen des Waren- und Arbeitsmarktes. Endlich stehen alle Arten
des abgeleiteten Einkommens (aus Steuern und Widmungen) und der
Umfang der Verfügung über fremdes Vermögen (durch Kredit) in gar
keiner unmittelbaren Beziehung zu der Notwendigkeit, dem Werte und
Kostenbetrage der Leistungen, welche der soziale Körper von den
nichtproduktiven Anstalten erlangen soll. Diese nichtproduktiven und
doch nicht minder unentbehrlichen Anstalten werden gar nicht aus der
allgemeinen Gütercirkulation und auch nicht direkt nach Verhältnis
des Bedarfs ernährt, sondern das Nationalprodukt verteilt sich erst in
Privateinkünfte der von Gewinnsucht beherrschten Erwerbtreibenden,
aus Erwerbseinkünften wird erst wieder durch zahllose Steuerpumpen
und durch Anforderungen an die Freigebigkeit der Bedarf der nichtproduktiven sozialen Veranstaltungen „abgeleitet".

Auch die Besteuerung ist hiernach weit entfernt, in ihrem Bereiche dem Ideal der Verteilung des Volkseinkommens bereits nahe zu
stehen. Die richtige Teilung der öffentlichen und der nichtöffentlichen
Bedarfe in das Volkseinkommen (§ 132) ist auch heute noch schwer erreichbar, und die hitzigen Belastungs- und Entlastungskämpfe der Steuergewalten unter sich sowie mit den Steuerkräften, desgleichen der Steuerkräfte unter einander (§§ 206—221) bewirken immer wieder eine groſse
Distanz der steuerlichen Wirklichkeit vom Ideal der Verteilung des
Volkseinkommens.

§ 120. *Die Einkommensgegenstände.* — Zum Einkommen zählen:

1. Die sämtlichen einer Person periodisch zugehenden Reinerträge,
einschlieſslich des reinen Wertes der Nutzungen von eigenen Gebrauchsgütern (sogen. „Nutzkapital") dieser Person, sofern diese Güter im Verkehr als Reinertragsquellen hätten verwertet werden können (Wohn-
gebäudenutzungen u. s. w.)

Zu diesen wirtschaftlichen Einkünften aus Produktions- und
sonstigem Kapital- und Arbeits-Erwerb kommen aber

2. periodische Einkünfte oder reine Vermögenswertmehrungen anderen Ursprungs, welche nicht in der wirtschaftlichen Erwerbsstellung
des Einkommen empfangenden Subjektes, sondern in einem besonderen
Verhältnisse (Rechtsverhältnis) zu anderen Wirtschaften (Abgaben,

Zehnten, Alimente u. s. w.) ihre Begründung finden, aber dauernd gesichert sind.

Bei beiderlei Arten von Einkünften, aus welchen das Einkommen
im engeren Sinne sich zusammensetzt, wird in der Nationalökonomie
und in der Steuerlehre als charakteristisches Merkmal dies vorausgesetzt, „dafs die Dauer des Güterbezuges auf Grund des Charakters seines Ursprungs gesichert ist".

Nach PHILIPPOVICH (a. a. O. § 109) werden daher nicht zum Einkommen gerechnet die einer Wirtschaftseinheit im Laufe eines bestimmten Zeitraumes zugefallenen Geschenke, Erbschaften, Legate,
Lotteriegewinne u. s. w. „Es sind dies Vermögenseingänge, die
einen Teil der Einnahmen der Wirtschaft bilden können, die auch,
wie jeder Vermögensteil im Konsum verbraucht werden können, aber
nicht aus einer die Wiederkehr verheifsenden Bezugsrichtung hervorgehen. Kein Einkommen sind daher auch jene Eingänge eines Haushaltes, die auf dem Aufbrauchen eines schon vorhandenen Vermögens
beruhen, da sie ja die Einkommensquelle selbst vernichten. Es fallen
ferner nicht unter den Begriff des Einkommens Werterhöhungen.
Diese sind vermögenbildend, oder sie treffen die Einkommensgröfse, aber
sie können immer nur an schon vorhandene Vermögens- oder Ein-
kommensgüter anknüpfen. Dienstleistungen und Nutzungen (z. B. Be-
dienung und Wohnung bei Gewährung von freier Station an einen An-
gestellten) bilden nicht selbst, sondern nur in ihrem Wertanschlag einen
Teil des Einkommens."

Die Besteuerung indessen wird jeden reinen Vermögenszuwachs,
auch den nichtperiodischen, nicht dauernden, einmaligen und zufälligen Vermögenszuwachs unter der Bedingung anzufassen haben, dafs
der Vermögenszuwachs höhere Steuerkraft ergiebt. Gewisse indirekte
Steuern: Bereicherungs-, Ansammlungs-, Verkehrssteuern, werden berechtigt sein, wenn die direkten Steuern, einschliefslich der Vermögenssteuern, den Zuwachs zur Steuerkraft nicht zu treffen vermögen.

Für die Regel jedoch wird auch hier als Einkommen nur der periodische reine Vermögenszuwachs behandelt. Dieser ist es, welchen
die Besteuerung als Hauptgrundlage der ordentlichen Steuerkraft anzusehen hat.

§ 121. *Die Arten des Einkommens.* — Es giebt so viele Arten
von Einkommen im weiteren Sinne des Wortes, als es Arten von Vermögensbildung giebt. Die Einkommensbildung ist selbst nur Vermögenszuwachs in dem den Ersatz der verbrauchten Teile des Vermögensstammes überschreitenden Mafse.

Für die Steuerwissenschaft nun sind die Unterschiede des öffentlichen und des privaten Einkommens, des ursprünglichen und
des abgeleiteten Einkommens (§ 105), der verschiedenen Teile des er-

werbswirtschaftlichen (verkehrswirtschaftlichen, privatwirtschaftlichen) Einkommens, des fundierten und des nichtfundierten Erwerbseinkommens von hervorragender Bedeutung.

An dem verkehrswirtschaftlichen Einkommen unterscheiden wir:
1. das Arbeitseinkommen, 2. das Besitzeinkommen (Grundrenten- und Zinsrenten-Einkommen), 3. das Unternehmereinkommen. Beigefügt wird in der neueren Doktrin 4. das Versicherungseinkommen, d. h. „das durch Hingabe von Vermögensteilen und Arbeitsleistungen für einen unsicheren, aber möglichen Fall der Lebenserwartung erworbene Einkommen".

Roh- und Reineinkommen: Als letzteres wurde früher das Einkommen nach Abzug des Aufwandes für den notwendigen Lebensunterhalt bezeichnet. Gegenwärtig ist unter Erweiterung des Abzuges auf den standesgemäfsen Lebensunterhalt die Bezeichnung freies Einkommen üblich, dem man das gebundene Einkommen als den zur Deckung jenes Aufwandes notwendigen Einkommensteil gegenüberstellt. Doch ist der Ausdruck Reineinkommen wieder aufgenommen worden zur Bezeichnung des Einkommens nach Abzug gewisser Aufwendungen, die gemacht werden müssen zur Sicherung oder Erhaltung des Einkommens, ohne dafs sie sich als Kapitalaufwendungen zur Erzielung des Ertrages darstellen, z. B. Aufwendungen für die Rechtsverfolgung zur Sicherstellung von Einkommensansprüchen (PHILIPPOVICH a. a. O.).

Derselbe Betrag freien Einkommens ist beitragsfähiger verglichen mit den standesmäfsig notwendigen Einkommensteilen, und dies ist Grund für Progressivbesteuerung (§ 198). Allein zum standesmäfsig notwendigen Bedarfe gehört auch derjenige für öffentliche Pflichterfüllung, und die Ansicht, nur das freie Einkommen sei leistungsfähig, läfst sich nicht begründen.

Privates und öffentliches Einkommen: öffentliches Einkommen der einen Steuergewalt ist auf höherer Entwickelungsstufe kaum mehr ein Gegenstand für die Besteuerung durch eine andere Steuergewalt, aufser sofern es Erwerbseinkommen (ursprüngliches E.) ist. (Vgl. § 105).

Fundiertes Einkommen — nicht fundiertes Einkommen: Das erstere beruht auf Vermögensbesitz und Vermögensverwertung (z. B. im Gewerbebetrieb, in der Selbstbewirtschaftung des Bodens u. s. w.) und unterscheidet sich vom sogen. „Besitzeinkommen" dadurch, dafs unter letzterem nur das vom Vermögensbesitze (Zins, Grundrente u. s. w.) herrührende Einkommen verstanden, das übrige Einkommen aber als Arbeitseinkommen angesehen wird. Über die höhere Besteuerung des fundierten Einkommens wird § 197 handeln.

§ 122. *Einige Schwierigkeiten der steuertechnischen Reinertrags- und Einkommensberechnung.* — Die steuertechnische Berechnung des Vermögens und des Einkommens stöfst auf gewisse Schwierigkeiten, welche bei patriarchal-kleinwirtschaftlichen Verhältnissen nicht unmittelbar überwunden werden können und nur mittelbar durch Merkmalbesteuerung zu bewältigen sind. Allein auch die entwickeltste Volkswirtschaft mit voller Ausbildung der Buchhaltung und mit rationellster Ertragsberechnung schafft eigentümliche Schwierigkeiten der Reinertrags- und Einkommensberechnung. Es kommen hauptsächlich folgende Erscheinungen in Betracht:

1. Die Abschreibungen am Werte des stehenden Kapitals. Solche Abschreibungen finden in jeder soliden Erwerbswirtschaft statt und werden alljährlich am Bruttoertrage als Wertverlust (durch Abnutzung und Veraltung) in Abzug gebracht. Hierdurch mindert sich der steuerbare Ertrag. Gegen den Abzug der Abschreibung darf die Steuerbehörde gleichwohl keine Einsprache erheben, solange nur die wirkliche Entwertung abgeschrieben wird; denn diese ist ein Bestandteil der Kosten. Allein die Abschreibungen gehen über dieses Maßs bei den besseren Wirtschaftsführungen weit hinaus, so daßs große Vermögensbestände vorhanden sind, welche gar nicht zu Buche stehen. Hierdurch wird die Steuerkasse bei der Reinertrags-, Einkommens- und Vermögensbesteuerung verkürzt, es sei denn, daßs Erneuerungsfonds, namentlich auch Wiederaufbau (Reaedifikations)-Fonds angesammelt werden, deren Erträge zu den Ertrags- und deren Stammwert zu den Vermögenssteuern beigezogen sind. Die buchmäßsigen Abschreibungen werden daher nur unter der Voraussetzung solcher Wiederansammlung von der Steuerbehörde als uneinrechenbar behandelt werden dürfen. Eine ergänzende Vermögenssteuer neben der allgemeinen Einkommenssteuer kann das Mittel sein, um nur den wirklichen Entwertungsbetrag als steuerfrei zu behandeln.

2. Die Versicherungsprämien — ergeben ebenfalls eigenartige Berechnungsschwierigkeiten.

Man hat hierbei die Real- und die Personalversicherung, bei der Realversicherung Versicherung des Gebrauchs- und des Verbrauchsvermögens zu unterscheiden.

Die Prämie für die Realversicherung des Gebrauchsvermögens wird nur dann vom Ertrage oder Einkommen abzurechnen sein, wenn der Besitzer, z. B. der sein Haus selbst bewohnende Gebäudeeigentümer, mit dem jährlichen Nutzwerte vom Steuergesetz ergriffen wird.'

Die Uneinrechenbarkeit wirklich gezahlter Prämien wird von der Steuergewalt auch beim Ertrage und Einkommen aus Erwerbsvermögen zugestanden werden müssen; denn die Prämie ist als Kostenbestandteil anzusehen. Nur bei den nach dem Vermögen bemessenen Steuern wird man die Uneinrechenbarkeit der Realversicherungsprämien nicht anzuerkennen haben.

Die Prämien für die Versicherung des Ertrages, z. B. für

Hagelversicherung, werden als abziehbare Kostenaufwendungen anzuerkennen sein.

Die Prämien für Personalversicherung werden dem Prämienzahler
bei der Einkommensbesteuerung am steuerbaren Betrage des Einkommens nicht zum Abzug zuzulassen sein; denn sie kommen als Sparguthaben an die Versicherungsanstalt dem Prämienzahler wieder herein.

Bei der Vermögensbesteuerung wird der bei der Personalver-
sicherungsanstalt stehende Kapitalwert in das Steuerkapital einzurechnen
sein, sei es, daſs die Steuer bei der Versicherungsanstalt, sei es, daſs
sie beim Prämienzahler eingehoben wird.

§ 123. *Fortsetzung 3. Annuitäten, Leibrenten, Pensionen.* — Die
Annuitäten sind Zinsen mit Zuschlag von Tilgungsquoten. Der Em-
pfänger der Annuität erhält in dem Tilgungszuschlag nur sein Kapital
zurück und darf daher nur für den Zinsenteil der Annuität, die er als
Gläubiger bezieht, als steuerpflichtig angesehen werden; denn nur dieser
Teil ist Einkommen.

Auch die Leibrentenversicherung ist eine Form der Hingabe
von Kapital auf kombinierte Verzinsung und Tilgung, weshalb der Leib-
rentner eigentlich nur den Zinsenteil seiner Jahresleibrente zu versteuern haben sollte. Und dasselbe wäre von Pensionen zu sagen, soweit der Pensionär dafür eingezahlt hat oder durch einen dritten dafür hat
einzahlen lassen. Steuertechnisch ist jedoch eine solche Rücksichtnahme
kaum durchzuführen oder doch nur, wo der Staat und Rentenanstalten
die Annuitätenschuldner sind und Zinssteuer bei den Staats- und An-
staltskassen vorschuſsweise erhoben werden kann. Private Annuitäten-
zahler kennen zum Teil selbst nicht den Betrag des Tilgungsteils der
Annuität und sind, wo sie denselben kennen, in ihrer Deklaration nicht
hinreichend kontrollierbar. Daher werden für die Praxis die Zweck-
mäſsigkeitsgründe hinreichend sein, die Annuitäten und verwandte Einkünfte auch mit dem Tilgungsteil in das Steuerkapital einzubeziehen.

Einen prinzipiellen Rechtfertigungsgrund formuliert jedoch Vocke (a. a. O.,
S. 244) wie folgt: „Der Hauptgrund für die Nichtberücksichtigung der in solchen
Renten enthaltenen Vermögensrückzahlungen ist, daſs hier der Grund wegfällt, aus
welchem die Steuererhebung nach und aus dem Vermögen unzulässig ist, nämlich die
Schonung der wirtschaftlichen Kraft. Von dieser kann in diesen Fällen keine Rede
sein, denn die betreffenden Vermögensteile sind nicht zur Erhaltung, sondern zur
Verzehrung bestimmt, was ja ganz (??) in der Willkür des Wirtschafters liegt, und wenn
dieser sein Vermögen angreift, hat der Staat keine Verpflichtung, zu schonen. Der
Empfänger erhält dadurch eine Leistungsfähigkeit, welche er nicht hätte, wenn er
nur die Zinsen bezöge. Bei Staatsannuitäten, welche in der englischen Staatsschuld
eine ganz erhebliche Rolle spielen, wird dort auf die Tilgungsrate keine Rücksicht
genommen, sondern die Steuer nach dem vollen Betrage der Rente bemessen." Ich
vermag mich dieser Ansicht nicht anzuschlieſsen, denn die Kapitalzubuſse ist kein
Einkommen, sie bedeutet keineswegs eine Stärkung der Leistungsfähigkeit, auch keine
schlechthin freiwillige Handlung; die Annuität ist nicht einmal immer und ganz zur
Verzehrung bestimmt.

4. Kapitel. Die Verkehrswirtschaft und die Besteuerung.

§ 124. *Das Privatrecht und die Besteuerung.* — Die Steuereinkünfte fliefsen in der heutigen kapitalistischen Epoche der Volkswirtschaft wesentlich aus den im Privatverkehre stehenden Erwerbswirtschaften und Erwerbswirtschaftsabteilungen. Das Erwerbsleben aber ist geregelt durch die Grundinstitutionen des Privatrechtes, welches wesentlich Wirtschaftsrecht ist.

Nach den Bedingungen der gegebenen Geschichtsperiode ordnen die positiven Rechtssysteme teils die Befugnisse und Pflichten der wirtschaftlichen Anpassung, besonders die Bildung wirtschaftlicher Kollektivkräfte und die wirtschaftliche Erziehung (z. B. im modernen Rechte über Kontrakte, Gesellschaften und Genossenschaften, Lehrlingswesen u. s. w.), teils die Vererbung von Familienvermögen und die Zugänglichkeit der Nutzungen öffentlicher Anstalten, teils die Führung der Erwerbskämpfe, indem sie Gewalt und Betrug ausschliefsen, Formalisierung der Verträge fordern, die Arena des Wettstreites durch die wirtschaftlichen Freibeitsrechte allgemein öffnen und die Erfolge wirtschaftlicher Erwerbskämpfe: legalen Verdienst, Zins, Gewinn, sichern. In vielfachster Weise durchdringt das Recht die Volkswirtschaft. Den Mittelpunkt des Wirtschaftsprivatrechtes bildet die Sicherung und Ordnung der freien Konkurrenz, der persönlichen Freiheit, der Verkehrs- und Kontraktsfreiheit, des freien Tauschverkehres, des vollen Privateigentums und Erbrechtes an den Mitteln der Produktion.

Die Besteuerung greift nun in das wirtschaftliche Privatrecht regelnd und beschränkend in mehrfacher Hinsicht ein. Unmittelbar, indem der Staat bei sämtlichen Arten der Steuern von Vermögen und Einkommen der nicht öffentlichen Wirtschaftseinheiten einfach durch Gebrauch der Finanzhoheit Bruchteile an sich zieht; mittelbar, indem er in der indirekten Besteuerung an Stelle der konkurrenzmäfsigen Marktpreise Taxen mittelst rechtlicher, nicht blofs faktischer Monopole setzt.

Indessen hat die Besteuerung nicht zur Aufgabe, das Wirtschafts- und Erbrecht zu korrigieren oder gar umzuwälzen, wenn sie auch das Mittel wohlthätiger Milderungen desselben sein kann. Die Steuerlehre hat alle Eingriffe in das erbliche Privateigentum und in den Privatverkehr in erster Linie stets nur als Steuermafsregeln zu begründen.

Steuergeschichtlich machen sich viele Veränderungen im Privatrechte seit der Völkerschaftszeit bis zur Gegenwart, wie das die Privatrechtsgeschichte, z. B. im „Deutschen Privatrecht", ersichtlich macht, für alle Zweige bemerkbar. Beispielsweise haben sich mit dem Durchbruche der vollen Arbeitsfreiheit ganz neue Besteuerungsprobleme, sowohl in der direkten, als in der indirekten Besteuerung —

Ersatz der direkten Lohnsteuern durch Verbrauchssteuern und Verwandtes — auf die Tagesordnung der Steuerpolitik gedrängt.

§ 125. *Die wirtschaftliche Klassenbildung und die Besteuerung.* — Von gröfstem Einflusse auf das Steuerwesen ist die Thatsache, dafs eine feste Berufsgliederung der wirtschaftlichen Interessen vorhanden oder dafs diese Gliederung aufgelöst ist und eine Klassenbildung nach dem Gegensatze von Besitz und Nichtbesitz zu einseitiger, ungemilderter Geltung gelangt; das Steuerstaatsleben verändert sich in letzterem Falle vollständig zum Nachteile der Bedingungen guter Steuerpolitik. Nun leidet aber unsere Zeit unter d i e s e r Wirkung der A r b e i t s - und B e - r u f s f r e i h e i t im modernen Familien-, Privat- und Verwaltungsrechte. Die Steuerpolitik kann nicht gesunden, ohne dafs namentlich durch gute Volksvertretung für die Steuerverwilligung auch die Berufsgliederung der Gesellschaft wieder (§ 76) zu ihrer relativ berechtigten Geltung gelangt. „Wenn" — sagt PHILIPPOVICH a. a. O. — „der gesellschaftliche Einflufs des beruflichen Elementes zurückgedrängt wird, so tritt der Klassenunterschied desto stärker hervor. Dies äufsert sich in der Ausprägung eines eigentlichen K l a s s e n b e w u f s t s e i n s. Es entwickelt sich eine Gemeinsamkeit der Anschauungen innerhalb der derselben Klasse Angehörigen, welche nicht mehr gestört wird durch Sonderstellungen der Berufe. Der Kleingewerbetreibende fühlt sich als solcher, gleichgiltig, ob er Sattler oder Schuster, Schneider oder Weber ist, im Gegensatze zu der sie alle bedrohenden Macht der Grofsindustriellen. Sobald dieses Klassenbewufstsein entstanden ist, tauchen auch die Bestrebungen nach organisatorischer Vertretung der K l a s s e n i n t e r e s s e n auf".

Die Richtigkeit dieser Bemerkungen in steuerpolitischer Hinsicht wird durch die Bestrebungen der „einzigen progressiven Einkommensteuer" auf Seite der einen Klasse, durch die Thatsache der Übertreibung der Verzehrungssteuern, der Exportprämien, der mittelbaren Aufsaugung der Zollerträge in die Privatgrundrente — neuestes Getreidemonopolprojekt! — nur allzusehr erhärtet.

§ 126. *Die Geschäftsorganisation und die Besteuerung.* — Die meist übliche Organisation des Erwerbs ist bei der heutigen Ordnung der Volkswirtschaft die Unternehmung, das Geschäft.

Das Geschäft ist eine Verbindung von leitender und von dienender Arbeit mit bestimmten Beständen von Betriebs- und Anlagekapital (Geschäftskapital). Die Art dieser Geschäftsorganisation ist verschieden und jeder Unterschied derselben für die Besteuerung von eingreifender Bedeutung.

Die einfachste Form ist die Vereinigung der Geschäftsleitung, der Geschäftsausführung und des Geschäftskapitalbesitzes in einer und derselben Person, wenigstens in einer und derselben Familie (das F a m i - l i e n g e s c h ä f t). Diese ältere Geschäftsform ist in der Landwirtschaft,

selbst im Kleingewerbe noch umfassend vorhanden. Auch im Betriebe
der sogen. liberalen Berufsarten ist diese Organisationsweise zu finden.
Bei diesen einfachen Geschäften ist eine Gliederung der Besteuerung
sehr schwierig, ja kaum möglich und die direkte Ermittelung des Ge-
schäftsgewinnes zur Steuerbemessung in der Hauptsache nicht lohnend.
Die Besteuerung muſs Umwege zur Erfassung der Erträge einschlagen,
und diese Umwege führen bis zur stellvertretenden indirekten Besteuerung.

Eine zweite Gestaltung der Unternehmung ist diejenige, bei welcher die leitende Arbeit und das Geschäftskapital sich in einer einzigen
Person vereinigen, die ausführende dienende Arbeit aber von besonderen
Personen gegen Lohn geleistet wird. Sobald diese Gestaltung eintritt,
reichen die einfachen alten Realsteuern nicht mehr aus. Die direkten
Steuern differenzieren sich notwendig zu Real- und zu Personal-(Lohn-)
Steuern, und es empfiehlt sich, an Stelle der schwierig und kostspielig
zu normierenden Lohnsteuern gewisse indirekte Steuern wirken zu lassen,
ein Ausweg, welcher freilich groſse Bedenken gegen sich hat und in
der Zukunft vielleicht durch steuertechnische Verwertung
der Lohneinkommensermittelungen der allgemeinen Ar-
beiterversicherung sich vermeiden läſst.

Eine dritte, noch entwickeltere Geschäftsorganisation ist diejenige,
bei welcher von den drei Faktoren der Unternehmung auch derjenige
der leitenden Arbeit ganz oder teilweise vom Kapitalfaktor persönlich
sich scheidet, wie im Betriebe auf Pacht, Miete und Kredit, namentlich aber im erwerbsgesellschaftlichen und wirtschafts-
genossenschaftlichen Geschäftsbetriebe. Nun entsteht die Notwendigkeit einer besonderen Einsteuerung auch aller Renten und der
Gewinne kollektiver Erwerbswirtschaften.

Die Unternehmung als Arbeitgeberin, Zinszahlerin und Dividenden-
geberin, ist das gegebene Hilfsorgan der direkten Besteuerung und in
der Bezahlung der Vorschuſssteuern auch der indirekten Besteuerung.

Die Unternehmung ist wirtschaftsgeschichtlich eine verhältnismäſsig
späte Form der Geschäftsorganisation, über deren allmähliche Ausbildung
die neuesten schönen Arbeiten G. Schmollers (im Jahrbuch f. V.-W.)
viel Licht verbreitet haben. Selbstverständlich bedingten ältere Ge-
schäftsformen auch eine andere Steuerorganisation, soweit Besteuerung
überhaupt schon stattfand, namentlich beim Sklaverei- und Hörigkeits-
Geschäfte.

Die Erwerbsgeschäfte werden entweder für Rechnung einer einzigen
physischen Person geführt, was die sog. Privatunternehmung ergiebt,
oder für Rechnung mehrerer Personen des Privatrechtes, was die Unternehmungsformen der Erwerbsgesellschaft (offenen Gesellschaft, stillen oder Kommandit-Gesellschaft, Aktiengesellschaft) und
der Wirtschaftsgenossenschaften ergiebt, oder für Rechnung von Per-

sonen des öffentlichen Rechtes, was die sog. öffentlichen Unternehmungen ausmacht.

Bei allen Unternehmungen, welche nicht im obigen Sinne Privatunternehmungen sind, — namentlich bei Aktiengesellschaften und bei Wirtschaftsgenossenschaften —, ist eine vom Besitze des Geschäftskapitals persönlich getrennte besondere Leitung, Direktorenschaft, vorhanden, eine zuverlässige Buchführung gesichert, öffentliche Rechnungslegung die Regel, die Einsicht in die Rechnungsführung bezüglich des Ertrages für den Staat erreichbar. Dies ist der Technik der direkten und der indirekten Besteuerung in hohem Mafse zu gute gekommen, und der steuertechnische Vorteil ist um so belangreicher, als es gerade die steuerergiebigsten Unternehmungen sind, welche öffentliche Rechnung legen und daher der Steuerkontrolle in höherem Grade zugänglich bleiben.

Die Entwickelung der anonymen Erwerbsgesellschaften und der Wirtschaftsgenossenschaften hat andererseits der Steuergesetzgebung und der Steuerverwaltung neue und nicht immer leicht zu lösende Aufgaben gestellt, sowohl was die konkurrierende Zuständigkeit verschiedener Steuergewalten, als was die Besteuerung ausländischer Erwerbsteilhaber und die Vermeidung von Doppelbesteuerungen betrifft.

Über die Besteuerung der Wirtschaftsgenossenschaften vergl. unseren Band: „Steuern, besonderer Teil".

§ 127. *Der Einflufs der Betriebsausdehnung und der Betriebsintensität auf die Besteuerung.* — Der Unterschied von Klein- und Grofsbetrieb ist für die Steuertechnik von hoher Bedeutung. Erst die Entwickelung des Grofsbetriebes hat eine Gestaltung der direkten Steuern über die blofse Ertragsmerkmal-Besteuerung hinaus zulässig gemacht und die exakte Regulierung ergiebiger Konsumsteuern unter geringen Einsteuerungskosten ermöglicht.

Charakteristisch für den K l e i n betrieb sind: 1. eine geringe Ausdehnung der Produktion im Verhältnis zur technischen Produktionsmöglichkeit; 2. Produktion für einen lokalen und zum Teil festen Kundenkreis; 3. das Fehlen von Spekulation im Ein- und Verkaufe, ein geringer Einflufs der Konjunktur; 4. mangelhaft entwickelte Arbeitsteilung, Werkzeugthätigkeit an Stelle möglicher Maschinenthätigkeit; 5. geringe Überlegenheit des Wirtschaftsleiters über seine Hilfsarbeiter in Beziehung auf wirtschaftliche Kenntnis, Bildung und soziale Stellung, daher 6. häufig noch Eingliederung des Hilfsarbeiters in die Familie.

Für den G r o f s betrieb sind kennzeichnend: 1. grofses Kapital im Verhältnis zur Produkteneinheit; 2. regelmäfsiger Absatz auf ausgedehntem Markte, dessen Bedarfsschwankungen schwierig zu übersehen sind; an die Stelle lokalen Absatzes tritt der interlokale und internationale; 3. Ausdehnung in der Weise, dafs die Leitung des Unternehmens, die

Disposition über Kapitalgüter, Arbeitskräfte, Absatz zu einer selbständigen Aufgabe wird; 4. Hervortreten der kaufmännischen Schulung des Leiters neben der technischen; 5. weitgehende Arbeitsteilung, so daſs der einzelne Arbeiter das Ganze des Betriebes nicht mehr übersicht; Abstufung der Arbeitenden nach technischer Schulung; 6. auf der Höhe der Technik stehender Betrieb; insbesondere Maschinen-Betrieb, soweit dieser technisch möglich; 7. Scheidung des Wirtschaftsleiters von den ausführenden Arbeitern durch Bildung, Besitz und soziale Stellung (Philippovich a. a. O.).

Es leuchtet von selbst ein, wie viel günstigere Voraussetzungen der Groſsbetrieb, verglichen mit dem Kleinbetriebe, der Steuertechnik darbietet. Nun schlägt auch der Kleinbetrieb zusehends eine Entwickelungsrichtung ein, welche für exaktere Einsteuerungsweisen günstig ist. Derselbe wird intensiver, zugleich arbeits- und kapitalreicher, und der wirtschaftliche Erfolg dieser kapital- und arbeitsreicheren Betriebsführung drängt zu genauerer, daher kontrollierbarer Aufzeichnung der Erträge.

In der That nehmen Gröſse und Intensität des Betriebes reiſsend schnell zu, und wenigstens die Groſsbetriebszunahme läſst sich statistisch beziffern. Tritt auch die konzentrierte Groſsindustrie in Folge der starken Ausbreitung der Hausindustrie in Deutschland noch zurück, so hat sie doch seit 1875, für welches Jahr eine ältere Gewerbezählung vorliegt, bedeutende Fortschritte gemacht. 1875 zählte man 7800 Betriebe mit mehr als je 50 Arbeitern, 1882: 9974; mit mehr als 5 Personen im ersteren Jahre 69550 Betriebe mit 2,3 Millionen Menschen, 1882: 96824 mit 2,8 Millionen. In der Gegenwart ist die Konzentration jedenfalls schon weiter vorgeschritten, wie die starke Zunahme der Aktiengesellschaften und der Kartellierung beweist.

§ 128. *Der Einfluſs des Handels sowie der Verkehrsanstalten auf die Besteuerung.* — Der Handel, zumal der Groſshandel, ermöglicht erst höhere Grade der Arbeitsteilung und der Geldwirtschaft. Er begünstigt eine weitgehende Arbeitsteilung und ermöglicht hierdurch einerseits die Gliederung der Produktion in Urproduktion, Halbfabrikation, Fabrikation, anderseits die Zusammenfassung der verschiedenartigen Produkte in groſsen Massen auf Privatspeichern und auf öffentlichen Lagern.

Dadurch erst werden die Objekte der groſsen indirekten Besteuerung, namentlich der Konsumsteuern und gewisser Verkehrssteuern (Börsensteuern) faſsbar und die Massenscheidungen der steuerfähigen von den nichtsteuerfähigen Artikeln möglich. Mit der Entwickelung des geschlossenen Marktes in Städten begann denn auch, hauptsächlich in der Gestalt der Thorsteuer, die Konsumbesteuerung. Heute ist auf Groſslager und Groſsmarkt nahezu jedes Steuerobjekt fast in jedem Stadium seiner Hervorbringung und seines Umsatzes, zuletzt noch unmittelbar vor dem Absatze für indirekte Besteuerung zugänglich.

Auf dem Groſsmarkte oder der Börse stellt der Handel im Personal der geschlossenen Geschäftsvermittelung Organe unentgeltlicher Einsteuerung zur Verfügung, namentlich für gewisse Stempelsteuern.

Von größter Bedeutung für die Besteuerung ist die Entwickelung der Transportmittel. Schon der erste extensive Transportbetrieb zu Wasser begünstigt die ersten Ausfuhr-, Durchgangs- und Eingangszölle durch Zusammendrängung der Objekte auf einem kontrollierbaren Wege und an bestimmten Umschlagsorten, in Fluß- und später namentlich in Seehäfen. Die modernen Transportmittel drängen auch den Landverkehr in Steuerobjekten massig auf kontrollierbare Hauptlinien und Lagerorte zusammen, was der Technik der Konsumbesteuerung und der Steuertechnik des Kontrollverschlusses, der Steuerinstradierung u. s. w. äußerst günstig ist.

Der gewaltige Dienst, welchen das Durchdringen des Geldgebrauches der Besteuerung durch Ermöglichung der Differenzierung zu allerlei Sonderwirtschaft (§ 12), durch die Gliederung des Prozesses der Verteilung des Nationaleinkommens, durch die Leichtigkeit der Bewertung der Steuerobjekte, durch die Einfachheit der Steuereinhebung leistet, braucht nur angedeutet zu werden.

5. Kapitel. Die Entwickelungsstufen und die Marktweiten der „Volkswirtschaft".

§ 129. *Schwierigkeiten.* — Die Volkswirtschaft durchläuft, wie das Gemeinwesen (§ 58), ebenfalls eine Anzahl von Entwickelungsstufen und ist ein Gewebe engerer und weiterer Verkehrsgebiete, welche freilich an sich selbst (§ 99) nicht einheitlich geschlossen sind.

Die Zahl der Entwickelungsstufen der Volkswirtschaft ist nicht so sicher festzustellen, wie diejenige der staatlichen Entwickelungsstufen und ebenso wenig die Zahl der einander schneidenden engeren und weiteren Verkehrskreise. Eine allgemeine Entwickelungslehre der Volkswirtschaft müßte bereits ausgebildet sein, um die volkswirtschaftlichen Entwickelungsstufen und Ausbreitungsweiten festzustellen. Eine solche Lehre fehlt aber so gut wie ganz, so bedeutend unsere Zeit in fruchtbarer Vorarbeit dafür begriffen ist. Die Geschichte und Politik der Besteuerung kann gleichwohl nicht angefaßt werden, ohne daß man den Versuch macht, die Entwickelungsstufen und Ausdehnungsweiten auch der Volkswirtschaft, welcher das Finanz- und das Steuerwesen nach der zweiten wesentlichen Seite angehört, wenigstens in äußersten Umrissen zur Anschauung zu bringen.

Dieser Versuch ist vom Standpunkte der Steuervolkswirtschaftslehre in eine bestimmte Richtung gewiesen. Man hat zu fragen, wie stellt sich die Höhe der Volkswirtschaft und die Weite ihrer Märkte auf den fünf Stufen staatlicher Entwickelung und innerhalb der fünf engeren und weiteren Gebietskreise dar? Bis zu einem gewissen Grade

— so ist wenigstens zu vermuten — müssen sich die staatlichen Verfassungsstufen und Gebietsweiten mit den volkswirtschaftlichen Entwickelungsstufen und Marktweiten decken, da die staatliche Volksgemeinschaft, wenn auch nicht ausschliefslich, doch sehr stark durch die
Gestaltungen der Volkswirtschaft bedingt ist.

§ 130. *Fünf Marktweiten und Entwickelungsstufen der Volkswirtschaft.* — Hiernach ergeben sich fünf verschiedene Marktweiten der
Volkswirtschaft, nämlich die Volkswirtschaften der völkerschaftlichen
Entwickelungsstufe, der Feudalepoche, der Stadtstaatstufe (Stadt und
Land), die Landeswirtschaft, der Nationalwirtschaft. Je höher die Entwickelung steigt, desto weiter werden die verkehrswirtschaftlichen Zusammenhänge werden. Zwar werden einzelne Güter schon früher eine
der Entwickelungsstufe voraneilende Marktweite haben, wie das Staatswesen ein Übergreifen der Gebietsweiten über die Entwickelungsstufen gezeigt hat; allein das wird immer nur für einzelne Arten von
Sachgütern der Fall sein. Von entscheidender Bedeutung ist dies, wie
weit für die Masse der bedeutenden Sachgüter Verkehr und Markt werden. Hiernach aber erweitert sich der Markt von lokaler Patriarchalwirtschaft durch die Feudal-, Städte-, Landeswirtschaft bis zur National-
Verkehrswirtschaft der heutigen im engeren Sinn sog. Volkswirtschaft.

Was die Entwickelungss t u f e n der Volkswirtschaft betrifft, so giebt
es dafür einen einheitlichen Mafsstab nicht. Man hat v e r s c h i e d e n e
K r i t e r i e n d e r I n t e n s i t ä t d e r v o l k s w i r t s c h a f t l i c h e n Entw i c k e l u n g zur Anwendung zu bringen.

Ungenügend ist es, nur nach dem Unterschiede der sog. N a t u r a l -,
G e l d - und K r e d i t wirtschaft die Abstufung vorzunehmen. Die Naturalwirtschaft zeigt in der Völkerschaftzeit ein anderes Gesicht als in der
Feudalzeit, und in der Stadtstaatszeit liegt Geldwirtschaft in der Stadt
neben der Naturalwirtschaft auf dem Lande. Andererseits sind Geld-
und Kreditwirtschaft in der Territorialstaats- und Nationalstaats-Volkswirtschaft sehr verschieden gestaltet. Es bedarf also weiterer Mafsstäbe.

Einer dieser weiteren Mafsstäbe ist der G r a d d e r A r b e i t s t e i
l u n g. Man wird zu unterscheiden haben: die Epoche der vorwiegenden Urproduktion, dann des Beginnes von Gewerbebetrieb im Hause
des Kunden, weiter des selbständigen Gewerbebetriebes von Hand (die
eigentliche Handwerksepoche), noch weiter des Manufakturverlages
durch das Handelskapital (Merkantilzeit), endlich der Industrie mit den
entsprechenden Stufen der Intensität des Handelsbetriebes zur Seite.
K. BÜCHER unterscheidet in seiner klassischen Schrift „Die Entstehung
der Volkswirtschaft": Hauswerk, Kundenwerk, Handwerk, Manufaktur,
Industrie, also — fünf Stufen.

Ein zweiter brauchbarer Mafsstab wäre die G e s c h ä f t s o r g a n i s a
t i o n des Gütererwerbes: familienwirtschaftliche Produktion (Ineinander

von Haus- und Erwerbswirtschaft), Herren- und Dienstwirtschaft (antike Oikenproduktion, Fronhofproduktion), Zunftmeisterproduktion, hausindustrielle Verlags-Produktion, kapitalistische (industrielle) Produktion.

Andere Maßstäbe ergeben sich durch die Stufen der Betriebsgröße und der Betriebsintensität: vorherrschende Wirksamkeit des Naturfaktors der Produktion, beginnende Arbeitsintensität bei Kleinbetrieb, fortschreitende Arbeits- und Kapitalintensität bei fortdauerndem Kleinbetrieb, manufaktureller Großbetrieb, arbeits- und kapitalintensiver maschineller Großbetrieb.

Von Bedeutung namentlich für die Erklärung steuergeschichtlicher Erscheinungen ist endlich die fortschreitende Entwickelung des Transportwesens: Träger- und Karawanentransport, beginnende Schiffahrt, Vicinalstraßentransport, Landstraßentransport, Dampftransport.

Noch weitere Maßstäbe lassen sich anlegen. Hier sei nur noch der Art des Güterumsatzes gedacht: Lokaltausch, Tauschhandel im Umherziehen, Handel auf Stadtmärkten, Scheidung von Landeskleinhandel und Landesgroßhandel, Handel der nationalen Großstadtmärkte und Großstadtbörsen.

Durch Gradunterschiede der Verkehrswirtschaft in allen eben bezeichneten Hinsichten ist die Eigentümlichkeit des öffentlichen und des privaten Wirtschaftsrechtes auf den fünf Stufen der Staatsentwickelung — des Volksrechtes, des Lehensrechtes, der Stadtrechte, der Landrechte, der Nationalrechte bedingt.

Wir werden auf das Vorstehende bei der Skizzierung der Epochen der Steuergeschichte im weiteren mehrfach zurückzugreifen vermögen.

III. Hauptabteilung: Steuerfinanzlehre.

1. Kapitel. Die finanzwissenschaftlichen Prinzipien der Besteuerung.

§ 131. *Aufgabe einer Steuerfinanzlehre.* — In der Finanz durchdringen sich Staat und Volkswirtschaft.

Die Finanzwissenschaft ist die Lehre vom öffentlichen Einkommen und vom öffentlichen Bedarfe. Die Thatsachen der Besteuerung gehören aber unmittelbar nur dem Bereiche der Erscheinungen des öffentlichen Einkommens an, zu welchem die Steuer den Hauptbestandteil liefert. Mittelbar berührt sich aber die Besteuerung auch mit dem öffentlichen Bedarfe und mit dem öffentlichen Konsum, deren politisch und wirtschaftlich gute Regelung nach den staatswissenschaftlichen und wirtschaftswissenschaftlichen Prinzipien der Besteuerung (§ 28) die Voraussetzung für das Gelingen der Aufgaben der Besteuerung bildet. Die

Steuerwissenschaft setzt daher einige ihr Verständnis bedingende Einsichten allgemein finanzwissenschaftlichen Inhaltes voraus, welche in einem Werke über Steuerwissenschaft eben durch eine vorausgehende „Steuerfinanzlehre" zu liefern sein werden.

Diese Einsichten betreffen namentlich

1. das Verhältnis des gemeinnützigen Staatsbedarfes zum übrigen Volksbedarf;

2. die Stellung der Steuer zu den übrigen Arten der Gewinnung öffentlicher Einnahmen, d. h. ihre Stellung im Gesamtsysteme der Deckungsmittel.

§ 132. *Gleichgewicht des Finanzbedarfes mit dem allgemeinen Volksbedarfe.* — Die Grundlage für die sachgemäße Gestaltung des Steuerwesens als der Hauptgattung der Staatseinnahmen ist die richtige Bestimmung der Gesamtheit der Ausgaben oder des Finanzbedarfes.

Hierbei steht an steuertheoretischem und an steuerpolitischem Interesse obenan das staatlich und volkswirtschaftlich geforderte Gleichgewicht zwischen dem allgemeinen Volksbedarfe und dem besonderen Finanzbedarfe, die verhältnismäßige Verteilung des „Volkseinkommens" zwischen der Deckung der öffentlichen und derjenigen der nichtöffentlichen Bedarfe.

Man hat gesagt, das oberste Prinzip der Finanzwissenschaft sei die Deckung des Staatsbedarfes (NASSE). Diese Behauptung enthält besten Falles nur die Hälfte der Wahrheit. Das oberste zugleich staatliche und volkswirtschaftliche Prinzip der Finanzwissenschaft ist vielmehr die verhältnismäßige Deckung des Staatsbedarfes, die Erzielung und Erhaltung des staatlich und volkswirtschaftlich gebotenen Gleichgewichtes zwischen dem öffentlichen und dem nichtöffentlichen Bedarfe, genauer zwischen dem schlechthin gemeinnützigen Teile des öffentlichen Aufwandes und dem übrigen Volksbedarfe.

Dieses Gleichgewichtsverhältnis ist grundsätzlich leicht zu bestimmen.[1] Der ganze öffentliche Haushalt ist ein Glied des allgemeinen Volkshaushaltes, eines seiner wichtigsten Glieder, aber doch nur ein Glied desselben. Ein oberstes Prinzip der Finanzwissenschaft, losgelöst von dem Prinzip verhältnismäßiger Deckung aller staatlichen und nichtstaatlichen, kollektiven und individuellen Bedarfe, giebt es überhaupt nicht. Der Finanzmann, welcher den öffentlichen Bedarf nur für sich ansieht, wird diesen bald für souverän erklären. Er geht nicht minder von einer falschen Grundanschauung aus, wie der Spießsbürger, welcher den Staat unter allen Umständen auf die schmale Kost der Brosamen setzen will, die vom Familienhaushalte abfallen. Auf objektivem Standpunkte dagegen ist Aushungerung der privaten Bedarfe durch einen gefräßigen Staatshaushalt ebenso ausgeschlossen, wie die materielle Ver-

---

[1] Vgl. meine „Grundsätze der Steuerpolitik".

kümmerung und Verlotterung des Gemeinwesens durch eine egoistische
Sparsamkeit. Der Fiskalismus ist für die wahrhaft volkswirtschaftliche
Grundlegung der Finanzlehre grundsätzlich unmöglich. Ebenso unzulässig ist aber auch die Verkennung des öffentlichen Haushaltes als
eines volkswirtschaftlich gleichwertigen Gliedes den Privathaushalten
gegenüber; denn der Staat ist ein wesentliches, ja hauptsächliches Glied
der Volksgemeinschaft, sein verhältnismäfsiger Ernährungsanspruch —
wechselnd nach den vom Staate zu lösenden militärischen und civilen
Aufgaben — ist ebenso eigenberechtigt, wie der Anspruch aller Familien auf das Übrigbleiben auskömmlicher und zum Gedeihen notwendiger Familienbedarfe. Weder der öffentliche noch der private Haushalt ist absoluter Zweck. Darben des einen und Darben des anderen,
Übernährung des einen und Verkümmerung des anderen erscheinen von
Hause aus als unrichtig, wenn zum nationalen Leben beides, ein tüchtiger Staat und ein kräftiges Volk, gehören.

Staatliche und nichtstaatliche Bedarfe sind integrierende Teile eines
in immer neuen Verhältnissen zusammengesetzten Gesamtbedarfes; die
einen wie die anderen sind im Verhältnis ihrer Bedeutung für
die Erhaltung und Entwickelung der ganzen Volksgemeinschaft einschliefslich aller Glieder der letzteren berechtigt. Die verhältnismäfsige
Deckung so des Staatsbedarfes, wie der aufserstaatlichen Bedarfe, und
so der Privatbedarfe, wie der öffentlichen Bedarfe, ist die staats- und
wirtschaftswissenschaftlich durch sich selbst einleuchtende Forderung.

In dieser Forderung ist auch der Wechsel im Verhältnis des Anspruches staalicher und nichtstaatlicher Bedarfe, die Zulässigkeit zeit-
weiliger Steigerung der staatlichen Bedarfe bei besonderen Ansprüchen
an den Staat und der Wechsel im Verhältnis der civilen und der militärischen Bedarfe selbst schon mitbegründet. Der relative Wert der
staatlichen und der nichtstaatlichen Funktionen, der civilen und der militärischen Leistungen, d. h. ihre relative Bedeutung für die nationale Ge-
samtexistenz, steigt und fällt. Äufsersten Falles ist also für einen Staat,
durch welchen die Nation um ihre ganze Gegenwart und Zukunft ringt,
selbst der Zugriff auf den Wertstamm des Volksgutes zulässig.

Die volkswirtschaftliche Verhältnismäfsigkeit der beiderlei Bedarfe ist allerdings weder leicht zu erkennen, noch genau
nach dem wahren geschichtlich gegebenen Wert der einen oder anderen
Leistung abzumessen, welcher materielle Deckung zu geben ist. Jene
Verhältnismäfsigkeit ist in idealer Vollkommenheit überhaupt nicht zu
erreichen. Sie wird nicht geoffenbart, sondern mufs gefunden,
wenigstens empfunden werden. Sie wird in dem Streit der
Meinungen ermittelt und läfst sich finden, wenn das Finanzstaats-
recht so gestaltet ist, dafs die Regierung als Vertreterin des ganzen
öffentlichen Dienstes und die Volksvertretung als Repräsentantin auch

aller nichtstaatlicher Bedarfe und der Steuerträger in tüchtiger Weise
den Staatshaushalt regeln.

§ 133. *Forts.: Die Vervollständigung der Prinzipien der „Allgemeinheit" und der „Verhältnismäfsigkeit" der Besteuerung.* — In der Epoche
vorwiegender Steuerdeckung des Staatsbedarfes sind sämtliche Steuereinnahmen des Staates durchlaufende Posten der steuerpflichtigen Privatwirtschaften. Die volkswirtschaftlich verhältnismäfsige Bedeckung des
Staats- und des Privatbedarfes oder die richtige Verteilung des „Nationaleinkommens" auf staatliche und auf nichtstaatliche Bedarfe läfst sich
daher nur durch verhältnismäfsige Teilung der Einkünfte aller
Privatwirtschaften einerseits in Steuern, anderseits in die
dem Privatbedarfe übrig bleibenden Einkommensteile vermitteln. Diese Teilung setzt die allgemeine und verhältnismäfsige
Belastung nach Mafsgabe der wirklichen Leistungsfähigkeit voraus.

Allein auch bei vollkommener Verwirklichung der beiden Prinzipien
kann entweder der öffentliche oder der nichtöffentliche Bedarf zu kurz
kommen, wenn nicht die volkswirtschaftlich verhältnismäfsige Verteilung
des Volkseinkommens auf den gemeinnützigen Staatsbedarf und den
übrigen Volksbedarf hinzukommt. Das „Prinzip" des gegenwärtigen §
ist hiernach steuerwissenschaftlich so wesentlich wie die Prinzipien der
Allgemeinheit und der Verhältnismäfsigkeit es sind.

Umgekehrt fordert das Prinzip dieses § zu seiner Verwirklichung
die Geltung der Prinzipien der Allgemeinheit und der Verhältnismäfsigkeit. Das wirtschaftliche Rechtssystem unserer Zeit beruht wesentlich darauf, die Privatwirtschaften unter dem starken Antriebe des Kampfes
um den gröfseren materiellen Vorteil mittelbar zu Versorgern und Er-
nährern aller sozialen Anstalten und Verrichtungen zu machen. Eine
solche Zeit hat also die Deckung auch des Staatsbedarfes in der Hauptsache den Privatwirtschaften zu entnehmen, sie ist unvermeidlich die
Epoche der Steuerdeckung des Staatsbedarfes. Unter dieser Voraussetzung kann sich die verhältnismäfsige Versorgung aller Bedarfe einschliefslich des Staatsbedarfes nur in der Form verhältnismäfsiger Teilung der materiellen Subsistenzmittel der Privatwirtschaften einerseits
in Steuern, anderseits in privatwirtschaftliche Verwendungen vollziehen.
Eine verhältnismäfsige Versorgung kann aber auf diesem Wege nur
dann erfolgen, wenn alle „leistungsfähigen" Steuerkräfte herangezogen
werden, und wenn jede derselben im Verhältnis ihrer wirklichen
Leistungsfähigkeit getroffen wird. Denn nur wenn alle Steuerkräfte
zur Deckung des verhältnismäfsigen Staatsbedarfes so herangezogen
werden, dafs die verhältnismäfsige Mitversorgung keines einzigen Privatbedarfes beeinträchtigt, dafs aber auch keine durch Steuerbefreiung unverhältnismäfsig begünstigt wird, d. h. nur bei allgemeiner Besteuerung
nach Verhältnis der Leistungsfähigkeit der Steuerkräfte, nur durch die

verhältnismäfsige Teilung der Mittel aller Privatwirtschaften einerseits in Unterhaltsmittel des Staates, anderseits in Unterhaltsmittel für die übrigen nichtstaatlichen Zwecke, läfst sich in der Epoche vorwiegend privatwirtschaftlicher Durchführung des sozialen Ernährungsprozesses die volkswirtschaftliche Verhältnismäfsigkeit in der Versorgung aller berechtigten Bedarfe, so der staatlichen wie der nichtstaatlichen, erreichen. Die „wirkliche Leistungsfähigkeit" ist eben der Ausdruck dafür, wie viel die steuerpflichtige Privatwirtschaft zu der im Budgetabschiede bestimmten verhältnismäfsigen Alimentation des Staates ablassen kann, ohne die verhältnismäfsige Eigenversorgung zu verkümmern.

Volkswirtschaftlich verhältnismäfsige Deckung aller Bedarfe ist d a s h ö h e r e Prinzip, welches auch für die nichtsteuerliche Deckung des Staatsbedarfes und für Geschichtsperioden mafsgebend ist, in welchen die Steuerdeckung nicht im Vordergrunde steht. Das genannte Prinzip verbietet auch einen feudalen oder orientalischen Fiskalismus, welcher das Volksland zum Staatsland macht und den Bodenertrag unverhältnismäfsig für die Regierung in Anspruch nimmt. Dasselbe Prinzip würde in einem Sozialistenstaate verbieten, dem Staate nichts und dem Privatkonsum alles zu geben; denn es ist eine absolute, in allem geschichtlichen Wandel der Dinge niemals verschwindende Notwendigkeit, alle Glieder des sozialen Körpers verhältnismäfsig zu ernähren, eine Volksgemeinschaft aber ohne Organisation des einheitlichen Wollens und Handelns, d. h. ohne Staat ist überhaupt undenkbar, am undenkbarsten für den die öffentliche Wirtschaftsorganisation verallgemeinernden Sozialismus.

Eine bestimmte Z i f f e r für den Anspruch des öffentlichen Bedarfes an das Volkseinkommen läfst sich selbstverständlich nicht aufstellen. Dafs der öffentliche Bedarf nur einen verhältnismäfsig kleinen Teil dieses Volkseinkommens beanspruchen darf, geht aber schon daraus hervor, dafs weitaus der gröfste Teil der Gesamtbevölkerung dem Erwerbsberufe obliegt, dessen Real- und Personalbedarf daher der viel gröfsere sein mufs (vergl. § 61). Der Versuch finanzwissenschaftlicher Schriftsteller, für die Besteuerung unüberschreitbare Quoten des „Volkseinkommens" zu bestimmen (MURHARDT, PARIEU u. s. w.) ist stets mifsglückt (vergl. HOCK, Öffentl. Abgaben, S. 34). Die Auffassung, welche jede Zeit und jedes Volk von der Aufgabe des Staatswesens hat, die vergleichsweise Dringlichkeit bestimmter Bedarfe (Kriegszeit, Friedenszeit), die Fruchtbarkeit des Staatsaufwandes für das Volkseinkommen (Reproduktivität) und andere mehr oder weniger veränderliche Faktoren stehen jedem Versuche, das fragliche Verhältnis zu fixieren, vereitelnd im Wege.

Absolut freilich wächst der Staatsbedarf und hiermit der Steuerbedarf mit entwickelungsgesetzlicher Notwendigkeit, welche „das Gesetz der wachsenden Staatsthätigkeit" (WAGNER, F.-W. I, § 36) ergiebt. Aber das Größenverhältnis wird selbst immer konstanter infolge der wachsenden Ausdehnung des stehenden Vermögens auch im Staatshaushalte. Hiernach wird die Steuerlast erträglicher, zumal mit Hilfe der durch den öffentlichen Kredit bewerkstelligten Ausgleichung der Verhältnisschwankungen.

Das Verhältnis schwankt: in Zeiten der Not darf der Steueranspruch an das Volkseinkommen sich vervielfachen.

2. Kapitel. Der öffentliche Bedarf.

§ 134. *Der ordentliche und der außerordentliche Staatsbedarf.* — Den öffentlichen Bedarf, den kommunalen wie den staatlichen haben wir in §§ 83 ff. bereits zergliedert, auch statistisch zur Anschauug gebracht. Hier gilt es, den Staatsbedarf weiter einer theoretischen Erörterung zu unterwerfen, um die Stellung der Steuern im Systeme der öffentlichen Deckungsmittel einem tieferen Verständnis zu erschließen. Dabei ist zunächst der Unterschied zwischen ordentlichem und außerordentlichem Staatsbedarfe begrifflich festzulegen.

Unter ordentlichem Staatsbedarf wird hier verstanden der Inbegriff der Geldbedarfe für den in jeder Finanzperiode, „jährlich", im selben Umfange regelmäßig wiederkehrenden Teil des Dienstes der öffentlich rechtlich und etatsmäßig einheitlichen Glieder der Staatsthätigkeit (Dienstzweige, Dienstesabteilungen). Als außerordentlicher Bedarf dagegen ist verstanden der Inbegriff der dienstlichen Geldbedarfe teils für die den regelmäßigen Dienstesumfang erheblich (nur nicht in alljährlicher Wiederkehr) übersteigenden Leistungen der alljährlich wiederkehrenden Dienstzweige, teils und namentlich für alle Leistungen, welche weder generell, noch speziell regelmäßig wiederkehren, sei es, daß sie nur einmal vorkommen, sei es, daß sie nur in unregelmäßiger Periodicität wiederkehren. Was die unregelmäßige Periodizität anlangt, so können Bedarfe, für welche mehrere Jahre nacheinander Deckungsraten wiederkehren, als außerordentliche Bedarfe angesehen werden; dieselben nähern sich jedoch, eine je größere Zahl von Jahren sie wiederkehren, und je weniger das Ende ihrer Wiederkehr sich voraus absehen läßt, dem Wesen des ordentlichen Bedarfes.

Unter dem regelmäßigen Umfange, in welchem der Dienst periodisch wiederkehrt, ist verstanden jede Ausdehnung, welche der Dienst unter den geschichtlich gegebenen und öffentlich rechtlich anerkannten Bedürfnissen durch die jeweils geltende gesetzliche Bestimmung der Art und des Ausmaßes der Leistungen angenommen hat. Eine thatsächlich oder formell definitive Erweiterung oder Einschränkung der Leistungen wird als Erweiterung bezw. Ermäßigung des ordentlichen Bedarfes sofort dem letzteren zuzurechnen (abzuziehen) sein.

Absichtlich sind als Komponenten des außerordentlichen wie des

ordentlichen Staatsbedarfes die Gesamtbedarfe der einzelnen selbständigen Dienstzweige während der finanzgesetzlichen Wirtschaftsperiode
bezeichnet, sei nun jeder Dienst sachgemäfs gegliedert oder nicht, enger
oder weiter umrahmt. Man mufs vom Gesamtdienst der etatsmäfsig einheitlichen Staatsthätigkeiten, nicht von den Individualbedarfen jedes
einzelnen Beamten oder Amtes derselben Art, noch viel weniger vom
Bedarfe für einzelne Leistungen jedes Beamten oder jeder Anstalt ausgehen. Würde man so unpraktisch sein, den Begriff in letzterer Richtung auf die Spitze zu treiben, so würde es fast keine ordentlichen Bedarfe geben; schon jetzt ergiebt sich in den Staatsvoranschlägen und
Rechnungsabschlüssen wegen der ungleichmäfsigen, bald sehr weiten,
bald sehr engen Abgrenzung der verschiedenen Abteilungen, Kapitel,
Titel und Paragraphen eine gröfsere Zahl kleiner aufserordentlicher Bedarfe, welche gleichwohl im ganzen alljährlich und ziemlich gleichmäfsig
wiederkehrend thatsächlich ordentliche Bedarfe darstellen.

In einer bestimmten Richtung könnte man dem Begriffe der aufserordentlichen Bedarfe eine Ausdehnung geben wollen. Man könnte ge-
neigt sein, auch den überdurchschnittlichen Teil des Kostenaufwandes in dem ganzen regelmäfsigen Dienste als aufserordentlichen
Bedarf zu bezeichnen. Da die Widerstände, welche Menschen und Natur-
kräfte der Verwirklichung der Staatsaufgaben entgegenstellen, von Jahr
zu Jahr sich ändern, da insbesondere viele Personal- und Sachbedarfe
in Abhängigkeit vom ewigen Schwanken der privatwirtschaftlichen Preisbildung vollzogen werden müssen, so ergiebt sich auch bei starrem
Gleichbleiben der Zahl und der Behandlung der Verwaltungsfälle oftmals eine Überschreitung des durchschnittlichen Geldbedarfes. Indessen
läfst sich theoretisch dieses Moment mit demjenigen der regelmäfsigen
Wiederkehr im normalen Ausmafse des Dienstes nicht verschmelzen. Es
kommt hier ein ganz anderer Faktor, die wechselnde Kostspieligkeit,
in Frage, und zwar so sehr, dafs es ordentliche Ausgaben nahezu gar
nicht geben würde, wenn das „genaue Wiederkehren" des Geldbedarfes
„in gleicher Gröfse" den entscheidenden Gesichtspunkt für den ordentlichen Charakter der Bedarfe abzugeben hätte. Es ist aber auch das
praktische finanztechnische Interesse nicht nachweisbar, welches dazu
nötigen würde, diese ganz andere Substanzierung des Unterschiedes der
ordentlichen und der aufserordentlichen Dienstbedarfe zu wählen. Denn
einerseits ist das Schwanken der Kosten der Dienstzweige für die Regel
kein heftiges. Sodann ist dasselbe annähernd kalkulierbar und soll
so genau wie möglich im Staatsvoranschlage sowohl für die aufserordentlichen wie für die ordentlichen Bedarfe berechnet werden, damit die
oberste finanzpolitische Aufgabe, erfolgreiche Bilanzierung von Ausgaben
und Einnahmen, gelinge. Endlich ist nach dem Standpunkte, welcher
hier begründet wird, nichts dagegen einzuwenden, dafs unter gewissen

Voraussetzungen und mit gewissen Einschränkungen auch ein durch gewaltige jeweilige Kostensteigerung bewirkter Teil der Geldausgaben für
den ordentlichen Dienst durch außerordentliche Eingänge Bedeckung
finde. Es besteht somit kein theoretisches und kein praktisches Bedürfnis, die erwähnte Erweiterung des Begriffes zu vollziehen. Keinesfalls
kann man die noch vielfach anzutreffende Anschauung teilen, daß der
ordentliche Bedarf den „genau" bekannten bezw. vorausbestimmten, vorhersehbaren, berechenbaren Teil des Staatsbedarfes bedeute
(Rau), oder daß derselbe durch „jährliche Wiederkehr" in demselben
Betrage sich charakterisiere.

Dagegen ist nicht in Abrede zu stellen, daß eine weitergehende
Gliederung des ordentlichen, teilweise auch des außerordentlichen Bedarfes in einen vorausbestimmten („stabilen") und einen nicht voraus-
bestimmbaren, bezw. in einen durchschnittlichen und über- oder unterdurchschnittlichen Teil theoretisch und praktisch einigermaßen belangreich ist, sowohl für die Aufgaben der Budgetierung, als auch für jene
des Rechnungswesens. „Genau" genommen ist freilich nahezu kein Bedarf stabil, mit Rücksicht auf die Interkalarien nicht einmal der Besol-
dungsbedarf. Daß wie alle anderen, auch solche Jahresschwankungen der
Geldziffern den Vertretungskörpern in der Begründung der „Differenzen"
(gegen das Vorjahr) ersichtlich gemacht werden, ist selbstverständlich.

Die Unregelmäßigkeit der Wiederkehr überhaupt oder
der Wiederkehr im Umfange des Dienstes halten wir hiernach
bezüglich der Unterscheidung der ordentlichen und der außerordentlichen Bedarfe für das wesentlichste und wohl mit zureichendem Grunde!
Hat es doch die Finanz mit der periodischen Bestimmung, Deckung und
Bilanzierung der Dienstbedarfe zu thun. Bei Lösung dieser Grundaufgaben giebt es, selbst wenn die „Außerordentlichkeit" im Sinne besonderer Unstetigkeit oder besonderer Plötzlichkeit oder besonderer Steigerung oder besonderer Dringlichkeit oder besonderer Zeitrichtungen
und Zeitläufe vollauf berücksichtigt wird, kaum etwas außerordent-
licheres, als wenn ein Bedarf periodisch unregelmäßig oder für einen
unregelmäßigen Umfang des Dienstes sich einstellt. Sogar die Schwan-
kung der Preise, sowie des Wertes der Finanz-Valuta, wohl selbst der
an sich nicht unwichtige Unterschied, ob der ordentliche oder außerordentliche Bedarf mehr oder weniger aufschiebbar oder reducierbar ist,
oder ob er jedes Jahr neu zu votieren ist oder nicht, tritt davor in den
Hintergrund. Solche Gesichtspunkte sind, obwohl sie unmittelbar an
Unterschieden und Merkmalen des Bedarfes selbst abgenommen sind,
verhältnismäßig ziemlich untergeordnet.

Den außerordentlichen Bedarf soll man auch nicht mit dem zu außerordentlichen Deckungsmitteln — Anlehen, Zusatz von Schatzgeldern, Überschüssen, Staatsgütererlös — drängendem Bedarfe ver-

wechseln. Ordentliche Bedarfe können in kritischen Zeiten zu außerordentlicher Deckung und umgekehrt außerordentliche Bedarfe — in
günstigen Finanzepochen — zu ordentlichen Deckungen sich empfehlen.

Nach vulgärer Anschauung wäre der außerordentliche Staatsbedarf
im ganzen und nach seinen Teilen gar etwas, was nicht sein sollte.
Auch diese Auffassung ist unrichtig. Der außerordentliche Staatsbedarf,
aus welchem eine für Gegenwart und Zukunft der Nation unerläßliche
oder doch sehr nützliche Leistung bestritten wird, kann weitaus den
sachlichen Vorrang vor den ordentlichen Staatsbedarfen und vor jenen
bürgerlichen Privatbedarfen voraus haben, welche mit solchem außerordentlichen Staatsbedarfe bezüglich der Zuteilung der in der laufenden
Periode zum Gesamtkonsum verwendbaren Güterbestände konkurrieren.
Der außerordentliche Bedarf für einen Krieg um die nationale Existenz
kann allen übrigen Bedarfen vorangehen; der außerordentliche Bedarf
für nützliche Anlagen in Verkehrsanstalten, welche die nationale Ver-
kehrsfähigkeit bedingen, kann Bedarfen für nicht ideale Interessen, für
private Spekulationsanlagen, jedenfalls für entbehrliche Privatgenüsse
voranstehen, so zwar, daß gewisse ordentliche Bedarfe eingezogen oder
eingeschränkt und daß durch Steuern und Anlehen dem Staatsbedarfe
Mittel zugeführt werden, welche sonst in Anschaffungen für weniger
wertvolle Verwendungen aufgegangen wären.

§ 135. *Andere Begriffsfassungen des Unterschiedes von ordentlichem
und außerordentlichem Staatsbedarfe* — sind heute noch in der Wissenschaft vertreten. Es sind deren namentlich zwei von Bedeutung.

1. Der budgetrechtliche Begriff, wonach der stabile, nicht
in jeder Finanzperiode neu zu verwilligende Teil des öffentlichen Bedarfes als ordentlich, der wandelbare, in jedem Finanzgesetze stets neu
zu verwilligende Bedarf als außerordentlich bezeichnet wird. Diese
Scheidung ist zwar verfassungspolitisch von großem Belange, aber steuerwissenschaftlich von keiner unmittelbaren Bedeutung. Wir fassen den
Unterschied nur im Sinne des § 133. Die verfassungspolitische Berechtigung einer budgetrechtlichen Begriffsbestimmung bleibe darum
dennoch anerkannt!

Lor. v. STEIN bemerkt diesfalls treffend: „Es dürfte kaum zu bezweifeln sein,
daß dieser Gedanke (der Ausscheidung eines ordentlichen oder stabilen Budgets)
noch eine bedeutsame Zukunft hat, da eine Bewilligung des absolut Notwendigen an
sich ein Unding und seine Verweigerung als Mißtrauensvotum gegen Persönlichkeiten ein durchaus verkehrtes Mittel ist, denn sie würde in der That ein Mißtrauensvotum gegen die Existenz des Staats selbst sein."

2. Die Unterscheidung nach der Nachhaltigkeit oder
Vergänglichkeit der Wirkungen der Bedarfsverwendung.
Danach wäre der ordentliche Bedarf jener Bedarf, welcher in jeder
Finanzperiode ganz im öffentlichen Dienste aufgeht, ähnlich dem Umlaufs-
kapitale in der Produktion, und sich eben deshalb jährlich in dem-

selben Betrage wiederholen mufs (A. WAGNER, F.-W. I., § 93). Dagegen
wäre nach diesem Gesichtspunkte als aufserordentlicher Finanzbedarf
jener anzusehen, welcher „unperiodisch, in gröfserem Betrage meist nur
von Zeit zu Zeit" aufzuwenden wäre, und „dessen Wirkungen über die
laufende Finanzperiode (notwendig oder regelmäfsig) hinüberreichen".
Für diesen aufserordentlichen Bedarf betont A. WAGNER als notwendig
die weitere Scheidung: in den Bedarf für Anlagen teils in öffentlichen
Erwerbsanstalten, teils in öffentlichen Gebrauchsanstalten („eigentlichen"
Staatseinrichtungen) und den „abnormen" Bedarf für die Bekämpfung
„zeitweilig der Erfüllung des Staatszweckes sich entgegenstellender
Schwierigkeiten" (den „eigentlichen" aufserordentlichen Bedarf, „aufserordentlichen Bedarf im engeren Sinne"), wie Aufwand für Krieg, Bei-
legung von Unruhen, Schuz gegen Naturereignisse u. s. w.

Auch diese Fassung des Unterschiedes wird hier ganz vermieden,
aufser soweit solche in dem Momente der periodischen Regelmäfsigkeit
oder der Nichtregelmäfsigkeit nach unserer ausschliefslichen Begriffsfassung (§ 134) bereits enthalten ist.

Die wenigen Momente, welche finanz- und steuerwissenschaftlich
mit obiger Begriffsfassung zur Geltung gebracht werden wollen, finden
diese Geltung am besten in einer besonderen Benennung, indem man
Verbrauchs- (Verzehrungs)-Bedarf und Gebrauchsbedarf oder Investitionsbedarf, beim Investitionsbedarf Anlagekapitalbedarf und
„Nutzkapital"-Bedarf (im Sinne HERMANNS), weiter den Nutz- und
den Schutzbedarf unterscheidet. Durch besondere Bezeichnung der
fraglichen Bedarfsarten findet die Steuertheorie gegen die Lehre DIETZELS
von der schlechthinnigen Produktivität aller Anlehen und gegen die Lehre
L. v. STEINS von der schlechthinnigen Reproduktivität aller Steuern die
von A. WAGNER erstrebten Vorsichten mit gröfserer Sicherheit.

Es ist immer mifslich, demselben Ausdrucke zweierlei Begriffe unterzulegen.
Im vorliegenden Falle kommen weitere besondere Bedenken hinzu. Für die „eigentlichen aufserordentlichen" Ausgaben (wie Krieg u. s. w.) kann die Nachhaltigkeit der
Wirkung, welche das Wesen der Aufserordentlichkeit des Bedarfes ausmachen soll,
nicht für alle Fälle behauptet werden, diese Ausgaben können sogar Augenblicks-
vergeudungen sein. [Sodann ist es nicht zutreffend, dafs die nachhaltig wirkenden
Verausgabungen „unperiodisch" sind.

§ 136. *Ordentlichkeit und Aufserordentlichkeit öffentlicher Bedarfe
vom geschichtlichen Standpunkte aus.* — Dafs der aufserordentliche Bedarf
an sich keine abnorme Erscheinung, die Verzinsung und Tilgung
von Anlehen für denselben aus Steuermitteln nicht verwerflich sei, geht aus der höheren staatsgeschichtlichen Betrachtung
hervor. Auf diesem Standpunkte erweist sich der aufserordentliche Bedarf sofort als der notwendige Ausflufs der kurzfristigen Eintei-
teilung der Staatshaushaltsperioden gegenüber unregelmäfsiger
Periodizität der das Staats- und Gesellschaftsleben bestimmenden so-

zialen und natürlichen Faktoren. Die Periodizität des Voranschlages und der Rechnung aber ist eine unumgängliche staats- und finanzwirtschaftliche Notwendigkeit, der aufserordentliche Staatsbedarf daher eine finanzwirtschaftlich ganz normale Erscheinung.

Man kann auf volkswirtschaftlichem und noch mehr auf politischem Standpunkte im Zweifel sein, ob ein-, zwei- oder dreijährige Staatshaushaltsperioden zu wählen seien, man kann aber weder die absolute Notwendigkeit einer regelmäfsigen Periodisierung der Arbeiten des Voranschlages und des Rechnungsabschlusses bestreiten, noch kann man diktieren, dafs sämtliche Faktoren des Staatslebens und daher des Staatsbedarfes die Periodizität des Erdumlaufes um die Sonne annehmen müssen. Letztere Zumutung wäre nicht blofs selbst die gröfste Abnormität, sondern die reine Absurdität. Gleichwohl wäre diese Absurdität festzuhalten, wenn man das Auftreten etatsmäfsig aufserordentlicher Bedarfe für eine abnorme Erscheinung erklären und als solche ganz beseitigen, die Einrichtung des Steuersystems auf Überwindung ihrer finanztechnischen Schwierigkeiten ablehnen wollte.

Wie normal eine ganz bestimmt gefristete Periodizität der Voranschläge und der Rechnungsabschlüsse ist, zeigt schon die kurze Erwägung, dafs sowohl eine viel kürzere, als eine viel längere Periodisierung in das wirtschaftliche Chaos führen würde. Monats-, ja Wochen- und Tagesbudgets müfsten selbst einem parlamentarischen Budgetzänker, welcher die Regierung am liebsten nie zu Atem und zu schöpferischer Arbeit gelangen liefse, als blühender Unsinn erscheinen. Es würde unendlich viel Arbeit vergeudet werden, die Budgetierung wäre bald gar nicht mehr möglich mit der Folge allgemeinster Verwirrung statt besserer Ordnung. Gerade die aufserordentlichen Bedarfe und die aufserordentlichen Deckungen würden sich, weil die nach Monaten, Wochen und Tagen unregelmäfsigen Leistungen unendlich zahlreicher sind, als die nach Jahren unregelmäfsigen, im höchsten Mafse vermehren.

Man darf aber auch nach der entgegengesetzten Seite nicht zu weit gehen, ohne die Ordnung des Staatsvoranschlages und der Staatsrechnung und hiermit die wahrhaft politische und volkswirtschaftliche Regelung des Staatshaushaltes schwer zu gefährden. Formell würden die aufserordentlichen Bedarfe und Deckungen an Zahl vielleicht abnehmen, wenn man über 1—3jährige Budget- und Rechnungsperioden hinausginge, aber die Genauigkeit des Voranschlages würde in hohem Grade leiden. Durch wachsende Unvorhersehbarkeit würden die Bedarfe und Deckungen jedenfalls dem Geldbetrage nach in viel stärkeres Schwanken kommen, ganz zu schweigen von dem viel weiteren Spielraume für das Schwanken der Anschaffungspreise. Der Geldbetrag der aufserordentlichen Bedarfe und der aufserordentlichen Deckungen, der Überschüsse und der Defizits würde erst recht grofs und unvorhersehbar wer-

den. Für den Staatshaushalt grofser Einheitsstaaten werden ja eben
deshalb einjährige Perioden wohl die richtigste Wahl sein und bleiben.

Allerdings verschwindet der Unterschied des ordentlichen und aufserordentlichen Bedarfes sofort, wenn man von der Periodisierung absieht.
Ginge man ins unendlich Kleine der Zeitperiodizität, in die Stunde,
Minute, Sekunde, so gäbe es gar keinen ordentlichen Staatsbedarf im
Sinne unserer Definition; denn jeder Bedarf würde dann unregelmäfsig
wiederkehren, also als aufserordentlich sich darstellen. Geht man
aber ins unendlich Grofse der Periodizität, die Jahrhunderte und Jahrtausende, die ganze Lebensepoche des Volkes und der Menschheit, so verschwindet dagegen aller aufserordentliche Bedarf. Zwar kehren Kriege
und Revolutionen, Präventiv- und Repressiv-Vorkehrungen, Investierungen innerhalb langer Zeiträume nicht in gleichen Jahreszwischen-
räumen wieder, allein die Bedürfnisse, welche im Sinne des Jahresbudgets ordentlich sind, kehren innerhalb des Jahres auch nicht sämtlich
Tag um Tag, Woche um Woche, Monat um Monat wieder, vielmehr hat
jede Art derselben innerhalb eines Jahres verschiedenartige Unregelmäfsigkeit in der Wiederkehr überhaupt und in der quantitativen
Wiederkehr.

Wenn es so bei der Abstraktion von den Etatsperioden entweder
keine ordentlichen bezw. aufserordentlichen Bedarfe giebt, so dann auch
keine aufserordentlichen bezw. ordentlichen, der Unterschied — verschwindet. Nur steht solcher Abstraktion dieses im Wege, dafs finanzwissenschaftlich und finanzpolitisch der Gesichtspunkt jener geordneten Durchführung des Staatshaushaltes, welche durch richtige kurzfristige Periodisierung des Voranschlages und der Staatsrechnung bedingt ist, weitaus
jenen universell geschichtlichen Standpunkt überragt, auf welchem allein
bis zu einem gewissen Grade von der Thatsache der Finanzperioden
abgesehen werden kann. Dafür bestätigt jene Abstraktion bezw. die
universell geschichtliche Betrachtung, die bereits gemachte Wahrnehmung, dafs der aufserordentliche Bedarf nicht schlechtweg als eine abnorme Erscheinung gelten kann. Auf geschichtlichem Standpunkte tritt
die Bedeutung der Wiederkehr in kleinsten oder gröfsten Zeiträumen
zurück, wenn auch nicht für die Erklärung, so doch für die Wertung
der Bedarfe; in den Vordergrund tritt die Ordentlichkeit im Sinne der
politischen und wirtschaftlichen Erforderlichkeit oder Normalität bezw.
der Rechtzeitigkeit. Die Rechtzeitigkeit der unperiodischen Bedarfe ist
aber so wertvoll, wie die der periodischen. Die aufserordentlichen Bedarfe, obwohl unperiodisch, sind oft die notwendigsten, wirksamsten,
opportunsten, normalsten. Man gewinnt auf dem Standpunkte geschicht-
licher Betrachtung die sichere Überzeugung, dafs für die soziale
Gesamtentwickelung die aufserordentlichen Bedarfe an
sich gar keine abnorme und verwerfliche Erscheinung

sind. Man muſs nur das ordentliche Steuereinkommen darauf einrichten, denselben gewachsen zu bleiben.

§ 137. *Beweglichkeit (Aufschiebbarkeit) und Unbeweglichkeit (Unaufschiebbarkeit) der öffentlichen Bedarfe.* — Diese Unterscheidung fällt mit derjenigen der ordentlichen und auſserordentlichen Bedarfe nicht zusammen. Ein Teil sowohl der ordentlichen, wie der auſserordentlichen Bedarfe ist beweglich, ein anderer unbeweglich.

Die beweglichen auſserordentlichen Bedarfe können als ein für die Stetigkeit der Besteuerung höchst wohlthätiges Element der Ordnung des Staatshaushaltes sowie der Aufrechterhaltung des Finanzgleichgewichtes, gegenüber den Schwankungen in den Steuer- und anderen Einnahmen, verwertet werden. Dies geschieht, indem die beweglichen, d. h. aufschiebbaren und beschränkbaren auſserordentlichen Bedarfe bei starken Einnahmeausfällen verschoben und nur bei Überschüssen vorsorgend oder nachholend eingestellt werden. Der aufschiebbare auſserordentliche Bedarf wird eine Funktion der wirtschaftlichen Regelung des Gleichgewichtes im Staatshaushalte für eine Reihe ungleicher Jahre, wie regulierbare, „bewegliche" auſserordentliche Deckungen, namentlich die Kreditdeckung und der auſserordentliche Zuschlag zu beweglichen Steuern, wesentlich die Funktion der Ausgleichung von Schwankungen in den ordentlichen Jahreseinnahmen vollziehen helfen.

§ 138. *Die präventive Eindämmung der Bedarfsschwankungen.* — Umgekehrt können im Interesse der Stetigkeit der Besteuerung die unbeweglichen Bedarfe mit Hilfe der beweglichen, d. h. steigerungs- und minderungsfähigen Eingänge, präventiv durch Voranschaffungen von öffentlichen Güterbeständen und repressiv durch Nachanschaffungen für Anlehenstilgung bewältigt werden.

Beweglichkeit der Bedarfe und Beweglichkeit der Deckungen sind in der Praxis regelmäſsig nicht konnex. Es sind gerade die allerunbeweglichsten Bedarfe, welche für das Deckungssystem die beweglichsten Deckungen, so die Zuschläge zur allgemeinen Einkommensteuer, die Zuschläge zu den indirekten Steuern auf nicht unentbehrliche Verzehrungsgegenstände und die Zuschläge zu gewissen Verkehrs- und Besitzveränderungsgebühren notwendig machen.

Auch unter den Bedarfen giebt es sehr bewegliche, reduzierbare Posten bedeutender Art, namentlich die für auſserordentliche Tilgungen, die nur in günstigen Finanzjahren kräftig vorgenommen werden sollten. Für das Deckungswesen ist das höchst bedeutsam.

Die Ausfälle der unbeweglichen Einnahmequellen können durch Einschränkung, ihre Mehrerträge durch Ausdehnungen der beweglichen Bedarfe balanciert werden.

Der unbeweglichste Bedarf ist derjenige für den wirklichen **Krieg**. Diese Unbeweglichkeit kann finanztechnisch schon durch die Voranschaffung im Frieden für die Kriegsbereitschaft (Festungen, Waffen, Munition, Kleidung, Legung eines Kriegsschatzes, Retablissement) ohne Zerrüttung bewältigt werden. Anschaulich wird dies durch den Gegensatz **Preufsens** mit seiner **Kriegsbereitschaft im Frieden** und der **amerikanischen Union** mit ihrer Vernachlässigung der Kriegsbereitschaft. Für die Periode 1860—1868 ergiebt die Vergleichung nach A. WAGNER (F.-W. I § 183) folgendes:

Preufsen
Wirkliche Ausgabe, Landmacht

Jahr	Ord.	Extraord.	Aufserord. Etat	Summe
	in Millionen Thaler			
1860	35,19	2,20	1,80	39,19
1861	31,85	5,04	1,32	38,21
1862	35,83	1,45	0,63	37,91
1863	39,03	1,18	0,25	40,46
1864	37,82	0,91	12,10	50,83
1865	38,64	1,30	4,39	44,33
1866	39,01	1,50	35,58	76,09
1867	44,11	1,15	36,12	81,38
1868 { Preussen	—	—	12,86	
{ Norddeutsch. Bund	55,4	—	—	

Nordamerika
Wirkliche Ausgabe

Jahr	Heer	Flotte
	in Millionen Dollar	
1851/60	15,84	12,00
1861	23,20	12,39
1862	394,37	42,67
1863	599,30	63,21
1864	690,79	85,73
1865	1031,31	122,57
1866	284,45	43,32
1867	95,22	31,03
1868	123,25	25,77
1869	78,50	20,10

Die Folge des verschiedenen Militärsystems zeigt sich daher 1. darin, dafs in Preufsen jährlich eine ziemlich bedeutende gleichmäfsige Last auch in Friedenszeit getragen wird, wogegen die Mehrausgabe selbst für so gewaltige Kriege wie 1866 und 1870—71 dann relativ nicht so stark steigt und überhaupt auch absolut mäfsig ist, während in Nordamerika im Frieden wenig auf das Heer verwendet wird, dafür aber im Kriege diese Ausgabe ins ganz Ungemessene (1 : 25!) steigt; 2. darin, dafs in einem Kriege wie in Amerika auch die sonstigen volkswirtschaftlichen Opfer, welche nicht in den Finanzrechnungen des Staates erscheinen, schon wegen der längeren Kriegsdauer weit gröfser als in Preufsen sind; endlich 3. darin, dafs in Preufsen die Staatsschuld auch durch Kriege wenig vermehrt wird.

Für die **Stetigkeit der Steuerentwickelung** ist das von unschätzbarer Bedeutung.

3. Kapitel. **Die übrigen Deckungsmittel mit Rücksicht auf die Besteuerung.**

§ 139. *Gliederung.* — Die gewöhnliche Einteilung (§ 10) ist diejenige in „Erwerbseinnahmen" auch sog. „privatwirtschaftliche" Einnahmen oder Domanialeinnahmen „im weitesten Sinne des Wortes" und in „Auflagen": Gebühren und Steuern. Als Erwerbseinnahmen gelten die Einkünfte, welche der Staat durch Teilnahme am privatwirtschaftlichen entgeltlichen Verkehre erlangt; Auflagen sind diejenigen Einkünfte, welche anderen Einzelwirtschaften zur Entrichtung auferlegt werden (§ 10). Zu den Erwerbseinnahmen im engeren Sinne gehören auch die Einnahmen, welche durch Ausleihen, Verpachten und Vermieten gewonnen werden.

Erschöpfend ist diese allgemeinste Einteilung nicht. Es fehlen die nicht steuerartigen Beiträge der §§ 20 ff. Es finden bei obiger Einteilung auch die einst so bedeutsamen Hoheitsrechte oder Regalien keine Unterkunft, und dasselbe ist der Fall bezüglich der durch die Währungsgewalt vermittelten Einnahmen aus der Ausgabe von Papiergeld mit Zwangskurs, die Erlöse aus öffentlichen Vermögensstämmen u. s. w., zu schweigen von den Einnahmen durch Kriegsereignisse und dergleichen. Man mag den Begriff des Erwerbes durch Teilnahme am verkehrswirtschaftlichen Bereiche des gesamten Volkshaushaltes noch so weit fassen, so erschöpfen die obigen Einnahmekategorien noch nicht die **Gesamtheit der Deckungsmittel**, über welche die Gemeinwesen verfügen. Deckungsmittel ist der weitere Begriff. Wir werden regelmäfsig von den Deckungsmitteln reden, zu welchen auch die aus dem Stammvermögen des Staates und dritter Personen zufliefsenden Einnahmen gehören.

Zweifelhaft bleibt es, ob die Zusammenfassung der Steuern und der Gebühren unter dem Namen Auflage angemessen ist. Es läfst sich auch eine andere Einteilung denken (vgl. § 10). Für die **Steuerwissenschaft** allein liegt jedoch kein Bedürfnis vor, die erwähnte abweichende Gliederung zur Geltung zu bringen. Die Steuerlehre ist lediglich veranlafst, das Steuereinkommen als den allein noch bedeutsamen Teil des abgeleiteten Einkommens öffentlicher Art allen Unterarten des „ursprünglichen öffentlichen" Einkommens:

dem Reinertrage aller **Erwerbsgeschäfte**,

den Einnahmen aus **Regalien**,

den Einnahmen aus Gebühren,

den Einnahmen aus Anlehen und Stammgutveräufserungen
in Begründung des Verhältnisses der Steuer zu den anderen hauptsächlichen Deckungsmitteln gegenüberzustellen.

Die heutigen Kategorien öffentlicher Einnahmen dürfen nicht auf die gleich-
namigen Einkünfte der älteren Steuergeschichte und des positiven Steuerrechtes angewandt werden. Erwerbseinkünfte, Regale, Monopole, Gebühren, offene und
verdeckte Zwangsanlehen der Steuergeschichte und des positiven Steuerrechtes haben
bedeutende Aufwandelungen erfahren.

§ 140. *Ordentliche und aufserordentliche Deckungsmittel.* — Als
ordentliche Deckungsmittel erscheinen jene im Staatsvermögen schon
angehäuft gewesenen oder aus dem laufenden Finanz- und Verwaltungsdienste dem Staate einkommenden Güter-(Geld-)Bestände, welche Periode
um Periode aus ständigen Vermögensstämmen und Einnahmequellen —
bei der bis auf weiteres geltenden Regulierung des Vermögensgebrauches
ches und der Einnahmequellen — für die Bestreitung des Staatsbedarfes
verfügbar werden. Für unsere Epoche sind dies in erster Linie diejenigen Eingänge, welche aus ständigen Steuern bei gegebener Regulierung
eingehen, dann die Eingänge aus der Selbstbewirtschaftung, Verpachtung, Vermietung und Ausleihung von Staatsvermögen, weiter die Gebühren aus allen Zweigen des Verwaltungsdienstes, die Eingänge aus
den periodisch ausgemusterten Staatsvermögensbeständen, endlich die
fortlaufenden Beiträge von Korporationen.

Unter aufserordentlichen Bedeckungen sind jene zur Deckung
des Staatsbedarfes verfügbar werdenden Geldsummen (bezw. Geldzuwei-
sungen) zu verstehen, welche aus nicht regelmäfsig wiederkehrenden
Vermögensausscheidungen und aus nicht fortlaufend benützten Einnahmequellen bezw. aus den fortlaufenden Einnahmequellen durch eine nicht
regelmäfsig wiederkehrende Höhe der Regulierung erzielt werden. Dahin gehören die durch Darlehen flüssig gemachten Summen, sofern das
Darlehen nicht zur ständigen Deckung „chronischen Defizits" entartet
ist; dann die Einstellungen von Barbeständen an disponiblen Aktivresten, Schatzgeldern, Vorschufsrückempfängen und freien Beiträgen der
Korporationen, Vereine und Privaten; weiterhin die Erlöse aus veräufserten Anlage- und Betriebswerten; ferner die Zugänge, welche aus
dem nicht regelmäfsig wiederkehrenden Dienste der Verwaltungszweige
an Kontributionen, Kriegsentschädigungen u. s. w. hervorgehen; endlich jene, welche aus einmaligen oder nicht fortlaufenden Abgaben-
erhöhungen des Finanzdienstes herrühren, wie die einmaligen oder doch
nur für eine Reihe von Jahren berechneten Steuerzuschläge und Ge-
bührenerhöhungen, die Steuerantizipationen u. dgl. Zu den aufserordentlichen Deckungsmitteln sind also nicht zu rechnen die dauernden Steuererhöhungen und Gebührenzuschläge, nicht die im laufenden Dienste zur
Verwendung kommenden Erübrigungen beim Vollzuge des Ausgaben-

etats der laufenden Periode, nicht die der „Selbstentwickelung" der
Steuerquellen entstammenden überetatsmäfsigen Eingänge, sofern sie in
der Einnahmeperiode verausgabt werden, nicht die durch Preis- und
Zinserhöhungen bewirkte Einnahmesteigerung aus dem Staatsaktivver-
mögen, nicht die Erlöse aus solchen Staatsgüterveräufserungen, welche,
wenn auch nicht bei jeder Dienstesabteilung, so doch im Gesamtumfange
des Dienstzweiges regelmäfsig aus Ausmusterungen hervorgehen.

Es ist durchaus die Ordentlichkeit bezw. Aufserordentlichkeit der Wiederkehr der Deckungsmittel in dem durch die gegebene
Regulierung der Eingänge und Bestände bestimmten Ausmafse, was
auch bei der Unterscheidung ordentlicher und aufserordentlicher Deckungsmittel hier mafsgebend ist. Namentlich kommt es uns nicht bei, unter
aufserordentlichen Deckungsmitteln im Gegensatze zu den ordentlichen
solche Deckungen zu verstehen, welche als politisch und volkswirtschaftlich verwerflich eine Abnormität darstellen, oder solche, welche zur
Deckung des aufserordentlichen Bedarfes bezw. des produktiv verwendeten
Teiles des letzteren bestimmt sind, oder in „aufserordentlicher Zeit oder
in aufserordentlicher „Gröfse" oder mit aufserordentlicher Dringlichkeit
u. dergl. sich einstellen.

Im vorstehenden ist die Regelmäfsigkeit der Wiederkehr in jeder Finanzperiode,
ähnlich wie bei den Bedarfen als Kennzeichen der Ordentlichkeit festgehalten. Die
ordentlichen Deckungsmittel werden, wenn sie periodisch wiederkehren sollen, „ihrer
ökonomischen Natur nach einer regelmäfsigen Wiederholung von Periode zu Periode
fähig sein" (A. Wagner), ihre Quelle wird „Nachhaltigkeit" besitzen müssen, und
die Vermögensstämme werden von ordentlichen Steuern nicht angegriffen werden dürfen.

4. Kapitel. Die einzelnen ordentlichen Deckungsmittel nichtsteuerlicher Art.

§ 141. *Die Regalien.* — Ihre Bedeutung für das Deckungssystem
der Gegenwart ist so gut wie beseitigt (vergl. SCHEEL in v. SCHÖNBERGS
Hdb der pol. Ök., 3. Aufl., 3. Band). Sie haben jedoch für die Steuergeschichte, in welcher sie sich überwiegend zu Steuern von heute ent-
puppt haben, wissenschaftliches Interesse.

S. A. WAGNER (Fin.-W. I § 207).

§ 142. *Die Gebühren und die Steuern.* — In § 86 ist nachgewiesen, dafs weitaus der gröfste Teil des Staatsbedarfes für den gemeinnützigen Aufwand bestimmt ist. Das Einkommen aus den Specialver-
gütungen für öffentliche Leistungen seitens derjenigen, welche diese
Leistungen beziehen, kann also verhältnismäfsig nur gering sein, und
dem ist auch wirklich so. Die Gebührenlehre wird dies ergeben.

Dieser Meinung steht die Tatsache nicht entgegen, dafs unter dem
Namen „Gebühren" teilweise sehr beträchtliche öffentliche Einnahmen
erreicht werden, so die „Stempelgebühren", die „Einregistrirungsge-
bühren", die „Erbschaftsgebühren". Diese Abgaben sind nur dem

Namen nach Gebühren. In Wirklichkeit sind sie Steuern, welche unter dem Vorwand geleisteten Rechtsschutzes scheinbar als Gebühren geregelt sind. In der Lehre von den indirekten Steuern und von den wirklichen oder eigentlichen Gebühren wird dies nachgewiesen werden[1]).

Nur desto mehr hat die Steuerwissenschaft daran festzuhalten, daſs jener öffentliche Aufwand, welcher Einzelnen zum Nutzen kommt, von der Gesamtheit derer, welchen die nützlichen Leistungen zukommen, auch wirklich vergütet werde. Die Besteuerung darf nur für den Zweck der Deckung des gemeinnützigen Staatsaufwandes stattfinden und hat die volle Entwickelung des eigentlichen Gebührenwesens, gleichwie der Genossenschaftslasten (§ 21) zur finanzpolitischen Voraussetzung.

Die volle Entwickelung des Gebührenwesens muſs darauf gerichtet sein, mindestens den Kostenaufwand für die speziell vergeltbaren öffentlichen Leistungen zum Ersatz zu bringen. Der Gebührentarif darf seine zum Unterschied von den Marktpreisen einseitig kraft der Staatsgewalt normierten Sätze selbst über den Kostenbetrag hinaus steigern, wofern der Gebrauchswert der Leistungen für die Empfänger das Maſs des für diese Leistungen gemachten Kostenaufwandes überschreitet (§ 23). Diese Voraussetzung kann freilich in den meisten Gebührenfällen nicht festgestellt werden, selbst wenn man den Behörden einen gröſseren Spielraum für den Gebührenansatz freigeben will. Aber für gewiſse Gebühren, namentlich Verleihungssporteln, Licenzen u. s. w. ist die Regulierung der Gebühr über dem Kostensatz dennoch gerechtfertigt, oft sogar von anderen nicht finanzpolitischen Rücksichten der Verwaltung geboten.

Wofern öffentliche namentlich kommunale Leistungen fortgesetzt Einzelnen, z. B. den Grundbesitzenden und Gewerbetreibenden oder einzelnen Klassen von Grundbesitzern und Gewerbetreibenden zu gute kommen, können die Gebühren in der Form der Realsteuern und der Realsteuernzuschläge geregelt werden; der Katasterwert des Grundbesitzes und der Geschäfte kann sich in diesem Falle als die tauglichste Grundlage der Gebührenbemessung wie der Bemessung der Genossenschaftslasten (§ 21) erweisen. Auch diese in Steuerform gekleidete, nach dem Steuerkataster pauschalierte Gebührenerhebung ist an ihrem Orte zu voller Geltung zu bringen.

Dasselbe gilt für die Erhebung von kommunalen „Beiträgen" ganzer Einwohnergemeinschaften zur Herstellung und Erhaltung von Staatseinrichtungen (Lokalbahnen, Strafsen, Postkursen, Schutzeinrichtungen, Mittelschulen u. s. w.), welche zwar auch mehr oder weniger gemeinnütziger Natur sind, aber doch zugleich im besonderen Interesse einzelner Gegenden (Ortsgemeinden, Kreise, Provinzen) gelegen sind. Dieselben sind ebenfalls zu voller Entwickelung zu bringen. Der Um-

---

1) In unserem Bande: „Steuern, besonderer Teil".

stand, daſs neben solchen Korporationsbeiträgen auch noch von den einzelnen Transportinteressenten, Schulbesuchern u. s. w. besondere Individualgebühren erhoben werden, ändert an dieser finanzpolitischen Forderung unter der Voraussetzung, daſs nicht schon die Individualgebühren volle Kostendeckung ergeben, nichts.

§ 143. *Der beiläufige Erwerb des Staates: 1. Der Begriff.* — Auch der speziell unvergütbare gemeinnützige Staatsaufwand ist **nicht nach seinem ganzen Umfange durch Steuern zu decken.** Und zwar ergiebt sich dies nicht bloſs **thatsächlich** dadurch, daſs in einzelnen, namentlich deutschen Staaten ein finanzgeschichtlich geretteter Bestand werbenden öffentlichen Vermögens, nutzbarer Rechte und eben solcher Vorrechte noch besteht, sondern auch **grundsätzlich**, weil der Besitz und die Verwertung werbender Vermögensbestände im öffentlichen, namentlich finanzpolitischen Interesse gefordert ist.

In demjenigen Umfange, in derjenigen Verzweigung, in derjenigen Betriebsform, in welchen dieses Interesse zu jeder Zeit obwaltet, ist das Erwerbseinkommen aufrecht zu erhalten, neuzubilden und stets umzubilden. Durch den Reinertrag dieses werbenden Vermögens kann ein Teil des gemeinnützigen Staatsbedarfes gedeckt und um diesen Betrag die Steuerbelastung unter dem gemeinnützigen Staatsbedarfe normiert werden.

Nun giebt es wirklich öffentliche Interessen, welche einzeln oder zusammen öffentlichen Erwerwerbsbetrieb rechtfertigen. Diese Interessen sind teils allgemeinpolitischer, teils volkswirtschaftspolitischer, teils finanzpolitischer Natur.

Allgemeinpolitischer und zwar **verfassungspolitischer** Natur ist das Interesse, den **Widerstand der Steuerkräfte** gegen die Verwilligung des erforderlichen Staatsbedarfes zu mindern und zu mildern und so der Staatskunst die schwere Aufgabe ausreichender Sachgüterversorgung der Gemeinwesen zu erleichtern, die Sicherung des Staatsbedarfes mit der Zufriedenheit der Bevölkerung in Einklang zu bringen. Das geschieht, wenn ein nicht allzu geringer Teil des unvergütbaren Staatsaufwandes durch Erwerbseinkünfte statt durch Steuern gedeckt werden kann. Je steuerfeindlicher die Strömung im Verfassungsleben wird, desto bedeutender fällt dieses verfassungspolitische Interesse ins Gewicht, und namentlich den Bedarfen für die Krone und die Monarchie, für die Kirche und für die Schule wird man materiell und formell die Deckung durch beiläufigen Erwerb thunlichst zu bewahren suchen müssen.

Die Erhaltung öffentlicher Erwerbseinkünfte kann weiter **allgein verwaltungspolitisch** begründet und gefordert sein. So wird die Beteiligung des Staates am Bergwerksbetriebe und an der Forstwirtschaft wegen Ausübung der Berg- und Forstpolizei, die Beteiligung am Verpachtungsbesitz für Zwecke der Agrarpolitik, namentlich für den Zweck der politisch und sozial wie volkswirtschaftlich wünschenswerten Aufrechterhaltung des Mittel- und Kleinbetriebes, weiter der überwiegend staatliche Betrieb der grofsen öffentlichen Verkehrsanstalten, im öffentlichen Interesse liegen, und selbst für Bewahrung der Sicherheit nach aufsen und im Innern förderlich und darum auch gefordert sein.[1])

Dazu kommen speziell v o l k s w i r t s c h a f t s politische Interessen.

Es bleiben auch bei höherer Entwickelung der Volkswirtschaft P r o d u k t i o n s zweige übrig, welche der Staat schon privatwirtschaftlich ebenso vorteilhaft und volkswirtschaftlich nachhaltiger betreiben kann, als es durch nicht öffentliche Unternehmung geschieht; der Staat darf hier Erwerb treiben. Denn solcher Betrieb bleibt verhältnismäfsig extensiv oder es wird der Betrieb nur im Kapital-, nicht im Arbeitsaufwande intensiv. Man kann hierbei namentlich an die Forstwirtschaft und an einen Teil des Bergbaues denken. Auf diesen Gebieten wird staatlicher Betrieb meist zugleich geeignet sein, die sogen. V e r t e i l u n g des Nationaleinkommens durch L o h n -, P r e i s - und Z i n s gestaltung sowie die Sicherung des Bedarfes nach Quantität und Qualität des Konsums günstig zu beeinflussen. Aufser der Forstwirtschaft und einem Teil des Bergbaues kommt wieder namentlich die Verpachtung der Felddomänen, ferner die Bildung von Rentengütern, die Beteiligung am Grundbesitzverkehr im Interesse der Verhütung der Güterschlächterei und der Latifundienbildung in Betracht.

Privatwirtschaftlich und volkswirtschaftlich zugleich, aufserdem allgemein politisch empfiehlt sich der staatliche Betrieb der grofsen öffentlichen Verkehrsanstalten, des Eisenbahn-, Post-, Telegraphen- und Telephonwesens. Ob konkurrenziert oder konkurrenzlos geführt, soll ein solcher Betrieb nicht blofs auf vollen Ersatz aller Kosten einschliefslich derjenigen der Amortisation und der Verzinsung der ganzen zugehörigen Verwaltungsschuld eingerichtet, derselbe darf auch auf Reinertrag angelegt werden, sofern der Gebrauchswert der betreffenden öffentlichen Betriebsleistungen den Wert der Gesamtkosten sehr wohl übersteigen kann.

Weiter besteht ein bedeutendes Interesse am Vorhandensein von Staatsvermögen in f i n a n z p o l i t i s c h e r Hinsicht mit Rücksicht auf den ö f f e n t l i c h e n K r e d i t.

Es wird sich im nächsten Kapitel zeigen, dafs die Besteuerung so beweglich weder gemacht werden kann, noch gemacht werden darf, um in Fällen grofsen Bedarfes und geschmälerten Einkommens des Staates stets die Deckung zu geben. Freiwillige Anlehen, äufsersten Falles währungspolitische Zwangsanlehen durch Papiergeldemission sind den grofsen aufserordentlichen Bedarfen gegenüber, namentlich für den Kriegsfall, für nützliche Bau- und Betriebsanlagen, für Reformen und Retablisse-

---

1) Vergl. meine „Kern- und Zeitfragen" II 274 ff.

ments am stehenden Staatsvermögen nicht zu vermeiden, sondern finanzpolitisch, volkswirtschaftspolitisch und allgemeinpolitisch gefordert. Diese
Anlehen werden dann am vorteilhaftesten durchgeführt werden, wenn
dafür ein grofser öffentlicher Pfandwert an aktiven, namentlich an wer-
bendem Staatsvermögen eingesetzt werden kann, aus welchem die Verzinsung und die Tilgung bewerkstelligt und den Staatsgläubigern sicher
gestellt zu werden vermag.

Aus diesem Allem ergiebt sich die fortdauernde Zweckmäfsigkeit
und Möglichkeit der Deckung eines Teiles der gemeinnützigen Ausgaben
aus dem Reinertrage öffentlicher Erwerbsbetriebe. Es ergiebt sich daraus
auch das leitende Prinzip für die Ausgestaltung dieses Teiles des öffentlichen Einkommens:

erstens soll letzeres Einkommen grofs genug sein, um
die verfassungspolitisch wünschenswerte Schonung der
Steuerkräfte zu erreichen, hiermit eine starke Steuerkraftreserve für Notfälle zu schaffen und die kreditpolitisch
wünschenswerte Fundierung der aufserordentlichen
Deckungen zu gestatten;

zweitens soll dasselbe so eingerichtet werden, dafs es
aus solchem öffentlichen Betriebe und Besitz fliefst, welcher
allgemein verwaltungspolitisch und volkswirtschaftspolitisch zur Erreichung der Staatszwecke gefordert ist;

drittens soll dasselbe in den für den Staat politisch
und wirtschaftlich geeigneten Formen teils des Selbstbe-
triebes, teils der Pacht- und Leihverwertung geregelt
werden.

Es fragt sich nur, welche Erwerbszweige gewählt werden müssen,
um diese Prinzipien unter den gegebenen Verhältnifsen des Neuestzeitstaates zu verwirklichen. Für jeden Staat liegen diese Verhältnisse
anders. Im folgenden haben wir stets das deutsche Staatswesen
im Auge.

Beiläufiger Erwerb: Diese Bezeichnung wählen wir einmal deshalb, weil
der Ausdruck „Domänen im weitesten Sinne" damit beseitigt werden kann, sodann
deshalb, weil der Staatserwerb für unsere Zeit neben den Steuereinkünften eine blofs
beiläufige Bedeutung hat, endlich deshalb, weil solcher Erwerb nur ausnahmsweise
begründet ist. Nur darf man nicht vergessen, dafs der beiläufige Erwerb für jede
Zeit in eigentümlichen Formen grundsätzlich als integrierendes Glied des
Gesamtsystems der Deckungsmittel gefordert ist.

§ 144. *Fortsetzung. Der Thatbestand des beiläufigen Erwerbes in
den Staaten der Gegenwart.* — Nach HERM. WAGNER ergeben sich die am
Schluss dieses Paragraphen genannten Quoten von den Nettoausgaben
des Staates, welche einmal der „Reinertrag der Domänen (i. e. S.) und
Forsten", dann „der Reinertrag des gesamten Privaterwerbes" um
1873 deckte. Unter dem „gesamten Privaterwerb" sind dabei einige

Posten inbegriffen, welche steuerartiges (Einnahmen aus der Lotterie) oder gebührenartiges Einkommen (Münze, Post, Telegraphie) sind; es läfst sich in der That auch eine genaue und gleichmäfsige Ausscheidung schwer vornehmen. Der Privaterwerb umfafst für uns bei der folgenden Berechnung: Domänen, Forsten, Kolonien, Zinsen aus Geldgeschäften (bei den einzelnen deutschen Staaten incl. des resp. Anteils an verzinslichen Reichsaktiven), Staatslotterie, Berg-, Hüttenwerke und Salinen, verschiedene gewerbliche Anstalten (incl. Staatsdruckerei, Münze, Ertrag der Gesetzblätter), endlich Post, Staatseisenbahnen, Telegraphen.

	Von der Nettoausgabe beträgt der Nettoertrag	
	der Domänen und Forsten Prozent	des ganzen Privaterwerbes Prozent
Sachsen	9,7	54,7
Württemberg. . . .	13,2	42,9
Bayern	17,3	37,0
Baden	7,1	36,6
Preufsen	8,4	31,9
Dänemark	2,9	26,0
Schweiz	4,1	24,4
Belgien	1,0	18,6
Niederlande	1,9	17,0
Norwegen	1,2	13,5
Griechenland	3,6	12,7
Rufsland	3,4	12,5
Italien	3,0	10,2
Chile	1,7	8,3
Serbien	1,8	6,6
Oesterreich	0,5	4,9
Portugal	0,6	4,7
Frankreich	1,4	3,9
Grofsbritannien . . .	0,6	2,5

In den deutschen Kleinstaaten ist der Ertrag der Domänen und Forsten mehrfach relativ noch gröfser als in den Mittelstaaten.

Auch GERSTFELDT hat in seinen finanzstatistischen Arbeiten einige Berechnungen für die neueste Zeit angestellt, wobei indessen ebenfalls wegen der Zusammenfafsung nicht ganz gleichartiger Rubriken nur annähernd richtige Ergebnifse zu gewinnen waren. Hiernach würde sich um 1878 gestellt haben:

	Der Nettoertrag von		Pro Kopf d. Bevölkerung	
	Domänen u. Forsten	Berg- und Hüttenwesen	Domänen u. s. w.	Bergwerke u. s. w.
	Millionen Mark		Pfennige	
Preufsen	46,67	13,38	181	52
Bayern.	24,56	0,84	491	17
Sachsen	8,10	0,70	290	25
Württemberg. . . .	6,11	0,80	325	42

	Der Nettoertrag von		Pro Kopf d. Bevölkerung	
	Domänen u. Forsten	Berg- und Hüttenwesen	Domänen u. s. w.	Bergwerke u. s. w.
	Millionen Mark		Pfennige	
Baden	3,74	0,23	248	15
Elsas-Lothringen . .	3,96	—	259	—
Hessen	5,78	—	667	—
Andere deutsche Staaten	11,92	1,92	360	58
Alle Staaten	110,85	17,87	260	42
Grofsbritannien . . .	26,78 (??)		79	
Frankreich	44,03		119	
West-Oesterreich . .	19,40		88	
Rufsland	50,84		73	

Die Domänen sind (vergl. A. WAGNER, I § 215) ihrer Entstehung nach teils alte Staatsgüter, teils Güter des fürstlichen Hauses oder Stammgüter, bestimmt für Bestreitung öffentlicher Zwecke. Beide heifsen auch Kammergüter. Als Staatsgüter kennzeichnen sich die einstigen Kammergüter der deutschen Kaiser, die Tafelgüter der geistlichen Fürsten, die Besitzungen der Städte. Die fürstlichen Kammergüter waren ursprünglich teils Allode teils Lehensgüter und verstärkten sich wesentlich durch Zuwachs aus Reichslehen, Kaiserlichen Staatsgütern und aus eingezogenem Kloster- und Ordensbesitz.

§ 145. *Fortsetzung. Die Erwerbseinkünfte der vier gröfsten deutschen Staaten in Tausend Mark nach v. Scheel.* — Einer unserer ersten deutschen Statistiker macht hierüber (bei SCHÖNBERG, 3. Aufl. S. 59) folgende Aufstellungen:

Ordentliche Einnahmen	Preufsen 29 255 000 Einwohner. Budget-Voranschlag für 1890/91		Bayern 5 518 000 Einwohner. Budget-Voranschlag für 1890	
	brutto	netto	brutto	netto
1. Domänen (Landwirtschaft) . .	18 802	13 361	584	219
2. Forsten	59 317	27 882	24 369	10 408
3. Bergwerke, Hütten u. Salinen .	116 347	16 703	6 744	649
4. Industrielle Unternehmungen .	4 489	2 892	1 490	459
5. Banken	2 316	2 052	400	400
6. Lotterie	8 292	8 123	—	—
7. Post und Telegraph	—	—	18 989	2 121
8. Eisenbahnen und Dampfschiffe .	851 684	330 897	98 687	37 471
9. Zinsen von Aktivkapitalien . .	11 873	10 624	311	284
Summe 1—9	1 073 120	412 552	151 572	52 011
Gesamteinnahmen des Staates . .	1 591 674	881 662	274 677	163 597
davon Erwerbseinkünfte (Proz.) .	67,4	46,8	55,2	31,8

Ordentliche Einnahmen	Sachsen 3 336 000 Einwohner. Budget-Voranschlag für 1890		Württemberg 2 028 000 Einwohner. Budget-Voranschlag für 1890	
	brutto	netto	brutto	netto
1. Domänen (Landwirtschaft) . .	462	360	960	541
2. Forsten	11 225	7 345	10 022	5 280
	11 687	7 705	10 982	5 821

Ordentliche Einnahmen	Sachsen 3 336 000 Einwohner. Budget-Voranschlag für 1890		Württemberg 2 028 000 Einwohner. Budget-Voranschlag für 1890	
	brutto	netto	brutto	netto
	11 687	7705	10 982	5 821
3. Bergwerke, Hütten u. Salinen .	7 959	1014	5 215	349
4. Industrielle Unternehmungen .	2 136	499	11	11
5. Banken	—	—	—	—
6. Lotterie	5 555	4 576	—	—
7. Post und Telegraph	—	—	8 760	1 924
8. Eisenbahnen und Dampfschiffe .	81 130	30 470	32 899	15 216
Zinsen von Aktivkapitalien . .	1 571	1 571	859	859
Summe 1—9	110 038	45 835	58 726	24 180
Gesamteinnahmen des Staates . .	174 050	103 737	—	61 631
davon Erwerbseinkünfte (Proz.) .	63,2	44,2	—	39,2

§ 146. *Fortsetzung. Zur Statistik des staatlichen Grundbesitzes.* — Die Gröfse des staatlichen Liegenschaftsbesitzes betrug nach v. SCHEEL (a. a. O. S. 66):

Staaten	Forstfläche			Feldgüter ha
	ha	Prozent der gesamten Forstfläche	Prozent der gesamten Fläche überhaupt	
Preufsen (1890)	2 706 789	33,2	7,8	339 787
Bayern (1883)	849 103	33,9	11,2	
Sachsen (1887)	174 504	42,7	11,6	3 239
Württemberg (1886) . . .	192 841	32,1	9,9	10 215
Oesterreich (1884)	633 408	6,5	2,1	
Ungarn (1885)	1 482 212	16,1	4,6	
Italien (1889)	142 166	3,4	0,5	
Frankreich (1888)	1 070 477	11,3	2,0	

§ 147. *Zur Statistik des beiläufigen Erwerbes. Schlufs.* — Die Eisenbahnunternehmungen bilden sich immer mehr zum wichtigsten wirtschaftlichen Besitzstande des Staates heraus. v. SCHEEL stellt die Daten (a. a. O. S. 91) wie folgt zusamen:

Normalspurige Eisenbahnen.	Deutsche Staaten (Stand am Schlusse des Betriebsjahres 1890/91).				
	Alle deutschen Staaten	Darunter			
		Preufsen	Bayern	Sachsen	Württemberg
1. Eisenbahnen im Staatsbesitz km	34 856	23 032	4 699	2 191	1 568
2. Anlagekapital ders. in 1000 M.	9 259 897	6 077 458	1 077 910	624 495	467 644
3. E. B. im Staatsbetrieb km	35 510	23 300	4 646	2 308	1 561
Darunter im Privatbesitz km	724	345	2,3	53	—
4. Personal (Angestellte u. Arbeiter) Anzahl	281 657	204 398	21 789	24 099	7 799

Normalspurige Eisenbahnen.	Deutsche Staaten (Stand am Schlusse des Betriebsjahres 1890/91).				
	Alle deutschen Staaten	Preußen	Darunter		Württemberg
			Bayern	Sachsen	
5. Betriebseinnahmen . in 1000 M.	1 093 477	782 547	97 918	78 403	32 514
Betriebsausgaben . . in 1000 M.	593 031	419 366	51 975	45 110	16 227
Betriebs - Überschuß in 1000 M.	500 446	363 182	45 943	33 293	16 287
6. Gesamte Betriebslänge der normalsp. Eisenb. des Landes km	40 295	25 187	5 332	2 308	1 584
Die Eisenbahnen im Staatsbetrieb machen . Prozent	88,1	92,5	87,1	100,0 ·	98,5

Normalspurige Eisenbahnen.	Oesterreich (Ende 1887)	Ungarn (Ende 1887)	Frankreich (Ende 1887)
1. Eisenbahnen im Staatsbesitz . . km	3 874	4 212	2 468
2. Anlagekapital derselben . in 1000 M.	896 942	820 932	528 569
3. Eisenbahnen im Staatsbetrieb . km	5 541	5 111	2 597
Darunter im Privatbesitz . . . . km	1 356	886	—
4. Personal (Angestellte u. Arbeiter) Anzahl	32 727	27 206	9 701
5. Betriebs-Einnahmen . . in 1000 M.	80 416	60 262	26 528
Betriebs-Ausgaben . . . „ 1000 M.	47 336	34 147	21 222
Betriebs-Überschuß . . „ 1000 M.	33 081	26 115	5 306
6. Gesamte Betriebslänge der normalspurigen Eisenbahnen des Landes . . . km	14 250	10 254	33 972
Die Eisenb. im Staatsbetrieb machen Prozent	38,9	49,9	7,6

Italien hatte Ende 1887: 7444 km Eisenbahnen im Staatsbesitz; Betrieb verpachtet. Gesamtlänge der Eisenbahnen: 11831 km. Großbritannien: Gesamtlänge (1887) 31521 km; keine Staatsbahnen.

§ 148. *Theoretisches. Der beiläufige Erwerb, Fortsetzung: aus Forsten und Feldgütern (Domänen i. e. S.).* — Dieses Einkommen, ursprünglich das bedeutendste, ist finanzgeschichtlich wenigstens relativ, d. h. verglichen mit dem Steuereinkommen, immer mehr zurückgegangen. Dasselbe hat starke Einbußen namentlich durch Staatsgüterveräußerungen in Staatsnotlagen, formell auch durch Zuweisung von Staatsgütern an das Patrimonialvermögen der Fürstenhäuser (die Hofdomänen) erlitten. Umgekehrt haben auch Verstärkungen materiell durch Einzug von Besitz zur toten Hand, formell durch Vereinigung von Hofdomänen mit dem Staatsdomanium noch bis in die Neuzeit herein stattgefunden.

In den einzelnen Staaten ist das Einkommen aus Felddomänen und Forsten von sehr verschiedener Größe, in Deutschland aber immerhin noch ansehnlich. Nach der in §144 gegebenen Übersicht stuft es sich in Prozenten der Nettogesamtausgabe ab von 17,3 in Bayern, bis 4,1 in der Schweiz, 3,4 in Rußland, 3,0 in Italien, 1,9 in den Niederlanden, 1,4 in Frankreich, 1,0 in Belgien, 0,6 in Großbritannien, 0,5 in Oesterreich. Bei den deutschen Staaten finden sich vom Nettoausgabenbetrage durch den Nettoertrag der Felddomänen und Forsten gedeckt in Bayern 17,3, Württemberg 13,2, Sachsen 9,7, Preufsen 8,4, Baden 7,1 Prozent.

Hiernach steht zwar Deutschland, was das domaniale, namentlich das forstliche Einkommen betrifft, an der Spitze der heutigen europäischen Staaten. Dennoch bleibt es fraglich, ob das Staatseinkommen aus Erwerb nicht in Gestalt des Reinertrages aus anderem modernen Staatserwerbe — die domanialen Einkommen werden bei der heutigen Intensität der Landwirtschaft sowie vieler Berg- und Hüttenbetriebe einer Wiedervermehrung kaum fähig sein — gesteigert werden könnte. Scheinbar hat eine Steigerung durch den Staatsbetrieb der grofsen Verkehrsanstalten bis zu 50 und mehr Prozent bereits stattgefunden, allein die in § 144 für den „Nettoertrag des ganzen Privaterwerbes‟ der Staaten nachgewiesenen Ziffern sind insolange trügerisch, als denselben bedeutende Posten für Verzinsung und Tilgung der Staatseisenbahnschuld gegenüberstehen.

Soweit das unbewegliche Erwerbsvermögen rentabel ist und bleibt, soll es aus Gründen der Steuerentlastung und der Kreditfundierung auch dann aufrechterhalten bleiben, wenn dieses aus anderen besonderen Gründen nicht gefordert wäre. Zu beachten ist hierbei, wenigstens für Felddomänen und Staatsforsten, dafs der Staat durch diesen Besitz an dem durch das Steigen der Bevölkerung und des Verkehrs bewirkten Steigen der Grundrente einen Anteil erhält, statt die individuell unverdiente Grundrentenmehrung ausschliefslich einer Klasse bevorzugter Privatgrundbesitzer zu überlassen.

§ 149. *Fortsetzung: Die Aufrechterhaltung und Mehrung der Feldgüter (der Domänen im engeren Sinne).* — Die Veräufserung ist von der individualistischen Richtung der Nationalökonomie und von den Beschönigern der Staatsgüterverschleuderung noch bis vor kurzem sehr lebhaft empfohlen worden. Dabei war stets der Grundton zu vernehmen, welcher in der genannten Richtung schon von ADAM SMITH angeschlagen worden war, wenn dieser sagte: „Das Einkommen, welches in jeder civilisierten Monarchie die Krone von den Staatsgütern zieht, obschon es die Bürger nichts zu kosten scheint, kostet doch in der That die Gesellschaft mehr als vielleicht jede andere Einnahme der Krone von gleicher Gröfse‟. Diese Behauptung ist einseitig und übertrieben. Die Selbstbewirtschaftung der Feldgüter eignet sich mit steigender Intensität immer weniger für den Staat. Aber weder von der Pachtverwertung, welche auf die Gestaltung der Pachtverhältnisse vielmehr eine agrarpolitisch höchst wohlthätige Einflufsnahme gestattet, noch von der Verwandlung der Domänen in Rentengüter und Erbpachtungen, welche die Pachteinnahmen in fixierter Gestalt aufrechterhalten, noch vom Ankaufe entwerteter Feldgüter auf Wiederverkauf gilt dasselbe. Es kann sich sehr empfehlen, nach örtlichem Bedürfnisse und unter neueren Verhältnissen der Bodenkultur Domänen zu veräufsern, aber stets wird im Interesse der Steuerentlastung und der Fundierung des öffentlichen Kredites durch Erwerbung anderer Güter zu Domanialeigentum, oder durch Vermehrung des Forstbesitzes und gewisser Bergwerksarten, oder durch werbendes Vermögen anderer Art zureichender Ersatz zu schaffen sein.

Lor. v. Steins Domänentheorie ist eine unhaltbare Dogmatisierung der neueren österreichischen Domänenverkaufspraxis, welche es dahin gebracht hat, dafs Oesterreich der domänenärmste Staat geworden ist. Thatsächlich war es die Finanznot, welche zu dieser Praxis führte. In Oesterreich sind schon im vorigen Jahrhundert, sodann auch im jetzigen (Verordn. v. 7. Oktob. 1810 u. 20. Febr. 1811, ferner nach dem Patent vom 22. Januar 1817) sehr viele grosse Domänenherrschaften zur Schuldentilgung veräussert worden. Der Verkauf brachte 1818—1851: 35 736 097 fl ein, der Ausrufspreis war 28 893 968 fl oder ⁴/₅ des Erlöses. Darunter befand sich die Herrschaft Podiebrad in Böhmen, die 1839 für 1 634 050 fl veräufsert wurde. Tafeln zur Statistik der österr. Monarchie, Neue Folge, I, 3. Heft Tafel 19. (Rau). Neuerdings war die Domänenveräufserung in Oesterreich wieder blofs eine Folge der Finanznot, ohne ein leitendes rationelles Finanzprinzip. Dies gilt namentlich von dem Vertrag vom 18. Oktober 1855, zwischen Staat und Nationalbank, wonach eine Mafse von Staatsgütern, die auf 156 485 000 fl angeschlagen waren und eine Fläche von 150 geogr. Quadratmeilen einnahmen, an die Nationalbank als Unterpfand für das Guthaben derselben von 155 Mill. fl überlassen wurde. Die Bank durfte diese Güter verwalten und allmählich veräufsern, und der Erlös wurde an der genannten Schuld des Staates abgerechnet. In dem Verkauf von Eisenbahnen und anderen Gegenständen an eine Gesellschaft, für welche französische Kapitalisten den Vertrag abschlossen (1. Jan. 1855, für 200 Mill. Frs.), waren auch 114 000 Hekt. Land einbegriffen. Starke Veräufserungen, selbst von Forsten, sind in neuester Zeit in Oesterreich wieder erfolgt, mit zur Beschaffung von Deckungsmitteln des Staatshaushaltes seit 1868. (Gesetz v. 20. Juni 1868.) (Vergl. die [officiöse] Schrift Staatsgüterverwaltung der Nationalbank. Wien 1862.) Es sind daher mit Ausnahme der Staatswaldungen im westlichen Oesterreich nur noch ganz wenige Staatsgüter übrig geblieben. — Auch in Preufsen führten die Ereignifse von 1806 ff. zur Aufhebung der gesetzlichen Unveräufserlichkeit der Domänen (Edikt v. 5. Nov. 1809, Hausgesetz v. 17. Dez. 1808) u. zu gröfseren Verkäufen. Bis 1820 sind für 20 Mill., von da an bis 1840 für 35²/₃ Mill. Thlr. Kammergüter verkauft werden.

§ 150. *Formen der Domanialwirtschaft. Rückkehr zum Erbpachtsystem.* — Deren sind es drei: 1. Selbstbewirtschaftung (Eigenverwaltung); 2. Gewährsverwaltung, d. h. Verwaltung durch Güteradministratoren, welche mit staatlichem Betriebskapitale wirtschaften, für einen Minimalertrag haften, dafür aber einen bestimmten Teil des Mehrertrages beziehen; 3. Verpachtung, teils Zeitverpachtung, teils Erbverpachtung.

Die Verpachtung gestattet die Aufrechterhaltung des Domanialeinkommens ohne jeden volkswirtschaftlichen Nachteil. Geschichtlich herrschte zuerst die Selbstbewirtschaftung vor (vergl. Anm.), was bei der Extensität der Betriebsführung in älterer Zeit auch wirtschaftlich begründet war. Allmählich erfolgte der Übergang zur Verpachtung, zuerst hauptsächlich zur Erbverpachtung gegen eine erste Einkaufssumme

(sogen. Erbbestandgeld) und gegen eine fortlaufende jährliche Pachtrente
(Grundzins, „Kanon"). Durch die liberale Agrarpolitik seit Anfang des
19. Jahrhunderts wich die Vererbpachtung, außer in Mecklenburg (vergl.
Anm.), der Zeitpacht, sie wird aber neuestens wieder günstiger beurteilt
und zu teilweiser Wiederherstellung empfohlen. Ein Erbpächter, welcher gegen Überschuldung durch Überzahlungen im erb- und kaufgängi-
gen Besitzerwerbe, gegen die Schwankungen des Zinsfußes und gegen
jede Kündigung geschützt ist, wird immerhin im Vergleiche zu einem
besitz- und betriebsverschuldeten Eigentumsbauer in einer besseren Lage
sich befinden. Allein der freie Bauernbesitz ist als Regel doch wohl
weit vorzuziehen und kann bei körperschaftlich-genossenschaftlicher Regelung des bäuerlichen Besitz- und Betriebskredites[1] auch allgemein
behauptet werden. Die beschränkte Zulassung der Erbverpachtung für
die öffentlichen Feldgüter, namentlich diejenigen des Staates, kann dagegen Bedenken kaum unterliegen. Das fiskalische Interesse, welches
man der Erbverpachtung der geringeren Rente wegen entgegenhielt,
ist nicht unbedingt maßgebend, da ein kräftiger Pächterstand agrarpolitisch wünschenswert ist und dies das Erstrebenswerte bleibt, daß
dem Staate überhaupt für absehbare Zeit Domanialeinkommen (hiermit
Steuerentlastung und Kreditpfandwert) gesichert bleiben. Gegen den
finanziellen Nachteil, daß der Erbzins in Geld dem Staate den Anteil
an der steigenden Grundrente entziehe, läßt sich einfach durch Fixierung dieses Zinses in Getreidequanten zu laufenden Durchschnittspreisen
aufkommen.

Die Gestattung der Ablösung des Kanon zur Überführung des Pacht-
besitzes in Eigentum würde bei etwaiger stärkerer Rückkehr zum Erbpachtsystem, wenigstens für bestimmte Voraussetzungen, im Auge behalten
werden müssen (vergl. die Bemerkungen über die Rentengüter in § 151).

Ein Teil der römischen agri publici wurde von den Sklaven für den Staat
verwaltet unter Aufsicht des Senates, der die Rechnungen abhörte. Die regelmässige
Form der Nutzbarmachung der Staatsländereien war aber die Zeitpacht gegen Geld,
entsprechend der früh ausgebildeten römischen Geldwirtschaft. Über die censorische
Verpachtung der Provinzialdomäne in der Zeit der Republik s. MARQUARDT, röm.
Staatsverwaltung II, 241. Bei größeren Komplexen Generalpacht mit Separatafter-
pacht. Auch das zur Viehweide bestimmte Land wurde verpachtet, die Pächter
liessen Vieh gegen Weidegeld (scriptura) zu, (eb. S. 244). Unter den Kaisern kam die
Domäne unter die Administration des kaiserlichen Fiskus. Viele Güter wurden auch
jetzt verpachtet, auf 5 Jahre oder länger; später mehr Kolonatsverhältnis (Erbpacht).
Auch Selbstbewirtschaftung von Fiskalgütern kommt noch vor (MARQUARDT, S. 250, 251).

Mecklenburg-Schwerin hatte 1855 75 größere Erbpachthöfe von ungefähr
680 preuß. Morgen mittlerer Größe und 1320 bäuerliche Erbpachtgüter von durchschnittlich 18 388 Quadr.-Ruth. — 153 preuß. Morgen u. 7288 Büdnerstellen i. D. von
1920 Quadr-Ruth. = 16 preuß. Morgen. (A. WAGNER, Fin. W.). Auf dem Schwerinschen
Domanium betrug die Zahl der Erbpachtstellen 1832: 437, 1847: 832, 1857: 1250,

---

1) Vgl. meine „Kern- und Zeitfragen" II, 198 ff.

1670: 2383, 1872: 3633; mit als Mafsregel zur Hemmung der Auswanderung dient diese Einrichtung, die auf den mecklenb. Rittergütern sehr zum Nachteil fehlt. **Naturalfixierung** des Erbpachtzinses ist in der Praxis öfter angewandt worden, Ostpreufsen, Mecklenburg. Z. B. im ostpreufsischen Kammerdepartement: Stipulierung des Kanons halb Roggen, halb Gerste; der durchschnittliche Marktpreis einer 30jährigen Periode wird während der folgenden 30 Jahre zur Bezahlung angewendet, doch darf der Mittelpreis der einen Periode nicht über das Doppelte vom Preise der vorhergehenden steigen. (KRUG, Nat.-Reichtum II, 42). Mecklenburg, der in Getreide angesetzte Kanon wird nach 20jähr. Durchschnittspreisen bezahlt. (RAU.) Je mehr die Körnerwirtschaft hinter andere Produktionszweige in der Landwirtschaft zurücktritt, desto weniger reichen Pachtzinse in Getreide für den beabsichtigten Zweck aus, animalische Produkte, Handelsgewächse steigen auch vielfach stärker im Preise. (A. WAGNER.)

§ 151. *Fortsetzung: Mögliche agrarpolitische Domanialbildung der Zukunft.* — Die unmittelbare Gegenwart nimmt auf dem Gebiete der Agrarpolitik Anläufe zu Reformen, welche dazu führen könnten, dafs der Domanialbesitz wieder eine gröfsere Ausdehnung gewänne.

Es sei dabei von dem Streben der **Bodenverstaatlicher** abgesehen, welche nicht blofs für England, wo der Latifundienbesitz mit Zeitpachtverwertung ernstlich in Frage gestellt ist, den ganzen Grundbesitz „nationalisieren", d. h. in Staatseigentum zur Zeitverpachtung überführen wollen. Der Staat soll dabei die Grundrente des ganzen Landes an sich ziehen und hiermit alle Besteuerung womöglich überflüssig machen. Es ist möglich, dafs der Latifundienbesitz in England und in einigen Weststaaten der amerikanischen Union einer Zertrümmerung entgegensteht, es ist aber auch in diesem Falle wahrscheinlich, dafs die Verstaatlichung nur die Brücke für den Übergang zu bäuerlich farmerischem Eigentumsbesitze bilden würde. Die Rückkehr zu einem allgemeinen Obereigentum des Staates, zur Herabdrückung fast des ganzen Bauernstandes zu einem Zeitpächterstande, wie in der antiken und in der germanischen Feudalzeit wäre auch weder volkswirtschaftlich, noch politisch wünschenswert. Die gröfste Produktivität der Landwirtschaft zum Vorteile der Volksernährung und die gröfste Summe von Glück für den Stand der Landwirte kann doch nur der Eigentümerbetrieb zustande bringen. Die allgemeine Bodenverstaatlichung wäre auch sozial und politisch eine nicht zu wünschende Wendung, da sie dem beweglichen Vermögen gegenüber das unentbehrliche Gegengewicht des unbeweglichen Eigentumes aufheben würde. Die Beseitigung alles Eigentums an allen Produktionsmitteln, besonders am Industrie- und Handelskapitale würde sich als die weitere unvermeidliche Konsequenz ergeben. Der Staatsunterhalt aus der Grundrente statt aus der Steuer wäre selbst finanzpolitisch für eine Zeit hoher Intensität der Landwirtschaft keineswegs als Fortschritt anzusehen. Von der Rückkehr zur allgemeinen Domanialwirtschaft mittels Bodenverstaatlichung soll daher hier nicht weitere Rede sein[1].

---

1) Nähere Ausführung s. in meinem „Kern- und Zeitfragen" II, S. 284 ff.

Eine andere Frage ist es, ob nicht eine unvermeidliche Wendung
der Zeit zu positiver Agrarreform dennoch auf Wiederausdehnung des
staatlichen Feldgüterbesitzes hindrängt. Seit der Ablösung der alten Reallasten und der vollen Freigebung des Grundbesitzverkehres hat sich
weithin in Deutschland, namentlich im Osten Preußens aus der Kauf-
überzahlung und aus der Abfindung der Miterben zu einem den Ertragswert übersteigenden Preise ein Grad der Besitzverschuldung ergeben,
bei welchem der Grundbesitzer fast nur noch der verantwortliche Verwalter seines Eigentums im Interesse des Leihkapitales geworden ist.
Die Lage ist besonders ernst geworden, seitdem die Konkurrenz der
überseeischen, russischen und südosteuropäischen Bodenprodukte auf den
Ertragswert der Güter drückt. Es kann also in Frage kommen, daß
der Staat in größerem Maße helfend einzuschreiten hat. Das Mittel dazu
wäre die Erwerbung jenes — namentlich größeren Grundbesitzes, welcher
mehr oder weniger unhaltbar geworden ist, zu einem mäßigen Preise
mit der Aussicht, beim Rückgang der auswärtigen Konkurrenz und bei
fortdauernder Volksvermehrung durch das erneute Steigen der Grundrente sich schadlos zu halten. Selbst wenn zur Fundierung der etwaigen
Opfer und zur Tilgung der Schuld aus teilweiser Bodenverstaatlichung
eine längere Aufrechterhaltung mäßiger Bodenproduktenzölle nicht sollte
vermieden werden können, läßt sich die Maßregel als zweckmäßig
denken; denn die im anderen Falle fast unvermeidliche Aufsaugung des
Grundbesitzes zu Schleuderpreisen durch das bewegliche Kapital auf
Verwertung in kurzer und kleiner Zeitpacht, d. h. die Schaffung irischer,
italienischer, sizilianischer und südspanischer Agrarzustände in Deutschland wäre ein viel größeres, fast totbringendes Übel. Die Pachtpreise
bezw. Zölle wären so zu regeln, daß die Verstaatlichungsschuld verzinst
und getilgt werden könnte. Der Staat erhielte ein vergrößertes Doma-
nialvermögen. Zu höheren Preisen einen Teil des verstaatlichten Bodens
an Bauern zu eigener Bewirtschaftung (Rückenbesitz) in dem Maße
wieder wegzuverkaufen, als eine gute Mischung von Groß-, Mittel- und
Kleinbesitz in jeder Provinz dies wünschenswert erscheinen läßt, wäre
dabei nicht ausgeschlossen.

Der Weg einer aktiven Landpolitik ist in Preußen durch
die neueste Rentengutsgesetzgebung, in England durch die irischen, englischen und schottischen Landgesetze bereits eingeschlagen. Die Finanzpolitik hätte der Agrarpolitik zum eigenen dauernden
Vorteile der ersteren unter die Arme zu greifen.

Ob in dieser Richtung weiter und wirklich glücklich ausgegriffen
werden wird, ist vorläufig freilich nicht abzusehen. Undenkbar ist es
aber keineswegs, daß das in höherem Maße erreichbar wäre, was im
früheren „Steuerkraftreserve" und „Kreditfundierung" genannt worden ist.
Eine eingehende Erörterung der einschlägigen großen Zeitfragen der Agrarpolitik

jedoch ohne bestimmtere Betonung der im obigen vertretenen finanzpolitischen Gesichtspunkte s. in meinen „Kern- und Zeitfragen" II, 190 ff.

Die preufsischen Rentengutsgesetze vom 27. Juni 1890 und vom 7. Juli 1891 haben weithin Beachtung gefunden und sichtbar auf das verwandte englische Gesetz von 1892 über *Small Holdings* einen Einflufs geübt. Im allgemeinen verfolgen die beiden preufsischen Gesetze den Zweck 1. der Sefshaftmachung der ländlichen Arbeiter, 2. der Mehrung und Erhaltung des bäuerlichen Mittelstandes, 3. der Förderung der inneren Kolonisation. Die Verwirklichung dieser Ziele hatte bisher mit grofsen Schwierigkeiten zu kämpfen, namentlich bei der Beschaffung der erforderlichen Kapitalmittel. Das Rentenprinzip, wonach für den Erwerb eines Grundstückes an Stelle eines einmaligen Kaufpreises eine jährliche feste Rente in Geld oder Körnern, tritt, hat vielleicht eine gröfsere Zukunft.

§ 152. *Beiläufiger Erwerb. Fortsetzung: die älteren Grundgefälle.*
— Einst von grofser finanzieller Bedeutung, ist diese öffentliche Einnahme infolge der Ablösungsgesetzgebung des 19. Jahrhunderts nur noch von historischem Belang. Die hierbei zugrunde gelegenen dinglichen Rechte und Reallasten waren „Verpflichtungen zu wiederkehrenden, stetigen Leistungen (besonders Zinse, Renten, Fronden u. s. w., — auch Zehnten, Handlöhne, Gilten), welche dem Besitzer eines Grundstückes als solchem oblagen, so dafs die Person des Verpflichteten lediglich durch den Besitz des Grundstückes bestimmt ward. Die Verpflichtung zur Leistung konnte entweder in regelmäfsiger Weise zu bestimmten Zeiten (so beim Zehnten) oder in unregelmäfsigen Intervallen nur bei gewissen Veranlassungen (z. B. Todesfällen, Besitzwechsel, — Mortuarium, Laudemium) eintreten" (STOBBE).

Auch bezüglich der Abschaffung der Grundgefälle ist in der wissenschaftlichen Beurteilung ein Umschwung eingetreten, wie gegenüber der überhasteten Beseitigung der Erbverpachtung. Statt der völligen Ablösung hätte — meint man — eine Fixierung der alten Gefälle in einer auf dem Boden lastenden Geldrente, etwa nach laufenden Naturalienpreisen erneuert, stattfinden sollen. Und wirklich ist nicht zu leugnen, dafs dem Staate ein gewaltiges Mittel der Steuerentlastung und Kreditfundierung aus der Hand geglitten ist, ohne dafs es verhütet wurde, den Bauernstand aus dem Regen der fixen öffentlichen Zehntbelastung in die Traufe der anschwellenden privaten Schuldüberbürdung gelangen zu lassen. Indessen wäre letztere Schuldbelastung durch die schon erwähnte aktive Landpolitik sowie durch die Organisation des bäuerlichen Kredites zu vermeiden gewesen, und die gedachte üble Folge läfst sich auf dem bezeichneten Wege [1] auch wieder rückgängig machen. Eine allgemeine Wiedereinführung von Grundgefällen in moderner Form wäre bei aller Wertschätzung des beiläufigen Fortbestandes von öffentlichen Erwerbscinkünften nicht zu wünschen, und die Ablösungsgesetzgebung ist m. E. nicht verfehlt, sondern nur unvollständig, einseitig negativ gewesen. Ich wenigstens vermag nicht in die Klage A. WAGNERS

---

1) Vgl. meine „Kern- und Zeitfragen" II, 190 ff.

einzustimmen: „Die vollständige Ablösung hat dem Staate eine wertvolle Einnahme für die Zukunft und damit die berechtigte Teilnahme
am Bezug der nationalen Grundrente entzogen, wofür in der Rente des
Ablösungsskapitales kein sicherer und gewöhnlich kein ausreichender
Ersatz gelegen hat. Die mehrfach erfolgten weiteren Beisteuern des
Staates zur Ablösung haben selbst neue finanzielle Opfer mit sich gebracht. Das „lastenfreie volle Privateigentum des Bauern" wird eben
auf die Dauer doch nicht erreicht werden, weil die „Verschuldungs-
bezw. Verpfändungsfreiheit" nunmehr um so leichter zu kündbaren Ka-
pitalschulden mit wechselndem Zinsfuße führt. Das Endurteil über die
„Grundentlastung" fällt daher nicht so günstig aus, wie früher angenommen wurde."

§ 153. *Der beiläufige Erwerb; Fortsetzung: Aus Forsten, Bergwerken, Hütten, Salinen.* — 1. Aus Forsten. In vielen europäischen,
namentlich aber in allen deutschen Staaten liegt ein großer Teil der
Waldungen im Eigentume des Staates und der Gemeinden (vergl. § 146).
Die Forste liefern in Deutschland einen erheblichen Teil des Netto-
einkommens aus dem Erwerbsbetriebe.

Auch dieser Teil des staatlichen Grundbesitzes war von der individualistischen Nationalökonomie in Frage gestellt und mit Ausnahme
der Schutz- und Bannwälder, der klimatisch notwendigen Bewaldung und
der Ödlandwälder zur Veräußerung empfohlen. Dieses Verlangen ermangelt schon volkswirtschaftlich der Begründung. Die Bewirtschaftung
der Forsten kann im Vergleiche zum Privatbetriebe, weil in der Wald-
wirtschaft der Naturfaktor der Produktion immerfort überwiegt, viel
stehendes Kapital erforderlich, das Forstpersonal von mäßigerem Umfange
ist, vom Staate besser als vom Kleingrundbesitze und mindestens ebensogut als vom privaten Großgrundbesitze durchgeführt werden. Die Nachhaltigkeit der Bewirtschaftung, die Länge der Umtriebszeit, der Schutz
gegen Bodenverwüstung, das öffentliche Interesse an der Wiederauf-
forstung kahl abgetriebener Wälder, die Beteiligung des Volkes am steigenden Waldrenteneinkommen sind Momente, welche für den Staatsbesitz und Staatsbetrieb eines großen Teiles der Forstbestände eines
Landes auf absehbare Zeit die Entscheidung geben werden. Dagegen
treffen die Gründe, welche früher für den Staatsforstbesitz hauptsächlich
geltend gemacht wurden: sichere und wohlfeile Holzversorgung unter
den heutigen Verhältnissen der Brennmaterialienanschaffung nicht mehr
zu. Maßgebend bleiben für die Erhaltung staatlichen Forstbesitzes —
auch über die Schutzwald- und verwandten Bestände hinaus — die
großen finanzpolitischen Interessen der Steuerentlastung bezw. der
Steuerkraftreserve sowie der Fundierung des öffentlichen Kredites.

Soweit Waldboden bei aufsteigender Entwickelung der Volkswirtschaft durch Überführung in private Feldgüter ertragreicher wird, darf

diese Verwandlung gutgeheifsen werden, jedoch finanzpolitisch nur unter der Voraussetzung, dafs der Wert dem Grundstocke des gesamten werbenden Staatsbesitzes in irgendeiner Form — Anlegung neuer Forste, Kauf von Privatforsten, Ausdehnung des Feldgüterbesitzes, Vermehrung des Einkommens aus dem Betriebe der Verkehrsanstalten u. s. w. — ersetzt werde.

2. Aus Bergwerken, Hüttenwerken, Salzwerken. Dieser Besitz, welcher unter der Voraussetzung des älteren Bergrechtes und Bergbetriebes wesentlich als Mittel der Ausübung der Bergregalität, der sogen. Berghoheit, in Betracht kam, ist seit der „Freierklärung des Bergbaues" — auf Grund der Lostrennung des Grubeneigentumes von dem Oberflächeneigentum — lediglich als staatlicher Erwerbsbetrieb zu beurteilen. Wenn der Betrieb fortlaufend Zubufse ergiebt, welche beim Übergang in den Privatbetrieb verschwindet, sind diese Vermögensbestände zu veräufsern, vorausgesetzt, dafs das Erwerbsgesamtvermögen und der Reinertrag des letzteren durch entsprechende Anschaffungen aus dem Erlöse gesichert wird.

Jene Bergwerke Hütten, Salzbergwerke, Salinen, deren Betrieb technisch einfach ist und daher auch vom Staate auf wirtschaftliche Weise bewältigt werden kann, oder jene, welche wie ehedem viele öffentliche Hüttenwerke Mittel der Steigerung der Rente absoluten Waldbodens waren oder noch sind, oder jene, welche dazu dienen, günstig auf die Preisbewegung der Gegenstände des Volkskonsums einzuwirken, oder welche als Unterlage für die Steuererhebung sich empfehlen, oder welche, wie der Kohlenbergbau oder Steinsalzabbau ein aktives Eingreifen des Staates im Interesse des Arbeiterschutzes und im Interesse unausgesetzter Versorgung des ganzen Volkes mit unentbehrlichen Materialien, also im Interesse der Verhütung eines allgemeinen Stillstandes der Industrie und des Transportverkehres angezeigt erscheinen lassen, — Werke dieser Art sind schon aus verwaltungs-, namentlich volkswirtschaftspolitischen Gründen als Staatsgut aufrechtzuerhalten, unter Umständen ist der ganze Erwerbszweig in das Staatseigentum überzuführen. Das letztere ist verschiedentlich bezüglich des Kohlenbergbaues in neuerer Zeit gefordert worden. Allein auch dann, wenn keine einzige der angeführten Rücksichten zutrifft und fortbestehen bleibt, wird darauf zu halten sein, den Gesamtwert und Gesamtreinertrag des werbenden Staatsbesitzes durch Anlegung des Erlöses in anderen Anlageformen aufrechtzuerhalten, um für aufserordentliche Fälle eine Reservesteuerkraft und die Kreditfundierung zu sichern.

Bei der Entscheidung über die Veräufserung macht die Berechnung der Rentabilität grofse Schwierigkeiten bei allen Berg- und Hüttenwerken.

§ 154. *Der beiläufige Staatserwerb; Fortsetzung:* 3. aus Fabriken, Handelsgeschäften, Banken, Gebäudevermietung. — Der

Fabrikbetrieb in Konkurrenz mit der Privatindustrie kann aus verwaltungspolitischen Gründen zulässig sein für Musteranstalten, Förderung des Kunstgeschmackes, Einführung neuer Industriezweige u. s. w. Die Rentabilität staatlicher Gewerbe ist jedoch zweifelhaft und daher Staatsfabrikbetrieb finanzpolitisch unter den bestehenden Verhältnissen nicht empfehlenswert. Die Fabrikation als Mittel der Besteuerung, wie beim Tabakmonopol, ist nicht unter domanialem, sondern unter steuerpolitischem Gesichtspunkt zu rechtfertigen.

Auch der Handelsbetrieb durch Staatsbeamte in Konkurrenz — und nur um diesen, nicht um den Monopolbetrieb im Interesse der Besteuerung handelt es sich an dieser Stelle — ist unter den gegebenen Verhältnissen der Volkswirtschaft kaum je rentabel. Er kann jedoch bis zu einem gewissen Umfange unvermeidlich sein als Mittel der Verwertung der Forst-, Bergwerks- und Hüttenprodukte; läfst er hier Rente frei, so wird gegen solchen gesetzlichen Handelsbetrieb nichts einzuwenden sein. In gewissen Fällen kann der zusätzliche Handelsbetrieb als Mittel der Finanzwirtschaft in die Hände einer Handelsgesellschaft gelegt werden; ein Beispiel hierfür ist der ostindische Handel der niederländischen Maatschappij als Organs der Naturalfeudalwirtschaft in Niederländisch-Indien.

Die Anteilnahme des Staates am Zettelbankbetrieb empfiehlt sich, wofern nur die Zerrüttung des Geld- und Kreditwesens durch öffentliche Daueranlehen bei der Bank vermieden wird.

Der Gewinnanteil des Staates an dem Erwerbe, welchen eine Erwerbsgesellschaft aus dem vom Staate verliehenen Vorrechte der Banknoten-Emission macht, ist wohl begründet. Die Beteiligung wird eine doppelte sein: Anteil an den ordentlichen Dividenden durch Besitz eines Teiles der Aktien der Zettelbank und steigender Anteil an den Superdividenden. Dieser letztere Anteil kann zur Amortisierung des staatlichen Anteiles am ordentlichen Kapital der Zettelbank benutzt werden, was die Bildung eines dauernden Rentenfonds behufs Steuerentlastung und Kreditfundierung bewirkt.

Vergl. hierzu namentlich A. Wagners insgesamt vorzügliche banktheoretische und bankpolitische Arbeiten. Vergl. auch dessen Fin. W. I, § 259 f. Es liegen erfolgreiche Vorgänge der Beteiligung des Staates am Bankbetriebe vor: früher „Preufsische Bank", „Deutsche Reichsbank", „Preufsische Seehandlung", letztere hauptsächlich eine Bank für Emission von Staats- und Eisenbahn-Obligationen.

Aus der Gebäudevermietung. Als ein Erwerbsgeschäft empfiehlt sich solche für Staat und Gemeinde nicht. Eine andere Frage ist es, ob nicht wenigstens rasch sich entwickelnde Gemeinden einen Teil der Baugründe sich vorbehalten sollten oder sollten vorbehalten müssen, teils um einen Anteil der steigenden Grundrente der Gemeinde zu sichern, teils um für gesunde und billige Wohnungen der sogen.

kleinen Leute in Konkurrenz mit der privaten Bau- und Vermietungs-
spekulation durchgreifend zu sorgen.

Zahlreiche Amtswohnungen sind ein Mittel, einen Teil der Be-
amtenbesoldungen natural zu decken und unmittelbar zu dauernder
Steuerentlastung beizutragen.

Über „nationale Wohnungsreform" S. „Kern- und Zeitfragen" II 305 ff und
PAUL LECHLERS neueste Schrift über denselben Gegenstand.

§ 155. *Erwerb aus dem Betriebe der öffentlichen Verkehrsanstalten.*[1]) — Durch Übernahme der grofsen öffentlichen Verkehrsanstalten
hat sich für den Staat ein gewaltiges **Erwerbsvermögen neuer
Art** gebildet, welches zu einer Quelle reicheren Erwerbes gemacht
werden kann. Hierher zählt die **Post**, das **Telegraphenwesen**, das
Telephonwesen, namentlich aber das **Eisenbahnwesen**.

Diese Verkehrsanstalten sind aus Gründen, an deren Nachweisung
der Verfasser schon vor dreifsig Jahren lebhaften Anteil genommen hat,
mehr und mehr in den öffentlichen Besitz und Betrieb übergegangen,
und diese „Verstaatlichung" hat wenigstens unter den Voraussetzungen, welche im Deutschen Reiche und in Oesterreich-Ungarn obwalten, mehr und mehr Anerkennung erlangt.

. Die Folge der Verstaatlichung in Deutschland war die in § 144
nachgewiesene bedeutende Steigerung der Nettoeinnahmen aus staatlichem Erwerbsbetriebe.

Dieser bedeutenden Steigerung der Erwerbs-Nettoeinnahmen aus
der Entwickelung des staatlichen Verkehrsbetriebes stehen allerdings
bis jetzt bedeutende Lasten für Verzinsung und Tilgung der Verkehrs-
anstalten-Schuld gegenüber; in Württemberg verzinst die Eisenbahn-
rente immer noch nicht die Eisenbahnschuld.

Die **leitenden Verstaatlichungsgrundsätze** sind Gegenstand einer
umfassenden neueren Litteratur geworden.

Der Betrieb der öffentlichen Verkehrsanstalten auf Reinerträge
— ist auch möglich und zulässig, ohne staatliche und private Interessen
irgendwie zu gefährden.

Die Tarife öffentlicher Verkehrsanstalten haben sich in dem Spielraum zwischen Kostensatz und Gebrauchswerthöhe der Verkehrsleistungen
zu bewegen, wie die Gebührentarife. Die Festsetzung der Verzinsung
lediglich nach dem Satze der Selbstkosten ist weder berechtigt, noch
praktisch ausführbar, wie die neuere Litteratur über Tarifwesen (E. SAX,
G. COHN, v. WEICHS u. A.) dargethan hat.

Die Gemeinnützigkeit der Transportleistung kann zwar im einzelnen
eine Regulierung der Tarifsätze sogar unter den Selbstkosten erheischen.
Dies ist jedoch auch vom erwerbspolitischen Standpunkte aus zulässig,

---

1) Die reiche Litteratur bei A. WAGNER (Fin.-W. I § 256) und die Schriften
von v. WEICHS.

wenn nur die öffentlichen Verkehrstarife im ganzen darauf angelegt
werden, eine Rente vom modernen Verkehrsanstalten-Vermögen zu erzielen.

Ein Reinertrag im ganzen wird jedoch wirklich erreicht werden,
wenn die Tarifsysteme darauf berechnet werden, 1. die Kosten der Verzinsung des Kapitales, 2. des Betriebes, 3. der Tilgung der Schuld
mindestens zu decken und über diese Beträge hinaus einen Reinertrag
abzuwerfen.

In der Form einer Tilgung des Anlagekapitales, welche über das
Maſs der Abnutzung und Entwertung des Anlage- und des Betriebs-
kapitales hinausgeht, ist das Mittel gegeben, ein gewaltiges Staats-Er-
werbsvermögen moderner Art neben dem alten Domanium zu bilden.
Die Rente aus dem Verkehrsanstalten-Vermögen käme alsdann mindestens gleich der Rente aus dem Kapitalwerte der getilgten Verkehrs-
anstalten-Schuld.

Ein solches Vorgehen würde wirklich gestatten, aus einem neuen
Domanium und aus den zur Aufrechterhaltung fähigen Resten des alten
Domaniums einen Reinertrag nachhaltig zu erzielen, welcher etwa 20
bis 30 Prozenten des gemeinnützigen Staatsbedarfes wirklich decken
würde, mit dem doppelten Vorteile, 1. der Schonung der Steuerkraftreserven (§ 143) und 2. der Fundierung des öffentlichen Kredites zu
billigen Bedingungen).

§ 156. *Die Regulierung der Verkehrstarife nach zwei Prinzipien.* —
Es wird jedoch kaum richtig sein, einzelne Zweige der öffentlichen Verkehrsanstalten für das bloſse „Gebührenprinzip" im Sinne des Selbst-
kosten- oder „Tarifprinzips", andere für das Rentabilitätsprinzip,
das sogen. privatwirtschaftliche Tarifprinzip, vorausbestimmt anzusehen.
Bei jeder Gattung von Verkehrsanstalten kommt es auf Zeit und Umstände an, ganz abgesehen davon, daſs auch das Gebührenprinzip ein
Hinausgehen der Tarifsätze über den Kostenbetrag bis zum vollen Gebrauchswerte der Leistung gestattet. Anderer Ansicht ist allerdings
A. WAGNER (F. W. I, § 268), mit dem Satze, „daſs im ganzen gegenwärtig die Post, eventuell jedoch nur mit Ausnahme einzelner Teile,
wie des Personen- und unter Umständen des Packettransportes, die
Telegraphie unter das Gebührenprinzip (Selbstkostenprinzip), der neu
erbaute Kanal, die Eisenbahn und der Schiffahrtskurs sowie
die Personen- und eventuell die Packetpost unter das privatwirtschaftliche Prinzip fallen."

§ 157. *Die Rentabilität der Staatsbahnen.* — Die Erfahrung, mit
der Verstaatlichung spricht bis jetzt, — gute und schlechte Zeiten,
Haupt- und Nebenlinien ineinander gerechnet, — nicht gegen die
Rentabilität. Vollkommen richtig bemerkt A. WAGNER: „Die finanzielle Seite der Staatsbahnfrage ist in Deutschland angesichts der

sinkenden Rente der Bahnkapitalien in der Mitte der 70er Jahre, besonders nach den ungünstigen Ergebnissen des Jahres 1874, etwas ängstlich von den Anhängern, etwas triumphierend von den Gegnern der Staats- und speziell der Reichsbahnen behandelt worden: wohl beiderseits mit Unrecht. Schon das Ergebnis des Jahres 1875 fiel wieder erheblich besser aus, namentlich infolge der wieder gesunkenen Betriebskosten (Preise), was jedenfalls bewies, daſs man es nicht mit einer notwendig dauernden Entwertung des Eisenbahnbesitzes zu thun hatte, wie sich seitdem auch gezeigt hat. Die eigentümliche Ansicht, als ob die Bahntarife nicht steigen dürften, wenn alles andere sich verteuert, muſs freilich aufgeben werden. Die zeitweise schlechtere Rentabilität der badischen, württembergischen, bayrischen Bahnen beweist nur, daſs man dort etwas zu rücksichtslos rasch in finanzieller Beziehung vorging, und daſs einige Länder — im heutigen Verkehrswesen nur von der Bedeutung mittlerer Provinzen — noch zu klein sind, um die genügende Ausgleichung der Chancen der günstigen und ungünstigen Fälle zu verbürgen. In Preuſsen aber muſs man nicht übersehen, daſs unter den Staatsbahnen vor 1878 einige groſse Linien mittlerer Frequenz und groſser Kostspieligkeit und umgekehrt unter den Privatbahnen noch ziemlich die Hauptlinien groſser Frequenz und zum Teil auch billigen Baues sich befanden. Dabei erfolgte noch nicht die dem alleinigen oder dem sehr ausgedehnten Staatsbahnsysteme eigentümliche Gewinnausgleichung der verschiedenen Linien. Auch bei dem Reichseisenbahnprojekt wäre in finanzieller Hinsicht zu bedenken gewesen, daſs das Reich bei den guten Privatbahnen eine 6 prozentige Aktienrente mit einer 4 1/2—4 3/4 prozentigen Reichsrente kaufen konnte, wie das Preuſsen dann für sich gethan hat. Die Daten der 80er Jahre sind mit denjenigen der früheren Zeit vor der groſsen Verstaatlichungs-ära nicht genau zu vergleichen und bei dem raschen Fortschritte der Verstaatlichungen sind auch die Ergebnisse und Voranschläge der einzelnen letzten Jahre nicht direkt vergleichbar. Jedenfalls sind die Finanzresultate günstig, und trotz des vielfach so teuren Erwerbspreises der verstaatlichten Privatbahnen sind die Überschüsse (nach Abzug auch der Zinsen für die neuen Eisenbahnschulden, der gewährten Aktienrenten, der Zinzen und Tilgequoten der Prioritäts-Obligationen) gröſser geworden und haben regelmäſsig die freilich vorsichtig aufgestellten Voranschläge übertroffen. So konnte die Bahnschuld durch Abschreibungen vermindert oder der Staatskasse ein Überschuſs zur Verfügung gestellt werden. Daſs dabei der Verkehrsaufschwung mit geholfen, ist gewiſs. Auf die fetten Jahre können und werden auch einmal wieder magere kommen. Aber die Überschüsse sind jetzt so erheblich, daſs sie einige Garantie gegen dauernde Rückschläge bieten." Die Rückschläge sprechen nicht gegen die Verstaatlichung, sondern nur für Rücklegungen in fetten Jahren.

5. Kapitel. **Die aufserordentlichen Deckungsmittel und die Besteuerung. Insbesondere der öffentliche Kredit.**

§ 158. *Drei Hauptarten der aufserordentlichen Deckungsmittel.* — Die aufserordentlichen Deckungsmittel sind im § 140 begrifflich bestimmt und einzeln aufgezählt worden.

Dieselben lassen sich in drei Klassen zusammenfassen: 1. Deckungen aus dem Stammvermögen, 2. Deckungen durch Kredit, 3. Deckungen aus aufserordentlich auferlegten Steuern, seien diese letzteren Zuschläge zu den regelmäfsig wiederkehrenden Steuern (Kriegszuschläge u. s. w.), seien sie besondere Steuern.

Die Deckungen aus den Stämmen des öffentlichen Vermögens sind teils Zubufsen, Erlöse aus dem Verkaufe von werbenden Vermögensbeständen und von Gebrauchsgütern des Staates, zurückgezogene Teile der Betriebsfonds und Kassenvorräte, Überschüsse der ordentlichen Einnahmen, teils sind sie Schatzlegungsbestände, welche für den Fall aufserordentlichen Bedarfes aus ordentlichen und aufserordentlichen Einnahmen planmäfsig angesammelt sind: Kriegsschatz, Baufonds, vorbehaltene Einnahmeüberschüsse u. s. w.

Neben den Stammdeckungen, bestehend in Zubufsen und in jenen Schatzbeständen, welche das Ergebnis früherer öffentlicher Vermögensansammlung sind und hierdurch als Vorausdeckungen sich darstellen, stehen andere aufserordentliche Deckungsmittel, welche den Privatvermögensbeständen auf Nachdeckung (Tilgung) aus dem öffentlichen Vermögen und Einkommen kraft freien Kredites und kraft Anwendung der Währungsgewalt entnommen sind: die Anlehen und die durch Emission von Zwangspapiergeld gewonnenen Deckungsmittel. Die ohne Währungszwang kontrahierte Notenschuld stellt nur eine Art der Anlehen und zwar der schwebenden Schulden dar.

Die aufserordentlichen Steuerdeckungen können der Ansammlung von Zubufsen und Schatzwerten dienen, obwohl letztere keineswegs blos aus aufserordentlicher Besteuerung hervorgehen, und stellen ein Mittel dar, Anlehens- und Währungsschulden zu verzinsen und zu tilgen. Die aufserordentlichen oder sogen. Extrasteuern können jedoch und sollen thunlichst vermieden werden, indem die ordentliche Besteuerung darauf eingerichtet wird, die Ansammlung und Wiederansammlung von verfügbaren Vermögensbeständen, wie die Verzinsung und Tilgung der Schulden, im Laufe längerer Perioden zu ermöglichen.

Innerhalb der Jahresbudgets ist es unmöglich, nur Extrasteuern als aufserordentliche Deckungsmittel zu verwenden. Es wird sich dem Steuersysteme nie ein Grad der Beweglichkeit geben lassen, welcher es gestatten würde, aufserordentliche Bedarfe für Krieg, öffentliche Arbeiten, Reorganisationen, öffentliche Anlagewerte aller Art nur durch „Extra-

steuern", mit Vermeidung aller Schatzverwendungen und aller Schuld-
aufnahmen, ausreichend zu bestreiten.

§ 159. *Die Kreditdeckung: Arten der öffentlichen Schuld.* — Gegenüber der Deckung aus eigenem Vermögen oder Einkommen, kürzer der
Eigendeckung, in der Hauptsache Steuerdeckung, steht die Deckung
durch Aufnahme von Krediten, die Kreditdeckung.

Arten des öffentlichen Kredites: Neben der verwaltungs-
technischen Einteilung in Verwaltungs- und in Finanzschulden steht die finanztechnische Einteilung in

I. schwebende Schulden:
  a. aus privatwirtschaftlichen Verkehren der Finanzverwaltung;
  b. aus staatlichen Geldempfängen: Depositen, Spar- und Ver-
     sicherungseinlagen, Kautionen;
  c. aus Ausgaberückständen der Vorjahre;
  d. aus kurzfälligen Kreditaufnahmen, namentlich in Form der
     Schatzscheine;
  e. aus der Ausgabe einlösbaren Papiergeldes;
II. fundierte Schulden:
  A. heimzuzahlende mit bestimmten Tilgungsverpflichtungen
     a. nach einem allgemeinen gesetzlichen Tilgungs-
        plane heimzahlbare,
     b. nach einem besonderen vertragsmäfsigen Til-
        gungsplane heimzahlbare,
     c. nach dem Tilgungsfondsystem — mittelst einzelner
        Tilgungsquoten heimzahlbare,
     d. mittelst börsenmäfsiger Einlösung nach dem Kurse —
        unter Parieinlösung heimzahlbare,
     e. Lotterieschulden — Zeit- und Leibrentenschulden.
  B. Rentenschulden ohne Tilgungspflicht des Staates:
     a. unkündbare (ewige) Rente,
     b. kündbare Rente.
III. Uneinlösbares Papiergeld mit Zwangskurs.

Die Verwaltungsschulden gehen aus dem Verwaltungsdienste
hervor, indem dieser es mit sich bringt, Vorschüsse zu nehmen, welche
später heimgezahlt werden müssen, oder Geldsummen eingezahlt zu erhalten, für welche später ein Gegenwert zu geben ist. Die Ordnung
des Deckungsgesamtsystemes verlangt gebieterisch, dafs die Verwaltungsschulden bestimmt terminiert, auch sicher fundiert und hiermit unerwar-
tete Geldverlegenheiten vermieden werden. Eine abgesonderte Administration der Verwaltungsschulden zu diesem Zwecke ist in besonderem
Falle ratsam.

Die aufserordentliche Deckung durch schwebende Finanzschulden nimmt hauptsächlich zwei Formen an: die Form der Aus-

14*

gabe kurzfälliger Schatzscheine und die Form der Notenausgabe ohne
Zwangskurs, auch der Verwendung eingelegter Kautionen, anvertrauter
Sparkassen- und Versicherungseinlagen. Jede Form der schwebenden
Schuld ist durch die Kündbarkeit (Einlösbarkeit) oder wenigstens durch
kurze Befristung der Anlehensgewährung gekennzeichnet. Alle schwe-
bende Schuld ist als unbedingt tilgbar und kurzfällig zu behandeln.

Der schwebenden Schuld gegenüber steht die fundierte Schuld.
Sie ist von seiten des Gläubigers nicht kündbar und entweder gar nicht
heimzahlbar oder nur binnen längerer Frist zu tilgen. Gewisse Formen
der schwebenden Schuld: Schatzscheine, Bankkredite, kündbare Einlagen
öffentlicher Sparkassen, sind es hauptsächlich, welche den Notstand aufserordentlicher Deckungen herbeiführen, sofern sie nicht durch einen Gegenwert, wie bei Zettelbanken u. s. w., fundiert sind. Durch thunlichst
frühe Überführung schwebender in fundierte Schuld ist es möglich, die
Schulden selbst ohne drückende Steuerdeckung aufserordentlicher Art
zu tilgen.

Die Fundierung bestand ursprünglich in Sicherstellung der Tilgung und Verzinsung durch Zuweisung bestimmter Einnahmen, was nicht mehr stattfindet.
Vergl. VOCKE a. a. O. S. 383 ff.

Die Unkündbarkeit, welche zum Wesen der fundierten öffentlichen Schuld
gehört, ist auch beim langfristigen Realkredit der Privaten durch entsprechende
Bankorganisation durchführbar und überaus wohltätig. Vergl. meine eingehende Erörterung über den ländlichen Realkredit „Kern- und Zeitfragen" II 195 ff.

Selbst beim öffentlichen Kredit hat sich aber die Unkündbarkeit nur langsam
durchgerungen.

Die fundierte öffentliche Schuld begann erst mit Ende des 17. Jahrhunderts.

§ 160. *Die Tilgung der Staatsschuld* — in irgend einer Weise und
die Einrichtung des Steuersystemes auf die Möglichkeit der Tilgung ist
unbedingt erforderlich; denn gar keine Art der Verausgabung der Anlehen hat die Wirkung der finanzwirtschaftlichen „Selbstreproduktion"
des öffentlichen Kredits auf ewige Zeit. Ausgaben jeder Gattung sind
früher oder später zu erneuern, und bis dahin sollten die alten Schulden
stets gedeckt sein. Je rascher die Erneuerung erfolgt, desto
rascher hat die Tilgung mit Hilfe der Eigendeckungen von statten
zu gehen.

Die Art der Tilgung fordert aber grofse Umsicht. Vor allem
soll man nicht alte Schulden lediglich durch neue Schulden decken,
welche zu denselben oder noch ungünstigeren Bedingungen aufgenommen werden müssen, wie die alten. Die fortlaufende Tilgung
nach einem für lange Zeit voraus festgestellten Plane, ohne jede
Rücksicht auf die wechselnde Lage der Finanzen, ist daher
neuerdings in Theorie und Praxis fast allgemein und mit Recht verlassen worden. Das Ergebnis der diesfälligen Erörterungen läfst
sich mit A. WAGNER (bei SCHÖNBERG a. a. O. S. 583) dahin zusammen-

fassen: „Stets unbedingt notwendig und richtig ist die Schuldentilgung
nicht; Schuldformen, Tilgungspläne und Einrichtungen, durch welche
sich der Staatschuldner gesetzlich oder vertragsmäfsig zur Innehaltung
einer bestimmten Tilgung bindet, schaden unter Umständen leicht
mehr, als sie bestenfalls nützen; daher verdient prinzipiell und
praktisch der Rentenschuld den Vorzug vor der zurückzuzahlenden.
Die Vornahme reeller Tilgungen aus Überschüssen im ordentlichen Etat
(oder aus aufserordentlichen Hilfsquellen, z. B. aus Kontributionen) kann
aber gleichwohl doch oftmals sehr empfehlenswert sein. Aber sie soll
und mufs nur vorgenommen werden, wenn es die Lage der Volkswirtschaft und der Finanzen passend erscheinen läfst: dann aber allerdings
auch ernstlich, daher namentlich kräftige aufserordentliche Tilgungen
in günstigen Finanzepochen „(SCHÄFFLE), jedoch immer auch hier mit
sorgfältiger Rücksicht auf die mutmafslichen Folgen solcher Tilgungen
für die Gläubiger und für die Volkswirtschaft, für den Gang der Spekulation u. s. w. Mit wegen dieses wünschenswerten Vorbehaltes eines
Tilgungsrechtes des Staates ist, wie sich zeigen wird, die kündbare
der unkündbaren Rentenschuld vorzuziehen."

Das Tilgungsfondsystem in seiner zweifachen Grundgestalt:
fortlaufende Tilgung der Gesamtschuld und Tilgung einzelner Anlehen
durch Zuweisung besonderer Tilgungsdotationen (Lotterieanlehen u. s. w.)
bringt durch die Steifheit seiner ordentlichen Bedarfe Störungen und
führt unnötige Verluste herbei. Es ist nicht rätlich, zu demselben zu-
rückzukehren.

§ 161. *Der Betrag der Staatsschuld und deren Gröfse in verschiedenen Staaten* — ist für den Umfang der Steuerlast nächst den Militärausgaben meist der entscheidende Faktor und verdient daher eine kurze
Bezifferung.

Um 1890/91 erforderte die preufsische Staatsschuld — weit überwiegend produktive Eisenbahnschuld — 200 Mill. Mk. für Verzinsung
und 15,3 Mill. Mk. für Tilgung, die bayrische — ebenfalls überwiegend Eisenbahnschuld — 51,1 Mill. Mk.

In Oesterreich-Ungarn wurde um 1890 für Verzinsung und
Tilgung erfordert:

Gemeinsame Schuld	2,7	Mill. fl.	
Allgemeine, früher gemeinsame Schuld	126,6	„ „	
Cisleithanische	57,6	„ „	einschliefslich als
Ungarische ca..	100	„ „	Grundentlastungsschuld

Frankreichs Jahresausgabe für die Rentenschuld betrug 1814
63,3, 1830: 199,4, 1848: 244,3, 1871: 386,3, 1890: 739 Mill. Fres.

Italien hatte für seine Schuld 1889: 572 Mill. Lire, Rufsland
280 Mill. Papierrubel, Spanien 280 Mill. Pesetas aufzuwenden.

Die Schuld Grofsbritanniens betrug:

Nominalkapital in Pfd. Sterl.

1689   0,66
1727 52,1 (nach dem spanischen Erbfolgekriege.)
1763 138,9 (nach dem siebenjährigen Kriege.)
1774 128,6
1784 249,9 (nach dem nordamerikanischen Kriege.)
1793 239,4
1817 898,9, wovon 840,9 fundierte Schuld, mit 32   Mill. Pf. St. Zins.
1850 798,0, „   773,2   „   „   „   27,7 „   „   „   „
1860 802,2, „   786,0   „   „   „   25,7 „   „   „ {Gesamterford.
1884 748,1, „   732,3   „ (u. Annuit.) „   28,6 „   „   „ {(mit Tilgung)
1889 699,3, „   683,2   „   „   „   24,9 „   „   „

Die Vereinigten Staaten von Nordamerika geben das Beispiel der kolossalsten Zunahme in kürzester Zeit, aber auch der bedeutendsten Tilgung und Zinsreduktion in kleiner Frist, das die Geschichte des Staatsschuldenwesens kennt:

Nominalkapital in Mill. Dollars.
Mitte 1858 Gesamte Staatsschuld   44,9
  „   1859   58,8
  „   1860   64,8
  „   1861   90,9
  „   1864   1740,7 {wovon 2635,2 fund. verzinsliche
  „   1865 (ohne Abz. d. Kass. mitt.) 3384,0 {Schuld mit 124 Mill. Doll. Zinsen.
  „   1867 (abzügl. Kassenbestand) 2512,6
  „   1888 (ohne diesen Abzug) 1692,9

Das Zinserfordernis, nach Schluß des Krieges bis auf 147,4 Mill. Doll.
jährlich gestiegen, beträgt jetzt (1889—90) nur noch 37 Mill. Doll.!
(A. WAGNER.)

§ 162. *Das allgemeine Verhältnis der Kreditdeckung zur Steuerdeckung.* — Die Kreditdeckung steht zur Deckung durch ordentliche Steuern
in einem Verhältnis vorübergehender Ergänzung: die Kreditdeckung
ist nur das Mittel aufgeschobener Steuerdeckung, Funktion
der Auflösung unerschwinglicher Steuerdeckungen der Gegenwart in
erschwingliche Raten der Nachdeckung aus ordentlichen Ein-
gängen künftiger Jahre. Nur in dieser Funktion und mit dieser
Begrenzung ist Kreditdeckung statthaft.

Bei der Wahl zwischen Steuer- und Kreditdeckung entscheiden
übrigens nicht bloß volkswirtschaftliche, sondern auch und nicht minder
berechtigt staatliche Rücksichten, wie dies bereits betont ist.

Die volkswirtschaftlichen Gründe, welche für die Wahl der
einen oder der anderen Art von Deckung angeführt werden, haben
keine allgemeine und immer überall zutreffende Giltigkeit.

Man hat auf der einen Seite gemeint, daß die Produktion durch
Kreditdeckung mehr geschont werde, als durch Steuerdeckung. Dies
ist allgemein nicht richtig. Die durch Staatsanlehen der übrigen Volkswirtschaft entzogenen Vermögensbeträge würden vielleicht der Produktion

zugekommen, der Zinsfufs möglicherweise niedriger geblieben sein, und mehr oder weniger Personen würden vom Übertritt in den Rentnerstand abgehalten worden sein. Die Zahl der unproduktiven Zehrer kann steigen, die Produktivität der Arbeitskraft einer Nation kann allmählich gestört werden. Auch die Besteuerten, bei welchen der Staat mehr als bisher vorweg nimmt, müssen ihren Konsum einschränken oder ihr Vermögen veräufsern; aber es kommt darauf an, ob nicht eine sehr wohlthätige Einschränkung entbehrlicher Genüsse und unnötiger „Nutzkapitale" bewirkt wird. Geschicht daher die Steuererhöhung in günstiger Zeit, nicht um zu hohe Beträge, nicht sprungweise, so wird die Steuerdeckung, selbst bei Steuererhöhung, der Produktion nicht nachteiliger sein. Sie mag sehr leicht das geringere Übel sein gegenüber der Erschwerung der Lage der Zukunft durch die Nachwirkungen der Kreditdeckungen. Noch viel unbedenklicher stellt sich die Steuerdeckung auch der aufserordentlichen Bedarfe, wenn sie durch die Entwickelung der ordentlichen Steuererträge ohne aufserordentliche Steuererhöhungen möglich ist. Die Produktion wird nicht weiter eingeschränkt, die gegebene Richtung und Stärke des Konsums durch die Deckung nicht ungünstig beeinflufst.

Für die Verteilung der Güter ins Vermögen und Einkommen der Bürger ist vielen die Steuerdeckung günstiger erschienen; denn — sagt man — fortgesetzt angewendet hindert die Steuerdeckung eine Ausbildung des Rentnerlebens, verhütet sie die Steuerüberbürdung durch den Staatsschuldbedarf, wirkt sie auch dem Hochbleiben des Zinsfufses und dem Sinken des Lohnes entgegen. Genau betrachtet sind aber auch diese Sätze nicht schlechthin und für alle Fälle richtig, obgleich es auf den ersten Blick so scheinen mag. Eine stärkere Steuererhöhung wirkt jedenfalls für die laufende Periode äufserst empfindlich auf die Verteilung und auf den Volksunterhalt ein; denn was der Staat mehr nimmt, entgeht den Steuerträgern. Auch die dem Geldmarkte belassenen Kapitale konnten auf Rente angelegt werden und das Leben aus Privatrenten steigern. Der gesteigerte Unternehmungsgeist kann den Zinsfufs durch Kapitalvergeudungen, die ihm nun leichter werden, erhöhen, die Löhne müssen nicht notwendig steigen. Ferner bleibt stets zu beachten, dafs den Zins- und den Tilgungsbelastungen als Folgen der Kreditdeckung auch ein zwar unsichtbarer, aber möglicherweise überwiegender negativer Gegenwert gegenübersteht, das relative Zurückbleiben des Einkommens, damit der Produktions- und Steuerkraft zahlloser Steuerträger infolge einer empfindlichen Steuerbelastung.

Eine dritte Ansicht, wonach die Kreditdeckung stets „die Zukunft belastet", ist nur mit Vorsicht aufzunehmen.

Man hat nach dem Ineinandergreifen der Finanzperioden die Vorausdeckung kommender Bedarfe, die laufende Deckung von Jetztbedarfen, endlich die aufgeschobene oder Nachdeckung zu unterscheiden.

Dies vorausgesetzt, ist es falsch, zu sagen, der staatliche Konsum „der
Gegenwart" könne durch Güterbestände „der Zukunft" vollzogen werden.
Mit schon verzehrten Gütern der Vergangenheit oder mit noch nicht erzeugten Mitteln der Zukunft kann allerdings auch der Staat seinen
jetzigen Konsum nicht vollziehen; ob Barvorräte aus früheren Perioden
oder Anlehensbeträge oder Steuereingänge oder freie Beiträge der Bürger für den laufenden staatlichen Konsum verausgabt werden, immer
wird damit ein Teil der jetzt vorhandenen Gütervorräte den Privaten
entzogen und dem Staate zur Verfügung gestellt; auch die Kreditdeckung wie jede andere Deckung stellt nur einen unter mehreren möglichen Wegen dar, wie der Staat Verfügung über vorhandene Güterbestände erlangt. Allein die Deckung aus Mitteln der
Steuerträger kann sehr wohl Voraus- oder Nachdeckung sein, und es
ist weder politisch noch volkswirtschaftlich „gleichgültig", ob, von wo
an, bis wohin, für welche Bedarfe die Regel der laufenden Deckung
oder die durch „Ersparungen" und Kredite vermittelte Voraus- oder
Nachdeckung aus eigenen Mitteln stattfindet. „Die Gegenwart", „die
Zukunft" ist Gegenwart und Zukunft im Unterschiede der Steuerträger und der Kapitalisten. Bei welchen von beiden der Staat
in die vorhandenen Gütervorräte hineingreift, ist bezüglich der politischen
und der volkswirtschaftlichen Nachwirkungen für Gegenwart und Zukunft nicht gleichgültig. Eine „Belastung" der Steuerträger und der
Privatkonsumenten der Gegenwart bezw. der Vergangenheit zu Gunsten
der Zukunft ist möglich. Denn um wieviel im Staate für nachhaltige
Nutzungen als Vorrat und Nutzkapital angehäuft ist, soviel kann und
konnte in Gegenwart und Vergangenheit nicht aufserstaatlich konsumiert
werden. Die Eigendeckung der Vergangenheit und Gegenwart für den
Konsum der Zukunft belastete die Steuerträger an Stelle der Darleiher
(bezw. ihrer Privatschuldner) und ebenso die privaten Konsume, denen
die Güter der staatlichen Naturalansammlungen entzogen wurden. Umgekehrt ist Belastung der Steuerträger der Zukunft infolge erhöhter
künftiger Eigendeckung für Schulden durchaus möglich mit der Folge
einer Übertragung der Privatkonsumfähigkeit der Steuerträger in höhere
Konsumfähigkeit der Rentenempfänger.

6. Kapitel. **Das Deckungs-Gesamtsystem und die Steuer.**[1]

§ 163. *Das Finanzgleichgewicht und die Störungskoefficienten desselben.* — Der oberste Deckungsgrundsatz wird — nur scheinbar vag —
dahin lauten: Deckung des einmal gegebenen und durch Bedarfskürzungen
nicht zu schmälernden Bedarfes auf die dem unteilbaren Gesamtleben der Nation unter geschichtlich gegebenen Umstän-

---

1) Wesentlich nach meiner „Theorie der Deckung des Staatsbedarfes", Zeitschrift
für die gesamte Staatswissenschaft. 1884 f.

den förderlichste oder doch mindest nachteilige Weise. Danach richtet sich auch die Wahl je unter den aufserordentlichen und je
unter den ordentlichen Deckungsmitteln selbst, z. B. die relativ gröfsere
Ausdehnung der direkten oder der indirekten Steuern. Angewendet auf
den vermeintlichen Interessengegensatz zwischen Gegenwart und Zukunft, ergiebt dieser Grundsatz die andere Formulierung, dafs diejenige
Deckung, welche Gegenwart und Zukunft des Volkes, in erster Linie
politisch und volkswirtschaftlich, dann auch sonst, am meisten fördert
oder am mindesten gefährdet, zu wählen ist. Das kann bald durch vorwiegend ordentliche Deckung, jetzt hauptsächlich „Steuerdeckung",
bald durch vorwiegend aufserordentliche Deckung geschehen. Obiger
Grundsatz umschliefst wirklich die Gesamtheit der für die Wahl der
Bedarfsdeckung mafsgebenden Gesichtspunkte.

Als das Einfachste könnte es erscheinen, die aufserordentlichen Bedarfe, die aufserordentlichen Deckungen und jene Defizite, welche aus
der Gleichgewichtsstörung zwischen Gesamtbedarf und ordentlicher Gesamtdeckung entstehen, ganz und dauernd zu beseitigen. Dies
ist aber schlechthin undurchführbar. Denn aufserordentliche Bedarfe und
aufserordentliche Deckungen sind nicht vermeidlich, unvermeidlich ist
oft auch das Defizit. Die Quelle aller politisch und wirtschaftlich ge-
fährlichen Deckungsverlegenheiten ist die Jahresunregelmäfsig-
keit der Summe des ordentlichen und aufserordentlichen
Gesamtbedarfes, des ordentlichen Gesamteinganges und
des Verhältnifses beider. Diese Quelle ist nie zu stopfen. Völlige
Stabilisierung der Bedarfe und der Deckungen, geschweige des Gleich-
gewichts beider, ist daher schlechtweg hoffnungslos.

Nur durch Bilanzierung der auf einander folgenden Jah-
reshaushalte untereinander und durch Beweglichket der einen
Bedarfe und Deckungen im Ausmafse der Unbeweglichkeit
(Starrheit, Steifheit) der übrigen Bedarfe und Deckungen läfst
sich die Aufgabe lösen. Das „dauernde Gleichgewicht" vollzieht
sich durch eine Reihe möglichst wenig labiler Jahresgleich-
gewichte. Es verwirklicht sich wie das Gleichgewicht aller natürlichen und sozialen Lebensfunktionen im Durchgange durch den Umsturz leidlich labiler Gleichgewichtszustände von kurzer Dauer.

Die politisch und volkswirtschaftlich beste Durchführung des Deckungswesens in der Richtung des dauernden Finanzgleichgewichtes löst
sich hiernach in zwei Reihen von Aufgaben auf, in die Aufgabe
nachhaltiger voller Gesamtdeckung des Gesamtbedarfes
der in einander überlaufenden Haushaltsführungen längerer Perioden
und in die bei den Jahresbilanzierungen zu lösenden Aufgaben.

Für die erste Reihe, die nachhaltige Bilanzierung des Gesamtbedarfes und der Gesamtdeckung zwischen mehreren Finanzperio-

den in der Richtung „dauernden" Finanzgleichgewichtes ergiebt sich
ein ganz einfacher Satz mit darausfolgenden präcisen Einzelforderungen,
der Hauptgrundsatz nämlich: Deckung des ganzen ordentlichen und
aufserordentlichen Bedarfes —, sofern dieser Gesamtbedarf weder durch
die nicht belastenden Hülfsdeckungen noch durch aufserordentliche Verwaltungsdeckungen (Kriegseingänge, Rückempfänge u. s. w.) bedeckt ist
— in möglichst kurzer Zeit lediglich aus der Gesamtheit
aller Eigendeckungen der ganzen Periode an ordentlichen Ver-
waltungs- und Finanz-Einkünften: ausschliefsende Eigendeckung
der längeren Periode.

Aus obigem Hauptgrundsatz ergeben sich als Konsequenzen:

erstens die Forderung, dafs in der politisch und volkswirtschaftlich förderlichsten Weise das Steuersystem quantitativ auf eine
Höhe der Ergiebigkeit gebracht werde, welche genügt, um in
mittelgünstigen und in günstigen Finanzjahren die ordentlichen Eigendeckungen gänzlich ausreichen zu lassen einmal für den durchschnittlichen Betrag des ordentlichen Bedarfes, dann für die kleineren und
mittleren aufserordentlichen Bedarfe, weiter für die mehr oder weniger
kräftige Tilgung der gesammten in der letzten Generation
entstandenen und nicht schon beseitigten unvermeidlichen Kreditdeckungen belastender Art (Finanzschulden), endlich für den Wiederersatz der Zubufsen (Stammdeckungen) und für Nachholung der aufgeschobenen aufserordentlichen Bedarfe;

zweitens die Forderung, dafs in qualitativer Hinsicht innerhalb
des Systems der Deckungen und der Bedarfe bewegliche Deckungen
und bewegliche Bedarfe in dem Mafse zur Entwickelung gebracht
werden, dafs auch binnen kürzerer Zeit die Schwankungen der unbeweglichen (bezw. unaufschiebaren und unverteilbbaren) Bedarfe durch
die Erhöhung bezw. Minderung der beweglichen aufserordentlichen
Deckungsmittel und dafs umgekehrt binnen kürzerer Zeit die Schwankungen der unbeweglichen Deckungen (Eingänge) durch die Erhöhung
bezw. Ermäfsigung der beweglichen aufserordentlichen Bedarfe möglichst
rasch bilanziert werden können;

drittens die Forderung, dafs die aufserordentlichen Eigendeckungen
aus dem Stammvermögen (Zubufsen), wie die belastenden, aus dem Deficit
schlechter Jahre und aus aufserordentlichen Eigen- und Zuschufsbedarfen
(Retablissements — Meliorationen — Subventionen) entsprungenen Kreditdeckungen nur den vorübergehenden Durchgang zu voller ordentlicher,
ratenweiser Einkommenseigendeckung der günstigen Jahre bilden, d. h.
dafs zwar nur aufserordentlich, aber kräftig getilgt werde;

viertens, dafs aus dem ganzen Deckungssysteme die störenden
aufserordenlichen Bedarfe und alle Ursachen der Unbeweglichkeit der Deckungen und der Bedarfe möglichst eliminiert werden.

In obigen Formeln laufen die Grundsätze für die aufserordentliche Deckung nur in Prinzipien der Vermittelung nachhaltiger Eigendeckung aus der Gesamtheit der schonend entwickelten Einkünfte einer längeren Periode wirklich aus.

Die obige Formel enthält näher namentlich die Forderungen:

dafs in mittelguten Jahren jenes durchschnittliche ordentliche Einkommen, welches die gegebene „Steuerentwickelung" erreicht hat, ausreiche, um reichlich den durchschnittlichen Geldbetrag aller ordentlichen Bedarfe, die bescheideneren aufserordentlichen Bedarfe, welche unverschieblich sind, die schwebende Schuld schlechter Vorjahre, endlich mäfsige aufserordentliche Tilgungen der Schulden und Zubufsen schlechter Vorjahre zu decken,

und um in den günstigen Jahren und Jahresreihen bewegliche, aber kräftige Tilgungen der Schulden und Zubufsen, Deckungen der verschobenen grofsen und kleinen aufserordentlichen Bedarfe, Ersätze der Schatzlegungen, neben voller Deckung des ordentlichen Gesamtbedarfes, durchzuführen;

dafs in den schlechten Jahren von den statthaften aufserordentlichen Finanzdeckungen, von ihnen jedoch nur in dem politisch und volkswirtschaftlich unerläfslichen Ausmafse, Gebrauch gemacht werde;

endlich dafs die ordentlichen Einnahmen möglichst stetig entwickelt und dafs die statthaften aufserordentlichen Zuschläge zu den näher bezeichneten Steuern weder in schlechter noch in guter Zeit früher nachgelassen werden, als die kräftige Tilgung der Schulden, der Ersatz der Zubufsen, die Nachholung aufgeschobener aufserordentlicher Bedarfe völlig gesichert ist.

Unter den beweglichen aufserordentlichen Deckungen sind verstanden: die Emission von Papiergeld, der Angriff auf Schatzlegungen, die „Aktivreste" günstiger Jahre, die aufserordentlichen Zuschläge zur Einkommensteuer und gewissen Verzehrungssteuern auf entbehrlichere Genufsmittel sowie zu gewissen Steuergebühren. Unter den beweglichen aufserordentlichen Bedarfen sind in erster Linie der wesentlich zum aufserordentlichen Bedarfe zu gestaltende Tilgungsbedarf, weiterhin aber sämmtliche teils an sich bewegliche (bezw. verschiebliche), teils durch Entwickelung des Präventivprinzips im ganzen Staatshaushalt künstlich beweglicher gewordene aufserordentliche Bedarfe für Civilanlagen der Staatswirtschaft zu verstehen.

Zum obigen kommt eine **zweite** Reihe von Aufgaben.

Um schon für möglichst kurze Haushaltperioden volle Eigendeckung aus der Gesamtheit der ordentlichen Einkünfte wirklich zu erlangen, mufs in jedem einzelnen Finanzjahre von dem auf jene Deckung eingerichteten quantitativ und qualitativ entwickelten Deckungssysteme der

entsprechende Gebrauch mittelst der **Jahresbilanzierung** gemacht
werden. Es ist hierbei namentlich darauf hinzuwirken:

erstens, dafs alle **belastenden**, namentlich die unbestimmt
fälligen Kreditdeckungen (Eingänge) der **Verwaltung**, ordentlicher
und aufserordentlicher Art, in **abgesonderte**, den Finanzdienst nicht
störende Behandlung genommen werden (Prinzip der **Sonderung** der
nicht bestimmt **terminierten Verwaltungsschulden**);

zweitens, dafs die **nichtbelastenden Verwaltungseingänge**
aufserordentlicher Art (Rückempfänge, Subsidien, Beiträge, Stiftungs-
kapitale, Kriegsentschädigungen) verwendet werden: für aufserordentliche Bedarfe in der Reihenfolge ihrer Dringlichkeit, also namentlich
für aufserordentliche Unterstützungen und Subventionen; für aufserordentliche Investierungen (Retablissements, Neubauten u. s. w.); für aufserordentliche Schuldentilgungen und Ersätze der Zubufsen; für die unerläfslichen
Präventivdeckungen und Schatzlegungen;

drittens, dafs der im Augenblicke des Bedarfsfalles weder durch
belastende freie Hülfsdeckung (Kredit), noch durch Stamm- und Ein-
kommens-Eigendeckungen bedeckbare gröfste und stärkste aller aufserordentlichen Bedarfe, der **Kriegsbedarf**, gedeckt werde:

für den genau voraus berechenbaren und jedenfalls zu vollziehenden
Teil dieses aufserordentlichen Bedarfes durch Schatzhaltung, (**Kriegsschatz im Ausmafse der Mobilmachung**),

für den nicht voraus bestimmbaren Teil und erst bei Unzulänglichkeit der weniger bedenklichen anderen Eigen- und Kreditdeckungen
durch die beweglichste aufserordentliche Deckung, die „**Zwangshilfs-
deckung**" der **Papiergeldemission**, jedoch unter der doppelten Einschränkung

der **Emission erst im Kriegsfalle** nach Erschöpfung des Kriegsschatzes

und der verfassungsmäfsig **als baldigen** Konvertierung der Papiergeldschuld in fundierte Schuld durch Metallanlehen, **sobald** die freie
Hilfsdeckung durch Kredit wieder möglich geworden ist;

viertens, dafs die beweglichen aufserordentlichen Bedarfe (Til-
gungsbedarfe, aufserordentliche Unterstützungen, Investierungen) im Mafse
des Ausfalles an dem, bezw. des Überschusses aus dem unbeweg-
licheren Teile der ordentlichen Verwaltungs- und Finanzeinkünfte und
der aufserordentlichen Verwaltungseinkünfte ermäfsigt bezw. ausgedehnt,
dafs umgekehrt die beweglichen aufserordentlichen Deckungen im Ausmafse der Summe der Mehr- (bezw. Minder-) Bedarfe des unbeweglichen
Teiles der ordentlichen Verwaltungs- und Finanzausgaben sowie der aufserordentlichen Verwaltungsausgaben erhöht bezw. erniedrigt werden;

fünftens, dafs nur nachhaltige Mehrbedarfe für ordentliche und
aufserordentliche Ausgaben durch Steuererhöhungen Bedeckung finden,

und dafs nur nachhaltige Bedarfsminderungen durch Steuermäfsigungen
bilanziert werden, immer nach dem Prinzip, dafs die jeweils normale
Höhe und Beweglichkeit der ordentlichen und der aufserordentlichen Deckungsmittel erhalten bezw. wiedergewonnen werde; endlich
sechstens, dafs sämmtliche aufserordentliche Deckungsmittel für
die spezifischen Deckungsfunktionen, für welche sie sich besonders eignen,
wirklich verwendet werden, und dafs namentlich die beweglichen aufserordentlichen Deckungsmittel nur für ihre eigenste Bestimmung verwendet, also nur im Mafse als die Bestimmung eintritt und nicht früher als
dieser Fall gegeben ist, ausgeschöpft werden.

Bei Beachtung dieser Grundsätze in jedem Finanzjahre wird wirklich
auf die politisch und volkswirtschaftlich beste Weise die ordentliche
Eigendeckung für eine ganze Periode erreicht. Es wird für längere
Zeiträume, welche zusammen den geschichtlichen Gesamtablauf des
Staatshaushaltes bilden, der ordentliche und aufserordentliche Gesamtbedarf der Epoche, soweit er durch aufserordentliche Verwaltungsdeckungen und durch nicht belastende Hülfsdeckungen nicht gedeckt ist, aus
der Gesamtheit der eigenen Staatseinnahmen bestritten. Es sind also
die aufserordentlichen Kredit- und Stammdeckungen auf
ihre eigentliche Bestimmung provisorischer Surrogate der
allein normalen ordentlichen Eigendeckungen zurückgeführt und die aufserordentlichen Steuer- nnd Hilfsdeckungen einer jeden
Periode aus Finanz- und Verwaltungseinnahmen sind so wesentlich
aufserordentliche Vor- und Nachdeckungen alles nicht durch
laufende Eigendeckungen bestreitbaren ordentlichen und aufserordentlichen Bedarfes ganzer Generationen geworden: die aufserordentliche Deckung ist in eine doppelseitige Ausgleichs-Funktion der ordentlichen
Jahresdeckungen unter einander übergeführt. Genau dasselbe, wodurch
jede bürgerliche Privatwirtschaft im Wechsel der günstigen und der
ungünstigen Jahre ihr „dauerndes Gleichgewicht" mittelst der Kapital-
vorräte und der Anlehen durchführt!

Selbstverständlich können dabei immer Schulden übrig bleiben, da
jede Periode in eine nächste überläuft, aber geschichtlich wird dennoch volle ordentliche Eigendeckung erreicht werden.

Ebenso selbstverständlich ist nicht genau entweder je für ein Jahr-
fünft oder Jahrzehnt oder eine Generation die Ausgleichung vollziehbar.
Ausgleichung überhaupt aber in der geschichtlich möglichen kürzesten
Zeit wird gesichert.

Einer Meinung können wir hier allerdings nicht statt geben, der Meinung, dafs sich die ganze Deckungsfrage mit den zwei bekannten Formeln
erledigen lasse: ordentliche Deckung für die ordentlichen
Bedarfe, aufserordentliche Deckung für aufserordentliche
oder für gewisse (produktive) aufserordentliche Bedarfe.

Diese Ansicht ist aus offenliegenden Gründen unhaltbar. Quantitativ decken sich weder die Beträge des ordentlichen Gesamtbedarfes und der ordentlichen Gesamtdeckung, noch jene des außerordentlichen Gesamtbedarfes und der außerordentlichen Gesamtdeckung. Ein Prinzip der Herstellung des dauernden Finanz-Gleichgewichtes ist in den zwei Formeln überhaupt nicht enthalten.

Schränkt man selbst den Satz ein und sagt: „der außerordentliche Bedarf ist soweit durch außerordentliche Mittel, namentlich Darlehen, zu decken, als er auf nachhaltig nutzbare Weise verausgabt wird", so ist er einesteils nicht ausreichend formuliert, andrerseits nicht leicht anwendbar, zu eng und zu weit. Vollständig müßte er lauten: „außerordentliche Deckung durch im Maße der allmähligen Abnutzung tilgbare Darlehen!" Allein auch gewaltige Schadenersätze, unglückliche und jene glücklichen Kriege, welche neue Kriege gebären, schaffen größere, bestimmt nachhaltige Nutzung nicht und sind doch meist durch außerordentliche Mittel zu decken, wenn die Masse der Steuerträger nicht erdrückt, die Gegenwart und mit ihr die Zukunft nicht gefährdet werden soll. Andrerseits kann sich ein Volk bei günstigen Zeiten sehr wohl allmählich den Bau von Verkehrsanstalten teilweise aus laufenden ordentlichen Mitteln auferlegen müssen, wenn es seine Zukunft gegen die Tarifkonkurrenz von Völkern mit amortisierten Verkehrsmitteln sicher stellen will. Im internationalen Wettstreite und Daseinskampfe auch künftig obenan zu bleiben, ist ein so hohes Interesse, daß jede Gegenwart nicht genug thun kann, aus ordentlichen Mitteln Nutzquellen für die Zukunft anzuhäufen. Es ist nicht zuzulassen, daß der produktive außerordentliche Bedarf immer durch Kredit oder durch Zubußen gedeckt werden soll, vielmehr ist wünschenswert, daß das möglichst nicht geschehe, daß das Staatsvermögen durch außerordentliche Investierungen immer mehr wachse. In unserem Prinzipe liegt die eine wie die andere Forderung enthalten.

§ 164. *Die Bedeutung der steigenden Präventivdeckung für das Finanzgleichgewicht.* — Die fortschreitende Volksentwickelung kommt der soeben geforderten Entwickelung der Finanztechnik zu Hülfe. Dies geschieht namentlich durch immer breitere Entfaltung des Präventivprinzips in der Staatsthätigkeit und durch die damit Hand in Hand gehende (bereits nachgewiesene) Ausdehnung ständigen Nutzungsvermögens auch im Staatsleben.

Die Regelmäßigkeit, ein Zeichen alles Kulturfortschrittes, kennzeichnet auch die fortschreitende Staatsthätigkeit. Sie ist der relativen Größenabnahme und Stetigkeitszunahme der außerordentlichen Bedarfe und der außerordentlichen Deckungen günstig. Mit jedem staatlichen und volkswirtschaftlichen Fortschritt wächst auch die Berechenbarkeit, Verteilbarkeit, Verschiebbarkeit, die sich selbst kompensierende Mannigfaltigkeit und Häufigkeit der aufserordentlichen Bedarfe und Eingänge. Ständige Steuern, also Eigendeckungen, treten an Stelle der früheren „Beihülfen" (aides) und der Paktierungen mit den Ständen. An Stelle zufälliger Leistungen tritt mehr und mehr ein ständiger, arbeitsteiliger, berufsmäfsiger öffentlicher Dienst, welcher sich gleichmäfsig wiederholt.

Die Stärkung des politischen Geistes begünstigt die Zustimmung des Volkes für ständige Ausgaben und ständige Belastungen. Die „Elasticität" und „Beweglichkeit" der Einnahmequellen bei rationeller Ausbildung des Steuersystems kommt dieser Opferwilligkeit entgegen.

Das Deckungssystem kann mit zunehmender Gesamtmacht der Masse der vorher unterdrückten schwachen Steuerkräfte zu dem politisch so wünschenswerten Übergewichte der ordentlichen Eigendeckung und der aufserordentlichen Eigendeckung aus den beweglichen Einkünften gelangen.

Ohne dafs in weitere Darlegung der genannten Ursachen fortschreitenden relativen Rückganges der Bedarfs- und Deckungsschwankungen eingegangen wird, soll doch besonders hervorgehoben werden, dafs auch die von A. WAGNER so glücklich hervorgehobenen Gesetze des „Wachsens der Staatsbedarfe" überhaupt und der wachsenden Geltung des Präventivprinzips, dem relativen Rückgange der aufserordentlichen Bedarfe und der aufserordentlichen Deckungen eher förderlich als nachteilig sind. Wenn auch Deckung und Staatsbedarf absolut immer mehr anschwellen, so geschieht dies doch immer mehr in gleichmäfsigem Tempo und Ausmafse, also in der Richtung der Mehrung der ordentlichen Ausgaben und Einnahmen. Die einmal anerkannten Mehrbedarfe kehren ordentlich gedeckt regelmäfsiger zurück; denn obwohl mehr stehende Veranstaltungen (Investierungen) vorgenommen werden, indem z. B. für Festungen, Zeughäuser, Heerstrafsen mehr ausgegeben wird, so verteilt sich doch diese Ausgabe im ganzen weit mehr auf regelmäfsige, also ordentliche Anlagebedarfe, als bei vorwiegender Repression. Der amerikanischen Union mit ihrer nur sehr geringen Kriegsbereitschaft kam im Bürgerkrieg wie gezeigt ist, ein viel gröfserer aufserordentlicher Repressiv-Kriegsbedarf über den Hals, als es der Fall gewesen wäre, wenn sie bei zureichender Rüstung den Aufstand rasch unterdrückt, wenn nicht sogar ganz verhütet haben würde. Jede längere Hemmung im naturgemäfsen Gange der Erweiterung der Staatsaufgabe und im Ersatze der abwartenden Repression durch fortlaufendes Verhüten mittelst stehender Sicherheitsanlagen steigert auch die aufserordentlichen Bedarfe.

§ 165. *Schaffung beweglicher Deckungsmittel und beweglicher Bedarfe.* — Im geraden Gegensatze zu den Bestrebungen — steife, widerspenstige, grofse aufserordentliche Bedarfe und Deckungen zu beseitigen — steht die Schaffung kräftiger beweglicher Deckungen unelastischen Bedarfsschwankungen und die Einführung kräftiger beweglicher Bedarfe unelastischen Einnahmeschwankungen gegenüber.

Ein höchst bewegliches, aufserordentliches Deckungsmittel einem unvermeidbaren aufserordentlichen Notbedarfe gegenüber ist die Emission von Papiergeld. Die Papiergeldemission als äufserste aufserordentliche Kriegsdeckung soll jedoch besonders behandelt werden.

Über die Sicherstellung eines zweiten beweglichen Deckungsmittels,

nämlich der aufserordentlichen Hülfsdeckung des Kredites, kann man
kaum reden, ohne trivial zu werden. Die Bedingungen des Staatskredites sind bekannt. Kräftige Schuldentilgung in guten Zeiten und
direkte Anwendung der Steuerdeckung als der Normaldeckung, soweit
es politisch und volkswirtschaftlich nur immer zulässig ist, sind Grundlagen der Verfügung über diese aufserordentliche Hülfsdeckung in einem
Mafse, welches in nicht überkritischen Zeiten gröfsten Bedarfen ohne
politische und ohne volkswirtschaftliche Gefährdung gerecht wird; damit ersetzt man die laufende Eigendeckung unter Einschiebung verfüg-
barer Hülfsdeckungen durch kleinere, also leichter erschwingliche Zins-
und Tilgungs-Eigendeckungen künftiger Jahre. Mittelst der verzinslichen
oder verzinslichen und tilgbaren Schuld wird eine Teilung der Eigendeckung bewerkstelligt. Für die Elasticität des Finanzgleichgewichtes
längerer Perioden eine Hauptsache!

Unter den aufserordentlichen Eigendeckungen steht als beweglichste,
so zu sagen schlagfertigste, bereiteste, die Schatzhaltung obenan.
Die Schatzlegung samt den „Aktivresten" mittlerer und guter Zeiten
sind Vorausdeckungen für unbewegliche (unaufschiebliche), grofse, aufserordentliche Notbedarfe. Bemessen nach dem ganzen mutmafslichen Notbedarfe, z. B. nach dem höchsten Mobilisierungs- oder Einlösungsbedarfe,
stellen sie die beweglichste aller Deckungen dar.

Zu den sehr beweglichen Eigendeckungsmitteln gehören ferner gewisse, aber auch nur gewisse aufserordentliche Steuereinhebungen. Es
sind dies ein- oder mehrjährige Zuschläge: zu allgemeinen Ein-
kommens- und Vermögenssteuern in den höheren Lagen der betreffenden
Steuerkräfte, zu den indirekten und direkten Steuern auf entbehrliche
Verbrauchs- und Gebrauchsgegenstände (Zucker, Spirituosen, Kolonial-
waaren), zu den auf den Grofsverkehr und auf die Grofsvermögensüber-
gänge gelegten steuerhaften „Gebühren".

Die Zuschläge zu den allgemeinen Einkommens- und Vermögenssteuern sind als bewegliche Gleichgewichts-Regulatoren längst
von der Wissenschaft begründet. Den wohlhabenderen Schichten auferlegt, in ihren höheren Prozentsätzen für aufserordentliche Bedarfe der
Bilanzierung reserviert, aus den umzubildenden alten „Ertragssteuern"
in Personalsteuern verwandelt, und nie über 5 bis 6 Proz. gesteigert,
sind sie weder politisch noch volkswirtschaftlich bedenklich.

Diese Zuschläge können übrigens in aufsergewöhnlich kritischen
Zeiten selbst oft nur schwer bewerkstelligt werden; sie werden also
zwar stets „Kriegssteuern" für nachträgliche Eigendeckung (Tilgung)
des Kriegsbedarfes im Frieden, doch nicht Kriegsteuern im Kriege
sein können. Vorzüglich eignen sie sich für die Bestreitung kleinerer
und mittlerer aufserordentlicher Investierungs- und Defizitsbedarfe des
Friedens und für aufserordentliche Tilgung solcher Schulden, welche

für Bedarfe kritischer Zeiten und für nicht rentable oder nicht voll rentierende staatswirtschaftliche Anlagen (Eisenbahnschuld) kontrahiert worden sind. Ihr Vorzug ist, ohne Störung fast augenblicklich erniedrigt und erhöht werden zu können.

Das letztere gilt nicht ebenso vollkommen von den Zuschlägen zu den genannten Verzehrungssteuern und zu gewissen steuerartigten Gebühren, namentlich wenn erstere lange vor erfolgtem Absatze vorschußweise zu entrichten sind, und wenn letztere in kritischer Zeit erhöht werden sollen. Dagegen sind dieselben geeignet, durch eine längere Reihe von Jahren als außerordentliche Deckungsmittel für Ersätze zerstörter Vermögensstämme, für Defizits von zweifelhafter Dauer, für kräftige außerordentliche Tilgungen fundierter und für Heimzahlung schwebender Schulden zu dienen. Für Frankreich haben diese Zuschläge im Jahrzehnt 1870 bis 1879 gewaltige außerordentliche Einnahmen gebracht.

Immer setzt die Beweglichkeit aller dieser Zuschläge voraus, daß die übrigen Steuern und Gebühren zu einer solchen Höhe der Entwickelung gebracht seien, daß sie in mittleren Jahren allen ordentlichen und den weniger starken außerordentlichen Bedarfen — einschließlich der Bedarfe für Verzinsung der Schulden — mehr als gewachsen bleiben. Nur wenn infolge dessen die allgemeine Einkommensteuer wenige Prozente für die Regel nicht übersteigt, wenn die gleichwertigen Verbrauchs- und die Verkehrssteuern nicht schon in Durchschnittszeiten übermäßig in die Höhe getrieben sind, lassen sich diese beweglichen Steuerschrauben mit Erfolg dazu verwenden, die außerordentliche Kreditdeckung für viele außerordentliche Bedarfe und für mäßige Defizite ganz zu vermeiden, unvermeidliche Schulden und Zubußen zu tilgen. Hier tritt die Bedeutung, welche ein gut reguliertes System ebenso direkter wie indirekter Steuern für die Macht des Staates im Kriege wie im Frieden hat, in helles Licht.

Eine vierte Methode zur Gewinnung beweglicher außerordentlicher Mittel für Deckung unbeweglicher außerordentlicher Bedarfe sowie für Tilgung der Schulden, ist die Zerlegung gewisser Einnahmen in einen ordentlichen Minimalbetrag „Normalbetrag" und in einen schwankenden außerordentlichen Mehreingang, welcher gesetzlich bestimmten außerordentlichen Bedarfen für außerordentliche Investierungen und Tilgungen zugewiesen wird. Dieser Kunstgriff der Finanztechnik könnte mit großem Erfolge für die Ordnung im Staatshaushalte, für kräftige außerordentliche Tilgungen, für Verlegung größerer außerordentlicher Investitionen in günstige Finanzperioden, mehr als bisher geschah, zur Geltung gebracht werden. Und zwar sowohl bezüglich gewisser Verzehrungssteuern und Verkehrsteuern, als auch mit Rücksicht auf die schwankenden Erträge der

Domänen und Verkehrsanstalten. Indem man den Mindestertrag nicht
allzu schlechter Jahre periodisch fixirt und als ordentliche Einnahme
behandelt, wird von diesen schwankenden Einnahmen der in guten
Jahren steigende Mehrertrag den eben für diese Zeit zu empfehlenden
aufserordentlichen Investierungen und Tilgungen gesichert. In organi-
scher Weise wird so das Gleichgewicht zwischen verschiebbaren aufserordentlichen Bedarfen mit finanztechnisch hergestellten aufserordentlichen
Deckungsmitteln herbeigeführt.

In Deutschland verursachen neuestens namentlich die Rückgänge
der Domanialerträge und die Nichtrentabilität der Eisenbahn-
anlagen erhebliche Ausfälle, welchen die Erhöhungen der ordentlichen
Einnahmen nicht rasch nachfolgen können. Das Einfachste, diese Verlegenheiten wegzuschaffen, wäre freilich der Verkauf der Domänen und
der Staatsbahnen; dieses Recept verordnet auch mancher Finanzarzt.
Man kann jedoch solcher Schwankungen auch formell Herr werden, ohne
die gewaltigen politischen und volkswirtschaftlichen Interessen am Fortbestande des Domanialvermögens und des Staatsbahnsystemes preisgeben
zu müssen. Man hat einfach den Betrag des jetzigen Defizits der Eisenbahnschuld dem ordentlichen Bedarfe zuzuschlagen, einen Minimalertrag
des Domaniums als Anhaltspunkt der Finanzpolitik für die Höhe der
Steuerentwickelung anzunehmen und alle wirklichen Überschüsse der
Eisenbahn- und Domanialerträge über diese Normalminima hinaus teils
den aufserordentlichen Investierungen, teils kräftigen Schuldentilgungen
zuzuwenden. Die Regulierung des Ertrages der ordentlichen Steuern
auf Grundlage dieser Normalerträge ist ganz in der Ordnung; denn die
letzteren sind allein ein nahezu sicherer Eingang. Die Überschüsse aber
werden, da sie nur mit steigender Prosperität und für die Dauer der
letzteren eingehen, in vollständig zutreffender Weise der aufserordentlichen Investierung und der aufserordentlichen Schuldtilgung zugewendet.
Ein ganz erfolgreicher Weg der finanztechnischen Bekämpfung einiger
Hauptursachen des Defizits sowie der Versuchungen zu einer verwerflichen Anwendung der aufserordentlichen Finanzdeckungen!

Der soeben erörterte Kunstgriff ist nur die besondere Anwendung
eines allgemeineren Grundsatzes, aufserordentliche Deckungsmittel zu
schaffen. Nach diesem Grundsatze ist das System ordentlicher Eigen-
einkünfte so zu entwickeln, dafs es neben dem ordentlichen Bedarf
wenigstens für mäfsigere und verschiebbare aufserordentliche Bedarfe
sowie für kleinere Ausfälle in den ordentlichen Einnahmen Deckungen
und Reserven in mittleren und guten Jahren ergiebt. Es ist das System
der Überschüsse oder Aktivreste, welches jedoch vorsichtig um-
grenzt sein mufs, wenn es nicht überwiegende Nachteile anderer Art
erzeugen soll. An sich ist mäfsige Überschufswirtschaft in besseren
Jahren ein ganz normales Mittel der Ausgleichung und namentlich der

Vereinfachung des Deckungswesens zur Bilanzierung verschiedenartiger Finanzperioden.

Auch die Einfügung beweglicher aufserordentlicher Bedarfe unbeherrschbaren Einnahmegröfsen gegenüber dient der geordneten Deckung des Staatsbedarfes und gehört zur Gesamtökonomie des finanziellen Gleichgewichtes. Solche bewegliche und verschiebbare aufserordentliche Bedarfe schafft die ganze fortschreitende Entwickelung des Staatslebers. Ein besonders wichtiger Fall ist die neuerliche Zurückführung der Schuldentilgung auf die aufserordentliche freiwillige Tilgung (§ 160). Diese Tilgung ergiebt den beweglichsten aller aufserordentlichen Finanzbedarfe, wenn sie als kräftige aufserordentliche Tilgung in tilgungsfähigen Perioden aus den hierfür schon näher bezeichneten besonders qualifizierten aufserordentlichen Deckungsmitteln ausgestaltet wird.

Eine in der Gesamtwirkung sehr belangreiche Beweglichkeit des aufserordentlichen Bedarfes wird durch alle Verästelungen des Staatsbedarfes hindurch mittelbar erreicht. Es geschieht dadurch, dafs die aufserordentlichen Verwaltungsbedarfe für Investierungen, welche eine naturale Vorausdeckung im grofsen Mafsstabe umschliefsen, in günstigen Perioden auch wirklich reichlichst, nur nicht verschwenderisch, vollzogen werden. Hiermit und mit der Verschiebung, Teilung und Reduktion anderer aufserordentlicher Bedarfe in ungünstigen Finanzperioden läfst sich eine höchst vorteilhafte und wirksame Herstellung von Gleichgewichten erzielen.

§ 166. *Die specifische Funktion der einzelnen Arten aufserordentlicher Deckungsmittel im Gesamtsysteme der Deckung.* — Der Erfolg aller übrigen Mafsnahmen, welche im Interesse der möglichst stetigen Bilanzierung aller Bedarfe und Deckungen ergriffen werden, wird nicht zu erreichen sein, wenn die einzelnen aufserordentlichen Deckungen nicht sämtlich in ihre finanzwirtschaftlich naturgemäfse Funktion und in das richtige wechselseitige Vertretungsverhältnis eingesetzt und wenn sie hierbei nicht entsprechend mit jenen Bedarfen abgepaart werden, als deren Deckung sie das Maximum politisch und wirtschaftlich zweckmäfsiger Bilanzierung ergeben.

1. Die Präventivdeckungen. Die Erscheinung der „Aktivreste" ist an sich nicht abnorm. Politisch betrachtet, macht ihre Einstellung für aufserordentliche Bedarfe wenig Schwierigkeiten, volkswirtschaftlich wirkt ihre Verausgabung eher belebend als störend. Ihre Funktion ist hiermit gegeben. Sie sind für dringende und für verschobene aufserordentliche Bedarfe, sowohl für aufserordentliche Schuldentilgungen, als für aufserordentliche Investierungen, auch für allmähliche Schatzansammlungen und Fondsbildungen zu verwenden. Und zwar insolange, als nicht entschieden ist, dafs sie in mittleren und schlechten

Jahren nicht verschwinden. Erst wenn sie aus Steuerregulierungen
stammen, bei deren mittlerem Ertrage für mittleren Bedarf noch starke
Aktivreste resultieren, darf und muſs an eine Ermäſsigung der Steuerlast gedacht werden. Eine verfrühte Steuerentlastung mit bald nach-
folgender Wiedererhöhung der Steuern ist volkswirtschaftlich eine doppelte tiefgreifende Störung und politisch gefährlicher, als der Widerstand gegen verfrühte Steuerermäſsigung. Die Regulierung der Steuern
ist so einzurichten, daſs in besonders günstigen Zeitläufen kräftige, in
mittelguten Jahren mäſsige Überschüsse der ordentlichen Steuern sich
ergeben, welche zu mäſsigen auſserordentlichen Schuldentilgungen, zur
Nachholung aufgeschobener auſserordentlicher Bedarfe und zur ordentlichen Mehrung der staatlichen Anlagewerte im Interesse der Sicherung
der Zukunft zu verwenden sind. Dies hilft wesentlich dazu, für den
Lauf längerer Perioden das Gleichgewicht im Staatshaushalte politisch
und wirtschaftlich leicht aufrecht zu erhalten. Dagegen wäre es politisch und wirtschaftlich gleich bedenklich, in mittleren oder gar in
besonders schlechten Zeiten eine starke Überschuſswirtschaft durchzuführen. Als dauernde Thatsachen sind starke Aktivreste eine abnorme
Erscheinung.

2. Die übrigen auſserordentlichen Präventivdeckungen, als da sind
Schatzvorräte, Einstellungen der laufenden, früher erübrigten Rückempfänge, die Erlöse aus Veräuſserungen von früher angeschafften
Wertpapieren und Staatsgütern sowie die entbehrlich gewordenen Kassendotationen haben zwar auch die gemeinsame Wirkung, aus den
vorhandenen Gütervorräten der Nation die zur Vollziehung des Staatszweckes erforderlichen Güter anzuschaffen, letztere also der laufenden Privatkonsumtion, sei es für Erwerbsanlagen, sei es für andere
Zwecke, zu entziehen. Im übrigen ist die Wirkung dieser verschiedenen
Aktivdeckungen keineswegs gleichartig, ob man sie unter einander
oder ob man sie mit anderen, z. B. mit ordentlichen und auſserordentlichen Steuerdeckungen vergleicht, ob man die Rückwirkung
auf die Finanz- oder jene auf die übrige Volkswirtschaft in Rechnung zieht.

Der Zugriff auf die Schatzgelder ist durch deren Bestimmung
gegeben. Bei Eintritt der ungewissen Eventualität, für welche sie „Bereitschaft der Thaler" darstellen, des Krieges, des Ansturmes der Inhaber einlösbarer Staatsnoten u. dgl. sind sie zu verwenden. Ihre
Verausgabung wirkt volkswirtschaftlich belebend und ermutigend. In
groſsen Krisen, wo die Kreditdeckung versagt und der Widerstand der
Steuerkräfte ins Ungemessene wächst, machen sie den Staat schlagfertig
und zahlungsfähig, während sie die Erstarrung der Volkswirtschaft hem-
men. Reserviert aus auſserordentlichen Einnahmen der Vergangenheit
oder ratenweise angesammelt aus kleineren Dotationen binnen einer

kürzeren Reihe vergangener Jahre, sind sie politisch und wirtschaftlich unbedenklich. Für jede Gegenwart ist die Schwierigkeit der Aufbringung überwunden. Der Zinsverlust während des Bereitliegens ist wenigstens kein hinreichender Grund, um den Kriegsschatz zu verbieten, wenn dieser auf den Bedarf für die Zeit unmittelbar vor und nach Ausbruch des Krieges beschränkt wird. Keine andere Deckung ist für diesen Bedarf zuverlässig. keine für den Kriegsfall politisch und volkswirtschaftlich so eminent wohlthätig. Der Kriegsschatz ist, wie jede andere Präventivvorkehrung, die.tot liegt und keinen Zins trägt, z. B. Arsenalvorräte, Festungen u. s. w., völlig gerechtfertigt. Der deutsche Kriegsschatz von 120 Mill. Mk. — nicht zu viel für künftighin wohl 6 Mill. Mk. täglichen Mobilisierungsbedarfes — giebt 4—5 Mill. Mk. jährlichen Zinsverlust. Wie viel kostet im Kriegsfalle ein Anlehen! Wie viel das Hereintragen des Krieges ins Inland durch einen schlagfähigeren Feind! Wie viel die Uberemission von Papiergeld! Bei der heutigen Abhängigkeit der Entscheidung von der Schlagfähigkeit der ersten Wochen und Monate sollten alle Staaten, welche häufiger vom Kriege bedroht sind, den Kriegsschatz einführen, und zwar den baren, von Kriegskursen nicht zu schmälernden Kriegsschatz, wenn auch ein Anlehen bald nach dem letzten Kriege dafür aufgenommen werden müfste. Unmittelbar vor dem Kriege, ebenso während des Krieges versagt der Kredit. Ein „Kriegsanlehen vor dem Kriege" hindert die günstigste Regelung des Ausbruchstermines durch die Diplomatie.

Eine andere Deckung, die Einstellung der Rückempfänge, hat mit dem Angriffe der Schatzgelder das gemein, dafs sie früher eingegangene Werte zusetzt, dafs sie auf keinen bedenklichen Widerstand der Steuerkräfte der Gegenwart stöfst und volkswirtschaftlich für die Gegenwart nicht störend wirkt. Allein dies gilt nur insofern, als die Empfänge aus dem Dienste des Staates hervorgingen.

Wie die laufenden Rückempfänge sind einziehbare Kassendotationen zu beurteilen und zu behandeln.

Mehrfach anders verhält sich schon die Deckung durch Erlöse aus veräufserten Wertpapieren und Staatsgütern, wobei übrigens die aus der regelmäfsigen Ausmusterung ausgenützter Betriebs- und Anlagewerte hervorgehenden, periodisch wiederkehrenden Erlöse als thatsächlich ordentliche Verwaltungsdeckungen füglich aufser Frage bleiben. Die Erlöse aus aufserordentlichen Güterveräufserungen sind finanzwirtschaftlich als Umsatz einer naturalen Vordeckung der Vergangenheit in finanzielle Gelddeckung der Gegenwart anzusehen. Diese Umsetzung erfolgt jedoch für die Regel in Zeiten der Not, also zu Notpreisen und Kriegskursen, unter schweren eigenen Verlusten des Staates und unter Druck auf den Wert von Vermögensstämmen der Bürger. Die finanzielle Staatsgüterveräufserung ist daher nur als eine äufserste Mafsregel zulässig,

dann, wenn der Kredit versagt und nur für noch gröfsere Übel die
Wahl freisteht.

3. Die aufserhalb des eigenen Vermögens des Staates
erhobenen aufserordentlichen Deckungen, die freiwilligen und die zwangs-
weisen. Es sind die aufserordentlichen Zwangsbeitreibungen unentgeltlicher Art, aufserordentliche Steuerzuschläge, welche thatsächlich nur vorübergehend sind, also weder eine ordentliche Steuererhöhung ausmachen, noch eine Ertragssteigerung der ordentlichen
Steuerquellen darstellen, ferner die Staatsnotenemission, dann
Zwangsbeitreibungen im Kriege, Konfiskationen, Sä-
kularisationen, eigenmächtige Zugriffe auf Depositen ohne
Zustimmung der Deponenten (Kautionsleger, Vormünder, Sparein-
leger u. s. w.).

Aufserordentliche Steuerzuschläge zu den beweglichen Steuern
sind bereits gerechtfertigt. In der bezeichneten Begrenzung, und wenn
sie nicht erst im Bedarfsfalle eintreten, sondern als Normalregulatoren
ins Leben und Bewufstsein des Volkes schon eingedrungen sind, sind
sie sowohl politisch als volkswirtschaftlich sehr zweckmäfsig, allerdings,
wie ebenfalls schon nachgewiesen ist, nur in ihrer spezifischen Funktion
der Durchführung aufserordentlicher Deckungen (Tilgungen) und nur
für mäfsigere Mehrbedarfe. Dagegen sind aufserordentliche Zuschläge
zu den unbeweglichen Steuern auf kleine Einkommen und Vermögen,
sowie auf notwendige Verzehrungsgegenstände eben in den kritischen
Zeiten, da sie in Frage kommen, politisch und volkswirtschaftlich sehr
gefährlich. Soweit selbige unvermeidlich sind, werden sie besser Fonds,
Stiftungen und Korporationen auferlegt; der Widerstand ist hier geringer
und nicht so allgemein, die Belasteten haben wohl noch immer Kredit,
um die aufserordentliche Steuerlast aufzubringen, so dafs die aufserordentlichen Steuerbeitreibungen nur Ergänzungen fehlenden Staatskredites durch den Kredit der Korporationen bilden.]

Eine Mafsregel äufserster Not, aber bei vorsorglicher Gebrauchs-
beschränkung nicht notwendig eine Schädigung, ist die Emission uneinlösbaren Papiergeldes. Völlig gefahrlos wird der Gebrauch dieses
Deckungsmittels nie sein. Der sorglos leichtfertige Gebrauch bringt
sogar notwendig verheerenden Schaden. Ist also diese Deckung nur
immer zu vermeiden, so ist sie auch zu unterlassen. Ihre Gefahren
können nur aufgewogen werden durch die Rücksichten der absoluten
Staatsnot. Geld dieser Art darf nicht ausgegeben werden für den ordentlichen Bedarf gewöhnlicher Zeiten, nicht für aufserordentliche Investierungen der Art, wie im zweiten Teile des Goetheschen Faust, nicht
für aufserordentliche Friedensbauten, nicht für aufserordentliche Schuldentilgungen, sondern nur bei politischer Bedrängnis, in welcher Kredit
zu erschwinglichen Bedingungen versagt, wo Staatsgüterveräufserungen

(Stammdeckungen) ohne extremen Verlust nicht möglich oder schon erschöpft sind, wo die aufserordentliche Steuererhöhung politisch und volkswirtschaftlich eine noch gröfsere Gefahr aus den schon dargelegten Gründen darstellen oder wo selbige nicht annähernd die absolut erforderlichen Summen liefern würde. Unter diesen Voraussetzungen — Krieg! — ist die Papiergeldemission, nach vorheriger vorsichtiger Ordnung im Finanzstaatsrechte, unter den weiterhin ausgeführten Vorsichtsmafsregeln anzuwenden.

Die Heranziehung der Mittel aufserstaatlicher Wirtschaften gegen Zins oder Zins und Tilgung im Wege des freien Vertrages durch K r e d i t erleichtert für den Augenblick die politische Lage. Die Kapitalisten ihr Geld freiwillig bringen zu lassen, statt den Steuerpflichtigen es abzuringen, ist geradezu verführerisch. Man macht niemand unzufrieden und kann sich selbst neue Schöpfungen zu gemeinem Nutzen erlauben, die eine Zeit lang die allgemeine Anerkennung finden. Aber man darf auch, rein politisch, die Kehrseite der Medaille nicht übersehen. S o f o r t und bei s t e i g e n d e r A n h ä u f u n g der Schulden immer mehr wird die L a g e des Staatsmannes d a u e r n d u n d s t e i g e n d s c h w i e r i g e r; denn Verzinsung und Tilgung heischen immer mehr Steigerungen der ordentlichen Steuern. Einen je gröfseren Betrag der ordentlichen Einnahmen die Staatsschuld verschlingt, desto schwieriger wird es, die ordentlichen und aufserordentlichen Aufgaben der Zukunft zu lösen. Zuletzt gerät man an den Rand des Bankerottes, d. h. zu „negativer Deckung" der schlimmsten Art. Die späteren Steuerzahler fragen in ihrem Widerstande nichts danach, ob sie etwa dadurch, dafs man ihre Vorfahren schonte, wirtschaftlich in eine bessere Lage gekommen und steuerkräftiger geworden sind. Auch nicht danach, ob die früheren Anlehenseingänge etwa zu dauernd nutzbaren Anlagen geführt haben, welche über die Gegenwart Segen verbreiten; das bewirkt eine nur sehr geringe Besänftigung des Belastungswiderstandes. Gerade auf allgemein politischem Standpunkte tritt die Verwerflichkeit des endlosen und schlaffen Schuldenmachens hervor. Der Staatsmann, welcher vor der Belastung einer wirklich steuerfähigen Gegenwart, sei es mit aufserordentlichen, sei es mit ordentlichen Deckungen, zurückweicht, während diese Belastung politisch ungefährlich und volkswirtschaftlich erträglich ist, versündigt sich an der Zukunft seines Volkes. Jeder aufserordentliche wie ordentliche Bedarf, für welchen ohne Gefahr Steuerdeckung volkswirtschaftlich unbedenklich durchsetzbar ist, soll durch Steuerdeckung bestritten werden. Andernfalls wird die ganze materielle Leistungsfähigkeit des Staates, seine finanzielle Kriegsbereitschaft, wie seine friedliche Schaffenskraft schwer und steigend gefährdet. Das Normale ist, dafs die Gegenwart keine für den Staat lösbare Aufgabe den Enkeln zuschiebe. Dies bedeutet ordentliche Steuerdeckung als Norm.

Die Kreditdeckung ist verglichen mit der Steuerdeckung für die Finanzpolitik stets ein Umweg. Man läfst erst die Darleiher in Hilfsdeckung die Lasten des Augenblickes übernehmen, um hernach zum Entgelt an die letzteren dennoch die Steuerträger für stärker wachsende Eigendeckungen nachhaltig zu belasten. Kreditdeckung mufs daher immer als die Ausnahmemafsregel angesehen und als verschobene Steuerdeckung mufs sie ehestens beseitigt d. h. aufserordentlich getilgt werden.

Politisch und volkswirtschaftlich ist die kräftige, jedoch nur aufserordentliche Tilgung der Schulden, wie der Wiederersatz der Zubufsen unbedingte Forderung gesunder Durchführung des Staatshaushaltes. Da in der Staatswirtschaft der meisten Grofsstaaten die Schuld überwiegend die Folge der nicht „produktiven" Verwendung ist, so ist dem Staate weit mehr als einem privaten Geschäftsmanne Tilgung und Amortisierung zur Pflicht zu machen, und zwar in aufserordentlichen Tilgungen aus aufserordentlichen Verwaltungs- und Finanzeingängen, da aufserordentliche Kreditdeckungen wirksam nur durch aufserordentliche Eigendeckungen (Aktivreste, Kriegsentschädigungen, aufserordentliche Zuschläge zu den beweglichen Steuern, übernormale Erwerbseinkünfte) bilanziert werden können. Die Staatsschulden werden auch dann nicht ganz aufhören. Auf sieben fette Jahre werden immer wieder sieben magere folgen, denn die ordentliche Steuererhöhung kann sich nie Jahr um Jahr dem gesteigerten, geschweige dem gesteigerten aufserordentlichen Bedarfe annähernd genau anschmiegen. Aber dennoch ist die Kreditdeckung bei obiger Begrenzung wirklich auf die Funktion einer aufgeschobenen Deckung aus den ordentlichen und aufserordentlichen Eigendeckungen gröfserer Gesamtperioden eingeschränkt. Das aber ist das Normale (§ 163); im Laufe einer längeren Periode sollen die ordentlichen Deckungsmittel zusammen mit den aufserordentlichen Verwaltungseingängen und mit den nicht belastenden, unvergeltbaren Empfängen den ganzen ordentlichen und aufserordentlichen Bedarf dieser Periode decken.

Nicht blofs der Kredit, auch alle übrigen aufserordentlichen Deckungen — mit Ausnahme der aufserordentlichen Verwaltungs- und der nicht belastenden Hilfsdeckungen (Schenkungen) — stehen zur ordentlichen Eigendeckung im Verhältnis der Auflösung politisch und volkswirtschaftlich unerschwinglicher laufender Deckungen in Raten von Nach- und Vordeckungen aus ordentlichen Eigeneinkünften. So die aufserordentliche Stammdeckung, welche Stammwerte flüssig macht, um sie aus ordentlichen Eigendeckungen der Zukunft zu ersetzen. So die Papiergeldemission, welche durch eine der Tilgung zu unterwerfende fundierte Schuld baldigst ersetzt werden soll. So die Steuerantizipation.

So das Zwangsanlehen! So die Aktivreste und Schatzlegungen aus ordentlichen Eigendeckungen der Vergangenheit!

Die aufserordentlichen Verwaltungseingänge, welche der finanzwirtschaftlichen Beherrschung sich entziehen, können allerdings nicht willkürlich zu einer Vermittelungsfunktion ausschliefsender ordentlicher Eigendeckung gemacht werden. Aber auch sie sind möglichst zu einem organischen Gliede des Deckungswesens zu gestalten. Unbeweglich, wie sie sind, kommen ihnen die beweglichsten aufserordentlichen Bedarfe für neue Schatzlegungen, für Ersätze der Zubufsen, für aufserordentliche Investierungen, für Schadenersätze, endlich für Schuldtilgungen in der Richtung auf rasche, stetige und nachhaltige Bilanzierung entgegen.

§ 167. *Verfassungsmäfsiger Zwang zur aufserordentlichen Schuldentilgung.* — Deutschland ist für Verausgabungen, welche keine Renten ergeben und sich daher nicht selbst verzinsen, vergleichsweise noch nicht stark verschuldet. Dennoch ist die Thatsache, dafs das Reich in zwanzig Jahren mitten im Frieden und bei noch immer ansehnlichen Steuer-Reserven schon bis zur zweiten Milliarde hin sich verschuldet hat, beängstigend genug. Ein Endemachen mit dem Schuldenmachen und ein Endemachen mit den gemachten Schulden wird von immer mehr Seiten als ein Gebot der Sicherheit für den Fall aufserordentlicher Kriegsausgaben anerkannt. Die vorigen Abschnitte haben die volle Berechtigung dieses Verlangens erwiesen. In einem grofsen Kriege würde wohl zum Zwangspapiergeld gegriffen werden müssen. Diese aufserordentliche Kriegsverschuldung aber läfst sich ohne schwere Gefahr, vielmehr mit der Gewifsheit mäfsiger Geldentwertung und baldiger Liquidation nur dann in Aussicht nehmen, wenn für das deutsche Gesamtstaatswesen die unrentabeln Friedensausgaben, soweit sie aus laufenden Mitteln schlechterdings nicht im laufenden Dienst gedeckt werden können, aus Anlehen mit thunlichst rascher Tilgung bestritten werden.

Nicht blofs die Deficitsschulden, auch nicht blofs die Kriegsschulden und die Schulden für militärische oder für civile Schadenausbesserungen und Verlustersätze, auch die Schulden für Verkehrsanstalten müssen getilgt werden. Das Einzige, was man einräumen kann, ist dieses, dafs die Schulden für produktive Anlagen und staatswirtschaftliche „Nutzkapitale" weniger energisch getilgt werden müssen. Dagegen kann es kaum zweifelhaft sein, dafs für die Verzinsung „produktiver" Schulden in der Lage, in welcher die deutschen Staaten der Gegenwart sich befinden, Schulden nicht gemacht werden dürfen.

Die neuere Praxis ist im Punkte der „freiwilligen" aufserordentlichen Tilgung leider sehr mangelhaft und unbefriedigend. Die „Freiwilligkeit" kommt fast auf die Unterlassung aller Tilgung hinaus. Bliebe dies der Erfolg der Freiwilligkeit, dann war die gesetzliche oder ver-

tragsmäfsige ordentliche Tilgung (§ 160) doch weit vorzuziehen. Sie enthielt immerhin eine kräftige Nötigung zur Tilgung. **Eine möglichst
ebenso kräftige Nötigung zur aufserordentlichen Tilgung
in tilgungsfähigen Perioden mufs gesichert werden.** Mit
der reinen „Freiwilligkeit" kommt man auch im parlamentarisch re-
gierten Staate nicht sehr weit, da es immer populärer ist, Steuern zu
ermäfsigen oder wenigstens nicht zu erhöhen, als die Wähler für die
Schuldentilgung länger und höher zu belasten. Auch kommt das parlamentarisch gut vertretene Bank- und Leihkapital der Kreditdeckung
viel zu sehr und viel zu lange Zeit verführerisch entgegen, da dasselbe
mit Grund hofft, bis zur Zeit der endlichen Schuldbedrängnisse und
Bankerotte die Schuldtitel anderen Leuten aufgehalst zu haben. Der
Staatsmann, welcher bestimmte staatsrechtliche Verpflichtungen für die
aufserordentliche Schuldentilgung geltend zu machen vermag, führt die
Tilgung bezw. die entsprechenden Steuererhöhungen oder Steueraufrecht-
erhaltungen viel leichter durch.

Die Hauptsache ist, die normaler Weise **überwiegend aufserordentliche Schuldentilgung auch rechtlich soweit zwingend** zu machen,
dafs für die Regel anständige Tilgungen in mittleren und recht kräftige Tilgungen in besonders günstigen Perioden vorgenommen werden.
Dieser rechtliche Zwang wäre durch Verkettung mit dem Interesse der
finanzpolitisch einflufsreichen Bevölkerungsschichten so viel als möglich
zu verstärken!

Privatrechtlicher Zwang läfst sich nun, wenn das vertragsmäfsige
Kündigungsrecht der Gläubiger und die fortlaufende Tilgung nach vertragsmäfsig bindendem Tilgungsplane aufzugeben sind, nicht erreichen.
Zwang mufs daher ins **öffentlichn Recht** verlegt werden. Kann
er hier angebracht werden? Ich wage, wenn auch nur schüchtern,
diese Frage zu bejahen. Es kann verfassungsrechtlich ausgesprochen
werden:

erstens, dafs alle aufserordentlichen Verwaltungseinkünfte nur entweder zur Deckung aufserordentlicher Bedarfe (sei es für Retablissements, sei es für Investierungen) oder zur aufserordentlichen Tilgung
erst der schwebenden, dann der fundierten Schuld verwendet werden
dürfen;

zweitens, dafs solange, als der Betrag der fundierten Schuld mehr
als x, y, z Mark pro Kopf der Bevölkerung beträgt, die Sätze der Ein-
kommens- und Vermögenssteuern (einschliefslich einer kräftig entwickelten Erbsteuer) nicht unter x', y' z' Prozent und gewisse bewegliche
Verzehrungssteuern- und Verkehrssteuern-Zuschläge ebensolange nicht
unter bestimmte Normalsätze herabgesetzt werden dürfen;

drittens, dafs nur bestimmte Normalsätze und Normalerträge gewisser beweglicher Erträge, zo z. B. der Domanialerträge und der Ver-

kehrsanstalten-Reinerträge, einer anderen Verwendung als derjenigen
für grofse aufserordentliche Investierungen oder für aufserordentliche
Schuldentilgungen zugewendet werden dürfen;

viertens, dafs nur eine qualifizierte Majorität (²/₃, ³/₄) der Vertretungskörper auf Antrag der Regierung von diesen finanzstaatsrechtlichen
Verfassungsgrundsätzen abgehen könne.

Diese Bestimmungen würden bewirken, dafs die einflufsreichsten
Volksschichten, welche viele staatausbeutende Lokalinteressenten und
Luxusliebhaber anzugehören pflegen, für die Vermeidung vermeidlicher
Militär- und überflüssiger Investierungen und Luxusausgaben, für die
Unterlassung verfrühter Steuernachläse, für die Entwickelung des Steuer-
einganges auf die bereits bezeichnete normale Höhe unmittelbar inter-
essiert wären. Diese Klassen würden wohl etwas karger werden in ge-
wöhnlicher Zeit, aber mit dem Erfolge verdoppelten und verdreifachten
Staatskredites in Krisen.

Es handelt sich nicht so sehr darum, aufserordentliche Zuschläge
nur für Kriegszeit, sondern nachhaltigere Auflagen im Frieden für die
ganze Dauer starker Schuldbelastungen, woher letztere immer stammen,
zur Geltung zu bringen. Aufserordentliche Steuererhöhungen in kritischer
Zeit sind entbehrlich, wenn es eine normale verfassungsmäfsige Einrichtung ist, dafs im Frieden die beweglichsten und z. T. zugleich empfun-
densten Steuern erst nach Erreichung starker Tilgungen ermäfsigt werden.

Hat ein Staat eine Generation lang so gewirtschaftet, so wird er ohne
aufserordentliche Kriegssteuern stärkeren Kredit erreichen und behaupten,
als wenn er erst im Kriege zu aufserordentlichen Mafsregeln und besonderen Versprechungen schreitet.

Selbstverständlich setzt diese Einrichtung voraus, dafs die weniger
beweglichen Steuern samt den Normalerträgen der andern ordentlichen
Einnahmequellen auf eine Ertragshöhe entwickelt werden, bei welcher die obigen Tilgungssteuersätze — so möchten wir sie lieber
heifsen als „Kriegs-Extrasteuern" — nicht unerträglich sind.

§ 168. *Das Zwangspapiergeld als steuerlich tilgbare Kriegsreserve.* —
Als eine Grundfrage würde im Falle eines grofsen Krieges mit einer
alle andern staats- und finanzwirtschaftlichen Fragen zurückdrängenden
Wucht die Deckung des Kriegsbedarfes durch Ausgabe uneinlösbaren Zwangspapiergeldes hervorbrechen und für lange im Vordergrunde des praktischen Staatslebens breiten Raum einnehmen. Dieser
Eventualität mufs man mit gröfster Klarheit über die dabei drohenden
Gefahren und über die Mittel zur thunlichsten Verhütung, Einengung
und Kürzung der aufserordentlichen Mafsregel entgegengehen.

Im Gesamtbereiche der Deckungsmittel für öffentliche Bedarfe stellt
sich das Papiergeld mit Zwangskurs als eine beim ganzen Nationalverkehr
schlankweg aufgenommene Massen-Zwangsanleihe, als beweg-

lichste aufserordentliche Deckung für den steifsten aller
aufserordentlichen Massenbedarfe des Staates, nämlich für den
die Mobilmachungskosten übersteigenden Teil des Kriegsbedarfes dar.
Die Papiergelddeckung ist aber gefährlicher als die freie aufserordentliche Deckung aus Kredit; auch gefährlicher als der aufserordentliche
Zuschlag zu den beweglichen Steuern.

Daraus geht die Forderung hervor, die Papiergelddeckung des Staatsbedarfes nur für die Zeit des versagenden Kredites und im Ausmafse
des Abganges ungefährlicherer anderer aufserordentlicher Deckungen anzuwenden, also gegen baldigste Überführung in tilgbare fundierte
Schuld nach dem' Kriege.

Die Papiergelddeckung ist. übrigens nicht die alleinige Deckung
des Kriegsbedarfes.

Die Deckung des Kriegsbedarfes erfolgt in grofsem Ausmafse schon
durch die Anschaffung der Kriegsmittel' während des Friedens.
Gewaltige Werte werden durch Friedensausgaben der Kriegsverwaltung
für Waffen, Vorräte, Festungen u. s. w. in sehr wohlthätiger Vorsorge
angeschafft.

Zu dieser — man könnte sagen — naturalen Präventivdeckung
kommt die finanzwirtschaftliche Präventivdeckung, das Geld des Kriegsschatzes. Dieser Schatz könnte die Papiergeldausgabe ganz überflüssig
machen, wenn er sich in Milliarden anhäufen und verausgaben liefse.
Das würde aber gröfsere Übel schaffen, als die Emission von Papiergeld sie schafft. Der Zinsverlust wäre dabei wirklich enorm. Noch viel
bedenklicher wäre dann die Umwälzung in allen Preisen, welche erst
durch rasche Verausgabung, dann durch rasche Wiederherstellung solcher Schatzsummen herbeigeführt würde. Die bare Präventivdeckung
ist· daher auf den eigentlichen Mobilisierungsbedarf zu beschränken. So wirkt sie unermefslich günstig. Sie macht den Staat im ent-
scheidensten Augenblicke finanziell schlagfertig und emanzipiert ihn von
dem guten Willen der Geldmächte. Die parate Verausgabung oder Hinter-
legung ermäfsigt die allgemeine Erstarrung der Geschäfte. Die verfügbaren Vorräte der Geldmärkte verbleiben den eben jetzt so bedrängten
Privatwirtschaften. Geld ist flüssig, während augenblicklich die Kreditdeckung und die Steuerdeckung zugleich versagen.

Der Mobilisierungsbedarf ist vorhersehbar, genau zu berechnen und
auch dann zu verausgaben, wenn der Fortgang des Krieges in Feindes-
land gespielt und aus Feindesgütern bestritten wird. Der Kriegsschatz
wird daher nicht durch die Papiergeldemission, diese aber im glücklichen Kriege durch den Kriegsschatz entbehrlich gemacht. Letzterer
wirkt aber auch noch auf die später etwa nötige Emission von Papiergeld zurück. Er ermäfsigt durch den Aufschub der Ausgabe einen erheblichen Teil der nachteiligen Wirkung der Papiergeldemission; denn

die ärgste Panik und Geldnot herrscht im Anfange. Der Wertsturz der Papiervaluta wird jedenfalls verspätet, aber wohl auch ermäfsigt werden, wenn erst bei unglücklichem Ausgange oder unentschiedenem Fortgange des Krieges zur Papiergeldpresse gegriffen wird. Insofern steht die Art der Wirkung der Papiergeldemission in engster Wechselwirkung mit der Existenz des Kriegsschatzes.

Anlehen, wenn zu erschwinglichen Bedingungen erhältlich, sind der Emission von Papiergeld vorzuziehen. Aber diese Voraussetzung trifft in der Regel ebensowenig zu, als die politische und volkswirtschaftliche Möglichkeit grofser aufserordentlicher Deckungen durch Staatsgüterverkauf oder ebensolcher aufserordentlicher Zwangsbeitreibungen im Inlande. Nur für kurze Zeit und für relativ kleine Summen wird durch diese aufserordentlichen Deckungsweisen Rat geschaft werden können.

Die Kontribuierung der feindlichen Unterthanen durch Naturalbeitreibung und durch Quartier gegen Anweisungen auf den feindlichen Staat ist nur im Falle entschiedenen Sieges, welcher den Krieg im Feindeslande verlaufen läfst, in zureichender Weise durchzuführen. Dieses Mittel, obwohl nur in der schon bezeichneten Begrenzung zulässig und empfehlenswert, enthebt also nicht für jeden Krieg der Nötigung zur Papiergeldausgabe.

Die letztere ist sonach als selbständiges Glied in der Gesamtökonomie der Deckung aufserordentlichen Kriegsbedarfes anzusehen. Es bleibt im äufsersten Falle, wenn die Präventivdeckung nicht zureicht und auch die Kredit- wie die Steuerdeckung versagten, nur die Emission uneinlösbaren Papiergeldes als das nun relativ doch geringste unter mehreren grofsen Übeln übrig.

Ist dies richtig, dann ist von dieser finanziellen Waffe auch so Gebrauch zu machen, dafs sie dem Staate die gröfste Kraft und der Volkswirtschaft so wenig und so kurz als möglich Schaden bringe. Und damit dieses beides erreicht werde, genügt es wieder nicht, blofs fromme Wünsche und theoretische Ratschläge zu erteilen. Man mufs positive Gewähren und Sicherungen durch wirksame und rechtzeitige Zwangsvorschriften und Mafsregeln zu gewinnen suchen, gerade wie dies hinsichtlich der aufserordentlichen Schuldentilgung nachgewiesen worden ist.

Die volkswirtschaftlich und politisch nachteilige Wirkung des uneinlösbaren Papiergeldes äufsert sich nun wie bekannt teils in der Entwertung gegen Metall, d. h. im Disagio der Bank- und Staatsnoten, teils in der Schwächung der Kaufkraft des Papiergeldes für die Warenausgebote auf inländischen Märkten. Jene Wirkung kann sehr rasch, diese nur ziemlich langsam zum Durchbruch kommen.

Sind diese Sätze wirklich richtig, so müssen die sichernden Institutionen gesucht werden:

in den Mitteln möglichster Einengung des vermeidlichen Metall-
zahlungsbedarfes nach dem Auslande und der möglichst reichen Metall-
versorgung des unvermeidlichen betreffenden Bedarfes;

in den Mitteln der Beschränkung des Zwangsnoten-Umlaufes auf
die kürzeste Zeit;

in den Mitteln der Raumschaffung oder Raumbereithaltung für
gröfsere Papiergeldmassen innerhalb der Zirkulationsbedürfnisse des Verkehres für den Fall des Krieges;

endlich in den Mitteln der Festigung des Vertrauens zu dem
Staate durch die Tilgungspraxis des Friedens und durch staatsrechtliche
Garantien.

Die metallische Zahlung in das Ausland ist, da letzteres keine fremde
Papierwährung an Zahlung sich aufdrängen läfst, in einem gewissen
Umfange unvermeidlich. Den Privaten kann und soll der Verkehr mit
dem Auslande nicht verboten werden; auch der Staat und grofse Unternehmungen müssen gelegentlich Metallanleihen aufnehmen und solche
sogar im Auslande domizilieren. Indessen wird der Zahlungsbedarf des
Handels bei Ausbruch und auf die Dauer eines Krieges kaum je so
grofs sein, um nicht aus den Vorräten solider Banken an Bar- und Ri-
messenwerten vollauf gedeckt werden zu können.

Immerhin hat auch der Staat für sich und für die von ihm beauf-
sichtigten Institute möglichst darauf zu halten, dafs Anlehen nur in seiner
e i g e n e n Währung aufgenommen werden. Bei nur mäfsig gröfseren
Opfern wird es immer gut sein, hiermit den Verlegenheiten kritischer
Zukunftsperioden vorzubeugen.

Namentlich sollten Anlehen in fremder Valuta n o m i n e l l möglichst
nahe zu demjenigen Zinsfufse emittiert werden, zu welchem der Staat
wirklich Kredit erhält, damit später beim Sinken des Zinsfufses und bei
Besserung des Staatskredites die Anlehen nicht blofs auf niedrigeren
Zinsfufs, sondern auch auf heimische Valuta umgewandelt werden können.
Auch im Interesse der finanziellen Kriegsbereitschaft ist die Vermeidung
und möglichste Wiederbeseitigung der Anlehen in fremder Valuta, mit
fremdem Domizile und zu nur nominell niedrigem Zinsfufse fest im Auge
zu behalten. Was für letzteren spricht, hat eine sehr untergeordnete
Bedeutung. Selbst ein verfassungsrechtliches Verbot niedriger Nomi-
nalisierung des Zinsfufses auswärtiger Metallanlehen wäre vielleicht begründet und würde die Finanzminister gegen die Wünsche der hohen
Finanz erfolgreich stärken.

Die Vermeidung des Disagio ist nicht blofs von der Barhaltung der
Banken und von der Art der Kontrahierung der Friedensanlehen, sondern auch von der Bereitschaft erheblicher B a r s c h ä t z e abhängig.
Was die Bankpolitik dem Privaten in dem Bank-Barvorrate sichert, kann
die Finanz für den staatlichen Metallbedarf einigermafsen sicherstellen;

hier kommt wieder der Kriegsschatz in Betracht, welchen gerade die Länder mit Papiervaluta stets bar in Metall halten sollten. Günstig wirkt auch die sonst begründete Ansammlung von Barmitteln in anderen Verwaltungszweigen.

Wichtig ist ferner die Verdrängung der Banknoten aus dem Friedens-Kleinverkehre, damit die im Frieden hier zirkulierende Masse von Metallgeld im Kriegsfalle durch Emission kleinerer Papiergeld- bezw. Banknoten-Appoints für den Metallzahlungsbedarf ins Ausland mobilisiert werden könne.

Unter obigen Kautelen ist auch in einem schweren Kriege ein erhebliches und dauerndes Disagio kaum zu befürchten. Frankreich hat in dem und nach dem Kriege von 1870/71 selbst ohne Kriegsschatz das Disagio trotz Zwangskurs der Banknoten so gut wie verhütet.

Die Erwägung des ersten Zielpunktes hat so schon zu den zwei weiteren Gesichtspunkten — zur möglichst späten Ausgabe bezw. möglichst frühen Wiederbeseitigung des Zwangspapiergeldes, sowie zur Raumhaltung für dasselbe im Verkehre — hingeführt.

In Absicht auf diese Zwecke empfiehlt sich das verfassungsrechtliche Verbot der Ausgabe von Staatspapiergeld und von kleinen Banknotenappoints im Frieden — bis auf ein Minimum, welches das Staatspapiergeld zu einer dem Publikum schon eingewöhnten Einrichtung macht und so die Vermehrung im Kriege vorbereitet. Eine der wenigen schwachen Seiten der finanziellen Kriegsbereitschaft Deutschlands ist es, daß für den Frieden zu viel ungenügend gedecktes Papiergeld ausgegeben ist, indem mehr als ein Drittel fast immer an der Reichsbank hängen bleibt.

Die Verspätung auch der Kriegsemission wird wieder durch den Kriegsschatz für den Mobilisierungsbedarf wesentlich gefördert. Außerdem wäre jedoch baldigste Wiedereinziehung verfassungsrechtlich voraus auszusprechen. Not bricht freilich auch Verfassungsrecht. Es ist aber doch nicht gleichgültig, ob die Einlösung erst in der Zeit der Not versprochen oder ob der Papiergeldinhaber einen verfassungsrechtlich im Frieden ausgesprochenen Anspruch auf baldige Bareinlösung hat. Die letztere wird als verfassungsmäßige Institution zuerst viel mehr Vertrauen erwecken und dann viel energischere Vertretung finden. Um Versprechungen ins Blaue hinein handelt es sich dabei nicht. Wenn nur im Frieden die schon erörterte außerordentliche Tilgung stattgefunden hat — auch sie erweist sich hier als Stütze der Sicherheit vor den Übeln dauernder Valutaentwertung —, so wird nach Wiedereintritt des Friedens stets das Vertrauen sich einfinden, welches vorhanden sein muß, um mit Erfolg aus den Metalleingängen der zur Fundierung der Papiergeldschuld zu kontrahierenden Anleihen die normale Metallvaluta dem Lande wiederzugeben.

Die betreffenden Fundierungsanlehen dürfen sehr wohl stück-
weise vorgenommen werden, wenn stofsweise Bewegungen der Volkswirtschaft von der plötzlichen Aufbringung bedeutender Metallanlehen zu
besorgen sind. Mindestens mufs diese ratenweise Tilgung einem Staate
gelingen, welcher im Frieden reichlich tilgt.

Man erkläre also sämtliches Papiergeld mit Zwangskurs offen in
der Verfassung als die im äufsersten Kriegsnotfalle zulässige aufserordentliche Deckung, damit das Volk die Anwendung dieser Waffe nicht als
eine schlechthin unordentliche Mafsregel mit Panik aufnehme. Man be-
grenze sie aber auch förmlich und feierlich durch das Verbot der Über-
emission im Frieden und durch das verfassungsrechtliche Gebot der
Tilgung binnen eines bestimmten Zeitraumes nach Wiedereintritt des
Friedens.

Alle genannten Mafsregeln zusammen werden den Wert des Papiergeldes wenn nicht völlig aufrechterhalten, so doch nur zu geringen und
kurzdauernden Erschütterungen gelangen lassen. Zu diesem Vorteile
gesellt sich die Vermeidung auch der Schwankungen in der Kaufkraft
des Papiergeldes. Indem das in Krisen aufserordentlich gesuchte Metallgeld aus dem Verkehre zurücktritt, ist für das Eindringen der kleinen
Papiernennwerte Raum geschaffen. Die Emissionen sind sogar geeignet, vorübergehende Preisstürze, wie sie aus jedem Zustande der
Geldknappheit hervorgehen, zu verhüten; erstere werden dann volkswirtschaftlich nicht nur nicht schädlich, sondern wohlthätig wirken, wie Gift
in kleinen Dosen einmal gegeben wirkt. Indem sodann die Papiervaluta
nach dem Kriege rasch wieder beseitigt wird, und zwar in dem Mafse,
als von innen und aufsen Geld den Fundierungsanlehen zuströmt, wird
auch die Entwertung für die Zeit nach dem Kriege beseitigt. Geldwert-
und Preisschwankungen verheerender Art wird vorgebeugt, der Metall-
zirkulation ihr früherer Verkehrsspielraum wieder zugewiesen.

Wenn es nicht möglich ist, in jedem Kriege die Mafsregel der
Ausgabe uneinlösbaren Papiergeldes zu vermeiden — und dies ist der
Fall —, so ist es doppelt und dreifach Pflicht, dafs diese aufserordent-
liche Mafsregel wenigstens nicht eine unordentliche und Unordnung
schaffende Aktion werden könne. Nach dem obigen kann sie wirklich
so begrenzt und gekürzt werden, um jede tiefere Schädigung durch die
bei unordentlicher Anwendung unvermeidlichen Folgen des Disagio, der
Handelsstörungen, der Preisstörungen, der verdeckten Vermögens- und
Einkommenskonfiskationen gegen Rentner und Besoldete, den endlichen
Bankerott durch schmähliche Geldabschätzung, kurz die Verwandlung der
Volkswirtschaft in eine grofse Lotterie zu verhüten. Dann mufs man
aber das Volk nicht blind, sondern sehend, unterrichtet und
ruhig der aufserordentlichen Mafsregel entgegengehen
lassen. Die vorgeschlagenen Mafsnahmen sind hierzu geeignet. Das

Beste muſs freilich die politische Moralität des Volkes und seiner Staatsmänner leisten, wie sie sich in der Steuerpraxis des Friedens
äuſsert. Allein das öffentliche Recht kann hier wie überall diese Moral
stützen. Die absolute Ungebundenheit in dieser Sache ist, ähnlich wie die
schlechthinige Freiwilligkeit der auſserordentlichen Tilgungen „ewiger"
Rente, ein höchst gefährlicher, anarchieartiger Freiheitszustand für konstitutionelle wie für absolute Staaten. Bindet man die Selbstverwaltungskörper in Hinsicht auf das Schuldenmachen, so ist es nur desto
mehr nötig, daſs souveräne Gewalten wenigstens durch das Verfassungsrecht Schranken auferlegt erhalten.

Drittes Buch.

Die Hauptgegenstände der Steuerlehre.

———

I. Hauptabteilung. Die Grundfragen der Steuertheorie: Steuergewalt, Steuerpflicht, Steuerkraft, Steuerlast und Steuersystem.

I. Abschnitt. Die Steuergewalt (Steuerzuständigkeit).

1. Kapitel. Die Prinzipien.

§ 169. *Begriff und Klassifikation. Ursprüngliche und abgeleitete Steuergewalt.* — Unter Steuergewalt ist hier gegenständlich die öffentlich-rechtliche Zuständigkeit zur Erhebung von Steuern verstanden. Die öffentlichen Körper als Träger dieser Zuständigkeit nennen wir Steuergewalten.

Die letzteren sind bereits klassifiziert, indem unterschieden wurde zwischen den Organen:

des einfachen oder Einheitsstaates und der Staatenverbindungen, weiter innerhalb der Staatenverbindungen

der Reichsgewalt und der Gliedstaatsgewalt,

des Staatenbundes — Bundesstaates in den freien Staatenverbindungen,

der Kolonialreiche — Eroberungsreiche und der unfreien Staatenverbingen,

der Staatsgewalt — den Kommunalgewalten innerhalb jeder Staatsgattung.

Der staatliche und der wirtschaftliche Berechtigungsgrund der Zuständigkeit der verschiedenen Steuergewalten ist bereits nachgewiesen (§ 65).

Desgleichen ist das Prinzip der Ausdehnung, in welcher von der Steuergewalt den Steuerkräften gegenüber Gebrauch gemacht werden darf, schon dargethan (§ 132 f.).

Endlich ist auch schon das Prinzip der Verteilung der Gesamtsteuergewalt innerhalb einer Volksgemeinschaft zwischen Staat
und Gemeinde, Gesamtstaat und Gliedstaat, weiteren und engeren Kommunalkörperschaften aufgestellt worden, nämlich das Prinzip der
Verteilung der Steuerzuständigkeit im Verhältnis der
Gröfse des durch Erwerbs- und Gebühreneinnahmen nicht gedeckten
gemeinnützigen Bedarfes, sei es mittelst Anteilnahme jeder Steuergewalt
an gemeinsamen Steuern, sei es mittelst völliger Überlassung der einen
Steuergattung an diese und der anderen an jene Steuergewalt nach
staatlich, volkswirtschaftlich und steuertechnisch begründeter Zweckmäfsigkeit.

Es handelt sich bei der allgemeinen Beurteilung der Steuergewalt
nur noch darum, ob und wie weit letztere als ursprünglich, d. h. in
sich selbst begründet, und wie weit dieselbe als abgeleitet anzusehen ist.

Ursprünglich ist die ganze Steuergewalt des einfachen Staates. Eine
andere Frage ist es, ob auch die Steuergewalt der Gemeinden und bei
Staatenverbindungen die Steuergewalt der Gliedstaaten eine ursprüngliche sei oder doch sein könnte.

Die Steuergewalt der Kommunalkörper, sowie der Gliedstaaten in
den Staatenverbindungen wird zwar immer durch das Staatsrecht geordnet und begrenzt sein, allein der Anspruch auf ein bestimmtes
Mafs selbständiger Steuergewalt läfst sich doch wohl als ein an sich
selbst berechtigter, ursprünglicher ansehen, wie der Anspruch des Staates
auf Steuergewalt; denn für die Gemeinde und für die bündischen Gliedstaaten treffen aus ihrem eigensten Wesen und ihrer selbständigen Bestimmung heraus die Berechtigungsgründe der Besteuerung (§ 65) unmittelbar zu.

Was die Gemeinde betrifft, so ist hier der Aufwand im übertragenen
Wirkungskreise als ein staatlicher anzusehen, für welchen der Gemeinde
mangels anderer Mittel Dotationen und Anteile am Staatssteuerertrage
zu überlassen sind. Für den Bedarf des selbständigen Wirkungskreises
der Kommunalkörper und ebenso der kirchlichen und weltlichen Spezialkorporationen (Kirchengemeinden, Schulgemeinden, Wirtschaftskammern
u. s. w.) ist der Anspruch auf Steuergewalt als ein ursprünglicher anzusehen, demselben daher im Gesamtsteuersystem Anspruch auf
einen Teil der Gesamtsteuergewalt und des Steuergesamtbezuges einzuräumen.

In bündischen Staaten teilen sich die Reichsgewalt und die Partikularstaaten in die „ursprüngliche" Steuergewalt des einfachen Staates,
so zwar, dafs die Gliedstaaten in Beziehung auf bestimmte Steuergattungen eine vollkommen souveräne Steuergewalt behalten. Die direkten
Steuern findet man den Gliedstaaten z. T. ausschliefslich, die indirekten
Steuern nur teilweise zugewiesen.

„Ursprünglich" ist hier überall nicht im formell juristischen Sinne,
sondern im Sinne einer staatswissenschaftlich, nationalökonomisch und
finanzwissenschaftlich in sich selbst begründeten Steuerzuständigkeit
verstanden.

2. Kapitel.

§ 170. *Die Konkurrenz verschiedener Steuergewalten. Verhütung
der „Doppelbesteuerung".* — Die sogen. Doppelbesteuerung ist a u ß e r
der zweimaligen Vollbesteuerung d e s s e l b e n S u b j e k t s d u r c h d i e -
s e l b e S t e u e r g e w a l t (vgl. Anm.) in Wirklichkeit nur dann vorhanden,
wenn ein und dasselbe Steuersubjekt für ein und dasselbe Steuerobjekt
von zwei oder mehreren Steuergewalten von jeder zur Vollbesteuerung
herangezogen wird.

Nicht aber auch dann, wenn verschiedene Steuergewalten dasselbe
Subjekt und Objekt nacheinander, je im Verhältnis ihrer öffentlichen
Aufgabe treffen, wenn z. B. die centrale Steuergewalt eines Landes
einen Teil der direkten Steuerlast für sich erhebt, zu welchem die Pro-
vinzial-, dann die Lokalsteuergewalt Zuschläge hinzufügt. Auch nicht
dann, wenn ein für die Staatskasse an der Grenze mäßig verzollter
Artikel weiter einer städtischen Thorsteuer unterworfen wird. Doppel-
steuerung liegt auch dann nicht vor, wenn dasselbe Steuersubjekt für
seine Gesamtleistung an Steuern durch ein System verschiedenartiger
Besteuerungsweisen zusammen voll getroffen wird, oder wenn mehrere
gleichartige Steuergewalten, z. B. mehrere Gemeinden sich in die Steuer
einer und derselben Eisenbahnunternehmung oder eines in Filialgeschäfte
verzweigten Handelsunternehmens — nach Verhältnis der Teilstrecken,
der Teilgeschäfte u. s. w. — teilen. Wahre Doppelbesteuerung ist aber
vorhanden, wenn dasselbe Steuersubjekt und Objekt, z. B. dieselbe Rente
oder Besoldung in zwei verschiedenen Reichen oder in zwei verschiedenen Gliedstaaten desselben Reiches oder in zwei Ortsgemeinden desselben Landes je ganz und voll oder wenn derselbe Gegenstand, etwa
Bier, Branntwein sowohl im Erzeugungs- als im fremden Absatzlande
voll von der Besteuerung getroffen wird. Das ist nochmalige Vollbesteuerung, wirkliche Doppelbesteuerung.

Die Doppelbesteuerung ist verwerflich, kann aber nur insoweit,
als sie innerhalb eines und desselben Reiches oder Staates stattfindet,
durch die Gesetzgebung mit Sicherheit beseitigt werden. Dagegen läßt
sich die internationale Doppelbesteuerung beim heutigen Zustande des
Völkerrechtes kaum ganz vermeiden, da die verschiedenen Staaten nicht
denselben Geist der Billigkeit besitzen und sich in ihrer souveränen
Steuergewalt auch nicht wesentlich beschränken lassen dürfen.

Die Wege der Vermeidung der internationalen wie der innernatio-
nalen Doppelbesteuerung sind: die Rückvergütung der inneren Ver-

zehrungssteuern bei der Ausfuhr, die Besteuerung des im Inlande wohnenden Ausländers nur für das im Inlande erwachsende Einkommen, endlich die Freilassung des im Auslande lebenden Staatsangehörigen für das ihm aus dem Auslande erwachsende Einkommen.

Dagegen wird die Zweckmäfsigkeit es verlangen, den im Inlande lebenden Inländer auch sein aus dem Auslande fliefsendes Einkommen ganz versteuern zu lassen, selbst wenn einzelne Teile des letzteren schon voll von direkten Steuern des Auslandes getroffen werden; aufserdem würde die Steuerkontrolle, namentlich in Bezug auf die Rentenbesteuerung, sehr erschwert werden. Immerhin liefse sich auch in diesem Falle internationaler Doppelbesteuerung Hilfe schaffen durch allgemeine Beseitigung der Form der Couponbesteuerung in der Rentenbesteuerung, durch die Freilassung der nachweisbar vom Auslande besteuerten Ruhegehaltsbezüge, sowie eben solcher Bezüge aus Boden und Gebäuden.

Vergl. hierzu den folgenden Abschnitt II über die Steuerpflicht.

Zwei weitere Fälle der Doppelbesteuerung sind 1. die zweimalige Vollbesteuerung desselben Objektes durch dieselbe Steuergewalt (Einkommensbesteuerung der Aktiendividende bei der Aktiengesellschaft und beim Dividendenempfänger); 2. die zweimalige Vollbesteuerung desselben Objektes durch dieselbe Steuergewalt mittelst zweier verwandter Steuern (Ertrags- und Einkommenssteuer).

Gesetz gegen die Doppelbesteuerung im deutschen Reiche: der Norddeutsche Bund suchte die Doppelbesteuerung zu beseitigen durch Gesetz vom 13. Mai 1878. Dieses Gesetz gilt nach späteren Bestimmungen jetzt im ganzen Deutschen Reiche. Nach § 1 darf ein Deutscher nur in jenem Bundesstaate zu den direkten Staatssteuern herangezogen werden, in welchem er seinen Wohnsitz hat. Aber nach § 3 wird Grundbesitz und Gewerbebetrieb sowie das aus diesen Quellen herrührende Einkommen nur von dem Bundesstaate besteuert, wo jene liegen; nach § 4 Gehalt, Pension, Wartegeld nur in dem Staat, der die Zahlung leistete; Zinsbezug eines in Sachsen wohnenden Preufsen aus preufsischen Staatspapieren oder aus preufsischen Hypotheken ist danach in Sachsen steuerpflichtig. Bei der blofsen Einkommensbesteuerung dieses Einkommens wohl richtig, bei einer Kapitalrentensteuer kaum — sagt A. WAGNER.

3. Kapitel. Das Verhältnis der Gemeindesteuergewalt zur Staatssteuergewalt.

§ 171. *Das Besteuerungsbedürfnis der Kommunalkörperschaften* — jeder Ordnung ist ein grofses aus zwei Ursachen: die Gemeinden haben einen grofsen Aufwand unvergeltbarer (d. h. gemeinnütziger) Art zu machen, und die anderen Deckungsmittel für diesen Aufwand, die Einnahmen aus Feldgütern, Forsten, Verkehrsanstalten sind mindestens in keinem verhältnismäfsigen Wachsen begriffen.

Der gemeinnützige Aufwand nimmt namentlich für die Städte beharrlich zu; man kann analog von einem Gesetze des steigenden Kommunalaufwandes, wie von einem solchen des steigenden Staatsaufwandes sprechen.

Dieses Wachstum ist nicht blofs am sogen. „obligatorischen“, sondern auch am „fakultativen Teile des übertragenen Wirkungskreises“ der Kommunalkörperschaften wahrzunehmen (vgl. die Gem. Ausgaben-Statistik des § 172).

Der Kommunalsteuerbedarf ist und bleibt ein künstlich gesteigerter, weil und solange die Kommunalverbände für den Staat und die engeren für die weiteren Kommunalverbände im übertragenen Wirkungskreise thätig sind, ohne hierfür irgendwelche oder eine zureichende Vergütung durch fortlaufende Staatsbeiträge oder einmalige Fondsdotationen (neuerdings in Preufsen) zu empfangen. Die volle Vergütung wird nicht lange vorenthalten werden können, und sie hat entweder unmittelbar oder mittelbar durch Erweiterung der Besteuerungszuständigkeiten der Kommunalkörperschaften zu erfolgen. Eine der Hauptursachen kommunaler Finanznotstände ist die Abwälzung vielen Staatsaufwandes auf die Kommunalverbände, namentlich Städte geworden.

Man unterscheidet für den übertragenen Wirkungskreis:

1. speziell überwiesene obligatorische Ausgaben, wie Quartierlasten, Unterstützung der Familien einberufener Reservisten,

2. generell überwiesene obligatorische Ausgaben: für das Volksschulwesen, die Standesamtsführung, Wegebau und Wegeunterhaltung, Sicherheitspolizei u. s. w.,

3. die fakultativen Ausgaben.

Letztere ergeben sich auf den bereits genannten Gebieten des übertragenen Wirkungskreises regelmäfsig aus dem Plus an Kosten, welches aus einer die gesetzliche Verpflichtung quantitativ und qualitativ überschreitenden Art der Ausführung der bezüglichen Aufgaben hervorgeht, z. B. im Volksschul-, Wege-, Sanitätswesen. Dazu tritt der Aufwand für mittleres und höheres Schulwesen, für dessen Uebernahme regelmäfsig kein gesetzlicher Zwang für die Selbstverwaltungskörper besteht; ferner der Aufwand für kulturelle Dinge, wohin vornehmlich volkswirtschaftliche Förderungsmittel aller Art gehören („Landeskulturinteressen“ in den Kreisen, Provinzen), wissenschaftliche, künstlerische, allgemeine Bildungs-, Wohltätigkeitsangelegenheiten (letzteres über das Mafs gesetzlicher Verpflichtung zur Armenversorgung hinaus), Städteverschönerung (gröfserer, ästhetischen und Kunstinteressen dienender Aufwand bei öffentlichen Gebäuden, Denkmälern, Parks u. s. w.). Gerade dies Gebiet dehnt sich mit der Kulturentwickelung immer mehr aus, so fast überall neuerdings, mitunter zu schnell und zu stark. Die staatliche Oberaufsicht, wenigstens im Wege der Kontrolle über die Besteuerung, hierfür erscheint nötig. Vielfach handelt es sich hier um Anstalten, welche zugleich zu einer Kostendeckung des betreffenden Aufwandes mittelst Gebühren der Interessenten oder selbst zu einer Erzielung von Überschüssen (Reinerträgen) darüber hinaus, dienen können und passend so dienen: Wasserversorgung, Gasanstalten (Anstalten für Beschaffung elektrischen Lichtes), Viehhöfe, Schlachthäuser, Markthallen, Lagerhäuser, bald wohl allgemeiner lokale Transportanstalten, wie städtische und von grösseren Verbänden ausgeführte kleine (Lokal-) Bahnen, Pferdebahnen u. s. w. Hier ist es die Entwickelung der Technik, welche solche Anstalten als eigentlich öffentliche zum Besitze von öffentlichen Körpern passend und im gemeinnützigen Interesse fast notwendig erscheinen läfst. (A. Wagner.)

Die neueren Dotationsgesetze und Überweisungsgesetze Preufsens: Das Dotationsgesetz vom 30. April 1873 hat jährlich 2 Mill. Thaler aus
den Staatseinnahmen bewilligt zur Ausstattung der Provinzialverbände der alten Provinzen, Schleswig-Holsteins, des Stadtkreises Frankfurt a. M., Hohenzollerns und des
Jadegebietes mit „Fonds zur Selbstverwaltung", ferner alljährlich 1 Mill. Thaler zu
Fonds für die Durchführung der Kreisordnung (und ähnlicher für die anderen Provinzen zu erlassender Gesetze), besonders zur Bestreitung der Kosten des Kreisaus-
schufses und der Amtsverwaltung im ganzen Staate. — Der wohl angreifbare, mechanische, aber schwer durch einen besseren zu ersetzende — Verteilungsmafsstab
für diese Summen unter die Verbände ist: zur Hälfte der Flächeninhalt, zur Hälfte
die Civilbevölkerung von 1871; gleicher Mafsstab für die Verteilung der 1 Mill. Thaler
unter die Kreise. Durch Gesetz vom 8. Juli 1875 wurde die Dotation der genannten
Provinzen um 7,44 Mill. M. erhöht. (Endgiltige Verteilung der ganzen Summe von
13,44 Mill. M. durch Verordnung vom 12. September 1873). Aufserdem wurden den
genannten Verbänden die nach dem Gesetz von 1873, § 5, zinsbar angelegten Dota-
tionsfonds für die Jahre 1873—1875 vom 1. Januar 1876 an überwiesen (zusammen
13,78 Mill. M.). Die gesetzlichen Verwendungszwecke dieser Summen, — also
„generell überwiesene, obligatorische Ausgaben" — sind nach § 4 des Gesetzes von
1875: Neubau chaussierter Wege und Unterstützung des Gemeinde- und Kreiswege-
baues, Beförderung von Landesmeliorationen innerhalb des provinziellen Interesses,
Landarmen- und Korrigendenwesen, Irren-, Taubstummen-, Blindenwesen, Unterstützung milder Stiftungen, Rettungs-, Idioten- und anderer Wohlthätigkeitsanstalten,
Zuschüsse für künstlerische und wissenschaftliche Vereine, öffentliche Sammlungen,
Landesbibliotheken u. s. w., und „ähnliche im Wege der Gesetzgebung festzustellende
Zwecke". In den Provinzialverbänden sind mit den überwiesenen Summen auch die
Kosten des Provinziallandtages, der Provinzialverwaltung und einiges Andere mehr
zu bestreiten. In Verbindung hiermit sind den Provinzialverbänden eine Reihe von
gemeinnützigen Anstalten mit allen Rechten und Pflichten unter Ausscheidung des
Staates zur Verwaltung und Unterhaltung überwiesen, auch verschiedene kleinere
Fonds an sie übertragen worden. Endlich wurde durch das Gesetz von 1875, § 18,
allen Provinzialverbänden, auch der neuen Provinzen, den Kommunalverbänden von
Kassel und Wiesbaden, den Stadtkreisen Berlin und Frankfurt a. M., und dem Kom-
munalverbande von Hohenzollern Eigentum an und Verwaltung und Unterhaltung der
Staatschausseen übertragen (mit Ausnahme der berg- und forstfiskalischen Staatschausseen). Zur Uebernahme dieser Last wurde den Verbänden eine weitere Jahres-
rente aus Staatsfonds von 19 Mill. M. gewährt, wovon 15 Mill. M. im Gesetze selbst,
4 Mill. M. halb nach Fläche, halb nach Volkszahl auf die Verbände verteilt wurden.
— Auf Grund dieser verschiedenen Dotationsgesetze enthielt der preufsische Staats-
haushaltetat für ein Jahr gegen 38 Mill. M. „zur Gewährung von Provinzialfonds für
Zwecke der Selbstverwaltung, einschliefslich der Mittel zur Durchführung der Kreisordnung", aufserdem „Beitrag zu den Kosten der Amtsverwaltung der östlichen Provinzen" 745 500 M. Diese Dotationen machten in den Provinzialverbänden die Provinzialsteuern bisher noch gröfstenteils entbehrlich. (A. WAGNER).

An Stelle dieser Dotationen ist jetzt die Ertragsüber-
weisung der ganzen staatlichen Grund-, Gebäude- und
Gewerbesteuer getreten.

Gegenüber der Staatskasse werden vom 1. April 1895 ab aufser Hebung gesetzt:
Grundsteuer 39 800 000 M., Gebäudesteuer 46 200 000 M. (wovon auf die Städte und
die ländlichen Ortschaften mit überwiegend städtischen Verhältnifsen rund 38 060 000 M.
entfallen), Steuer an stehenden Gewerbebetrieben, einschliefslich der Betriebssteuer,

22 600 000 M. (wovon auf die Städte rund 18 200 000 M. entfallen), endlich die Berg-werksabgaben 6 400 000 M., insgesammt also 115 200 000 M. Neu erhoben wird vom 1. April 1895 ab die Ergänzungssteuer (Vermögenssteuer), welche mit dem Betrage von 35 000 000 M. kontingentiert ist. Es werden also insgesamt vom 1. April 1895 ab an direkten Staatssteuern 80 200 000 M. weniger zu entrichten sein, als vorher.

Zur Beurteilung der Frage, wie die preußische Steuerreform für die Kommunalbelastung gewirkt hat, ist zu bemerken, daß vor der Reform die Kommunalzuschläge nicht nach den Hebungssätzen, sondern nach den viel höher veranlagten Steuersätzen bemessen wurden. Es waren aber die Stufen von 900—3000 M. für 1894/95 mit 34 257 573 M. veranlagt, während nach den alten Steuersätzen das Veranlagungssoll 48 138 960 M. oder 40,5 Proz. mehr betragen hätte. Auch die nach dem neuen Gesetze mit fingierten Einheitssätzen zu veranlagenden Einkommen unter 900 M. haben, wo sie von den Gemeinden der Besteuerung unterworfen sind, eine Entlastung erfahren und zwar diejenigen von 420—660 M. um 20 Proz., diejenigen von 660—900 M. um 33 1/3 Proz. — Durch die Überweisung der eingangs erwähnten Realsteuern ab 1. April 1895 wird zunächst durch Überweisung der Gewerbesteuer auf Grund des neuen Gesetzes die Zahl der Veranlagten von 890 420 in 1892/93 auf 438 940 in 1893/94, also um 50,7 Proz. herabgemindert und zwar wesentlich durch Freilassung der Betriebe mit weniger als 1 500 M. Jahresertrag. Für 1894/95 sind zur Gewerbesteuer (ausschl. Betriebs-steuer) 449 385 Betriebe veranlagt. Wie sehr sich dadurch die Be-lastung zu gunsten des Kleingewerbes durch die Reform verschoben hat, geht aus nachstehenden Daten hervor: In 1892/93 (vor der Reform) hatte der gesamte Großbetrieb (Handel und Industrie in Klasse A I nur 2 027 790 M., das Kleingewerbe in Klasse B 5 014 950 M., letzteres also mehr als das Doppelte aufzubringen, und außerdem entrichteten die in Klasse H steuernden, zum überwiegenden Teile ebenfalls dem Kleinbetriebe hinzuzurechnenden Handwerker 2 059 377 M., also eben-soviel wie der gesamte Großbetrieb. Nach der Veranlagung für 1894—95 hat nur ein Teil des Großbetriebes (Klasse I mit 3561 Mitgliedern, also 0,79 Proz. der Steuerpflichtigen) 6 166 756 M., d. i. 30,16 Proz. des Steuersolls, also mehr als das Dreifache der früheren Klasse A I (mit zuletzt 7415 Steuerpflichtigen) und nicht unbeträchtlich mehr als die Klasse IV mit 81,37 Proz. aller Steuerpflichtigen aufzubringen. — Vom 1. April 1895 ab werden (s. o.) den Gemeinden vom Staate die genann-ten Realsteuern im Betrage von 108 800 000 M., d. i. 89,2 Proz. des gesamten Veranlagungssolls der Einkommensteuern überlassen. Dazu treten die nicht unerheblichen Erträge derjenigen Objekte, welche zwar nicht den staatlichen, wohl aber künftig den kommunalen Realsteuern unterliegen werden (Staatsbetriebe, Bergwerke u. s. w.). Es darf daher in zahlreichen Gemeinden eine wesentliche Herabsetzung der bisherigen Einkommensteuerzuschläge erwartet werden (vgl. § 202).

§ 172. *Zur statistischen Beleuchtung des Kommunalaufwandes —* nach dem Stande für 1876 liefert namentlich die Arbeit HERRFURTHS für die preußischen Gemeinden von über 10000 Einwohnern vorzügliches Material (Ztschr. d. pr. Stat. Bur., Ergänz.-H. 6, 7, 9). Hiernach betrug die Gesamtausgabe brutto 227 Mill. Mk. oder 42,37 Mk. pro Kopf, hierunter:

für staatliche Zwecke . . . . . 2,45 M. pro Kopf
Verkehrsanlagen . . . . . 6,83 „ „ „
Wohlthätigkeit . . . . . 4,00 „ „ „
Unterrichtszwecke . . . . 7,59 „ „ „
Gemeindeschulden . . . . 3,86 „ „ „

Das Ausgabebudget der Stadt Berlin bezifferte sich auf 56,1 Mill. M., darunter:

für allgemeine staatliche Zwecke . . . . 3,7 Mill. M.
Verkehrsanlagen . . . . 16 „ „
gewerbliche Anlagen (Gasanstalt, Wasserwerke u. s. w.) 13 „ „
Wohlthätigkeit . . . . 5 „ „
Unterrichtswesen . . . . 8,4 „ „
Allgemeine Gemeindeverwaltung . . . . . . 4,1 „ „
Gemeindeschulden . . . . 4,7 „ „

Der K r e i s aufwand findet sich in 1000 M. wie folgt beziffert:

Ausgaben	Staat	Davon Prozinzen: der Kreisordnung	andere Prov.
für allgemeine Staatszwecke	215	105	109
Verkehrsanlagen	21 965	12 848	9 117
Wohlthätigkeit, Armenwesen u. s. w.	1 713	1 146	567
Unterricht	158	98	60
Sanitätswesen	1 094	551	542
Landesmeliorat. land-, forstwirtsch. Zwecke .	137	24	112
Gemeinnütziges	79	35	44
Beseitigung von Notstand	33	32	1
Zinsen, Tilgung der Kreisschulden	7 748	4 919	2 829
Allgemeine Kreisverwaltung	5 269	4 716	552
Leist. an Provinz. u. komm.-ständ.-Verbände .	5 077	2 171	2 906
Sonstiges	1 789	1 375	413
Summe der Ausgaben	45 277	28 022	17 255

§ 173. *Zur Statistik der Gemeindebesteuerung in Preußen. —* Nach der preußischen Finanzstatistik hatten für 1880/81 zu entrichten Mill. Mk.:

	Stadtgemeinden	Landgemeinden (ohne Gutsbezirke)
1. Direkte S t a a t s s t e u e r n	80,99	65,75
2. G e m e i n d e a b g a b e n	99,66	58,92
d. i. auf den Kopf	10,53	3,76
davon Zuschüsse zur		
a. Grundsteuer	1,87	18,07
b. Gebäudesteuer	6,84	5,19
c. Klassen und Einkommensteuer . . .	50,66	22,12
d. Gewerbesteuer	1,24	1,21
Summe der Zuschläge	60,61	46,59

	Stadt-gemeinden	Landgemeinden (ohne Gutsbezirke)
e. besondere Gemeindeeinkom-		
mensteuern	16,67	2,04
f. Wohn- und Mietsteuer	11,16	0,06
g. Hundesteuer	1,20	0,57
h. sonstige Realsteuern	5,67	5,51
i. sonstige Personalsteuern	0,29	3,21
k. indirekte Gemeindesteuern	4,05	0,56
l. andere Gemeinde- und Korp. Steuen .	—	0,38
Summe der anderen Steuern .	39,04	12,33
3. Außerdem erhoben:	8,50	30,00
a. Schulsteuern	3,34	11,59
b. Kirchensteuern	3,13	5,26
c. Armensteuern	0,12	1,96
d. Kreis- und Provinzsteuern	1,86	11,15
4. Summa der Gemeinde- u. Corp. Steuern .	108,11	88,88
5. Alle diese öffentlichen Abgaben . . .	189,10	154,63

Ohne Hohenzollern. Das System der allgemeinen Gemeindeabgaben waltet demnach stark, in besonderem Maße in den Städten vor, wo die Schullasten nur noch teilweise Schulsozietätslasten sind, meistens auf die Gemeindekasse übernommen wurden und, gemäß einer Befugnis der Städte in den Kreisordnungsprovinzen, sowie gemäß dem üblichen Kontingentierungsprinzip in den anderen Provinzen, die Kreisabgaben großenteils direkt aus der Gemeindekasse im ganzen entrichtet werden, ohne Individualrepartition auf einzelne Steuerpflichtige.

Einblick in die thatsächliche Gestaltung der Kreishaushalte gewähren ebenfalls die genannten neueren amtlichen finanzstatistischen Arbeiten. An Kreis- und Provinzialsteuern neben den Gemeinde- abgaben wurden 1880—81 aufgebracht in den Städten 1,556 Mill. Mk., in den Landgemeinden 11,147 Mill. Mk., dort so viel weniger, weil die größeren Städte (über 25 000 Einwohner) meist kreisexemt sind und viele andere diese Abgaben nicht individuell erheben (Erg.-H. 9, S. 49, 99). Der Gesamtbetrag der ausgeschriebenen Kreissteuern allein (darunter die direkt ihr Kontingent zahlenden Städte inbegriffen), war im preußischen Staate (einschl. Hohenzollern) 1877—78: 22,800, 1880—81: 25,576 Mill. Mk., davon im Gebiete der Kreisordnung 14,553, im übrigen Staatsgebiete 11,323 Mill. Mk. (A. Wagner).

Die Kommunalbesteuerung Bayerns — ist dadurch gekennzeichnet, daß die Verbrauchsbesteuerung (Bieraufschlag) eine nicht unbeträchtliche ist. Nach v. Reitzenstein (a. a. O. S. 776) betrugen die Zuschläge zu den direkten Staats- steuern in den 12 größten Städten Bayerns im Jahre 1878: 3,9, die Zuschläge zu den indirekten Staatssteuern 4,9 M. auf 17,7 Mill. M. Gesamteinnahme. Also weit mehr indirekte Besteuerung, als in Preußen, wo seit Aufhebung der Mahl- und der Schlachtsteuer (1873) der Verbrauchsabgabenertrag von 17 auf 15 Proz. der städtischen Abgaben gesunken ist. Verbrauchssteuern sind in Bayern zulässig: für Fleisch, Ge- treide, Mehl, Malz und Bier.

§ 174. *Die Beschränkung der kommunalen Verzehrungsbesteuerung mit Rücksicht auf die Zölle.* — Wichtig für das gesamte preufsische und deutsche Kommunalfinanzwesen im weiteren Sinne ist, dafs die indirekte Besteuerung in Form von Zöllen und Zuschlägen zu den Vereinszöllen, auch zu den inneren Verbrauchssteuern auf Salz wie den Einzelstaaten, so auch den Kommunen und Kommunalverbänden untersagt ist.

Zollvereinsvertrag von 1867 in Betreff der eingeführten ausländischen Erzeugnisse, die eingangszollpflichtig, vorbehaltlich der inneren Steuern auf Branntwein, Bier, Essig, der Mahl- und Schlachtsteuer auch von ausländischen Produkten, Art. 5. N. I; ähnliche Beschränkungen, auch in Betreff der Höhe der Sätze für inländische Artikel: Branntwein, Bier, Wein, ferner Mehl und Mehlfabrikate, Fleisch u. s. w., für die einzelstaatliche Besteuerung, Art. 5, N. II, § 2. Abgaben für Rechnung von Kommunen und Korporationen dürfen nur für Gegenstände, die zur örtlichen Konsumtion bestimmt, erfolgen, namentlich für Bier, Essig, Malz, für die der Mahl- und Schlachtsteuer unterliegenden Erzeugnisse, Brennmaterial, Marktviktualien, Fourage, nur in Weinlanden für Wein.

Ein 1895 im deutschen Reichstag eingebrachter Entwurf strebt der indirekten Gemeindebesteuerung gröfseren Spielraum zu verschaffen.

§ 175. *Fortsetzung. Frankreich und Italien.* — Auch in diesen Ländern bilden zwar die Zuschläge (centimes additionels) die allgemeine Kommunalhauptsteuer, doch besteht daneben ein starkes städtisches Verzehrungssteuerwesen (octroi).

In Frankreich bilden die Zuschläge zu den vier direkten Staatssteuern, rund 200 Mill. Frs. je für die Departements und Gemeinden, die Haupteinnahmequelle der Kommunalfinanz. Die Votierung erfolgt durch die Kommunalorgane innerhalb der durch das Finanzgesetz festgestellten Centimen. Die Oktrois nehmen dennoch eine bedeutende Stellung ein mit einem Ertrage von rund 300 Mill. Frs., wovon die Getränkesteuern annähernd die Hälfte ergeben.

Zur neueren französischen Oktroi-Gesetzgebung bemerkt v. REITZENSTEIN a. a. O.: Die neuere Gesetzgebung und Verwaltungspraxis hat die Oktroieinrichtung besonders nach zwei Richtungen weiterzuentwickeln sich bemüht. Zunächst ist das Streben darauf gerichtet gewesen, zu verhindern, dafs die Belastung sich nicht zu einer für die Entwickelung des Konsums nachteiligen, für die ärmeren Bevölkerungsklassen drückenden steigere. Diesem Zwecke dient grofsenteils der mit dem Dekret vom 12. Februar 1870 publizierte General-Tarif; die noch aufrecht gebliebenen Zölle auf Getreide und Mehl haben seitdem durchgehends Beseitigung gefunden. Ein zweites Ziel war, den Durchfuhrverkehr sowie die Einführung von Waren für den Handel bezw. für die industrielle Produktion in möglichst weitgehender Weise von der Oktroi-Erhebung zu befreien. Auch in dieser Hinsicht hat das genannte Gesetz die vorhandenen Einrichtungen wesentlich vervollständigt und vervollkommnet. — Die Ergiebigkeit der Oktrois ermöglicht es, dafs die gröfseren Städte ihren Bedürfnissen meist aus eigener Kraft genügen, und dafs daher die von den Departements bezw. vom Staate durch Subventionen zu leistende Hilfe grofsenteils für die ländlichen oder kleineren Gemeinden frei bleibt. Die vorzugsweise von der Freihandelspartei ausgegangenen, periodisch mit gröfserer oder geringerer Energie unternommenen Versuche der Beseitigung der Oktrois und der Ersetzung derselben durch direkte Steuern sind bisher ohne Erfolg geblieben, da die Bedürfnisse der Praxis sich mächtiger als die Schlufsfolgerungen der Theorie erwiesen; es gilt dies insbesondere auch von dem letzten von Yves Guyot gestellten diesbezüglichen Antrage (Dezember 1888).

Für die italienische Kommunalbesteuerung, konsolidiert durch das Gemeindegesetz von 1889, ergiebt sich ein ungefähres Bild aus den statistischen Angaben für 1889. Die ordentlichen Einnahmen ergaben: aus dem Vermögen 40,3, aus den kommunalen Verbrauchssteuern 129,6, aus anderen Gemeindesteuern und Gebühren 54,4, aus Zuschlägen zur Staats-, Grund- und Gebäudesteuer 117,2 Mill. Lire.

Verbrauchssteuern (dazi di consumo) und Zuschläge zu solchen kommen nur in Ansehung der vom Staate mit Verzehrungssteuern belasteten Gegenstände vor; es sind dies in offenen Gemeinden Trinkwaren und Fleisch, in geschlossenen aufserdem Mehl, Reis, Öl, Butter und Zucker; in diesen erfolgt die Erhebung beim Eingange, in jenen beim Detailverkauf. Der Satz graduiert sich nach einer alle Gemeinden umfassenden vierstufigen Klasseneinteilung; zu demselben können die Gemeinden Zuschläge bis zum Höchstmafse von 50 Proz. erheben. In Bezug auf vom Staate nicht belastete Gegenstände der im Gesetze von 1889 genannten Kategorien sind die Gemeinden durch ein Höchstmafs nicht beschränkt; auch andere Gegenstände der Steuer zu unterwerfen, können sie durch ein auf Gutachten der Handelskammer zu erlassendes königliches Dekret ermächtigt werden. Von der Befugnis, auch solche Objekte zur Steuer heranzuziehen, ist in den Städten ausgiebigster Gebrauch gemacht worden. Selbst die Erhebung der staatlichen Verbrauchssteuern wird regelmäfsig den Gemeinden gegen eine periodischer Neufestsetzung unterliegende Pauschalsumme übertragen.

Von den neu eingeführten Gemeindesteuern sind nur einige zu gröfserer finanzieller Bedeutung gelangt; in erster Linie lassen sich als solche die Familien- und Haussteuer (tassa di famiglia e focativo) und die Viehsteuer (tassa sul bestiamo) bezeichnen. Der Gesamtbetrag der ersteren war für 1887 mit 18 659 998, der der zweiten mit 10 398 219 Frs. veranschlagt, welchem letzteren Ertrage der der Steuer vom Zugvieh mit 2 818 214 Fr. hinzutritt. Die Familiensteuer ist eine graduierte Klassensteuer, die nach einer Klasseneinteilung, welcher die Familien der betreffenden Gemeinde nach ihrer Vermögenslage eingereiht werden, nach festen Sätzen erhoben wird. Zahl und Abgrenzung der Klassen, sowie der Sätze sind in den einzelnen Gemeinden sehr verschieden geregelt. Die Viehsteuer ist eine vom Haupte des verschiedenen in der Landwirtschaft gehaltenen Viehes erhobene Steuer, die vorzugsweise in den kleineren ländlichen Gemeinden verbreitet ist (v. REITZENSTEIN a. a. O.).

§ 176. *Fortsetzung. Vereinigte Staaten und Schweiz.* — Das amerikanische Kommunalsteuersystem kennt keine grundsätzliche Scheidung der Steuerquellen zwischen Staat und Kommunalkörpern. Das Finanzwesen der Union beruht wesentlich auf den Einnahmen aus indirekten Steuern; die Einzelstaaten, Grafschaften, Gemeinden, namentlich Städte, stützen sich hauptsächlich auf die direkte Besteuerung.

Im Vordergrunde steht die Besteuerung des Vermögens, namentlich des Grundvermögens (real estate), woneben allmählich auch das bewegliche Vermögen (personalty) herangezogen worden ist. Neben der Vermögenssteuer bestehen in den meisten Staaten Neuenglands, des Südens, zum Teil auch des Nordwestens, Kopfsteuern (polltaxes) und Gewerbelicenzen.

Auch in den Kantonen der Schweiz findet sich die Vermögenssteuer mehr und mehr entwickelt. Im Kanton Bern betrug die direkte Besteuerung aus Vermögen 3, aus Einkommen 1,2, zusammen 4,3 Mill. Frs.

§ 177. *Fortsetzung. Die Kommunalbesteuerung Englands.* — Die Kommunalkörper bestreiten in England eine Masse Zivilaufwand, welcher auf dem Kontinente dem Staate zufällt. Die Kommunalsteuerlast ist daher erheblich. Dieselbe liegt hauptsächlich auf dem Grundertrage und ist bis in die neueste Zeit wesentlich nach dem Vorgange des Armengesetzes von 1601 reguliert. Dem Staate steht die allgemeine Einkommensteuer allein zu.

Die Entrichtung der kommunalen Grundsteuern, welche im wesentlichen ein Konglomerat nebeneinander liegender Zwecksteuern darstellen, liegt nicht dem Eigentümer (owner), sondern dem Nutzungsinhaber (occupyer) ob. Doch ist während der letzten Jahrzehnte in den größeren Städten das sog. compounding system zur Ausbildung gelangt, wonach für Wohnungen bis zu einem gewissen Jahresmietwerte (20 £ in London) die Steuer vom Eigentümer, gegen eine gewisse Schadloshaltung des letzteren, zu entrichten ist.

Eine neuere, sich stets verstärkende Strömung ist auf die Vereinfachung der Kommunalverwaltung, unter einheitlicher Zusammenlegung der jetzigen Zwecksteuerkörper zu gleichartigen Bezirken, sowie unter Verdrängung der altaristokratischen Vertretung durch demokratische Vertretungskörper, gerichtet.

Im Jahre 1890 wurde eine Kommunaldotation mittelst Branntweinsteuerzuschlages und eines Anteiles an der staatlichen Bieraccise erreicht. (v. Reitzenstein.)

§ 178. *Die Form der Kommunalsteuern. Indirekte Kommunalsteuern.* — Die Kommunalsteuern haben sich nach vorstehendem auf dem Kontinent, namentlich in Deutschland, wesentlich als Zuschläge zu den direkten Staatssteuern entwickelt. Das ist die Nachwirkung des Verlustes aller kommunalen Autonomie, welche die Zeit des Absolutismus gebracht hatte. Nur in England ist bis auf den heutigen Tag eine selbständige direkte Besteuerung kräftigster Art, unabhängig von der Staatsbesteuerung, stehen geblieben. Die Verzehrungssteuern fehlen jedoch nicht; teils sind sie ebenfalls Zuschläge, teils Thorsteuern, teils überwiesene Anteile am Ertrage von Staats- und Reichs-Verzehrungssteuern.

Eine starke Strömung der Zeit geht gegen die Kommunal-Verzehrungssteuern in jeder Gestaltung.

Ob die einseitige Entwickelung des Kommunalsteuerwesens in der Richtung der direkten Besteuerung begründet sei, ist jedoch eine Frage, deren genauere Beantwortung dem besonderen Bande dieser Encyklopädie über Kommunalsteuerwesen vorbehalten bleiben muß. Bei richtiger Auswahl der Objekte einer kommunalen Gebrauchs- und Verbrauchsbesteuerung kann letztere sich doch vielleicht rechtfertigen, wenn sich namentlich eine steuertechnisch einfache Form der Regulierung, teils in Form der Kontingentierung von Quoten der staatlichen Verzehrungssteuererträgnisse, teils in Form der Zusammenlegung der Staats- und der Kommunaleinhebung (z. B. beim Weine) gewinnen läßt. Diese Voraussetzung dürfte nicht ganz unerreichbar sein. An und für sich kann die Konsumbesteuerung als Glied eines kommunalen Steuersystemes nicht unbegründet sein, wenn man sie als Glied des staatlichen Steuersystemes anerkennt, und da in den Städten, wo der bedeutendste Konsum verzehrungssteuerfähiger Artikel stattfindet, auch der Kommunalaufwand besonders groß ist, liegt es vielmehr nahe, daß der Staat nicht den ganzen Konsumsteuerertrag an sich ziehe und die Gemeinden aufs Trockene lege.

In der Agitation für Abschaffung der Bestimmung des letzten Zollvereinsvertrages, welcher die Kommunalbesteuerung verzollbarer Artikel ausschließt, ist eine Reaktion wider die einseitige Richtung der Kommunalbesteuerung auf Realsteuern, wie sie in R. GNEIST und FAUCHER Vertreter gefunden hatte, wahrzunehmen, und selbst im neuesten Kommunalsteuergesetze Preußens ist doch nur die Mietssteuer, welche als eine besonders geregelte zweitmalige Einkommensteuer wirkte, zu Falle gekommen.

Einseitig wird der Kommunalaufwand doch nicht auf das Grund- und Gebäudeeigentum gewälzt werden dürfen.

Die zur Zeit landläufige Behauptung, daß die Grund- und Hauseigentümer wenigstens indirekt den meisten Nutzen vom Gemeindeaufwande haben, ist für alle nicht in der Weiterentwickelung begriffenen Gemeinden unrichtig. Bei sinkender Häuser- und Grundrente drücken einseitige Gebäude- und Grundsteuern schwer auf den Grundbesitz und stehen keineswegs im Verhältnis zur Gegenleistung der Gemeinde.

§ 179. *Selbständige Kommunalsteuern.* — Die Berechtigung solcher Steuern ist kaum fraglich. Neben den Zuschlägen zu den direkten Staatssteuern werden selbständige Kommunalsteuern auch auf dem Kontinent mehr und mehr zur Entwickelung zu bringen sein, damit jede Gemeinde in Beziehung auf Bedarf und Steuerobjekt ihre Individualität ungezwungen zur Geltung bringen könne. Die preußische Gesetzgebung steuert im Kommunalsteuergesetze von 1893 sowie im Überweisungsgesetze von 1893 (Überweisung der staatlichen Realsteuern) in dieser Richtung. Das Nähere hierüber gehört jedoch dem besonderen Bande dieser Encyklopädie über Kommunalbesteuerung an.

4. Kapitel. Die Verteilung der Steuerzuständigkeit in den Staatenverbindungen.

§ 180. *Im Staatenbunde.* — Die Staatenverbindungen haben wir staatswissenschaftlich bereits analysiert, Staatenbund und Bundesstaat unterschieden (§ 56).

Der Staatenbund erreicht als Steuergewalt keine größere Fülle der Befugnisse. Selbst die Zollerhebung ist mehr beiläufige Folge der etwaigen Handelseinheit, als prinzipieller Ausfluß der Einheit der Steuergewalt. Das zeigte sich am „Deutschen Bunde" (bis 1866) und schon am alten Deutschen Reiche.

Im „Deutschen Bunde" wurden die Kosten der Bundeskanzlei durch Beiträge gedeckt, welche nach dem Stimmrecht im engeren Rat in der Weise repartiert wurden, daß auf jede der 17 Stimmen ein Simplum von 2000 fl. im 24 fl. Fuße kam, alle anderen Ausgaben nach der Größe der Bevölkerung auf Grund der Bundesmatrikel, Simplum 30000 fl. Bei der Auflösung des Bundes im Jahre 1866 galten für dieses Matrikularwesen die Beschlüsse der Bundesversammlung vom 14. April 1842, 3. Okt. 1851 und 26. Juni 1860. Auch für den Fall eines Bundeskrieges war zur Bestreitung der Kriegskosten eine Bundeskriegskasse in Aussicht genommen, welche aus den matrikularmässigen Beiträgen der Bundesstaaten zu dotieren war.

Auch das alte „Deutsche Reich" — sagt WAGNER treffend — konnte in den letzten Jahrhunderten kaum noch für mehr als einen Staatenbund gelten. Hat doch schon BODIN ihm den Charakter der Monarchie ab- und denjenigen des aristokratischen Reiches zugesprochen (I. II c. 6). Der Hauptmangel in finanzwirtschaftlicher Hinsicht war seit Jahrhunderten das Fehlen genügender selbständiger Reichseinnahmen. Das Ertrag gebende Reichsvermögen, die Finanzregalien und gebührenartigen Einnahmen aus Hoheitsrechten waren fast sämtlich an die Reichsstände verloren gegangen, die Begründung einer selbständigen allgemeinen Reichsbesteuerung nicht gelungen. Der Versuch im „gemeinen Pfennig" — im 15. Jahrhundert (1427—1551) 11 mal ausgeschrieben, aber ganz unzureichend eingegangen, zeigte bereits völlig die Ohnmacht des Reiches. Man wurde schon im 16. Jahrhundert zum System der Matrikularumlagen (nach sogen. Römermonaten, indem nach der Matrikel von 1521 die von jedem Reichsstand für den Römerzug zu stellende Mannschaft in Geld angeschlagen wurde) genötigt, welches elend genug fungierte. Ein Monat anfangs 128 000 fl., seit 1737 : 58 280 fl., selten vollständig eingegangen, diente zur Deckung der Kosten des Reichskammergerichtes u. s. w.

§ 181. *Im Bundesstaate. Ausgaben.* — Aus der Charakteristik des Bundesstaates in § 56 ist bereits hervorgegangen, daß der Bundesstaat eine größere Fülle öffentlicher Aufgaben übernimmt. Dieselben liegen im Gebiete des Militärwesens und der Flottenhaltung, der auswärtigen Vertretung, der volkswirtschaftlichen Verwaltung (Post, Geldwesen u. s. w.), des Bankwesens, Eisenbahnwesens, Kolonialwesens, der obersten Stufe der Rechtsprechung, des Erfindungsschutzes, der Medicinal- und Veterinärpolizei u. s. w. Diese Aufgaben erweitern sich langsam, aber sicher und (vgl. § 92) unaufhaltsam. In den drei hauptsächlichen Bundesstaaten der Gegenwart — Vereinigte Staaten, Deutsches Reich, Schweiz — ist der Kreis der Reichsgewalt annähernd gleich gezogen.

Diesem Wirkungskreise entsprechen die Ausgaben, welche im Deutschen Reiche betrugen in 1000 M.:

	1874	1892/93
Reichstag	371,1	423,2
Reichskanzler und Reichskanzlei	—	150,4
Auswärtiges Amt	5 404	9 901
Reichsamt des Innern	1 540,6	19 896,8
Verwaltung des Reichsheeres	270 839,2	377 857,0
Marineverwaltung	16 680,9	45 298,8
Reichsjustizverwaltung	384	2 048,8
Reichsschatzamt	1 630,6	356 059,7
Reichseisenbahnamt	136,6	308,2
Reichsschuld	5,1	60 865,8
Rechnungshof . . . . :	342,7	625,7
Allgemeiner Pensionsfonds	20 746,7	42 646,5
Reichsinvalidenfonds	26 215,1	25 164,6
Einmalige Ausgaben im ordentlichen Etat . .	21 173,4	72 130,1

§ 182. *Matrikularbeiträge, Steuern und Überweisungen.* — Die Ausgaben der Bundesstaaten nehmen hiernach (§ 181) einen Umfang an, zu dessen Bestreitung die sogen. Matrikularbeiträge oder „Beisteuern" (§ 10) der Gliedstaaten nicht mehr geeignet sind. Die Matrikularbeiträge können nur nach einem irgendwie willkürlichen Maßstabe, in der Regel nach der Bevölkerungszahl, auf die Gliedstaaten umgelegt werden, wirken also als Kopfsteuern auf die weniger wohlhabenden Gliedstaaten drückend. Daher ist die Einräumung eines selbständigen Besteuerungsrechtes an die Reichsgewalt unvermeidlich.

Als Reichssteuern eignen sich vor allem die Zölle und die großen Verbrauchsabgaben. Letztere sind jetzt auch in Deutschland dem Reiche eingeräumt, mit Ausnahme der Bierbesteuerung, welche für Bayern und Württemberg heute noch als Reservatrecht fortbesteht, während die Branntweinsteuer an das Reich gefallen ist.

Direkte Steuern sind für die Steuerzuständigkeit der Reichsgewalten nicht ausgeschlossen, wenigstens meist in der Form des Zuschlages zu etwaigen für alle Gliedstaaten unter Einfluſs des Reiches gleichmäſsig regulierten allgemeinen Einkommen- und Vermögenssteuern. Ohne diese Voraussetzung wird jedoch die Reichsgewalt auf diereckte Steuern besser ganz verzichten und auf die volle Erlangung der groſsen indirekten Steuern, namentlich der Verkehrssteuern und Konsumabgaben das Absehen zu richten haben.

Was das jetzige Deutsche Reich insbesondere angeht, so ist es zwar richtig, daſs dasselbe in seiner heutigen Gestalt die direkten Steuern für die Deckung des Normalbedarfes nicht absolut nötig hat; es hat einerseits keinen in die Peripherie entfalteten Civilverwaltungsorganismus, hat also sehr geringen Civilverwaltungsaufwand. Und doch ist es anderseits die berufene Steuergewalt für eine normale Entwickelung der groſsen Verzehrungssteuern. So kommt es, daſs Überschüsse der letzteren über den Reichsgesamtbedarf hinaus die Regel sein könnten.

Das hindert aber nicht, daſs der gute Stand direkter Besteuerung in allen Gliedstaaten ein Interesse ersten Ranges auch für die Centralgewalt ist. Indirekte Steuern schlagen in Krisen zurück. Kein Gemeinwesen kann nur auf sie die Finanz bauen, wenn es vor Verschwendung in guter Zeit, vor Überschuldung in der Staatskrise, vor Finanznöten, Staatsgüterverschleuderung und Bankerott bewahrt bleiben will. Auch das Deutsche Reich hat an der Vervollkommnung der direkten Steuern so groſses Interesse wie an jener der indirekten. Für besondere Fälle bliebe es denn doch in Form der Matrikularbeiträge oder selbständiger Reichssteuern auf die beweglichen Erträge der gesamten Durchschnittssteuerkraft der Nation in zwingender Weise angewiesen.

Das Reich hat aber auch ein Interesse an der finanziellen Ordnung in jedem Gliedstaate und die Pflicht, den Reichsbürger, wo er sich aufhalte, vor der Überbürdung und vor der Vermögensberaubung durch übertriebene Ertragssteuerzuschläge zu schützen. Wenn man den Staaten und Gemeinden die ihnen gebührenden Steuern ganz und voll beläſst, werden zwar schon die Gliedstaaten selbst für die rechte Ordnung sorgen. Eine reichsgesetzliche Maximalgrenze für die Ertrags- und Einkommensteuerzuschläge würde gleichwohl nicht schaden.

Das Ziel für die Anteilnahme des Reiches an den direkten Steuern ist eine allgemeine Reichs-Personaleinkommensteuer auf Basis der gleichmäſsig reformierten direkten Landessteuern. Als Generalzuschlag zu den letzteren behufs Deckung etwaiger Reichsdefizits und behufs Fundierung etwaiger Reichsschulden in auſserordentlichen Fällen, wie als Schlüssel der Überschuſsverteilung wäre sie geeignet. Denn allgemeine Interessen der ganzen Nation werden von der

Centralgewalt gewahrt, dem Reiche gebührt daher ein Prozentsatz der Gesamtsteuer von der Durchschnittssteuerkraft der Nation.

Dieses Ziel wäre auch unschwer zu erreichen. Denn die Gliedstaaten haben selbst das Interesse, ihre direkten Steuern durch Umbildung zu wirklichen Einkommensteuern beweglicher und ergiebiger zu machen. Ebenso sind die wesentlichsten Interessen der Steuerträger in allen Ländern an einer solchen Reform beteiligt. Auch in Deutschland könnte der Reichsgewalt die fragliche Aufgabe sicher gelingen, besonders wenn sie ohne allen widerwärtigen Druck vom Centrum her durch die Finanzminister der Gliedstaaten die Reform vollziehen liefse.

Wäre die letztere einmal fertig, so wäre in abschliefsender Weise das Maximalprozent festzustellen, bis zu welchem die Länder und die Kommunen ohne oder mit Zustimmung der Reichs- oder der Landesregierung die direkten Steuern steigern dürfen. Denn dann kennt man die wirkliche Steuerquelle, das persönliche Einkommen, kann also die Maximalgrenze auch wirklich handhaben, was bei Steuern auf den mittleren möglichen Ertrag nicht durchzuführen ist.

Dafs auch die Länder einen Anteil, in Deutschland sogar den Hauptanteil an den direkten Steuern haben, ist natürlich und kaum bestritten. Sie erfüllen allgemeine Aufgaben, führen in Deutschland sogar die sonst der Centralgewalt vorbehaltene Justiz-, Regiminal-, Polizei-, Unterrichts-, Handels- und Verkehrsanstalten-Verwaltung durch. Dieselben Länder sollen gleichwohl dem Reiche die ergiebigsten Verbrauchs- und Mobiliarverkehrssteuern, den Gemeinden einen Anteil an ergiebigen Verkehrssteuern, sowie an den Gebrauchssteuern überlassen. So sind sie zwar nicht ausschliefslich, aber doch vorwiegend auf die direkten Steuern zu verweisen. So lange die Länder im Deutschen Reiche fast die ganze Civilstaatsverwaltung zu bestreiten haben, sind ihnen zu gleich die direkten Steuern gesetzgeberisch und administrativ in der Hand zu lassen, was einheitliche Beeinflussung und maximale Abgrenzung durch das Reich nicht ausschliefst.

Einnahmen des deutschen Reiches in Millionen Mark:

(innerhalb des Zollgebietes)	1874	1892/93
A. Zölle und Verbrauchssteuern:		
Zölle	104,3	339,4
Tabaksteuer	1	10,7
Zuckersteuer	50,0	68,0
Salzsteuer	33,7	41,5
Branntweinsteuer	37,0	102,6
Biersteuer	15,9	23,8
B. Reichsstempelabgaben . . .	6,7	37,1
C. Matrikularbeiträge	67,1	320,8

Die Überweisungen aus der Reichskasse an die Gliedstaaten betrugen im Jahre 1880/81:38,2, im Jahre 1890/91:378,9, im Jahre 1892/93:351,0 Mill. M.

Verglichen mit anderen Reichen hat Deutschland im ganzen sehr niedrige Verbrauchssteuererträge, worauf wir bei der Steuerreform zurückkommen werden.

II. Abschnitt. Die Steuerpflicht.

1. Kapitel. Die Allgemeinheit der Steuerpflicht.

§. 183. *Die Grundvoraussetzung der Steuerpflicht und die Hauptkategorien der Steuerpflichtigen.* — Der Grund der Steuerpflicht ist die Zugehörigkeit zum Gemeinwesen (§ 64).

Dazu ist die rechtliche Zugehörigkeit, das Staats- und Gemeindebürgerrecht nicht erforderlich. Grundvoraussetzung der Steuerpflicht ist vielmehr die **thatsächliche Zugehörigkeit oder Mitgliedschaft.** Nicht blofs Unterthanen und Gemeindebürger sind steuerpflichtig, sondern auch staats- und gemeindefremde Personen, sofern eine **Verflechtung derselben in die thatsächliche Lebensgemeinschaft des staatlich zusammengefafsten Volkes oder der kommunal verbundenen Teile des Volkes** obwaltet. Es ist dabei ganz gleichgültig, ob diese thatsächliche Angehörigkeit dauernd oder vorübergehend ist (Transportbesteuerung von Durchgangsverkehren!), ob sie eine Angehörigkeit blofs mit der Person (Aufenthalt) oder blofs mit dem Vermögen (Grundsteuer der Forensen!) darstelle, ob sie eine Angehörigkeit rein wirtschaftlicher oder zugleich nichtwirtschaftlicher Art, ob die wirtschaftliche Angehörigkeit Erwerbs- oder Konsum-Angehörigkeit sei. In irgend einer Beziehung mufs der Steuerpflichtige der Volks- und Lokalgemeinschaft thatsächlich angehören, hiermit aber auch dem Staatseinflusse unterliegen und der unvergeltbar gemeinnützigen Leistungen des Staates sich miterfreuen.

Eine selbstverständliche **Voraussetzung** ist weiter dies, dafs der Steuerpflichtige auch **leistungsfähig** und dafs diese Leistungsfähigkeit innerhalb des Staates und der Gemeinde vorhanden, hiernach auch steuertechnisch fafsbar sei. Die Steuerpflicht setzt **greifbare Steuerkraft** voraus.

Folgende Kategorien der Steuerpflichtigen hat man mit Rücksicht auf Steuerpflicht und Steuerfreiheit zu unterscheiden:

A. Die **Individual**- und die **Familienwirtschaften physischer** Personen mit der weiteren Unterscheidung von:

    1. **Staatsangehörigen, Ortsangehörigen (Einheimischen)**,

        α) im **Inlande** weilenden Angehörigen,

        β) im **Auslande** weilenden Angehörigen;

    2. **Nichtangehörigen (Ortsfremden)**

α) im Auslande befindlichen, aber wirtschaftlich ins Inland verflochtenen,

β) im Inland befindlichen Nichtangehörigen;

B. Die Wirtschaften der **juristischen** Personen:

  1. solche des öffentlichen Rechtes:

  α) Territorialgemeinschaften: Staat, Kommunalkörper,

  β) Specialkorporationen und Stiftungen;

  2. juristische Personen des Privatrechtes:

  α) Erwerbsgesellschaften und gemeinsame Ergänzungswirtschaften (Wirtschaftsgenossenschaften),

  β) Vereine.

Für jede dieser Kategorien ist weiter zu unterscheiden die Steuerpflicht:

  1. in Hinsicht auf die verschiedenen Gattungen indirekter Steuern,

  2. in Hinsicht auf die verschiedenen Gattungen der direkten Steuern: Ertragssteuern — Einkommensteuern.

Bezüglich der Gründe der Steuerbefreiung ist weiter auseinanderzuhalten:

  1. Steuerfreiheit aus Gründen der Leistungsunfähigkeit (vgl. III. B. 3. Hauptabt.),

  2. Steuerfreiheit leistungsfähiger Personen:

  α) aus staatlichen Gründen
      der Träger der Steuergewalt selbst,
      anderer Personen;

  β) aus wirtschaftlichen Gründen
  Beschränkung der Steuerpflicht auf das ursprüngliche Einkommen und selbständige Vermögen.

Die Steuerpflicht nach naturrechtlicher Begründung.]— Die Ableitung der Steuerpflicht überhaupt und der Allgemeinheit der Steuerpflicht insbesondere ist in der Steuerwissenschaft noch immer weithin spekulativer und zwar naturrechtlich spekulativer Art. Die „Allgemeinheit" der Steuerpflicht soll sich aus dem „Steuerprinzip" der Gerechtigkeit ergeben. Die ganze Lehre von der Steuerpflicht wird auf den Grund des Prinzipes der Gerechtigkeit aufgesetzt, wie die Lehre von der Steuerkraft (Leistungsfähigkeit), auf ein zweites „Prinzip" derselben Art, den „obersten Steuergrundsatz" der „Verhältnismäfsigkeit" oder „Gleichmäfsigkeit" basiert wird. Wir lehnen diese Begründung nach § 27 ff. überhaupt ab.

Die Anwendung des Grundes der Steuerpflicht auf jede Entwickelungsstufe und in jedem Gebietskreise ergiebt für jede Zeit und für jeden Umfang des Gemeinwesens die Ausdehnung wie die Begrenzung der Steuerpflicht und der Steuerfreiheit.

Die Litteratur betr. die „Allgemeinheit" der Steuerpflicht bei A. WAGNER in dem von seinem Standpunkte aus vorzüglich gearbeiteten Abschnitte über die „Allgemeinheit der Besteuerung" (Fin.-W. II § 192 ff.). Alles jedoch, was A. WAGNER durch Unterstellung der allgemeinen Lehre von der Steuerpflicht unter das „Prinzip der Allgemeinheit" zur Geltung zu bringen bestrebt ist, kann ohne dieses Prinzip zu voller Begründung gelangen. So namentlich die Schlichtung der Konkurrenz und Kollision in der Steuerzuständigkeit verschiedener Steuergewalten. Letzterer Gegenstand gehört m. E. der Lehre von der Besteuerungszuständigkeit (vergl. oben) an. Die Frage der Steuerfreiheit des „Existenzminimums" würde nicht der Lehre von der Steuerpflicht, sondern einer selbständigen Lehre von der Steuerkraft (s. nächsten 3. Abschnitt) zuzuweisen sein und läßt sich nach dem Prinzip der „Allgemeinheit" überhaupt nicht entscheiden.

§ 184. *Die Steuerpflicht der physischen Personen.* — 1. Die Staatssteuerpflicht der im Inlande wohnenden Staatsbürger (Gemeindebürger). Dies ist der Hauptfall der Steuerpflicht.

Ihr Einkommen bezw. Vermögen wird von den indirekten Steuern ausnahmslos getroffen und, wenn die Objekte der indirekten Besteuerung richtig gewählt und tarifiert sind, mit steuertheoretisch gutem Grunde. Eine Freilassung von den indirekten Vorschußsteuern ist steuertechnisch überhaupt unmöglich, der Einzelne kann sich aber durch die Unterlassung der betreffenden Konsume, Verkehre und Bereicherungen steuerfrei machen.

Bezüglich der direkten Steuern können die staatsangehörigen Inländer steuerfrei sein: a. weil und wenn sie leistungsunfähig sind (Existenzminimum), b. in Hinsicht auf bloß abgeleitetes Einkommen (die Bezüge der Frauen und Hauskinder aus der Familiengemeinschaft), c. aus staatsrechtlichen Gründen (die Angehörigen der regierenden Familien, die Beamten, andere aus besonderen Gründen ausgenommene Personen, sogen. Steuerexemte). Über die staatsrechtliche Steuerfreiheit ist besonders zu handeln.

Die Steuerpflicht der staatsangehörigen Inländer erstreckt sich im Falle der Leistungsfähigkeit und wirtschaftlichen Selbständigkeit jedenfalls auf das aus dem Inlande bezogene Einkommen und auf das im Inlande gelegene Vermögen.

Fragwürdiger ist die Ausdehnung der direkten Besteuerung auf die aus dem Auslande kommenden Einkünfte der staatsangehörigen Inländer, wobei es sich namentlich um Ruhegehalte, Leibrenten, Zinsrenten, Reinertragsanteile an auswärts gelegenen Unternehmungen handelt.

Mit der Verzehrung auch dieser Einkünfte gehört der Staatsangehörige dem Heimatstaate an, und eine Befreiung von indirekten Steuern wäre nicht bloß steuertechnisch unausführbar, sondern auch steuertheoretisch nicht begründet. Was aber die direkten Steuern betrifft, so ist die Steuerpflicht für die fraglichen Einkünfte grundsätzlich nur gegenüber demjenigen Staate begründet, aus welchem letztere fließen; denn mit den Quellen dieser Einkünfte gehört der staatsangehörige Inländer dem Auslande an, und richtig lassen mehrere Staaten den letzteren von der Einkommensteuer frei, sofern der Beweis der auswärtigen Herkunft der Einkünfte geführt wird.

Aus praktischen Gründen der Steuertechnik läßt sich dennoch viel für die Steuerpflichtigkeit auch des aus dem Auslande kommenden Einkommens sagen. Die Kapitalanlagen in der Fremde bestehen hauptsächlich in Grundbesitz, Geschäftsanteilen und Wertpapieren. Der Be-

trag solcher Einkünfte ist teilweise gar nicht, andernteils nur mit Umständ-
lichkeiten zu ermitteln. Die Kouponssteuern des Auslandes, teilweise
auch die Ertragssteuern aus auswärtigem Grundbesitze und Gewerbebetriebe sind vielfach durch Kaufpreis und Kurs amortisiert gewesen,
und es besteht kein Anlaſs für den Staat, Kapitalien durch Steuerfreiheit in das Ausland zu verleiten, um dieselben auch dort thatsächlich steuerfrei werden zu lassen. Dazu kommt, daſs die angebliche Steuerpflicht im Auslande für thatsächlich inländische Einkünfte fingiert und
als spanische Wand für Steuerhinterziehung miſsbraucht wird. Praktisch
wird sich also bei heutigem Zustande des öffentlichen Rechtes die meist
geübte Gepflogenheit rechtfertigen, durch die heimische Einkommen-
und Kapitalrentensteuern auch die auswärtigen Einkünfte des Staatsangehörigen nach Abzug der etwaigen fremden Steuern (fremde Koupons-
besteuerung ausgenommen) zu treffen.

Doch ist die Doppelbesteuerung innerhalb eines Bundesgebietes durch
Bundesgesetz und durch Verträge zwischen den Gliedstaaten angelegentlich auszuschlieſsen.

2. Die Steuerpflicht der im Auslande wohnenden Staatsangehörigen: wieder teils mit ihren heimischen, teils mit ihren auswärtigen Einkünften.

Bezüglich der heimischen Einkünfte ist nach § 183 auch der im
Auslande wohnende Staatsangehörige grundsätzlich gegen den Heimat-
staat als steuerpflichtig, bezüglich der auswärtigen als steuerfrei anzusehen. Die völlige Freilassung empfiehlt sich auch deshalb nicht, weil
der Staat dem „Absentismus" (Auslandsaufenthalte) seiner Angehörigen
keinen Vorschub zu leisten braucht. Soweit es steuertechnisch möglich
ist, hat der Staat das Inlandeinkommen und das im Inlande liegende,
wenn auch nur aufbewahrte und verwaltete Vermögen zu treffen, und
die Möglichkeit ist durch die Realsteuern, durch die Verkehrssteuern,
durch die Erbschaftssteuern auch wirklich gegeben. Viel schwieriger
kommen die Personalsteuern dem heimischen Einkommen der auswärts
wohnenden Staatsangehörigen bei. Am ehesten sind für die Personalsteuern die Ruhegehalte, Leibrenten u. s. w. bei den Kassen, worauf sie
angewiesen sind, zu fassen. Dagegen sind die Zinsen aus inländischen
Inhaberpapieren, Dividenden u. s. w. mit einiger Sicherheit und Vollständigkeit nicht zu erreichen. Am ehesten noch dadurch, daſs man die
öffentlichen Zinszahlungskassen, die Erwerbsgesellschaften, die Deckungs-
kapitale der Versicherungsanstalten in „ergänzenden Vermögenssteuern",
Kouponssteuern u. s. w. anfaſst.

3. Die Staatssteuerpflicht der im Inlande wohnenden
Ausländer — teils für ihre aus dem Inlande, teils für ihre aus
der auswärtigen Heimat bezogenen Einkünfte bezw. für ihre da und
dort gelegenen Vermögensbestände.

Die Ausländer im Inlande unterliegen jedenfalls mit ihrem ganzen Einkommen und mit allen ihren im Inlande befindlichen Vermögensbeständen der indirekten Besteuerung, auch der Verkehrs- und Erbschaftsbesteuerung, was steuertechnisch fast durchgehends sich nicht vermeiden und grundsätzlich (§ 183) sich durchaus rechtfertigen läfst.

Bezüglich der direkten Besteuerung ist die Personalbesteuerung, soweit es sich um Einkommen inländischer Herkunft, und die Realbesteuerung, soweit es sich um ein im Inlande befindliches Vermögen handelt, technisch möglich und grundsätzlich (§ 183) begründet.

Doch ist es zweckmäfsig, die blofs vorübergehend sich im Inlande aufhaltenden Ausländer (Reisende) von Personalsteuern freizulassen, aufser sofern sie im Inlande Erwerb treiben, in welchem Falle Belastung in der Steuer-Gebührenform der Gewerbe- und Handelspatente passend ist (Handelsreisende).

Der Ausländer, welcher sich dauernd, etwa mindestens ein Jahr aufhält oder dauernd Erwerbsbetrieb durch Beauftragte führt, ist zu den Realsteuern heranzuziehen. Dafs er auch von den Personalsteuern und von der Ergänzungsvermögenssteuer mindestens mit seinem im Inlande gelegenen Vermögen ergriffen werde, ist grundsätzlich (§ 183) gerechtfertigt.

Bezüglich des ihm vom Auslande zukommenden Einkommens und seines dort gelegenen Vermögens trifft jedoch die Personalsteuerpflicht nicht zu, und die Steuertechnik würde auch nicht die erforderlichen Handhaben der Steuerveranlagung dieses Einkommens und Vermögens besitzen. Man würde durch das entgegengesetzte Verfahren die Ausländer aus dem Lande treiben, wofern dieselben schon im Auslande besteuert sind. Die Freilassung kann dann freilich dazu führen, dafs z. B. die Rentner — und um sie hauptsächlich handelt es sich — im Aufenthaltslande gar keine direkten Steuern, ja sogar weder im Inlande noch in ihrer Heimat direkte Steuern bezahlen (Nordamerikaner in Bayern, HELFERICH). Das spricht nur dafür, dafs sie im Aufenthaltslande wenigstens durch die indirekten Steuern getroffen werden und zwar, wenn man sie in das Land ziehen und darin festhalten will, auf möglichst wenig empfindliche Weise.

4. Die Steuerpflicht der im Auslande weilenden Ausländer. Auch für letztere ist zwischen dem aus dem Inlande und dem aus dem Auslande kommenden Einkommen bezw. da und dort gelegenen Vermögen zu unterscheiden.

Das aus dem Gebiete der inländischen Steuergewalt kommende Einkommen bezw. daselbst gelegene Vermögen ist grundsätzlich (§ 183) als steuerpflichtig anzusehen.

Hierbei ist zu unterscheiden, ob der auswärts wohnende Ausländer im Inlande Erwerb treiben läfst oder aus dem Inlande blofs Zinsen und andere rentenartige Einkünfte bezieht.

Die Besteuerung der ersten Art von Einkünften ist schon zur Herstellung gleicher Erwerbsbedingungen den Inländern gegenüber volkswirtschaftspolitisch gefordert und die Besteuerung durch Ertrags- und Verkehrssteuern auch steuertechnisch ausführbar.

Grundsätzlich (§ 183) ist die Besteuerung der ins Ausland gehenden Renten wohl begründet, auch derjenigen, welche der Staat selbst bezahlt; denn wirtschaftlich gehört mit diesem Einkommensteile selbst der auswärtige Ausländer dem Inlande an. Nur in dem Falle, dafs den Gläubigern Rentensteuerfreiheit bei der Darlehnsaufnahme ausdrücklich zugesichert worden ist, darf die Rentenbesteuerung der Ausländer ohne Ausnahme gerechterweise nicht eingeführt werden; freilich sollte der Staat mit der Erteilung solcher Zusagen thunlichst kargen.

Treffen lassen sich die fremden Besitzer inländischer Rententitel freilich nur durch Kouponssteuern, welche durch die öffentlichen und öffentliche Rechnung legenden Kassen eingezogen werden. Dann aber ist die unmittelbare Besteuerung der Rente ausgeschlossen und die Ergiebigkeit der inländischen Kapitalrentenbesteuerung wegen der falschen Deklaration steuerfreier Rententitel gefährdet. Ob eine Kouponssteuer am Platze ist, das wird mit Rücksicht auf die Beteiligung des Auslandes an inländischen Anlehen und mit Rücksicht auf die Anziehungskraft des inländischen Kredites auf das ausländische Kapital zur Entscheidung zu bringen sein.

Die Besteuerung im Auslande wohnender Ausländer für ihren auswärtigen Erwerb kann gelegentlich und teilweise versucht werden und bis zu einem gewissen Grade unter besonderen Umständen gelingen, grundsätzlich zu rechtfertigen ist sie nicht.

Die Rückwälzung des Getreidezolles auf den fremden Erzeuger und Verfrachter. Vergl. das Bismarcksche Finanzprogramm vom 15. Dez. 1878. Seitdem viel erörtert. Vrgl. über diese Möglichkeit, namentlich bei blofsem Differentialzoll, meine „Kern- und Zeitfragen" II 48 ff. Oben § 216.

§ 185. *Fortsetzung. Die Kommunalsteuerpflicht der physischen Personen.* — Bei der heutigen Entwickelung des Verkehres, der Unternehmungsformen, des Kredit-, Pacht- und Mietwesens ist die Bestimmung der Kommunalsteuerpflicht der physischen Personen eine schwierige Aufgabe geworden. Wenn man jedoch an Stelle der Staatsangehörigen die Gemeindebürger, an Stelle des im Inlande weilenden Fremden den in der Gemeinde wohnenden Nichtangehörigen der Gemeinde setzt, so kehren alle jene Schwierigkeiten, welche im § 184 zu lösen gesucht worden sind, kommunal und interkommunal wieder. Es giebt eine steigende Zahl von Personen, welche aus Gemeinden aufserhalb ihres Wohnortes Einkommen beziehen bezw in denselben steuerfähigen Besitz und Erwerb haben. Demgemäfs gilt es, ihre Steuerpflicht gegenüber den um sie konkurrierenden Kommunalsteuergewalten mit Ausschliefsung aller wirklichen Doppelbesteuerung zu regeln.

Dies kann nur auf Grund eines Gemeindesteuer- S y s t e m s geschehen. Eine einzige Kommunalsteuer, etwa die Einkommensteuer, würde nur der Wohngemeinde, die blofse Ertragsbesteuerung nur der Gemeinde, worin Steuerobjekte liegen, zu gute kommen. Das eine wie das andere wäre eine fehlerhafte Einrichtung. Im ersten Falle hätte die produktive Bevölkerung armer Gemeinden, in welchen viel Grundbesitz, Gebäudebesitz, Geschäftsbesitz und Leihkapital ortsfremder Personen sich befindet, für die ortsabwesende Besitzerklasse Aufwand zu machen, während letztere keine Steuern zahlen würde. Im zweiten Falle wären die Wohngemeinden benachteiligt.

Eine gute Regelung der Kommunalsteuerpflicht ist nicht anders möglich, als dadurch, dafs P e r s o n a l s t e u e r n m i t E r t r a g s s t e u e r n z u - s a m m e n b e s t e h e n und dafs die Personalsteuern der Wohnortsgemeinde, die Ertragssteuern der Gemeinde, wo die Ertragsquellen liegen, zugewiesen wird.

Auch Konsumsteuern wird das Gemeindesteuersystem umschliefsen dürfen (§ 178).

Staatsfremde Ortseinwohner können s i c h e r nur mit Hülfe der indirekten Abgaben zur Kommunalbesteuerung gezogen werden, desgleichen Reisende nur durch indirekte und direkte Aufwandsteuern (Logiersteuern, Kurtaxen u. s. w.), wovon bei den indirekten Steuern weiteres zu bemerken sein wird.

§ 186. *Die Kommunal- und Staatssteuerpflicht der juristischen Personen.* — Diese Personen entziehen sich ihrer Natur nach den V e r - b r a u c h s s t e u e r n ganz.

Anderen i n d i r e k t e n Steuern, namentlich den Verkehrs- und Bereicherungssteuern, namentlich auch dem „Gebührenäquivalent" der Erbschaftsbesteuerung für den Besitz zur toten Hand, können und sollen sie für die Regel unterworfen werden, s o f e r n s i e n i c h t g e m e i n n ü t z i g e, i m ö f f e n t l i c h e n I n t e r e s s e z u f ö r d e r n d e Z w e c k e v e r f o l g e n.

Der d i r e k t e n Besteuerung werden sie mit i h r e m g a n z e n a b - g e l e i t e t e n E i n k o m m e n (§ 105) an Steuern, Zuwendungen, Genossenschaftsabgaben u. s. w. n i c h t z u u n t e r z i e h e n s e i n, n a m e n t l i c h d a n n n i c h t, w e n n s i e e i n e g e m e i n n ü t z i g e W i r k s a m k e i t e n t f a l t e n.

Die Freilassung des a b g e l e i t e t e n Einkommens der juristischen Personen wird sich aus mehreren Gründen empfehlen: e i n m a l d a r u m, weil Einkommen dieser Art n i c h t m i t S i c h e r h e i t a u f e n t s p r e c h e n d e S t e u e r k r a f t s c h l i e f s e n l ä f s t; sodann deshalb nicht, weil es f ü r d i e R e g e l als ein bereits besteuerter Teil des Einkommens u n d V e r m ö g e n s der Geber sich darstellt, endlich deshalb nicht, weil es ein U m w e g, also u n w i r t s c h a f t l i c h ist, an einer abgeleiteten Quelle statt am ursprünglichen Einkommen selbst die Steuern zu schöpfen.

Die Besteuerung des u r s p r ü n g l i c h e n E i n k o m m e n s der juristi-

schen Personen, also die Erhebung der Ertragssteuern vom Grundbesitze, von Gebäuden und vom Gewerbebetriebe wird dagegen für die
Regel festgehalten werden müssen. Selbst bei juristischen Personen mit
gemeinnütziger Wirksamkeit, soweit dieselben mit Privatgeschäften in
Konkurrenz stehen.

Im übrigen ist zwischen den verschiedenen Gattungen juristischer
Personen zu unterscheiden:

1. Juristische Personen des öffentlichen Rechtes. — a. Der
Staat wird sein eigenes Einkommen aus dem Erwerbe nur dann besteuern, wenn die Beurteilung der Rentabilität und die Billigkeit in der
Konkurrenz mit Privatbetrieben solches fordert. Dagegen wird er die
Kommunalkörperschaften mit den Erwerbseinkünften zur Staatsbesteuerung ebenso wie Privatgeschäfte derselben Art herbeiziehen; die in der
älteren Steuergeschichte bedeutsamen „Beisteuern" (§10) vom Gesamteinkommen der Kommunal- und Spezialkörperschaften sollten jedoch
nach jetzigen Verhältnissen thunlichst entfallen.

b. Analoges wie von der Gemeinde, gilt auch von juristischen Personen des Privatrechtes. Ihre Steuerpflicht kann freilich nur durch
eine weitgreifende Kasuistik, wozu namentlich das „Finanzarchiv" von
SCHANZ wertvolle Beiträge geleistet hat, zu erschöpfender Erörterung
gelangen (vergl. über Stiftungen auch VOCKE, Grundzüge, S. 196 ff.
und CONRADS Hand-W.-B. VI, 137 f.). Auf diese Kasuistik kann hier
nicht näher eingegangen werden. Mit dem Vorbehalte, auf die direkte
Besteuerung der Erwerbs- und Wirtschaftsgenossenschaften
in den „Steuern, besonderer Teil" genauer zurückzukommen, sei hier
nur der Aktiengesellschaften gedacht.

Man kann die Aktienunternehmungen abgesondert besteuern, um
sie ungünstiger zu stellen, als die Privatunternehmungen. Dies ist zeitweise in Preußen geschehen (Gesetz v. 18. Nov. 1857, wieder aufge-
hoben durch Gesetz vom 19. Sept. 1891). Doch läßt sich eine allgemeine
härtere Besteuerung aller Aktienunternehmungen nicht rechtfertigen.

Wenn letztere der allgemeinen direkten Besteuerung unterzogen
werden, so ist dies in zweierlei Weise thunlich. Entweder besteuert man,
was die allgemeinen Einkommensteuern betrifft, den Aktionär,
oder man besteuert die Dividende vor der Verteilung an die Aktionäre,
oder man entschließt sich zur Besteuerung beider. Die ausschließende
Besteuerung bei den Aktionären hat den Nachteil, daß viele Aktionäre
auswärts wohnen, also ein Teil der Dividenden steuerfrei bleibt oder
wenigstens der Staat (die Gemeinde) des Wohnsitzes der Aktiengesellschaft leer ausgeht. Die entgegengesetzten Mißstände stellen sich ein,
wenn nur die Aktiengesellschaft von der Einkommensteuer getroffen
wird. Man hat sich daher auch zu dem dritten Verfahren einer wirklichen Doppelbesteuerung entschlossen und die Bedenken gegen letztere

damit niedergeschlagen, dafs die zeitweilige Besteuerung der Gesellschaft in einem niedrigeren Kurse der Aktien sich bald amortisieren werde, was übrigens nicht immer ganz zweifellos ist.

Das Richtigste ist, die Gesellschaft mit den Ertragssteuern, wo solche bestehen, die einzelnen Aktionäre mit der Einkommensteuer zu belasten.

Genossenschaften, welche ihren Betrieb auf die Unterstützung der Genossen im Erwerbe und in der Wirtschaft einschränken, bieten für unsere Frage viele Schwierigkeiten dar. Sie werden sowohl bezüglich der direkten als der indirekten Steuern in der besonderen Steuerlehre genauer auf ihre Stellung den Steuergewalten gegenüber geprüft werden.

Vereine solidarischer Wechselseitigkeit oder gemeinnütziger Richtung werden mit den statutenmäfsigen Beiträgen ihrer Mitglieder von der Einkommenssteuer frei zu lassen sein; denn diese Beiträge sind nicht Einkünfte im steuerwissenschaftlichen Sinne, sondern nur vereinte Verwendung bereits versteuerter Privateinkünfte. Von indirekten Konsumsteuern sind solche Vereine nicht zu entheben. Sie haben für Erwerbsgeschäfte, welche sie treiben, für Realitäten, welche sie besitzen, für Vermächtnisse und Stiftungen, welche sie erhalten, für Renten aus Aktivkapitalien, für Rechtsgeschäfte, die sie eingehen, die entsprechenden Real-, Renten-, Konsum- und Verkehrssteuern zu zahlen. Steuerbefreiungen werden ihnen mit Rücksicht auf ihre den Staats- und Gemeindezweck ergänzende Leistung ohne Beeinträchtigung der Konkurrenzfähigkeit Dritter vielfach eingeräumt werden dürfen.

Die Kommunalsteuerpflicht des Staates. Die Kommunalsteuerpflicht der übrigen juristischen Personen des Privatrechtes ist analog nach den für ihre Staatssteuerpflicht mafsgebenden Gesichtspunkten zur Entscheidung zu bringen. Dagegen ist immer noch die Ansicht vertreten, dafs der Staatsbesitz sowie der fremdkommunale Besitz und Erwerb von der Kommunalbesteuerung freizulassen seien. Dies wird so wenig anzuerkennen sein, als die Staatssteuerfreiheit der Kommunalkörper anerkannt werden konnte. Insoweit als die Gemeinden Einkommensteuer erheben, ist auch der Staat mit seinen in der Gemeinde gelegenen Ertragsquellen zur Ertrags- und Einkommensbesteuerung heranzuziehen und dazu auch wirklich immer mehr herangezogen worden.

A. WAGNER führt als Beispiel an das preufsische Gesetz vom 27. Juli 1885, § 1 Absatz 2, § 2 letzter Absatz, § 5, 6, wonach auch der Staatsfiskus (vorläufig) den auf das Einkommen gelegten Gemeindeabgaben für das von ihm aus den von ihm betriebenen Gewerbe-, Eisenbahn- und Bergbauunternehmungen sowie aus Domänen und Forsten bezogene Einkommen unterliegt, mit Feststellung der Berechnungsweise. — Die Unterstellung der Staatseisenbahnen unter die Gemeindesteuerpflicht möchte sich allerdings nur historisch, aus dem Privateisenbahnwesen, erklären. Sie ist prinzipiell bei diesen Verkehrsanstalten nicht wohl zu begründen; andernfalls könnte sie auch für Post und Telegraphie verlangt werden. Schwierigkeiten macht auch die Berechnung der Steuer hier. Nach dem genannten preufsischen Gesetz § 5 werden die gesamten Staats- und für Rechnung des Staates verwalteten Eisenbahnen als Eine abgabepflichtige Unternehmung angesehen. Als „Einkommen" gilt dann der rechnungsmäfsige Überschufs der Einnahmen über die Ausgaben, unter letztere eine 3½ proz. Verzinsung des Anlage- bezw. Erwerbskapitales gerechnet. Diese Summe wird dann unter die beteiligten Gemeinden nach § 7 Absatz b und c repartiert.

§ 187. *Die Steuerbefreiungen physischer Personen aus Gründen
des öffentlichen Rechtes.* — Solche Befreiungen sind für die heutige
Steuerwissenschaft noch belangreich, hauptsächlich bezüglich der regierenden Häuser, diplomatischen Vertreter auswärtiger Staaten
im Inlande, der Civil- sowie Militärbeamten des Inlandes, weiter der
Familien, welche früher wehrdienstpflichtig von der Besteuerung befreit
waren (Steuerfreiheit der „Exemten"), endlich der Angehörigen von
Körperschaften, welchen früher aus öffentlichen Gründen das Privilegium
der Steuerfreiheit erteilt worden ist.

1. Die Steuerfreiheit der Regenten und der Angehörigen
der regierenden Häuser. — Weder verfassungs-' noch steuerpolitisch wird diese vom Rechtsgefühle der Gegenwart nicht mehr geforderte, kaum ertragene Steuerfreiheit sich begründen lassen. Man
kann höchstens sagen, dafs die Aufhebung der Steuerfreiheit eine höhere
Regulierung der Civilliste und der Apanagen bedingen würde, was aber
namentlich da, wo der Familienbesitz der regierenden Häuser grofs
ist, kaum ein ausreichender Grund sein wird. Für Schlösser und andere Hofgebäude des Regenten kann die Freiheit von Ertragssteuern
anerkannt werden, da erstere im Regenten dem Staatszwecke dienen.

Die Freiheit von Verzehrungssteuern (Zölle!) und von städtischen
Verbrauchsabgaben (Gassteuern!) wäre auch des den Regenten ver-
borgen bleibenden Ärgernisses wegen (Mifsbrauch durch dritte Personen)
besser ganz zu beseitigen.

Einer der reichsten Fürsten der Gegenwart hat selbst, als er den Entwurf einer
allgemeinen Einkommensteuer der Volksvertretung zugehen liefs, für sich und sein
Haus den Verzicht auf die Einkommensteuerfreiheit angeboten.

2. Die Freiheit der Diplomaten und Konsuln von den direkten Staats- und Kommunalsteuern des Landes, in welchem
sie beglaubigt, wird — die völkerrechtliche Gegenseitigkeit vorausgesetzt — immer noch sich rechtfertigen lassen. Nicht ebenso die oftmals arg mifsbrauchte Zollfreiheit.

3. Die Steuerfreiheit der Militär- und Civilbeamten —
ist nicht begründet. Die Behauptung, dafs die Beamtenbesteuerung verwerflich sei, weil sie mit der zweiten Hand nehme, was der Staat mit
der ersten Hand gegeben habe, und dafs dieselbe ein Bruch des Anstellungsvertrages, also rechtswidrig sei, ist in keiner Weise haltbar.
Der Staat ändert die Besteuerung allgemein während der Dauer des
Anstellungsvertrages und darf von den Veränderungen die Beamten
nicht ausnehmen. Der Staat als Steuergewalt ist vom Staate als Kon-
trahent eines Arbeitsvertrages durchaus getrennt zu halten; als Steuergewalt hat er sich durch diesen Vertrag nicht gebunden. Dazu kommt
noch eine mafsgebende politische Erwägung: man mufs ein auch nur
scheinbares Privilegium, welches gehässig ist, vermeiden. Die Steuer-

freiheit der Beamten ist daher mit Recht, selbst die Kommunalbesteuerung der Offiziere mehr und mehr beseitigt worden. Der Vorschlag eines neuen Steuerprivilegs der Besoldeten — z. B. in dem Quittungssteuerabsatz des deutschen Reichssteuerreform-Entwurfs von 1894 — würde als ein politischer Mifsgriff schwerer Art angesehen werden müssen.

4. Die Steuerexemtionen der Standesherren. Die seit der Feudalzeit mit feudalen und patrimonialen Herrschaftsbefugnissen ausgestatteten Häuser waren einst als regierende Familien steuerfrei. Sie hielten nicht blofs Feudal- und Patrimonialabgaben, die sie von ihren Hintersassen forterhoben, bis zur Zwangsablösung für sich fest, sondern lehnten auch die Belastung durch die im Territorial- und Neuestzeitstaate aufkommenden direkten neuen Landessteuern ab und behaupteten diesen gegenüber über ihre „Mediatisierung" hinaus die „Steuerexemtionen" bis in die neueste Zeit, zum Teil unter dem Schutze von Staats- und Völkerrechtsverträgen.

Diese Steuerexemtion ist in keiner Weise zu rechtfertigen. Von 1819 an haben denn auch die neueren „Verfassungen" den Grundsatz gleicher Besteuerung fast durchgängig anerkannt und infolge davon die Aufhebung der früher gesetzlich bestandenen Steuerfreiheiten, sowie die Unzulässigkeit neuer (selbst gesetzlicher) Exemtionen ausgesprochen oder die schon früher geschehene Aufhebung bestätigt.

Entschädigung für die Aufhebung ist hierbei mehrfach erfolgt, war aber nur in Ansehung der auf privatrechtlichem Titel beruhenden Steuerfreiheiten — namentlich Grundsteuerfreiheiten — berechtigt. Die Rechtstitel waren freilich nur schwer zu sichten.

III. Abschnitt.   Die Steuerkraft.

1. Kapitel. Ausschliefsende Besteuerung nach der Steuerkraft oder sog. Leistungsfähigkeit.

§ 188. *Steuerpflicht und Steuerkraft.* — Die Steuerpflicht kann von den Steuersubjekten nur geleistet, ihnen auch nur auferlegt werden, wenn die Steuersubjekte Steuerkraft besitzen oder was dasselbe ist, wenn sie wirkliche Steuerkräfte sind.

Die Steuerkraft ist die wirtschaftliche Fähigkeit, zur Bestreitung des sonstwie nicht gedeckten gemeinnützigen Staatsbedarfes beizutragen, was auch die Steuerleistungsfähigkeit, kürzer „Leistungsfähigkeit", heifst. Steuerkraft und Steuerleistungsfähigkeit sind für uns gleichbedeutend.

Als „Steuerkräfte" gelten uns die leistungsfähigen Sonderwirtschaften, nach den Verhältnissen der Gegenwart wesentlich als Erwerbswirtschaften (§ 105 ff.)

Die Steuerkraft jeder leistungsfähigen Person ist eine bestimmte, aber wechselnde Gröfse, welche sich nach dem Grundsatze der verhältnismäfsigen Verteilung der für eine Person durch Vermögen und Einkommen verfügbaren Mittel zwischen dem Bedarfe für ihr öffentliches und für ihr privates Dasein (vgl. §§ 132 ff.) ergiebt.

Für die Einzelnen ist diese Gröfse nicht gleich; denn verschieden sind die objektiven Grundlagen der Steuerkraft (Vermögen und Einkommen), verschieden ist der persönliche Privatbedarf, und verschieden ist der Druck, welchen dieselbe Steuersumme auf ungleich grofse Grundlagen der Steuerkraft ausübt u. a. m.; ungleich ist auch der Grad des „persönlichen Opfers", welches von Steuerkräften verschiedener Gröfse gebracht wird.

Die Steuerpflicht als Ausfluss der Mitgliedschaft am Leben der staatlich und kommunal zusammengeschlossenen Volksgemeinschaft ist aber überhaupt in ihrer Erfüllung durch das Vorhandensein von Steuerkraft bedingt.

Damit ist auch ohne jede Ableitung aus dem Prinzipe der „Gerechtigkeit" das Mafs der Steuer, welche der Einzelne zu entrichten hat, bestimmt: die Gröfse der Steuerzahlung ist nach der Gröfse der Steuerkraft zu bemessen. Nur so kann in jeder der Besteuerung überhaupt unterzogenen Einzelwirtschaft der (nach §§ 132 f.) staatlich und wirtschaftlich gebotenen Verhältnismäfsigkeit zwischen öffentlichem und privatem Bedarf Genüge getban werden.

Die Steuerleistung ist nach der Leistungsfähigkeit und nur nach dieser zu bemessen. Es giebt nicht zweierlei Mafsstäbe für die Erfüllung der Steuerpflicht.

Hiernach vermögen wir auch nicht zweierlei Mafsprinzipien der Besteuerung nebeneinander anzuerkennen. Die Unterscheidung des sog. „privatwirtschaftlichen" und des sog. „staatswirtschaftlichen" oder „gemeinwirtschaftlichen Prinzips" der Steuerbemessung wird hier durchaus abgelehnt.

Der Gedanke der Besteuerung nach der Leistungsfähigkeit ist schon in den Anfängen der Finanzwissenschaft aufgetaucht. Vergl. hierüber die vorzüglichen Nachweisungen bis zu den Alten (Plato, Demosthenes, Xenophon, Aristoteles, griechische Praxis) zurück in NEUMANNS Aufsatz (CONRADS Jahrbücher, N. F. 1, 1880, S. 520 ff.). Im Beginn der neueren Zeit, z. B. schon im 16. Jahrhundert, BODINUS, de repuplica p. 974: pro singulorum fakultatibus; später BESOLD, de aerario p. 10; besonders BOXHORN, instit. pol. lib. I c. 10 § 18 N. IX: in tributis aequalitatis maxima habenda ratio, quae in eo potissimum versatur, ut par sit eorum ratio, ac paria hic onera sentiant, quorum in diversis rebus positae sitaeque sunt opes; KLOCK und andere mehr (NEUMANN S. 548 ff.). Weiter zahlreiche staatswissenschaftliche, kameralistische, philosophische Autoren des 18. und 19. Jahrhunderts, wobei aber öfter die bedingte Berechtigung einer Besteuerung nach dem Vorteil nebenbei anerkannt wird (NEUMANN S. 566 ff.).

§ 189. *Die dualistische Theorie der Steuerbemessung: nach dem*

Interesse — nach der Leistungsfähigkeit. — Die Ausschliefslichkeit der Bemessung der Steuer nach der Leistungsfähigkeit ist neuestens stark bestritten und Gegenstand der Kontroverse für eine umfassende, höchst ansehnliche Litteratur geworden.

Den Verfasser dieses hat die neue dualistische Theorie nicht zu überzeugen vermocht. Letztere ist jedoch in der Litteratur so erfolgreich gewesen, dafs eine kurze kritische Auseinandersetzung mit ihr nicht umgangen werden kann. Selbst A. WAGNER hat dieser dualistischen Auffassung im wesentlichen sich angeschlossen (Fin.-W. II, § 177 ff.), und an ihn wird sich unsere ablehnende Auseinandersetzung am besten anfügen lassen.

Die ausschliefsende Begründung des Besteuerungswesens auf das „Interesse", den „Genufs", den „Vorteil", die „Gegenleistung" des Staates ist in Kürze bereits zurückgewiesen (§ 64 f.). A. WAGNER und andere Vertreter der dualistischen Theorie halten an der Verwerfung dieser einseitig individualistischen Theorien fest. Doch wird neben dem Prinzip der Besteuerung nach der Leistungsfähigkeit oder dem von WAGNER sogen. gemeinwirtschaftlichen Prinzip einem zweiten „privatwirtschaftlichen Prinzip" der Steuerbemessung nach dem Interesse oder dem Verhältnisse von „Leistung und Gegenleistung" stattgegeben (a. a. O. § 180). Ein ausschliefslich anzuwendendes Steuerprinzip zur Herbeiführung der Gleichmäfsigkeit sei auch die Besteuerung nach der Leistungsfähigkeit nicht und auch in der Praxis niemals gewesen. Vielmehr handele es sich in der Theorie darum, zunächst den geschichtlichen Wechsel, welcher mit der Entwickelung der Volkswirtschaft und des Staates in der Kombination und in der relativen Berechtigung beider Prinzipien eingetreten sei, richtig zu verstehen und alsdann weiter auch für die Gegenwart dem anderen Prinzip seine ihm noch jetzt gebührende Stellung anzuweisen.

In geschichticher Hinsicht entspreche die Besteuerung nach Leistung und Gegenleistung mehr den früheren Entwickelungsperioden der Volkswirtschaft und der noch schwachen gemeinwirtschaftlichen Organisation, des in seinen Zwecken und Leistungen noch „unentwickelten" Staates. Das Prinzip der Besteuerung nach der Leistungsfähigkeit sei der richtige Hauptmafsstab der Steuerverteilung im „entwickelten", in seinen Leistungen immer reicher werdenden Gemeinwirtschafts- und namentlich Staatsleben.

Erst wenn sich im Volksbewufstsein Staat und Gemeinde als selbständige Wirtschafts- und Rechtspersönlichkeiten, denen der Einzelne mit seinem ganzen Sein und seiner ganzen Habe angehört, herausgebildet, wenn zugleich diese Gemeinschaften allgemeine Aufgaben und Leistungen im Interesse ihrer selbst, als der Gemeinschaften, und da-

mit der einzelnen, als ihrer Glieder, an sich herangezogen haben, wenn
mit anderen Worten das „öffentliche Interesse" tieferer Grund und
treibende Kraft der „öffentlichen Thätigkeiten" werde, reiche die
privatwirtschaftliche Auffassung der Beziehungen zwischen der Gemeinschaft und dem Einzelnen nicht mehr aus; alsdann trete notwendig auch
das Steuerprinzip von Leistung und Gegenleistung zurück und das wahrhaft gemeinwirtschaftliche der Leistungsfähigkeit breche sich allgemeiner
Bahn.   Das sei praktisch notwendig und prinzipiell richtig, weil sich die
meisten nunmehrigen öffentlichen Leistungen gar nicht mehr als Vorteile des Einzelnen auffassen und noch weniger so messen lassen.   Es
entspreche aber auch der erreichten Entwickelung des öffentlichen Lebens
und der gemeinwirtschaftlichen Organisation: jene Leistungen übernehmen die Gemeinschaft als ihre eigene Angelegenheit, zu der
sie ihrer ganzen Aufgabe, ihrem jetzigen Wesen nach verpflichtet ist.

Es sei sonach, historisch betrachtet, in der That der „wachsend (??)
kommunistische" Charakter der Volkswirtschaft und in ihr der hauptsächlichen Gemeinwirtschaftsorgane, des Staates und der Selbstverwaltungskörper, welcher, — bedingt durch die ganze Entwickelung der
Technik, Ökonomik und Kultur der fortschreitenden Völker, bezeugt
durch die wachsende Ausdehnung der öffentlichen Thätigkeiten und
die immer allgemeinere Anerkennung gewisser Interessen als „öffentlicher" — auch die Besteuerung nach der Leistungsfähigkeit immer
mehr in den Vordergrund schiebe.   Nur dies Prinzip lasse sich, zumal
im Staate, in der grofsen Mehrzahl der Fälle praktisch anwenden.

Doch sei mit dem älteren Prinzipe der Besteuerung nach dem Interesse nicht ganz zu brechen und auch nirgends ganz gebrochen worden.
Gebühren und Beiträge (§ 21 ff.) seien eher in Zunahme als in Abnahme begriffen, und namentlich in den Gemeinden seien die Realsteuern (Grund-, Gebäude- und Gewerbesteuern) ausgiebig nach dem
oben sogen. privatwirtschaftlichen Prinzipe der Besteuerung aufzulegen.
Der vielfach in der Praxis bestehende Fufs der Grund- und Gebäudesteuern erkläre sich zwar gewöhnlich aus der historischen Entwickelung,
er sei aber auch nach dem Gesagten häufig prinzipiell berechtigt,
was die Gesetzgebung, ohne sich dessen gerade klar bewufst sein zu
müssen, durch die neue Bestimmung oder Beibehaltung des höheren
Steuerfufses auch selbst mit anerkannt habe.

Hiernach sei namentlich für die Ortsgemeinden mehr oder
weniger notwendig: einmal, im Anschlusse an verbreitete Verhältnisse
der geschichtlichen Entwickelung und der bestehenden Einrichtung dieser
Besteuerung eine methodische Scheidung der Ausgaben der
Kommune nach gewissen Merkmalen, sodann, wenigstens für unsere
deutschen Verhältnisse, eine gesetzliche Feststellung der Kombination zwischen gewissen Ausgabekategorien und denjenigen

Steuerarten, welche zur Verwirklichung der beiden Steuerprinzipien dienen. Auf diese Weise lasse sich das Gebiet jedes der letzteren für die Kommunalbesteuerung richtig und praktisch brauchbar bestimmen.

Diese Scheidung der Ausgaben werde passend etwa in folgender Weise vorgenommen:

I. allgemeine Ausgaben, wohin zu rechnen seien die Ausgaben für ganz allgemeine Kommunalangelegenheiten, so für allgemeines Behördenwesen und dessen Verwaltungsthätigkeit, für die meisten der vom Staate der Gemeinde u. s. w. speziell übertragenen Aufgaben, für viele Teile des Polizeiwesens (auch Sanitätswesen u. s. w.), in der Regel für das Armenwesen, ferner werden hierher die Reste der Sonderausgaben und die Ausgaben zweifelhaften Charakters zu stellen sein;

II. besondere Ausgaben, bei denen gleichzeitig deutlicher und meßbar ein Spezialinteresse Einzelner unterläuft, mit der zweckmäßigen weiteren Unterscheidung in

1. Kulturausgaben, wesentlich für Kultur- und verwandte Zwecke, Schulwesen u. dgl.;

2. materiell wirtschaftliche Ausgaben, namentlich für Wegewesen und überhaupt für alles, was die Bewohnbarkeit und die Benutzbarkeit einer Gegend, besonders eines Ortes zu gewerblichen Zwecken verbessert (Be- und Entwässerung, Wasserleitung, Kanalisierung, Straßenreinigung, Beleuchtung u. s. w.). Gerade diese Ausgaben, wenngleich auch sie nicht ganz allein (auch Schulwesen, z. B. Universitäten in kleinen Orten, Kunstsammlungen auf dem Etat des Staates können so wirken), schlagen sich in der Regel als spezifische Vorteile des Gewerbebetriebes und besonders des Grundbesitzes, Wert erhöhend, Kosten vermindernd, nieder. Diese Wirkung sei in der Besteuerung zu berücksichtigen.

Mit diesen Ausgabekategorien seien die Steuerprinzipien richtig zu kombinieren. Im wesentlichen so, daß für die allgemeinen Ausgaben die Besteuerung nach der Leistungsfähigkeit, für die besonderen Ausgaben eventuell Gebühren und Beiträge, ferner, zunächst wenigstens, die Besteuerung nach dem Interesse eintrete. Hierbei müsse vom Standpunkte gerechter Steuerverteilung aus möglichst verhütet werden, daß für die allgemeinen Zwecke die wirtschaftlichen Kräfte einzelner Kategorien von Personen zu stark in Anspruch genommen und umgekehrt für Sonderzwecke, wenn dieselben auch ein Moment des öffentlichen Interesses enthalten, die Gesamtheit mehr als gerechtfertigt belastet werde.

So die meisterhafte Formulierung der dualistischen Theorie durch A. Wagner.

§ 190. *Zur Kritik der dualistischen Theorie.* — Es giebt zwar Gebühren, Genossenschaftslasten und Zuwendungen (§§ 21 ff.) nach dem

Interesse, aber keine Steuern nach dem Interesse. Die angeblichen Steuern nach dem Interesse sind eben Sondervergütungen für besondere Vorteile. Die dualistische Theorie ist eine Vermengung der verschiedenen nichtsteuerlichen Einnahmearten mit der Steuer. Die Steuer ist, war immer und bleibt lediglich Beitrag für den aus Erwerbseinkünften und Sondervergütungen nicht gedeckten Teil des unvergütbaren, gemeinnützigen öffentlichen Aufwandes.

Gebühr und Verwandtes einerseits und Steuer andererseits scheiden sich allerdings erst allmählich von einander, sie liegen früher weit mehr mit einander im Gemenge (§ 24), und heute noch kommt dies vor, besonders im Gemeindehaushalte. Allein, was an einer solchen Gemengeabgabe Gebühr oder Genossenschaftslast ist, kann eben nicht als Steuer bezeichnet werden.

Die Gebühren und Genossenschaftslasten können in die Form der Steuer gekleidet werden, z. B. durch Regulierung auf Basis der Realsteuerkataster; sie werden darum nicht Steuer, auch nicht in der Kommunalbesteuerung. Umgekehrt kann die Steuer in die Form der Gebühr gekleidet werden (§ 24), hört aber darum nicht auf, Steuer, Beitrag nach der Steuerkraft auf Grund der Mitgliedschaft am Gemeinwesen zu sein.

Wohl aber giebt es und gab es namentlich früher „Beiträge" von Körperschaften, welche ganz entschieden Steuern sind, nämlich die „Beisteuern" des § 10.

Wenn man überall Gebühren oder Genossenschaftslasten oder Zuwendungen im Sinne unserer §§ 21 ff. einsetzt, wo Neuere von den Steuern nach dem Interesse reden, so wird fast alles richtig sein, was in der dualistischen Theorie des vorigen Paragraphen unter dem neuen Namen der Interessenbesteuerung über nie bestrittenes Altes gesagt worden ist.

Es ist nämlich richtig, daß die Gebühr und Verwandtes schon bisher in der Praxis bestanden hat;

es ist richtig, daß die Gebühren und Genossenschaftslasten überall angebracht sind, wo Einzelne — nicht bloß die Grundbesitzer — besondere und „ungefähr" meßbare Sondervorteile beziehen;

es ist richtig, daß Vergütung nach dem Interesse gerade im Gemeindehaushalte umfassender zur Geltung zu kommen habe;

es ist richtig, daß es sich empfiehlt, die öffentlichen Ausgaben in solche zu scheiden, für welche reine oder teilweise Gebühren- oder (und) Genossenschaftsdeckung zu fordern ist, und in andere, welche schlechthin unvergütbar und bezüglich des Maßes der Privatvorteile, die sie stiften, selbst nicht ungefähr meßbar sind;

es ist endlich richtig, daß mangels der Möglichkeit, bessere Maßstäbe der Bemessung oder Mutmaßung des Sondervorteils zu finden, die Gebühr oder Genossenschaftslast auch in steuerkatastraler Form geregelt werden darf.

Das alles ist wahr und die Art, wie A. Wagner diese Ansichten zur Geltung bringt, sogar besonders verdienstvoll und anregend; aber eine „Besteuerung" nach dem Vorteile ist damit nicht dargethan, dieselbe bleibt — dieses logischen Eindruckes kann man sich nicht erwehren — ein „hölzernes Schüreisen" (§ 21).

Die angebliche Thatsache freilich, dafs die Besteuerung nach der Leistungsfähigkeit je weiter zurück in der Steuergeschichte, desto mehr gegen die Besteuerung nach dem Interesse zurücktrete, ist meines Erachtens zum mindesten nicht erweisbar. Absolut wächst zwar der unvergütbare öffentliche Bedarf immer mehr und die Besteuerung gewinnt daher immer mehr Ausdehnung, aber relativ ist schon in früher Zeit der Aufwand für gemeinnützige Zwecke wohl nicht geringer, und ebensowenig ist es der Gemeinsinn für willige Tragung der Steuerlast.

Die andere Meinung, dafs die Volksgemeinschaft relativ immer „gemeinwirtschaftlicher" oder „kommunistischer" werde, läfst sich ebenfalls bestreiten. Nie bestand relativ mehr Kommunismus, als in der Urzeit, und seitdem hat die Privatwirtschaft wohl mindestens ebenso zugenommen, wie die Gemeinwirtschaft (vgl. § 11 f.). Es hat eine allgemeine Differenzierung, eine steigende Scheidung der öffentlichen von der privaten und familienhaften Wirtschaftsführung, eine steigende Trennung der vergeltbaren Leistungen von den unvergeltbaren, daher eine äufsere Loslösung der Gebühren und der Steuern von einander stattgefunden.

Bei der hohen, aber meines Erachtens vollständig grundlosen Wertschätzung, welche die dualistische Theorie gefunden und welche auch dieses Werk zu der obigen eingehenden Auseinandersetzung genötigt hat, bin ich doppelt erfreut, zu sehen, dafs meine Ablehnung nicht allein steht. Vocke sagt a. a. O.: „Es ist kaum verständlich, welche Mühe man sich heutzutage giebt, um die Gemeindesteuer als etwas anderes hinzustellen, als die Staatssteuer, und welchen Scharfsinn man aufwendet, um den aus dem Staatssteuerwesen glücklich vertriebenen Gedanken der Leistung und Gegenleistung für das Gemeindesteuerwesen zu retten. Es ist das eine Folge der Unterscheidungssucht, an welcher alle Wissenschaft leidet, wenn sie nicht auf jedem Schritte ihre Grundgedanken festhält und sich ihrer bewufst bleibt. Da findet man, dafs Staat und Gemeinde zweierlei Dinge sind (sie unterscheiden sich doch nur wie Teil und Ganzes, wie Glied und Körper), also müssen sie unterschieden werden, also findet man Unterschiede, also bleiben auch die Gegensätze nicht aus, und die Einheit des Wesens und der Natur beider ist vergessen. Es ist eine wahre Herabsetzung des Gemeindeverbandes, wenn man die Gemeinde zur Aufbringung ihres Bedarfes auf Mittel verweist, welche einer tieferen Kulturstufe angehören und ihr Grundsätze vorschreibt, welche im Staatswesen überwunden sind, während gerade die Städte es sind, von welchen der Fortschritt ausgehen sollte, und welche alle Ursache hätten, durch eine gerechte Besteuerung die Leistungsfähigen angemessen zu belasten. Wenn der Staat die Ertragssteuer nicht mehr benützen will, warum soll sie als unbrauchbares Möbel für die Gemeinde gut genug sein? Aber die Ertragssteuer ist das nicht, sondern hat ebenso wie die Einkommensteuer ihre Berechtigung im Staats- wie im Gemeindehaushalt, und beide sollten daher weder in dem einen noch in dem anderen fehlen!"

2. Kapitel. **Die Faktoren der Steuerkraft.**

§ 191. *Übersicht.* — Die Steuerkraft hat zur s a c h l i c h e n Voraussetzung die durch Vermögen und Einkommen bedingte Verfügung über Sachgüter (§§ 109 ff.). Die Steuerkraft richtet sich jedoch keineswegs nach der G r ö f s e des Vermögens und des Einkommens a l l e i n. Neben den sachlichen sind die p e r s ö n l i c h e n Faktoren der Steuerkraft in Anschlag zu bringen, wenn man die Steuerkraft richtig beurteilen und verhältnismäfsig erfassen will.

Diese p e r s ö n l i c h e n F a k t o r e n sind folgende: einmal die o b - j e k t i v e G r ö f s e d e s p r i v a t e n L e b e n s b e d a r f e s gegenüber einer bestimmten Gröfse der sachlichen Gütermacht, indem hier bei einer ge- gebenen Gröfse von Einkommen und Vermögen die Steuersubjekte mit gröfserem und dringenderem Privatbedarfe weniger steuerfähig sind, die Steuerfähigkeit sozusagen im ungekehrten Verhältnisse zu ihrem nicht- öffentlichen Bedarfe steht; sodann s u b j e k t i v: die zur Gröfse von Ver- mögen und Einkommen im u m g e k e h r t e n V e r h ä l t n i s s e s t e h e n d e E m p f i n d l i c h k e i t e i n e r b e s t i m m t e n S t e u e r s u m m e f ü r P e r - s o n e n v o n v e r s c h i e d e n e r E i n k o m m e n s - u n d V e r m ö g e n s l a g e.

§ 192. *Die sachlichen Faktoren der Steuerkraft.* — Geschöpft wird die Steuer vom Steuersubjekte stets aus flüssigen und flüssig werdenden Vermögensbeständen. Das Vermögen ist stets die Steuer q u e l l e, und wenn daneben das E i n k o m m e n als zweite, und zwar als die allein normale Steuerquelle bezeichnet wird, so hat dies lediglich den Sinn, dafs die Besteuerung den S t a m m wert des Vermögens nicht angreifen dürfe, sondern aus demjenigen Teile des periodischen Vermögens- zuwachses zu schöpfen habe, welcher nach Ersatz des abgängigen Ver- mögenswertes für die Befriedigung der sämtlichen Bedürfnisse übrig bleibt. In l e t z t e r e m S i n n e i s t d i e G r ö f s e d e s E i n k o m m e n s d i e s a c h l i c h e G r u n d l a g e d e r S t e u e r k r a f t.

Die Behauptung jedoch, dafs die Steuer das Einkommen nicht über- steigen dürfe, geht nach der einen Seite viel zu weit; denn die Be- steuerung soll für die Regel nicht blofs den Stammwert nicht angreifen, sondern auch an dem Einkommen eine grundsätzlich (§ 132) ganz be- stimmte, ziemlich kleine Quote nicht übertreffen. Nach der anderen Seite ist dieselbe Forderung viel zu eng; denn der Staat darf aus- nahmsweise, im Lebensinteresse des Besteuerten selbst, auch solche Steuern auferlegen, welche bei m e h r o d e r w e n i g e r v i e l e n B e - s t e u e r t e n e i n e V e r m i n d e r u n g i h r e s V e r m ö g e n s s t a m m e s h e r b e i f ü h r e n, dann nämlich, wenn es sich um die Erhaltung des

Staates und hierbei mittelbar um die Erhaltung des Vermögens der Besteuerten selbst handelt.

Für die Regel ist das Einkommen und nur das Einkommen, allerdings das Einkommen aus Vermögen wie aus Arbeit oder aus Arbeit wie aus Vermögen, die Steuerquelle. Und wenn wir von Vermögenssteuern schlechtweg reden, werden wir „nominelle" Vermögenssteuern meinen und von der zufälligen Besteuerung des Vermögensstammes durch ungeschickt aufgelegte oder durch unwirtschaftlich geregelte oder durch Staatsnot-Steuern ganz absehen.

Gegen die Verwerfung der Vermögenssteuer bemerkt A. Wagner sehr triftig: „Abgesehen von der Frage, ob sich prinzipiell ein Eingriff in die Verteilung des Vermögens durch Steuern rechtfertigen lasse, darf doch nicht übersehen werden, daſs der gewöhnliche Ursprung des Privatvermögens und Kapitales in dem früheren Einkommen des Eigentümers liegt, und daſs hier im Grunde genommen die Besteuerung des privaten Einkommens ebenso in die Bildung und Verteilung des Privatvermögens eingreift wie die Vermögensbesteuerung, die Ablehnung also auch ersterer Besteuerung dann verlangt werden könnte: eine unhaltbare Konsequenz, welche aber implicite die Unhaltbarkeit der unbedingten Verwerfung der Vermögenssteuern zeigt. Die Vermögenssteuern sind meistens nur Formen der Einkommenbesteuerung und als solche zu würdigen. Es kann sich also bei ihnen nur darum handeln, festzustellen, ob sie nicht doch unter Umständen nach ihrer Veranlagung, Erhebung, Höhe und schliesslichen Wirkung in eigentliche Vermögens- und Kapitalsteuern übergehen. Das wird bei allgemeinen nominellen Vermögenssteuern schon wegen der üblichen Niedrigkeit des Satzes selten der Fall sein, diese wirken vielmehr in der Regel als Einkommensteuer, eventuell als etwas höhere für Renteneinkommen u. s. w. Freilich nicht immer in jedem einzelnen Falle, bei einzelnen Steuerzahlern. Aber das kommt natürlich auch bei nominellen Einkommen- und sonstigen Steuern gelegentlich vor, daſs sie von Einzelnen, statt aus deren Einkommen, aus dem Vermögen bezahlt werden. Das könne kein Steuergesetz vermeiden. Dagegen wirken Erbschaftsstern, gewisse in Stempel- und ähnlicher Form erhobene Besitzwechselabgaben und einzelne andere Verkehrssteuern nach ihrer Veranlagungs-, Erhebungsart und oftmals vorkommenden Höhe (Erbschaftssteuer für die entfernteren Verwandten, hohe Steuer von Übergängen des Grundeigentums im Kauf) allerdings häufig, vielleicht sogar regelmäſsig als Besteuerung des einzel- oder privatwirtschaftlichen Vermögens bezw. des Kapitals derjenigen Wirtschaft, welche diese Steuern zahlt."

§ 193. *Die persönlichen Faktoren der Steuerkraft.* a. Die private Bedürftigkeit.

Gleich hohe Einkommen sind nicht immer in gleichem Grade steuerkräftig; denn die eine Person kann für ihren Privat- und Familienbedarf mehr ausgeben müssen, als die andere. Dieser umfassend zutreffende Unterschied hat in neuerer Zeit dadurch Berücksichtigung gefunden, daſs bei der Steuerbemessung auf die Kinderzahl, auf Familienunglück und andere Faktoren der individuellen Bedürftigkeit Rücksicht genommen wird; in dieser Richtung wird auch demjenigen Rechnung zu tragen sein, was an dem Streben der sogenannten Wehrsteuer richtig ist (vgl. „Steuern, besonderer Teil").

§ 194. *Fortsetzung. Das Existenzminimum.* — Am nächsten liegt es, diejenigen bezüglich der direkten Steuern überhaupt steuerfrei zu lassen, deren Steuerkraft quantitativ nach der Größe des Einkommens und Vermögens überhaupt zweifelhaft ist; diese Freilassung von direkten Steuern schließt nicht aus, die Äußerung von Steuerkraft durch indirekte Steuern anzufassen. Obige Erwägung, verbunden allerdings mit dem Bestreben, die Kosten und Schwierigkeiten der Besteuerung kleiner Einkommen und Vermögen zu vermeiden, hat zur Freilassung kleiner Einkommen von direkten Steuern, zum Steuerinstitute des sog. Existenzminimums geführt. Dabei ist freilich die Freiheit von Ertragssteuern unmöglich, da Ertrag und Ertragsfähigkeit einzelner Einkommensquellen einen Schluß auf ein persönliches Nichtzureichen nicht zulassen. An und für sich ist der Gedanke der Steuerfreiheit eines Existenzminimums wohl berechtigt: „Obwohl die Steuerpflicht allgemein und ausnahmslos ist, so kann doch ihre Erfüllung nicht gefordert werden, wo die Leistungsfähigkeit fehlt. Sie kann nicht zur Geltung kommen, wenn dem Rechte des Staates auf die Leistung das ältere und stärkere Recht des Menschen auf sein Dasein gegenübertritt". (VOCKE.)

Jedoch ist als Maß des Existenzminimums nicht der sog. standesmäßige Unterhalt anzusehen, so daß nur das „freie Einkommen" (§ 121) zu besteuern wäre. „Wenn man — sagt A. WAGNER treffend — den „standesgemäßen Bedarf" als „notwendigen" und demgemäß ihn als Belastung des jedesmaligen Einkommens ansehen wollte, so würde bei den wohlhabenderen und reicheren Klassen die „Steuerfähigkeit" erheblich vermindert erscheinen, so sehr, daß die für höheres und für Renteneinkommen zu fordernde Progressivbesteuerung dann wegen dieses Umstandes vielleicht wieder in die Proportionalbesteuerung verwandelt werden müßte, wenn nicht gar je nachdem in die Degressivbesteuerung steigenden Einkommens". Indessen kann eben nicht von der Berücksichtigung des standesgemäßen, sondern nur des notwendigsten Einkommens die Rede sein. Dieses Einkommen ist steuerfrei zu lassen, namentlich in Steuersystemen, welche notwendige Konsumptibilien der unteren Klassen (Salz!) und verbreitete Genußmittel derselben (Getränke, Kaffee, Tabak u. s. w.) besteuern, und wo mit einiger Sicherheit die Fortwälzung der Steuer, des Zolles auf den Preis anzunehmen ist. Hier ist die Personalsteuerfreiheit gerecht.

Die Frage des Existenzminimums hat in neuerer Zeit in der Theorie breite Erörterung gefunden. Eine besondere Monographie darüber ist die Leipziger Dissertation von H. SCHMIDT aus Livland: „Die Steuerfreit des Existenzminimums. Ein Beitrag zur Theorie der Einkommensteuern", Leipzig 1877. S. in dieser fleißigen Arbeit die Speziallitteratur der Frage. Das Ergebnis ist S. 73: „Das steuerfreie Existenzminimum erscheint als die notwendige Konsequenz des in einem höheren, wahrhaft ethischen Standpunkte begründeten Prinzips der Besteuerung nach der wirklichen Leistungsfähigkeit, als der materielle Ausdruck für diesen höheren ethischen Maßstab, als das Mittel zur annähernden Erreichung einer wahrhaft gerechten, „opfergleichen" Besteuerung."

§ 195. *Fortsetzung. Die persönlichen Faktoren der Steuerkraft,*
b. Der Grad der Empfindlichkeit oder des Druckes der
Steuer. „Opfertheorie". Die Druckempfindlichkeit der Steuerkraft
ist Gegenstand einer reichen Litteratur der neuesten Zeit geworden und
durch sehr verschieden benannte und begründete Theorien, zwischen
welchen eine endgiltige Ausgleichung noch nicht entfernt erreicht ist,
zu wissenschaftlicher Beachtung gelangt.

Um dieselbe drehen sich die zwei Fragen der höheren Besteuerung des fundierten Einkommens dem nicht fundierten gegenüber
und der Progressivbesteuerung der blofsen Proportionalbesteuerung gegenüber.

Die betreffende steuerwissenschaftliche Bewegung hat ihren ersten
Anstofs wesentlich durch jene subjektivere Wendung in der Fassung
des „Gerechtigkeitsprinzipes" der Besteuerung erhalten, welche den modernen Staatsanschauungen entsprungen ist. Die gesamte Steuer, welche
Jeder zahlt, soll für Jeden ein gleiches persönliches „Opfer"
darstellen, für den Einen nicht empfindlicher sein, als
für den Anderen, für Alle also denselben Druckgrad darstellen. Für diese moderne Gleichheitsforderung sind denn
auch verschiedene Formulierungen in den sog. „Opfertheorien" aufgetreten.

Giebt man die fragliche Forderung der steuerlichen Opfergleichheit, mit welcher eine subjektive Fassung des Begriffes der
„Leistungsfähigkeit" oder „Beitragspflicht" sich nahe berührt,
einmal zu und erkennt zugleich an, dafs dieselbe Steuersumme empfindlicher ist, wenn sie aus blofsem Arbeitseinkommen, sog. unfun-
diertem Einkommen (§ 121), als wenn sie aus fundiertem Einkommen
(Zinsrente, Gewinnen) entrichtet wird, ferner dafs derselbe Steuerbetrag
für Leute von grofsem Einkommen weniger empfindlich ist, als für Leute
von kleinerem Einkommen, so ist auch anzuerkennen, dafs die Steuer
nicht einfach nach der Gröfse des Einkommens und Vermögens auferlegt
werden darf, dafs der Mafsstab für die Belastung der fundierten und der
nicht fundierten, der einkommensstarken und der einkommensschwachen
Steuerkräfte — auch unter der Voraussetzung eines steuerfreien Existenzminimums — nicht derselbe sein darf. Man kommt zu irgendwelcher
Begünstigung des unfundierten Einkommens und zur Progressivbesteuerung.

Nun wird aber politisch die Forderung der Opfergleichheit, der
subjektiven Gleichheit der Empfindlichkeit der Steuerbelastung für Alle
heute weniger als je abgelehnt werden können. Gerade eine zugleich
politische Auffassung des Steuerwesens verlangt die Anerkennung der Opfergleichheit oder der Verhältnismäfsigkeit nach Mafsgabe der subjektiven Leistungsfähigkeit; denn derselbe Steuerertrag

wird auf dem Boden dieses Belastungsprinzipes mit dem Mindest-
mafse des Widerstandes der Steuerkräfte, mit dem Min-
destmafse der politischen Unzufriedenheit des Volkes erreicht. Es mufs
sogar gewünscht werden, dafs das Prinzip der Belastung nach der subjektiven Leistungsfähigkeit möglichst bei allen Steuergattungen, auch
in der indirekten Besteuerung zur Geltung komme, was bis jetzt nirgends der Fall ist.

Weniger kommt es darauf an, wie die gröfsere Empfindlichkeit der
Steuerlast für vermögende und für unvermögende Steuersubjekte sich
erklärt. Man kann das bekannte psychologische Gesetz (vgl. Anm.)
heranziehen, wonach die Stärke der Reize und die Stärke der Reiz-
empfindung nicht im einfachen Verhältnisse zu einander stehen. Man
kann die Thatsache auch darauf zurückzuführen, dafs der Vermögende
den Steuerbetrag leichter entbehrt, dafs bei grofsem Einkommen die
weniger entbehrlichen Bedürfnisse mit der Befriedigung weniger ins
Gedränge kommen.

Wichtiger wäre es, ganz bestimmte Mafsstäbe der Mehrbelastung des fundierten Einkommens und sichere Verhältnisse der Progression zu finden. Das aber ist bis jetzt
ebensowenig gelungen, als die Auffindung der Quadratur des Zirkels
und vermutlich wird das auch niemals gefunden werden (vgl. § 198).

Reizgröfse und Reizempfindlichkeit. Die Erfahrung zeigt, dafs die
lange Zeit unterdrückt gewesenen Volksmafsen ungeheurer Reizvermehrung bedürfen,
um für Verbesserungsbestrebungen empfindlich zu werden; sie täuschen oft die kühl-
sten Berechnungen derer, die sie erwecken und erheben wollen. Eine andere Erfahrung ergiebt, dafs ein Armer über einen geschenkten Gulden eben so glücklich ist,
als ein blasierter Reicher über ein Geschenk von 100 Gulden. Ein Sparguthaben von
10 Gulden macht den soliden Dienstboten bezüglich der sozialen Ordnung so ängstlich
oder zahm, als den Millionär ein Forderungsinteresse von 10000 Gulden. Noch
andere derartige Thatsachen liefsen sich für die „logarithmische" Relation
zwischen Empfindungs- und Reizzunahmen ausfindig machen. Aber
jede bestimmte Ziffer würde dabei doch willkürlich sein. Subjektiv werden viele,
durch Grenzwerte nur schwer zu bestimmende Verschiedenheiten obwalten; genau
wird das Weber-Fechnersche Gesetz von der Zunahme der Empfindungsgröfsen
im Verhältnis der Logarithmen der absoluten Reizwerte für eine finanzpolitische
„Psychophysik" wohl nie erweisbar sein. So fruchtbar es daher sein wird, die
Fechnersche Idee durch alle Arten und Korrelationen sozialpsychischer und sozial-
psychophysischer Beziehungen hindurch zu verfolgen, so mufs doch dahingestellt
bleiben, in wiefern exakte Mafsverhältnisse werden entdeckt werden können.

§ 196. *Die stärkere Belastung des fundierten Einkommens.* — Das
fundierte Einkommen, namentlich das Besitzeinkommen (§ 121), steht
dem Arbeitseinkommen gegenüber. Es ist heute fast allgemein zu einer
vergleichsweise höheren Belastung empfohlen; selbst die Aufrechterhaltung alter übertriebener Ertragssteuern neben einer neuen hohen zweiten Einkommensbesteuerung der Erträge segelt unter dieser Flagge.

Es wird nun allerdings nicht zu bestreiten sein, dafs aus dem Besitzeinkommen (§ 121) derselbe Steuerbetrag subjektiv leichter aufgebracht werden wird, als aus dem Arbeitseinkommen. Gegen eine mäfsige Mehrbelastung des fundierten Einkommens wird im wesentlichen wenig einzuwenden sein, und namentlich wird sich die „ergänzende Vermögenssteuer" neben der allgemeinen Einkommensteuer uns als eine praktische Form für die Durchführung dieser mäfsigen Mehrbelastung empfehlen.

Man darf aber auch nicht aufser Acht lassen, dafs da, wo neben dem fundierten Einkommen Arbeitseinkommen nicht vorhanden ist (alte Leute, Unmündige, Frauen), der Hauptgrund für die Mehrbelastung entfällt. Die Mehrbelastung wird sich nur in Verbindung mit einem höheren Existenzminimum unbedingt rechtfertigen lassen.

Andererseits ist nicht alles Arbeitseinkommen als solches weniger steuerfähig. Das Einkommen eines für sich und seine Hinterlassenen pensionsberechtigten höheren Beamten ist mindestens so gut fundiert, wie dasjenige eines mittleren Rentners, welcher Zinsreduktionen und Kapitalverlusten ausgesetzt ist, oder eines Geschäftsinhabers, welcher von allerlei Wechselfällen bedroht ist. Höhere Beamte, deren Besoldungen mit Rücksicht auf Diensteinkommensteuern reguliert sind, bei der Steuerreform wie unversorgte Lohnarbeiter zu behandeln, ist in keiner Weise zu rechtfertigen. Auf die Theorie von der höheren Leistungsfähigkeit des Besitzeinkommens die Beibehaltung von erdrückenden Ertragssteuern neben der allgemeinen Personaleinkommensteuer — 8—12 Proz. Gebäudesteuern, 6—9 Proz. Kapitalrentensteuern — zu basieren, ist ein schwerer Mifsbrauch der Theorie durch die neueste Gesetzgebungspraxis. Dieser Vorspann der Theorie für die Praxis wird später in der Wirkung der jetzigen Steuergesetzgebung mehrerer Staaten als bedauerlich erkannt werden.

Als Hauptgrund für die Begünstigung des unfundierten Einkommens gilt zur Zeit die Erwägung, dafs die Steuersubjekte ohne Besitzeinkommen eine Versorgung für das Alter und die Hinterlassenen erst anzusparen haben, die glücklichen Besitzer von Besitzeinkommen aber nicht. Man darf auch nach dieser Seite nicht übertreiben, und VOCKE scheint mir Recht zu haben, wenn er (a. a. O. S. 183 ff.) schön bemerkt:

„Die Vorsorge für die künftige Selbsterhaltung mufs der gegenwärtigen gleichgeachtet werden, und es kann nicht darauf ankommen, auf welche Zeit sich dieselbe erstreckt. Ein Arbeiter, welcher nur während eines Teiles des Jahres oder unregelmäfsig beschäftigt ist, mufs seinen Lohn als nicht blofs für die Zeit der Beschäftigung erworben ansehen, sondern auch für die Zeit des unfreiwilligen Feierns. Ob diese Zeit nun der Sonntag ist oder der Winter oder die der Krankheit oder das Alter, das kann keinen Unterschied machen, und was er für solche Zeit zurücklegt, um das wird seine gegenwärtige Leistungsfähigkeit verkürzt. Was aber für den Einzelnen gilt, das mufs auch über das Leben des Familienhauptes hinaus für die Familie gelten. Dabei ist aber z w e i e r l e i z u b e a c h t e n. Einerseits kann nicht j e d e Ersparnis in jeder Höhe den Anspruch auf diese Berücksichtigung haben; das würde viel zu weit gehen. Es würde gerade der leistungsfähigste Teil des Einkommens, der reine Überschufs der Einnahmo über die Ausgabe, welcher sich nach Bestreitung aller Bedürfnisse und Genüsse ergiebt, aufser Ansatz bei der Besteuerung bleiben. Steuerfreiheit wegen Leistungsunfähigkeit kann nur demjenigen zugestanden werden, welcher n i c h t m e h r h a t, a l s z u m n o t d ü r f t i g e n U n t e r - h a l t n ö t i g i s t. Dies mufs auch hinsichtlich der Vorsorge gelten. Ein gröfseres Mafs von Mitteln, welches für Zeiten der Erwerbsunfähigkeit oder zu Gunsten der Familie für den Todesfall an Ersparnissen aufgesammelt wird, kann nicht Berück- sichtigung finden. Nur so viel darf — als Versicherungsprämie — an dem zeitlich beschränkten Einkommen des Steuerpflichtigen aufser Berechnung bleiben, als not- wendig ist, um sich oder seiner Familie den notwendigsten Unterhalt in dem Mafse zu sichern, wie es allgemein als untere Grenze der Leistungsfähigkeit angenommen ist. Dabei ist weiter zu beachten, dafs — wenigstens streng genommen — die Steuer- freiheit für die Vermögensansammlung nicht so weit gehen darf, dafs eine für den angegebenen Zweck für unbegrenzte Zeit ausreichende R e n t e geschaffen wird, son- dern nur eine für die L e b e n s z e i t d e s S t e u e r p f l i c h t i g e n oder für die Z e i t der E r w e r b s f ä h i g k e i t d e r H i n t e r b l i e b e n e n ausreichende Zeitrente. Sowie diese in der Lage sind, selbst soviel zu erwerben, als zum einfachsten Leben nötig ist, haben sie keine Berücksichtigung, d. h. der Steuerpflichtige hat für die weiter- gehenden Ersparnisse keine Steuerbefreiung anzusprechen. Diese Grenze g e n a u zu bestimmen, ist freilich weder im Einzelfalle noch im allgemeinen möglich, schon des- wegen nicht, weil nie bekannt ist, wie lange die Zeit, für welche vorgesorgt wird, dauern wird."

§ 197. *Proportional- oder Progressivbesteuerung?* N e u e r e T h e o - r i e n. — Unter Proportionalbesteuerung versteht man diejenige, welche die Steuergrundlage im einfachen Verhältnisse ihrer Gröfse, unter Progressiv- besteuerung jene, welche die Steuergrundlage mit einem zunehmend höheren Steuerfufse bezw. Tarifsatze — denn auch die indirekten Steuern gestatten und fordern konsequent progressive Regulierung — belegt. Die Progressivbesteuerung erscheint formell als D e g r e s s i v besteuerung, wenn sie nicht von einem Anfangssatze aufsteigend, sondern von einem nicht mehr weiter steigenden Höchstsatze absteigend im Verhältnis der Abnahme des Wertes der Steuerobjekte reguliert wird.

Über das S k a l e n m a f s direkter und indirekter Progressivbesteue- rung gehen die Ansichten noch immer weit auseinander trotz des ver- schwenderischen Aufwandes an Geist und Scharfsinn, welcher dem Gegen- stande durch A. Wagner, Neumann, Robert Meyer, Sax, Ricca Salerno, Mazzola u. A. gewidmet worden ist. Die Berechtigung pro- gressiver Besteuerung überhaupt ist dagegen nur wenig mehr bestritten und die Zahl derjenigen Theoretiker, welche mit J. St. Mill die Pro- gressivbesteuerung eine „graduierte Räuberei" nennen möchten, schwer- lich mehr eine grofse.

Verfasser dieses ist und bleibt der Ansicht, dafs keine der bis jetzt aufgestellten Theorien ein auch nur theoretisch begründetes, geschweige praktisch anwendbares, mathematisch ausdrückbares Skalenmafs gefunden hat. Vermutlich wird ein solches überhaupt nie gefunden werden, nicht einmal für die direkte Progressivbesteuerung allein, geschweige für direkte und indirekte Progessivbesteuerung zusammen.

Dagegen haben wir Progressivbesteuerung überhaupt in § 195 bereits anzuerkennen gehabt. Und zwar vom Boden des Prinzipes der Besteuerung nach der Leistungsfähigkeit aus, wonach auch nach objektivem Mafsstabe der persönlichen Leistungsfähigkeit gröfsere Einkommen und gewisse Arten von Steuerobjekten bis zu einer gewissen Höhe und Qualitätsstufe den Schlufs auf progressiv ansteigende Steuerkraft gestatten. Die richtigen Progressivskalen können eben nur experimentell aus der Erfahrung gewonnen werden, indem das Steigen der Belastungsätze nicht steiler und nicht höher aufwärts geht, als das politisch wie wirtschaftlich als erträglich und billig erprobt wird.

Es ist aber zuzugeben und bereits in § 195 anerkannt, dafs für die persönliche Leistungsfähigkeit nicht blofs objektive, sondern subjektive Mafsstäbe der Druckempfindlichkeit aus politischen fast noch mehr als aus wirtschaftlichen Gründen angelegt werden dürfen und sollten. Die letzteren Mafsstäbe werden aber den ersteren meist nicht widersprechen, sondern nur eine zweite wesentliche Seite der Leistungsfähigkeit erfassen. Die Theorien, welche dieses zweite Moment zur Geltung gebracht haben, sind daher — wenigstens die sog. „Opfertheorie" — ihrem richtigen Kerne nach nicht Negationen der Progressivbesteuerung nach der Leistungsfähigkeit, sondern eher Ergänzungen der Begründung dieser Besteuerung.

Soweit diese Theorien das Prinzip der Steuerleistung nach der Leistungsfähigkeit kraft öffentlicher Pflicht wieder beseitigen, dürften sie eher einen Rückschritt in der Steuertheorie bedeuten, als einen Fortschritt. Dieses Urteil beziehe ich jedoch nicht auf SAX, dessen eigentümliche Theorie der subjektiven Lastäquivalenz nach Begründung und Formulierung doch nur auf eine nach der Seite der subjektiven Druckempfindlichkeit vervollständigte Theorie der Leistung nach der Leistungsfähigkeit kraft der Zugehörigkeit zu dem das Kollektivbedürfnis befriedigenden Gemeinwesen hinausläuft. Dafs die Besteuerung lediglich eine wirtschaftliche Thatsache sei, vermag ich (vgl. § 51 ff.) freilich nicht anzuerkennen.

Dafs der Grundzweck der Progressivbesteuerung, d. h. Belastung nach der Verschiedenheit der persönlichen Leistungsfähigkeit, ausschliefslich quantitativ, d. h. durch Progressivbesteuerung allein, erreicht werden könne, werde ich in § 198 sofort zu bestreiten haben.

Zuerst ist noch in der Anmerkung eine Übersicht über die hier fraglichen Theorien zu geben, da die letzteren jetzt und wohl noch für längere Zeit in der Doktrin und Litteratur eine bedeutende Stellung einnehmen und in der Steuerpraxis einer etwaigen ultrademokratischen

Zukunft zu einer verhängnisvollen Bedeutung gelangen könnten. Um
hierbei ganz unbefangen zu verfahren, halte ich mich an die von Anderen (Eheberg und Vocke) gegebenen Analysen. Beide Gelehrte
stehen den fraglichen Theorien weniger ablehnend gegenüber, als
der Verfasser dieses.

Die Opfertheorie: Hierüber bemerkt Eheberg in Conrads Handwörterbuch
der Staatsw. VI, 107 ff.; „Es ist zuerst die Opfertheorie, von der schon die Rede war,
welche eine prinzipielle Begründung der Steuerprogression gab. Die Opfertheorie
hat, wie ebenfalls bereits angedeutet wurde, nicht nur die Steuer mit der Auffassung
als Opfer zu begründen gesucht, sondern damit zugleich auch das Maß für eine
gerechte Besteuerung bezeichnen wollen. Die Anhänger der Opfertheorie verlangen
von einer gerechten Steuer, daß sie allen das gleiche Opfer auferlege, für alle gleich
empfindlich sei. Eine proportionale Steuer bedeute aber nicht ein gleiches Opfer
für jeden; sie sei für den Ärmeren drückender als für den Reichen. Dem ersteren
könne sie die Befriedigung notwendiger oder wenigstens wichtiger Bedürfnisse unmöglich machen oder erschweren, während sie dem zweiten nur entbehrliche oder
überflüssige Einkommensquoten abfordere. Robert Meyer, der die Opfertheorie
zuerst mit der Einkommensfrage verbunden hat, um dadurch Anhaltspunkte für die
Begründung und Bemessung der Steuerprogression zu gewinnen, versteht unter dem
Opfer die Wirkung der Steuer auf die Konsumtion der Besteuerten und versucht
die Steuerentrichtung unter die allgemeinen Erscheinungen der Bedürfnisbefriedigung
zu subsumieren. Der Mensch befriedigt, sagt er, die Bedürfnisse nach ihrem Stärke-
grad; es werden, soweit das Einkommen reicht, die Bedürfnisse von den dringendsten
angefangen befriedigt; je kleiner das Einkommen, desto mehr — minder intensive —
Bedürfnisse bleiben unbefriedigt. Demnach besteht das Opfer darin, daß infolge der
Steuer von den Bedürfnissen, welche der Besteuerte mit seinem ungeschmälerten Einkommen befriedigen könnte, die mindest dringenden bis zu einer von der Höhe der
Steuer gezogenen Grenze hinauf von der Befriedigung ausgeschlossen werden. Aus
diesen Prämissen leitet nun Meyer die Begründung der Progressivsteuer ab. Er
meint, daß von den in der Einkommensbesteuerung gewöhnlich in Betracht kommenden Quoten von 5 bis 10 Proz. sich kaum werde sagen lassen, ob das bei den verschiedenen Einkommensgrößen hervorgerufene Opfer gleich oder ungleich groß sei;
dagegen könne die Entscheidung nicht zweifelhaft sein, sobald man an größere Ein-
kommensabzüge, z. B. ½ bis ⅓ des Einkommens denke. Wer von 1200 fl. Einkommen auf 800 oder 600 beschränkt werde, müsse seine Bedürfnisse gegen den
früheren Zustand mehr einschränken als derjenige, der von 2400 fl. auf 1600 oder
1200 reduziert werde. Ebenso sei es, wenn man zwar geringere Quoten als Steuer
ansetze, z. B. 10 Proz., aber kleine Einkommen mit sehr großen vergleiche. „Insofern nun der Schluß gerechtfertigt sei, daß auch die Wirkung einer geringeren
Schmälerung des Einkommens verhältnismäßig dieselbe bleibe, läßt sich behaupten,
daß das Prinzip der Opfergleichheit die progressive Besteuerung verlange." Dieser
Versuch einer Begründung der Opfertheorie knüpft an die bekannte Lehre vom
Grenznutzen an. Der Nutzen eines Gutes nimmt ihr zufolge mit der zunehmenden Größe des Güterbestandes ab, dessen Teil eben jenes Gut bildet. „Jeder Gulden
verschafft weniger Genuß, je größer das Einkommen ist, zu welchem er hinzutritt,
und sein Ausgang bereitet einen um so geringeren Entgang, je größer das Einkommen
ist, aus dem er entnommen wird," so formuliert Sax diese aus der Opfertheorie und
der Mengerschen Werttheorie kombinierte Begründung der Progression.

Auf dieser Lehre, die allerdings in der von Meyer ihr gegebenen Form und
Anwendung nicht ganz einwandfrei ist, bauten andere weiter, so die Holländer
Pierson und Cohen Stuart. Der erstere gab eine bessere Formulierung des Be-

griffes Opfergleichheit. Sie soll nach ihm darin bestehen, dafs die durch die Steuerzahlung jedem entgehenden Genüsse im gleichen Verhältnisse zu dem jedem durch
sein Einkommen ermöglichten Gesamtgenuſs stehen sollen. Pierson machte auch
den Versuch, zahlenmäſsig das Prinzip der Progression darzustellen. Dieser beachtens-
werte Versuch, auf den hier nicht weiter eingegangen werden kann, hat sich allerdings nach den Ausführungen des anderen oben genannten holländischen Autors,
Cohen Stuart, nicht als stichhaltig erwiesen; dieser, obwohl selbst an der Opfertheorie festhaltend, weist nach, dafs aus dem Satze: der Grenznutzen nimmt mit
steigender Gütermenge ab, die Progression der Steuer noch nicht abgeleitet werden
könne. Er versucht, seinerseits eine mathematische Formel für die Progression zu
finden, die in dem Satze gipfelt: arithmetische Steigerung der Steuersätze bei geo-
metrischer der Einkommen. Aber auch diese Berechnungen erweisen sich nach den
jüngsten Ausführungen von Sax nicht als einwandfrei.

Ebenso wie aus der Opfertheorie leitet man eine progressive Steuer auch aus
dem Grundsatze ab, dafs die Steuer der Leistungsfähigkeit des Einzelnen zu entsprechen habe; nicht selten unter Verbindung der beiden Theorien, die ja ineinander
übergehen. So weist F. J. Neumann nach, dafs erst durch Berücksichtigung der auferlegten Opfer der Maſsstab der Leistungsfähigkeit bestimmte Gestalt erhalte und
für das Steuerwesen brauchbar werde. Ja, man wird überhaupt sagen können, dafs
die Versuche, aus der Leistungsfähigkeit eine gerechte Besteuerung abzuleiten, in
letzter Linie wieder auf die Opfertheorie zurückführen. Doch giebt es auch einige
Schriftsteller, welche in der Leistungsfähigkeit einen positiven Maſsstab für die
Steuerverteilung finden zu können glauben. So namentlich A. Wagner.

A. Wagner sagt, die Leistungsfähigkeit steige stärker als das Einkommen, weil
von dem letzteren eine immer gröſsere Quote nicht vom Subsistenzbedarfe in Anspruch
genommen werde. Wie die Opfertheorie mit dem Grenznutzen, so operiert A. Wagner
mit dem Begriffe des freien Einkommens. Die mit dem ganzen Einkommen proportionale Besteuerung ist umgekehrt proportional für das darin steckende freie Einkommen, woraus doch regelmäſsig die Steuern gezahlt werden sollten.

Die „ökonomische Steuertheorie" von E. Sax. Man hat auch gegen diese
wie gegen die erste Theorie den Einwand erhoben, dafs sie eine *petitio principii*
enthalte, und dafs es nicht gelinge, einen von Willkürlichkeit freien Maſsstab für die
Progression aus ihr abzuleiten. Als schärfster und konsequentester Gegner nicht der
Progression aber ihrer Ableitung aus der Opfertheorie oder dem Leistungsfähigkeits-
prinzip giebt sich E. Sax. Nach ihm ist es überhaupt „streng genommen unmöglich",
aus der Leistungsfähigkeit an sich etwas ableiten zu wollen. E. Sax läſst es nicht
bei dieser Kritik bewenden, sondern er sucht seinerseits zu einem positiven Ergebnisse
zu gelangen, d. h. zu einer Auffassung des Wesens und des Maſsstabes der Steuern,
die unwiderleglich die Notwendigkeit der Progression beweisen soll.

Sax meint, während die Steuerlehren bisher an diese Steuerfrage mit einem von
auſsen her geholten Kriterium herantraten, nämlich mit den Begriffen der Gerechtigkeit oder Billigkeit oder mit sozialpolitischen Gesichtspunkten, müsse man sie vielmehr als eine rein wirtschaftliche Maſsregel und deshalb rein ökonomisch betrachten.
Er bezeichnet deshalb seine Steuerdoktrin als die ökonomische. „Die Steuer und
ihr Ausmaſs erscheint im Lichte dieser Auffassung als ein Produkt des Zusammen-
wirkens zweier Ursachenkomplexe, welche auch bei anderen sozialökonomischen
Erscheinungen, wie den Preisen, den Anteilen in der Güterverteilung u. s. w. wirksam
werden: der Güterverwertung einerseits, des (kollektiven) Egoismus und Altruis-
mus andererseits. Indem die Erfassung der Steuer als Wertphänomens an die
elementaren Erscheinungen aller wirtschaftlichen Thätigkeit anknüpfe und auf solche
Weise die Erklärung der komplizierten staatswirtschaftlichen Erscheinung durch Zu-

rückführung auf die allgemeinen ökonomischen Elemente gewinne, finde sie — immer
unter Beachtung der gleichzeitig wirkenden zweiten Ursache — für die Frage, welche
Gütersumme jeder einzelne an sich als Steuer zu widmen in der Lage ist, eine einheitliche Lösung, was bei den früheren Steuerlehren nicht der Fall gewesen sei."
SAX sagt, dafs durch die Steuer nur reine Kollektivbedürfnisse befriedigt werden
dürfen, und dafs deshalb „die durch die Verbandsgewalt erfolgende Bestimmung des
Mafses der Steuer nur dann eine richtige sei, wenn sie dasjenige anordne und er-
zwinge, was die Verbandsmitglieder von selbst vornehmen würden, wenn sie in richtiger Erkenntnis der Kollektivbedürfnisse, durchdrungen von dem vollem Mafse
kollektivistischer Gesinnung, wie solches die jeweiligen Lebensverhältnisse bedingen,
mit vollständiger Unterdrückung des individuellen Egoismus handeln würden." Indi-
vidual- und Kollektivbedürfnisse bilden nach SAX die Reihe der Bedürfnisse der
Verbandsglieder und ordnen sich in derselben nach Mafsgabe ihrer Stärke. Jeder
werde bereit sein, zur Befriedigung der Kollektivbedürfnisse, die Staatstätigkeiten darstellen, welche allen Verbandsgliedern gleichmäfsig, ununterscheidbar zu gute kommen,
so viel Güter in Gemäfsheit seines Wertstandes zu widmen, als jeder andere in Gemäfsheit seines Wertstandes und eventuell bis zur Erschöpfung der Gütersumme,
welche ihm nach dem Wertstande verfügbar ist. „Der machtbewehrte Arm der Finanzgewalt hat also nur zu verwirklichen, was in diesem Sinne die Verbundenen ökonomisch wollen (?), und das ist: unsere resp. Steuerleistungen sollen Äquivalente sein."
Die Steuern sollen also nicht als Pflichtleistung, als Opfer, als Last, als Beanspruchung
der Leistungsfähigkeit, sondern als Wertgröfsen aufgefafst werden. Die Äquivalenz
der Steuer erklärt nach SAX erst die Opfertheorie und die der Leistungsfähigkeit;
denn gleiche Wertgröfsen bedeuten die gleiche Verlustempfindung beim Ausgange der
betreffenden Güter aus dem Besitzstande. Die „ökonomische Steuertheorie" gipfelt
also in dem Satze, dafs jeder bereit sei, dasjenige Güterquantum zur Deckung der
Kollektivbedürfnisse aus seinem Einkommen verwenden zu lassen, welches dem Güterquantum wertgleich ist, das von anderen zum gleichen Zwecke entnommen wird.
Wenn der Güterwert sich genau im Verhältnis der aufsteigenden Abstufungen des
Einkommens abschwächen würde, so würde daraus einfach die Proportionalität der
Steuer sich ergeben. Nun sei aber unbestreitbar (SAX acceptiert hier die bereits von
den Vertretern der obengenannten Theorien festgestellten Thatsachen), dafs die In-
tensitätsabnahme der Bedürfnisse und somit die Verminderung der Werthöhe bis zu
einem gewissen Punkte rascher fortschreite als die korrespondierende Gütermenge
(Einkommen) zunehme. Folglich müfsten, damit wahre Äquivalente zum Vorschein
kämen, die Steuersummen der Einzelnen insolange in stärkerem Verhältnisse als im
gleichen Verhältnisse der Einkommen anwachsen. „Aus jener Thatsache folgt eo ipso,
dafs Progression der Steuer einzutreten habe, und zwar zu dem Ende und in dem
Mafse, auf dafs die Äeqivalenz der Steuerleistungen hergestellt wird."

So EHEBERG, welcher einen wesentlichen Unterschied zwischen den verschiedenen Theorien m. E. mit Recht bestreitet. Mit der Äquivalenztheorie der Privatwertung
(§ 64) hat die neue SAXsche Äquivalenztheorie nichts zu thun; sie ist auf den
Grund öffentlicher Wertung gestellt. Der Gedankengang von SAX ist von der
italienischen Wissenschaft weiter geführt worden. VOCKE bemerkt hierüber: „Den
Gedankengang von SAX hat nun RICCA SALERNO dahin weiter geführt: die Bedürfnisse, welche der Einzelne mit den ihm zu Gebote stehenden Mitteln befriedigen kann,
und die Güter, mit welchen sie befriedigt werden, sind von sehr verschiedener Bedeutung und Nützlichkeit, und je entbehrlicher sie sind, während sie doch einen
grofsen Aufwand erfordern, desto weniger Wert mufs das Geld für denjenigen haben,
der sich ihrer bedient. Ebenso sind die (Kollektiv-) Bedürfnisse, welche durch die
Staatsorgane befriedigt werden, von sehr verschiedener Bedeutung, also die Dienste

derselben und die Güter, welche sie gewähren, von sehr verschiedener Nützlichkeit. Setzt man nun die Kollektiv- und Individual-Nützlichkeiten in Vergleichung, so wird daraus folgen, daſs desto mehr und allgemeiner auf Befriedigung von Individualbedürfnissen verzichtet werden muſs, je dringendere Kollektivbedürfnisse zu befriedigen, und daſs für die minder dringenden nur die auſserdem für Genuſsmittel verfügbaren Geldmittel in Anspruch zu nehmen sind, und zwar um so ausschlieſslicher, je entbehrlicher, also minder wichtig diese Grundmittel sind. Hieraus ergiebt sich eine progressive Besteuerung, indem die **Reicheren und Reichsten allein für die minderwichtigen Kollektiv-** (Staats-) **Bedürfnisse** in der Reihenfolge aufzukommen haben, in welcher sie einerseits mehr oder weniger feine und kostspielige Genüsse bestreiten können, während die Teilnahme an der Entbehrung von Individalgenüssen zur Bestreitung von Kollektivbedürfnissen um so allgemeiner sein muſs, je wichtiger die letzteren sind. Je reicher also einer ist, desto mehr muſs er sich an der Befriedigung aller, auch der mindest wichtigen Kollektivbedürfnisse beteiligen, und je unbemittelter einer ist, desto mehr beschränkt sich seine Teilnahme auf die wichtigeren und allerwichtigsten, und zwar in der Art, daſs die Leistung des Reicheren um so gröſser wird, je reicher er ist, je weniger also für ihn der Wert des Geleisteten, des Geldes ist, während das des Minderbemittelten um so kleiner wird, je mehr Wert für ihn das Zahlungsmittel hat. Auch das Existenzminimum scheint damit anerkannt zu sein, denn das Bedürfnis und Recht zu leben, d. h. den notwendigsten Unterhalt zu bestreiten, ist so wichtig und dringend, daſs ihm schwerlich ein Kollektivbedürfnis an die Seite gestellt werden kann. Allein bei diesem allem werden — sagt Vocke richtig — eben lauter ungenannte Gröſsen gegeben, mit welchen schwer zu rechnen ist, und es bleibt bei diesem Ergebnisse der „reinen Wirtschaftswissenschaft", der „Finanzkunst" eine Aufgabe übrig, welcher sie sich leichter auf anderem Wege entledigt. Immerhin ist diese Sax-Ricca Salernosche Theorie, abgesehen von der unsicheren Grundlage ihres individualistischen Wertbegriffs, ein interessanter Beitrag zur Begründung der Progression. — Zu einem besser greifbaren Ergebnis kommt Mazzola in Ansehung des **natürlichen Höchstbetrages der Steuer.** Das Ergebnis seiner Untersuchung ist in Kürze dieses, daſs der Staat durch seine Leistungen nicht unmittelbar Bedürfnisse befriedigt, sondern nur die Befriedigung der Einzelbedürfnisse ermöglicht und gewährleistet, daſs die Güter, die er bietet, also mittelbare sind, daſs aber, weil eben durch sie der Genuſs der unmittelbaren Güter, der Mittel zur Befriedigung der Bedürfnisse, allein möglich ist, diese ohne jene also wertlos wären, der Wert beider folgerecht gleich sein muſs. „Daraus — sagt Vocke — würde sich ergeben, daſs es nicht zu viel verlangt wäre, wenn der Staatsbürger nötigenfalls die eine Hälfte seines Einkommens hingeben muſs, um die andere zu genieſsen. Für eine einfach verhältnismäſsige Besteuerung wäre das erdrückend, ein für die kleineren Einkommen unmöglicher Maſsstab, aber als Höchstbetrag einer progressiven Steuer mag er vielleicht der Zukunft vorbehalten sein. Wer eine Million Einkommen hat, kann mit der Hälfte immer noch auskommen, ohne gerade Mangel zu leiden."

Die beiden italienischen Theorien vollziehen, wie leicht ersichtlich, einen Rückgang in der Richtung auf die privatwirtschaftliche Äquivalenztheorie, des § 64, mit der Modifikation, daſs sie das Maſs der Äquivalenz der Staatsleistung mit der Steuerleistung allgemein zu bestimmen suchen.

§ 198. *Die Unmöglichkeit der Lösung des Problems ausschlieſslich auf dem Boden quantitativer Ermittelung der Leistungsfähigkeit.* — Jede Prophezeihung ist schwer. Möglich, daſs einmal die extreme Demokratie von der Theorie Mazzolas Gebrauch macht und den gordischen

Knoten der gerechten Progression mit einer Besteuerung bis zu 50 Prozent durchhaut. Wahrscheinlich ist diese Fortbildung nicht.

Keine Progressionstheorie wird den befriedigenden Stufengang der Progression finden; denn dies ist aus inneren Gründen unmöglich. Wie man auch die Progression der allgemeinen Einkommensbesteuerung regeln möge, so wird jede Progressions- und jede Regressivskala für die verschiedenen Steuerkräfte viel zu generell wirken, also gerade das, was sie leisten soll, nicht leisten können, nämlich volle Berücksichtigung der individuellen Leistungsfähigkeit des einzelnen Steuersubjektes. Das vermag nur eine individualisierende qualitative Belastung mittelst der Konsumsteuern und Bereicherungssteuern, in Verbindung mit mäfsiger direkter Progressivsteuer, zu erreichen. Der Steuerfufs der direkten Progressivsteuern darf nicht zu hoch ausgreifen, ohne den Zweck der Progressivbesteuerung nicht blofs zu vereiteln, sondern vielmehr in vollste Rücksichtslosigkeit gegen die subjektive Beitragsfähigkeit umzuschlagen und zur „graduated robbery" J. St. Mills zu werden. Ganz zu schweigen davon, dafs die Progression früh bei einem Punkte anlangt, über welchen hinaus der Defraudationsreiz unwiderstehlich drängt, der Erwerbstrieb lahm wird und die Beweglichkeit des Steuerertrages erstarrt.

Nach den heute gegebenen Verhältnissen wird selbst in Notzeiten der progressive Steuerfufs den Betrag von 8—10 Proz. — Staats- und Gemeindesteuer zusammen — nicht übersteigen dürfen und in normalen Zeiten eine Steigerung über 4—5 Proz. nicht ertragen, ohne dafs er der allgemeinen Einkommensteuer ihre vielleicht wichtigste Eigenschaft, die Beweglichkeit, raubt.

Man sollte daher aufhören, nach der idealen Progressivsteuerskala wie nach dem Stein der Weisen zu suchen, sich vielmehr mit der einfachen Einsicht begnügen: dafs die direkte Progressivbesteuerung nur die Durchschnittssteuerkräfte nach Gröfsenschichten, nimmer aber genau die subjektive Beitragsfähigkeit jedes Einzelnen verhältnismäfsig zu treffen vermag. Das letztere Ziel wird freilich auch durch indirekte Steuern besten Falls nur annähernd und nur dann erreicht, wenn sie sorgfältig daraufhin reguliert sind.

§ 199. *Die quantitative und die qualitative Erfassung der Steuerkraft überhaupt.* — Die Steuerkraft ist quantitativ, d. h. durch Bezifferung des Verhältnisses, in welchem auf Grund unmittelbarer Ermittelung der Steuerquelle der Einzelne bei gegebener objektiver Bedürftigkeit und subjektiver Leistungsfähigkeit die Steuer zugemessen erhalten soll, aus vielen Gründen weder vollständig noch sicher zu erreichen.

Einmal sind die Steuerquellen für die Organe der Besteuerung vielfach unfafsbar und unerkennbar, daher auch unmefsbar, so namentlich, was das auswärtige Einkommen und Vermögen der Steuersubjekte betrifft.

Die Steuerquellen sind sodann für zahlreiche Steuersubjekte selbst, namentlich für kleine Wirte, der Größe nach unbekannt und mangels einer Buchführung nicht bezifferbar.

Die Steuerquellen werden Dritten gern verheimlicht, auch wo ihre Größe dem Steuersubjekte genau bekannt ist, und solche Verheimlichungen sind des Erfolges mehr oder weniger sicher in den Fällen außerordentlicher, nicht periodischer Bereicherungen, welche (vgl. § 120) dennoch im steuerwissenschaftlichen Sinne als Einkünfte anzusehen sind.

Die Modifikation der Steuerkraft einer gegebenen Einkommensgröße durch besondere Bedürftigkeit ist in der direkten Besteuerung individuell niemals genau zu ermitteln, auch nicht durch das Existenzminimum und durch die mäßigen Kürzungen der Steuerkapitale aus Rücksicht auf persönliche Steuerschwächen.

Noch schwieriger ist endlich die quantitative Bemessung der s u b j e k t i v e n B e i t r a g s f ä h i g k e i t (§§ 197 ff.). Die höhere Besteuerung des fundierten Einkommens und die Progressivbesteuerung erreichen den Zweck nur sehr unvollkommen, in Pausch und Bogen.

Daher genügt die quantitative Ermittelung der Steuerkraft durch — in unserem Sinne — direkte Steuern ü b e r h a u p t n i c h t. Es muß eine q u a l i t a t i v e Ermittelung hinzutreten, indem man die A r t der Verwendung der Vermögens - und Einkommensteile zum Anhaltspunkte einer zweiten — in unserem Sinne — mittelbaren Belastung der Steuerquellen nimmt. Dies geschieht durch die indirekten Steuern, namentlich die Konsum- und Bereicherungssteuern in der Weise, daß sie streng in der doppelten Richtung reguliert werden: 1. die in der direkten Besteuerung zu schonenden oder nicht zu erreichenden Einkommens- und Vermögensteile nachholend zu treffen, 2. besondere individuelle Steuerkraft nach dem Grade, wie die Objekte darauf hinweisen, durch richtige Wahl der letzteren und der Tarifskalen zu erfassen. In der zweiten Richtung namentlich können gut regulierte indirekte Steuern dazu beitragen, die Steuerkräfte nach ihrer o b j e k t i v e n B e d ü r f t i g k e i t und s u b j e k t i v e n B e i t r a g s f ä h i g k e i t individualisierend anzufassen, bezw. zu erleichtern und freizulassen.

Insbesondere sind die Ge- und Verbrauchssteuern dazu angethan, den Einzelnen mittelbar an jenen Einkommensteilen zu erfassen, welche nicht in notwendigem Bedarfe aufgehen und sich durch die Art ihrer Anwendung als relativ entbehrliche, also größere subjektive Beitragsfähigkeit anzeigende Vermögensteile erweisen.

Die Betrachtung der Steuerkraft weist also zum Schlusse auf die Kombination der direkten und der indirekten Besteuerung, der quanti-

tativen und der qualitativen Ermittelung jeder individuellen Steuerkraft
und hiermit der nationalen Gesamtsteuerkraft hin.

Selbst Vocke mufs in Ansehung seiner ausschliefsenden Ertrags- und Einkommensteuern („Grundzüge der Finanzwissenschaft S. 224) schliefslich dennoch zu-
gestehen: „Die Besteuerung mufs sich der Gestaltung der wirtschaftlichen Entwickelung
anpassen, sie mufs die verschiedenen Formen der Merkmale für die Leistungsfähigkeit berücksichtigen, nach deren Natur verschiedene Wege einschlagen, und wenn
sie auch über diesem Stückwerk zeitweise den Zusammenhang aus den Augen verliert, schliefslich doch immer wieder zu dem Streben nach der Einheit zurückkehren.)
Dabei liegt es in der Natur der Sache, dafs die Erkenntnis der Merkmale
selbst der Entwickelung unterliegt und sich aus den rohesten Anfängen zur
Vervollkommnung durcharbeiten mufs." Nun, wenn dies für die Steuern Vockes
gilt, warum nicht weiter gehen und alle — auch die qualitativen Merkmale verwerten?! Nur durch Hinzufügung einer i. u. S. indirekten Merkmalbesteuerung kann
man zur „Einheit" und Vollständigkeit der Besteuerung gelangen, welche Vocke mit
Recht so nachdrücklich verlangt.

§ 200. *Einige Folgerungen aus § 198.* — Die Ursachen davon, dafs
zwischen der Gröfse der Steuerquellen und der Gröfse der Leistungsfähigkeit einfache Verhältnismäfsigkeit nicht besteht, legen es recht
eindringlich nahe, dafs die direkte Einsteuerung des Einkommens nur
dann ihre Aufgaben vollständig lösen kann, wenn die einzelnen
Hauptquellen des Einkommens in gesonderten Steuern verfolgt werden,
was planmäfsige Kombination der Steuerfüfse und verhältnismäfsige Ge-
samtbesteuerung nicht ausschliefst.

Ein zweiter steuerpolitischer Grundsatz von kardinaler Wichtigkeit
schliefst sich an den vorigen an. Die genaue Ermittelung alles
Einkommens bildet die erste Voraussetzung eines guten Systemes direkter Steuern. Werden nicht alle ordentlichen Einkünfte voll und ganz
für Jedermann ermittelt, dann fehlt auch die Möglichkeit, sämtliche
Steuerobjekte nach Verhältnis der Durchschnittssteuerkraft zu treffen.
Die Grundlage verhältnismäfsiger Besteuerung fehlt dann von Anfang.

Man wirft den indirekten Abgaben so gern vor, sie ermangeln der
Einheit und Verhältnismäfsigkeit, aber die direkten Steuern ermangeln
derselben in noch höherem Mafse und in leidigerer Weise, wenn nicht
Aller Einkommen in jedem besonderen Teile genau und zwar gleichmäfsig genau ermittelt wird. An dieser gleichmäfsigen Genauigkeit fehlt
es in unseren Steuersystemen noch immer in hohem Grade, zumal bei
den alten Ertragssteuern, welche nicht die wirklichen persönlichen Einkünfte aus den Ertragsquellen, sondern einen stabilen mittleren Rein-
oder gar Rohertrag aus letzteren der Besteuerung zu Grunde legen.

In grofsen Reichen geht die Gleichmäfsigkeit in der Ermittelung der
Steuerobjekte um so leichter verloren, je mehr die Einsteuerung dem Einflusse der Provinzial- und Lokalsteuerträger preisgegeben und je mehr
von objektiven gesetzlichen Mafsstäben der Einschätzung entbunden wird.
Die wichtigen Folgerungen hieraus werden wir ziehen.

Ein dritter Gesichtspunkt tritt uns hier noch entgegen: nur bei mäfsigen Quoten sind die direkten Steuern erträglich und verhältnismäfsig. Die durchschnittliche Leistungsfähigkeit ist eben nicht die wirkliche Leistungsfähigkeit; daher je höher der Steuerfuſs, desto gröfsere Unverhältnismäfsigkeit.

3. Kapitel. Die Stufung der Steuerkräfte.

§ 201. *Die nationale Steuerkraft und ihre Belastung.* — Die „nationale Steuerkraft" ist eine Vielheit konkreter Steuerkräfte. Der Staat kann die Summe dieser Steuerkräfte als Ganzes nicht erfassen; denn die Volkswirtschaft ist eben nicht ein einheitliches Ganzes von Privatwirtschaften (§ 99). Selbst das Streben, durch die Monopolsteuern viele Mücken mit einer Klappe zu schlagen, trifft doch immer nur eine Anzahl von Steuerkräften, und jede der letzteren nur in unberechenbarem Mafse. Es kann zwar durch ein System von Steuern gelingen, annähernd sämtliche Einzelsteuerkräfte im Verhältnisse ihrer Leistungsfähigkeit zu erfassen, aber nachweisbar ist dieser Erfolg nie. Eine einheitlich geschlossene Überschauung und Erfassung der „nationalen Steuerkraft" ist eben wegen der privatwirtschaftlichen Zerstückelung des sozialen Ernährungsprozesses unmöglich. In der Verbrauchsbesteuerung erfährt der Staat nicht einmal Fall um Fall, welche bestimmte Personen und wie stark er jede derselben besteuert. Dafs er sie überhaupt besteuert und gerecht zu besteuern vermag, ist trotzdem auch für diese Art Besteuerung nicht zu leugnen.

Immerhin gestatten die Ermittelungen der Kataster der allgemeinen Einkommensteuern, von der Stufung der Steuerkräfte, welche zusammen die „nationale Steuerkraft" ausmachen, sich eine Vorstellung zu bilden. Die neuesten Ermittelungen für Preufsen führen wir im nächsten Paragraphen vor.

Die direkte „nationale Steuerkraft" kann man sich unter dem Bilde der Kurve des Vertikaldurchschnittes eines Körpers veranschaulichen, welcher gemäfs der Leistungsunfähigkeit einer Masse kleinster Einkommen eine schmale Basis hat, in die leistungsfähigen kleinen und mittleren Steuerkräfte die gröfste Breite erlangt, um schliefslich mit den starken Steuerkräften in der Höhe sich rasch zu verjüngen und zuzuspitzen.

Dies ergab schon die erste sorgfältige Einschätzung, welche in Deutschland vorgenommen wurde. In Sachsen war alles Einkommen über 300 Mark durch Gesetz vom 2. Juli 1878 steuerpflichtig geworden. Um der neuen Steuergesetzgebung eine sichere Grundlage zu geben, wurden im Jahre 1877 alle Steuerkräfte auf ihr Einkommen speziell eingeschätzt. Aus dieser geordneten, aber milden Einschätzung ergab

19*

sich für eine Bevölkerung von 2760000 Seelen ein reines Volkseinkommen von 948 Mill. Mk.   Dasselbe verteilte sich folgendermafsen auf

	in den Städten	in den Dörfern	im ganzen Lande
Grund- und Häuserbesitz . .	73,2	138,6	210,8
Renten	73,3	37,5	110,8
Gehalte	175,8	142,4	317,2
Handel und Gewerbe . . .	228,5	164,9	393,3
	548,8	483,4	1032,2

nach Abzug der Schuldzinsen . . . . 948,1 Mill. M.

Für 999 217 Eingeschätzte ergab sich ein mittleres Einkommen
von 949 Mk. im Durchschnitte des ganzen Landes, von 1223 Mk. im
Durchschnitte der Städte und von 754 Mk. im Durchschnitte der Dörfer.

Das so ermittelte reine Volkseinkommen zerflofs zum weitaus gröfsten
Teile unter die kleinen Leute. 47,29 Proz. des steuerbaren Einkommens
(Steuerkapitales) fiel auf die Einkommen von 300—1100 Mk. mit 838716
Personen oder 84 Proz. der Zahl der Steuerträger.

Zensiten von 1100—2200 Mk. Einkommen gab es 102628, also nur
10,27 Proz. aller Zensiten, aber 16 Proz. des ganzen Steuerkapitales.

Die 50778 Zensiten von 2200—8400 Mk. Einkommen bildeten nur
5 Proz. der Steuerpflichtigen, aber 19,8 Proz. des ganzen Steuerkapitales.

Einkommen von 8400—26000 Mk. zählte man 6019, also nur
0,60 Proz., aber 8,38 Proz. des ganzen Steuerkapitales.

Von 26000—540000 Mk. waren es 711 (0,67 Proz.) mit 2,66 Proz.
des Steuerkapitales. 2 Personen hatten über 1 Million reines Einkommen.

Die physischen Personen machten 99,66 Proz. aller Eingeschätzten
aus, die moralischen hatten mit 3,45 Proz. am ganzen steuerbaren Einkommen Anteil.

Seit der Einführung des Gesetzes hat sich das Bild insofern verschoben, als sich die höheren Schichten der sächsischen Landessteuer-
kraft im Verhältnisse zu den Mittelstandsschichten verstärkt haben.

Die Gröfsenstaffelung der Steuerkräfte geht aus der vorstehenden
Statistik mit einer für unseren Zweck genügenden Genauigkeit hervor.
Mehr oder weniger scheint dieselbe Einkommensstaffelung in ganz Deutsch-
land wiederzukehren (vgl. § 202).

Die Statistik der indirekten Steuern gestattet nach der Natur
der letzteren nicht, die Abstufung und Schichtung der Belastungsquo-
tienten zur Bezifferung zu bringen. Doch ist zu vermuten, dafs die Annahmen, welche über die Leistungsfähigkeit verschiedener Schichten
von Steuerkräften gang und gäbe sind, auf starken Übertreibungen
beruhen.

Man hört oft: die untersten arbeitenden Klassen, namentlich die
gemeinen Lohnarbeiter, tragen ganz überwiegend und unverhältnismäfsig

die Last der indirekten Besteuerung, wenigstens die der Aufwandsbesteuerung. Weiter: jeder Nachlaß an direkten Steuern aus dem Ertrage neuer und gesteigerter Konsumsteuern komme einer Überbürdung der Lohnarbeiter und Armen gleich. Man darf diese Ansicht nicht uneingeschränkt zugeben.

Einmal ist ein Teil der Aufwandssteuern, welche die unteren Klassen tragen, nur das Äquivalent für die Freilassung derselben von direkten Steuern und für die niedrigere Beiziehung zu letzteren.

Sodann werden gerade die indirekten Steuern nicht hauptsächlich von den geringsten Leuten getragen, soweit sie — wie z. B. die Tabak- und Branntweinsteuer — richtig geregelt, d. h. nicht auf unverzichtbare Genüsse und auf die wenig verzichtbaren nicht in drückenden Steuersätzen gelegt sind. Die betreffenden Genüsse werden aus den entbehrlicheren Teilen des Einkommens aller Klassen bezahlt, namentlich auch aus den entbehrlicheren Einkommensteilen der bäuerlichen und handwerkerlichen Mittelklassen; denn die für entbehrlichere Genüsse verwendbaren Teile aller Einkommen sind das nächstliegende Objekt der Konsumsteuern.

Mit seinen nicht unentbehrlichen Einkommensteilen ist der kleine Mann wirklich steuerkräftig. Von Getreidezöllen gilt dies allerdings nicht, da der Konsum stärkemehlhaltiger Stoffe unverzichtbar ist; zur Verteidigung dieser Abgabe heben wir die obige Thatsache nicht hervor. Unsere nachdrückliche Erwähnung gilt lediglich der ganz falschen Annahme, daß indirekte Steuern von der Volksmasse nicht bloß subjektiv härter empfunden, sondern auch objektiv s c h w e r e r getragen werden, als direkte Steuern. Allgemein genommen, erscheinen für diese Klassen indirekte Abgaben von prinzipiell passenden Verzehrungssteuerobjekten vielmehr als leichter erträglich; denn sie treffen nur die wirklich steuerkräftigen Einkommensteile. Man kann daher keineswegs sagen, daß die richtig geregelten Verbrauchsabgaben — also Salzsteuer, Getreidezölle u. s. w. ausgenommen — an sich drückender seien, als direkte Steuern, daß sie nur die gemeinste Lohnarbeit treffen, oder daß es nicht direkte Steuern geben könne, welche die Masse des kleinen Mittelstandes in Stadt und Land sogar härter treffen und mit unentbehrlicheren Einkommensteilen in Anspruch nehmen, als erhöhte und vermehrte Verbrauchsabgaben es thun.

Aus dem Bilde, welches oben für die Staffelung der Steuerkräfte gewonnen ist, ergeben sich wichtige Einsichten:

1. ein hohes Existenzminimum, welches nicht durch gemeine Konsumsteuern balanciert ist, schwächt den Steuerertrag gewaltig;

2. die Masse der kleinsten Einkommen ist direkt gar nicht, jedenfalls nicht genau und vollständig zu ermitteln, daher sind gute indirekte Steuern, welchen der K o n s u m e n t d u r c h R e g e l u n g s e i n e s Kon-

sums seine Steuerkraft anpassen kann, unentbehrlich, man
müfste denn einen grofsen Teil des Nationaleinkommens gerade in seinen
effektiv leistungsfähigen Quotienten entschlüpfen lassen wollen;

3. man darf die Degression des Steuerfufses unterhalb der fixen
Normalquote nicht zu rasch abfallen lassen, denn damit entgeht die
Masse der Steuerkraft der verhältnismäfsigen Einsteuerung;

4. die nationale Steuerkraftkurve ist in ihren Höhenlagen am
wenigsten zu vernachlässigen, die wenigen grofsen Einkommen
liefern absolut noch immer sehr viel, in Sachsen stellen die Censiten
von 1100 bis 2000 Mark 10 Proz. an Zahl der Steuerträger, aber 16 Proz.
des Gesamtsteuerkapitales, jene von 2200 bis 8400 Mark 6 Proz. der Zahl
und 19 Proz. des Steuerkapitales, das ist zu beachten, namentlich beim
Renteneinkommen;

in Staaten und Zeiten, in welchen die plutokratische Gesellschafts-
schichte den Mittelstand immer mehr überwuchert, kann die volle Einsteuerung der Höhenlagen der nationalen Steuerkraft gar nicht genug
beachtet werden;

5. die geringe Zahl grofser Einkommen ist speziell einzusteuern,
wogegen für die Masse der kleinen Einkommen eine summarische Klassen-
einreihung in die Steuersätze um so eher genügen kann, je rationeller
die indirekten Steuern auf ergänzende Erfassung der wirklichen Steuerkraft der kleinen Leute angelegt sind;

6. je weniger die Volkswirtschaft entwickelt ist, je einfacher
die Verhältnisse sind, desto mehr fällt die Steuerkraft in die Tiefen-
lage des bäuerlichen und gewerblichen, grofsenteils noch naturalwirt-
schaftlichen Familieneinkommens. Der Körper der nationalen Steuerkraft wird eher eine niedrigere, aber breite Tafel, auf welche wenige
herrschaftliche und grofshändlerische Grofseinkommen aufgelagert sind.
Daher genügt in dieser Zeit die Einsteuerung zu summarischen fixen
Personal- und Vermögenssteuern, wie sie die Steuergeschichte durchgängig — gegenwärtig in Kolonialstaaten — aufweist.

§ 202. *Fortsetzung. Die Ergebnisse der neuesten Einkommensteuer-
veranlagungen in Preufsen.* — Die ganze Reform der direkten Besteuerung in Preufsen kann seit 1894 als vollzogen angesehen werden. Ihr
Zweck, Entlastung der niedrigeren, Mehrbelastung der höheren, genauere Ermittelung aller Einkommen, ist wirklich erreicht worden. Die preufs. allgemeine Einkommensteuer, zu welcher eine
das fundierte Einkommen treffende Ergänzungsvermögenssteuer von 1 pro
mille hinzukommt, trat an Stelle der älteren Einkommens- und Klassensteuern. Erstere läfst die Einkommen bis zu 900 M. frei und hat für die übrigen Einkommen einen langsam bis zu 4 Proz. ansteigenden Steuerfufs, es
ist also eine milde Steuerprogression durchgeführt. Der Erfolg für die
Entlastung der schwächeren Steuerkräfte war sehr günstig, und für

die Abstufung der letzteren ergiebt die Veranlagungsstatistik ähnliche Verhältniszahlen wie in Sachsen. Aus den am 15. Januar 1895 dem preufsischen Landtage vorgelegten Aktenstücken geht hervor, dafs 97,14 Proz. aller steuerpflichtigen physischen Personen mit Einkommen von 900 M. bis ausschliefslich 8000 M. veranlagt sind. Innerhalb dieser mehr als 90 Proz. aller Steuerpflichtigen hat die Reform wie folgt gewirkt: In der Einkommenstufe von mehr als 900 bis 3000 M. betrug die Steuerleistung nach den früheren Hebungssätzen 36 104 200 M., nach der Veranlagung für 1894/95: 34 257 573 M., also jetzt weniger 1 846 647 M., desgl. entsprechend von 3000 bis 6000 M. früher 21 832 416 M., jetzt 19 121 260 M., also jetzt weniger 2 711 156 M.; ferner von 6000 bis 8000 M. früher 7 707 816 M., jetzt 7 168 184 M., also jetzt weniger 539 632 M. Es bezahlen somit diese 97,14 Proz. aller Steuerpflichtigen zur Zeit insgesamt 5 097 435 M. weniger Einkommensteuer als vor der Reform. Welche Wirkung die Steuerreform mit Bezug auf die Steuerbelastung nach Köpfen gehabt hat, geht aus folgenden Zahlen hervor. In der Einkommengruppe von 900 bis 6000 M. betrug die individuelle Steuerleistung nach den Hebungssätzen 1891/92 durchschnittlich 24,4 M., 1894/95: 22,2 M., sie ist also 1894/95 um 9 Proz. niedriger; in den so ermäfsigten Stufen steuern 95,57 Proz. aller steuerpflichtigen physischen Personen. Steuererhöhung ist nach den Hebungssätzen nur eingetreten bei Einkommen von mehr als 8000 M. Insoweit Angehörige niedrigerer Steuerstufen jetzt mehr Steuern zahlen als vor der Reform, liegt dies hauptsächlich an der zutreffenderen Veranlagung, zum Teil auch in der Verbesserung der Einkommenverhältnisse. Diese beiden Faktoren zusammen kommen zum Ausdruck in dem auf die physischen Personen veranlagten Gesamteinkommen, einerseits vor, andererseits nach dem Inkrafttreten des Einkommensteuergesetzes. Es betrug das steuerpflichtige Gesamteinkommen 1891/92 : 4 273 703 217 M., 1892/93 : 5 724 323 767 M., also 33,9 Proz. mehr.

Die Veranlagung weist 1894/95 ein steuerpflichtiges Gesamteinkommen von 5 784 797 517 M. nach, also noch 1,6 Proz. mehr als 1892/93. Trotzdem ist das Veranlagungssoll von 114 786 105 M. in 1892/83 auf 114 272 317 M. in 1894/95 zurückgegangen. Dies erklärt sich nur daraus, dafs in den fraglichen, wirtschaftlich ungünstigen Jahren der prozentuale Anteil der grofsen, mit höheren Steuersätzen belegten Einkommen am Gesamteinkommen geringer geworden ist. Trotz dieser für die grofsen Einkommen ungünstigeren Verhältnisse hat die Steuerreform folgende Verschiebung herbeigeführt: es trugen zu dem Gesamtaufkommen an Einkommensteuer bei die Stufen von

900—3000 M. (87,25 Proz. der Steuerpflichtigen)
1891/92 : 35,54 Proz.
1894/95 : 29,98 Proz.

3000—6000 M. (8,32 Proz. der Steuerpflichtigen)
                    1891/92 : 23,50 Proz.
                    1894/95 : 16,73 Proz.
        über 6000 M. (4,43 Proz. der Steuerpflichtigen)
                    1891/92 : 40,96 Proz.
                    1894/95 : 53,29 Proz.

§ 203. *Das zeitliche Schwanken der nationalen Steuerkräfte in seiner Bedeutung für die Anlegung des Steuersystems.*[1] — Die Steuerkräfte nehmen — einzeln, schichten- und massenweise — an Leistungsfähigkeit zu und ab. Die einen steigen, während die andern sinken. Das Steuersystem muſs daher so angelegt werden, daſs es diesen Veränderungen dennoch im Geiste steter Allgemeinheit und Verhältnismäſsigkeit der Besteuerung Rechnung trage.

Was sind die Ursachen periodischen, allgemeinen oder vereinzelten Schwundes der Steuerkraft? Einige dieser Ursachen sind allgemein bekannt: Verschuldung, Elementarunfälle und Familienunglück Einzelner, periodische Krisen, vielerlei Veränderungen im Verhältnisse der Teilung der Lohnarbeiter, der Rentner und der Unternehmer in das Nationaleinkommen, Niederlage je der schwächsten Kräfte im Konkurrenzkampfe jedes der zahllosen Erwerbsgebiete, ungleiche Einsteuerung u. s. w. Andere Ursachen werden wir erst kennen lernen, namentlich die dauernde und vorübergehende Belastung durch zugewälzte Steuern Anderer, den Kapitalverlust durch Amortisation der Realsteuerlasten, die Fixheit der Steuersätze bei Steigerung des Geldwertes, die Ungleichheit der Belastung infolge summarischer Einschätzungsverfahren.

Alle diese Umstände erheischen es, daſs für die Steuerkräfte ein **Akkommodationsspielraum der Steuerfähigkeit** an die schlechten Konjunkturen, ein „Steuerremedium" eingeräumt werde.

Die Notwendigkeit der Rücksicht liegt in der Natur der besteuerten Volkswirtschaft selbst begründet. Letztere trägt eben die Übel, welche das Remedium notwendig machen, in ihrem Schoſse und gebiert sie mit Notwendigkeit immer neu aus. Die volkswirtschaftlichen Preiskämpfe und Wechselfälle erzeugen stets neue Steuerinvaliden. Die Folge ist, daſs es in der groſsen Schaar der Steuerkräfte jeder Steuergattung neben starken und überdurchschnittlich strotzenden Steuerkräften eine Masse schwacher Steuerkräfte giebt, welche man vernichtet, wenn man auf alle die schwindsüchtigen wie die kräftigen, bis zur äuſsersten Grenze der Steuererträglichkeit drücken und nicht die starken besonders heraussuchen wollte. Man würde aber nicht bloſs gegen die Schwachen den Belastungskampf zum Vernichtungskriege machen und diese dauernd einbüſsen, man könnte auch auf die Starken nicht soweit zugreifen, als es ihrer

---

1) Nach meinen „Grundsätzen der Steuerpolitik" S. 161 ff.

durchschnittlichen und wirklichen Steuerkraft entspricht. Daher fordert die Taktik erfolgreicher Einsteuerung besondere Einrichtungen, um für die schwachen Steuerkräfte gewisse Spielräume der Steuererträglichkeit künstlich zu schaffen, die starken Steuerkräfte aber nicht hinter den Schild der Milde und der Schonung der schwachen sich verkriechen zu lassen. Man muſs es verhindern, daſs „die Steuern nicht nach der wirklichen Steuerkraft der Nation, sondern nach jener des schwächsten Teiles derselben bemessen werden müssen" (VOCKE). Und wie geschieht das?

Die erste Maſsregel liegt im Zurückbleiben aller Steuerfüſse durchschnittlich treffender direkter Steuern hinter dem Punkte der Unerträglichkeit der Steuerlast. Das heiſst es, wenn man hört: „die Sehnen der Steuerkraft dürfen nicht bis zum Reiſsen gespannt werden."

Durch jenes Zurückbleiben der direkten Steuerfüſse hinter der nur durchschnittlich noch erträglichen Höhe werden allerdings die starken Steuerkräfte scheinbar mit entlastet. Dies ist aber dann nicht der Fall, wenn die Quoten nicht auf alle gleich drücken, sondern weniger auf die kleinen als auf die groſsen Vermögen. Die überall schon in die Steuersysteme eingeführte Progressivanlage der direkten Steuerfüſse erfaſst die starken Steuerkräfte besonders. Umgekehrt wirkt die Degressivskala für die schwachen Steuerkräfte als Verstärkung des Schonungsspielraumes.

Ein zweites Mittel, die starken Steuerkräfte wirklich herauszufinden, besteht darin, die progressiv bezw. degressiv quotierten direkten Steuern weiter so einzurichten, daſs sie das wirkliche reine Einkommen der Person in der laufenden Steuerperiode treffen. Alle eingebildete, mittlere, mögliche, schuldbelastete, einmal dagewesene oder später vielleicht kommende, jetzt aber nicht vorhandene, kurz die imaginäre, unreelle Steuerkraft entfällt damit. Die schwachen Einkommen und Vermögen leiden nicht unter der Anrechnung zum wirklichen laufenden Betrage, die starken aber sind dann faſsbar. Und das erreicht man durch das Übergewicht der Personal-Einkommen- über die alten Ertragssteuern. Die letzteren sind stets auf Annahmen, Durchschnitte, Möglichkeiten gegründet, können nicht alle Rohteile der Einkünfte ausscheiden, auf die besonderen Verhältnisse des Steuerjahres, auf die Vorzugseinkünfte nicht Rücksicht nehmen; endlich sind sie mehr abwälzbar und amortisierbar, was wieder die starken Steuerkräfte entlastet und die schwachen beschwert. Die allgemeinen direkten Einkommensteuern, als direkte Hauptsteuern an Stelle der alten Ertragssteuern getreten, vollziehen namentlich bei degressivem Abfalle von einem mäſsigen fixen Ansatze aus sowohl die rasche Entlastung der schwach gewordenen, als die Höherbelastung der stärker gewordenen Steuerkräfte.

Ein drittes Mittel ist der Bestand von Ge- und Verbrauchssteuern auf mehr oder weniger entbehrliche Gegenstände, da diese

Steuern den geschwächten Steuerkräften gestatten, Konsumeinschrän-
kungen auch noch in Steuerentlastungen auslaufen zu
lassen.

IV. Abschnitt. Die Steuerlast.

1. Kapitel. Ideale und reale Belastung.

§ 204. *Das Ideal der Steuerbelastung* — ist bereits festgestellt. Es
ist die Belastung der überhaupt steuerpflichtigen Personen (§§ 183 ff.) im
Ausmaße des volkswirtschaftlich verhältnismäßigen öffentlichen Bedarfes
(§ 132 ff.) nach dem Maße der wirklichen Beitragsfähigkeit der Steuerkräfte und des Bedarfes der steuerbedürftigen Gemeinwesen.

Dieses Ideal läßt sich niemals vollständig erreichen. Die reale Bestimmung und Verteilung der Steuerlast wird von der sein sollenden
mehr oder weniger abweichen. Es gilt daher, die Ursachen dieser Abweichung oder die Störungskoefficienten steuertheoretisch zum Be-
wußtsein zu bringen und steuerpolitisch zu bekämpfen.

Die Abweichungen vom Ideale betreffen teils die quantitative Bestimmung des durch Steuern zu deckenden Staatsbedarfes, teils die Verteilung eines bestimmten Gesamtsteuerbedarfes unter die einzelnen Steuerkräfte.

Den Abweichungen der ersteren Art liegen verschiedene, nie ganz
zu vermeidende Ursachen zu grunde, hauptsächlich:

1. die Schwierigkeit, die Verhältnismäßigkeit des öffentlichen
Bedarfes und der Zuteilung des Gesamtsteuerertrages an die verschiedenen Steuergewalten richtig zu bestimmen, indem auch beim besten
Willen denjenigen, welche in der Stellung der Regierung die Steuern
vorzuschlagen und denjenigen, welche in der Stellung der Volksvertretung
die Steuern zu bewilligen haben, für die Erkenntnis des Richtigen ein
sicherer, ausreichender und konstanter Maßstab fehlt;

2. der Mangel an gutem Willen der Staatsgewalten, nur die nach
§ 132 gerechtfertigten Steuerbeträge einzufordern, in dieser Höhe aber
sie auch zu bewilligen;

3. der der Leitung der Politik im allgemeinen und der Steuerpolitik im besonderen stets mehr oder weniger anhaftende Mangel an staatsmännischer Einsicht.

Auf die Größe der genannten Abweichungen ist die Regierungsform
von bedeutendem Einflusse. Hierbei kommen alle bereits hervorgehobenen
staatswissenschaftlichen Gesichtspunkte in Betracht: die Neigung der
uneingeschränkten Monarchie, vom „Volksvermögen" und „Volkseinkommen" für den Staatsbedarf einen zu großen Teil zu beanspruchen, der
extremen Demokratie anderseits, einen zu geringen Betrag zu verwilligen.

Den möglichst hohen Grad der Annäherung der realen an die ideale Steuerbelastung wird — gleichviel ob in Monarchien oder in Demokratieen — eine Verfassung mit im Sinne des § 76 verhältnismäfsiger Volksvertretung erreichen,

Einmal, indem sie der Erkenntnis des richtigen Mafses der Steuerlast am meisten Vorschub leistet, sodann, indem sie am meisten den guten Willen herbeiführt, dem „Kaiser" zu geben, was des Kaisers ist, dem „Volke" aber, d. h. dem nicht öffentlichen Bedarfe zu lassen, was diesem gehört; solche Vertretung ist auch der gleichmäfsigen Leitung der Steuerpolitik durch tüchtige Staatsmänner am günstigsten.

Nicht jede Art der Volksvertretung bewirkt die thunlichste Annäherung an die ideale Bemessung der Steuerlast. Auch in der uneingeschränkten Aristokratie und Demokratie sind trotz der Paktierung der Steuerlast zwischen Regierung und Volksvertretung extreme Abweichungen möglich und wirklich vorgekommen.

Es wird die Volksvertretung unter dem Einflusse einseitiger Zeitansichten leicht in die dem regierungsseitigen entgegengesetzten Fehler verfallen, der Popularität wegen zu knausern oder abzustreichen, z. B. im Militäretat. Dennoch besteht eine grofse Wahrscheinlichkeit, dafs aus dem Paktieren der Regierung und der Volksvertretung Kompromisse hervorgehen, durch welche das Interesse von Staat und Volk in der Bestimmung der Staatsthätigkeiten und des dafür erforderlichen Aufwandes noch am Besten gewahrt wird und namentlich auch der Grundsatz der Sparsamkeit zur richtigen Geltung kommt. Der leitende Grundsatz bei der Prüfung muss in jedem einzelnen Falle sein: jede Staatstätigkeit oder jede Art derselben und daher jede Ausgabe dafür ist zu verwerfen, welche der Gesamtheit ein höheres Opfer auferlegt, als die betreffende Staatsleistung ihr nützt oder wert ist (absolute Verwerflichkeit) oder als sie notwendig kostet, wenn sie ebenso gut, aber billiger von den Privaten, Vereinen oder anderen Organen für öffentliche Zwecke, wie den Gemeinden u. s. w., ausgeführt werden kann (relative Verwerflichkeit). Im absolutistischen Staate liegt — sagt A. WAGNER — die Gefahr unrichtiger Bestimmung der Staatsthätigkeiten und geringerer Sparsamkeit näher, doch kann auch hier etwa durch einen Staatsrat und durch eine richtige Stellung des Finanzministeriums gegenüber den anderen Ministerien eine Prüfungs- und Kontrollinstanz geschaffen werden. Die preufsische Finanzverwaltung war auch in der absolutistischen Periode sparsam und ausgezeichnet.

§ 205. *Die Verteilungskämpfe. Klassifikation.* — Die ideale Verteilung einer irgendwie bemessenen Gesamtsteuerlast hat in gröfserem oder geringerem Umfange analog dieselben Störungsursachen, wie die ideale Gröfsenbestimmung der Steuerlast (§ 204):

1. die Schwierigkeit eines die thatsächliche Verteilung der Steuerlast richtig beeinflussenden Steuersystems,

2. den Mangel an gutem Willen, insbesondere die Selbstsucht der Steuerkräfte,

3. den Mangel am Geschicke in der Leitung der Steuergesetzgebung und der Steuerverwaltung.

Wieder sind hierbei die Regierungsformen und die Einrichtungen

der Volksvertretung für Art und Grad der Fehler in der Verteilung der
Steuerlast von besonders grofser Bedeutung.

Die gute oder schlechte Verteilung der Steuerlast ist
das Ergebnis von Interessenkämpfen aller Art.

Dieser Kämpfe sind es zweierlei: öffentliche, innerhalb der Regierung, der Verwaltung und namentlich der Gesetzgebung geführte,
und private, durch die Preisbildung der Steuerobjekte bestimmte.

Die öffentlichen Steuerkämpfe sind teils Kämpfe der Steuergewalten untereinander um die Verteilung der Steuerzuständigkeiten,

teils Kämpfe der Stände und der Klassen mit der Regierung
und untereinander innerhalb der Regierung und der Volksvertretung,
namentlich was Steuergesetzgebung und Steuerverwilligung, Steuernach-
lässe und Steuerrückvergütungen betrifft,

teils Kämpfe der Steuerkräfte mit der Steuerverwaltung
in der Form der Steuerhinterziehung und der Bestrafung dieser Hinterziehung.

Die privatwirtschaftlichen Steuerkämpfe, durch das Mittel
der Preisstellung bei Veräufserung der Steuerobjekte sich vollziehend,
bezwecken:

teils die Fortwälzung von Steuern, welche der Steuerzahler nach
der Absicht des Gesetzes tragen soll, auf andere Steuerkräfte: Fortwälzung der Tragsteuern,

teils die Rückwälzung (Nichtübernahme) von Steuerlasten, welche
der Steuerzahler nach der Absicht des Gesetzes überzuwälzen hätte,
seitens der Steuerdestinatäre: Rückwälzung der Vorschufssteuern (§ 49).

Die Fortwälzung der Tragsteuern ist durch Steuergesetzgebung und
Steuerverwaltung thunlichst zu hindern, die Überwälzung der Vorschufssteuern von beiden thunlichst zu begünstigen.

Beide, Fortwälzung und Rückwälzung, kommen sowohl bei den in unserem Sinne direkten als bei den in unserem Sinne indirekten Steuern vor.

Die Fortwälzung der Steuerlast kann bei einem Teile der direkten
Steuern, den Ertragssteuern, oft durch einen einzigen Verkehrsakt ein-
für allemal stattfinden, wenn es gelingt, den kapitalisierten Wert des
Steuerbetrages am Verkaufspreise der besteuerten Ertragsquelle in Abzug zu bringen, was ich die Steueramortisation nenne.

Die öffentlichen Steuerentlastungskämpfe habe ich in meinen
„Grundsätzen der Steuerpolitik" erstmals mit Nachdruck hervorgehoben.
Die dortige Darstellung halte ich im folgenden heute noch z. T. wörtlich fest.

Der Kampf um Entlastung entbrennt einmal zwischen den Steuergewalten selbst, indem der Staat den Gemeinden, die Kommunalkörper
dem Staate, die engeren den weiteren Kommunalköpern und umgekehrt,
das Reich den Gliedstaaten und diese dem Reiche den durch Steuer-

deckung aufzubringenden Bedarf zuzuschieben trachten. Gewaltige politische Kämpfe haben das Problem verhältnismäfsiger Verteilung der Steuerzuständigkeiten gegenüber einseitigen Entlastungstendenzen zum Inhalt. Die deutsche Steuerpolitik wird damit noch lange zu thun haben.

Der öffentliche Entlastungskampf entbrennt aber namentlich zwischen dem Staate und den Steuerkräften bezw. zwischen den Klassen und Ständen im Staate.

Das ideale Steuersystem kommt weder geradeaus, noch friedlich, noch ganz zur Verwirklichung. Der Fortschritt und die Vervollkommnung ist in allen menschlichen Dingen durch einen Kampf ideeller und materieller Interessen vermittelt, und im Gebiete der Besteuerung wird dieser Kampf mit einem besonders hohen Grade von Selbstsucht, Härte und Klassenleidenschaft geführt.

Es bedarf einer sehr guten Organisation dieses Kampfes durch das öffentliche Recht der Steuergesetzgebung, Budgetverabschiedung und Finanzverwaltung, wenn aus dem Steuerstreite eine Verhältnismäfsigkeit zwischen Staatsbedarf und Privatbedarf, Allgemeinheit und Verhältnismäfsigkeit der Belastung mittels eines gutgemischten Steuersystems hervorgehen soll. In idealer Vollkommenheit wird aus dem Steuerkampfe Aller gegen Alle diese Folge niemals hervorgehen. Immer aber ist die thatsächliche Gestaltung des Steuerwesens ein Erzeugnis vorangegangener Interessenkämpfe. Der ganze Verlauf der Steuergeschichte, besonders aber die Thatsachen der Überwälzung und Amortisation der Steuern werden nur erklärlich, wenn man den Belastungskampf des Staates gegen die Steuerkräfte, den Entlastungskampf der letzteren gegen den Staat und gegeneinander und die Hergänge richtig durchschaut, durch welche der allgemeine volkswirtschaftliche Verkehrsprozefs den Ausgang dieser Kämpfe vermittelt.

Das Wort „Abwälzung" vermeiden wir. Was die Doktrin damit meint, bezeichnen wir durch die besondere Benennung „Steuereinholung" (§ 210), welche eine selbständige Form der privatwirtschaftlichen Steuerentlastung neben der Überwälzung darstellt. Überwälzung ist für uns der Sammelname für Fort- und Rückwälzung. Weiterwälzung wird häufig die fortgesetze Überwälzung von A, welcher die erste Überwälzung erfahren hat, auf B, C u. s. w. genannt.

2. Kapitel. Die öffentlichen Entlastungs- und Belastungskämpfe.

§ 206. *Die verschiedenartige Führung des politischen Steuerverteilungskampfes. Die älteren Steuerfreiheiten.*[1]) — Die Art der Anordnung der Steuer zeigt verfassungsgeschichtlich und nach dem Verhältnisse der engeren und weiteren öffentlichen Verbände grofse Unterschiede, worüber die staatsrechtliche Litteratur Aufschlufs giebt.

A. WAGNER unterscheidet verfassungsgeschichtlich drei Hauptformen der „Anordnung" der Steuern: 1. die einseitige „Auflegung", daher Auf-

---

1) Vgl. hierzu III. Hauptabteilung §§ 237 ff.

lagen, impôts u. s. w., 2. die vertragsmäfsige Regelung, 3. die verfassungsmäfsige „Steuerverwilligung". Alle drei Formen der Steueranordnung kommen heute noch vor, die zweite z. B. in Tributverträgen,
wie zwischen der Türkei und Egypten.

Die e r s t e Form ist die Gepflogenheit der Despotie seit der ältesten
Feudalzeit bis zum Absolutismus der Territorialzeit (§ 91) und bis zur
feudalen Kolonialherrschaft der Neuzeit. Die `einseitige Auflegung`
kann sogar der Steuerreform dienen, was z. B. vom territorialistischen
Absolutismus, welcher die altständischen Steuerfreiheiten niederlegte,
mit Recht behauptet werden darf.

Die z w e i t e Form der Steueranordnung ist die S t e u e r p a k t i e r u n g.
Sie fehlt übrigens auch älteren Zeiten nicht. Im Verhältnisse der Unterhaltung der weiteren Verbände durch die engeren war die Steuerpaktierung auch im Feudal- und ältesten Territorialzeitalter mehr oder weniger vorhanden, wenn auch die Gaben der engeren an die weiteren
Verbände noch nicht fest und auf die Dauer geordnet, also von Fall
zu Fall und aus bestimmten Anlässen zu verabreden, nicht periodisch
zu verwilligen waren. Es waren dann eben „Beisteuern" im Sinne
unseres § 10, beruhend auf Steuerauflegung gegen die Hintersassen
in den Gebieten der beisteuernden Steuergewalten. Das war das Verhältnis der „Stände", d. h. der Steuergewalten der engeren Gemeinwesen in der altlandständischen Epoche des Territorialstaates, vor dem
Untergange der landständischen Vertretung im territorialfürstlichen Absolutismus. Die Stände — Grundadel, Geistlichkeit, Städte — Städte
verwilligten Steuern, erstere bei eigener Steuerfreiheit unter Belastung
ihrer „misera contribuens plebs", ihrer Feudal- und Patrimonial-
Unterthanen und der städtischen Bevölkerung. Diese Beisteuern waren
nicht öffentlich-rechtlich in dem Sinne, wie etwa Matrikularbeiträge von
heute es sind; privatrechtlich im heutigen Wortsinne waren sie dennoch
nicht, sondern Ergebnis einer öffentlichen Vereinbarung auf dem Fuße
gröfserer Koordination zwischen den Gewalten der engeren und der
weiteren Gemeinwesen. Die Gewalten der engeren Verbände verwilligen
auch schon Steuern zu Lasten ihrer „Unterthanen". Gewöhnlich waren
es S c h a t z u n g e n oder sogenannte direkte Steuern, Personal-, Ein-
kommen-, Vermögen-, Grundsteuern, bei welchen die ständische Mitwirkung unentbehrlich war. Bei manchen sogenannten i n d i r e k t e n
Verbrauchssteuern, im heutigen finanzpolitischen Sinne des Wortes, namentlich bei den verschiedenen Arten von Zöllen, welche bald mehr Gebühr, bald mehr Steuer, bald beides vereint sind, gingen die selbständigen Befugnisse des Landesherrn weiter, und das Recht, solche Abgaben
aufzulegen, wurde auf kaiserliche Ermächtigung zurückgeführt oder
aus den allgemeinen Hoheitsrechten des Landesherrn abgeleitet.

Das Z o l l r e c h t wird in der älteren Auffassung, wie sie im deutschen Reichsstaatsrechtliche rechtliche Anerkennung gefunden, nicht zum Besteuerungsrechte gerechnet. Es bildete bis 1806 ein kaiserliches Reservatrecht, das nur kraft kaiserlicher Verleihung oder unvordenklichen Herkommens von Reichsständen und anderen Berechtigten ausgeübt werden konnte.

Wenigstens bei allgemeinen, auch im Territorium selbst erhobenen indirekten Verbrauchssteuern, wie bei den seit dem 15. und 16. Jahrhundert häufigeren, im 17. sich verbreitenden allgemeinen Tranksteuern und „Ziesen" (Accisen) auf verschiedene Lebensmittel, Gegenstände des gewöhnlichen Marktverkehres und Kaufmannswaren, fand prinzipiell und besonders in früherer Zeit auch faktisch eine ständige Bewilligung statt. Die Territorialherrschaft hat sich aber hier mehrfach früher und vollständiger als bei den direkten Steuern, besonders nach dem dreißigjährigen Kriege, bei diesen Abgaben von dieser ständischen Mitwirkung freigemacht. (A. WAGNER.)

Es bildet sich schließlich die Anschauung einer Verpflichtung zur Steuerbewilligung aus und findet auch im öffentlichen Rechte ihre Anerkennung. Das ältere Steuerverweigerungsrecht wird praktisch abgeschafft und eine bloße Formalität. So wird namentlich seit dem 17. Jahrhundert in den deutschen Territorien den Ständen ein Recht, die in Ermangelung anderer Einkünfte zur Deckung der Landesbedürfnisse notwendigen Steuern zu verweigern, mehr und mehr abgesprochen. Die Reichsgerichte sollten in solchem Falle die Einwilligung ergänzen. (Zachariä D. St.-R. II, § 222, S. 502), freilich in einem gewissen Widerspruche mit einer kaiserlichen Resolution von 1671. Die Voraussetzung für die Steuerbewilligung ist dann aber, in Übereinstimmung mit dem jetzigen deutschen Staatsrechte, daß zuvor das Bedürfnis anerkannt sein muß, d. h. daß die Ausgabe als notwendig und andere Deckungsmittel als nicht vorhanden oder als nicht ausreichend nachgewiesen werden. Das Steuerbewilligungsrecht steht daher hier mit der Vorlage des Ausgabe- und des gesamten Einnahmeetats an die Volksvertretung in Verbindung. Namentlich haben die deutschen Ständekammern demnach auch bei der Feststellung der Domanialeinnahmen aller Art mitzuwirken, und die ehemalige Trennung zwischen Kammer- und Landessteuerkasse, verschwindet in der Konsequenz der modernen Staatseinheit und Finanzeinheit (A. WAGNER).

Die dritte Form der „Steueranordnung" ist die „verfassungsmäßige Bewilligung". Sie stellt auch ein Paktieren dar, nämlich ein Paktieren zwischen der Regierung und der Volksvertretung. Allein die letztere ist nicht mehr ein Körper von altfeudalstaatlichen, stadtstaatlichen und territorialstaatlichen Untergewalten, sondern eine Vertretung des ganzen, dem Staate gegenüber unmittelbar verpflichteten Volkes mit allmählicher Abwerfung der letzten Reste der Steuerfreiheit von alten feudalen und patrimonialen Zwischengewalten. Der Grundsatz der allgemeinen individualistischen, nicht ständischen Steuerpflicht kommt in allen fünf Ausbreitungskreisen des Gemeinwesens (§ 59) mehr und mehr zur Geltung. „Der Durchbruch des Gedankens der Steuerpflicht ist ein ungeheurer sittlicher und geistiger Fortschritt. Welche Abstraktion, einem unpersönlichen Wesen ohne jede genaue Abrechnung im einzelnen einen freiwilligen (?) An-

teil an allem Einkommen der Staatsbürger zu gönnen! Welch sittliches
Vertrauen, welche komplizierte Organisation setzt das voraus. Kein
Wunder, daſs die Völker Jahrhunderte lang gegen diesen Gedanken
sich gesträubt, daſs sie ihn jetzt noch nicht entfernt ganz begriffen haben
und daher so vielfach noch mit den finanziellen Mitteln und Formen
älterer Zeiten wirtschaften müssen" (G. Schmoller).[1]

Die verfassungsmäſsige Steuerverwilligung ist übrigens nicht erst
der Neuzeit eigen. Die stadtstaatlichen Gemeinwesen haben dieselbe
zuerst in ihrer Weise entfaltet. Von ihnen ist die Beseitigung der
Steuerfreiheit der herrschenden Stände im engsten und in jedem weiteren
Kreise des Gemeinwesens ausgegangen. Sämtliche Bürger als solche
wurden Steuerzahler, später war die Steuerpflicht auch auf die ansässigen
Fremden ausgedehnt worden. Dem Landesherrn und dem Reiche gegenüber zahlte auch die Stadt als politische Einheit und legte die Steuer
auf die Unterthanen um, gerade so wie Adel und Geistlichkeit die
Steuern als Stände entrichteten, um dieselben teils auf sich selbst zu nehmen, da sie im wesentlichen die besitzenden Stände waren, teils um sie
weiter auf ihre unfreien, mehr oder weniger besitzlosen Hintersassen
abzuladen.

Um die altlandständische Steuerverwilligung zu verstehen, muſs man sich die
damalige „Verteilung des Nationaleinkommens" klar machen. A. Wagner
(F.-W. II, § 119) bemerkt hierüber zutreffend: Die bevorrechteten Stände speziell,
zuerst der erste und zweite Stand, höhere Geistlichkeit und Adel im älteren ständischen Staatswesen, sind in ökonomischer Hinsicht vorwiegend die Eigentümer des
nationalen Grundes und Bodens, besonders der ländlichen Groſsgüter, die Bezieher der
Grund- und Kapitalrente. Die Grundrente fällt ihnen auch vermittelst des
Zehnten und anderer Grundabgaben von dem ihnen nicht rein privateigentümlich
gehörenden Boden mit zu. Die Kapitalrente beziehen sie aus Leihkapitalien, welche sie
aus ihrem Renteneinkommen bildeten und wie die Geistlichkeit durch Schenkungen,
Stiftungen u. s. w. erhielten. Der dritte Stand, die Städte des Mittelalters und der
folgenden Jahrhunderte bis auf unsere Zeit, nahmen wenigstens in ihren bevorrech-
teten Klassen (Patriziat, Geschlechter) und in ihrem Vollbürgertum (zünftlerische
Handwerksmeister u. s. w.) ebenfalls an dem Bezug der Grund- und Kapitalrente
Teil, als städtische Haus- und auch als ländliche Grundbesitzer, als Kapitalverleiher.
Sodann haben sie ein mehr oder weniger umfangreiches Rechtsmonopol und mindestens
ein faktisches Monopol des Gewerbsbetriebes, des Handels, des Geldgeschäftes und
beziehen daraus im wesentlichen ausschlieſslich den durch die monopolistische
Stellung oft gesteigerten Gewerbegewinn nebst der durch die eigene Verwendung des
Kapitals im Geschäft erworbenen Kapitalrente. Die drei Stände des älteren ständischen
Staates, welche gewöhnlich allein das Steuerbewilligungsrecht haben, sind daher die
Hauptrepräsentanten der „besitzenden Klassen" jenes Zeitalters, namentlich der
reichere und in jeder Hinsicht unabhängigere Teil dieser Klassen. Die beiden ersten
Stände vertreten dann wieder vornehmlich das Interesse des ländlichen, besonders des
Groſsgrundbesitzes und der ländlichen Rohproduktion, der dritte Stand dasjenige des
mobilen Kapitals, der Stoffveredlung und des Handels. — Den drei Ständen standen
die Bauern, die Hintersassen auf den Gütern der bevorrechteten Stände, die

---

Kammerbauern, dann die eigentlichen unteren „arbeitenden Klassen", welche keinen Grundbesitz in Land und Stadt und keinen selbständigen städtischen Gewerbebetrieb haben, die Masse der Tagelöhner u. s. w., gegenüber. Die Bauern auf eigenem und selbst die gegen Dienste und Abgaben auf fremdem Boden angesiedelten Bauern lassen sich zwar noch zu den „besitzenden Klassen" der Periode des „ständischen" Staates rechnen. Aber ihre Grundrente teilen sie im Zehnten und den mancherlei Abgaben mit dem Grundherrn und der Kirche, und die kleineren Bauern sind überwiegend nur noch Bezieher von selbst verdientem Arbeitseinkommen. Letzteres ist in der Form des vertragsmäfsigen Arbeitslohnes die alleinige ökonomische Basis des Tagelöhnerstandes und der Gewerbsgesellen. In den älteren deutschen landständischen Verfassungen kommt den Landständen ein Steuerbewilligungsrecht für die Insassen der landesherrlichen Ämter, die Kammerbauern, nicht zu. Meistens hängt aber auch hier die Rechtmäfsigkeit der Besteuerung dieser Leute seitens des Landesherrn allein davon ab, dafs die Stände allgemein die Notwendigkeit der Steuer anerkannt hatten (ZACHARIÄ St. R. I, § 108). — Über die Entwickelung der „Stadtsteuern" in Deutschland, welche die Städte dem König zu leisten hatten, s. GIERKE II, 711, ZEUMER a. a. O. S.59 ff. Die Stadt als Körperschaft wird besteuert, die Verteilung der Steuer auf ihre Bürger ist ihre innere Angelegenheit. Es gelingt dem Königtum (und Fürstentum) meist nicht, die Stadteinheit — die damals (§ 90) höhere Form politischer Organisation — zu durchbrechen und die einzelnen Bürger unmittelbar zu besteuern.

§ 207. *Fortsetzung. Die älteren Steuerfreiheiten.* — Im deutschen Mittelalter, wie in Athen und Rom galten Personalsteuern als unverträglich mit der Würde des vollfreien Bürgers (vgl. Anm.).

Eine zweite Art von Steuerfreiheit stand den bevorrechteten Ständen der freien Bevölkerung des einstigen Feudalstaates vom Ende des Mittelalters durch die ganze Territorialzeit hindurch zu, teils als reines Standesvorrecht, teils als ursprüngliches Äquivalent der besonderen Wehrpflicht, schliefslich als reines Adels- und Priesterrecht.

Unter allen Abgaben widerstreiten nicht nur im allgemeinen, sondern auch nach den Grundsätzen der Alten keine mehr dem Gefühl der Freiheit als persönliche Steuern; in Athen war es anerkannt, dafs nicht vom Körper, sondern vom Vermögen gesteuert werden müfse. Aber auch das Vermögen der Bürger wurde nur im Notfalle besteuert oder unter einer ehrenvollen Form" (BÖCKH Staatshaush. d. Athener I, 407). — Ähnlich war in Rom die persönliche Abgabe ein Zeichen der (politischen) Unfreiheit, am schimpflichsten die gleiche Kopfsteuer der asiatischen Despotieen. Alle Provinzialen zahlen im römischen Reich ein *tributum capitis*, das als Zeichen ihrer Unfreiheit gilt (MARQUARDT II, 791). — Auch den Deutschen erschien die Verpflichtung zur Kopfsteuer als eine Minderung der persönlichen Freiheit. „Es gehört zum Wesen der wahren Freiheit, dafs einer nicht in den öffentlichen Steuerrollen steht; es wird ausdrücklich als eine Aufhebung derselben bezeichnet, wenn er dem öffentlichen Tribut unterworfen wird." So in der merovingischen Zeit des fränkischen Reiches (WAITZ II, 577). Auch im karolingischen Reiche galt „der Grundsatz, dafs der Freie weder von seinem Lande, noch von seiner Person eine öffentliche Abgabe zu entrichten habe, als Regel" (WAITZ IV, 96). „Auch eine Steuer vom eigenen Grund und Boden ist den Deutschen ursprünglich unbekannt." Daher fraglich, ob die römische Grundsteuer im fränkischen Reich auf deutsche Grundbesitzer angewandt worden (s. darüber Näheres in den Kompendien über Rechtsgeschichte: bei WAITZ II, 579 ff., EICHHORN I, 675, ZÖPFL II, 220, WALTER I, 131, Fin. III, S. 39). — Über die „Allgemeinheit" städtischer Personalsteuern in Basel s. SCHÖNBERG a. a. O.

§ 208. *Die Steuerhinterziehung.* — Einen schweren Kampf hat der Staat gegen die Steuerhinterziehung zu führen. Die Gesetzgebung der liberalen Epoche stellt den Gemeinwesen die nötigen Mittel gegen den Steuerbetrug — ein Betrug ist wirklich jede bewußte Hinterziehung — nicht ausreichend zur Verfügung, und auch heute noch hat die Steuerrüstung weit offene Stellen. Die Strafgesetzgebung selbst reagierte bis jetzt nicht stark gegen die mit den Merkmalen gemeiner Verbrechen behafteten Steuervergehen. Darin ist in neuerer Zeit eine entschiedene Wendung eingetreten. Immer mehr werden neben den Geldstrafen auch Freiheitsstrafen angewendet, und selbst Ehrenstrafen (Verlust des Wahlrechtes u. dgl.) werden verlangt.

Die Steuervergehen, deren Wesen in der Gefährdung und Schädigung der Steuerkassen besteht, sind gleich anderen Vergehen teils fahrlässiger, teils böswilliger Art.

Beiderlei Vergehungen stellen entweder formelle Verletzungen der Kontrollvorschriften u. s. w. oder positive Täuschungen der Steuerbehörden dar. Zu den letzteren gehört namentlich die Unterlassung und die Unvollständigkeit, sowie die Unrichtigkeit vorgeschriebener Anzeigen, Angaben und Anmeldungen, die täuschende Manipulation mit den Steuer-Kontrollapparaten, die Unterlassung der vorgeschriebenen Aufklebung und Kassierung der Steuerwertzeichen.

Bei der i. u. S. indirekten Besteuerung operiert die Steuerhinterziehung mit weit mannigfaltigeren Mitteln, als bei der direkten Besteuerung, welche überwiegend mit der Unterlassung, Unvollständigkeit und Unrichtigkeit von Deklarationen zu kämpfen hat.

Die Kampfmittel des Staates den verschiedenen Gattungen der Steuervergehen gegenüber sind verschiedener Art: teils Strafen, teils Denunziationsprämien an Private, welche Anzeigen machen, teils fortgesetzte Beobachtung durch besondere Binnen- und Grenz-Finanzwachen, welche zu Visitationen und Bucheinsichtsnahmen, zum Steuerverschluß, zur Transportkontrolle u. s. w. berechtigt und verpflichtet sind, teils Benutzung der Akten nichtsteuerlicher Behörden, namentlich derjenigen des Notariates, endlich auch der Steuerdeklarationseid.

Im Vordergrunde stehen die Strafen, bis jetzt wesentlich nur Geldstrafen im weiteren Sinne, seltener Freiheitsstrafen (Rückfall, Bestechung u. s. w.), noch nicht Ehrenstrafen. Die Einführung von Ehrenstrafen ist verlangt teils aus dem Gesichtspunkte des gemeinen Verbrechens am Staate, teils aus dem Gesichtspunkte der mittelbaren Schädigung derjenigen Steuerzahler, welche nicht hinterziehen wollen oder nicht hinterziehen können.

Die Geldstrafen sind teils Strafen am Vermögen oder K o n f i s - k a t i o n e n, ein Hauptmittel der Zollverwaltung, teils eigentliche (im engeren Sinne) G e l d s t r a f e n. Die letzteren teilen sich in Ordnungs-

strafen, d. h. mäfsige Geldstrafen für leichte Steuervergehen, teils schwere
Strafen auf eigentliche Hinterziehungen.

Die Höhe der Steuerstrafen richtet sich teils nach dem Grade und
dem Umfange der verschuldeten Schädigung der Steuerkasse, teils nach
dem Hinterziehungsbetrage — dem Einfachen oder Mehrfachen des letzteren —, teils nach dem Bedürfnis der Abschreckung von schwer zu
entdeckenden Hinterziehungen (bei den Stempeln bis zum 50 fachen des
hinterzogenen Betrages!).

Die Verhängung der eigentlichen Steuerstrafen (mit Ausschlufs der
Ordnungsstrafen) wäre grundsätzlich den eigentlichen Gerichten zu überlassen, und bei den direkten Steuern geht die neuere Entwickelung wirklich immer stärker in dieser Richtung. Für gewisse indirekte Steuern
lassen sich des steuertechnischen Sachverständnisses wegen unabhängige
besondere Steuergerichte wohl rechtfertigen.

Die Berufung eines Verurteilten an den ordentlichen Richter sollte
in jedem Falle offen stehen.

Ein Abkaufenlassen der Strafe für dunkle Fälle, die sog. Straf-
abfindung, ist wohl in keinem Falle zu billigen.

Eine starke Waffe gegen Hinterziehung, die Bestrafung der erst
nach dem Tode des Defraudanten entdeckten Steuervergehen, gilt nach
allgemeinen Strafrechtsgrundsätzen über poena post mortem als ausgeschlossen. Die Nachholung des Hinterzogenen nach dem Tode, selbst
unter Verpflichtung der Erben zur Hinterziehungsanzeige, ist nicht wohl
zu beanstanden.

Der Steuerbehörde gebühren nach VOCKE die Befugnisse eines
Untersuchungsrichters.

Die falsche Schonung der opferscheuen Selbstsucht und die Ängstlichkeit, nur
ja niemandem unbequem zu werden, der Wahn, dafs eine falsche Angabe in Steuer-
sachen etwas viel geringeres sei, als ein Betrug im Privatverkehr, beherrscht zwar
die Steuergesetzgebungen nicht mehr in dem Mafse wie früher in der Zeit des
reinen Liberalismus, welcher dem Staatsbürger am liebsten nur Rechte und keine
Pflichten zuerkannt hätte, aber verschwunden ist diese Richtung noch nicht ganz.
Wem es ein Ernst ist mit der sittlichen Natur des Staates, und wer diese auch im
Steuerwesen verwirklicht sehen will, mufs verlangen, dafs der Steuerbehörde keine
geringeren Befugnisse zustehen, als dem Untersuchungsrichter. (VOCKE).

3. Kapitel. **Die privatwirtschaftliche Steuerentlastung.**

§ 209. *Die Bedeutung der fraglichen Erscheinungen.* — Von den
Steuerkräften ist für die Regel anzunehmen, dafs sie für die Steuerlast,
deren sie sich durch den Einflufs im Staate nicht entschlagen können,
auf andere Weise sich schadlos zu halten suchen. Von dieser Annahme
mufs man als Obersatz deduktiver Beweisführung ausgehen, wenn auch
auf induktivem Wege zu kontrollieren ist, welchen Schwierigkeiten das
privatwirtschaftliche Entlastungsstreben begegne, und ob im einzelnen

Falle das Entlastungsstreben von Erfolg begleitet sein werde. An und
für sich hat es die Steuergewalt so wenig in der Hand, die privatwirtschaftliche Entlastung, die sie für Steuerzahler wüncht, sicher herbeizuführen, als sie es in der Hand hat, die Entlastung, welche sie nicht
beabsichtigt, zu verhindern. „Nur die Bestimmung der B e m e s s u n g s -
g r u n d l a g e oder des Steuerobjektes (in diesem Sinne) und demgemäß
die Bestimmung der Person, welche zunächst die Steuer a u s l e g t (zahlt),
des Steuer z a h l e r s, liegt in der Macht der das Steuerrecht ausübenden
öffentlichen Gewalt; gar nicht — bei ganz freiem Verkehre — und auch
nur in begrenztem Maße selbst bei gewissen rechtlichen Beschränkungen
des Verkehres, gewissen Geboten und Verboten des Steuergesetzes —
die Bestimmung der S t e u e r q u e l l e oder der Person, welche die Steuer
aus ihrem Einkommen oder Vermögen trägt, des Steuer t r ä g e r s. In
Betreff dieses letzteren kann die öffentliche Gewalt und das Steuergesetz meistens nur Wünsche hegen oder Voraussetzungen machen und
durch die Einrichtung der Besteuerung, besonders durch die Wahl der
Steuerarten und Steuerobjekte, darauf hinzielen, daß sich diese Wünsche
mit mehr oder weniger Wahrscheinlichkeit erfüllen". (A. WAGNER.)

Dennoch sind für die Steuergewalt die privatwirtschaftlichen Ent-
lastungsvorgänge nicht gleichgiltig. Sie muß das Steuersystem im ganzen und die einzelnen Steuern so regulieren, daß alle Steuerkräfte verhältnismäßig getroffen werden. Dies kann nur geschehen, wenn sie
annehmen darf, daß bestimmte Steuern, womit sie die Steuerzahler
treffen will, die Tragsteuern, auch wirklich getragen werden, und daß
andere Steuern des Systems, welche aus Gründen der Steuertechnik
vorschußweise erhoben werden müssen, vom Steuerzahler dem Steuerdestinatär — etwa dem Konsumenten — für die Regel auch wirklich
zugeschoben werden können. Die Fragen der privatwirtschaftlichen
Steuerentlastung gehören daher der Steuertheorie und der Steuerpolitik
wesentlich an, obwohl die Besteuerungspraxis es nicht in der Hand hat,
die privatwirtschaftlichen Vorgänge, welche die von der Steuergewalt
nicht gewollte Steuerentlastung gestatten oder die gewollte verhindern,
unmittelbar und durchgreifend zu beherrschen.

Richtig ist es, daß die der gerechten Verteilung der Steuergesamt-
last dienlichen Zahlungsentlastungen nicht immer und vollständig gelingen.
Das ist jedoch kein Grund, auf eine bestimmte Steuergattung, z. B. die
Konsumsteuern, zu verzichten und etwa nur die direkten Steuern für unbedingt zulässig zu erklären. Ganz abgesehen davon, daß bei den letzteren Steuern, wenigstens bei den Ertragssteuern, die Steuerentlastung
so wenig ganz verhindert, als bei den indirekten ganz gesichert werden
kann. Die direkten Steuern stellen überhaupt dem sorgfältigen Bemühen
gerechter Einsteuerung eigentümliche und, verglichen mit den indirekten
Steuern im ganzen, kaum geringere Schwierigkeiten entgegen, als dies

die indirekten Steuern thun. Es gilt eben, beide Steuergattungen so zu regulieren, dafs die im Interesse gerechter Besteuerung zu verhütende Steuerentlastung thunlichst gehindert und die in demselben Interesse wünschenswerte Steuerentlastung thunlichst begünstigt werde.

Das privatwirtschaftliche Entlastungsstreben kann nun zwei Hauptrichtungen einschlagen: diejenige der S t e u e r e i n h o l u n g, indem die Steuersubjekte durch die Steuerlast bestimmt werden, Wirtschaftsänderungen vorzunehmen, deren Erfolg die Steuern deckt, oder diejenige der S t e u e r ü b e r w ä l z u n g auf dritte Sonderwirtschaften als Steuerträger.

Dem obigen zufolge können wir Vocke nicht beistimmen, wenn er (a. a. O. S. 202) bemerkt: „Abwälzung, Rückwälzung und Fortwälzung stehen im Widerspruche mit der Absicht der „indirekten Besteuerung“ der Verbraucher. Wollte man diese Absicht wirklich erreichen, so müfste man allen betreffenden Geschäftsleuten gleiche Einkaufspreise und Verkaufspreise gewährleisten, gleiche Vorrichtungen und gleiches Verfahren, ja sogar gleiche Sorgfalt und Intelligenz vorschreiben und die Verbraucher zu einem ihren Verhältnissen entsprechenden Verbrauche zwingen. Lauter Unmöglichkeiten, die aber am Ende doch nicht völlig zum Ziele führen würden. Bei der Steuer kann es sich nur darum handeln, die Verschiebungen unmöglich zu machen, und hiermit, nicht mit jenen und ihren Folgen hat sich die Lehre von der Steuer zu befassen. Wenn dies gleichwohl zu geschehen pflegt, so ist das umsoweniger wohlgethan, als die ausführliche und scharfsinnige Behandlung, welche der Lehre von der Überwälzung zuteil wird, nur die Wirkung haben kann, die letztere als etwas zu betrachten, das im Steuerwesen berechtigt sei, und womit oder worauf jedenfalls gerechnet werden mufs. Der heillose Satz, dafs jede alte Steuer gut sei, weil ihre noch so schlechten Wirkungen durch den Verkehr ausgeglichen seien, und dafs man sie daher nicht ändern dürfe, ist nur (?) eine Folge dieser Ansicht. Für die Praxis aber vollends ist diese Lehre besonders gefährlich, denn sie dient der Reformscheu zum Faulkissen (?) und verleitet zur Rücksichtslosigkeit bei Auferlegung von Abgaben (?). Es thut daher dringend not, dafs vor einer Rücksichtnahme auf die Überwälzung bei der Besteuerung nur gewarnt und deren Möglichkeit so viel als thunlich ausgeschlossen werde. Auf Überwälzung rechnen heifst: sich darauf verlassen, der Verkehr werde wieder gut machen, was die Gesetzgebung sündigt“ (? vgl. § 213). Diese Kritik Vockes schiefst weit über das Ziel hinaus. Die Thatsache, dafs dieselbe Steuer nicht alle Steuerdestinatäre trifft, hebt den Charakter der Verbrauchsabgabe als Steuer nicht auf, sondern fordert lediglich dazu heraus, die Besteuerung der Verbrauchsartikel so einzurichten, dafs die Steuer auch bei ungleichen Produktions- und Absatzverhältnissen so gleichmäfsig a l s m ö g l i c h wirke: Erleichterung der kleinen Brauerei und Brennerei, Besteuerung möglichst erst des fertigen Fabrikates unmittelbar vor dem Absatz an die Konsumenten u. s. w. Auch die Tragsteuern, namentlich die Ertragssteuern wirken zumal bei blofser Merkmalregulierung nicht immer so, wie sie nach der Absicht des Gesetzgebers wirken sollen.

§ 210. A. *Die Steuereinholung* — auch sog. „Abwälzung“, vollzieht sich im ganzen durch andere privatwirtschaftliche Vorgänge, als die Steuerüberwälzung; dieselbe verdient daher einen Namen, welcher an die Überwälzung nicht erinnert.

Die Überwälzung ist nämlich vermittelt und kann nur gelingen durch Sieg in den Preiskämpfen des privatwirtschaftlichen Verkehres,

durch Übermacht in den Kämpfen um vorteilhafteste Gestaltung der
Löhne, der Zinsen, der Gewinne bezw. der in allen diesen Preisformen
erreichbaren Vorzugseinkünfte. In diesen Preiskämpfen stehen sich
stets zwei Parteien gegenüber: Lohnarbeiter und Lohngeber, Zinsrentner
und Schuldner (Pächter, Mieter), Geschäftsleute und ihre Einkaufs- bezw.
Verkaufskunden. Beide suchen einander die Steuerlast zuzuschieben.
Die Zuschiebung vollzieht sich daher durch Preis- (Lohn-, Zins-) Ab-
schläge und durch Preis-Aufschläge. Die Preisabschläge sind das
Mittel, die Steuerlast auf die Vormänner im Verkehre (die Verkäufer)
überzuwälzen, also das Mittel der sog. Rückwälzung oder des Steuer-
abzuges. Die Preisaufschläge sind dagegen das Mittel zur Abschiebung
der Steuerlast auf die Nachmänner im Verkehre (die Käufer, Mieter,
Arbeitgeber), also das Mittel der sog. Fortwälzung durch Steuer-
Preiszuschlag.

Die Steuereinholung ist ein ganz anderer Vorgang. Dabei wirkt
die Steuerlast als Antrieb zu besserer Wirtschaftsführung, um die Steuer
ohne Schmälerung des bisherigen Einkommens und Vermögens zu decken.
Es sind keine unmittelbaren Vorgänge der Belastung dritter Wirtschaften
im Verkehre, sondern Verbesserungen des Betriebes, einschließlich des
Einkaufs- und Absatzbetriebes, bezw. Verschlechterungen der
Qualität, des Maßes u. s. w. im Spiele. Die Steuereinholung ist, den
letzteren Fall ausgenommen, volkswirtschaftlich eine sehr erfreuliche
Folge der Steuerauflegung. Selbstverständlich wird sie jedoch nur in
beschränktem Maße gelingen, die Produktivität und die Kostenersparung
lassen sich nicht fortgesetzt steigern, namentlich wo die Steuerschraube
schon stark angezogen ist. Der „Sporn" der Besteuerung ist dann schon
mehr oder weniger abgestumpft.

§ 211. *Fortsetzung.* — Steuereinholung hat möglicherweise auch
eine schlimme Wirkung. Ihr volkswirtschaftlicher Vorteil kann
sogar aufgewogen werden, wenn nur einem Teile der Steuerkräfte, namentlich demjenigen des Großbetriebes, die Steuereinholung gelingt; in
diesem Falle werden die konkurrierenden schwächeren Steuerzahler
(Geschäfte) in der Konkurrenz bedrängt und selbst vernichtet.

Man wird zwei Fälle der Steuereinholung oder sog. Abwälzung zu
unterscheiden haben, welche jedoch immer entweder auf quantitativ
und qualitativ höherer Produktions- und Verkehrsleistung
oder auf Verminderung der Produktionskosten oder auf der
einen wie der anderen Folge beruhen. Diese zwei Fälle sind:
1. die Erzielung der erfolgreicheren Wirtschaftsführung durch das Gesamtsteuersystem, oft behauptet, aber stets schwer zu beweisen;
2. die Erzielung der erfolgreicheren Wirtschaftsführung durch bestimmte
einzelne Steuern und Besteuerungsmethoden.

Diese zweite Art der Steuereinholung ist es, bei welcher die am

Schlusse des § 210 erwähnte Wirkung leicht eintritt und umfassend vorgekommen ist.

Derartige Fälle liegen insbesondere bei solchen Verbrauchssteuern vor, welche beim Producenten nach der Menge des Rohstoffes oder nach technischen Betriebsmerkmalen, aus denen auf die Rohstoffmenge oder Fabrikatmenge geschlossen werden kann und im Steuerrecht geschlossen wird, erhoben werden. Dabei läfst sich die gleiche Steuersumme auf eine gröfsere Menge des fertigen Produkts verteilen und so relativ, für die Einheit des letzteren, vermindern. Die wichtigsten Beispiele der neueren Steuertechnik liefern gewisse Formen der Branntwein-, Bier-, Zuckerbesteuerung.

Nach v. Hock (Abgaben und Schuld. S. 106) nahm man in Oesterreich 1836 an, dafs aus einem Eimer Maische mehliger Stoffe (Getreide, Kartoffeln) $2\frac{1}{2}^0$ Alkohol, 1849: 4^0, 1856: 5^0, 1862 in grofsen, gut geleiteten Brennereien $7—7\frac{1}{2}^0$ erzeugt werden. Bei der Rübenzuckerproduktion ging man um 1840 in Deutschland von der Annahme aus: aus 20 Zentner frischer Rüben 1 Zentner Robzucker; durch Bau zuckerhaltiger Rüben und durch technische Fortschritte in der Fabrikation sank der erforderliche Betrag an Rohstoff immer mehr, jetzt braucht man nur noch 7,6 bis 9 Zentner. Viele Beispiele aus der Geschichte der Branntweinsteuer in J. Wolf, Branntweinsteuer, (Tübingen 1884), der Zuckersteuer in v. Kaufmann, Zuckerindustrie, (Berlin 1878). — Verwandt sind ähnliche Erscheinungen bei Ertragssteuern, besonders bei solchen mit festbleibenden (stabilen) und hohen Steuersätzen, welche ebenfalls dazu anreizen können, die Steuerlast durch Steigerung der Erträge verhältnismässig zu vermindern. — Hier sind freilich andere Umstände, die mit der Besteuerung nicht zusammen hängen, wie allgemeine Veränderungen der Preise, Absatzverhältnise, Kultursysteme, dann spezielle technische Fortschritte noch wichtiger, so in den auch von v. Hock angeführten Beispielen: englische Landtaxe von 1696 war anfangs 20 Proz., Mitte 19. Jahrhunderts $\frac{1}{2}—3$ Proz. vom Reinertrage (M' Culloch S. 58); die französische Grundsteuer sank reell in diesem Jahrhundert von c. 16—17 auf $4\frac{1}{2}$ Proz. in 1879; die österreichische Grundsteuer, im Normalsatze von 16 Proz. (1824) wurde um 1860 durchschnittlich nur auf 6 Proz. angenommen; die neue preufsische von 1861 ff. von nominell über 9,5 Proz. ist reell wohl nur höchstens halb so hoch im Durchschnitte, vermutlich vielfach (wenigstens vor der neuesten ungünstigen Zeit) nur 2—3 Proz. In solchen Fällen spielt aber allerdings auch die gleich anfänglich zu niedrige Einschätzung mit, so in den eben drei genannten Beispielen. (A. Wagner.)

Der Grofsbetrieb ist besonders begünstigt, solche bevorzugte Steuereinholungen zu bewirken. Der ungleichen Wirkung der Steuer zum Nachteile der Kleinbetriebe kann dann auf drei Wegen begegnet werden: 1. durch beständige Neuregelung der betreffenden Steuern, was freilich wieder die Folge haben kann, auch die mäfsig grofsen durch die ganz grofsen Betriebe erdrücken zu lassen, 2. wenigstens bei den Konsumsteuern durch Besteuerung erst des genufsfertigen Fabrikates, 3. durch niedrigere Steuerfüfse und Tarifsätze für den Kleinbetrieb.

Für alles im vorausgehenden Gesagte gute Belege in den lehrreichen Erfahrungen beim bayerischen Malzaufschlag. (S. Schanz a. a. O.). Auch die seit Schanz Arbeit erfolgte Weiterentwickelung der Bierbrauerei in Bayern bestätigt das Gesagte. Immer mehr Sieg der Grofsbrauerei, besonders der Münchener, Übergang in Aktiengesellschaften (worauf freilich auch andere Umstände einwirkten), emsigstes Streben nach Absatzerweiterung (Verdrängung fränkischen Bieres durch Münchener zum Teil auf dem norddeutschen Markte). So wird die „hohe Steuer" in der That ein Ansporn zum Fortschritt; Staatskasse, selbst Konsumenten gewinnen, aber der Hauptprofit fällt wieder dem privaten Grofskapitale zu. (A. WAGNER.)

§ 212. B. Die Überwälzung und die Steueramortisation. — Der privatwirtschaftliche Entlastungskampf der Steuerkräfte untereinander heifst in der Steuerlehre bildlich die Überwälzung. In der Sache ist die Überwälzung nichts anderes, als der siegreiche Zuschlag bezw. Abzug des Steuerbetrages zu und von den Marktpreisen, Zinsen und Löhnen im Preiskampfe des privatwirtschaftlichen Verkehres. Daher sind auch die Überwälzungskämpfe ebenso verwickelt und verworren, wie der grofse volks- und weltwirtschaftliche Verkehr selbst, welcher als Vermittler der Überwälzung bezw. Amortisation der Steuerlasten dient.

Wir sagen absichtlich: der volks- und weltwirtschaftliche Verkehr, denn der Güterverkehr ist national nur in geringem Mafse abgeschlossen. Die Rückwälzung und Fortwälzung kann daher auch auf Kosten wie zum Vorteile des Auslandes vor sich gehen. Es liegt in der Natur der modernen Volkswirtschaft, dafs Fortwälzung und Rückwälzung der Steuerlast auch das Ausland belasten und begünstigen kann.

Die Überwälzung durch Preiszuschläge und durch Preisabschläge erfolgt teils als Abschiebung der einmaligen Steuerlast, teils als Abzug des Kapitalwertes der wiederkehrenden Steuerlast und als Aufschlag des Kapitalwertes bleibender Steuerbegünstigungen. Der erste Fall ist die einfache Überwälzung, der zweite Fall umschliefst die Amortisation der Steuerlasten und den Kapitalwertsaufschlag der Steuerbegünstigungen am und zum Preise der Objekte wiederkehrender Belastung.

Wären nur die Einkünfte aus Ertragsquellen und zwar alle gleichmäfsig besteuert, so würden Amortisierungen der Steuerlast nicht stattfinden können. Denn im Verkehre würde jedes Objekt bezüglich der Steuerlast gleich angesehen, es entstünde kein Drang, der Steuerlast wegen wohlfeiler zu verkaufen oder teurer zu kaufen. Daher zeigen sich die Erscheinungen der Amortisation nur da, wo verschiedene Objekte wiederkehrender Besteuerung ungleich belastet sind. Die Mehrlast über den Mittelbetrag der Besteuerung hinaus wird beim Kaufe des Steuerobjektes kapitalisiert in Abzug gebracht, die Minderlast, die wir Steuerbegünstigung nennen, wird kapitalisiert zugeschlagen. In den Preiskämpfen lehnt der Käufer jene Mehrlast ab, indem er auch mittelbelastete Objekte erwerben kann; die Minderlast bezahlt er, da er anderswo ebenso begünstigte Kapitalanlagen nicht vollziehen kann. Die Amortisationsvorgänge gehören also den Fällen der relativen Überbürdung ganzer Gattungen oder einzelner Exemplare von Steuerobjekten an, die Zuschläge aber der relativen Steuerbegünstigung ganzer Gattungen oder besonderer Exemplare von Steuerobjekten.

Die Amortisation ist nicht bei allen Steuergattungen anzutreffen. Nur Objekte wiederkehrender Belastung können im Verkehre den Kapitalwert der Mehrbelastung sehr leicht einbüfsen. Die Verbrauchssteuern zeigen die Erscheinung der Steueramortisation nicht; wenn Geschäftsanlagen, in welchen Verzehrungssteuerobjekte erzeugt werden, infolge der Konsumsteuererhöhungen an Wert verlieren, so ist das keine Amortisation der Verbrauchssteuern, sondern die Folge veränderter Absatzgelegenheit. Dagegen unterliegen Gebrauchssteuern bereits der Amortisation, Gegenstände dauernden Gebrauches sind einer dauernden Belastung fähig; der Käufer eines wohnsteuerpflichtigen Hauses wird die Amortisation einer hohen Hauszinssteuer gewifs versuchen und bei starkem Häuserangebote auch durchsetzen. Namentlich sind aber die Ertragssteuern im Preisabschlage der Ertragsquellen amortisierbar, denn letztere sind ständig belastet.

Die einfache Überwälzung ist der allgemeinere Vorgang. Sie ist denkbar für alle Dienste, Nutzungen und Waren. Die Amortisation der Steuermehrlast und der Kapitalwertszuschlag der Steuerbegünstigung können dagegen nur an ständigen Einkommens- und Nutzungsquellen sich vollziehen. Wirklich kommen sie am meisten bei den alten Ertragssteuern vor.

Arten der Überwälzung: „Rückwälzung", „Fortwälzung", „Weiterwälzung", gegenüber der unmöglichen sogen. „Abwälzung" (§ 209).

§ 213. *Die Überwälzung, Fortsetzung. Die „Steuerausgleichung" durch Überwälzungen.* — Die Überwälzung in allen drei Formen, der Fort-, der Weiter- und der Rückwälzung, ist Gegenstand einer weitschichtigen Litteratur geworden, welche durch die Monographie KAIZLS und v. FALCKS, sowie durch eine Reihe von Artikeln des SCHANZschen „Finanzarchiv" einen vorläufigen Abschlufs erlangt hat.

Die neueren Untersuchungen haben vor allem das Irrige der CANARD- schen Meinung ergeben, dafs „jede alte Steuer gut und jede neue Steuer schlecht" sei. Dieser Satz stützte sich auf die Annahme, dafs auch ungerecht und ungleichmäfsig aufgelegte Steuern durch den Verkehr unter Lebenden und von Todeswegen im Wege der Überwälzung eine Ausgleichung erfahren und dafs — die Steuern einmal eingelebt, die Überwälzung einmal vollzogen, das Unrecht gut werde. Allein, wenn auch eine Ausgleichungswirkung mittelt der Gewinnveränderung im Wege der Preisbildung teilweise zutreffen wird, so wird in anderen Fällen die Ungleichmäfsigkeit der Auflegung durch Überwälzung nicht nur nicht ausgeglichen, sondern die Wirkung der Überwälzung findet auch nach längerer Zeit keineswegs einen endgiltigen Abschlufs.

Das allgemeine Eintreten der Ausgleichung würde voraussetzen, dafs alle unter ungerechten Steuern leidenden Wirtschaften den Willen und das Verständnis, sowie die Möglichkeit veränderter Kapitalanlage und veränderten Betriebes gleichmäfsig besitzen. Diese Voraussetzung kann aber nie allgemein zutreffen.

Bezüglich der Anlagekapitale ist die entsprechende Betriebs- und Berufsänderung auch binnen eines längeren Zeitraumes überhaupt nicht, geschweige allgemein gesichert. Wenn hier die Ausgleichung gelingt, geschieht es wesentlich durch die Häufung des Unrechtes zum Kapitalisierungsbetrage für den jeweiligen Besitzer des Steuerobjektes, nämlich durch den Vorgang der Steueramortisation (§ 212).

Eher steigert sich in vielen Fällen die Wirkung der Ungerechtigkeit, da die schwachen Steuerkräfte, die „kleinen Leute", die Voraussetzung der Überwälzung am wenigsten für sich haben. Bei der Besteuerung notwendiger Lebensbedürfnisse ist die Möglichkeit der Rück-, wie der Weiterwälzung oft lange, ungünstige Perioden hindurch überhaupt ausgeschlossen.

Entbehrliche Produkte, deren Kosten durch Steuern erhöht werden, verlieren leicht an Absatz, wenn der Verkäufer nicht den alten Preis stellt. Auch Vorschufssteuern werden in diesem Falle rückgewälzt, und es kann lange dauern, bis das Angebot sich so weit einschränkt, dafs die Steuer dem Preise zugeschlagen, d. h. weiter- und fortgewälzt werden kann.

Der CANARDsche Satz mag ein Körnchen Wahrheit besitzen, im ganzen atmet er einen heillosen, namentlich gegen die „kleinen Leute" frivolen Optimismus.

§ 214. *Die angebliche Rückwälzung der Schutzzölle auf das Ausland.*[1]) — Die Vertreter des Hochschutzsystems, welches die deutsche Handelspolitik im Zeitraum 1879—93 beherrscht hat, haben sich gegenüber dem Einwande der inländischen Konsum-, namentlich Brotkonsumverteuerung darauf berufen, dafs das Ausland den Zoll trage.

Vom Standtpunkte des S c h u t z e s der heimischen Produktion würde diese Behauptung, wenn sie wirklich zutreffen würde, den Schutzzoll zu einem „Versuch mit untauglichen Mitteln" stempeln, da ja die Preise der Auslandprodukte im Inlande keine durch Schutzzölle vermittelte Steigerung erfahren würden. Die Behauptung trifft jedoch in i h r e r A l l g e m e i n h e i t n i c h t zu.

Es war freilich auf der entgegengesetzten Seite unrichtig, anzunehmen, dafs die Zölle und Verzehrungssteuern sich stets und voll auf die Lieferanten oder Konsumenten überwälzen lassen. Allein diese Behauptung, dafs demselben Rückwälzungsstreben gar kein erfolgreicher Reibungswiderstand begegne, ist von keinem besonnenen Gelehrten jemals aufgestellt worden.

Eine dritte Ansicht ging von Anfang an dahin, dafs auf die Dauer

---

1) Vgl. hierzu meine „Kern- und Zeitfragen" I 246 ff. und II 49 ff.

und im Durchschnitte des ganzen Landes, ungefähr — nicht aber genau, noch immerfort, noch in allen Landesteilen gleichmäfsig — die Inlandpreise der notwendigsten Lebensmittel das Streben haben werden, verglichen mit den Auslandpreisen derselben Lebensmittel, sich um den Betrag des Schutzzolles zu erhöhen. Letztere Ansicht hat nun für Deutschland und für Getreide durch die auf Grund der Statistik durchgeführten besten Untersuchungen von LEXIS, CONRAD und MATLEKOVITS hinreichende Bestätigung erfahren.

Nur für Länder, welche regelmäfsig notwendige Lebensmittel exportieren, trifft Preiserhöhung durch Schutzzölle nicht zu; denn so lange und in dem Mafse als sie Überschüsse nach aufsen abgeben und für die Gegenden, wo dies der Fall ist, wird der Preis durch den Zoll nicht erhöht werden. Für Deutschland, welches in die Reihe der Getreideimportländer übergetreten ist, ist aber diese Eventualität für die Regel gegenstandslos geworden.

Die Getreidezölle lösen allerdings selbst Nebenwirkungen aus, welche die Erwartung der Vollwirkung des Zolles sich nicht verwirklichen lassen. In einem Lande, welches mit seinen verschiedenen Grenzstrichen nach verschiedenen Getreidemärkten des Auslandes gravitiert, kann in allen Distrikten der Einflufs desselben Zollbetrages auf die Preise nicht überall derselbe sein. Grenzgebiete, welche bisher regelmäfsig aus der Nachbarschaft importierten, können auf das bisherige Bezugsgebiet angewiesen bleiben und daher um den ganzen Betrag des Zolles gegenüber den Nachbargrenzorten höher belastet sein. Umgekehrt können Binnenbezirke, welche bisher ausländisches Getreide bezogen, dadurch der Vollbelastung durch den Zollbetrag entgehen, dafs bisher importierende Grenzteile des Gebietes, z. B. die östlichen Provinzen des preufsischen Staates, unter den inneren Preiswirkungen des Getreidezolles sich veranlafst sehen, die bisher exportierten Überschüsse im Binnenlande abzusetzen und in letzterem von innen heraus das Angebot zu erhöhen; wo sie ihr Erzeugnis absetzen, vermag ihre Binnenkonkurrenz örtlich dazu beizutragen, ʾdafs die Inlandpreise daselbst nicht um den vollen Zollbetrag steigen. Diese und bedeutende weitere, durch die Zölle selbst ausgelöste Wirkungen und Störungen hindern es, dafs der Zoll überall ganz und gleichmäfsig auf den Inlandpreis von Getreide zu liegen kommt.

Wie verhält es sich insbesondere mit der Wirkung von Differentialzöllen auf notwendige Lebensmittel, z. B. für Rufsland und Deutschland im lezten Zollkriege, in welchem Rufsland 5 (7 ½) Mark für Weizen und Roggen bei der Einfuhr nach Deutschland zu bezahlen hatte, während die Einfuhr aus allen übrigen Ländern den Vertragszoll von nur 3,5 entrichten mufste?

Es kommt hierbei wesentlich auf zwei Punkte an: auf die Höhe

der Transportkosten nach dritten Gebieten freier Einfuhr, sowie auf die
wechselnde Fruchtbarkeit der Jahrgänge hüben und drüben. Hätten
im Jahre 1893 Deutschland und Rufsland eine schwache Ernte gehabt,
wie 1891, so hätte für die Zufuhren aus Rufsland der Differentialzoll
von deutschen Konsumenten annähernd bezahlt werden müssen; da aber
für Deutschland und Rufsland zugleich 1893 als ein gutes Erntejahr
sich angelassen hatte, so mag der russische Produzent den Differentialzoll mehr oder weniger getragen haben, ohne dafs der deutsche Getreidepreis stieg. Unter der umgekehrten Voraussetzung wird die umgekehrte Wirkung eintreten. — Es kommt weiter auf die Kosten der Ver-
frachtung aus dem besonders belasteten Lande nach dritten Märkten an.
Sind diese Kosten weniger beträchtlich, als der Differentialzuschlag
zum sonst allgemeinen Zolle, so wird das differentiell belastete, also im
gegebenen Falle das russische Getreide nach dritten Ländern verbracht
werden und dort mehr oder weniger auf den Getreidepreis drücken,
was rückwirkend auch auf die Preise des differentiell belastenden Landes einen Druck zu üben vermag und die Schutzwirkung des Differentialzolles für die Landwirtschaft mehr oder weniger beeinträchtigt. Das
betreffende Getreide wird möglichst nach denjenigen dritten Ländern
strömen, wohin der Transport der billigste ist, und von diesen Ländern
aus wird, wenn sie dem differentiell belastenden Lande naheliegen,
eine Schiebung des eigenen Produktes zum niedrigeren allgemeinen
Zolle nach dem belastenden Lande hin stattfinden, was die Steigerung
der Getreidepreise in letzterem Lande, eben damit aber den Agrar-
schutz nur noch weiter beeinträchtigen mufs. Man wird annehmen dürfen,
dafs der Differentialzoll auf Getreide in seiner Schutzwirkung
an grofser Unsicherheit leidet, zumal, wenn das besonders belastete
Land beim Getreidebau beharrt, wenn es den Weltmarkt durch die zu-
geführte Quantität stets bedeutend beeinflufst, und wenn es zur See oder
sonstwie dritte meistbegünstigte Länder, namentlich dem belastenden
Lande nähergelegene Länder leicht zu erreichen vermag. Der Differentialzoll wird nur dann dem Inlandpreise voll zuwachsen, wenn der Jahr-
gang schlecht ist, also dann, wenn der Preisstand ohnehin ein besonders
hoher und die künstliche Getreideverteuerung für den Konsumenten
aufserordentlich empfindlich wird.

Der allgemeine, nicht differentielle Getreidezoll wird die Preise nicht
exportierender Länder erhöhen, und zwar um nicht gar viel weniger
als seinen vollen Betrag. Nach umsichtig und tendenzlos geführten Untersuchungen von MATLEKOVITS hat sich der Preis des Weizens in
Deutschland gesteigert bei dem Zolle von 10 M. pro Tonne (1879) um
7, dann bei dem Zolle von 30 M. (1885) um 20 (näher 19,9) und bei
dem Zolle von 50 M. um 40 M., verglichen mit Orten, wo Zollfreiheit
besteht oder bei Ausfuhrerzeugung der Zoll nicht wirkt. Unser erster

Handelsökonomist LEXIS [1]) hat dargethan, daſs die Wirkungen des Zolles auf die verschiedenen Teile Deutschlands im selben Moment sehr ungleich sein können; dennoch kommt er zum Ergebnis, daſs die Verteuerung des Getreides im Inlande zwar nicht ganz der Höhe des Zolles entsprach, im Durchschnitte aber — namentlich nach der Erhöhung auf 5 M. — sehr erheblich gewesen ist. Auch die tief eindringende Untersuchung einer ersten agrarökonomischen Autorität, diejenige CONRADS [2]), ist zu demselben Ergebnisse gelangt: im groſsen Ganzen entspricht zwar der höhere Stand der Preise in zollbelasteten zufuhrbedürftigen Ländern nicht ganz dem Zollbetrage oder Zollmehrbetrage, bleibt aber nach Ablauf einiger Zeit nicht gar zu viel hinter letzterem zurück.

Wie sehr ein Kornausfuhrland bei vereinzelter Differentialzollbehandlung seitens eines dritten Staates seiner vorteilhaften Lage sich bewuſst ist, das hat in denkwürdiger Weise der russische Finanzminister WITTE in einer dem Herausgeber der Berliner „Zukunft" zu St. Petersburg gewährten Unterredung (1892) erkennen lassen Der russische Staatsmann hat rund heraus und mit vollem Grunde erklärt, daſs nach einmal erfolgter Einräumung des deutschen Vertragstarifes an alle anderen Staaten, namentlich an die Vereinigten Staaten und an die indischen Zufuhren, der Glaube an die Wirksamkeit des Differentialzolles und damit die Furcht der deutschen Landwirte vor Ruſsland geradezu unbegreiflich sei. Minister WITTE hat seine Meinung, daſs mit den gedachten Einräumungen für alle weitere praktische Handelspolitik Deutschlands die Kuh bis zum Jahre 1904 aus dem Stall hinausgekommen sei, mit dem anderen Bilde veranschaulicht: „Von den dreizehn Löchern in einem Glase hat man zwölf geöffnet; ob man das dreizehnte nun verstopft hält oder nicht: das Glas wird gefüllt — das fremde Getreide kommt auf den Markt." Darüber könne sich „kein einsichtiger Landwirt täuschen."

§ 215. *Die Überwälzungswirkung der einzelnen Steuergattungen.* — Wir betrachten in dieser Hinsicht die indirekten Steuern zuerst. Bei ihnen ist ja die Über- und Fortwälzung vom Gesetze selbst für die Regel beabsichtigt.

Die eine Hauptklasse der indirekten Steuern, die vorerhobenen Abgaben vom Verbrauche, wird die wirkliche Fortwälzung bis zum Konsumenten durchschnittlich um so genauer, allgemeiner und sicherer erreichen, je näher das Stadium der Erhebung dem Verbraucher liegt. Je weiter entfernt vom Verbraucher die Verbrauchssteuer ihren Eimer einwirft, desto gröſser wird der Spielraum der Störung für die der Überwälzung ungünstigen Konjunkturen. Das Prinzip des Stadiums der geringsten Verkehrsentfernung vom Konsum muſs daher bei der Verbrauchseinsteuerung stets zu praktischer Abwägung gelangen.

Im übrigen wird die Überwälzung der Verbrauchsabgaben um so regelmäſsiger von statten gehen, je seltener die Steuerveränderungen sind, je mehr die indirekten Steuern bei günstiger Kon-

---

1) Die Wirkungen der Getreidezölle, Tübingen 1889.
2) In dessen „Jahrbücher für Nationalökonomie und Statistik", III. Folge, Bd. 4.

junktur auferlegt und erhöht, je mehr sie schonend eingeführt werden
(damit die schwächeren Konkurrenten im Laufe der Jahre und Generationen aus dem Konkurrenzkampfe zurücktreten können), und endlich
je mäfsiger die Abgabensätze gestellt werden. So reguliert werden die
Verbrauchsabgaben in der Regel überwälzbar sein. (Über die Zölle
vgl. § 214)

    Bereicherungssteuern (Verkehrssteuern, steuerartige Gebühren)
bieten in ihrer Stellung zur Überwälzung ebenfalls nicht wenige Schwierigkeiten dar.

    Der überwiegende, indirekt regulierte Teil derselben sollte fort-
und rückgewälzt, zugeschlagen bezw. abgezogen werden können. Allein
dies ist keineswegs immer möglich.

    Die Erbschaftsgebühr, soweit sie als nachträgliche Belastung
der entschlüpfenden qualifizierten Steuerkraft des Erb-
lassers (vgl. „Steuern besonderer Teil") angelegt und gerechtfertigt ist,
erreicht ihren Zweck sofort und voll, wenn man die Erbschaften nur
genau und voll ermitteln will. Dies ist nicht die geringste Eigenschaft
der Erbschafts- bezw. Schenkungsgebühren. Auf ihr beruht namentlich
die Eignung zur Ergänzungsbesteuerung des Reichtums und der stattgehabten Kapitalisierungen. Die liegende Erbschaft, das Ergebnis
älterer Ansammlungen, zahlt die Gebühr für die vom Erblasser zu
wenig bezahlten Steuern nach. Die Unmöglichkeit der Umgehung der
Rückwälzung ist es, was den Erfolg der nacherhebenden Besteuerung
sichert.

    Die „Verkehrssteuern" oder Rechtsgeschäftsgebühren verhalten
. sich in derselben Beziehung schon anders. Soweit sie als Steuerbelastung des Steuerzahlers geplant sind, lassen sie sich vielfach überwälzen, und soweit sie Vorschufssteuern sein sollen, lassen sie sich oft
gerade nicht fort- und rückwälzen. Diese doppelte Abnormität enthält
eine weitere Mahnung zu äufserster Vorsicht in Auflegung und Abgrenzung der Verkehrssteuern.

    § 216. *Fortsetzung. Die Überwälzbarkeit der direkten Steuern.* —
Während die indirekten Konsum- und andere Steuern eben im Mafse
der Sicherheit ihrer Fort- bezw. Rückwälzung zur Erfüllung ihrer eigentlichen Aufgabe fähig werden, sehen wir die allgemeinen direkten Steuern
die ihrige um so besser erfüllen, je steifer sie ihre gesetzliche Trag-
steuernatur behaupten, je mehr sie der Fort- und Rückwälzung widerstreben. Und dasselbe gilt von den wenigen Konsum- und Gebührensteuern, welche für den Steuerzahler Tragsteuern sein wollen. Die
direkten Steuern allgemeiner Art könnten die Grundaufgabe allgemeiner
und verhältnismäfsiger Einsteuerung der Durchschnittssteuerkraft gar
nicht erfüllen, wenn sie anderen zugewälzt würden. Die dem Steuerzahler abzufordernden sogen. direkten Gebrauchssteuern und Gebühren

könnten ihre spezialisierende und ergänzende Durchsteuerung besonderer Steuerkräfte nicht vollziehen, wenn sie abwälzbar wären.

Leider ist nun auch bei den direkten Steuern die Überwälzbarkeit ebensowenig ganz ausgeschlossen, wie bei den indirekten die Unüberwälzbarkeit.

1. Die aufserordentlichen wirklichen, nicht blofs nominellen Steuern auf den Stammwert des Vermögens sind unter der Voraussetzung gleichmäfsiger Auflegung kaum überwälzbar. Wenn alle Vermögensarten gleichmäfsig ergriffen werden, kann durch Hinüber- und Herüberwerfen des Vermögens in verschiedene Anlagen die Steuerlast nicht weggewälzt werden. Allein es ist doch eine Ausnahme denkbar, nämlich in dem Falle, wo die Vermögenssteuer so stark ist, um einzelne zu Zwangsveräufserungen der Vermögenssubstanz zu nötigen. In diesem Falle werden die schwächsten Steuerkräfte genötigt, im Notverkaufspreise zu gunsten ihrer Besitznachfolger den Kapitalwert der Steuerlast sich abziehen zu lassen. Der Kapitalwert der Steuer und mehr als dieser kommt beim Zwangsverkauf am Kaufschilling zum Abzuge. Für den Käufer ist die Steuerlast auf Kosten des Verkäufers getilgt. Wir haben hier eben wieder einen Fall der Kapitalwertstilgung der Steuerlast oder der Steueramortisation. Vermögenssteuern sind ebendeshalb auch in aufserordentlicher Zeit ein überaus gefährliches Deckungsmittel, und tilgbare Anlehen bei Privaten, auf Vermögenssteuerzuschläge radiziert, werden meist dem „Zwangsanlehen" vorzuziehen sein.

2. Die allgemeinen direkten Personaleinkommensteuern, selbst jene, welche nominell als Vermögenssteuern geregelt sind, haben unter der Voraussetzung gleichmäfsiger Einsteuerung des wirklichen persönlichen Reineinkommens den grofsen Vorzug, nicht überwälzbar zu sein.

Vorzugseinkünfte im Dienst-, Spekulations-, Industrie- und Handelserwerbe mögen schwer auffindbar sein, aber die gleichmäfsig auffindbaren und gleichmäfsig eingesteuerten Personaleinkünfte aus Arbeit und aus Vermögen können einander die Steuer nicht leicht zuwälzen, wenn man die wirklichen Einkünfte aus jeder besonderen Gattung von Steuerquellen je mit demselben Steuerfufse belegt. Praktisch nimmt daher der grofse Vorzug der Unüberwälzbarkeit genau in dem Mafse einheitloser, schlaffer, ungleichmäfsiger Einsteuerung der Personaleinkommensteuer ab, wovon später noch weiter die Rede sein wird. Wären die wirklichen Personaleinkommensteuern überwälzbar, so müfste sich ihre Überwälzung durch Preiszu- und Preisabschlag der Leistungen der Person bezw. der Produkte der Einkommensquellen vollziehen. Allein wenn alle Personen gleichmäfsig besteuert sind, so hat keine andere ein Interesse, der Steuer wegen mehr oder weniger zu zahlen, der Belastung wegen die eigenen Leistungen und Produkte zu höherem oder niedrigerem Preise abzulassen

oder fremde Preiszu- oder Preisabschläge sich gefallen zu lassen. Soweit also wirklich die Personaleinkünfte allgemein und verhältnismäfsig eingesteuert werden, sonach bei einer guten Regelung und Handhabung der allgemeinen Personaleinkommensteuer, giebt es keine Überwälzung der Steuerlasten und Steuerbefreiungen. Die Ausgleichung ist
von Anfang da.

Die Personalbesteuerung kann wohl den Anstofs geben zu Preis-
abschlägen und Preisaufschlägen, die — etwa dem glücklichen Besitzer
eines Monopols — an sich und abgesehen von der Personalsteuerlast
möglich gewesen wären. Die Preisänderungen sind dann aber keine
Überwälzungen.

§ 217. *Fortsetzung.* 3. Die Ertragssteuern. — In weit höherem
Grade als es für die Verwendbarkeit zur direkten allgemeinen Belastung
der Durchschnittssteuerkraft wünschenswert ist, sind die bisherigen Ertragssteuern abwälzbar und amortisierbar. Die Steuergewalt setzt ihre
Unabwälzbarkeit für die Regel voraus, aber diese Voraussetzung trifft
häufig nicht zu. Die Ertragssteuern unterliegen vielmehr einem häufigen
und langen Schwanken zwischen Fortwälzungen und Rückwälzungen
verschiedenen Grades. Das ist eine ihrer gröfsten Schattenseiten. Die
alten Ertragssteuern haben die Eigentümlichkeit, ohne Rücksicht auf
einheitliche Besteuerung aller Steuerquellen nach demselben Steuerfufse
je einzeln für jede Ertragsquelle geregelt, ermäfsigt, vermindert oder
wechselndem Ertrage gegenüber stabil erhalten zu werden. Ihnen geht
daher von Anfang ab und fehlt immer gleiches Mafs der Belastung
zwischen den verschiedenen Ertragssteuerquellen; den nicht zu Teilein-
kommensteuern regulierten alten Ertragssteuern fehlt ihrer inneren Natur
nach Gleichmäfsigkeit der Belastung. Die einen Ertragsquellen tragen
durch die Ertragssteuern mehr, andere viel weniger als den mittleren
Satz, welcher von dem reinen Einkommen, in welches die Erträge
aufgehen, als Steuer erhoben wird. Die Folge ist, dafs die verschiedenen Steuerkräfte mindestens die thatsächlichen Überbürdungen überzuwälzen und in den Genufs der relativen Begünstigungen zu gelangen
suchen. Und dazu bietet ihnen der Preiskampf des Verkehres reichlich
Gelegenheit.

In den Verkehr kommen sowohl die einzelnen Nutzungen und Früchte
der Ertragsquellen als die letzteren selbst (Häuser, Äcker, Fabriken,
Wertpapiere). Durch Zu- und Abschlag an den ersteren kann die Steuer
einfach übergewälzt werden bezw. die Steuerbegünstigung verloren gehen.
In den Preisen der Ertragsquellen selbst kann der Kapitalwert der
Steuerlast in Abzug gebracht (amortisiert) und der Kapitalwert einer
relativen Steuerbegünstigung zugeschlagen werden. Ob, wann, wie lange
das gelingt, hängt nur von den Verhältnissen der Übermacht und von
der Konjunktur in den fraglichen Preiskämpfen ab. Solche Verhältnisse,

günstige und ungünstige, giebt es jedoch immer für die Käufer und für die Verkäufer, überhaupt für beide Parteien der Preiskämpfe. Daher müssen auch Überwälzungen und Rückwälzungen der Steuer, Kapitalisierungen der Steuerüberbürdung und der Steuerbegünstigung vorkommen und gelingen.

Das liegt in der Natur der alten Ertragssteuern. Würden dieselben gleichmäfsig nur im Verhältnisse der wirklichen reinen persönlichen Einkünfte, in welche die Erträge aller Ertragsquellen sich zerschlagen, erhoben, dann wären Überwälzungen und Amortisationen nicht möglich, soweit diese personelle gleichmäfsige Veranlagungsweise wirklich gelänge. Bei den alten Ertragssteuern trifft aber jene Auffassung bis jetzt kaum zu. Sie werden nicht allgemein und verhältnismäfsig aufgelegt, und namentlich wenn sie „stabile" d. h. fixe Lasten bleiben, während die reinen Bezüge aus der Ertragsquelle sich nachhaltig ändern, laufen sie erst recht in Ungleichheit der Steuerbelastung aus, in eine Ungleichheit, welche dann zu einer besonderen im Verkehre abschreckenden bezw. anziehenden Eigenschaft, zu Gebrauchsminderwert und Gebrauchsmehrwert der Ertragsquelle sich verdichtet. Die Folge ist, dafs im Preise der Ertragsquelle die Uberlastung und die Begünstigung kapitalisiert zum Abzuge und Zuschlage gelangt.

Nur soll man nicht meinen, dafs alle Realsteuern ganz zu Reallasten verdichtet d. h. amortisiert werden. Nach einer Ausgleichung der Last streben alle Steuerkräfte; jede will die Mehrbelastung vermeiden und des Vorteiles der Begünstigung teilhaftig werden. Es ist aber nicht die mittlere, dem Steuersysteme zu grunde liegende Last, sondern das den mittleren Stand der Steuerbelastung nach oben oder unten überschreitende Mehr, was zur einfachen oder kapitalisierten Überwälzung drängt. Nicht die ganze Steuerlast irgend einer Ertragsquelle kann durch den Verkehr amortisiert werden, wenn überhaupt Steuern in dem betreffenden Lande erhoben werden, sondern nur das Mehr oder Minder über und unter dem mittleren Belastungsbetrage der reinen Einkünfte aus den Ertragsquellen. Daher wird sich auch nicht die ganze Grund- oder Gebäudesteuer „zur Reallast verdichten", d. h. durch den Verkehr amortisiert werden.

Bezüglich der alten Ertragssteuern, welche die Schuldverzinsung vom steuerbaren Ertrage nicht abrechnen und den wirklichen laufenden Reinertrag nicht ermitteln, zeigt sich so ganz der heillose Optimismus der Anhänger der CANARDschen Meinung. Die Notwendigkeit einer Grundreform dieser Steuern erweist sich gerade vom Standpunkte der Überwälzungslehre. An diesen Steuern offenbart sich nämlich die absolute Unrichtigkeit der Behauptung, dafs jede alte Steuer gut sei, weil die eine Ausgleichung herbeiführenden Überwälzungsvorgänge endgiltig zum Abschlusse gekommen seien. Man kann dies nicht nachdrücklich genug hervorheben.

Da ist der **Wechsel** in der **Verschuldung** der Ertragsquellen. Mit der Zunahme der Zinsen sinken die Reineinkünfte. Die absolut gleichbleibende Steuer wird relativ zur einseitig steigenden Steuer. Der Schuldner wird auch als Steuerkraft überbürdet.

Da sind ferner immer neue **Rückschläge** und **Fortschritte** im Erwerb, individuelle, gemeindeweise, länderweise, nach Berufszweigen. Die mehr oder weniger stabile Ertragssteuer bleibt, während der Geschäftsgewinn sinkt oder steigt. Die niedersinkenden Individuen, Gemeinden, Länder, Berufszweige erfahren also durch die „alten" Steuern noch eine Steuererhöhung gegenüber denen, welche die durchschnittliche Steuerkraft behaupten oder eine überdurchschnittliche durch den Untergang ihrer Konkurrenzgegner erreichen. Die Ertragssteuern sind also wieder nur nominell fix, thatsächlich sind sie einseitig beweglich. Sie bringen daher aufs neue durchgreifende Zu- und Fortwälzungen, Vermögensumwälzungen hervor. Sie steigen für die schwächer, sinken für die stärker werdenden Steuerkräfte, erschweren den Kampf und die Not des Daseins.

Da überfällt nach scheinbarem Abschlusse der Ausgleichung e i n e **technische Umwälzung** den Kleinbetrieb übermächtig, eine Veränderung der Verkehrswege bringt alte Handels- und Produktionsorte zurück. Die Steuer wird für erstere thatsächlich höher ·und steigert die Not sowie den Vermögensverlust durch Steueramortisation. Die glücklichen Konkurrenten gewinnen durch Kapitalisierung des Minderbetrages der Steuerlast. Das geht immer von neuem an.

Da kommen — mit Notwendigkeit — immer stärkere „**Entwickelungskrisen**", cyklische Hebungen des Ertrages, periodische Krache. Für ungleich betroffene Orte, Geschäfte, Individuen und Ertragsquellen ist das Gleichgewicht wieder weithin gestört. Über- und Fortwälzungen, Amortisierungsverlust und Kapitalwertzuwachs an den Ertragsquellen entstehen wegen der Fixheit und trotz des Alters der Steuern.

Es kommen **aufserordentliche Konkurrenzen**, welche etwa den gröfsten Produktionszweig, die Landwirtschaft, plötzlich zu Anderungen des Betriebes, teils zu Rückgang auf extensivere Betriebe, teils zur Annahme intensiverer Wirtschaft nötigen. Aus diesen Konkurrenzüberfällen ist ein Teil unserer Landwirtschaft seit der Einführung der Eisenbahnen und Seedampfer gar nicht mehr herausgekommen. Da mufs ein Betrieb geändert werden; wo nur immer möglich müssen wir intensiver unsere alten Kulturvorteile ausnützen; aber viele Wirtschaftsbetriebe werden auch gegen den extensiveren Betrieb, welcher ihnen auswärts übermächtig entgegensteht, zurückgeworfen werden. Was geschieht da durch „alte" d. h. angeblich ausgeglichene Ertragssteuern? Sie begünstigen durch ihre Fixheit jene, welche gröfseren Reinertrag erreichen, und beschweren den schwächer werdenden Teil der Steuerkräfte.

Mit den Umwälzungen in den Zollsystemen verhält es sich nicht anders.

Immer aber vollzieht sich ein weitgreifender Umsturz im labilen Gleichgewichte der alten Steuerlasten durch die unaufhörliche Veränderung jenes Teilungsschlüssels, nach welchem die zwei grofsen Gattungen von Einkommenquellen, Arbeit und Kapital, und dann weiter auch das vermehrbare und unvermehrbare Kapital den Ertrag der Nationalproduktion zu Lohn-, Zins- und Unternehmergewinn, zu normalen und prioritätischen Einkünften sich aufteilen. Bald steigt die Lohnrate, und die Rate des vermehrbaren Kapitales sinkt, bald steigen beide und lassen den Boden-Prioritätsrentnern weniger übrig. Dann beginnen alle drei Klassen einander mit Ab- und Zuschlägen zu bedrängen, einander den Vermögenswert herabzudrücken und hinaufzusteigen. Tausende von Einkommen und Vermögen ändern sich durch Sieg und Niederlage in den Preiskämpfen, während die „alten" Steuern nominell dieselben bleiben. Das ganze „alte Steuergleichgewicht" kracht auf einmal und immer wieder in allen Fugen. Es stürzt um zu Gunsten der aufsteigenden, zum Nachteile der sinkenden Steuerkräfte.

Ein stabiles Gleichgewicht der Steuerbelastung kann sich auf der Basis festgelegter, mittlerer Reinertrags-Steuersätze auch deshalb nicht bilden, weil der Wechsel in der Person des Bewirtschafters jedes Jahr eine Menge neuer Abweichungen des wirklichen Reinertrages vom mittleren Reinertrage herbeiführt. Der wirkliche Reinertrag entfernt sich vom mittleren noch weiter als bisher, bald nähert er sich ihm mehr; der Überschufs über, wie der Ausfall gegen den mittleren Reinertrag ist in keinem Falle eine konstante Gröfse, namentlich nicht für eine 4—5 Jahre übersteigende Zeit, nicht Jahres- um Jahresernte!

Das Schwanken steigert sich in allen genannten Richtungen, je flüssiger und beweglicher die Volkswirtschaft wird. Daher behaupten sich Ausgleichungen auf Grund der stabilen Kataster nicht nur nicht, sondern die spätesten unter den erneuerten Gleichgewichtsstörungen können stärker ausfallen als jene waren, aus welchen irgend ein früherer Gleichgewichtszustand hervorgegangen war.

Entwickelungskrisen, welche den bisherigen Reinertrag der „Realitäten" herabdrücken würden, etwa infolge der überseeischen Landwirtschaftskonkurrenzen, müfsten die „alte" Grundsteuer unerträglich machen. Man würde die früher abergläubische Verehrung für die „stabile" Grundsteuer fahren lassen, welche eben durch ihre Starrheit — einer allseitig steigenden Veränderlichkeit gegenüber — immer umwälzender und ungerechter wirkt. Die stabile Grundsteuer ist nur so lange für den Realitätenbesitzer vorteilhaft, als die angenommenen Mittelerträge hinter der

Wirklichkeit zurückbleiben, am meisten dann, wenn der wirkliche
vom mittleren Reinertrage immer mehr nach oben sich entfernt. Dann
bewirkt der stabile Steuersatz allerdings ein an Bedeutung zunehmen-
des Steuerprivilegium der starken Steuerkräfte, eine Bereicherung der
letzteren durch Kapitalisation der Steuerbegünstigung neben. der Kapitalisation des steigenden Reinertrages. Diese doppelte Bereicherung
war für die emporkommenden Agrarsteuerkräfte natürlich sehr an-
genehm.

Die im vorstehenden angeführten Thatsachen werden genügen, um
zu zeigen, daß die Stabilität der Ertragssteuersätze niemals in stabile
Gleichmäßigkeit der Belastung auslaufen kann. Alte Ertragssteuern
verdienen daher ihres Alters wegen keine Schonung. Und
wären sie selbst besser, als sie wirklich sind, so hinderte dies in Deutschland und Oesterreich eine abschließende Steuerreform doch nicht; denn
jüngst erfuhren diese Steuern viele Veränderungen, so daß hier von
alten Steuern überhaupt nicht die Rede sein kann. Da aber auch alte
Ertragssteuern nie aufhören, einen volkswirtschaftlich verwerflichen Über-
wälzungs-, Verarmungs- und Bereicherungskampf zwischen allen Steuerkräften herbeizuführen, so darf die Steuerreform auch aus Ehrfurcht vor
dem Alter gegebener Ertragssteuern nicht haltmachen. Die letzte, abschließende, dauernde Ausgleichung ist vielmehr mit aller Entschieden-
heit zu erstreben durch Änderungen, welche endlich alle direkten Steuern
zu einer gleichmäßigen Besteuerung der wirklichen reinen Personaleinkünfte im Verhältnisse ihrer durchschnittlichen Steuerkraft regulieren
werden. Gelänge diese Steuerreform, dann käme man ans Ende der
Vermögens- und Einkommenumwälzungen, welche von den alten Steuern
ohne Aufhören eingeleitet wurden und wiederholt werden. Erst eine
gleichmäßige Belastung aller wirklichen reinen Personaleinkünfte hindert die Überwälzung, die Amortisation von Mehrbelastungen und die
Kapitalisierung von Steuerbegünstigungen. Die einschneidenden Änderungen, welche bei dieser Verjüngung erforderlich wären, dürfen nicht
schrecken, sollten dabei auch viele alte Mehrbelastungen fallen und
ebenso viele alte Begünstigungen aufhören. Bei einer großen Umge-
staltung, welche an sich gerecht verteilt und für die Zukunft dem
alten Unwesen der Überwälzung direkter Steuern ein Ende macht,
wird man die Änderungen in der jetzigen Lastenverteilung doch viel
eher in den Kauf nehmen können, als die ebenso starken und doch
nichtsnutzigen Änderungen durch bloßes Flicken an den alten Ertragssteuern, zumal wenn man gewisse höhere Mehr- und Minderbelastungs-
beträge für die alte Generation der Steuerzahler nur allmählich eintreten
lassen würde.

Die alten Ertragssteuern sollen also nicht neben einer summarisch
eingeschätzten allgemeinen Personaleinkommensteuer wie Steuermumien

fortbestehen, sondern innerlich in der allgemeinen Personaleinkommensteuer als genau und sorgfältig geregelte Glieder aufgehen!

4. Die Lohnsteuern. Ihre Überwälzung gelingt weder immer, noch rasch. Sind doch die Lohnsteuern schon jetzt, obwohl sie unter den Ertragssteuern aufgeführt werden, Personaleinkommensteuern. Die Erhöhung der Lohnsteuer wird sich nur von den geschätztesten Lohnarbeitern auf den Arbeitgeber fast immer abwälzen lassen, wofern sie empfindlich genug ist, um den Arbeitnehmer zur Erhöhung seiner Gehaltsforderungen zu bestimmen. Für die mittlere Masse der Lohnarbeiter wird die Überwälzung nur bei rasch aufsteigender Lohnkonjunktur leicht gelingen, also in Epochen, in welchen die Steuererhöhungen nicht an der Tagesordnung zu sein pflegen. Sonst aber bleibt die Steuer an der Masse der geschulterten Lohnarbeiter haften, und zwar zu einer Zeit, wo der Lohngeber mit besserem Erfolge auch seine Lasten und Ausfälle rückwärts auf die Arbeiter wälzt. Nur für die niedrigste gemeinste Lohnarbeit muß endlich eine Ausgleichung der Steuerauflagen eintreten. Für sie und nur für sie wird die Steuerschuldigkeit als ein Element der notwendigsten Unterhaltskosten sich zuletzt geltend machen. Allein diese Ausgleichung ist ein meist langwieriger und stets ein höchst schmerzensreicher Vorgang. Die vollzogene Ausgleichung kann man nicht hoch genug schätzen. Unaufhörlich überbürden und ungleich einsteuern, weil ja jedoch einmal eine Ausgleichung eintreten müsse, ist ein hartes, grausames Verfahren. Die Masse der gemeinen Arbeit kann durch Lohnsteigerung oft Jahrzehnte lang den schwererträglichen Teil der Steuerlast nicht fortwälzen. Während neue Steuern auf sie drücken, unterliegt sie sonst noch schwerer Einbuße; auch die Lohnaufschläge der jüngsten Zeit sind des Fortganges nicht sicher.

Noch drückender für alle kleinen Leute sind die in Verbrauchsabgaben gekleideten Lohnsteuern. Als solche erweisen sich uns die Verzehrungssteuern auf absolut unentbehrliche Konsume, auf Salz und auf die stärkemehlhaltigen Nahrungsstoffe. In diesen Stoffen geht der Hauptteil der Lohneinkünfte und Kleingewinne auf. Eine Verteuerung der notwendigen Nahrungsmittel durch Verzehrungssteuern und Zölle wirkt daher thatsächlich als drückendste Personalsteuer.

Verbrauchsabgaben der genannten Art haben die vereinigte Wirkung der indirekten und direkten Steuern insofern, als sie mit der Sicherheit der indirekten Steuern auf den Konsumenten übergewälzt, aber vom konsumierenden Arbeiter so wenig wie eine direkte Lohnsteuer fort- oder rückgewälzt werden können. Die Nichtüberwälzbarkeit sowohl dem Brotverkäufer als dem Lohngeber gegenüber lastet mit schwerem doppeltem Drucke auf dem Arbeiter. Die Nichtfortwälzbarkeit gegenüber dem Brotherrn ist eine Thatsache, welche nicht verwundern kann; denn Verbrauchsabgaben von ganz unentbehrlichem Bedarfe nähern sich in der

Wirkung den direkten Steuern, welche kaum abwälzbar sind. Jene sind nur noch viel drückender und proportional dem zur steuerpflichtigen Verzehrung verwendeten Teile des Einkommens, nicht dem ganzen Einkommen, so dafs sie das Haupt einer zahlreichen Familie und die kleinen Leute viel mehr drücken als eine mäfsige Personalklassensteuer; die Brotbesteuerung kommt einer direkten Steuer gleich, welche die kleinsten Einkommen mit viel höheren Sätzen belasten würde als die grofsen.

So wenig glänzend die Finanzlage Italiens, Deutschlands und Oesterreichs ist, die Ermäfsigung der Salzsteuer, die Aufhebung der Getreideaufschläge in den Grofsstädten, die Beseitigung und Fernhaltung der Mahlsteuer wird man dennoch fordern müssen.

Eine **Amortisierung der Steuerlast** ist bei der Lohnbesteuerung civilisierter Staaten undenkbar. Denn die arbeitende Person ist die „Ertragsquelle", und sie ist dem Verkehre entzogen. Dagegen findet eine furchtbare Werteinbufse, welche der Amortisation der Steuerlast bei anderen Ertragssteuern an die Seite gestellt werden kann, allerdings statt. Jene Lohnsteuer, welche durch Lohnaufschlag nicht hereingebracht werden kann, kommt am Gebrauchswerte bezw. an der Qualität des Menschenkapitales der Nation unmittelbar in Abzug; Elend und Not werfen unausgenützte Kräfte früh ins Grab, der Arbeiterstand nimmt an Güte ab, viele Arbeiter verlassen das Land. Auf die Dauer werden Steuerkräfte vernichtet und geschwächt.

§ 218. *Fortsetzung.* 5. **Die Steuern vom Zins- und Betriebskapitale.** Die gewöhnliche Leibzinssteuer vom beweglichen Kapitale kann nur in geringem Mafse abgewälzt werden, wenn alle Anlagearten dieses Kapitales gleichmäfsig belastet werden. Es mag sein, dafs die Besteuerung den äufseren Anstofs zu einer sonst angezeigten und durchführbaren Zinserhöhung giebt; letztere läfst sich aber in diesem Falle nicht als Steuerüberwälzung auffassen. Anders verhält es sich, wenn das bewegliche Kapital in verschiedenen Anlagearten und Anlageplätzen einer ungleichen Höhe der Steuerlast begegnet. Alsdann strömt es den minderbelasteten Anlagegelegenheiten unter billigeren Bedingungen zu. Für die stärker besteuerten Anlagen ist es nur unter schwereren Bedingungen zu haben. Daher wird, wenn in einem Lande für eine besondere Gattung von Zinstiteln oder Geschäftsbetrieben der Steuerfufs über die durchschnittliche Höhe steigt, allerdings eine Überwälzung stattfinden; der Schuldner erhält die Steuer durch Zinsaufschlag oder durch Abzug an der Anlehensvaluta zugewälzt. Der Gläubiger wälzt bei der ihm für die Regel günstigeren Konjunktur die Steuerlast von sich ab. Der Unternehmer verläfst den Geschäftszweig.

Ein grofsartiger Fall der Steueramortisation ergab sich bei hohen Couponssteuern, indem die Kurse der Zinstitel um den Kapitalbetrag der Extrabesteuerung sich zu vermindern pflegten, daneben war in der neueren Anlehenspolitik ein in unsere Steuerfragen tief einschneidender Fall des Kapitalzuwachses der Steuerbefreiung, nämlich bei der Ausgabe aller steuerfreien Schuldtitel des Staates, der Eisenbahnen und öffentlichen Fonds geschaffen. So besteht in Oesterreich seit 1868 die 16 proz. Couponssteuer der alten Staatsschuld; die in Steuerüberbürdung eingekleidete Repudiation amortisierte sich durch beträchtlichen Kursfall der nur noch 4¹/₅ proz. Papier- und Silberrente; Steuerbefreiungszusagen trieben den Kurs anderer Zinstitel über den mittleren Kursstand normal besteuerter Papiere.

Ein anderer, praktisch höchst belangreicher Fall der Amortisation hoher Steuern auf bewegliches Kapital hat sich bei der Aktiendividenden-Besteuerung ergeben. Die 10prozentige Einkommensteuer der österreichischen Aktiengesellschaften wurde im Kurse teilweise amortisiert. Die Ermäßigung derselben wäre ein durch nichts begründetes Geschenk an eine sehr wenig bedürftige Klasse, an die jetzigen Aktienbesitzer, ein Kapitalwertsgeschenk, welches sich realisieren müßte, sobald die Aktien weiter verkauft werden würden.

Aus dem vorstehenden ergiebt sich, eine wie hohe Aufgabe es ist, die Zins- und Rentenbesteuerung als allgemeine und gleichmäßige Steuer vom wirklichen, reinen persönlichen Renteneinkommen der laufenden Periode, d. h. als einen Teil der allgemein wirklichen Personaleinkommensteuer auszugestalten und außerordentliche Steuerfüße sowie Steuerbefreiungen zu unterlassen bezw. durch billige Abfindung aus dem Steuersystem wieder auszumerzen.

6. Die Besteuerung der Anlagekapitale. Bis jetzt haben wir das bewegliche, allen Anlagen zuwendbare Kapital, s. g. flüssige Kapital im Auge gehabt. Neue Erscheinungen treten auf, wenn wir das meist unbeweglich gemachte, unzurückziehbare Anlagekapital, die „Kapitalinvestierungen", das in Gebäude, Grund und Boden, Maschinen und Vorrichtungen „hineingesteckte" Vermögen — sagen wir Bau-, Bodenmeliorations- und Werksanlagenkapital — ins Auge fassen. Soweit dieses Kapital ungefähr zum Durchschnittssatze des beweglichen Kapitales besteuert wird und seinen Gebrauchswert behält, wird seine nur mittlere Steuerlast nicht übergewälzt werden können. Ganz anders, wenn diese Kapitale entweder ihren Gebrauchswert verändern oder außerordentlich niedrig oder hoch zur Einsteuerung gelangen. Dann giebt es Amortisationen der Mehrlast und Kapitalisierungen der Steuerbegünstigung.

Hier findet einmal in weitem Umfange Steueramortisation statt. Alle verfehlten Bauten und Betriebsanlagen, welche allmählich nutzlos werden oder es von Anfang sind, können bis unter den Preis des Abbruchwertes herab auch in der Steuerlast amortisiert werden. Niemand erwirbt sie zum Reste ihres Gebrauchswertes, wenn sie mit fixen, unverhältnismäfsigen Realsteuern dauernd behaftet sind. Durch Veralten der Anlagen, durch Wandlungen im Geschmacke, durch Änderung im Wohnbedürfnisse werden nun auf diese Weise immer bedeutende Amortisationen stabiler Ertragssteuern eingeleitet werden. Der alte Besitzer verliert. Die Amortisation ist deshalb nicht abzulehnen, weil das Kapital nicht mehr in andere rentable Anlagen geworfen werden kann.

Ein Hauptfall ist die dauernde Veröddung einer Strafse, einer Stadt, eines Einkehrhauses, so lange die Steuer nicht entsprechend herabgesetzt wird. Auf geringere Erträge fällt nun der alte fixe Steuerbetrag; Steuerüberbürdung tritt thatsächlich ein. Nun kann nicht blofs der ganze Kapitalwert der im Gebäudeertrage enthalten gewesenen Vorzugsbodenrente in Abfall kommen, sondern dazu auch der Kapitalwert der ganzen Steuer der genannten Grundrente samt dem Kapitalwerte der Baukapitalsteuer. Dieser Fall der Steueramortisation richtet den alten Besitzer oftmals zu Grunde.

Das Umgekehrte ist der Fall, wenn einzelne fixe Kapitale vom Durchschnittssatze der Mobiliargewinnsteuer frei werden. Dann wird der kapitalisierte Wert der Steuerfreiheit den Verkaufspreisen zugeschlagen werden.

Ein solcher Vorgang tritt vorübergehend für alle Gebäude ein, welche bei stabilem Gebäudesteuersatze infolge grofser Nachfrage im Mietwerte steigen. Die Kapitalrente steigt über den Mittelsatz, es tritt beim Gleichbleiben des Steuersatzes thatsächlich eine Steuererleichterung ein. Bei Häuserumsätzen wird sich diese Steuererleichterung in Preiszuschlägen kapitalisieren.

Ein für unsere Zeit höchst belangreicher Fall der Steueramortisation tritt ferner auf bei jener Zerrüttung der Kommunalfinanzen, welche übermäfsige Zuschläge zur Gebäude- und Gewerbesteuer in aufstrebenden Städten herbeigeführt hat. Niemand bezahlt Gebäude an Orten, wo 200—1200 Proz. Zuschläge erhoben werden, bei gleichem Ertrage ebenso teuer wie da, wo kein oder nur ein niedriger Zuschlag zu zahlen ist. Daraus folgt, dafs die Begrenzung der Zuschläge eine unabweisbare Anforderung der Sicherheit des Eigentums an die Steuerpolitik ist. Die übermäfsigen Zuschläge sollten so rasch als möglich beseitigt werden, ehe in gröfserem Mafsstabe Amortisation eingetreten ist.

§ 219. *Konsequenzen für das Steuersystem.* — Die Unsicherheit bezüglich der Überwälzbarkeit der direkten Steuern einerseits und bezüglich der Unüberwälzbarkeit der indirekten Steuern andererseits rechtfertigt nicht den Schlufs, die Wahl der Steuerarten für das Steuersystem aus dem Gesichtspunkte der Überwälzungstheorie für bedeutungslos anzusehen. „Vielmehr wird man, eben dieser Verhältnisse wegen, die Steuerarten so wählen, das Steuersystem so einrichten müssen, dafs nicht

erst von dem unsicheren Überwälzungsprozesse die Beseitigung von
Mängeln bezüglich der richtigen volkswirtschaftlichen Verteilung der
Steuerlast auf die Steuerquellen und bezüglich der richtigen Verteilung
dieser Last auf die Steuerpflichtigen erwartet wird. Es gilt, möglichst
von vornherein Steuerarten zu wählen, welche in diesen Beziehungen
den richtigen Prinzipien der Theorie und den Forderungen der Praxis
entsprechen, daher, soweit dabei unvermeidlich auf Überwälzung Rücksicht zu nehmen ist, solche Steuerarten, deren Überwälzung überhaupt
nicht so leicht oder mit gröfserer Wahrscheinlichkeit in bestimmter Richtung zu erwarten ist, damit man die Wirkungen übersehen kann. Kommt
man, wie freilich oftmals, mit solchen Steuerarten nicht aus, z. B. weil
ihr Ertrag nicht genügt, oder weil sie andere prinzipielle oder praktische
Bedenken, etwa wegen Widerspruchs mit anderen Steuerprinzipien, bieten,
so kann man allerdings nicht umhin, auch nach den wahrscheinlichen
Überwälzungsverhältnissen mifslichere oder wegen der Ungewifsheit
dieser Verhältnisse dunklere Steuerarten zu wählen. Aber man mufs
dann daraus wieder die Konsequenzen ziehen: z. B. wahrscheinlich nach
unten mehr drückende Steuern, wie manche indirekte Verbrauchssteuern,
durch nach oben mehr belastende, wie Einkommen-, Vermögenssteuern zu
ergänzen; auch die erforderlichen und möglichen Einrichtungen treffen,
um eine gewollte oder nicht gewollte, im Verkehre aber dennoch nicht
oder dennoch gerade oder nicht genügend oder in anderer Weise, als
gewollt oder nicht gewollt, sich vollziehende Überwälzung zu erleichtern, zu erschweren, zu kompensieren. Die Ergebnisse der Überwälzungslehre werden daher doch für die Bildung des Steuersystems, die Wahl
der einzelnen Steuern, Steuerobjekte und Steuererhebungsarten als vielfach wichtig anerkannt werden müssen. Fingerzeige geben sie genug
für das, was rätlich und schädlich ist." (A. Wagner.) Das wird sich
bei den „Steuern, besonderer Teil" zeigen.

4. Kapitel. Die aufserordentlichen Steuererleichterungen.

§ 220. *Steuerstundung und Steuernachlafs.* — Die angestrengteste
Bemühung der Steuerpolitik wird es für sich selbst nicht erreichen, dafs
nicht in einzelnen Fällen und in besonderen Zeiten die Steuerlast unerträglich und uneinbringlich wird. Alsdann kann die Steuergewalt veranlafst sein, ihrerseits Erleichterung zu schaffen. Dies geschieht teils
durch Gestattung des Steuerzahlungsaufschubes oder die sog. Steuerstundung, teils durch Steuernachlafs. Die eine wie die andere Mafsregel
ist vom Standpunkte der Steuerpolitik stets bedenklich; denn sie er-
muntert die Laxheit der Steuerzahler und vermindert den Steuerertrag.

Einzelnen gegenüber wird von der Strenge des Steuereinzuges nicht
abgegangen werden dürfen. Überall, wo die Steuerlast nicht zu hoch
gespannt ist, wird die einzelne zur Steuerzahlung unfähige Steuerkraft

wirtschaftlich überhaupt schon in unhaltbarem Wirtschaftszustande sich
befinden, das einseitige Zurücktreten der Steuerkasse in der Zwangsbeitreibung wird nur zum Vorteile der Gläubiger bezw. der Erben
gereichen.

Anders stellt sich die Frage im Falle allgemeiner Notstände,
namentlich bei allgemeiner Notlage der Landwirtschaft. Auch in diesem
Falle ist schon die Steuerstundung, vollends der Steuernachlaß in hohem
Grade bedenklich, zumal bei einem System der Volksvertretung, bei
welchem parlamentarische Koalitionsmehrheiten im Wettlaufe um die
Volksgunst die Steuerstrenge der Verwaltung lahmzulegen in hohem
Grade versucht sind. Es gilt daher, auch diese allgemeinen Störungs-
coeffizienten aus dem Gange der Steuerpolitik wegzuschaffen.

Hierbei kommen drei große Gesichtspunkte in Betracht:

1. jene Anlegung des Systems der indirekten Steuern, welche durch
Wahl namentlich der mehr oder weniger entbehrlichen Konsumgegen-
stände zu Steuerobjekten den Steuersubjekten die bereits betonte Selbstentlastung gestatten — ein weiterer Gesichtspunkt für die Beurteilung
der Notwendigkeit indirekter neben den direkten Steuern;

2. die Regelung aller direkten Steuern, auch der Ertragssteuern,
thunlichst in der Richtung, daß nur der wirkliche laufende Reineingang
zu versteuern ist, wodurch sich die begründete Minderung der Steuerlast genau im Maße der den Notstand begründenden Ertrags- und Ein-
kommensverminderung — beruhe letztere auf äußeren Umständen von
höherer Gewalt oder auf Verschuldungszunahme — ganz von selbst
vollzieht;

3. die allgemeine Entwickelung der berufskörperschaftlichen und
berufsgenossenschaftlichen Kreditorganisation in einer Richtung, welche
die Realkreditüberschuldung verhindert und allgemeinst einen Betriebs-
kredit sichert, welcher auch in schwerer Zeit die Entrichtung der Steuern
gestattet.

Die letzte (dritte) Voraussetzung ist, wie ich an anderem Orte [1])
völlig nachgewiesen zu haben glaube, wirklich erreichbar, und die zur
Zeit in großem Maßstabe geplante Kreditreform sollte daher von der
Steuerpolitik angelegentlich unterstützt werden.

Man kann, wenn man ernstlich will, die Steuerstundung und den
Steuernachlaß ganz aus der Welt schaffen.

V. Abschnitt. Das Steuersystem.

1. Kapitel. Die Einheit der Besteuerung.

§ 221. *Einheit und Einzigkeit der Besteuerung.* — Die Grundaufgabe, welche in der Besteuerung zu lösen ist, besteht darin: nach

---

1) Kern- und Zeitfragen, II. B.

Maſsgabe des verhältnismäſsigen Anspruches der verschiedenen Steuergewalten an die Gesamtsteuerkraft den Steuerbedarf durch Belastung
der Steuerpflichtigen nach Verhältnis der wirklichen Leistungsfähigkeit
sämtlicher Steuerkräfte aufzubringen.

Diese Aufgabe läſst sich nur durch eine Kombination verschiedener
Steuerarten erreichen, deren vereinte Wirkung die Belastung aller Steuerkräfte im Verhältnisse ihrer wirklichen Leistungsfähigkeit ist. Die Lösung
bedingt ein ganzes S t e u e r s y s t e m, welches jedoch das Prinzip der
„E i n h e i t d e r S t e u e r n" bei a l l e r P r e i s g e b u n g d e r E i n z i g-
k e i t e i n e r b e s t i m m t e n S t e u e r a r t, d. h. die Forderung nicht
verletzen darf, daſs die Steuerkräfte mit dem Gesamtbetrag ihrer Steuer-
zahlungen im Verhältnisse ihrer wirklichen Leistungsfähigkeit getroffen
und die konkurrierenden Steuergewalten im Verhältnisse ihrer öffentlichen gemeinnützigen Bethätigung beteilt werden.

Die Vielheit der Steuern darf n i c h t e i n e p l a n l o s e V i e l e r l e i-
h e i t, sondern soll eine systematische Einheit darstellen. Die verschiedenen Steuern z u s a m m e n haben thunlichst Jeden gleichmäſsig nach
seiner wirklichen Leistungsfähigkeit zu fassen.

Die Unmöglichkeit, die Einheit der Besteuerung durch eine einzige
Steuerart zu erfassen, hängt mit der fortschreitenden Differenzierung der
Steuerkräfte und mit den Grundlagen der Steuerkraft zusammen. Wer
diesen Zusammenhang anerkennt und eine Anzahl von Steuern als erforderlich annimmt, ist darum noch kein kindischer Anhänger der Vielheit um der Vielheit willen, wie es neuestens grundlos behauptet wird.
Das Steuersystem ist auf die Einheit der Besteuerung t r o t z der
steuergeschichtlich wachsenden Zahl von Steuergattungen immer intensiver angelegt worden. Nur die Reaktion gegen eine systemlose An-
einanderreihung der Steuern in Theorie und Praxis ist begründet.

Die Ansicht, daſs nur ein System der Ertrags- und Einkommensbesteuerung mit Ablehnung aller Konsum- und Bereicherungssteuern
die „Einheit der Steuern" zu wahren geeignet sei, daſs die Konsum-
und die Verkehrssteuern als integrierende Glieder eines im obigen Sinne
einheitlichen Steuersystems nicht ausgestaltet werden können, wird
abgelehnt werden müssen. Daraus wenigstens, daſs die „Verbrauchsauflagen" Preiszuschläge, nicht aber Steuern seien, läſst sich gegen ein
die indirekten Steuern in sich verflechtendes Steuersystem gar nichts
ableiten; denn der Preiszuschlag ist nur eine Form mittelbarer Steuererhebung und entzieht den „Verbrauchsauflagen" in keiner Weise den
Charakter einer Steuer. Mir erscheint VOCKES Ansicht als unhaltbare
p e t i t i o p r i n c i p i i. „Die Steuergeschichte — sagt er — zeigt, wie
sich die Ertragsteuern nach den Ertragsarten an die ursprünglich alleinige
Grundvermögens-, dann Vermögenssteuer zur Mehrheit angereiht haben,
um sich schlieſslich in der höheren Einheit der Einkommensteuer wieder

zusammenzufinden. Die Verbrauchsauflagen und Verkehrsabgaben in
diesen Gang des Werdens hereinzuziehen, hat nicht mehr Berechtigung,
als wenn man die Monopole, die alten Regalien und sonstigen Hilfsmittel der alten Finanzkunst (Zwangsanlehen, Ämterverkauf, Münzver-
schlechterung u. a.) ebenfalls für berechtigte Glieder in der Entwicke-
lungsreihe der Steuern ausgeben wollte". Diese Bemerkung beweist
nur, daß auch bei der direkten Steuer die Einheit im Sinne der Einzigkeit der alten Grundsteuer zerfiel, und daß eine Reihe einstiger
irrationeller Staatseinnahmen heute von niemand zum Steuersysteme gezogen werden will. Allein den Ämterverkauf u. dgl. hat meines Wissens
kein Schriftsteller je ins Steuersystem einbeziehen wollen, bei der neueren
Entwickelung der Besteuerung ist dagegen die konnexe Ausgestaltung
der direkten und indirekten Steuern in der Richtung der Steuereinheit
schon sehr energisch in Betracht gezogen, wenn auch noch nicht vollkommen durchgeführt worden.

Die einzige Ertragssteuer oder einzige Einkommensteuer will übrigens auch VOCKE nicht, wie aus seinen teilweise klassischen Erörterungen über Ertrags- und Einkommensteuern hervorgeht. Die „Merkmal"-Besteuerung bei den Ertragssteuern verwirft auch er nicht unbedingt.
Die Verbrauchsbesteuerung ist aber auch Merkmalbesteuerung.

Viele Gründe für ein Steuersystem — sind schon bisher hervorgetreten
in den verschiedensten Paragraphen. Der Zweck der Besteuerung nach Verhältnis
der Leistungsfähigkeit Aller erschien überall nur durch die Kombination verschieden
direkter und indirekter Steuern — durch ein Steuersystem — erreichbar.

§ 222. *Die einzige Grundsteuer und die einzige Einkommensteuer.*
— Die Physiokraten haben bekanntlich die einzige Grundsteuer als
impôt unique gemäß ihrer Lehre, daß der Boden allein die Quelle
des Reinertrages (produit net) sei, empfohlen. Ein begeisterter Anhänger der physiokratischen Lehre, Karl Friedrich I. von Baden, hat
sogar in einigen seiner Dörfer einen Verwirklichungsversuch gemacht
(vergl. über diesen Fürsten die Monographie in 2 Bd. von KNIES).
Allgemein angenommen war bei den Physiokraten selbst das *impôt
unique* nicht, wie denn der ältere MIRABEAU in seiner „Theorie der
Besteuerung" (1760) für Frankreich zweierlei direkte Steuern vorschlug,
eine Grundsteuer für ein Drittel des Staatsbedarfes und eine nach Personen und Feuerstellen zu entrichtende Einkommensteuer für die übrigen
zwei Drittel des Bedarfes.

Die theoretische Voraussetzung der einzigen Grundsteuer hat in der
Nationalökonomie längst keinen Vertreter mehr. Politisch wäre sie gleichbedeutend mit einer Aneignung fast des ganzen Bodenertrages in Form
einer Rentenverwaltung durch Scheineigentümer, einer staatlich und sonst
schädlichen Schwächung des Immobiliar- gegenüber dem Mobiliar-Privat-
eigentume.

Nicht wenige Anhänger hat dagegen der diesem Jahrhunderte an-

gehörige Vorschlag der „einzigen allgemeinen und zwar progressiven Einkommensteuer" erhalten. Die letztere figurierte
und figuriert noch als Volksbeglückungsartikel ganzer Parteien und zwar
wegen der vermeintlichen Einfachheit der Erhebung und der Gerechtigkeit der Steuerverteilung. Diese Begründung bezeichnet WAGNER mit
Recht als Einbildung des „finanztheoretischen Dilettantismus" (§ 193).
Die eigentliche Absicht dabei ist, die Masse des Volkes bis in den Mittelstand hinein auch von direkten Steuern freizumachen, oder die grofsen
Einkommen und Vermögen unter der Maske gerechter und einfacher Besteuerung zu zertrümmern.

Dafs eine „einzige allgemeine, progressive Einkommensteuer" dem
Bedarfe gegenüber völlig unzulänglich wäre, geht aus den einkommen-
statistischen Ziffern über die Schichtung der nationalen Steuerkraft
(§§ 201 f.) klar hervor. Dafs sie die kleineren und mittleren, aber
dennoch steuerfähigen Einkommen ohne ein sehr kostspieliges Einsteuerungsverfahren nicht erreichen könnte, ist einleuchtend, und doch wäre
ein höchst einläfsliches Verfahren unumgänglich, wenn die fragliche Steuer
einmal das Vielfache der heutigen direkten Steuern einzubringen hätte.
Bei oberflächlicher Ermittelung und dennoch hohem Progressivsteuer-
fufse würde sie thatsächlich zu mafsloser Ungerechtigkeit führen.

Dazu kommt — und dies ist das Entscheidendste —, dafs die progressive Einkommensteuer allein völlig ungeeignet ist, das Problem individualisierender Besteuerung nach der persönlichen (nicht schichtweisen)
Steuerfähigkeit zu lösen, wie in den Ausführungen über Progressivbesteuerung (§ 197 ff.) eingehend nachgewiesen ist.

Die Unmöglichkeit — bemerkt A. WAGNER steuergeschichtlich — in einem
modernen Staate grofsen Finanzbedarfes mit einem aus wenigen Hauptsteuern, namentlich wesentlich nur aus direkten Ertrags-, etwas Verkehrssteuern und Einfuhrzöllen
bestehenden „einfachen" Steuersysteme, das also immer noch von einer „einzigen
Steuer" weit entfernt wäre, auszukommen, hat sich in Frankreich in der ersten
Revolution auch praktisch gezeigt. Die bezüglichen Versuche scheiterten gänzlich,
und zwar nicht an den Zeitverhältnissen, sondern an dem innewohnenden Fehler
des Planes.

§ 223. *Die Einzigkeit der direkten Steuern mit „Ergänzungen des
Steuersystems" durch angeblich nicht steuerartige Auflagen* — vertritt
VOCKE. Diesen Standpunkt vermag Verfasser dieses auch nach wieder-
holter, eindringendster und unbefangenster Prüfung nicht zu teilen.

Davon sei abgesehen, dafs der Ausdruck der „Ergänzung des Steuersystems" durch Beibehaltung von nach VOCKE nicht steuerartigen Abgaben, welche den Hauptstamm der in unserem Sinne indirekten Steuern
ausmachen, ein unglücklicher ist; die „Ergänzung" eines S t e u e r systems
und zwar eines Steuer systems durch nicht steuerartige Abgaben ist logisch
widersprechend. Nach VOCKES — unseres Erachtens unrichtiger — Auffassung sind Steuern und Verbrauchsauflagen „grundverschiedene Dinge",

und es ist ihm zufolge „von vornherein nicht verständlich, wie zwei so grundverschiedene Dinge sich zu einem Systeme ergänzen sollen" (a. a. O. S. 355). Nun dann können letztere auch nicht „Ergänzungen des Steuersystems und des Steuersystems" sein. Allein Vocke denkt nur an die vorläufige Notwendigkeit des Fortbestandes bisheriger Einnahmen, welche er nicht für Steuern hält; auf Wahl des Wortes Ergänzung, obwohl es in der neueren Steuertheorie für so Vieles in Anwendung gekommen ist, „was man nicht deklinieren kann", soll daher kritisch nicht weiter geachtet sein. Die eigentliche Meinung Vockes ist, daß die Kombination der Ertragssteuern mit der allgemeinen Einkommensteuer als Ziel der Besteuerung ins Auge zu fassen sei. Es ist mit andern Worten die Einzigkeit der direkten Besteuerung, welche einzuführen wäre, wenn — an den griechischen Kalenden? — die Verhältnisse „nicht mehr durch Kriegsausgaben u. a. aus dem normalen Zustande weit verschoben" (a. a. O. S. 353) sein werden.

Viel mißlicher ist schon dies, daß durch Vockes Zusammenwerfung der in unserm Sinne indirekten Steuern mit raubartigen Einnahmen der älteren Zeit ein sicheres Prinzip einer rationellen Auswahl und Verhältnisstellung der in u. S. indirekten zu den in u. S. direkten Steuern verloren geht und hierdurch demjenigen für „nicht absehbare Zeit" Vorschub geleistet wird, was Vocke vermeiden will, nämlich der Steuerraubwirtschaft alten Styles. Der Versuch wird zwar gemacht, den einzelnen der Gattung nach verpönten Abgaben eine „organische" Bedeutung im Deckungsgesamtsysteme zuzuweisen, dieser Versuch ist aber bei Licht betrachtet doch nur — eine unbewußte Wiedereinführung dieser Abgaben als Steuern ins „Steuersystem".

Weiter erhebt sich das Bedenken: warum nicht eine einzige Ertrags- oder eine einzige Einkommensteuer? Indem Vocke die eine wie die andere mit sehr guten Gründen abweist, da die Verhältnisse — u. a. die Notwendigkeit der Besteuerung der dem Lande oder der Gemeinde wirtschaftlich angehörigen Ausländer, die Schwierigkeit exakter Ermittelung des personellen Einkommens als solchen — die einzige Steuer nicht gestatten, durchbricht Vocke selbst seine „Steuereinheit' und anerkennt auf dem Boden der direkten Steuern das, was wir andern auch für die indirekten Steuern als notwendiges Seitenstück der in u. S. direkten Steuern festhalten, dies nämlich, „daß die Steuer nur eine ist, aber in ihrer Verwirklichung nach der Verschiedenheit der thatsächlichen Verhältnisse verschiedene Formen benutzen und verschiedene Stufen der Entwickelung durchlaufen muß". Daß die in unserem Sinne indirekten Steuern eine rationelle Entwickelung nicht auch erreichen können, hat Vocke in keiner Weise erwiesen.

Gegen seine einzige Steuer, die mit Ertragssteuern kombinierte Einkommensteuer, erhebt sich aber der prinzipale Einwand, daß durch

die direkten Steuern allein, d. h. durch bloſs quantitative Ermittelung
der Steuerkraft, die wirkliche individuelle Leistungsfähigkeit überhaupt
nicht und selbst die Durchschnittssteuerkraft nur unvollständig sich erreichen läſst, namentlich wenn man mit dem schon erwähnten Gedanken
Mazzolas von einer Progressivskala bis zu 50 Proz. (§ 197) transigiert.

Über die Verbrauchsauflagen, wie sie einst waren und wurden
und teilweise noch sind, begründet Vocke ein nur zu wahres Verdam-
mungsurteil. Aber daſs sie unverbesserlich und überhaupt keine Steuern
seien, hat er in keiner Weise nachzuweisen vermocht. Damit freilich hat
er Recht, daſs die in u. S. indirekten Steuern als Ergänzungen der
direkten Besteuerung bloſs dem Bank- und Handelskapitale und dem
kleinen Manne gegenüber (a. a. O. 335 ff.) keine oder nur eine sehr unvoll-
ständige Rechtfertigung finden würden. Inkonsequent aber ist es, wenn
Vocke schlieſslich zugiebt: „Der Schluſs wird also dahin lauten müssen,
daſs die Verbrauchsauflagen soweit als möglich von der (direkten)
Steuer verdrängt, solange sie aber unentbehrlich sind, dahin ausgebildet
werden sollten, daſs sie möglichst wenig schädlich auf die Gütererzeu-
gung und den Verkehr wirken und möglichst dem sittlichen Gedanken
der Belastung nach der Leistungsfähigkeit angepaſst werden, zu welchem
Zwecke die Erhebung von den vorschieſsenden Geschäftsleuten thunlichst
nahe an den Übergang der Ware zum Verbraucher gerückt, und auf
die Verschiedenheit der Qualitäten möglichst Rücksicht zu nehmen ist.“
Wenn die Verbrauchsabgaben „dem sittlichen Gedanken der Leistungsfähigkeit möglichst angepaſst werden sollen“ (a. a. O. S. 85), so muſs
eben doch etwas Steuerhaftes und einige Verbesserlichkeit auch ihnen
anhaften. Wenn diese i. u. S. indirekten Steuern im absolutistischen
Territorialismus auf „Volkstäuschung“ berechnet waren, so trifft das
schon jetzt nur in sehr viel geringerem Grade zu, und die Volkstäuschung
kann dabei durch weitere Regulierungen ebenso aufhören, wie die
Irrationalität der alten Ertragseinsteuerung groſsenteils schon gewichen ist.
Die Thatsache, daſs gut regulierte Steuern vom entbehrlichen Gebrauchs-
und Verbrauchskonsum weniger drücken, ist jedoch weder politisch
(§ 52), noch steuertheoretisch (§ 195) ein Übel, vielmehr ein Vorteil,
von welchem Gebrauch gemacht werden darf.

Die Anklage Vockes, daſs die Verbrauchsabgaben den Gebrauchsluxus der Reichen frei lassen, begründet nicht die Abschaffung aller
Konsumabgaben, sondern die endliche Entwickelung auch einer allgemeinen Gebrauchsluxusbesteuerung, welche als Vorschuſsbe-
steuerung wie wir zeigen werden[1]), sich so rationell als ausgiebig
wirklich regulieren läſst; doch können wir mit Vocke darin übereinstimmen, daſs die bisherigen dürftigen direkten Gebrauchsluxussteuern (auf Hunde, Wagen, Bediente, Silbergeschirr, Billards u. s. w.)

---

1) Vgl. vorläufig meine „Kern- und Zeitfragen“ I, S. 430 ff.

finanziell einen Pappenstiel bedeuten. Wir geben auch zu, dafs die
Wohnsteuer als eine zweite, in u. S. indirekt geregelte Einkommensteuer
neben der direkten Einkommensteuer von Grund aus verwerflich ist,
allein die Unterlassung einer allgemeinen Besteuerung des Gebrauchsluxus, einschliefslich des Wohnungsluxus jeder Art kann damit m. E.
nicht begründet werden, worüber „die Steuern besonderer Teil" das
Nähere ergeben werden.

Vocke verwirft auch eine zweite Klasse von in u. S. indirekten
Steuern gänzlich, nämlich die Verkehrssteuern, — unsere s. g. Bereicherungssteuern — um schliefslich doch zuzugeben, dafs die Reform
mit einer positiven Verbesserung, nämlich mit der „Minderung" der
Belastung für die Besitzer unbeweglichen Eigentums und für Schulden
bei amtlichen Vorgängen, den „Anfang" zu machen hätte. Auch Verfasser dieses wird sich der heutigen Ausdehnung und Gestaltung eines
räuberischen Fiskalismus im Verkehrssteuerwesen sehr entschieden ent-
gegensetzen, hofft aber nachzuweisen, dafs dieses Gebiet der indirekten
Besteuerung umfassender Verbesserung fähig ist, dafs bei aller Notwendigkeit schärferer Reduktion nicht völlige Abschaffung der Bereicherungssteuern geboten, dafs eine ihre gänzliche Verwerfung begründende
„Grundsatzlosigkeit" (a. a. O. S. 135) nicht erwiesen ist.

Wohl hat Vocke Recht, die Begründung, wonach ein jeder Vermögenszuwachs, durch Erwerb oder durch Zufall, Ertrag, also steuerpflichtig sei, zurückzuweisen. Wir haben im § 120 gezeigt, dafs das
Einkommen keineswegs blofs aus Erträgen erwachse, und werden
weiter zeigen können, dafs gewisse unregelmäfsige Vermögenszugänge
die Steuerkraft steigern, ohne damit in der direkten Besteuerung überhaupt oder genügend gefafst werden zu können, dafs daher gewisse
Bereicherungssteuern für das Steuersystem begründet sind.

Demzufolge haben wir auch Vockes Einzigkeit der direkten Besteuerung im voraus abzulehnen.

Auch eine ergänzende Vermögenssteuer für das fundierte Einkommen neben
seinen übrigen direkten Steuern lehnt Vocke (a. a. O. S. 366 ff.) nicht unbedingt ab.

2. Kapitel. **Die positive Notwendigkeit eines Steuersystems.**

§ 224. *Die eigentlichen Gründe einer systematischen Einheit verschiedenartiger Steuern* — sind uns schon im bisherigen ungesucht ent-
gegengetreten.

So die Notwendigkeit von Ertragssteuern neben den Einkommen-
steuern in der direkten Besteuerung selbst, dann die Unmöglichkeit, alle
Erträge und Einkünfte vollständig und direkt zu erfassen, weiter die
Schwierigkeit direkter Ermittelung der persönlichen Bedürftigkeit bei
Vorschreibung der direkten Steuern, endlich und namentlich die voll-
ständige Erfolglosigkeit, eine Progressivsteuer-Skala zu finden, welche

für sich allein der Forderung der Besteuerung nach der subjektiven Leistungsfähigkeit zu genügen im Stande wäre. Zur quantitativen Ermittelung der Steuerkraft durch Ertrags- und Einkommensteuern muſs immer die qualitative Ermittelung durch systematisch geregelte indirekte Steuern hinzukommen. Letztere sind ein notwendiger Bestandteil des Steuersystems, und ohne dieselben würde gerade die ausschlieſsende direkte Besteuerung, ein reines „Ertrags- und Einkommensteuer-System", das Ziel der „Steuereinheit" durchaus verfehlen.

Jede der beiden Hauptgattungen bedarf einer systematischen Durchteilung, so daſs die Vermögenssteuern, die Ertragssteuern und die allgemeinen Einkommensteuern für ihren Zweck einheitlich aufeinander gestimmt werden, und daſs ferner jede der zwei groſsen Gattungen der in u. S. indirekten Steuern eine einheitliche Gliederung in sich selbst finden müssen.

Durch ein hiernach ausgebildetes Steuersystem kann auch den allgemein staatlichen Bedingungen, welchen jedes Gemeinwesen seiner Zeit und auf seine Weise unterliegt, genügend Rechnung getragen und eine Beweglichkeit der Besteuerung erreicht werden, welche zusammen mit der vollen Ausbildung des Gebührenwesens und mit der genügenden Aufrechterhaltung von Erwerbseinkünften die erforderlichen Steuerkraftreserven und Kreditfundierungen (§ 143) sicherstellt.

Alle weiter zu pflegenden Erörterungen werden allerdings den Beweis liefern, daſs um mit A. WAGNER (a. a. O., II, § 276) zu reden, die Bildung eines rationellen, theoretisch richtigen, praktisch brauchbaren Steuersystems eine in jeder Hinsicht auſserordentlich schwierige und immer nur mehr oder weniger gut zu lösende Aufgabe ist. Die Schwierigkeiten steigen immer noch mit der Vermehrung des durch Steuern zu deckenden Finanzbedarfes und mit der wachsenden Komplikation aller Verhältnisse des privatwirtschaftlichen Systems in der Volkswirtschaft, namentlich mit der zunehmenden qualitativen und quantitativen Differenzierung des Volkseinkommens und Volksvermögens zu Einkommen und Vermögen der Einzelnen. WAGNER hat dies so gut ausgedrückt: „die persönliche Freiheit der ganzen Bevölkerung, das Privateigentum an den sachlichen Produktionsmitteln oder das private Grund- und Kapitaleigentum, die Kreditgeschäfte, Darlehen, Pacht, Miete, die Arbeitsteilung zwischen Stadt und Land, die Trennung der agrarischen, industriellen und merkantilen Thätigkeit, die Teilung jedes dieser Zweige in zahllose einzelne Unternehmungsgruppen, -Arten, -Formen und schlieſslich Einzel-Unternehmungen, kurz alle die bekannten modernen Rechts- und Wirtschaftsverhältnisse unserer überwiegend privatwirtschaftlich organisierten Volkswirtschaften zerlegen das Eine Nationaleinkommen die wahre und hauptsächliche volkswirtschaftliche Steuerquelle, in eine unendliche Anzahl rechtlich selbständiger Einzelein-

kommen, oder den Einen volkswirtschaftlichen Reinertrag
in eine Masse verschieden grofser und auf verschiedenen Privatrechts-
titeln beruhender, insofern auch qualitativ verschiedener Anteilsrechte
einzelner daran."

§ 225. *Übersicht über die Komponenten des Steuersystems.* — Den
Unterschied der in u. S. direkten und indirekten Steuern, haben wir
in §§ 38, 49 ff. bereits bestimmt, aber weder auf den Unterschied der
Schatzungen und der Verbrauchssteuern, noch auf denjenigen der Er-
trags- und Vorschufssteuern, noch auf jenen der Kataster- und der
Tarifsteuern zu stützen vermocht. Mafsgebend war uns für die Grundgliederung der Gegensatz der für verhältnismäfsige Vollbesteuerung
aller Steuerkräfte einander voraussetzenden Hauptmethoden der Steuertechnik, nämlich der mittelbaren und der unmittelbaren Anfassung der
Steuerquellen.

Das Steuersystem ergiebt sich uns hiernach als ein planmäfsig zu-
sammenzusetzendes Ganzes

A. von direkten Steuern, nämlich:
   1. Vermögenssteuern,
   2. Einkommensteuern,
   3. Ertragssteuern;
B. von indirekten Steuern, nämlich:
   1. Konsumsteuern:
      a. Verbrauchssteuern,
      b. Gebrauchsteuern,
   2. Bereicherungssteuern:
      a. Zufallssteuern (Glücksgewinn-Steuern),
      b. Verkehrssteuern,
      c. Erbschaftsabgaben.

Die indirekten Steuern sind darauf angelegt oder doch thunlichst
darauf anzulegen, die Vorgänge der Entstehung und Verwendung einzelner Teile des Vermögens und Einkommens durch die Auswahl und
durch die Tarifierungsart der Steuerobjekte in dem Mafse oder Grade,
als sie auf besondere, namentlich auf eine von direkten Steuern nicht
zu erreichende individuelle Steuerkraft schliefsen lassen, in einer zweiten
qualitativen neben der direkt quantitativen Ermittelung zu treffen.

Jede der beiden grofsen Steuerkategorien verlangt und gestattet
weiter für sich selbst eine systematische Durchbildung, deren Schema
oben unter A 1—3 und unter B 1 und 2 angedeutet ist.

Bei der ganzen Anlage des Systems ist darauf zu sehen, dafs die
Summe der Wirkungen aller Steuern, welchen jede Steuerkraft unterliegt, je für alle Steuerträger die wirkliche Leistungsfähigkeit gleichmäfsig treffe und den Gesamtsteuerertrag den verschiedenen Steuergewalten nach Verhältnis ihres Aufgabenkreises zufliefsen lasse.

Bei angelegentlicher Befolgung dieses leitenden Prinzips läfst sich das Ziel w e n i g s t e n s a n n ä h e r n d erreichen und zwar unter allgemeiner Mitwirkung aller Steuerkräfte, wofern in der indirekten Besteuerung darauf hingewirkt wird, dafs die schwachen und gedrückten Steuerkräfte im Mafse ihrer Steuerschwäche sich entlasten können und wollen, die besonders starken Steuerkräfte aber durch Beteiligung an dem steuerpflichtigen Konsum und Verkehr sich besonders belasten müssen, worüber freilich erst die besondere Darstellung der indirekten Besteuerung das Erforderliche nachweisen kann.

A n d e r s a r t i g e G l i e d e r u n g e n d e s S t e u e r s y s t e m s. — Die Grundbestandteile, aus welchen das Steuersystem zusammenzusetzen ist, werden von hervorragenden Finanzschriftstellern auch anders angegeben. Wir haben namentlich LORENZ V. STEIN und A. WAGNER zu erwähnen.

L. v. STEIN (vgl. S. 64) bezeichnet als die drei Faktoren des Einkommens das K a p i t a l, die A r b e i t und die w i r t s c h a f t l i c h e I n d i v i d u a l i t ä t (I, 457). „Aus dem ersten Faktor entstehen die d i r e k t e n, aus dem zweiten die i n d i r e k t e n, aus dem dritten die E i n k o m m e n steuern. Zum organischen System werden diese (Steuer-) Arten, indem jede der drei Arten innerhalb des Steuerwesens wieder ihre besondere F u n k t i o n empfängt. Die direkten Steuern geben dem Steuerwesen seine S i c h e r h e i t, die indirekten seine A l l g e m e i n h e i t, und die Einkommensteuer bildet das Gebiet, in welchem die H a r m o n i e zwischen dem „finanziellen" und dem „wirklichen" Einkommen hergestellt wird." Die direkten Steuern teilt v. STEIN ein in: 1. Besitzsteuern (vom „Sachkapital"), 2. Besoldungs-, Berufs- und Gehaltssteuern, durch welche das „als Kenntnis oder Geschicklichkeit erworbene, sein Einkommen (Gehalt, Lohn, Honorar) e r z e u g e n d e p e r s ö n l i c h e Kapital" getroffen wird; endlich 3. die gewerbliche oder Gewerbesteuer, auch Erwerbssteuer genannt, für die Besteuerung des gewerblichen Kapitales, mit Bemessung nach der Kapitalsanlage oder dem Kapitalverkehre, wo dann wieder drei Arten entstehen, Gewerbesteuer, Unternehmungssteuer (Industriesteuer) und (bei einzelnen Arten des Kapitalverkehres zu Erwerbszwecken) die Verkehrssteuer. — STEINS indirekte Steuern („die Besteuerung der Arbeit und ihrer Konsumtion") sind jene, deren Steuerobjekt die „Summe der Verzehrungsgegenstände der arbeitenden Persönlichkeit" sei, mit der Einteilung in 1. „Verzehrungssteuer" und 2. „Genufssteuer"; Objekt jener sei „die Gesamtheit derjenigen Gegenstände, welche zur Erhaltung jedes (?) persönlichen Lebens und damit der persönlichen Arbeitskraft überhaupt notwenig sind"; Objekt der zweiten: die besonderen Genüsse der Besitzenden. — Die e i g e n t l i c h e E i n k o m m e n s t e u e r, welche den Unterschied des finanziellen Ertrages und des wirklichen Einkommens prinzipiell und für jeden einzelnen Fall einer der direkten und indirekten möglichst gleichartigen Be-

steuerung unterziehen soll, erhält bei Stein die weitere Einteilung in
1. Gesamteinkommen- oder Personaleinkommensteuer und 2. eigentliche
(individuelle) Einkommensteuer.

Bei aller Anerkennung des Verdienstes, welches L. v. STEIN durch
Anregung eingehender Untersuchungen um das Steuersystem sich erworben hat, darf nicht verschwiegen werden, daſs auch diese Konstruktion viel Willkürliches hat und des thatsächlichen Grundes vielfach
ermangelt. STEINS „Erörterungen komplizieren — wie WAGNER mit
Grund bemerkt — Einfaches in unleidlicher Weise".

Viel tiefer und standhaltender ist die sytematische Einteilung der
Steuern bei A. WAGNER. Für den Aufbau des Systems läſst er die
Unterschiede der von ihm sogen. direkten und indirekten Steuern, d. h.
der Schatzungs- und Verbrauchs-, der Trag- und Vorschuſs-, Kataster-
und Tarifsteuern (vgl. § 49) bei Seite und stützt die Konstruktion des
Steuersystems auf die Einteilung der Steuern in Erwerbs-, Besitz-,
Gebrauchssteuern (Konsumtionssteuern). Auf dem Wege der
Erwerbsbesteuerung verfolge man das Einkommen und Vermögen des
Einzelnen in dem Erwerbe, der Gewinnung oder der technisch-öko-
nomischen und rechtlichen Entstehung bei ihm; auf dem anderen Wege
in seinem Besitze, auf dem dritten Wege in seinem Gebrauche, daher
hier regelmäſsig im arbeitsteiligen Tausch- und Geldverkehre, in der
Verausgabung für Einkäufe von Sachen, für Bezahlung von Dienstleistungen und für Vornahme von Genüssen oder Verbrauchsakten,
sowie in der Benutzung von Vermögensobjekten (des Nutzvermögens).
Im ersten Falle sei Einkommen und Vermögen in der auf ihre Bildung (beim Einzelnen) hinzielenden Bewegung, im zweiten Falle im
Ruhepunkt und blofs in Bezug auf die in ihnen liegende Fähigkeit,
zu wirtschaftlichen Zwecken der Produktion und des Konsums zu
dienen, im dritten Falle endlich wieder in der auf ihre wirkliche Benutzung zur Bedürfnisbefriedigung hinzielenden Bewegung ins Auge
gefaſst.

Zwischen den beiden ersten Fällen bestehe eine nähere Beziehung
darin, daſs der Besitz desjenigen Vermögens, welches zu Produktions-
zwecken dient, d. h. des (privaten) Kapitales und Bodens, im zweiten
Falle schon nach seiner Fähigkeit, Ertragsquelle zu sein, im ersten Falle
nach seinem (wirklichen oder mutmaſslichen) Ertrage selbst für das
Einkommen einer Person und nach der Bewegung seines Wertes (Konjunkturen) für das Vermögen derselben in Betracht komme. Ähnlich
bestehe eine besondere Beziehung zwischen den beiden letzten Fällen
des Schemas darin, daſs der Besitz von Gebrauchsvermögen Genuſs-
möglichkeiten konstatiert, welche dann bei dem Verbrauche des Verbrauchsvermögens und bei der Benutzung des Nutzvermögens thatsächlich verwirklicht werden.

Dieser Einteilung hat A. WAGNER für die Formulierung der Forderungen, welche an ein Steuersystem zu stellen sind, fruchtbare Folgerungen entnommen. Dieselbe deckt sich nach der einen Seite mit dem Gegensatze der Verkehrs- und der Konsumsteuern, nach der anderen Seite mit dem der Besteuerung des fundierten und des nicht fundierten Einkommens. Gleichwohl vermögen wir den Aufbau des Steuersystems nicht auf die Grundlage dieser Einteilung aufzusetzen. Der Gegensatz der Steuerquellen als ruhender Gröfsen und als in doppelter Bewegung begriffener Kräfte reicht unsres Erachtens nicht aus, um das Steuersystem zu fundieren. Die Hauptsache ist, das Steuersystem auf seinen Grundzweck anzulegen, die wirkliche Leistungsfähigkeit Aller verhältnismäfsig zur vollen Besteuerung heranzuziehen. Dieser oberste Zweck wird nur durch die Begründung auf die zweifache Art der Anfassung der Steuerquellen, auf die Kombination der quantitativen und der qualitativen Ermittelung der Steuerkraft, d. h. der in u. S. direkten und der in u. S. indirekten Besteuerung, erreichbar.

3. Kapitel. Die Grundgliederung des Steuersystems in (i. u. S.) direkte und indirekte Steuern.

§ 226. *Die Durchschnitts- und die Individualsteuerkraft.* — Dieser vom Verfasser schon in den „Grundsätzen der Steuerpolitik" für die Fundierung des Steuersystems verwertete Unterschied wird auch hier, mit nur geringer Modifikation festgehalten.

In den „Grundsätzen der Steuerpolitik" war folgende Begründung gegeben worden:

Der Staat soll alle Steuerkräfte nach Verhältnis der vollen wirklichen (persönlichen und jeweiligen individuellen) Leistungsfähigkeiten belasten.

Der Staat selbst kann indessen nur die durchschnittliche Steuerkraft aller Steuersubjekte, diese allerdings allgemein und annähernd voll als Gröfseneinheit ermitteln. Die wirkliche Leistungsfähigkeit der Steuerquellen für den Staat unter den besonderen eigenen Bedarfsverhältnissen der steuerpflichtigen Haushalte bleibt dagegen dem Staate im einzelnen unbekannt. Daher scheint die oberste Aufgabe der Besteuerung, volkswirtschaftlich verhältnismäfsige Deckung der staatlichen und der nichtstaatlichen Bedarfe überhaupt nicht lösbar. Und doch ist sie es.

Die Lösung liegt in einer solchen Mischung von direkten und indirekten Steuern zum Steuersystem, dafs die direkten Steuern mit erträglichen Quoten die Durchschnittssteuerkraft allgemein, vollständig, verhältnismäfsig herbeiziehen, während die indirekten Steuern darauf angelegt werden, dafs die Steuerträger nach ihrer besonderen, nur von ihnen selbst geoffenbarten Leistungs-

fähigkeit sich selbst entlasten können und belasten wollen.
Dies ist nicht die einzige, aber die hauptsächliche Aufgabe
bei der Zusammensetzung des Steuersystems aus direkten und indirekten
Steuern.

Diese volle Ausbildung des Steuersystems erheischt ebendeshalb die
kombinierte Anwendung der zwei grundverschiedenen Methoden der Belastung: Besteuerung nach dem ordentlichen Gesamtstande der Steuerquellen, also für die Regel nach dem Einkommen, und Besteuerung nach
einzelnen Arten und Folgeerscheinungen der Entstehung und Anwendung
des Vermögens und Einkommens. Denn im jährlichen ordentlichen
Gesamteinkommen liegt nur das Maſs der durchschnittlichen Gesamtleistungsfähigkeit; in den Thatsachen und Folgen der Verwendung, den
Konsumen und Ansammlungsergebnissen, offenbart sich dagegen die
individuelle Mannigfaltigkeit der wirklichen Leistungsfähigkeit.

Die Durchschnittssteuerkraft findet ihr Maſs in der (schichtenweisen) Gröſse der beiden Steuerquellen. Einkommen und Vermögen stellen die materielle Gesamtmacht der Steuerkräfte dar.
Die durchschnittliche Leistungsfähigkeit des Einzelnen für den Staat wie
für seine eigenen Zwecke steht daher irgendwie — einfach, proportional
oder progressiv bezw. degressiv — im Verhältnisse zum Einkommen und
Vermögen. Will der Staat die Steuerquellen vollständig, allgemein und
verhältnismäſsig treffen, so hat er sich in erster Linie an den Maſsstab
der Steuerquellengröſse zu halten. Dies um so mehr, als die Einkommen
und Vermögen als einheitliche Gröſsen der materiellen Gesamtmacht
jeder Person sich ermitteln und allgemein vergleichen lassen.

Die wirkliche individuelle Leistungsfähigkeit des Einzelnen
läſst sich nicht durch den Staat ermitteln, geschweige nach einem allgemeinen, einheitlichen Maſs bemessen. Nur die Steuerträger empfinden
ihre über- oder unterdurchschnittliche Leistungsfähigkeit und bei Jedermann äuſsert sich die letztere — in Entbehrungen und in Genüſsen —
anders und eigentümlich. Die wirkliche, individuelle Leistungsfähigkeit
offenbart sich groſsenteils durch die Thatsachen der individuellen Entstehung, namentlich aber der individuellen Verwendung des Einkommens
und Vermögens. An diese Thatsachen muſs die Besteuerung, will sie
anders die wirkliche Leistungsfähigkeit jeder steuerpflichtigen Person
treffen, in zweckmäſsiger Weise anknüpfen. Diese Thatsachen müssen
aber als Erkennungszeichen von Steuerfähigkeit schlüssig sein.

Auf die Gröſse des ordentlichen Gesamteinkommens wird die individualisierende Besteuerung sich gerade nicht stützen können,
denn die Einkommensziffer sagt über den Bedarf noch gar nichts aus;
sie ist nur ein Maſs der Durchschnittssteuerkraft. Auf die Verwendung
des Einkommens — zum Konsum und zur Bereicherung — wird die
individualisierende Besteuerung die Korrektion der direkten Steuern durch

Rücksichten auf die wirkliche Leistungsfähigkeit, ihr Gebäude gründen müssen. Denn in der Art des Zuwachses (Bereicherung) und der Verwendung wird es offenbar, ob die Steuerkräfte von ihrem Einkommen etwas abgeben können — und wie viel —, ohne die verhältnismäfsige Deckung ihrer eigenen Bedarfe neben dem Beitrage zur ebenfalls verhältnismäfsigen Deckung des Staatsbedarfes zu versäumen oder einzubüfsen. Durch Einschränkung des Konsums steuerpflichtiger Objekte erlangen die schwachen Steuerkräfte den Spielraum zu verhältnismäfsiger Entlastung, durch uneingeschränkten Konsum derselben Objekte belasten sich die starken Steuerkräfte mehr.

Zwei Schwierigkeiten scheinen auf den ersten Blick der individualisierenden Besteuerung entgegenzustehen und unüberwindlich zu sein.

Einmal vermag der Staat selbst den Stand der wirklichen Leistungsfähigkeit aller Steuerträger unmittelbar nicht zu ermitteln; dieser Stand ist für ihn unbekannt und unerkennbar. Zweitens scheint der individualisierenden Besteuerung alle Allgemeinheit und Verhältnismäfsigkeit abhanden kommen zu müssen. Für die millionenfältig besondere und täglich wechselnde wirkliche Leistungsfähigkeit zahlloser Steuerträger giebt es in der That einen Generalnenner, einen einheitlichen Mafsstab nicht, und doch mufs auch hier Allgemeinheit und Verhältnismäfsigkeit in dem Sinne verwirklicht werden, dafs Jeder im Mafse der wirklichen Abweichung seiner Leistungsfähigkeit vom Mittelmafse, sei es nach oben, sei es nach unten — getroffen wird.

Lassen sich diese Klippen umschiffen? Und wie werden sie überwunden? Beide Schwierigkeiten lassen sich in der That annähernd besiegen.

Die eine dadurch, dafs die indirekte Besteuerung zu einer Belastung und Entlastung der Steuerträger durch deren eigene schlüfsige Handlungen gestaltet wird.

Die zweite Schwierigkeit wird dadurch bewältigt, dafs man verschiedene Hauptarten des Konsums und der Bereicherung zu Objekten der indirekten Besteuerung erhebt, jedes dieser Objekte im Mafse der Steuerkraft, auf welche es hinweist, mit höheren oder niederen Sätzen besonders tarifiert und so ein möglichst vollständiges System von Mafsregeln individualisierender Belastung gewinnt. Ein einheitliches Mafs individualisierender Belastung giebt es nach dem Begriffe der letzteren allerdings nicht, aber alle jene Hauptarten von Thatsachen der Einkommensverwendung, in welchen Steuerkraft besonders hervortritt, lassen sich je für sich als Symptom der wirklichen Leistungsfähigkeit auswählen, quantitativ richtig tarifieren und zu einem Gesamtapparate für Beibringung aller besonderen Leistungsfähigkeit zusammenziehen. Die Verwendungsquotienten des Gesamteinkommens für bestimmte Kon-

sume und Bereicherungen systematisch angefaßt und nach der von
ihnen angezeigten besonderen Steuerkraft verschieden belastet,
werden dann das Objekt einer wirklich allgemeinen und verhältnismäßigen
Individualisirung der Steuerlast nach Maßgabe der besonderen zeitlichen
Leistungsfähigkeit der Steuerkräfte. Nur jene Quotienten des Konsums
und jene Thatsachen des Vermögensverkehres, welche auf Leistungsfähigkeit überhaupt keine Hinweisung geben, dürfen nicht zu Objekten der
indirekten Besteuerung erhoben werden.

Die Schwierigkeiten indirekter Besteuerung werden gelöst durch
die Mitwirkung der Steuerkräfte. Der Staat kann zwar die
Durchschnittssteuerkraft genügend ermitteln. Aber mit jedem Steuersubjekte auch über die über- oder unterdurchschnittliche Leistungsfähigkeit jedes Tages sich auseinanderzusetzen, ist schlechterdings unausführbar. Bei der individualisierenden Besteuerung muß der Steuerträger
selbst die Individualisirung vornehmen. Nur das einzelne Steuersubjekt
überschaut klar den Stand seiner individuellen Steuerkraft oder richtet
sich doch halb bewußt und freiwillig, halb unbewußt und unfreiwillig
darnach. Der individualisierende Teil der Steuerauflagen muß daher
so beschaffen sein, daß der Steuerträger sich der Steuer im Maße ihrer
unverhältnismäßigen Härte für ihn entziehen kann, und daß derselbe
einer überdurchschnittlichen Besteuerung, wofür seine Steuerkraft zureicht, sich gerne von selbst unterwirft.

Das erreichen nun wirklich bei rationeller Regelung teils die
Konsumsteuern, teils steuerartige Gebühren auf solche Verkehrsvorgänge
und Besitzwechselthatsachen, in welchen stattgehabte Kapitalansammlung
oder eben stattfindendes außerordentliches Einkommen mehr oder weniger
zu Tage tritt, wie z. B. die gut regulierte Gebühr von gewissen Erbschaften, die Abgabe von neu emittierten Wertpapieren u. s. w.

Gewisse — durchaus nicht alle — Verbrauchsabgaben werden
in der That mehr oder weniger freiwillig getragen. Man verzehrt an
Steuerobjekten mehr, wenn man über das Notwendige hinaus übrig hat.
Die steuerkräftigeren Subjekte besteuern sich durch Mehrverzehrung
verhältnismäßig selbst. Die schwächeren Steuerkräfte entlasten sich
selbst im Maße der größeren Entbehrung und Steuerschwäche.

An dem „leichteren Tragen" der indirekten Steuern sind gewiß
mehrere Umstände schuldig. Die Steuer verhüllt sich im Preise; der
Steuerträger hat sich dabei nicht mit dem Steuerbeamten herumzuschlagen.
Das ist das eine. Ein Haupterklärungsgrund der leichteren Erträglich-
keit ist aber gewiß die Selbsteinsteuerung nach der individuellen,
wechselnden, konkreten, momentanen Leistungsfähigkeit, welche sich
mehr oder weniger unbewußt in der vermehrten bezw. verminderten
Anschaffung von verbrauchssteuerpflichtigen Gegenständen vollzieht. Und
dieses Moment ist, so beklagenswert die Eigenschaften schlechter Ver-

brauchsabgaben sind, ein solches, welches für immer Berücksichtigung
verdient und es stets empfehlen wird, einen Teil der Steuerlast als
Verbrauchsabgabe auf die steuerfähigen Teile (Konsumquotienten) des
Einkommens zu werfen.

Nicht blofs die Konsum- sondern auch die Bereicherungsverwen-
dungen des Einkommens können eine überdurchschnittliche Steuerkraft
anzeigen. Gewisse vermeidliche und notwendig auch gewisse unvermeidliche Vorgänge, welche auf statthabende oder auf stattgehabte Vermögensansammlung hinweisen, bilden deshalb ebenfalls die Handhabe
zu einer individualisierenden Besteuerung der besonderen Steuerkraft.
Die Erbschafts- und die Besitzwechselsteuer verlangen sicher eine sehr
umsichtige Abgrenzung, aber sie lassen sich so durchbilden und ab-
grenzen, dafs sie neben anderen Zwecken, welchen wir sie dienen sehen
werden, auch zur individualisierenden Bemessung der Steuerlast recht
gut zu verwenden sind. Wer den Aktienemissionsstempel zahlt oder
als Erbe einer vom Erblasser angesammelten Million belastet wird, versteuert nachträglich die besondere Steuerkraft des ansammlungsfähigen
Teiles vom Einkommen, also ein qualifiziert steuerkräftiges Objekt.
Von allen jetzigen Erbschafts-, Besitzwechsel- und Sportelsteuern läfst
sich dasselbe allerdings n i c h t sagen.

Die richtig gewählten und rationell tarifierten Konsumabgaben und
„Verkehrssteuern" werden wirklich der Hauptanforderung gerecht, welche
die indirekte Besteuerung erfüllen soll. Sie berücksichtigen die besondere wirkliche Leistungsfähigkeit des b e s t i m m t e n I n d i v i d u u m s
z u b e s t i m m t e r Zeit mittelst der die wirkliche Leistungsfähigkeit
anzeigenden b e s o n d e r e n Konsum- und Bereicherungsquotienten des
Einkommens. Denn das einheitliche und vollständige Besteuerungsobjekt
der direkten Steuern, das Einkommen, ist nun zerlegt in vielerlei auf
ihre besondere Leistungsfähigkeit abschätzbare Einkommensteile, in jene
Verwendungsquotienten, welche wir im folgenden oft als „besonders
steuerfähige Teile des Einkommens" bezeichnen werden. Auf diese
Teile der allgemeinen Steuerquelle gerichtet, kann die individualisierende
Besteuerung wirklich nie das werden, was sie nie werden soll, eine
nochmalige allgemeine, regelmäfsige, vollständige, m i t t l e r e Belastung
aller Einkommen. Sie ist dann nie eine zweite Auflage direkter Steuern,
sondern neben diesen ein z w e i t e r i n t e g r i e r e n d e r H a u p t t e i l d e r
B e s t e u e r u n g s e i n h e i t. Die indirekte Besteuerung trifft dann jede
Steuerkraft nach den besonderen und wechselnden Umständen ihrer über-
oder unterdurchschnittlichen Leistungsfähigkeit, indem sie eben nicht die
direkten Generalsteuern auf das Einkommen, sondern eine Mannigfaltigkeit von Spezialsteuern auf einzelne Konsum- und Ansammlungserschei-
nungen umfafst. Damit ist die individualisierende Selbstbesteuerung
von der allgemeinen, direkten, generalisierenden Besteuerung des Ge-

samtstandes der Steuerquellen wegverwiesen. Sie erreicht ihr Ziel durch
das, was man Abgaben auf die „lebendige Bewegung" der Steuerquellen,
Verwendungssteuern nennen könnte, d. h. durch Spezialsteuern von einzelnen Konsumtionsakten, Rechtsgeschäften u. s. w., durch Gebrauchs-
(Luxus-), Verbrauchs-, Besitzwechsel- und Erbschaftssteuern.

Die ungeheure Gefahr des Mißbrauches der Verbrauchs- und der
übrigen indirekten Steuern liegt darin, daß sie nicht allgemein und
nicht regelmäßig und nicht vollständig treffen. Aber auch die Hauptfunktion, um deren willen sie grundsätzlich auf die Dauer zu rechtfertigen
sind, wurzelt genau in ihrer spezialisierenden, gelegentlichen, unregelmäßigen, anpassenden, ergänzenden und korrigierenden Wirkungsweise.

§ 227. *Fortsetzung.* — Ein zweites Hindernis, welches wir nannten,
wird durch die im ganzen mannigfaltige und im einzelnen rationelle Auswahl und Tarifierung der Konsum- und Ansammlungs-
Spezialsteuern überwunden.

Die eine Gefahr, woran die indirekte Besteuerung leicht scheitert,
stellt das Gegenteil der vorigen dar. Die indirekten Steuern sollen
nicht bloß nicht wie direkte Steuern wirken, sie sollen auch keinesfalls
so zufällig, unregelmäßig und unvollständig wirken, daß
man die Aufgabe verfehlt, möglichst alle besonders starken oder besonders schwachen Steuerkräfte je im Verhältnis der besonderen Stärke
und Schwäche zu belasten bezw. zu entlasten.

Beiderlei Fehler haften den positiven Finanzsystemen noch immer
mehr oder weniger an. Bald wirken die Verbrauchsabgaben und „Verkehrssteuern" zu allgemein und durchschnittlich und stellen dann schlechte
direkte Steuern dar. An jenen Verbrauchssteuern, welche allgemeine und
notwendige Bedürfnisse, wie den Salz- und Wohnungsgenuß, treffen, —
an jenen Erbsteuern, welche alles Vermögen, das kleine wie das große,
belasten, ohne Rücksicht, ob es erspart ist oder verkürzt in die dritte
Generation übergeht, — an jenen Rechtsgeschäfts- oder Verkehrsstem-
peln, welche jeden Akt des Vermögensverkehres, gleichgiltig ob er auf
außerordentlichen Erwerb oder besonders steuerkräftiges Einkommen
hinweist oder nicht, allgemein und gleichmäßig treffen, z. B. am Quittungs-,
Rechnungs- und Warenumsatzstempel, — ist obiger Fehler wahrzunehmen. Alle diese „indirekten" Steuern sind verwerflich, weil sie
wie schlechte direkte Steuern wirken. Die Salzsteuer ist eine
schlechte allgemeine Personalsteuer. Die zu sehr generalisierende Erbschaftssteuer ist eine schlechte allgemeine Vermögens- oder Einkommensteuer, der Quittungsstempel desgleichen. Diese Abgaben sind bestenfalls als Ersatz mangelnder direkter Steuern, sofern sich diese noch
nicht regulieren lassen, vorläufig zu rechtfertigen.

Die andere große Gefahr und Verirrung in der Durchführung der individualisierenden Besteuerung liegt aber auf der entgegengesetzten Seite.

Verschiedene indirekte Steuern verfehlen die Allgemeinheit und Verhältnismäfsigkeit in der besonderen Belastung und Entlastung. Eben weil sie nicht alles Einkommen und Vermögen regelmäfsig, periodisch und direkt erfassen dürfen, wenn sie ihren Zweck erreichen sollen, weil sie spezialisierend durch Belastung einzelner Entstehungs- und Verwendungsweisen einzelner Vermögens- und Einkommensteile wirken müssen, geschieht es leicht, dafs die Allgemeinheit und Verhältnismäfsigkeit individualisierender Be- und Entlastung abhanden kommt. Ein planloses System indirekter Steuern führt zu übertriebenen Belastungen und Freilassungen einzelner, zur blinden, alles Mafs fortwerfenden Verhältnislosigkeit im ganzen. Diese Abgaben verschlechtern dann das Steuersystem, statt es zu vervollkommnen. Die Gefahr dieser Verschlechterung wurzelt also tief im Wesen der indirekten Steuern selbst. Die betreffenden Mängel können zwar nie ganz gehoben, sie können aber doch genügend eingeschränkt werden, und zwar wesentlich durch folgende Mittel:

erstens: durch Wahl jener Gegenstände zu Verzehrungssteuerobjekten, welche einerseits entbehrlich, anderseits allgemeiner begehrt sind;

zweitens: durch Verknüpfung mehrerer Verbrauchssteuern der eben erwähnten Art in der Weise, dafs jede der Hauptrichtungen verzichtbaren Konsums getroffen wird;

drittens: dadurch, dafs jede einzelne Befriedigungsart von allgemeinen Bedürfnissen in sämtlichen einander mehr oder weniger ausschliefsenden Befriedigungsmitteln (Kaffee, Thee, Bier, Wein, Branntwein) erfafst wird;

viertens: dadurch, dafs die Steuerobjekte auf den Qualitätsfufs gesetzt werden im Mafse der Entbehrlichkeit der Genüsse, z. B. Wein auf den höheren Tarifsatz, auf die höchsten Sätze der beste Tabak;

fünftens: dadurch, dafs die aristokratischen Steuerkräfte zusätzlich durch allgemeine Luxusabgaben (Luxussteuern) getroffen werden;

sechstens: durch besonders starke Einsteuerung der Glückseinkünfte (Lotteriegewinne, Fundanteile u. dgl.);

endlich siebentes durch Steuern auf gewisse, eine Kapitalansammlung anzeigende Rechtsvorgänge.

Alle diese Grundsätze sprechen für sich selbst. Sie sichern dem System der indirekten Steuern zusammen Allgemeinheit und Verhältnismäfsigkeit der Individualisierung, soweit solches überhaupt erreichbar ist. Durch die Bereicherungssteuern namentlich erhält das Steuersystem ein Mittel, die besondere kapitalbildende Stärke der Steuerkräfte direkt oder nachholend zu treffen; freilich mufs dann die Besteuerung der An-

sammlungen in den Bereicherungs- (Verkehrs-, Erbschafts-) -Steuern
wesentlich auf die ansammelnden Steuerkräfte berechnet werden, wenn
diese Steuern wirklich ein vollberechtigtes Glied der individualisierenden
Besteuerung und damit des Gesamtsteuersystems darstellen sollen.

Dagegen ist es ein schwerer Mifsgriff, schlechthin unverzichtbare
Bedarfe zu besteuern. Die Salzsteuer, die Mahlsteuer, gewisse Wohn-
steuern sind schlechtere Surrogate schlechter direkter Kopfsteuern.

Es ist ferner ein Mifsgriff, nur einzelne Verzehrungsgegenstände,
welche weder von allen Klassen, noch im ganzen Lande begehrt sind,
zu versteuern.

Es ist weiter verfehlt, etwa nur das Bier, aber nicht den Wein,
nur den Kaffee, aber nicht den Thee mit Konsumabgaben, nur das unbewegliche, nicht auch das bewegliche Vermögen mit Besitzwechsel-
steuern zu belasten.

Es führt nicht zur Verhältnismäfsigkeit über- und unterdurchschnitt-
licher Belastung nach der wirklichen Steuerkraft, wenn nicht auch der
aristokratische Konsum durch Qualitätstarife und durch voll zu entwickelnde Luxusbesteuerung getroffen wird, oder wenn nur Verbrauchs-,
nicht auch Ansammlungssteuern eingehoben werden.

§ 228. *Fortsetzung und Schlufs. Einige besondere Funktionen
der indirekten Besteuerung.* — Individualisierende Ergänzung der direkten Steuern ist n i c h t d i e e i n z i g e Leistung der indirekten Abgaben für das Steuersystem. Die individualisierende Vervollständigung
der Wirkungen direkter Steuern bildet zwar die hauptsächlichste, aber
nicht die einzige Aufgabe der indirekten Abgaben.

Die letzteren wirken weiter s t e l l v e r t r e t e n d bei v ö l l i g e m
Mangel direkter Steuern. Die Salz- und Mahlsteuer z. B. wirken wie
schlechte direkte Steuern allgemein und nur zu vollständig. Wo letztere fehlen, hat man sie als einen Ersatz der direkten Besteuerung zu
beurteilen.

Die indirekten Abgaben wirken ferner als S u r r o g a t e d i r e k t e r
E i n z e l e i n s t e u e r u n g d e r M a s s e k l e i n e r S t e u e r k r ä f t e, bei
welchen das wirkliche Gesamteinkommen entweder gar nicht oder nur
mit unmäfsigen Kosten sich ermitteln liefse. Diese kleinen Steuerkräfte
darf man beruhigt zu einem fixen Satze belasten oder in einen von
wenigen Klassensätzen direkter Steuern durch ein einfaches Verfahren
einreihen, wofern die indirekten Steuern, namentlich die Verbrauchsabgaben, dafür sorgen, dafs alle diese kleinen Steuerkräfte in dem Mafse
mehr oder weniger an Konsumsteuern zahlen, als der eigentliche Steuer-
betreff ihres unbekannten wirklichen Einkommens nach unten oder oben
vom betreffenden fixen Einheits- oder Klassensteuersatze abweichen
würde. Diese teilweise Stellvertretung der direkten Steuern durch die
indirekten für die kleinen Steuerkräfte, aus Gründen der Einfach-

heit und Wohlfeilheit direkter Einsteuerung, sollte niemals übersehen werden.

Die indirekten Steuern sind weiter das Mittel zur Belastung von Ausländern, die im Inlande wohnen, sofern sie mit ihrem Erwerbe und Konsum in den Verkehr des besteuernden Staates eingreifen.

Die indirekten Steuern wirken ferner korrigierend, indem sie solche Einkommensteile treffen, welche der direkten Besteuerung entschlüpfen. Dies gilt nicht blofs von den Verbrauchsabgaben, sondern auch von den Bereicherungssteuern, namentlich jenen, welche die aufserordentlichen und zufälligen Einkünfte, Ansammlungen und Glücksgewinne treffen. Alle aufserordentlichen und unregelmäfsigen Einkünfte (Erbschaften, Funde, Glücksgewinne, Geschenke u. dgl.) können eben auch nicht allgemein, sicher und regelmäfsig gefafst werden und werden besser in die direkte Besteuerung gar nicht einbezogen. Dagegen sind bestimmte indirekte Abgaben, namentlich die steuerartigen Gebühren, für sie geregelt.

Die individualisierende, ergänzende und aufserordentliche Spezialbesteuerung bedarf jedoch ebenso der direkten Steuern als Ergänzungssteuern für sich wie umgekehrt.

Rein und voll wirkt gar keine Steuerart allein. Auch deshalb ist systematische Mannigfaltigkeit der Steuern, ein Steuersystem, nötig.

In der That haben die Verbrauchs- und andere Spezialsteuern die allgemeinen direkten Steuern zur Ergänzung nötig. Die Verbrauchssteuern zusammen werden viele Einzelne nicht erfassen, aber ganze Klassen unverhältnismäfsig beschweren. Die direkten allgemeinen Steuern treffen dann doch überhaupt die Steuerkraft und verhindern es, dafs die Last ganz auf einzelne und besondere Klassen falle.

Umgekehrt können wirklich die Konsum- und Verkehrssteuern als Ergänzungssteuern der direkten Generalsteuern dienen. Durch das Netz der letzteren schlüpft viel Einkommen und Vermögen, das gröfste bewegliche, wie das unfafsbare kleine. Steuerkräfte, die durch die direkten Steuern nicht zur Belastung kommen, werden dann doch überhaupt beigezogen. Eine Salz- oder Wohnsteuer kann wie ein direkte Personalsteuer wirken, schlechter zwar, aber sie wirkt dann doch und füllt eine Lücke, so lange sie durch eine bessere Personalsteuer nicht ersetzt wird. Erbsteuern, Sporteln, Verkehrssteuern können mangelnde oder ungleichmäfsige Einkommen- und Vermögenssteuern ergänzen und korrigieren.

Man wird nicht blofs mit Rücksicht auf volle, allgemeine und verhältnismäfsige Erfassung der durchschnittlichen und der individuellen Steuerkraft, sondern auch mit Rücksicht auf die unvollkommene Wirksamkeit jeder einzelnen Steuergattung eines aus vielen Steuerarten zusammengesetzten Systems bedürfen.

Die in unserem Sinne indirekten Steuern gestatten endlich eine
Steuernachholung. Alle jene Steuern, welche die in der Verwendung zur Kapitalansammlung hervortretende besondere Leistungsfähigkeit treffen sollen und als Schwestererscheinung der Verbrauchsabgaben
dem andern Hauptstamme von Abgaben, den direkten Steuern vom Einkommen und Vermögen, in gleichem Gegensatze gegenüberstehen, werden
bald besser beim Rechtsnachfolger nachgeholt, bald zweckmäfsig beim
Rechtsvorgänger vorschufsweise abgenommen werden. Ja es wird, wenn
durch jene Verkehrs- und Besitzwechselerscheinungen, an welche die
Besteuerung allein anknüpfen kann, erst die schon stattgehabte Ansammlung getroffen werden will, die Nachholung beim Rechtsnachfolger bezw.
bei der Erbmasse vorwiegend praktisch sein. Die Bereicherungssteuern,
soweit sie vom Steuerträger nicht bezahlt werden, werden daher ihrer
Natur nach leicht nachgeholte, in unserem Sinne indirekte Steuern. Allerdings können sie auch vorerhoben werden, z. B. der Stempel von An-
lehensemissionen bei den Gründern, der Börsenumsatzstempel bei den
Sensalen.

Vorstehendes war fast wörtlich meine Ansicht in den „Grundsätzen
der Steuerpolitik“. Die daran geübte Kritik hat mich m. E. in keinem
Punkte wirklich widerlegt, so absprechend jene darüber geurteilt haben,
welche stets den Wald vor Bäumen nicht sehen.

Insbesondere auch die im gegenwärtigen § 228 angeführten „Er-
gänzungsfunktionen“ der Besteuerung nach qualitativer Ermittelung der Steuerkraft waren wörtlich in meinen „Grundsätzen“ so
formuliert, und es wurde damit eine zweite Funktion der indirekten
Steuern neben der individualisierenden Erfassung der subjektiven Beitragsfähigkeit von mir schon früher klar ausgesprochen.

§ 229. *Das Gröfsenverhältnis der beiden Steuerhauptgattungen im
Steuersysteme.* — Noch ist die Frage unbeantwortet, welchen ungefähren
Anteil beide Hauptsteuergattungen am Gesamtsteuerertrage nehmen sollen.
Die Antwort ist nicht leicht, noch einfach.

Gewifs ist, dafs die direkten Steuern stets einen bedeutenden Teil
der Deckungsmittel des Staatsbedarfes aufbringen sollen. Sie bilden ja
den allgemeinen Grundrahmen der Besteuerung, innerhalb dessen die
individualisierende Belastung mit ihrem verwickelten Fangnetze ergänzend und ausgleichend sich ausbreiten soll. Die allgemeinen direkten
Personaleinkommensteuern müssen eine gewichtige Stellung haben, um
ihrer grofsen Aufgabe beweglicher Deckung des veränderlichen ordentlichen Staatsbedarfes zu entsprechen, um in guter Zeit als empfindliche
Triebfeder der Sparsamkeit und in schlechter Zeit als elastische grofse
Reserve zur Deckung von Mehrbedarfen und zur Fundierung der Verzinsung und Tilgung von Notanlehen dienen zu können.

Die direkten Steuern dürfen aber auch nicht einseitig und allein zur Geltung kommen. Ihre Steuerfüße müssen stets schonend bleiben, wenn der besonders notleidende Teil der Steuerträger nicht gedrückt und endlich erdrückt werden soll. Dem Staate wird sonst sein Bedarf nicht zu Teil, und die Rücksicht auf die Bedürftigen würde den Weg zu den nichtbedürftigen Steuerkräften sperren. Die allgemeinen, selbst die progressiv geregelten direkten Steuern berücksichtigen bei aller Abstufung der Steuerfüße nach Maßgabe der Ungleichheit der Durchschnittssteuerkraft doch immer nur die schichtenweise Durchschnittssteuerkraft. Das aber führt zur Ungleichheit in der Belastung der wirklichen Leistungsfähigkeit. Nie kann eine ausschießend direkte Besteuerung es dahin bringen, daß der Staatsbedarf mit den Privatbedarfen der Steuerkräfte in das richtige volkswirtschaftliche Gleichgewicht komme. Sie wird die besonders bedürftigen Steuerkräfte zu hart, die besonders wohlhabenden zu leicht treffen.

Wie weit die direkte Besteuerung im gegebenen Falle gehen dürfe, hängt von verschiedenen Umständen ab.

In erster Linie kommen alle die Thatsachen in Betracht, welche die wirkliche Leistungsfähigkeit von der mittleren entweder excentrisch abweichen oder aber der letzteren sehr stark sich nähern lassen. Je größere Abweichungen vorkommen, desto größeren Anteil am Gesamtsteuerertrage dürfen die indirekten Steuern gewinnen; denn die bedürftigen Steuerkräfte sollen sich dann eher entlasten können, die nichtbedürftigen außerordentlich belasten müssen. Nun sind es der Thatsachen, welche die Oscillation der wirklichen um die mittlere Leistungsfähigkeit beherrschen, sehr viele. Eine derselben ist die Stärke und Häufigkeit der Verschuldungen, deren Zinsenlast von der Steuergesetzgebung nicht gehörig berücksichtigt ist. Eine zweite ist das Vorkommen großer Ungleichheit in den Verhältnissen des Familienbedarfes. Als eine dritte maßgebende Thatsache erscheint die Stärke des Einflusses, welcher dem Zufalle, der Konjunktur, dem Wechsel bezüglich der Größe des Einkommens gegeben ist; die Häufigkeit und Stärke von Krisen fällt hierbei stark ins Gewicht. Das Anteilverhältnis der direkten Steuern am Gesamtertrage aller Steuern wird daher wachsen dürfen, sobald der Spielraum der Oscillationen der wirklichen um die mittlere Leistungsfähigkeit durch volkswirtschaftliche, politische und moralische Fortschritte eingeengt wird. Die direkte Besteuerung wird um so weiter ausgreifen dürfen, je normaler und gleichmäßiger die Bevölkerungs- und Civilstandsbewegung, je gleichartiger der Familienbedarf geworden ist, je mehr die direkte Besteuerung auf die Schulden Rücksicht nimmt, je mehr durch Versicherung gegen Unfälle aller Art vorgesorgt ist, je regelmäßiger die Ertragsverhältnisse sich gestalten, je stetiger der Gang der volkswirtschaftlichen Entwickelung schon ist, je mehr in der direkten Besteuerung das wirkliche, nicht das mittlere Personaleinkommen und nicht der mittlere, von der konkreten Steuerkraft abstrahierende, sondern der wirkliche Reinertrag als Steuerkapital zur Geltung kommt. Im allgemeinen hat sich dieser Satz auch geschichtlich Geltung verschafft, und unsere Zeit wäre nicht rückläufig geworden in der einseitigen Richtung zu den indirekten Steuern, wenn nicht die Voraussetzungen des Vorwiegens der direkten Steuern in neuerer Zeit geschwächt worden wären.

Weitere Einflüsse auf die Ausdehnung der indirekten neben den direkten Steuern erschliefsen sich uns, wenn wir die weiteren Funktionen der indirekten Steuern innerhalb des Steuersystems ins Auge fassen (§ 228). Die indirekten Steuern können um so ausgiebiger angewandt werden, je mehr Lücken das System der direkten Steuern hat, je leichter die Masse des Volkes in der Personalbesteuerung noch belastet ist, je ausgedehnter die aufserordentlichen, für die direkte Besteuerung schwer auffindbaren Einkommensarten, Glücksgewinne, Konjunkturengewinne u. s. w. vorkommen, je schlaffer und ungenauer die direkten Steuern eingeschätzt sind, je mehr die den Staat regierenden Klassen den direkten Steuern und der vollen Einschätzung zu diesen sich entziehen. Auch die Kostspieligkeit genauer Einkommensbesteuerung der Masse der kleinen Leute fordert zur Korrektur der fixen oder klassenmäfsigen Personalsteuern ausgleichende Verbrauchsabgaben. In allen diesen und in anderen Fällen versagt die direkte Besteuerung ihren Dienst mehr oder weniger, und deshalb darf die indirekte Besteuerung stellvertretend, ergänzend und verbessernd die Lücke stärker füllen.

§ 230. *Widerlegung eines besonderen Einwandes gegen die systematische Verwertung der indirekten Steuern.* — Gegen unsere Rechtfertigung der indirekten Abgaben scheint sich ein Einwand zu kehren, welcher bis an den Grund dieser Rechtfertigung selbst reicht. Man greift eben das an, was wir als einen die spezifische Wirkung der indirekten Steuern vermittelnden Vorzug hervorgehoben haben, die „Selbstregulierung" des Steuerbetrages durch das Steuersubjekt. Damit — sagt man — werde das Steuerzahlen ins reine Belieben des Steuersubjektes gestellt oder von der Gewohnheit des letzteren abhängig gemacht unter unvermeidlich schwerer Beeinträchtigung der Allgemeinheit und Gleichmäfsigkeit der Besteuerung.

Ich vermag in dieser Selbstregulierung einen völlig unverbesserlichen und gegenüber den Mängeln der direkten Besteuerung unvergleichlich grofsen Grundfehler nicht zu erblicken. Vielmehr scheint mir der fragliche Einwand selbst auf einer Verwechselung der spezifischen Funktionen jeder der beiden Steuergattungen und auf der Mifsachtung des grundverschiedenen Sinnes zu beruhen, welchen die Grundsätze der Allgemeinheit und Gleichmäfsigkeit einerseits für die direkten, andererseits für die indirekten Abgaben annehmen.

Eine ideale Verwirklichung der steuerpolitischen Grundsätze ist allerdings für die indirekte Besteuerung nicht möglich, aber die direkten Steuern — das zeigt zur Genüge die Erfahrung — lassen sich auch nicht mit idealer Vollkommenheit durchführen. Beiden Steuerarten muſs man je eine ihrem Wesen eigentümlich angepaſste Sorgfalt widmen, um eine leidlich befriedigende Steuerpraxis zu gewinnen. Die völlige Ersetzung der einen Steuergattung durch die andere als die allgemeine vollkommenere ist schon deshalb nicht begründet.

Diese Ersetzung ist aber auch unmöglich, weil jede der beiden Steuergattungen einer von zwei spezifischen Grundaufgaben der Besteuerung gerecht werden soll und leidlich gerecht werden kann. Die indirekte Besteuerung hat gar nicht die mittlere Leistungsfähigkeit im Verhältnisse der Einkommensgröſsen, sondern die wirkliche Leistungsfähigkeit bezw. die besonders leistungsfähigen Konsums- und Ansammlungs-Verwendungsquotienten jedes Einkommens zu treffen. Für die ausgleichende Belastung der wirklichen Leistungsfähigkeit sind eben schlüssige Thatsachen des Konsums und stattgehabter Ansammlungen richtige Anhaltspunkte und Bemessungsgrundlagen. Gelingt es auch nur annähernd, diese vom Konsumenten und vom Ansammler geschaffenen Thatsachen konsumstatistisch und psychologisch richtig als Steuerobjekte auszuwählen, jede nach Verhältnis der besonderen von ihr angezeigten Entbehrlichkeit und Kapitalisierungskraft richtig zu tarifieren, die so ausgewählten und tarifierten Steuerobjekte zu einem rationellen Systeme indirekter Besteuerung zusammenzufassen, die Tarifsätze weder unempfindlich klein, noch abschreckend groſs zu gestalten, so werden der Willkür und Blindheit in der Selbstbelastung und Selbstentlastung wohl so enge Schranken gezogen, als sie der Willkür, Unwissenheit und Böswilligkeit bei der direkten Besteuerung nur immer entgegengestellt werden können.

Es ist wahr, daſs Einzelne auch bei gröſster wirklicher Steuerkraft sich gewisser Konsume enthalten; nicht jeder Reiche ist z. B. ein starker Raucher und Trinker. Aber es ist auch nicht jeder Reiche ein treuer Bekenner seines Einkommens, und mancher ist so einfluſsreich, daſs gerade die direkte Einsteuerung vor seinen Büchern Halt macht. Raucht und trinkt mancher Wohlhabende nicht im Maſse seiner wirklichen Leistungsfähigkeit, so konsumiert er entweder anderes desto mehr, oder er macht Natural- und Geldansammlungen. Er fällt dann auf jene Partieen des Netzes der Konsum- und Bereicherungssteuern, welche für jene andern Konsume und für die Ansammlungen berechnet sind. Auch die direkten Steuern vermögen weder alle Einkommen, noch alle mit demselben Grade von Gleichmäſsigkeit zu ermitteln, am allerwenigsten bei der Masse der kleinen Leute, für welche die Verbrauchsbesteuerung zugleich als praktischer Ersatz direkter Steuern dient.

Die direkten Steuern verfallen ebenfalls leicht in eine besondere
Art von Ungleichheit. Indem sie die Durchschnittssteuerkraft treffen
wollen, führen sie, je höher ihre Sätze werden, zu einer steigenden
Verletzung der Allgemeinheit und Gleichmäfsigkeit der Belastung nach
der wirklichen Leistungsfähigkeit. Denn die durchschnittliche
Leistungsfähigkeit weicht von der individuellen tausendfach ab. Diese Abweichung bleibt nur so lange unempfindlich, als
die Steuersätze mäfsig sind. Je höher diese Sätze steigen, desto mehr
werden jene Steuerkräfte, deren wirkliche Leistungsfähigkeit hinter dem
durch das Einkommen angezeigten Durchschnittsmafse zurückbleibt, unverhältnismäfsig belastet, und umgekehrt werden die besonders leistungsfähigen Steuerkräfte vergleichsweise immer mehr begünstigt. Mit dem
Steuerfufse der direkten Abgaben wird die direkte Steuerlast im Mafse
der untermittleren wirklichen Leistungsfähigkeit, also der wirklichen
Steuerschwäche härter angelegt, dagegen im Mafse der übermittleren wirklichen Steuerkraft unverhältnismäfsig erleichtert. Selbst die Progressivbesteuerung mit ihrer nur schichtenweisen Belastungsstufung der
Steuerquellen verschiedener Gröfse bringt eine befriedigende Übereinstimmung mit der wirklichen individuellen Leistungsfähigkeit nicht zu
Stande (vgl. 3. Abschnitt).

Mit dem Steuerfufse wächst dann die Ungleichmäfsigkeit der direkten
Belastung immer mehr, und da mit demselben auch der Widerstand
gegen die genaue Ermittelung der Steuerkapitale zunimmt und dieser
Widerstand verschiedenen Einkommen in verschiedenem Mafse gelingt,
so geht auch die Allgemeinheit der Besteuerung immer mehr verloren.

Nun wäre es eben die Folge der ausschliefsend direkten Aufbringung der Abgaben, dafs die direkten Steuern auf sehr hohen Steuerfufs gesetzt werden müssten. Hieraus ergiebt sich, dafs die direkte
Besteuerung die indirekte nicht blofs nicht ersetzen kann, dafs vielmehr
nach Beseitigung der indirekten Steuern die Belastung nach der wirklichen Leistungsfähigkeit — der Zweck der indirekten Besteuerung —
erst recht verfehlt werden würde. Die Allgemeinheit wie die Gleichmäfsigkeit der Besteuerung würden in beiderlei Hinsicht — bezüglich
der durchschnittlichen und bezüglich der wirklichen Leistungsfähigkeit
— aufs gröbste verletzt werden.

Bei der einseitigen Bekämpfung der indirekten Steuern aus dem
Gesichtspunkte allgemeiner und gleichmäfsiger Belastung vergifst man
nur die Hauptsache: die indirekten Steuern sollen nach ihrer spezifischen
Bedeutung für das Steuersystem eben nicht schlechthin alle, und nicht
nach der im Einkommen angezeigten Durchschnittskraft, sondern nur
alle besonders schwachen oder starken Steuerkräfte im Mafse ihrer
unter- und übermittleren wirklichen Leistungsfähigkeit treffen. Nicht
alle Steuerkräfte sollen im Verhältnisse ihres Einkommens nach einem

gleichen Maſse, sondern einzelne Steuerkräfte, deren wirkliche Leistungsfähigkeit als über oder unter dem Mittelmaſs stehend sich selbst in schlüssigen Thatsachen des Konsums, Besitzwechsels u. s. w. verrät, sollen sämtlich möglichst im Verhältnis ihrer ungewöhnlich geringen oder starken Leistungsfähigkeit entlastet oder mehr belastet werden. Die Allgemeinheit und Verhältnismäſsigkeit hat also hier einen ganz anderen Sinn. Bei den üblichen Angriffen auf die indirekten Steuern übersieht man gerade den groſsen Unterschied in der Art der Verwirklichung der zwei Grundsätze der Allgemeinheit und Gleichmäſsigkeit einerseits bei den direkten, anderseits bei den indirekten Steuern. Man erkennt nicht, daſs selbst bei genauester direkter Ermittelung aller Gesamteinkommen eine allgemeine Belastung nach Maſsgabe der wirklichen, durch die individuellen Bedarfsverhältnisse mitbestimmten Leistungsfähigkeit überhaupt direkt nicht vollzogen werden kann. Und doch ist nicht einmal jene für Alle gleiche Genauigkeit der Einkommensermittelung, die Voraussetzung guter direkter Besteuerung, irgend leichter zu erreichen, als die allgemeine und verhältnismäſsige Tarifierung aller auf den Stand der wirklichen Leistungsfähigkeit hinweisenden auſserordentlichen Einkünfte und Quotienten der Einkommensverwendung.

Absolut unverbesserlich sind weder die Mängel der indirekten, noch jene der direkten Besteuerung. Man lasse, was für uns eine grundsätzliche Folgerung aus der spezifischen Funktion der indirekten Einsteuerung ist, die notwendigen Lebensmittel, sowie die nicht bereichernden Verkehrsvorgänge frei und belaste die übrigen Objekte allgemeiner Verzehrung viel mäſsiger, als jene des Luxuskonsums! Man entlaste die „kleinen Leute" im Gebiete der direkten Steuern, wenn sie durch Konsumsteuern stärker ¡betroffen werden! Man vollziehe eine weitere Ausgleichung durch Abgaben, welche den kapitalbildenden Reichtum treffen! Man regele die indirekten Steuern in sorgfältiger Rücksichtnahme auf die vom Gesetze beabsichtigte Überwälzung! Man nehme Rücksicht auf die volkswirtschaftlichen Nebenwirkungen jeder Konsumsteuer! Mit diesen und einigen weiteren Vorsichten wird man dann immerhin zum überhaupt erreichbaren Ziel, einer „leidlich allgemeinen und gleichmäſsigen Belastung", bei der indirekten Besteuerung nicht minder leicht gelangen als bei den direkten Steuern.

Wenn die indirekte Besteuerung wirklich in unverbesserlicher Weise der Allgemeinheit und Gleichmäſsigkeit der Belastung so viel mehr Abbruch thun würde, so dürfte man indirekte Steuern überhaupt nicht weiter dulden. Ihre Beibehaltung trotz der schweren Mängel wäre wenig konsequent. Nun sagen freilich diejenigen, welche dieser Folgewidrigkeit sich schuldig machen, der notwendige Staatsbedarf lasse sich einmal durch direkte Steuern allein nicht decken und die Erfahrung zeige, daſs ein gemischtes Steuersystem den Staatsbedarf im ganzen

leidlicher aufbringe. Da hiefse es doch weniger fiskalisch denken,
wenn man fragen würde, warum man den ganzen Staatsbedarf in ebenso
leidlicher Weise durch direkte Steuern allein nicht aufbringen könne
wie durch direkte und indirekte zusammen. Die Antwort hierauf würde
alsbald zur tieferen Einsicht führen. Für uns erklärt sich die Unmöglichkeit voller Deckung des Staatsbedarfes aus den
direkten Steuern allein gerade umgekehrt daraus, dafs die
direkten Steuern ihrer Bestimmung nur bei mäfsigen Steuersätzen
gerecht werden können, und dafs sie einer individualisierenden
Korrektur durch ein qualitativ anderes zweites Verfahren bedürfen, damit das ganze Steuersystem allgemein und verhältnismäfsig
nach der wirklichen Leistungsfähigkeit belaste.

Keine der beiden Steuerhauptgattungen läfst sich in idealer Vollkommenheit durchführen, jede aber ist einseitig und ausschliefslich
durchgeführt viel schlechter als die Kombination beider bei möglichst
zweckmäfsiger Durchbildung einer jeden. Denn jede der beiden Steuergattungen vollzieht eine Funktion, durch deren Hinzutritt die andere
erst Glied eines möglichst guten Steuersystems wird. Wollte man nur
indirekt belasten, so würden allerdings viele Steuerkräfte und Einkommensteile mehr oder weniger entschlüpfen; daher wird gleichzeitige
direkte Besteuerung nach dem ganzen ordentlichen Einkommen als dem
Mafse der mittleren Leistungsfähigkeit wesentliche Fehler einseitiger
indirekter Steuern heben. Umgekehrt wäre aber auch eine den ganzen
Steuerbedarf deckende ausschliefsend direkte Besteuerung viel schlechter
als ihre Kombination mit indirekten Steuern. Bei ausschliefsender und
darum sehr hoher Ertrags- und Einkommensbesteuerung würde möglichst allgemein und könnte doch nur sehr ungleich hinterzogen werden.
In demselben Falle müfste die in der allgemeinen direkten Besteuerung
liegende Vernachlässigung zahlloser Abweichungen der wirklichen von
der mittleren Leistungsfähigkeit immer empfindlicher werden. Die in
dieser Abweichung liegenden thatsächlichen Steuerüberbürdungen und
Steuerbegünstigungen würden sich progressiv fühlbar machen. Darum
eben kann nicht aller Staatsbedarf durch direkte Steuern aufgebracht,
geschweige durch direkte Steuern allein eine allgemeine Belastung
nach Verhältnis der wirklichen Leistungsfähigkeit erreicht werden. Es
würden mit dem Steigen des Steuerfufses alle starken (übermittleren)
Steuerkräfte immer ungleichmäfsiger begünstigt und alle schwachen
(untermittleren) Steuerkräfte mafslos immer schwerer bedrückt werden.
Und während bei unvollkommener Konsumbesteuerung immerhin nur
einzelne Schichten übermittlerer Steuerkraft sich selbst entlasten und
nur einzelne Teile der untermittleren Steuerkraft sich selbst unverhältnismäfsig belasten würden, wäre dagegen bei ausschliefsender und daher hoher direkter Besteuerung die Ungleichmäfsigkeit rechtlich auf-

gezwungen und unvermeidbar; bei den Verbrauchssteuern auf Entbehrlicheres ist die Selbstüberbürdung immerhin nur die Folge eines Bannes von Sitten und Gewohnheiten, welchen der Einzelne und eine Klasse zu brechen befähigt und vielseitig veranlafst ist.

Rationelle Zulassung und Absteckung von Spielräumen der Selbstentlastung und Selbstmehrbelastung im Mafse des negativen und positiven Abweichens der wirklichen individuellen von der nach dem Einkommensstand bemessenen mittleren Leistungsfähigkeit ist und bleibt eine annähernd erreichbare Hauptaufgabe der indirekten Besteuerung.

Diese letztere Hauptfunktion aller indirekten Abgaben kann der Staat nur durch die Vermittelung der Steuerträger selbst erreichen. Die „Selbstregulierung" ist nicht blofs unvermeidlich, sie ist der einzig mögliche Weg der Ergänzung der Durchschnittsbesteuerung zur Belastung nach der tausendfältig verschiedenen, individuellen und wechselnden wirklichen Leistungsfähigkeit· zahlloser Steuerkräfte.

Der Staat vermag nichts weiter, als das Netz der indirekten Steuern mit umsichtigster psychologischer Berechnung der Konsum- und Verkehrsgewohnheiten anzufertigen und zu stellen. Die Anpassung der Belastung jedes Individuums an die wirkliche Leistungsfähigkeit desselben Individuums kann nur das letztere selbst vermitteln, da es allein diese Leistungsfähigkeit kennt, empfindet und durch seine demgemäfs geregelten Akte des Konsums, der Kapitalisation, des Geschäftsverkehrs u. s. w. offenbart. Die direkte Ermittelung und Berücksichtigung der wirklichen und jeweiligen individuellen Leistungsfähigkeit von Millionen Steuerträgern ist für die Steuergewalt augenscheinlich unmöglich.

Die indirekte Besteuerung macht in Wahrheit nicht die Willkür und Laune des Steuerträgers zum Steuerorgan, sie stützt sich nur auf die Selbstoffenbarung der wirklichen Leistungsfähigkeit durch schlüssige, vom Steuersubjekt geschaffene Thatsachen. Das letztere macht den Inhalt der Mitwirkung des Steuersubjektes zur indirekten Besteuerung aus. Diese Selbstoffenbarung ist eben durch nichts zu ersetzen, der Staat kann eine unmittelbare Untersuchung der individuellen Bedarfsverhältnisse Aller niemals durchführen, also jene Selbstoffenbarung nicht überflüssig machen. Die letztere ist nicht nur kein Übel oder Grundfehler, sondern das einzig mögliche Mittel zur Gewinnung von zutreffenden Bemessungsgrundlagen für eine nach der wirklichen Leistungsfähigkeit ausgleichende Besteuerung.

Jene Selbstoffenbarung ist nicht reine Sache der Willkür. Das Interesse, die Lebenslust, der Gewinntrieb, die Volksgewohnheit bilden gewaltige Schranken gegen willkürliche Abwerfung oder

Übernahme der Steuerlast. Der Spielraum der Willkür in der Selbstentlastung und Selbstbelastung ist keinesfalls sehr grofs. Bei Erbsteuern
entfällt alle Willkür. Gebührenpflichtige Rechtsgeschäfte werden wegen
einer mäfsigen Abgabenlast nicht unterlassen. Der allgemeine Luxus
läfst sich durch Genufssteuern nicht abschrecken, zu konsumieren. Beim
völligen Wegfall der Steuern auf unentbehrliche, bei mäfsigen Sätzen
auf andere Massenverbrauchsgegenstände ist die Selbstbelastung und
Selbstentlastung nichts rein Willkürliches; man klagt ja im Gegenteil,
dafs die Massen oft viel zu sehr Sklaven der Sitte und Gewohnheit
seien, um von der Selbstentlastung den richtigen Gebrauch zu machen.
Bei der direkten Einsteuerung durch Staatsorgane wird, teils wegen
Willkür der Behörden, teils wegen Unzulänglichkeit der Mittel zur Bemessung und Auffindung der Steuerkapitale, ebenfalls das Ideal der
Allgemeinheit und Verhältnismäfsigkeit lange nicht erreicht. Es heifst
daher — steuerpolitisch gedacht — nicht den Bock zum Gärtner setzen,
wenn man es wagt, mittelst einer Anzahl sozialpsychologisch wohl be-
rechneter und zweckmäfsig tarifirter indirekter Steuern die Steuerkräfte
selbst zu Organen ausgleichender, teils individualisierender, teils ergänzender Besteuerung zu machen.

4. Kapitel. Die steuersystematische Bedeutung der einzelnen Gattungen direkter und indirekter Steuern.

§ 231. *Die Bedeutung der in unserem Sinne direkten Steuern,
insbesondere der Ertragssteuern.* — Die in unserem Sinne direkten
Steuern werden von manchen Leuten, welche den Vogelstellern der indirekten Steuern auf die Leimrute gehen, recht geringschätzig angesehen.
Uns hat die Entwickelung der Grundsätze der Besteuerung bereits die
feste Überzeugung verschafft, dafs die schwere, aber für absehbare Zeit
unvermeidliche Aufgabe, den Staatsbedarf tropfenweise bei den Privatwirtschaften einzusaugen und innerhalb der letzteren mit allen Privatbedarfen einzeln in ein allgemein volkswirtschaftliches Gleichgewicht
zu setzen, durch eine einzige Steuergattung nicht zu lösen ist. Beide
Hauptgattungen von Steuern setzen einander voraus.

Anderseits sind nicht alle direkten allgemeinen Steuern gut, sondern nur jene von den wirklichen reinen Personaleinkünften.
Die meisten direkten Steuern sind jedoch in ihrem jetzigen Bestande
mehr oder weniger irrationelle Ertragssteuern, sofern diese auf die
eingebildeten, mittleren, stabilen Erträge des Objektes, statt auf die
wirklichen, speziellen, reinen, veränderlichen Einkünfte der Person
in der laufenden Periode losgehen. Fehlerhaft erscheinen uns jedoch
die Ertragssteuern nicht deshalb, weil sie direkte allgemeine Steuern
von reinen Gesamteinnahmen jeder Person sind, sondern gerade deshalb, weil sie zu wenig direkt und allgemein auf das reine, wirkliche

persönliche Einkommen losgehen, weil sie verdinglichend und vereinzelnd vom Wege der direkten allgemeinen Personaleinkommenbesteuerung abirren. Daher kann nicht zugegeben werden, dafs jene, welche im Ernste den Wert der personellen Reineinkommens- und Reineinkünftesteuern herabsetzen, mit Recht sich einbilden, auf dem höheren staatsmännischen und auf dem staatstreueren, patriotischeren Standpunkte zu stehen. Sie haben nur mit demjenigen Recht, was gegen die „alten" Ertragssteuern pafst, sofern diese vom Wege der direkten reinen Personaleinsteuerung des Einkommens abweichen. Vielmehr das Gegenteil trifft zu: erst die Umbildung der alten Ertragssteuern zu gesunden Bestandteilen und Zweigen einer genau und streng regulierten allgemeinen Personaleinkommensteuer führt alle jene besonderen grofsen Eigenschaften und Wirkungen herbei, welche wir der allgemeinen und verhältnismäfsigen Personaleinsteuerung des wirklichen Reineinkommens nachzurühmen haben werden.

Die Grund-, Gebäude- und Gewerbesteuern sind es, welche allgemein als die alten Ertragssteuern bezeichnet werden. Sie sind auf den Rein- oder auch Rohertrag der Einkommensquellen gelegt.

Mit den direkten Personalsteuern haben sie folgendes gemein: die Person des Eigentümers oder Nutzniefsers der Steuerquelle wird durch die Steuerliste ermittelt, und der Ertrag selbst wird direkt katastriert. Alle gleichartigen Ertragsobjekte wollen allgemein und verhältnismäfsig nach ihrer durchschnittlichen Ertragsfähigkeit belastet werden.

Die Ertragssteuern sind daher, so lange sie nicht zu Teilen der allgemeinen Personaleinkommensteuer umgestaltet sind, ein Steuerglied, wodurch das ganze Steuersystem irrationell wird. Das letztere wird durch sie in ein so unbeherrschbares, wie unberechenbares Schwanken fort und fort versetzt. Wir werden finden, wie sehr die alten Ertragssteuern den Pfahl im Fleische der bisherigen Steuerpolitik darstellen, und welche Verlegenheiten sie der letzteren bereiten, und erkennen, dafs alle Übelstände derselben ihrer Zwitternatur, ihrer Unbestimmtheit gegenüber den zwei reinen Hauptmethoden der Besteuerung entspringen.

§ 232. *Fortsetzung. Zur steuersystematischen Bedeutung der in unserem Sinne indirekten Steuern. Die Konsumsteuern. — 1. Die Verbrauchssteuern.* Das Auseinanderfallen des Verbrauches in zahllose Verbrauchsakte macht die unmittelbare Belastung der Verbrauchsobjekte bei der Person des steuertragenden Konsumenten zumeist unmöglich. Man mufs, will man den ganzen Umfang des steuerpflichtigen Verbrauches besteuern, diesen schon an den Verbrauchsgegenständen erfassen, bevor diese durch den Absatzverkehr an die Konsumenten zerstreut oder gar schon in der aktuellen Verzehrung aufgegangen sind. Nur in diesem früheren Stadium: als Material, als Ware, als Verarbeitungs- und Fabrikationsgegenstand läfst sich das Objekt wohlfeil, massenweise

und vollständig erfassen. Die Verbrauchssteuern sind überwiegend und
mit innerer Notwendigkeit Vorschußsteuern, wie die direkten
Steuern überwiegend als Tragsteuern (§ 49, Ziffer 2) zu regulieren sind.

Massenweise — in der Materialerzeugung und in der Urproduktion,
im Rohstoffkaufe, im Material- und Verkaufslager der Fabrik, in der
Einfuhr über die Zollgrenze, schließlich und einigermaßen noch beim
Detailhändler und Ausschänker erscheint der ·Verbrauchsgegenstand in
größeren Mengen vereinigt.

Nur wenn eine solche Konzentration stattfindet, also nur an Artikeln des Großsbetriebes, nur in Zeiten der Geldwirtschaft, nur bei
Geschlossenheit des Zollgebietes lassen sich daher ergiebige
Verbrauchssteuern regulieren.   Denn nur unter dieser Voraussetzung
sammeln sich die Objekte in einzelnen Händen bei der Produktion, bei
der Verarbeitung, beim Transporte an.   Die Besteuerungskunst hilft
diesem Konzentrationsvorgange oft leidig nach, indem sie den Kleinbetrieb entweder im Nessushemde der Verbrauchssteuerkontrollen er-
stickt und totmaßregelt, oder indem sie den Kleinbetrieb durch die
Last der Lizenzgebühren und durch die für Kleingeschäfte unerträgliche
Wucht der Verbrauchssteuern selbst erdrückt.

Vollständig können die Verbrauchssteuern wieder nur dann wirken, wenn sie eben nicht die Millionen der Verbrauchsakte, sondern
die Objektmassen in bestimmten Konzentrationsstadien der Entstehung
und Zirkulation zu fassen verstehen, also wenn geldwirtschaftliche
Großproduktion und Zirkulation vorhanden ist.   Auch heute
ist dies nicht in dem Maße gegeben, daß nicht künstlich nachgeholfen
werden müßte. Man verbietet in England allen Tabakanbau, in anderen Staaten die Tabakkultur da, wo sie nur vereinzelt betrieben werden
könnte. Man begrenzt das Gebiet der Materialgewinnung. Man belastet
in abschreckender Weise die kleine Hervorbringung der Verzehrungsgegenstände. Man führt Verkaufslizenzen ein, um die beginnende Zerstreuung
im Kleinhandel noch fassen zu können. Man baut Zollentrepots, um
die Importansammlung zu begünstigen. Man legt dem Rohmaterial-
handel und der Fabrikation, die man allgemein durch Steuergewerbs-
lizenzen evident macht, gewisse Buchungen und Kontierungen auf. Man
instradiert den Warentransport auf gewisse Wege zu einigen wenigen
Zoll- und Steuerabfertigungsämtern hin mittelst Bezettelungs- und Be-
gleitscheinszwanges. Man begünstigt die Massenversendung durch Vereinfachung der Zollkontrollen bei Kulissenverschluss, Deckenverschnürung
u. s. w. Der Staat selbst nimmt gar die Verarbeitung und den Absatz
ins Staatsmonopol, um den Verzehrungsgegenstand ganz und ausschließlich in die Hände zu bekommen, wo dieser durch großen Wert und bei
schwerem Gewichte in kleinem Volumen die Fähigkeit hat, als Privat-
besitze dem Netze der Anbau-, Weginstradierungs- und Lagerkontrollen,

der Fabrikationskontierung und Journalisierung, dem Verpackungszwange, dem Stempel- und Banderollensignalement zu entgehen. So namentlich bei Tabak.

Alle diese charakteristischen Merkmale der Praxis führen immer auf eine und dieselbe Notwendigkeit zurück, die möglichste Konzentration des Objektes (§ 42), soweit solche nicht schon durch das privatwirtschaftliche Interesse bewirkt wird, künstlich zu steigern und zu vollenden. Diese Konzentration ist aber nur deshalb Bedürfnis, weil die Verbrauchsbesteuerung in ihrer Methode davon absieht, die Steuerquellen nach dem persönlichen (subjektiven) Gesamtstande der Steuerperiode zu erfassen, indem sie vielmehr die Steuerquellen in ihrem Zerfliefsen, in ihrer Aktualität objektiv ergreift. Die charakteristischen Merkmale am Kontrolle- und Zwangsverfahren der Verbrauchsbesteuerung wurzeln hiernach ganz und gar darin, dafs die Verbrauchsabgaben Verwendungs- und damit Spezialsteuern sind, dafs sie nicht auf die direkte volle und persönliche Ermittelung der zwei Steuerquellen ausgehen.

Die massige und vollständige Erfassung der Verbrauchssteuerobjekte kann nicht mehr gelingen, nachdem die Gegenstände an Millionen Konsumenten zerstreut sind, sondern nur vorher, spätestens im Besitze des Detailhändlers, und hier schon nur noch unvollständig genug. Daher giebt es keine nachgeholte Verbrauchsabgabe. Die Verbrauchssteuern müssen vorschufsweise Steuern werden und sind es. Die Wirkung des vollzogenen Konsums auf den weiteren Verkehr des Konsumenten mit Dritten ist schlechterdings unfafsbar, und die Zahlungsfähigkeit des Steuerträgers hat sich nach Beendigung des Konsums dem Staate gegenüber schon verflüchtigt.

Mit allem Verzichte auf direkte Einsteuerung der Konsumenten gelingt die massige und vollständige Erfassung der Verzehrungsgegenstände doch nicht immer. Dann streckt die Steuerkunst das Gewehr und läfst die steuerfähigen Objekte entweder ganz frei passieren, oder sie grenzt nur die konzentrierbaren Massenverkehre zur Besteuerung ab.

Viele Verbrauchsgegenstände kommen ihrer Masse nach überhaupt nicht in den grofsen Betrieb oder in den grofsen Verkehr, weil sie im engen Kreislaufe fortbestehender ländlicher Naturalwirtschaft ihre Bewegung beginnen und vollenden, so der Haustrank des Bauern an Most, Branntwein, eigenem Wein und Fleisch. Da ist denn dreierlei möglich: man pauschaliert abfindungsweise, oder man läfst diese Artikel ganz frei, oder man grenzt die zur Konzentration im Verkehre gelangenden Teile ab, wofern sie auf einen steuerfähigen Konsum hinweisen. Letzteres geschieht z. B. durch Liniensteuern für die vor die Thore der Städte gelangenden Verkehre, durch Schanksteuern auf den ausgeschänkten Teil des Weines, rationeller, aber kontrollenreicher durch die allgemeine Zirkulationsgebühr vom Weine neben der Schank- (Detail-)

und Stadteingangs- (Octroi)-Gebühr. Allein entweder müssen bei dieser
Freilassung naturalwirtschaftlicher Hausbrauche die besteuerten Ver-
kehre wirklich auf die Steuerkraft der durch Kauf sich versorgenden
Konsumentenkreise hinweisen, oder es muß, wenn die Naturalhaushalte
an sich wohl steuerkräftig wären, jedoch auch für verzichtbare Bedarfe
nur wegen steuertechnischer Schwierigkeiten steuerfrei bleiben, eine
Ausgleichung stattfinden. In letzterer Hinsicht kann wieder die das
Landvolk stärker treffende Salzsteuer und Personalsteuer als notwendiges oder relativ minderes Übel in Betracht kommen. Wenn es der
Finanzstand irgend erlaubt, läßt man lieber den ganzen Artikel steuerfrei, sobald die eben ausgesprochenen zwei Voraussetzungen nicht zutreffen.

Eine Klasse von Artikeln muß verbrauchssteuerfrei bleiben, weil
der unfaßbare Teil der Konsumtion überwiegt, also die Allgemeinheit
und Verhältnismäßigkeit der individualisierenden Einsteuerung überwiegend entfiele; frisches Obst, selbst Wein, auch Fleisch, können deshalb nach besonderen Landesverhältnissen zur Steuerfreiheit
sich empfehlen.

Der Mangel an Eignung zur Individualisierung der Steuerlast nach
der wirklichen Steuerkraft mag auch darauf beruhen, daß nur ein Teil
des betreffenden Volksverbrauches verzichtbar, der andere aber unverzichtbar ist. Was für die einen Schichten von Konsumenten mehr oder
weniger ein entbehrlicher Genuß ist, stellt sich für eine Masse anderer
als notwendiger Bedarf dar, dessen Belastung sogar die nationale Konkurrenzfähigkeit bedrohen würde.

Eine letzte Klasse steuerfreier oder leicht besteuerter Artikel muß
grundsätzlich von der Verbrauchsbesteuerung ausgeschlossen oder in
derselben begünstigt bleiben, weil die betreffenden Gegenstände zur
individualisierenden Erfassung der Steuerkräfte ungeeignet sind. Der
Mangel an Eignung hierzu beruht wieder darauf, daß sie notwendige
Bedarfe sind, wie Salz, Mehl, Getreide, Holz, Kohle, gemeine Kleider,
für die ländliche Hausindustrie auch das Petroleum. Ihr Verbrauch
verrät daher besonders starke Steuerkraft nicht. Derselbe ist zu unverzichtbar, um eine Steuerselbstentlastung besonders schwacher Steuerkräfte durch Minderkonsum zu gestatten. Salonstückkohle wäre steuerfähig, gemeine Kohle ist es kaum; im Industrieverbrauche ist letztere
gar nicht steuerfähig. Liköre sind sehr steuerfähig und der gemeine
Schnaps ist für den Branntweintrinker, der keine schwere Arbeit hat,
entbehrlich; aber unentbehrlich ist er für den Wald- und Feldarbeiter
am nassen Morgen, in der kalten Jahreszeit. Der Wein und Most, welchen der Bauer und Winzer trinkt, ist gewiß nicht besonders steuerfähig, auch nicht das Fleisch, welches der Flößer und der Fuhrknecht,
kurz diejenigen, welche schwere, muskelverzehrende Arbeit verrichten,
konsumieren. Aber sehr steuerfähig sind das Mastfleisch, welches auf

den Tisch leicht arbeitender oder nicht arbeitender Leute kommt, und
der Wein, der in die Privatkeller der Wohlhabenden eingeht, wohl meist
auch jener, welcher vor die Thore der grofsen Orte gelangt. Was ist
zu thun? Entweder mufs man, wo praktisch abgrenzbare Qualitäts-
stufen gegeben sind, nach Qualitäten abstufen (Steuerfreiheit des Pferde-
fleisches auch in der Stadt) oder erst den in den steuerfähigen Verbrauch übergehenden Teil des Produktes belasten (wie in Frankreich
den Wein durch die Häufung der Zirkulations-, Entree- und Detail-
gebühr), den Hausbrauch des Eigenproduktes aber freilassen.

Letzteres heben wir besonders nachdrücklich hervor. Die Steuerentlastung und Steuerbegünstigung des Landwirtes, bezw. Winzers für den
in der eigenen Wirtschaft benötigten und erzeugten Branntwein, für
das zum Hausbrauche geschlachtete Vieh, für den „selbsterzeugten" Wein
ist nicht blofs dadurch begründet, dafs man die Produkte nicht massig
und konzentriert erfassen kann, auch nicht blofs dadurch, dafs die Naturalwirtschaft den Verbrauchssteuern im Wege steht, und dafs man
nicht mit lästigen Kontrollen ins Wespennest des Zornes bäuerlicher
Wählerschaften stechen darf, sondern wesentlich auch durch die Notwendigkeit der Abgrenzung des steuerunfähigen Teiles des Volksverbrauches. Es ist eine nicht zu ändernde, obwohl leidige Thatsache, dafs
bei einigen Verzehrungssteuerartikeln, z. B. beim Biere, die Erzeugung
schon so im Grofsbetriebe konzentriert ist, um die Abgrenzung des notwendigen Bedarfes von den entbehrlichen Bedarfen nicht mehr zu gestatten, und dafs der in den weiteren Verkehr übergegangene Wein in
die Massen der verschiedenen Entbehrlichkeitsgrade für verschiedene
Konsumentenkategorien sich nicht mehr zerlegen läfst.

Qualitätsunterscheidung und Abgrenzung besonderer Verkehre sind
zwei allgemeine Mittel, um die Verbrauchssteuern auf ihren grundsätz-
lichen Zweck, die Individualisierung der Steuerlast nach der Steuerkraft,
wirksam zu regulieren.

§ 233. *Fortsetzung.* 2. Die Gebrauchssteuern. Alle Konsumtionssteuern, also auch die Gebrauchssteuern gehören zu den in unserem Sinne
indirekten Steuern.

Die Gebrauchssteuern sind bis jetzt äufserst dürftig entwickelt und
daher auch höchst unergiebig.

Dies kommt daher, dafs man geglaubt hat, sie nur als Tragsteuern (direkte Steuern RAUS § 49) regulieren zu können und zu dürfen.
Man hat Hunde, Bediente, Wagen, Klaviere, Billards u. s. w. mit mini-
malem Erfolge besteuert. Allein Nichts ist meines Erachtens
steuertheoretisch irriger, als die Meinung, dafs die Gebrauchsgegenstände nicht auch als Vorschufssteuern ausgestaltet werden können. Reguliert als Vorschufssteuern
von allem Luxusgebrauch: Zimmerluxus, Kleiderluxus,

Wohnungsluxus, Schmuckluxus u. s. w., können sie zu hoher Ergiebigkeit gebracht werden, ohne eine wesentlich lästigere Steuertechnik zu bedingen, als solche für die heutigen grofsen Verzehrungssteuern erforderlich ist. Einen vorläufigen, im grofsen Umrisse gehaltenen Beweis hierfür habe ich bereits zu führen gesucht.[1]) Die genauere Begründung wird in dem Bande: „Steuern, besonderer Teil" erfolgen.

Meines Dafürhaltens ist es der gröbste aller Mängel der dermaligen Steuersysteme, dafs man den Massenverbrauch zum Teil ganz unzuläfsig besteuert, den entbehrlichen Luxusgebrauch aber, welcher relativ in allen Ständen und Klassen immer riesiger anwächst, von einer durchgreifenden Vorschufsbesteuerung des Gebrauchsluxus frei läfst. Ich kenne keine schimpflichere, der obersten Anforderung an das Steuersystem, zugleich der Steuergerechtigkeit mehr hohnsprechende Seite der heutigen Steuersysteme, als diese klaffende Systemlücke. Letztere kann meines Erachtens durch ein dem Verbrauchsvorschufssteuer-Systeme ebenbürtiges System von Vorschufssteuern auf den Gebrauchsluxus vollständig gefüllt und hierdurch die Beseitigung der schlechten Glieder des Verbrauchssteuernsystems ermöglicht werden.

§ 234. *Schlufs. Die Bedeutung der Bereicherungssteuern (Verkehrssteuern, Erbschafts-* und *Ansammlungs-Steuern).* — Wenn einmal die direkten allgemeinen Steuern nicht zureichen und die individualisierende Besteuerung wesentlich zu einem guten Steuersystem gehört, so mufs jede Art der Verwendung des Vermögens und Einkommens, selbstverständlich immer unter der Voraussetzung wirklich schlüfsiger Steuerkraft, also die Bereicherung belastet werden. Die mäfsig quotierten, allgemeinen direkten Steuern leisten nie das, was die indirekten Steuern leisten: sie fassen ganz die durchschnittliche, aber nirgends im einzelnen die wirkliche Steuerkraft. Die nachmalige allgemeine Vermögens- und Einkommensbesteuerung kann also nie als individualisierende Besteuerung der zur Bereicherung führenden Einkommensteile wirken.

Die individualisierende Besteuerung der ansammelnden Steuerkräfte ist sogar noch mehr begründet als jene der verbrauchenden Steuerkräfte. Denn in der Ansammlung tritt eine besondere Stärke der Steuerkraft hervor. Besteuerung der Ansammlungen wäre daher selbst dann begründet, wenn keine Konsumsteuern beständen. Sie ist es doppelt und dreifach, wo solche bestehen. Denn auch bei glücklichster Regulierung der Konsumsteuern entschlüpfen die stärksten Steuerkräfte mit dem Betrage ihrer Ansammlungen der Konsumtionsbesteuerung, und darum gerade sind sie besonders und kräftig zu treffen. Die Besteuerung der

---

1) Kern- und Zeitfragen I, S. 423 ff.

Ansammlungen ist daher eine unbedingte Forderung der Allgemeinheit und Verhältnismäfsigkeit in der zweiten grofsen Steuerhemisphäre, im Gebiete der individualisierenden Besteuerung. Sie ist ein unerläfsliches Seitenstück der Konsumbesteuerung. Die letztere ist nötig wegen der schwachen und der starken, die erstere nur wegen der besonders starken Steuerkräfte.

Leider ist die direkte Erfassung der ansammelnden Steuerkräfte nicht leicht. Man unterscheide die Erscheinungen der Natural- und der Geldansammlung!

Schon die N a t u r a l -Ansammlungen und Naturalverbesserungen sind in T r a g steuern schwer zu fassen. Vermehrung des Besitzes an Edelsteinen, Kleidern, Möbeln, Gemälden u. s. w. entzieht sich dem Auge der Besteuerung. Nur etwa die Meliorationen von Grundstücken und die Erweiterungsbauten liefsen sich in Tragsteuern erfassen, aber auch dies wäre nicht leicht, weil sie auch aus Anlehen und dem Erlöse anderer Vermögensbestände, nicht notwendig aus neuen Ansammlungen bestritten werden. Steuerhafte Gebühren werden das einzige sein, was sich an direkter Besteuerung der Naturalansammlungen erreichen läfst. Andernfalls wird man mit einigem Rechte einwenden können: man trifft direkt die naturalen Ansammlungen viel zu wenig, weder allgemein, noch verhältnismäfsig. Also lieber gar keine direkte Besteuerung derselben!

Nachschufsweise dagegen lassen sich schon die Naturalansammlungen, wenn auch nur sehr roh, treffen. Wenn der Kalendermonat der Ansammlung längst vorüber, wenn der Ansammler tot ist, so treffen die E r b - s c h a f t s a b g a b e n die „Masse". Die Erbschaftsgebühr hat nicht blofs die Bedeutung und Berechtigung, aufserordentliches Glücksfall-Einkommen der entfernten Grade und der Testamentserben zu belasten. Sie soll auch nachholend stattgehabte Ansammlungen treffen. Wenn in der That nur das dem Erblasser über seine mäfsige Ausstattung und Elterngaben hinaus zugewachsene Vermögen mit der Erbschaftsgebühr betroffen würde — aber dieses bei allen Graden der Verwandtschaft, das bewegliche wie das unbewegliche, das Natural- wie das Geldvermögen —, dann hätte man eine rationell geregelte Ansammlungssteuer. Mit Hülfe der Steuer-, Ehe- und Verlassenschaftsakten und Hausbücher wird sich diese Regelung einst wohl besser durchführen lassen. Dann kämen alle naturalen Vermehrungen, selbst die meliorationsweise angesammelten Mehrwerte periodisch zur Versteuerung, und ein progressiver Steuersatz auf die gröfseren, in längeren Zwischenräumen vererbenden Verlassenschaften der durchschnittlich länger lebenden reichen Leute könnte ausgleichend angebracht werden.

Aber auch die K a u f s - und Verkaufs-, Miet- und Vermietungs-, Pacht- und Verpachtungsgeschäfte zahlen bereits Gebühren und Stempel, welche wenigstens teilweise als indirekte Erwerbs-, teilweise aber auch

als Ansammlungssteuern wirken. Und sie sind gerade dann, wenn sie
aut den Verkäufer zurückgewälzt werden, wieder nacherhobene indirekte
Steuern; denn der Käufer bezahlt die Abgabe und bringt dem Verkäufer,
der etwa angesammelt hat, den Betrag in Abzug, freilich nur in Perioden sinkenden Liegenschaftswertes. Bleiben auch die Verkehrssteuern
entweder ganz oder teilweise oft am Käufer hängen, so hatte wohl auch
er vielfach aus neu angesammelten Geldern, und zwar aus Ersparnissen
älterer Steuerperioden, die Kaufkraft gezogen, und er wird in diesem
Falle mit Recht einer nacherhobenen Bereicherungssteuer unterworfen.
Allerdings ist bei allen Verkaufs- und ähnlichen Abgaben noch sehr
viel zu thun, um eine rationelle Bereicherungsbesteuerung durchzuführen.
Einzelne Stempel- und Registergebühren, z. B. jene auf Pacht- und
Mietverträge, sollten als Ansammlungssteuern viel niedriger sein als sie
es in Frankreich und zum Teil in Oesterreich sind; aus Ansammlungen
allein wenigstens werden die Mittel des Pächters und Mieters nicht ge-
zogen. Stempel von Warenumsätzen lassen sich allgemein weder als
Bereicherungs- noch als Erwerbssteuern begründen.

Die Geld-Ersparungen bilden sich noch viel unsichtbarer als die
Naturalansammlungen. Zumeist erfolgen sie in Beträgen, die auch ihrer
Kleinheit und Alltäglichkeit wegen unmittelbar in der Zeit der Bildung
und innerhalb der geschlossenen Wirtschaft des Sparers nicht getroffen
werden können. Da ist nur zweierlei möglich, entweder Vorerhebung,
was nur gegen gröfsere Vermögensteile stattfinden kann, die von aufsen
anfallen (so vor Ausfolgung der Erbschaft, des Spielgewinnes u. s. w.),
oder Nacherhebung bei solchen Gelegenheiten, bei welchen das Ange-
sammelte in gröfseren Beträgen für die Steuerbehörde sichtbar und fafsbar
wird. Diese zweite Form von Überwälzungs-Besteuerung, die Nacherhebung, wiegt für die Besteuerung der Geldansammlungen und ihrer
Folgeerscheinungen auch ganz entschieden vor.

Die Gelegenheiten der Nacherhebung sind hauptsächlich die folgenden:

der Erbgang;

die Schenkung, der Verkauf, die Vermietung, die Verpachtung,
überhaupt Rechtsgeschäfte (einschliefslich der Erwerbung
der Wertpapiere und der Beteiligung an Erwerbsgesellschaften);

die Fondsansammlungen bei Gesellschaften und Vereinen,
welche zur öffentlichen Rechnungslegung verpflichtet sind;

die vom Steuerobjekte veranlafsten Amtshandlungen der Ge-
richte, der Verwaltungsstellen und der Notariate.

Unvermeidlich tritt einmal der Erbfall ein. Bei seiner Erledigung
wird die Vermögensansammlung offenbar, und zwar unmittelbar für den
Staat, wenn dieser durch seine Ämter die Verlassenschaftsabhandlung
vollzieht. Bei dieser Gelegenheit läfst sich eine besondere Steuer erheben, welche nicht blofs als spezielle Bereicherungssteuer des Erben und

als Besteuerung des tragfähigen Vermögensstammes, sondern auch der stattgehabten Ansammlung sich regulieren läfst. Soweit das zutrifft, wird die Erbschaftsgebühr nicht schon vom Erblasser, sondern von der hängenden Erbschaft bezw. vom Rechtsnachfolger entrichtet, also nacherhoben. Die Erbsteuer gestattet nicht blofs grofse Teile der Ansammlungen, sondern alle Ansammlungen, und als etwaige Vermögenssteuer auch den ganzen Vermögenstamm zu treffen; damit nähert sie sich im Wesen der allgemeinen direkten Vermögenssteuer und kann als Ersatz der letzteren dienen, wo die allgemeine direkte Vermögenssteuer selbst noch nicht erreichbar ist.

Einen zweiten Komplex steuerlich fafsbarer Folgeerscheinungen stattgehabter Ansammlungen bieten die Rechtsgeschäfte oder Akte des Vermögensverkehres dar. Sie werden fafsbar teils dadurch, dafs sie aus anderen rechtspolitischen Gründen öffentlich gebucht werden müssen, wie Immobilienverkäufe, Einräumungen und Löschungen dinglicher Rechte, Hypothekardarlehen, teils oder vielmehr allgemein dadurch, dafs über jedem Rechtsgeschäfte die Möglichkeit der Anrufung der Rechtshilfe des Staates schwebt. Jene öffentlich eingetragenen und diese privaten Rechtsgeschäfte werden daher steuerlich zugänglich. Je weiter die Steuergesetzgebung darin geht, den Rechtsschutz von der Erfüllung der Gebührenpflicht abhängig zu machen, desto sicherer und allgemeiner verfallen die im Rechtsverkehre umgehenden Vermögensteile dem Arme der Steuerbehörden. Teilweise ist so weit gegangen worden, ein Rechtsgeschäft für null und nichtig zu erklären, wenn es die Gebührenpflicht versäumt hat. Für die Regel wird es genügen, auf die Versäumung der Gebührenentrichtung die Folge zu setzen, dafs keinerlei Amtshandlung bezüglich des Rechtsgeschäftes vollzogen wird, bevor die Gebühr bezahlt oder wenigstens sichergestellt bezw. samt den strengen Hinterziehungsstrafen nachgeholt ist. Das ist denn auch das regelmäfsige Zwangsmittel. Weiter sind alle Staats- und Kommunalbeamten, Notare und öffentliche Agenten bei Strafe angewiesen oder auch dafür prämiiert, von jeder ihnen bemerkbaren Gebührenumgehung Anzeige zu machen. Durch Registrierungszwang kann die Steuergebührenhinterziehung noch sicherer vermieden bezw. erwiesen werden als durch Stempelzwang.

Nicht alle Rechtsgeschäfte weisen jedoch auf qualifizierten Erwerb und besondere Steuerkraft, noch viel weniger auf Kapitalansammlung hin. Daher ist grofse Umsicht in der Auswahl, Begrenzung und Abstufung der Rechtsgeschäftsgebühren oder sogen. Verkehrssteuern nötig. Ein allgemeiner Umsatz-, Quittungs- und Rechnungsstempel z. B. ist weder als Vermögens- noch als Einkommensteuer, weder als individualisierende noch als ergänzende Besteuerung, weder als Spezialerwerbs- noch als Ansammlungssteuer zu rechtfertigen. Die Bereicherungssteuern werden in grofsem Umfange zu Vorschufs-

steuern (indirekten Steuern RAUS, § 49). Der Sensal, der Kaufmann,
der Verwalter von Fonds, der Agent, der Liquidator, der Notar, der
Advokat schiefst vor. Der Käufer zahlt so viel höhere oder niedrigere
Preise; der Verkäufer wird vom Käufer so viel mehr oder weniger erhalten, um für den Betrag der Gebühr aufzukommen. Unter allen Umständen ist es nicht das geschlossene Einkommen, sind es nicht die fest
beim Vermögenssubjekte stehenden, sondern die im Weggange begriffenen
oder schon übergegangenen Vermögensteile, für welche die Rechtsgeschäftsgebühren, sei es als ergänzende Einkommens- und Vermögens-,
sei es als individualisierende Ansammlungssteuern, zu entrichten sind.

Die Ansammlungsgebühren sind mehr oder weniger vollständig nacherhobene Steuern, eben weil sie erst nach oder bei Aufhebung der Zugehörigkeit des Steuerobjektes zu der Person des früheren Vermögens-
subjektes gefafst werden können. Von der Erlegung genau innerhalb
der Periode der Ansammlung ist nicht die Rede. Weil man das Vermögen und Einkommen in seiner Verwendung zur Natural- und Geld-
bereicherung, nicht in seinem festen Verbande mit der Person des Ver-
mögens- und Einkommenssubjektes, nicht nach dem Gesamtstande der
laufenden Steuerperiode erfafst, kann man die zwei Steuerquellen auch
nur noch vereinzelt und unregelmäfsig, nicht schon beim Steuersubjekte,
bei welchem sich die Ansammlungsthatsachen zu sehr vereinzeln oder
insgesamt verbergen, sondern erst beim Weggange vom Steuersubjekte
als Verkehrsgegenstand, als Erbschaft, als Streitobjekt, also auch nur
noch indirekt und verdinglichend oder doch halb indirekt und halb direkt
erfassen. Und eben auf dieser Vereinzelung und Unregelmäfsigkeit beruht auch die Eignung der Erbschafts- und der Verkehrssteuern zur
Durchführung der ergänzenden und namentlich zur Durchführung der
individualisierenden Belastung.

II. Hauptabteilung. Die Organisation und das Verfahren der Besteuerung.

I. Abschnitt.   Der Behördenorganismus der Besteuerung.

§ 235. *Übersicht.* — Die Grundbestandteile der **O r g a n i s a t i o n** des
Steuerdienstes sind: 1. die Regierungsorgane: das Finanzministerium,
2. die Organe der Volksvertretung; 3. die mittleren und unteren Verwaltungsämter unter Beihilfe der Kommunalkörper; 4. gewisse Hilfs-
organe. Die letzten sind teils öffentliche Behörden: politische und
Justizbehörden bei den Verkehrssteuern, teils Bürger, welche als Steuer-

subjekt durch Deklarations-, Melde-, Buchungs-, Stempelentrichtungs-
und andere dergleichen Pflichten allgemein zur Besteuerungsarbeit
herangezogen werden oder für besondere Geschäfte der Einschätzung,
Reklamation u. s. w. berufen werden. (§ 78 ff.).

Alle vier Hauptträger der Steuerorganisation beteiligen sich, jedes
in besonderer Weise, unmittelbar oder auch nur mittelbar an sämtlichen
drei Funktionen des Steuerwesens: am Steuerregimente, das von Volksvertretung, Verwaltung, öffentlicher Meinung beeinflußt ist, an der Steuergesetzgebung und an der Steuerverwaltung.

Nach den eindringenden Grundlegungen, welche in §§ 67—79 über
das Wesen jedes der vier allgemeinen Organisationsglieder des Staates
und über jede der drei Grundfunktionen der Staatsthätigkeit versucht
worden sind, bedarf es weiterer Elementarbetrachtungen über Organisation und Verfahren der Besteuerung nicht.

Ebenso ist der allgemeineren Würdigung des Einflusses, welchen die
Beschaffenheit jedes der vier Grundbestandteile des Staatsorganismus
auf das Steuerwesen zum Guten und zum Schlimmen ausübt, durch die
§§ 73 und 76 volle Genüge geschehen.

Die Aufgabe der gegenwärtigen zweiten Hauptabteilung des III. Buches
besteht nur noch in der übersichtlichen Würdigung einiger Einzel-
erscheinungen der Besteuerungsorganisation und des Besteuerungsverfahrens durch Darstellung:

    1. des Steuerbehördenwesens,
    2. der Steuerverwilligung,
    3. der Steuerverwaltung:
        a. der Steuerveranlagung,
        b. der Steuervorschreibung,
        c. der Steuereinhebung.

Wir könnten der obersten Leitung des Steuerwesens oder dem Steuerregimente einen besonderen Abschnitt an der Spitze dieser II. Hauptabteilung des Buches widmen, halten aber einen solchen für entbehrlich.

Es genügt, die Grundaufgaben der Regierung im Gebiete des
Steuerwesens einfach zu nennen. Das sind:

1. die Aufstellung der Voranschläge des Steuereinkommens, 2. die
Vorbereitung und Vollziehung der Steuergesetze, 3. die oberste Leitung
der Steuerverwaltung. Das Hauptorgan hierfür ist der Chef der Ver-
waltungsabteilung für Finanzen, der Finanzminister, welcher der
Volksvertretung gegenüber für die ganze Steuerverwaltung allein ver-
antwortlich ist, während er bei der Vorbereitung und Vertretung des
Ausgabeetats im Einvernehmen mit den übrigen Ministerien, sei es im
Ministerrate, sei es im Sonderverkehre mit den einzelnen anderen Fach-
ministerien, in mitverantwortlicher Weise beteiligt ist.

Das Finanzministerium bedient sich teils für die Vorbereitung der

Steuervoranschläge und Steuergesetze, teils für die centrale Leitung der
Steuerverwaltung wie der übrigen Finanzverwaltung einiger Centralstellen, welche in verschiedenen Ländern verschiedenen Wirkungskreis
haben und verschiedenen Namen führen: Generaldirektionen, Steuer-
kollegien u. s. w. Der centrale Kassendienst und die centrale Rechnungskontrolle erfolgen mit dem sogen. formalen Dienste der übrigen Zweige
der Finanzverwaltung bei besonderen Centralämtern: Hauptstaatskasse,
oberster Rechnungshof, Oberrechnungskammer.

§ 236. *Gemischte und selbständige Organisation des Steuerdienstes.*
— Erst mit der fortschreitenden Arbeitsteilung des Staates im allgemeinen und der Finanz im besonderen ergaben sich selbständige Steuerbehörden. Zuvor ist der Steuerdienst ein gemischter. Derselbe war mit
dem allgemeinen Verwaltungsdienste verwoben oder wenigstens mit dem
übrigen Finanzdienste durch die Kammer- und Kommunalbehörden verknüpft. Ein Teil des Steuerdienstes sondert sich überhaupt erst durch
die altlandständische Steuerverwaltung ab, nämlich derjenige für die
direkten Steuern.

Die Sonderung des Steuerdienstes zu besonderen Steuerbehörden
beginnt erst im späteren Territorialstaate, schreitet dann aber im modernen Staate mit der Steuertechnik verhältnismäfsig rasch fort, namentlich im Gebiete der indirekten Besteuerung, deren Objekte nach ihrer
grofsen Mannigfaltigkeit je besondere sachverständige Einsteuerungs-
behörden und Kontrollpersonale bedingen.

Die Steuerbehörden, die selbständigen und die gemischten, gliedern
sich gleich dem Dienst für die übrigen Zweige der Staatsthätigkeiten
in drei hauptsächlichen Richtungen:

einmal g e g e n s t ä n d l i c h nach F ä c h e r n : die Behörden der direkten — der indirekten Besteuerung, des Zollwesens — der indirekten
Inlandbesteuerung, der Konsumbesteuerung — der Verkehrsbesteuerung,
je mit weiteren Unterverzweigungen;

sodann nach der A b s t u f u n g   d e r G e b i e t s g l i e d e r u n g : Reichs-,
Provinzial-, Kreis-, Ortsteuerstellen;

endlich drittens nach dem Verhältnisse der U n t e r - und Ü b e r o r d -
n u n g , in welchem sich die Steuerbehörden zueinander befinden, in
niedere, höhere, höchste Ämter.

Die letztere dritte Gliederung kommt mit den immer höheren Ansprüchen der staatlichen Entwickelung zu immer schärferer Durchbildung,
so zwar, dafs die Lokalsteuerbehörden einerseits und die Centralsteuer-
behörden anderseits sich immer schärfer hervorheben, während die
Mittelstellen an Rang eher einbüfsen. Selbst jenen Territorienkonglo-
meraten, als welche die grofsen Reiche der Territorialzeit mit ihren
vielen territorialen Verwaltungschwerpunkten sich darstellen, d. h. der
Staatsstufe IV (§ 91) war die moderne Einheit der Steuerverwaltung

und des Steuerkassenwesens fast noch fremd. Ein einheitliches Finanzministerium erhielt z. B. Preufsen erst i. J. 1809.

Zum Steuerbehördenwesen in den Staaten der Gegenwart. — Genauere Einzelheiten hierüber sind hier nicht beabsichtigt. Solche finden sich leicht zugänglich in den Werken über Staats- und Verwaltungsrecht der einzelnen Staaten[1]), in den Staatshandbüchern und in den Staatsvoranschlägen der einzelnen Staaten. Wir begnügen uns mit den kurzen Angaben des gegenwärtigen Paragraphen.

In den mittleren Instanzen ist der Steuerdienst noch vielfach mit dem Organismus der politischen Verwaltung verquickt. Der Dienst der direkten Steuern wird in unterster Instanz vielfach für die Staaten von den Gemeinden versehen.

Die Centralsteuerverwaltung Preufsens gliedert sich in zwei Hauptabteilungen: für die indirekten Steuern (wozu in Preufsen aufser den üblichen auch die Stempel-Erbschaftssteuer, verschiedene gebührenartige Abgaben im Verkehrswesen, jetzt auch die Gerichtskosten u. s. w. gerechnet werden), und für die direkten Steuern.

Für die Finanzverwaltung im Lande fungieren als Mittelbehörden die Abteilungen der Bezirksregierungen (Regier.-Bezirk) für die Verwaltung der direkten Steuern, also Glieder des allgemeinen Organismus der inneren Verwaltung; ferner die selbständigen, den Regierungen koordinierten Provinzial-SteuerDirektionen für die Verwaltung der indirekten Steuern und Zölle, die in gleicher Weise wie die Regierungen der Oberaufsicht des Oberpräsidenten der Provinz unterstehen. Abweichende Einrichtungen in der Mittelinstanz bestehen namentlich in Berlin, wo die Geschäfte der direkten Steuerverwaltung jetzt von einer besonderen „Direktion" dafür wahrgenommen werden (Organis.-Ges. v. 26. Juli 1880 § 38) und bisher in der Provinz Hannover, wo im teilweisen Anschlusse an die älteren hannoverischen Verhältnisse, für die ganze Provinz die gesamte Finanzverwaltung, mit Ausnahme der auch hier einer eigenen Provinzialsteuerdirektion unterstehenden indirekten Steuern und Zölle, bei der „Finanzdirektion" konzentriert ist (Preufs. Erl. v. 5. April 1869). Nach dem Organis.-Ges. von 1880 § 24 soll auch hier dieselbe Einrichtung wie in den anderen Provinzen eintreten, also die Geschäfte der Finanzdirektion an die Regierungen (bisherigen Landdrosteien) übergehen.

Die staatlichen Unterbehörden der Finanzverwaltung sind in Preufsen dadurch z. T. entbehrlich, dafs in einer Reihe von Provinzen die direkten Staatssteuern durch die Kommunen erhoben werden. In einigen Provinzen fungieren aber auch dafür eigentliche staatliche Steuerempfänger.

In den Kreisen giebt es dann Kreiskassen und Kreissteuereinnehmer, an welche von den Kommunen und den übrigen Steuerempfängern die Gelder abgeliefert werden. Ein besonderes System eigener Finanz-Unterbehörden und Beamten besteht für die indirekten Steuern und Zölle unter jeder Provinzialsteuerdirektion (Zoll- und Steuerämter verschiedenen Rangs, im Grenzbezirke und im Innern).

Die Verwaltung der Reichszölle und inneren Reichsverbrauchsteuern ist bisher Angelegenheit der Einzelstaaten, das Reich hat aber Kommissariate zur Kontrolle, indem wechselweise Finanzbeamte der gröfseren Einzelstaaten bei den betreffenden Distriktsbehörden eines anderen Staates als Bevollmächtigte fungieren. Die oberste Finanzverwaltung des Deutschen Reiches konzentriert sich in dem jetzt zu einem selbständigen Reichsamte erhobenen Reichsschatzamt, dessen unmittelbar verwaltende Thätigkeit aber bei dem engen Konnex zwischen Reichs- und Staatsfinanzen eine geringe ist.

---

1) Vgl. namentlich MARQUARDsens Handbuch, M. BLOCKs dictionaire de l'administration française und andere verwandte Bücher.

Andere deutsche Staaten. In sämtlichen Mittelstaaten bestehen jetzt ebenfalls besondere Ministerien der Finanzen, während in den Kleinstaaten etwa nur eine Abteilung der obersten Centralbehörde speziell für die Finanzgeschäfte fungiert. Bei manchen Unterschieden im einzelnen unter sich und von den preußischen Einrichtungen besteht doch im ganzen mit letzteren Übereinstimmung.

An der Spitze der westösterreichischen Finanzverwaltung („im Reichsrate vertretene Königreiche und Länder") steht das Finanzministerium für sämtliche Finanzangelegenheiten. Zu dessen Ressort gehören von Haupteinnahmequellen die direkten und indirekten Steuern (letztere inkl. Zölle, Monopole, Lotto, Stempel und „Gebühren von Rechtsgeschäften").

Der Finanzdienst im Lande in der Mittel- und Unterinstanz ist überwiegend in besonderen Finanzbehörden organisiert, welche aber z. T. mit der politischen (inneren) Verwaltung in Verbindung gebracht sind. Die oberen Mittelbehörden direkt unter dem Finanzministerium sind die Finanzlandesbehörden, immer je 1 in jedem Kronlande (in den größeren Finanzlandesdirektionen, in den kleineren Finanzdirektionen genannt). Sie haben die zum Finanzministerium ressortierenden Finanzsachen unter sich, daher namentlich die Verwaltung der direkten und indirekten Steuern in ihrem Kronlande. Im unteren Finanz- namentlich Steuerdienste sind die Behörden für die direkte Besteuerung von denjenigen für die übrigen Finanzgeschäfte, besonders für die indirekte Besteuerung getrennt. Als Behörden erster Instanz oder leitende [für die direkten Steuern bestehen in den größeren Landeshauptstädten Steueradministrationen, in den kleineren Steuerlokalkommissionen, außerhalb die Bezirkshauptmannschaften, die politischen Behörden der inneren Verwaltung, welchen für die Steuersachen besondere Finanzbeamte beigegeben sind. Die gleichstehenden Finanzbehörden für den sonstigen Finanzdienst sind die Finanzbezirksdirektionen (statt ihrer in den kleineren Kronländern Finanzinspektoren und Oberinspektoren). Die unteren Executivbehörden sind die Steuerämter, besonders für die Verwaltung und Erhebung der direkten Steuern (wobei auch die Gemeinden selbst mitwirken) und eines Teils der Gebühren, Stempel, Taxen, indirekten Steuern und sonstigen Gefälle; ferner die Zollämter, die Verzehrungssteuerämter in Wien (Linie), die Salz-, Tabak-, Stempelverschleißämter. In Wien besteht ein höheres Centraltax- und Gebührenbemessungsamt für das in Oesterreich stark entwickelte Gebiet der Stempel, Taxen und Gebühren von Rechtsgeschäften, außerdem Gebührenbemessungsämter in den Kronländern. Eine besondere Einrichtung für den Kontrolldienst in Bezug auf die Staatsgefälle, besonders die Zölle und indirekten inneren Steuern und Monopole, ist die österreichische bewaffnete Finanzwache.

Die französischen Finanzverwaltung der Neuzeit ist im Finanzministerium noch vollständiger als in anderen Staaten konzentriert und centralisiert. Es unterstehen demselben fast alle Einnahmezweige unmittelbar, nur die Forsten sind neuerdings abgezweigt und wie in Preußen und Oesterreich unter das Ackerbauministerium gestellt. Unter dem Finanzministerium, aber in der selbständigeren Stellung eigener Generaldirektionen stehen gegenwärtig folgende Stellen: für die direkten Steuern, für Registerwesen, (enregistrement) nebst Stempel und Domänen, für die inneren indirekten Steuern, für die Zölle, für die Tabaksregie, für das Münzwesen, lauter Zweige von eigentümlicher finanzwirtschaftlicher und zum Teil ökonomischer Technik, worin der innere Grund für die Bildung solcher eigener Direktionen bei diesen Zweigen liegt. Die Generaldirektion der direkten Steuern im Finanzministerium hat, zum Zweck der Veranlagung, Inspektion und Kontrolle der direkten Besteuerung im Lande, ausser ihrem „service central" im Ministerium einen „service extérieur" in jedem Departement. Die vier anderen Generaldirektionen des Steuerwesens haben nach der technischen Natur ihrer Geschäfte jede ihr eigenes System von Mittel- und

Unterbehörden bezw. Beamten im Lande und ein sehr zahlreiches Beamtenpersonal überhaupt, wie das besonders die Einrichtung des französischen Enregistrement und der indirekten Besteuerung bedingt. Bei diesen zwei Generaldirektionen findet sich in jedem Departement in der Regel eine Direktion mit Inspektoren, Kontrolleuren; der untere Dienst in der indirekten Besteuerung wird teils von festansässigen, teils von Wanderbeamten (receveurs ambulants) besorgt. Ein Teil des Unterbeamten-Personals dient mehreren Generaldirektionen. So sind die Tabaksläden z. B. in den Händen von Unterbeamten der indirekten Besteuerung, besonders in kleinen Gemeinden. Zur Zollverwaltung gehört eine Grenzwache von 20 000 Mann, welche auch für die Monopole und indirekten Steuern von Wichtigkeit ist. (Nach A. WAGNER.)

Mehrfach nach französischem Muster ist die Finanzverwaltung in Italien eingerichtet.

§ 237. *Der ältere Steuerdienst.* — Von hohem Interesse wäre es, eine vollständige Geschichte des Finanz- bezw. Steuerdienstes weiter rückwärts zu besitzen. Eine solche fehlt jedoch. Zwar ist schon viel Material für ein solches Werk gesammelt (vgl. A. WAGNER I, § 84 ff.), aber eine planmäfsige Durcharbeitung fehlt und wird vermutlich noch länger ausbleiben. Die vorhandenen Anhaltspunkte gestatten nur einen ganz allgemeinen Überblick, welcher einige Schärfe doch wohl dadurch gewinnen kann, dafs man die fünf Stufen staatlicher Verfassungshöhe und die auf jeder Stufe mehr oder weniger vollständig vorhandenen fünf Gebietsweiten (§ 59) möglichst streng auseinanderhält.

Für die erste volksstaatliche Verfassungsstufe kann höchstens zum Abschlufs, welchen dieselbe in der sefshaften Patriarchie der stammlich gegliederten Hufenbesitzer findet, schon von direkten Steuern die Rede sein, welche dem König, Herzog, Grafen u. s. w. natural in Geschenken und in Leistungen zum Heerbann dargebracht worden sein mögen.

Feste direkte Steuern werden höchstens von den Überbleibseln einer zertrümmerten Staatsgemeinschaft höherer Art bezahlt worden sein, in welchem Falle eben eine Steuererscheinung altvolksstaatlicher Art nicht in Frage käme. Von indirekten Steuern kommen Zölle, namentlich Flufszölle, sowie Brückenabgaben u. s. w. vor. Welche Bedeutung aber auch immer diese Abgaben gehabt haben mögen, von einem selbständigen Steuerdienste konnte keine Rede sein. Die Verwalter königlicher, herzoglicher und sonstiger Domänen und wenige Zolleinnehmer werden als Organe des Steuerdienstes direkt oder als Untergebene der Vögte gewaltet haben.

Auf der zweiten Verfassungsstufe kommen sowohl in dem vorklassischen Altertum als auch in der feudalen Hälfte und Hemisphäre unseres germanischen Mittelalters Grundabgaben an weltlichen und kirchlichen Zehnten u. s. w. vor. Ein Teil des hufenbäuerlichen Volkslandbesitzes und ein grofses Stück des aus der Eroberungszeit überkommenen Domanialbesitzes hat sich in abgabenpflichtigen Grundbesitz verwandelt, und ein Teil der dinglichen Einkünfte wird als erste Form

der Grundsteuer, wie solche von den Altägyptern bis zu den Musel-
männern sich herausgebildet hat, gedeutet werden dürfen. Mehr oder
weniger Kopfsteuern kamen wohl auch schon vor. Allein besondere
Finanz- oder gar Steuerbehörden gab es gewifs noch nicht; den Dienst
besorgten der Sendgraf, der Verwaltungsgraf, der Vogt im Zusammenwirken mit den örtlichen Wirtschaftsbeamten, Meiern, und Schulzen.

Ein eigener Finanz-, besonders Steuerdienst entstand erst auf
der dritten Verfassungsstufe, in der späteren Territorialstaatszeit,
welche gröfserer Finanzcentralisation bedürftig und bei fortschreitender
Verkehrstechnik einer solchen auch fähig wurde.

Im altlandständischen Territorialstaate, welcher unter seinen „Ständen" auch Städte hatte und allen drei Ständen (Adel, Geistlichkeit,
Städten) das Steuerverwilligungsrecht zugestand, kam ein besonderer
Finanzdienst: im Rentmeister, im Kameralverwalter, im Landschreiber,
im Stadtschreiber auf und centralisierte sich in den landesfürstlichen Kolle-
gien und Räten („Hofrat", „Kanzlei", „Regierung") für jeden gröfseren
Landesteil. Hier führte die Vermehrung der Geschäfte und das Be-
dürfnis nach spezifisch ausgebildeten Beamten zu einer Trennung nach
Geschäftsgruppen. Zu den Geschäften der Kammer gehörten auch alle
nicht von der „landständischen Steuerkasse" erhobenen Steuern, Zölle,
Stempelgefälle und andere Abgaben, welche mehr oder weniger vom
Wesen der heutigen indirekten Steuern an sich trugen.

Als dann mit dem Einflusse der Landstände die landständische
Steuerkasse fiel, konnte durch den Absolutismus reine Tafel für den
spätterritorialistischen Ausbau des modernen Finanz- und Steuerdienstes
gemacht werden.

Der Schwerpunkt der Finanzwirtschaft lag in den ersten Verfassungsepochen in der örtlichen Naturalgewinnung der Domänenerträge und der örtlichen
Erhebung der Gefälle durch Administratoren und Beamte, welche zugleich andere
Aufgaben: militärische, polizeiliche, vogteiliche, allgemeine, administrative, mitunter
auch richterliche zu besorgen hatten. Sie waren selbst auf Naturalgehalte aus
diesen Einnahmen gesetzt und hatten die Überschüsse abzuliefern. Ähnliches galt
von der Erhebung der wenigen steuerartigen Einnahmen der älteren Zeit, von der
Verwaltung der Regalien, der steuerartigen (im Unterschiede von den grundherrlichen)
Grundabgaben und sonstigen direkten Steuern (auch der Beden, soweit diese nicht
von Grundherrschaften und Gemeinden selbständig subrepartiert und von ihnen
gleich im ganzen abgeführt werden), während nur etwa für die an bestimmten Stellen
zu erhebenden Zölle eigene Unterbeamte schon früh sich finden (ZACHARIÄ, St. R). Vom
Centrum, vom König und Fürsten aus fehlte zwar nicht jede Kontrolle (welche z. B.
schon die karolingischen *missi* mit auszuüben hatten, die zugleich manche Einkünfte
selbst einziehen und verrechnen mufsten), aber dieselbe ist, wie sich aus dem Wesen
der Gebietsgliederung auf den älteren Verfassungsstufen (§ 59 f.) einfach erklärt, hier
so wenig wie auf anderen Gebieten der öffentlichen Verwaltung eine feste Einrichtung
und nicht genügend wirksam.

In den Städten entwickelte sich zuerst ein geordneter öffentlicher
Haushalt; bei ihnen bildeten sich zuerst im deutschen Gemeinwesen Steuern im

heutigen Sinne des Wortes und eine öffentliche Wirtschaft heraus, in welcher die Geldwirtschaft durchgeführt wurde. Die Haupteinnahmequelle bestand in Steuern; auch der öffentliche Kredit kam in mannigfaltiger Weise zur Bestreitung ordentlicher und aufserordentlicher öffentlicher Ausgaben zur Anwendung, und eigene Finanzorgane unter öffentlicher Kontrolle besorgten nach gesetzlicher Vorschrift die Einnahmen und Ausgaben einer öffentlich-rechtlichen Finanzwirtschaft. (Schönberg, Fin.-W. der Stadt Basel, Tübingen 1879, S. 9 ff.)

Zweifellos hat die städtische Finanzverwaltung später den Territorien mit zum Muster gedient, wie z. B. Arnold, (Verfassungsgesch. d. deutschen Freistädte, 1854, II, 138, bei Schönberg a. a. O.) auch annimmt, Schönberg selbst aber mit Rücksicht auf erst noch erforderliche weitere Untersuchungen dahin gestellt sein läfst. In Basel (Schönberg, S. 23 ff.) war im 14. Jahrhundert der Rat auch die höchste Finanzbehörde, die Ausführung seiner Beschlüsse in Finanzsachen und die eigentliche Finanzverwaltung hatte seit Mitte des 14. Jahrhunderts ein besonderes Kollegium von 7 Personen: die Sieben, 5 Ratsherren, 2 Zunftmeister, honorierte Organe. (Wagner).

II. Abschnitt. Steuergesetzgebung und Steuerverwilligung.

§ 238. *Begriffe.* — Fafst man das Steuerwesen nicht als Organisation, sondern als eine der lebendigen Staatsbethätigungen, als Verfahren im weitesten Sinne des Wortes an, so sieht man es drei grofse Thatsachenkreise umfassen, nämlich 1. das Steuerregiment, 2. das Steuergesetzgebungs- und das Steuerverordnungswesen, 3. die Steuerverwaltung.

Die Leitung des Steuerwesens oder des Steuerregimentes haben wir nicht abgesondert zu behandeln, der Steuerverwaltung aber widmen wir die eingehenderen Betrachtungen des folgenden III. Abschnitts. Der gegenwärtige II. Abschnitt gilt der Steuergesetzgebung im weiteren Sinne der Wortes.

Die Steuergesetzgebung in diesem weiteren Sinne umfafst zwei Dinge: die Herstellung der Steuergesetze, nach welchen die im Finanzgesetze verwilligten Steuern zu erheben sind, d. h. die eigentliche Steuergesetzgebung und die periodische Verabschiedung der laufenden Steueransätze jeder Periode durch Finanzgesetz: Steuerverwilligung.

Die Steuergesetze sind teils dauernde Gesetze über einzelne Steuern und Steuergruppen, teils allgemeine Bestimmungen über die dauernde Art der Steuererhebung.

Beide, Steuergesetzgebung und gesetzlicher Steuervoransatz können entweder einseitig durch die Regierung verfügt werden, oder sie haben die Zustimmung der Volksvertretung zu finden. In letzterem Falle ist der gesetzliche Steuervoransatz, beruhend auf einen Voranschlage oder Voransatzentwurfe der Regierung, Steuerverwilligung, Steuerverabschiedung. Die Voraussetzungen, unter welchen dieser zweite Weg vorzuziehen ist, sind in der Steuerstaatslehre bereits eingehend begründet.

Die Gestalt, welche die Steuerverabschiedung annimmt, kann je nach der Art der Volksvertretung und nach der Qualität der kon-

kurrierenden Vertretungskörper des Zweikammersystems sehr verschieden sein.

Wo die Volksvertretung nach dem Zweikammersysteme aufgebaut
ist, wird die Stellung der ersten Kammer zum Steuerwesen sachgemäfs
dieselbe sein, wie für die übrigen ihr zugewiesenen Gegenstände. Normaler Weise wird eine erste Kammer, wenn sie einen wirklich integrierenden Bestandteil der Gesamtvolksvertretung bildet, auch in Steuer-
sachen dieselbe Zuständigkeit zugewiesen erhalten müssen, wie die zweite
Kammer; nur trifft diese Voraussetzung zur Zeit nicht überall zu.

Finanzgeschichtlich ist, wenigstens in altlandständischer Zeit, die
Stellung der Volksvertretung im Steuerwesen oft so übergreifend gewesen, dafs die „Landstände" ganz allein die Schnüre des Beutels der
direkten Besteuerung in ihren Händen hatten, mit besonderer ständischer
Steuerkasse, welche bei vorwiegend obligarchischer Volksvertretung sogar
jeder Einsicht der Regierungsorgane entzogen war („Geheime Truhe" in
Württemberg bis 1806).

§ 239. *Der Steuervoranschlag als Glied des allgemeinen Etats-
wesens.* — Bei der Steuerbewilligung handelt es sich nur um ein ein-
zelnes Glied des gesamten Staatsvoranschlages, um einen Teil der
gesetzlichen Einnahmevoransätze, nämlich die Voransätze für die Steuereinnahmen.

Jeder Etat oder Voranschlag (Budget) ist eine ziffernmäfsige, in der
Regel systematisch geordnete Zusammenstellung der finanzgesetzlichen
Voransätze der mutmafslichen Einnahmen und Ausgaben in Geld für
die bevorstehende Finanzperiode. Der sog. „Hauptfinanzetat" ist
der finanzgesetzliche Voransatz der Einnahmen und Ausgaben aller
Zweige des Finanzdienstes. Ihn setzen die sog. Hauptetats zusammen, auch „Hauptspezialetats" genannt, welche für die einzelnen
grofsen Zweige des öffentlichen Einnahme- und Ausgabedienstes aufgestellt werden. Die einzelnen Hauptetats aber zerlegen sich weiter
noch im Finanzgesetze selbst in Spezialetats, aus welchen
ohne finanzgesetzliche Verabschiedung die Verwaltungs- oder Kassen-
etats rein im Verwaltungswege herausgeschnitten werden. Das ganze
Etatswesen verfolgt den doppelten Zweck: einmal dieselbe technisch-
wirtschaftliche Ordnung, welche jeder Privathaushaltsanschlag erstrebt,
auch für die öffentliche Haushaltführung zu erlangen, zweitens, was die
finanzgesetzlich fixierten Voransätze betrifft, die Regierung und Verwaltung an die von der Volksvertretung gebilligten Einnahme- und
Ausgabesummen zu binden. Fehlannahmen, welche zu Störungen führen,
können durch „Nachtragsetats" ausgeglichen werden.

Alle Etats sind entweder Brutto- oder Nettoetats. Besonders
für die Steueretats sind erstere zu fordern, um die Besteuerungskosten
stets ersichtlich zu halten.

Die älteren Etats enthielten gewöhnlich nur die Nettosummen, die neueren sind regelmäfsig Bruttoetats. Nur aus den Bruttoetats ersieht man alle Kosten eines öffentlichen Haushaltes (so besonders bei den Steuern und Gebühren), alle Belastungen des Volkes und der Volkswirtschaft durch diesen Haushalt, namentlich bei beiden genannten Posten.

Bei den Steuern sind es namentlich die Verbrauchsabgaben und unter diesen die Monopole, bei welchen der Brutto- den Nettoetat bedeutend übersteigt.

§ 240. *Das Steuerverwilligungsrecht und das allgemeine Budgetrecht der Volksvertretung.* — Aufser dem Steuerverwilligungsrechte steht der Volksvertretung eine Anzahl weiterer budgetrechtlicher Befugnisse zu Gebote, nämlich die Bewilligung der Ausgaben und der nichtsteuerlichen Einnahmevoransätze, sowie die Prüfung der Staatsrechnungen mit der Befugnis, dem Finanzminister die Entlastung für die stattgehabten Vereinnahmungen und Verausgabungen zu erteilen. Ohne diese weiteren Befugnisse läfst sich das Steuerbewilligungsrecht schon finanzwirtschaftlich — von dem politischen Gebrauche und Mifsbrauche den Regierenden gegenüber zu schweigen — nicht sachgemäfs ausüben, denn die Steuern sind nur das Glied eines ganzen Systems von Deckungsmitteln, worauf die Steuern ebenfalls bestimmenden Einflufs haben müssen, und ihre Verwilligung hat sich nach den Ausgabebeschlüssen zu richten.

Die zwei praktisch wichtigsten Fragen des Budgetrechtes betreffen 1. die Form der parlamentarischen Beratung und Votierung des Budgets und 2. den Grad der Spezialisierung der Ausgabenansätze bezw. das Recht der Regierung, die Verwilligungen für eine Ausgabeposition auf andere Ausgabepositionen zu übertragen (Virement). Da die Steuervoransätze Einnahmenansätze sind, so kommt für die Steuerverwilligung nur die erste Frage, betreffend die Form der parlamentarischen Beratung und Verwilligung, in Betracht.

Hierbei kann man das e n g l i s c h e und das f e s t l ä n d i s c h e System der Beratung und Votierung unterscheiden.

In G r o f s b r i t a n n i e n wird infolge der Scheidung zwischen f e s t e m und w a n d e l b a r e m Budget überhaupt nur ein Teil der Ausgaben und noch ein kleinerer Teil der Einnahmen eigentlich jährlich vom Parlament „bewilligt". Die übrigen Ausgaben und Einnahmen beruhen auf festem Gesetze und erscheinen nur rechnungsmäfsig der Vollständigkeit wegen im Etat. „Dadurch wird von vornherein die „Infrage-Stellung" des ganzen Haushaltes vermieden und die vorteilhafte Möglichkeit gegeben, die Mitwirkung des Parlaments bei der Feststellung des Etats gerade da eintreten zu lassen, wo etwas wirklich fraglich ist." (A. WAGNER.) Die Beratung des vom Schatzkanzler vorgelegten Budgets erfolgt in allen ihren Stadien n i c h t in besonderen, zu diesem Zwecke aus dem Parlament gewählten K o m m i s s i o n e n, wie auf dem Kontinent (den sogen. „B u d g e t k o m m i s s i o n e n"), sondern in formloserer Weise im g a n z e n H a u s e (Unterhause), das sich hierzu zunächst als „Komitee" konstituiert, und zwar als „Komitee der Bedürfnisse" (*comitee of supply*) für die Bedarfsfrage und danach als „Komitee der Mittel und Wege" (*comitee of ways and means*) für die Bedeckungsfrage. Jedes Mitglied des Hauses kann sich an diesen nicht öffentlichen Komiteesitzungen und Beratungen beteiligen, thatsächlich aber beteiligen sich meist nur die fachmännisch oder sonst am Gegenstande interessierten Mitglieder. „Die Resultate dieser Verhandlung werden dann gewöhnlich gegen Schluß der Session in einer Gesamtübersicht zusammengefaßt, die in Form eines Gesetzes als *consolidated fund act* publiziert wird." (GNEIST, Gesetze u. Budgets S. 95). LEROY-BEAULIEU (F.-W. II) rühmt diese Organisation als besonders ingeniös und praktisch. Sie habe alle Vorteile ohne die Nachteile der kontinentalen geschlossenen Kommissionen, schließe kein Mitglied von der Beratung aus, kürze die öffentlichen Parlamentssitzungen ab und beschleunige die Durchberatung des Budget. „Es liegt schon darin eine Verbesserung vor, wenn nur gewisse wichtigere Teile des Etats zuerst in der Budgetkommission, andere sofort im Plenum verhandelt werden, wie jetzt in Preußen. Dadurch erfolgt eine Annäherung an das britische System." (A. WAGNER.)

III. Abschnitt. Die Steuerverwaltung.

1. Kapitel. Die Steuerveranlagung.

§ 241. *Übersicht.* — Wir haben in diesem Abschnitte zu erörtern:
1. die Steuerveranlagung:
   Katastrierung der Steuerquellen vorwiegend bei der direkten, Objekterforschung und Objektisolierung vorwiegend bei der indirekten Besteuerung (§ 40), das auf Katastrierung und Objekterforschung gerichtete Kontrollwesen;
2. die Steuervorschreibung;
3. die Steuererhebung.
Obenan steht hiernach die Steuerveranlagung.

Die Elementaraufgabe jeglichen Aktes der Besteuerung ist eine doppelte: 1. Die Ermittelung des Steuersubjektes, welches die Steuer als Tragsteuer oder als Vorschußsteuer entrichten soll, bezw. die Ermittelung der das Steuersubjekt rechtlich vertretenden Person, 2. die Ermittelung des Steuerobjektes und der steuerlich bedeutsamen Beschaffenheiten des letzteren. Die eine Ermittelung ist so notwendig wie die andere.

Diese zweifache Ermittelung läßt eine von drei möglichen Verwirklichungsweisen zu oder fordert die Kombination dieser drei Ausführungsweisen zugleich:
1. die amtliche Ermittelung durch die Organe der Besteuerung, 2. die Selbstanmeldung des Steuerpflichtigen für seine Person und für sein steuerpflichtiges Objekt, 3. die Ermittelung durch Dritte, insbesondere auch Behörden, welche der pflichtigen Steuersubjekte und Steuerobjekte gewahr werden müssen und mit Erfolg ermittelungspflichtig gemacht werden können.

Zu ermitteln ist in jedem Falle nicht bloß das Vorhanden-

sein eines Steuersubjektes und eines Steuerobjektes, sondern auch jedes
für die Besteuerung bedeutsame Moment: Gröfse, Zahl, Wert, Beschaffenheit u. s. w.

§ 242. *Fortsetzung. Die Aufgabe der Steuerveranlagung* — ist es,
möglichste Vollständigkeit und Genauigkeit auf die mindest
kostspielige Weise zu erreichen.

Hierzu lassen sich nun verschiedene Mittel anwenden:

1. Das in § 43 bereits hervorgehobene Mittel der Besteuerungs-
konzentration, indem das Objekt schon vor der Zerstreuung in den
Konsum in kompakter Masse auf dem Lager, in der Fabrik, im Handel
beim Grenzübergange erfafst werden kann, wodurch es sich erreichen läfst,
dafs die Zahl der Steuersubjekte und der Steuerobjekte bedeutend vermindert, das Verfahren vereinfacht und erleichtert und dennoch die Masse
der Objekte voll erfafst wird, nicht obwohl, sondern weil es vor der
Zerstreuung in den Kleinverkehr und vor der Zersplitterung in den
Einzelkonsum geschieht. Das erfordert aber, dafs die fragliche Steuer
nicht als Tragsteuer, sondern als Vorschufssteuer (§ 49) reguliert sei.
Die Verbrauchssteuern (§ 45) sind es daher hauptsächlich, welche als
Vorschufssteuern reguliert werden müssen; bei der Besteuerung der Verzehrung erst bei den Konsumenten liefse sich weder dieselbe Genauigkeit und Vollständigkeit, noch dieselbe Wohlfeilheit erreichen. Andere
bedeutende Zweige der in unserem Sinne indirekten Steuern, die Verkehrssteuern und bei allgemeiner Besteuerung des Gebrauchsluxus die
Gebrauchsluxussteuern [1]), lassen sich teils gar nicht, teils nicht ohne
Gefährdung des Steuererfolges und der Steuergerechtigkeit — Pauschalierung der Börsensteuer u. s. w. — ebenso zur Veranlagung konzentrieren.

2. Ein zweites Hauptmittel einer zugleich genauen und wohlfeilen
Ermittelung der Steuersubjekte und der Steuerobjekte besteht darin,
das Subjekt und das Objekt, sofern nach dem Wesen und Zwecke der
fraglichen Steuer eine Konzentration der Veranlagung ausgeschlossen
ist, wie das zumeist bei allen in unserem Sinne direkten Steuern: Einkommensteuern, Vermögenssteuern, Ertragssteuern, zutrifft, ein für alle
mal genau zu ermitteln, das Ergebnis der Ermittelung in einem
ständigen Verzeichnisse niederzulegen und lediglich die am
Steuersubjekte und Steuerobjekte vorgehenden Veränderungen periodisch in den Veranlagungsakten nachzutragen.

Diese Art der Ermittelung macht das Wesen der Katastrierung
aus. Das Verfahren ist ganz überwiegend bei den in unserem Sinne
direkten Steuern anzuwenden.

Es ist dennoch selbst bei den direkten Steuern nicht allgemein
ausführbar, denn es setzt voraus, dafs das Steuerobjekt mehr
oder weniger dauerhaft und mit mehr oder weniger Sicher-

---

1) Vgl. Kern- und Zeitfragen I, 441 ff.

heit erkennbar sei. Diese doppelte Voraussetzung trifft aber nicht
nur für die Objekte der Verzehrungssteuern nicht zu, sie fehlt für die
Regel den Objekten der ganzen Bereicherungs-, insbesondere Verkehrsbesteuerung. Das wäre also eine unrichtige Annahme, daſs alle in unserem Sinne direkten Steuern katastrierbar und sämtliche in unserem
Sinne indirekten Steuern unkatastrierber seien. In vielen Fällen ist
auch bei direkten Steuern das Objekt äuſserst veränderlich und schwer
erkennbar, so daſs man z. B. auf die Besteuerung der Löhne und Renten
der sog. „kleinen Leute" entweder ganz verzichtet oder sich bloſs mit
Einschätzungen in Klassen begnügt, um die Katastrierung zu vermeiden.
Umgekehrt giebt es wenigstens eine Bereicherungssteuer, deren Objekt
sehr beständig und katastrierbar ist, nämlich das dem Erbsteueräquivalent
unterworfene Vermögen zur toten Hand. Selbst gewisse Verbrauchssteuern gestatten und fordern eine Art Katastrierung, sobald die betreffenden Steuern an die dauernde Grundlage für die Erzeugung des
Steuerobjektes: die Leistungsfähigkeit der Apparate, die Gröſse der
Gefäſse u. s. w., anknüpfen, wie in § 49 bereits eindringlich nachgewiesen ist.

§ 243. *Fortsetzung.* — 3. Ein drittes hauptsächliches Mittel zugleich genauer und wohlfeiler Steuerveranlagung ergiebt sich durch
eigenartige Einrichtungen b e s o n d e r e r S t e u e r k o n t r o l l e im engeren
Sinne des Wortes.

Kontrollen und Kontrollorgane im weiteren Sinne des Wortes sind
zwar für jede Art Besteuerung erforderlich. Es sind jedoch, zumal bei
den meisten der in unserem Sinne indirekten Steuern, b e s o n d e r e Einrichtungen der Subjekt- und Objektermittelung möglich und im selben
Maſse mehr gefordert, als die Katastrierung den Dienst versagt, als
Subjekte und Objekte der Besteuerung für das Auge der Steuerbehörde
schwer erkennbar sind und wenn erfaſst, nicht leicht auf die Dauer
festgehalten werden können.

Die b e s o n d e r e Steuerkontrolle macht ihre wechselnden Objekte
steuertechnisch faſsbar: a. indem sie die Gegenstände der Erzeugung, der
Be- und Verarbeitung, des Waren- und Kreditverkehres, des Erbganges
u. s. w. an der Stelle und insolange ergreift, a l s und s o l a n g e erstere noch
i s o l i e r t und thunlichst massig vereinigt sind, b. indem sie dieselben durch
S t e u e r v e r s c h l u ſ s, B u c h u n g s k o n t r o l l e, B e g l e i t s c h e i n z w a n g,
L e g i t i m a t i o n s papiere der Warenführer bis nach erfolgter Ver-
steuerung festhält, c. indem sie den bereichernden Besitzwechsel unter
Lebenden und von Todeswegen in jenem Zeitpunkte und an j e n e m
O r t e zur Besteuerung zieht, wo er massenhaft, wie an der Börse, oder
einzeln, wie bei der Grundbucheintragung und bei der Erbteilung, solchen Organen erkennbar wird, welche vom Staate zur Steuerveranlagung
oder weiter selbst zur Steuerverschreibung wirksam verpflichtet werden

können, wie die Börsensensale, die Behörden der freiwilligen Gerichtsbarkeit, die Expeditionen öffentlicher Verkehrsanstalten.

4. Ein viertes Mittel ist die Anwendung des Steueranmeldezwanges teils gegenüber den Steuerpflichtigen teils selbst gegenüber dritten Personen und zwar unter Ansetzung wirksam hoher Steuerstrafen. Je unbemerkbarer die Steuersubjekte und Steuerobjekte, je umgehbarer die Apparate der besonderen Steuerkontrolle werden, desto mehr muſs von der Steuerveranlagung auch in dieser vierten Richtung ausgegriffen werden.

Neben dem Anmeldezwange kann die Gewährung von Denunziationsanteilen an den Steuerstrafen wirken.

Die Wirkung der Steueranmeldung kann verstärkt werden durch Bekräftigung an Eidesstatt. In Amerika sind die „Eide im Zollhaus" nicht als besonders wertvoll angesehen. Steuereide widerstreben wohl dem heutigen öffentlichen Bewuſstsein, nachdem selbst die Gerichtseide, in welchen die Justiz von der Religion profanen Gebrauch macht, nicht mehr unangefochten dastehen.

5. Eine mittelbare Unterstützung vollständiger Steuerveranlagung liegt darin, daſs die Steuersätze und Tarifsätze auf einer erträglichen Höhe gehalten werden, bei welcher der Hinterziehungsreiz für die Regel nicht zur Auslösung gelangt. Dieses kommt um so mehr in Betracht, je schwächer die anderen Mittel (Z. 1—4) wirken.

Bei den einzelnen Arten der in unserem Sinne direkten und indirekten Steuern werden wir die besondere Verwertung aller obigen Veranlagungsmittel näher kennen lernen („Steuern, besonderer Teil").

Als Kontrollwesen im weitesten Sinne stellt sich der Inbegriff der Anordnungen und Maſsregeln dar, welche zur Sicherstellung aller thatsächlichen Grundlagen der Besteuerung (Veranlagung), mittelbar zur Sicherung einer der Veranlagung entsprechenden Steuererhebung selbst, getroffen werden. Die allgemeine Steuerkontrolle umfaſst nur einen Teil der allgemeinen Finanzkontrolle. Sie deckt sich weder mit der allgemeinen sogen. „Rechnungskontrolle", noch mit der „Kassenkontrolle", obwohl diesen Kontrollen auch die Steuerrechnungen bezw. die Steuerkassen unterworfen werden. Die allgemeine Steuerkontrolle darf ferner weder mit der sogen. „Verwaltungskontrolle", durch welche das gesetz-, etats- und verordnungsgemäſse Verfahren der Zahlung anweisenden Verwaltungsbeamten geprüft wird, noch mit der sogen. „Staatskontrolle", welche gegen die obersten Träger der Verwaltung, speziell gegen die Ministerien, besonders das Finanzministerium, durchgeführt wird, verwechselt werden.

2. Kapitel. **Die Steuervorschreibung.**

§ 244. *Die Steuervorschreibung im allgemeinen.* — Die Steuerveranlagung schafft allgemein die Grundlagen der Steuerbemessung. Durch Anwendung der gesetzlichen Steuersätze und Tarifsätze (§ 41) auf die Steuerbemessungsgrundlagen (§ 41) ergiebt sich der Betrag der

Steuerschuldigkeit, deren Mitteilung an den Steuerpflichtigen die Steuervorschreibung zum Abschlusse bringt.

Die Steuervorschreibung hat nicht blofs das Ergebnis der Berechnung der Steuerschuldigkeit dem Steuerpflichtigen anzusagen, sondern auch die Termine der Steuerzahlung und in gewissen Fällen — namentlich bei den indirekten Steuern — die Steuerkreditierung zu erklären. Beides, die Bestimmung der Zahlungstermine sowie der Zahlungsraten und der Steuerkredite, hat auf dem festen Grunde gesetzlicher und verordnungsmäfsiger Bestimmungen zu geschehen. Diese Bestimmungen liegen im Interesse der Steuerkasse selbst und haben nach der Absicht der Steuergesetzgebung den Zweck, den Eingang der Steuern zu fördern und die wirkliche Überwälzung der Vorschufssteuern zu begünstigen.

Ein einziger oder ganz wenige Zahltermine für den Jahresbetrag einer direkten Steuer sind für die Finanzverwaltung wohl am bequemsten und wohlfeilsten, aber auch für sie nicht erforderlich, daher mehrere Teiltermine passender, weil für die Steuerzahler leichter erträglich. (A. WAGNER.)

§ 245. *Die Steuervaluta.* — Auch die Währung, in welcher die Steuer zu bezahlen ist, oder die sog. Steuervaluta ist in dauernder Weise oder für kürzere Perioden festzulegen.

Hauptsache ist, dafs für den ganzen Verkehr der im Werte beständigste allgemeine Wertmesser gewählt und dauernd aufrecht erhalten werde; einer besonderen Steuervaluta bedarf es dann überhaupt nicht. Welches diese Valuta sei, ist nach Zeit und Umständen zu entscheiden.

Die Zahl derjenigen, welche die internationale metallische Doppelwährung nach dem Interesse thunlichster Stabilität aller Werte für die beste Währung halten, scheint in allen Ländern im Steigen begriffen zu sein. Verfasser dieses hat den internationalen Bimetallismus als das geeignetste schon im Jahre 1881 vertreten und diese Ansicht seitdem unverändert festgehalten.[1]

Allein eine metallische Valuta ist überhaupt nicht immer aufrechtzuerhalten. Bei gröfserem finanziellen Notstande weicht sie leicht einer thatsächlichen Papierwährung (§ 168), indem an Stelle des metallischen Währungsgeldes uneinlösbares, im Werte schwankendes Zwangspapiergeld die Geldzirkulation beherrscht.

Die Folgen hiervon für das ganze Finanz-, namentlich aber für das Steuerwesen sind überaus empfindlich (vgl. Anmerk. und § 168).

Es fragt sich daher, ob nach erfolgtem Umschlage der Metallwährung in entwertete und wertschwankende Papierwährung nicht wenigstens für die Steuerentrichtung die Zahlung in Metall fortdauern sollte. Für die Aufrechterhaltung des Gleichgewichtes der Finanzen, also vom Stand-

---

1) Für internationale Doppelwährung, Tüb. 1881. Vgl. meine „Kern- und Zeitfragen" II, S. 348 ff.

punkte des Finanzministers wäre dies in der That wünschenswert. Die Maſsregel begegnet jedoch einem kaum zu besiegenden Widerstande der Steuerkräfte, welche, um den alten Steuernennwertbetrag in Metall fortzuentrichten, zur Anschaffung der Steuerzahlung in Metall eine erhöhte Summe in Papiergeld aufzuwenden haben würden; die Fortbezahlung in Metall erscheint wie eine Steuererhöhung, und für diejenigen, welche unter der Entwertung der Valuta leiden, d. h. für alle Steuerzahler, deren Einkommen aus fixen Geldsummen nach früherem Betrage besteht, bedeutet sie auch wirklich eine Steuererhöhung.

Bis jetzt ist nur die Zollvaluta in Metall bei Eintritt einer entwerteten Papiervaluta als Sondervaluta aufrecht erhalten worden. Sofern der Zolltarif Schutztarif ist, kann diese Maſsregel geboten sein, denn die Bezahlung der Zölle in entwertetem Papiergelde käme einer allgemeinen Ermäſsigung der Schutzzölle im Betrage der Papierentwertung gleich.

Die Bereicherungs- und die Verbrauchs-Steuerntarife haben mehr oder weniger fixe Sätze, desgleichen sind die Ertragssteuern vielfach auf feste Beträge geregelt, die unbeweglichen Repartitionssteuern haben feste Steuerkontingente. Nur die quotierten direkten persönlichen Einkommensteuern und die Perzentualabgaben sind mit festen oder veränderlichen Prozenten der jährlichen reinen Einkünfte und der Vermögensbestände auf den veränderlichen wirklichen Stand der zwei Steuerquellen veranlagt. Dieser Unterschied ist für die finanzielle Rückwirkung der Geldwertveränderungen entscheidend. Sinkt der Geldwert, so bewirken die fixen Sätze der Gebühren- und Verbrauchssteuertarife, desgleichen die fixen Quoten der stabilen Reinertragskataster, bei nominellem Fortbestande thatsächliche Steuererleichterungen im ganzen Betrage jeder Verschlechterung der thatsächlichen Währung; es tritt ein neuer und zwar ein drastisch wirkender Fall der Umstürzung des labilen Gleichgewichtes „alter" Steuern ein, mit allen volkswirtschaftlichen Umwälzungen zu Gunsten hauptsächlich der Meistbesteuerten. Den Nachteil davon hat der Staat. Seine Ausgaben im ganzen steigen in dem Maſse, als die Verschlechterung der Valuta durch Millionen Preiskämpfe hindurch im allgemeinen relativen Steigen der Güterpreise sich Geltung verschafft. Die Staatsausgaben steigen plötzlich für jenen Edelmetallbetrag, welcher für Zinsen und Zinsgarantien ins Ausland zu bezahlen ist; der Etatsposten „Münzverluste" wird sofort gefrässiger. Diesem Steigen der Ausgaben tritt ein Sinken der Kaufkraft der Einnahmen gegenüber; es ist derselbe Guldenzettel, der nach wie vor dem Staate bezahlt wird, in gleichem, festem Satze wird die alte Steuer geleistet, aber derselbe Hauptertrag aus Gebühren, Verbrauchsabgaben und Ertragssteuern hat nicht mehr die alte Kaufkraft.

Ganz anders bezüglich der wirklichen Personaleinkommensteuern und der allgemeinen Vermögenssteuer. Sie ergreifen das wirkliche reine Einkommen und Vermögen der laufenden Periode. Dieses Einkommen und Vermögen steigt nominell im Werte genau in dem Maſse, als im „Verkehr" die Geldentwertung durchdringt. Die Steuerkapitalienhauptsumme dehnt sich also in demselben Maſse aus, als der Wert ihrer Einheiten schwindet. Infolgedessen lassen die Einkommen- und Vermögenssteuern beim alten Steuerfuſse den Steuerertrag im selben Verhältnisse anwachsen, als der Geldwert sinkt. Aus den Personaleinkommensteuern bleibt also der Staat trotz der Geldentwertung gleich zahlungsfähig. Einem Staate, welcher von Valuaentwertungen bedroht ist, dienen hiernach die Einkommensteuer und die vorwiegende Perzentualgebühr als Halt in schwerer Krisis.

Entgegengesetztes tritt bei Wertsteigerung der Valuta ein, etwa bei
Goldwertsteigerung im Falle der einfachen Goldwährung. Diese Steigerung
kommt, soweit die Einnahmen aus fest tarifierten, stabilen Steuerbeträgen fliefsen,
allerdings dem Staate zu statten, denn dieser kann den Münzbedarf für das Ausland
bei demselben Steuerertrage billiger anschaffen und alle seine Bedürfnisse im Mafse
des Durchdringens der Geldwertsteigerung mittelst der Preiskämpfe des „Verkehrs",
wohlfeiler bestreiten. Denn jetzt kann man mit derselben, nun kaufkräftigeren Summe
mehr anschaffen. Allein ein Umsturz des labilen Gleichgewichtes der Steuerbelastung
tritt gleichwohl ein, nur in umgekehrter Richtung. Derselbe Steuerbetrag ist
für die Mafse der fixierten Steuerbeträge eine viel härtere Last geworden. Die
Geldwertsteigerung ist auch bezüglich der Steuerlast eine Vermehrung des
Notstandes der produktiven, arbeitenden und erwerbenden Klassen,
denn nur die Rentner mit fixen Zinsansprüchen sind da in einer und derselben
glücklichen Lage wie der Staat. Dieser kann gegen die Not seiner Steuerträger nicht
gleichgültig bleiben. Überdies ist die Beweglichkeit und Entwickelung der Eingänge
aus den Ertrags- und allen indirekten Steuern mächtig gehemmt. Ja die Eingänge
aus den letzteren werden wegen Verminderung der Ansammlungen und Abnahme der
Rechtsgeschäfte und wegen Einschränkung im Verbrauche seitens der produktiven
Volksklassen mehr oder weniger abnehmen; die indirekten Steuern lassen das zu,
da sie auf Selbstentlastung der abnehmenden Steuerkräfte angelegt sind. Auch der
Staat leidet also mittelbar und unmittelbar an seiner finanziellen Kraft.

Viel weniger Störung tritt dagegen wieder ein, wenn ein grofser Teil der Steuern
als wirkliche Einkommensbesteuerung gestaltet ist. Dann nehmen die reinen Einkünfte
der Steuerträger nominell in dem Mafse ab, als die Kaufkraft der Valuta steigt und
die Geldwertsteigerung „im Verkehre" durchdringt. Der Staat bequemt sich völlig
elastisch mit Erleichterungen den Nöten an, welche die Geldwertsteigerung über das
Volk verbreitet, und zwar überall und dann, wo und wann die Entwertung sich einstellt. Die Personaleinkommensbesteuerung verhütet also das Umsinken des Gleichgewichtes ausgeglichener Steuerlasten und folgt genau der abnehmenden wie der
steigenden Steuerkraft des Volkes. Eine nicht zu unterschätzende Eigenschaft!

Die direkten Steuern von den wirklichen Einkünften würden namentlich für
den Fall jedes länger dauernden allgemeinen Preissturzes äufserst wohlthätig wirken.
Sinken nämlich hierbei die Geldbeträge der Personaleinkünfte, so werden die Steuerträger im Mafse der Entwertung ihrer Produkte entlastet, denn das wirkliche reine
Einkommen wird versteuert. Bei fixen stabilen Katastern dagegen, sowie bei gewissen
unveränderlichen Gebühren- und bei vielen Gebrauchsabgabesätzen steigert sich die
Steuerlast mittelbar, wenn die Preise sinken. Die Aufrechterhaltung bezw. Herstellung
reiner direkter Personaleinkommensteuern wird daher von der Seite der Besteuerung
her die fragliche Krise erleichtern und bewirken, dafs dem Staate in dem Mafse, als
er selbst billiger anschafft, weniger zukommt.

§ 246. *Beweglichkeit oder Unbeweglichkeit der Steuerfüfse und der
Tarife.* — Sollen die Mafsstäbe der Steuerbemessung fixiert oder beweglich angelegt werden?

Diese Frage läfst sich nicht allgemein beantworten. Für gewisse
Steuern, wenigstens für eine ergänzende allgemeine Einkommensteuer
oder Vermögenssteuer, welche wesentlich die Bestimmung haben, jährlich
schwankende Fehlbeträge als bewegliche Regulatoren des Finanzgleichgewichtes zu decken, wird die bewegliche Regulierung sachgemäfs
sein, da jedes Jahr der durch diese Steuer zu deckende Fehlbetrag
selbst schwankt, der Wechsel des Steuerfufses aber bei diesen Steuern

Überwälzungskämpfe nicht erzeugt und Entlastungsbestrebungen dabei kaum Erfolg haben.

Ganz anders verhält sich dies schon bei den alten Ertragssteuern, wofür der Grund schon allgemein angedeutet ist.

Bei den Verbrauchssteuern wird eine bewegliche Regulierung für gewisse Artikel in Frage kommen können: für Thee, gewisse Spirituosen u. s. w. Doch wird die bewegliche Regulierung in der Verbrauchsbesteuerung nur sehr eingeschränkt und vorsichtig zur Anwendung kommen dürfen. Eher läfst sich eine solche für andere indirekte Steuern, wie Verkehrssteuern und Erbschaftssteuern rechtfertigen.

Die bewegliche Regulierung der Tarifsätze für die Verzehrungssteuern hat namentlich die grofsen Bedenken gegen sich, dafs künstlich spekulative Handelsbewegungen und künstliche Preisschwankungen herbeigeführt werden. Vgl. hierüber meine Ausführungen in „Kern- u. Zeitfragen" I, S. 246 ff.

§ 247. *Quotisierung und Kontingentierung der Steuern.* — Die Frage, ob von den Steuerobjekten ein bestimmter Steuerbetrag ohne Rücksicht auf den sich ergebenden Steuerertrag erhoben oder der Steuerfufs so geregelt werden soll, dafs eine vorausbestimmte Hauptertragssumme sichergestellt ist, mit andern Worten die Frage, ob die Steuersätze quotitätsmäfsig erhoben oder die Steuersummen kontingentsmäfsig umgelegt werden sollen, ist Gegenstand vieler Erörterungen gewesen. Sie gehört jedoch zu denjenigen Fragen, welche eine allgemeine Entscheidung nicht zulassen.

Die allgemeine Kontingentierung sämtlicher Steuern wäre zwar von dem Standpunkte des Finanzministers ein verführerischer Gedanke, denn jeder Steuervoranschlag würde dann sicher eingehen. Allein abgesehen davon, dafs mit der Möglichkeit eines Rückschlages im Steuereingange gegenüber dem Steuervoranschlage auch die Möglichkeit von Überschüssen des Einganges über den Voranschlag entfällt, so ist die allgemeine Kontingentierung der Steuern teils nicht möglich, teils nicht rätlich.

Nicht möglich, da die indirekten Steuern der Kontingentierung für die Regel widerstreben; denn diejenigen, welche für die Steuerperiode die Steuern zu bezahlen haben, sind im voraus nicht bekannt und die Zusammenziehung der Steuerpflichtigen zu Steuergenossenschaften, welche die feste Steuerhauptsumme unter sich umzulegen hätten, ist nicht allgemein möglich. Es wäre nur dies thunlich, dafs man für bestimmte Steuern vorsorglich so hohe Sätze feststellt, dafs der Eingang der festen Hauptsumme gesichert erscheint, und dann nach Ablauf der Steuerperiode die Überschüsse im Verhältnisse der stattgehabten Steuerentrichtungen an die nun bekannten wirklichen Steuerzahler zurückerstattet. Das aber wäre für die Zölle, die Stempel, die Mehrzahl der Bereicherungssteuern ein völlig unpraktisches Verfahren.

Die Ertragssteuern, wenigstens diejenigen der alten Regulierung, können wohl kontingentiert werden, soweit sie durchaus auf feste, nach Zahl und Gröfse wenig veränderliche Objekte Anwendung finden. Doch ertragen sie häufige und stärkere Veränderungen der Kontingentshauptsumme nicht, ohne dafs durch Überwälzung Umwälzungen in der Verteilung des Nationalvermögens eintreten.

Unbedingt empfehlen sich Kontingentierungen nur für jene Einkommen- und Vermögenssteuern, welche die Bestimmung haben, als Regulatoren des Finanzgleichgewichtes, d. h. als Mittel der Einbringung der wechselnden Erträge zu dienen, welche erforderlich sind, um die jährlich schwankende Differenz zwischen der Gesamtausgabe und der Gesamtheit des Voranschlages aller nicht aus regulativen Steuern bestehenden Deckungsmittel zu decken.

§ 248. *Die Steuerabfindung (Akkord).* — Unter Steuerabfindung versteht man die vertragsmäfsige Festsetzung der Steuerschuldigkeit zwischen den Steuerbehörden einerseits und den Steuerpflichtigen anderseits, sei es, dafs letztere einzeln oder als solidarische Steuergenossenschaften, bezw. als Ortschaften die vertragsmäfsige Summe auf sich nehmen. Man nennt die Abfindungssumme auch Aversum, Bauschsumme, französisch abonnement.

Die Steuerabfindung hat namentlich bei den indirekten Verbrauchssteuern: Zuckerbesteuerung, Branntweinbesteuerung, Getränkebesteuerung, Eingang gefunden.

Im allgemeinen widerstreitet die Steuerabfindung der Forderung der Belastung jedes Einzelnen genau nach der Leistungsfähigkeit und begünstigt, wo sie Steuergenossenschaften eingeräumt wird, leicht eine gewisse kommunistische Ungenauigkeit in der Steuerumlegung. Im besonderen Falle kann jedoch die Steuerabfindung zur Verhütung von Kontrollen, welche für die Verwaltung umständlich und kostspielig, für den Besteuernden aber lästig und dem Steuerobjekte schädlich sind, sich sehr wohl rechtfertigen lassen, z. B. für die Vereinfachung der Kellerkontrolle bei der Weinschanksteuer.

§ 249. *Kommunale Steuerhaftung. Sicherstellung der Steuerkredite.* — Die Einhebung der Staatssteuern durch die Gemeinden hatte im Feudal- und weiter im landesherrlichen Staate zugleich die Bedeutung einer Steuerhaftung der Gemeinde dem Staate gegenüber für den Eingang der auf eine Einwohnerschaft entfallenden Steuerhauptsummen. In absoluten Staaten mit unverläfslicher und bestechlicher Beamtenschaft konnte die kommunale Steuerhaftung wohl gerechtfertigt sein, für unsere heutigen westeuropäischen Verhältnisse ist sie dies nicht mehr; die Kontrollen, welche den Gemeindeorganen über die Steuererträge einzuräumen wären, würden viel zu eindringlich sein müssen, um dem Unabhängigkeitsgefühl erträglich zu sein und zu bleiben.

Der Staat bedarf auch der kommunalen Steuerhaftung nicht mehr;

jede Einzelwirtschaft ist für seine Einhebungskasse bezw. zum unmittelbaren Zwangsverfahren uneingeschränkt zugänglich.

Eine besondere Sicherstellung ist auch nur da berechtigt, wo verfallene Steuern in größeren Massen gestundet, größere sog. Steuerkredite gegeben werden. Steuerkredite werden teils durch Wechsel, teils durch Bürgen sichergestellt.

Die Dauer des Kredites ist im Allgemeinen nach der Dauer der Produktion oder des Absatzes des Steuerobjektes und der Erzielung des Erlöses dafür zu bestimmen, daher nach Durchschnittsverhältnissen. (A. Wagner.)

3. Kapitel. **Die Steuereinhebung.**

§ 250. *Organe der Steuereinhebung. Die Steuerpacht.* — Als Organe wirken teils öffentliche Steuerhebestellen, teils die Kommunalkörperschaften im übertragenen Wirkungskreise, teils Steuerpächter. Für die Neuzeit empfiehlt sich nur noch die direkte Einhebung durch besondere Steuerbehörden und teilweise durch die Kommunalbehörden.

Bei allen Steuern, wo ein genaueres Einsichtnehmen in Privatverhältnisse, in Einkommen und Vermögen erforderlich ist, um die Steuerschuldigkeiten zu ermitteln, daher namentlich bei den direkten Einkommen- und Vermögenssteuern, ist die Steuerpacht unbedingt auszuschließen.

Bei den indirekten Steuern liegen die genannten Bedenken nicht oder nur in schwächerem Maße vor. „Doch bedingen hier andere Verhältnisse, daß man auch bei ihnen und bei gewissen Gebühren nur ausnahmsweise sich für die Pacht erklären kann. Bei den großen indirekten Verbrauchssteuern, wie besonders den Zöllen und den inneren Steuern, welche sich an den Produktionsbetrieb anschließen, ist die Gleichartigkeit des Steuer- und Erhebungsverfahrens bei allen Ämtern, in allen Teilen des Staates, wo die betreffenden Abgaben zu erheben sind, in hohem Maße sowohl im Interesse des Fiskus als des Handels und der Produktion gelegen. Im letztern Falle leiden sonst einzelne Gegenden, Verkehrswege, Steuerpflichtige, indem die Bedingungen der Konkurrenz ungleich werden. Daher ist wieder Einheitlichkeit der Verwaltungsgrundsätze und des Vollzuges derselben ein gerade auf diesem Gebiete immer mehr in seiner Bedeutung erkanntes Moment. Diese Einheitlichkeit kann hier allein von der Staatsverwaltung ausreichend und ohne neue anderweite Bedenken verbürgt werden" (A. Wagner).

Genügende Abhilfe liegt weder in den Bestimmungen der Pachtverträge noch in Kontrollen der Staatsregierung über die Pächter. Solche Kontrollen sind nicht wirksam genug, weil es an dem entsprechenden Verwaltungsapparate fehlt; wären sie es, so bewiese das nur, daß der historisch und örtlich relative Hauptrechtfertigungsgrund der Pacht, die ungenügende Verwaltungsmaschinerie des Staates nicht mehr vorläge. — In den griechischen Staaten war Pacht ganz allgemein. In Rom bestand sie, wie für andere Staatseinnahmen, schon in früher republikanischer Zeit, so namentlich für die Zölle u. dergl. indirekte Abgaben (Pachtgesellschaften der publicani). Bei den direkten Abgaben in den Provinzen führte Cäsar teils die unmittelbare Abführung der Naturalleistungen an den Staat (afrikanische und sardinische Korn- und Öllieferungen), teils die Verwandlung in feste Geldabgaben ein (Kleinasien), wo die Einbeziehung der Einzelbeträge den Steuerdistrikten selbst überlassen wurde („Repartiersystem" Roschers). (Mommsen, Römische Geschichte, 6. Aufl., III, 506.) — Die indirekten Steuern, Passage-, Wege-, später Grenzzölle, Thorsteuern und andere Verbrauchssteuern, „Umgelder" in den Städten, sind auch später, im Mittelalter mit dem Aufkommen dieser Abgaben in Städten, dann in Territorien, ferner im Übergang zur Neuzeit Regale und Monopole die am häufigsten verpachteten Steuern gewesen, seltener und dann meist nur kürzer die direkten Steuern. — In Frankreich hat sich das Pachtsystem im 16. Jahrhundert unter Einflüsen florentinischer Politiker und Finanzmänner ausgedehnt. Dabei wurden später immer mehr große Pachtgesellschaften gebildet, welche in einem eine Reihe verschiedener indirekter Abgaben zur Erhebung übernahmen („fermes générales"). Die Pacht umfasste übrigens bei weitem nicht alle Abgaben. Die fermes générales bezogen sich im 18. Jahrhundert auf die Zölle in dem alten Hauptteile der Monarchie, den „provinces des cinq grosses fermes", auf die aides (Getränkesteuern), das Tabak- und Salzregal (gabelle) und einige kleinere Einkünfte. Nach Neckers Zusammenstellung der französischen Einkünfte betrugen die letzteren 585 Mill. Lire, wovon auf die fermes générales 166 Mill. kamen. Unter ihm war aus der Verpachtung mehr eine Tantièmenadministration geworden mit wenig Unterschied gegen die Regie. — Auch in Spanien bis 1747 Pachtung. Von enormen Gewinnen dabei, aber mit augenscheinlichen Übertreibungen spricht noch Don Miguel von Zabala (1734) Sonnenfels III, 129. — In Deutschland ist die Eigenverwaltung (eventuell mit Unterstützung der Gemeinden) seit Alters Regel. Mißlungener Versuch mit der Verpachtung des neu begründeten Tabakmonopols in Preußen unter Friedrich d. Gr., 1765—66. Übertragung der Verwaltung der Accise- und Zolleinkünfte an eine französische pachtähnliche Gewährsadministration von fünf fermiers 1766. Riedel, brandenburgisch-preußischer Staatshaushalt S. 103; jetzt die umfassende Monographie von W. Schultze, Geschichte der preußischen Regieverwaltung von 1766—1786, Leipzig 1888, Schmoller, Forschungen VII, 3; auch Schmoller in Abhandl. der preußischen Akademie der Wissenschaften 1888. (Nach A. Wagner.)

§ 251. *Das Steuerkassenwesen.* — Die erhobenen Steuern gehen in die Einnehmereikassen oder Steuerkassen im engeren Sinne. Diese Kassen fordern keine besondere Darlegung. Auch sie sind nur Ausläufer des staatseinheitlichen Kassensystems, welche den Staatshauptkassen und durch diese den Ausgabekassen die Steuererträge zuführen.

Es ist das Prinzip der fiskalischen Kasseneinheit in der modernen Finanzwirtschaft, die administrative Konzentration des gesamten obersten Finanzdienstes im Finanzministerium als Zentralstelle und der staatsrechtliche Grundsatz der Verantwortlichkeit des Chefs dieses Ministeriums gegenüber dem Träger der Staatsgewalt und der Volksvertretung, woraus sich mit logischer Konsequenz die Haupteinrichtungen des Zahlungs- (Kassen-) und Rechnungswesens und des Kontrollwesens ergeben.

Abfuhr der Einnahmen der Steuerkasse an bestimmte Ausgabekassen für bestimmte Zwecke kommt heute nur noch ganz ausnahmsweise vor.

Die Kasseneinheit ist auch bezüglich der Steuereinnahmen das Werk des absolutistischen Territorialstaates. Jetzt erst entstanden „einheitliche Staatskassen", welche — mit A. WAGNER zu reden — „von unten bis oben, von den Lokal- zu den Kreis-, Provinzial- und zur Central-Staatskasse hin, also in allen Gliedern möglichst alle Einnahmen und Ausgaben ihres territorialen Wirkungskreises, welcher Art immer, einheitlich zusammenfassen, auch die Kassenbestände als ein Ganzes behandeln, die Trennung der Einnahme- und Ausgabegattungen, soweit nötig, nur in der Buchführung und in den summarischen Auszügen daraus festhalten und in der einen wahren Central-Staatskasse ihren logisch und praktisch richtigen Abschluß finden."

§ 252. *Das Steuerreklamationswesen.* — Dem Steuerpflichtigen müssen gesetzlich ordentliche Rechtsmittel zur Verfügung gestellt werden, durch welche er sich gegen eine ihn beschwerende Anwendung der Steuergesetze Schutz verschaffen kann; mit anderen Worten, es ist ein geordnetes Reklamationsverfahren einzurichten.

Die Reklamation kann sich schon gegen die Steuerveranschlagung, namentlich gegen die Einschätzung zu den direkten Steuern und gegen den Steueranschlag des Wertes der Objekte der indirekten Besteuerung richten. Wohl zumeist erfolgt die Reklamation erst bei erfolgender Vorschreibung gegen Steuerveranschlagung und Steuervorschreibung zugleich oder auch erst gegen das Vorgehen bei der Steuereinhebung, weshalb es angezeigt ist, die einzige allgemeine Bemerkung, welche dem Steuerreklamationswesen zu widmen ist, hierher an den Schluß der Steuerverwaltungslehre zu setzen:

die Steuerreklamation ist in beiderlei Form einzuräumen, in derjenigen der Beschwerde auf dem Verwaltungswege und derjenigen der Klage auf dem gerichtlichen Wege.

Das gerichtliche Klagerecht beider, der Steuerbehörde und des Steuerpflichtigen, ist grundsätzlich heute kaum mehr bestritten.

III. Hauptabteilung. Zur Steuerentwickelung.

§ 253. *Übersicht.* — Die theoretischen Aufgabe der „Steuern allgemeine Teil" sind erledigt, die typischen Erscheinungen an den Grundlagen, an der Organisation und am Verfahren der Besteuerung klargelegt.

Der theoretischen Betrachtung steht die entwickelungsgeschichtliche als gleich wesentlich (§ 2) gegenüber. Auch die Steuerwissenschaft hat nämlich weiter darzuthun, wie das Steuerwesen geworden ist, wie sein jetziger Thatbestand liegt, endlich was im Steuerwesen in der weiteren Auswirkung begriffen ist, und wie die Weiterentwickelung aus der Gegenwart in die absehbare Zukunft hinein zu geschehen habe. Mit anderen Worten: es erübrigt noch die steuergeschichtliche Betrachtung der Vergangenheit, die steuerstatistische Beobachtung des Bestehenden, endlich die steuerpolitische Betrachtung dessen, was im Steuerwesen zunächst zu gestalten ist. So gewinnt man volle Einsicht in die Steuerentwickelung.

Den Rest unserer Aufgabe können wir jedoch aus zwei Gründen kurz fassen. Einmal haben wir von der in § 2 vorbehaltenen Befugnis, schon im Anschlusse an die theoretische Erörterung entwickelungsgeschichtliche Betrachtungen zu pflegen und historische Horizonte zu ziehen, mehrfach Gebrauch gemacht, namentlich in Buch II und in der ersten Hauptabteilung des gegenwärtigen Buches III. Sodann haben wir in einem Bande „Steuern, allgemeiner Teil" nur die Grundverhältnisse und den Grundrahmen der Steuerentwickelung und der Steuergeschichte darzulegen, das Übrige aber, namentlich die Aufgaben der Steuerreform (Steuerpolitik) der Gegenwart, sowie den genaueren Einblick in die Steuerstatistik einem zweiten Bande: „Steuern, besonderer Teil" (Schluſs) vorzubehalten; die besondere Geschichte des Steuerwesens des 19. Jahrhunderts sowie die Übersicht über die Thatsachen des heutigen Steuerwesens setzen ja die vorherige Kenntnisnahme der einzelnen besonderen Steuern der Gegenwart voraus.

§ 254. *Der Grundvorgang der Steuerentwickelung* — ist derselbe, wie derjenige aller übrigen Gesellschaftsentwickelung. Die Steuerentwickelung erfolgt nach dem allgemeinen sozialen Entwickelungsgesetze. Der Fortschritt geht aus allen Kämpfen

1. der Steuergewalten um die Steuerzuständigkeiten,

2. der Steuerkräfte unter einander über die Ausdehnung der Steuerpflicht und über die Verteilung der Steuerlast,

endlich 3. aus Kämpfen der Steuergewalten mit den Steuerkräften in den drei Grundformen, 1. in der Steuerauferlegung, 2. der Steuervereinbarung, 3. der Steuerverabschiedung, je im Bereiche der Steuerveranlagung, der Steuervorschreibung und der Steuereinhebung, vor sich.

Der ganze Staat im Regimente, in der Gesetzgebung und in der Verwaltung ist von diesen Kämpfen erfüllt. Das Staats- und Gemeindeverfassungsrecht schafft dafür eine Entwickelungsordnung in den Bestimmungen über Finanzgesetzgebung, Budgetrecht, Steuerhinterziehungsstrafen u. s. w.

Man hat nun die Grundvoraussetzungen der Steuerentwickelung bezw. des Steuerfalles von dem Inbegriffe der Hergänge, welche die Entwickelungen und die Rückbildungen vermitteln, d. h. von den Erscheinungen des Entwickelungsprozesses abzuheben.

Die zwei Grundvoraussetzungen, aus welchen durch die Steuerkämpfe zwischen den Steuergewalten und den Steuerkräften die Entwickelung im Guten und im Schlimmen unfehlbar hervorbricht, haben wir nun bereits vollständig kennen gelernt: das notwendige Wachstum des

Staates (§§ 63 f.) und das notwendige Wachstum der Volkswirtschaft (§§ 106 ff.).

Was dagegen den Prozeſs der Steuerentwickelung betrifft, so hat schon die Betrachtung der Steuerlast (Buch III, 1. Hauptabteilung, vierter Abschnitt) oben dazu genötigt, einen Teil der allgemeinen Erscheinungen des Prozesses der Steuerentwickelung näher ins Auge zu fassen. Auf die betreffenden Erörterungen (§§ 206 ff.) ist zunächst (vgl. § 261) in der Hauptsache zurückzuverweisen.

§ 255. *Zur Steuergeschichte. Schwierigkeiten.* — Eine allgemeine Geschichte der Besteuerung bildet zur Zeit noch ein kaum lösbares Problem der Steuerwissenschaft. Es soll sich daher an dieser Stelle mehr nur um Umrisse und Andeutungen als um gleichmäſsig ausgeführte Geschichtsbilder handeln.

Der Grund der Schwierigkeiten ist leicht zu erkennen.

Die allgemeine Entwickelungslehre des Staates, wie diejenige der Volkswirtschaft steht, wie in unserem zweiten Buche ausgeführt ist, noch in den Anfängen, und das Rohmaterial für eine Entwickelungsgeschichte des Staates und der Volkswirtschaft ist selbst nicht entfernt vollständig, das Vorhandene für die Gewinnung weiterer Gesichtspunkte noch wenig verwertet. Doch darf man die Hoffnung nicht aufgeben, daſs eine allgemeine Steuergeschichte des Staates bald gewonnen werden wird. Dies verheiſsen so bedeutende wirtschafts- und steuerhistorische Arbeiten, wie es diejenigen von Vocke, Bücher, Inama-Sternegg, Lamprecht, Schönberg, Schmoller, v. Mensi, Cunningham u. s. w. sind. Nur hat man sich dabei zu bescheiden, daſs die Aufgabe einer völlig befriedigenden Geschichte der Steuerentwickelung beim heutigen Stande einerseits der allgemeinen Staats- und der allgemeinen Volkswirtschaftslehre, anderseits der positiven historischen Forschung als noch nicht lösbar anzusehen ist.

Das Folgende will, was die älteren Epochen der Steuergeschichte betrifft, nur äuſserste Umrisse, teilweise nur Andeutungen geben. Erst von der territorialistischen Epoche an ist festerer Boden vorhanden.

Wir halten uns für die älteren Epochen an die in unserer Steuerstaats- und Steuervolkswirtschaftslehre aufgestellten Entwickelungsstufen und Gebietsweiten (§ 58 ff., § 88 ff.).

Litteratur: Vorzüglich Vocke, Die Abgaben Roscher, Fin.-W. 2. Buch, Cohn, Fin.-W. 2. Bd., 3. Kap., A. Wagner I, § 202, die Arbeiten von Rodbertus über altrömische Steuergeschichte, Schmoller, Die Epochen der preuſs. Finanzpolitik.

§ 256. *Die Grundzüge der Entwickelung bis zum 19. Jahrhundert.* — Die folgenden Umrisse über die geschichtliche Entfaltung des direkten und des indirekten Steuerwesens finden durchgehends ihre innere Erklärung durch die Umstände, welche den Übergang von der einen zu jeder der folgenden Verfassungsstufen und Volkswirtschaftsstufen ausgewirkt haben. Daher ist an der Spitze des gegenwärtigen Paragraphen nachdrücklich auf die Steuerstaatslehre (§§ 88 ff.) und auf die Steuervolkswirtschaftslehre (§§ 129 f.) zurückzuverweisen.

1. Zum Steuerwesen der alten Volkszeit. — Im bisherigen ist bereits hervorgetreten, daſs Anfänge der Besteuerung schon für das Volkszeitalter, wenigstens für den Ausgang des letzteren — die Zeit der seſshaften altpatriarchalen Hufenansiedelung — wahrnehmbar sind und vielleicht in gröſserem Umfange angenommen werden dürfen, als historische Spuren dafür wirklich aufzufinden sind.

Einmal in Gestalt einer ersten und primitivsten allgemeinen Vermögenssteuer, als welche die älteste einfache Abgabe vom gleichartigen Hufenbesitze oder von der Urproduktion anzusehen ist. Eine Gliederung des Vermögens in verschiedene Bestände, eine Gliederung daher der direkten Steuern zu verschiedenen Ertragssteuern gab es überhaupt noch nicht. Es wäre von Interesse, wenn man die Steuerverhältnisse der heute noch auf der Stufe altpatriarchalen Ackerbaues stehenden Naturvölker, z. B. derjenigen Zentralafrikas in dieser Richtung genauer beobachten würde. Die ersten Ackerbauniederlassungen neuzeitlicher Kolonisationen zeigen überall den Anfang roher Vermögens-, Farm- und Kopfbesteuerung.

Selbst die in unserem Sinne indirekte Besteuerung fehlt auf der ersten Stufe der Staats- und Volkswirtschaftsentwickelung nicht ganz, wenigstens nicht die Verbrauchsbesteuerung. Es giebt Zölle, namentlich Ausgangszölle und Durchgangszölle, in den Häfen, an den Stapelplätzen der Schiffe, auf Märkten, auf bestimmten Punkten der Karawanenstraſsen erhoben.

Soweit auf der ersten Stufe der Verfassungsentwickelung weitere politische Gebietsgliederungen: Reiche, Herzogtümer, Gauverbände u. s. w. bereits vorkamen, sind neben der direkten Lokalbesteuerung für gemeinsame örtliche Zwecke Beiträge der Gewalten der engeren Kreise an die Staatsgewalten der weiteren Verbände, endlich an den König gegeben. Wo die engeren Verbände schon monarchisch waren, werden die Volkskönige von der Art der heutigen Zaunkönige der zentralafrikanischen Negerwelt sich auch schon Auflagen in Naturalform erlaubt haben.

Niemals wird man vergessen dürfen, daſs im Volkszeitalter für die Machtträger aller fünf Gebietsweiten die Eingänge aus der eigenen naturalen Erwerbswirtschaft die eigentliche Grundlage für die Bestreitung des freilich noch sehr geringen öffentlichen Bedarfes bildeten. Der ertraggebende Grundbesitz der Machthaber der weiteren Kreise, zuhöchst des Königs, war ja auch durch alle Teile ihres weiteren Gebietes zerstreut vorhanden. Ein selbständiges Hereinwirken der zentralen Gewalten in die engeren Gebiete war überhaupt nur so möglich.

Historische Notizen zusammengestellt bei A. WAGNER (Fin.-W. I § 103). Bei den Germanen in der ältesten uns bekannten Zeit bezieht der König bereits jährliche „Gaben" des Volkes. Im fränkischen Reiche der Merovinger und noch in die karolingische Zeit hinein bringen die Gaue, die Grofsen, die kirchlichen Immunitäten in bestimmten Zeiten im Jahre dem Könige Ehrengaben, dona, über welche in der karolingischen Zeit schon Vereinbarungen mit dem König erfolgen, so dafs der Charakter der Steuer mehr hervortritt (über diese im einzelnen und in der Entwickelung vielfach unsicheren Verhältnisse s. WAITZ, Deutsche Verfassungsgeschichte II, 2. Aufl., S. 553 ff.). — Im fränkischen Reiche, unter den Karolingern und später im Deutschen Reiche ist die domaniale Epoche durchaus vorherrschend. Das königliche Domanialgut liefert den gröfsten Teil der Einkünfte. Im chemaligen römischen Reichsgebiet erhalten sich aber die römischen Steuern auch unter den germanischen Herrschern, besonders die römische Grundsteuer. Sie scheint meistens zu einer Reallast geworden zu sein und traf dann auch den Boden, der von Romanen an Deutsche gelangte. Auch hier ist aber vieles sehr unsicher (vgl. WAITZ, II, 564 ff., 579 ff.). Die Kopfsteuer traf nur die Romanen. Versuche, sie auf Franken auszudehnen, fehlen nicht, scheinen aber vereitelt worden zu sein (WAITZ, II, 578). Steuerartige und grundherrliche Abgaben verschmelzen vielfach, so dafs der Charakter späterer Grundzinse u. s. w. oft nicht genau zu bestimmen ist. — In den Gemeinden, auch den Städten hängt die Entwickelung der Steuern mit der Entstehung der Gemeinde oder Stadt zusammen. Alte deutsche Dorfgemeinden haben regelmäfsig Gemeineigentum an einem gröfseren oder geringeren Teile des Bodens und Nutzungen daraus auch für die Gemeindezwecke selbst. Daher bedarf es hier keiner oder erst später der Steuern. Anders in solchen Städten, die sich nicht aus der Dorfgemeinde entwickelten. Ein interessantes Beispiel ist Basel, dessen Gemeindewirtschaft von Anfang an wesentlich auf Steuereinnahmen basiert war. (SCHÖNBERG, Basels Finanzverhältnisse, S. 14 ff.)

§ 257. *Fortsetzung.* 2. Zum Steuerwesen der Feudalzeit. — Auf der zweiten feudalen oder ämterstaatlichen Stufe des Gemeinwesens bleibt zwar das alte, meist auf Eroberungen beruhende Grundeigentum des Trägers der öffentlichen Gewalt auch Grundlage für Bestreitung des Staatsbedarfes mit den unmittelbaren Erträgen der Domänen. Allein viele Umstände waren der Ausbildung einer allgemeinen feudalen Vermögens- und Naturalertragsbesteuerung günstig. Gegen erbliche Abgaben wurde herrschaftlicher Besitz zur Bebauung an unfreie Hintersassen abgelassen. Die Reste der altvolksfreien Bevölkerung begaben sich in den Schutz der weltlichen und geistlichen Feudalgewalten. Die alte von den Eroberern angetroffenen Bevölkerungsteile wurden als Unterworfene abgabenpflichtig gemacht. Ein allgemeines „Obereigentum" der feudalen Gewalten vom obersten Lehensherrn bis zum letzten Vasallen in den engen Gebietskreisen entsteht, und damit wird eine breite Grundlage von Zinsverpflichtungen verschiedenster Gestalt geschaffen, welche man als die eigentlichen Grundsteuern der feudalen Epoche ansehen kann, freilich nicht schon nach den Vorstellungen der viel späteren Scheidung des Rechtes in Privatrecht und öffentliches Recht, sondern nach den Vorstellungen des Lehens- und Hofrechtes zu beurteilen hat.

Bezahlt werden jetzt unter allerlei Namen Grundabgaben von allen
Schichten der beherrschten Bevölkerung, während die herrschenden
Klassen, welchen dafür die Bestreitung des öffentlichen Aufwandes,
namentlich der Lehensdienstpflicht, obliegt, je für ihren engeren Ge-
bietskreis steuerfrei sind. Diese feudalen Grundabgaben sind noch keine
modernen Grundsteuern neben anderen Ertragssteuern, sondern allgemeinen Vermögens- und Einkommensteuern; Grund und Boden bedeutet
ja für die Masse der Bevölkerung immer noch „das Vermögen".

Die Feudalabgaben entstehen in sehr verschiedener Weise, wie
denn die ganze ämterstaatlich-feudale Verfassung in der verschieden-
artigsten Weise sich entwickelt (§ 89). Besonders interessant ist die Entstehung da, wo feudales Königtum und Priestertum steuerpolitisch zusammenwirken, wie in Joseph, welcher erster Minister des Pharao und
Schwiegersohn des Oberpriesters von On war. [1])

Die feudalen Grundabgaben, unter allerlei Namen und Abwandlungen, sind die direkten Hauptsteuern der beherrschten Klassen im
unmittelbaren Verhältnisse zu den Steuergewalten der verschiedenen
Gebietskreise. Sie werden aber neben den Erträgen der Regiebewirt-
schaftung des Bodens für Rechnung der sämmtlichen Feudalgewalten
zugleich zum Mittel für Beisteuern (§ 10), welche die Gewalten
der engeren Kreise an diejenigen der weiteren Gebietskreise, zuhöchst an den König, entrichten, und welche als die paktierten Beisteuern der herrschenden Klassen der Feudal-
gesellschaft an die höheren öffentlichen Gewalten je der
weiteren Machtgebiete (§§ 59, 89) werden charakterisiert werden müssen.

Die Entwickelung der Zölle, der Mauthen (Brückengelder), der
Abzugssteuern, der Geleitsgelder u. s. w. schreitet schon in der feudalen
Finanzepoche — freilich als Mischung von Gebühr und Steuer (§ 23) —
fort, erreicht aber noch keine höhere Stufe der Technik und Ergiebigkeit. In Regalienform entsteht die erste Belastung der Zufallsbereiche-
rung (Fundabgabe u. dgl.).

§ 258. *Fortsetzung. Zum stadtstaatlichen Steuerwesen.* — Die
Entstehung und Ausbildung der Städte schafft durch Differenzierung
des beweglichen Vermögens vom unbeweglichen Vermögen, des Ge-
werbes vom Ackerbau u. s. w. (§ 129) die ersten Grundlagen einer gegliederten Vermögens- und Einkommensbesteuerung, wovon in „Steuern,
besonderer Teil" bei den einzelnen Hauptgattungen direkter Besteuerung näher gehandelt werden wird (vgl. schon § 238). Die Städte-
entwickelung schafft aber namentlich die Voraussetzungen der Verbrauchsbesteuerung. Auch für die erste Entwickelung von Verkehrssteuern und von Erbschaftssteuern ist volkswirtschaftlich und politisch
der Boden schon geebnet.

---

1) Vgl. 1. Buch Mosis, Kap. 41—49 und meine „Kern- und Zeitfr." II, 254 ff.

Es ist namentlich die Herrschaft der Aristokratie, welche in den Städten und dann später von den Städten aus auch auf dem Lande die Verbrauchsabgabe begünstigen.

Sehr gut bemerkt hierüber VOCKE: Nachdem erst der Schritt, das Thor zur Zollstelle zu machen, gethan war, folgte die weitere Entwickelung von selbst dahin, daſs man Verbrauchsgegenstände, welche innerhalb der Thore hergestellt wurden, ebenso zu behandeln suchte wie diejenigen, welche von auſsen eingeführt wurden. Selbstverständlich konnten keine anderen gewählt werden als solche, welche im Verkehre thunlichst wahrgenommen und überwacht werden konnten, und welche bei allgemeinster Verwendung eine reichliche Einnahme und nebenbei eine wenigstens verhältnismäſsig nicht starke Inanspruchnahme der herrschenden Klasse versprachen. Dabei konnte sich diese noch hinter dem Vorwande verbergen, daſs alle gleich belastet seien; es darf wohl angenommen werden, daſs die Herrschenden bei der Einführung dieser neuen Auflage sich der Verteuerung der betreffenden Ware bewuſst waren, und daſs sie voraussahen, dieselbe werde nicht blofs von den dieselbe zunächst zahlenden Geschäftsleuten getragen werden. Hiervon bekam denn auch die Abgabe ihren Namen „Aufschlag", weil sie durch eine Preiserhöhung von den Verbrauchern getragen werden sollte. Der nächstliegende Gegenstand, an welchen sich die neue Auflage knüpfte, und an welchem sie sich durch einen Preisaufschlag äuſsern konnte, waren die allgemein üblichen künstlichen Getränke, weil diese wegen der in der Regel ausschlieſslichen Vertreibung in besonderen Geschäften (Schenken) besonders wahrnehmbar in den Verkehr traten, also leicht zu überwachen waren, und weil sie eben wegen ihres allgemeinen Verbrauches einträglich sein muſsten, ohne im einzelnen erheblich fühlbar zu werden; Bier, Meth und Wein, soweit letzterer nicht dem Zolle am Thore unterlag, waren daher wohl die ersten Gegenstände, auf welche der Aufschlag gelegt wurde, andere folgten nach. Auf dem Lande hatten die Gutsherren ihren Unterthanen gegenüber eine ähnliche Stellung und gleiche Interessen, wie die Aristokratie in den Städten. Allein Mauern und Thore gab es da nicht. und es konnte also auch von Thorzöllen keine Rede sein. Überhaupt war die Überwachung der in früherer Zeit auf dem Lande wenigen Gewerbe um so schwieriger, je dünner die Bevölkerung war. Die Gewalt der Grundherren über ihre Grundholden war dagegen gröſser und rücksichtsloser, als die der städtischen Aristokratie, und die ersten gingen daher, um das nämliche Ziel zu erreichen, als die letzten, sofort um einen Schritt weiter in der Vergewaltigung. Anstatt durch den Aufschlag mit den Gewerbetreibenden in der Art in Verbindung zu treten, daſs man sich von ihnen einen irgendwie bestimmten, verhältnismäſsigen Anteil an dem möglichen Geschäftsgewinne wie einen Pachtschilling bezahlen lieſs und ihnen dafür die Sicherheit gab, daſs kein anderer Geschäftsmann gleicher Art seine Ware ausbieten durfte, der nicht die gleiche Bedingung erfüllt hatte, statt dessen nahm der Gutsherr den Geschäftsbetrieb monopolitisch zur Hand, indem er das Geschäft, welches zur Erzielung eines derartigen Gewinnes benutzt werden sollte, entweder selbst betrieb und seinen Unterthanen verbot, die betreffende Ware anders woher zu beziehen, oder indem er den Betrieb einem anderen gegen eine festbestimmte oder gegen eine im Verhältnisse zum Betriebe stehende Abgabe überlieſs. Anstatt einer jährlichen Abgabe konnte natürlich ein einmaliger Kauf- oder Abfindungspreis erlegt werden, ohne daſs an der Natur der Sache dabei das geringste geändert wurde. Die so von den Herrschaften ausgeübten oder verliehenen Gewerbsrechte waren die Bannrechte. Die ersten Gewerbe, welche durch Bannrechte ausgebeutet wurden. waren, da der Betrieb der meisten anderen Gewerbe auf die Städte beschränkt war, die Schenken, wie denn schon aus dem Anfange des 12. Jahrhunderts Bannrechte für Weinschank erwähnt werden, welche also ohne Zweifel damals lange bestanden. Dann folgten

Mühlen und Brauereien. Aber die Bannrechte bildeten wohl nie ein Netz, das sich über das ganze Land erstreckte, und bei Zunahme des Verkehres und der Dichtigkeit der Bevölkerung nahmen auch die Gewerbe auf dem Lande zu. Die Bannrechte mochten sich also nicht mehr genügend wirksam und einträglich erweisen, und man suchte daher ein besseres Ergebnis durch eine andere Form zu erlangen, indem man nach dem Vorgange der Städte von den Gewerbetreibenden eine Abgabe nach dem Mafse ihres Betriebes verlangte und ihnen anheimgab, sich durch einen Preisaufschlag an ihren Abnehmern schadlos zu halten."

§ 259. *Fortsetzung. Zur territorialistischen Steuerentwickelung.* — Der Territorialismus, welcher mit der Zusammenfassung von Urbauerschaften und örtlichen Feudalgebieten zu landesherrlichen Gebieten beginnt, dann teils die alten Städte in sich aufnimmt, teils eigene landesherrliche Städte mit den älteren Landfetzen zusammenflickt, ist steuergeschichtlich hauptsächlich durch zwei grofse Vorgänge gekennzeichnet:

einmal durch die Verallgemeinerung direkter (zuerst freiwilliger) Abgaben (Beden) seitens der hintersäfsigen Bevölkerungen an den Landesherrn,

sodann durch eine erstmalige üppige Ausbildung der Verbrauchs- und der Verkehrsabgaben, der Verkehrssteuern, der steuerartigen Hoheitsrechte und der Monopole zu allgemeinen landesherrlichen Einnahmen.

Die Steuerbildungen, welche innerhalb der Städte zuerst Wurzel geschlagen hatten, finden nun, jedoch noch nicht gleichmäfsig, auch Ausbreitung über das ganze Gebiet des Landesherrn für jedes Stück des landesherrlichen Territorialbesitzes.

Die neuen direkten Steuern, wesentlich Vermögenssteuern sind jedoch weder nach Inhalt, noch nach Entstehung mit den vielgestaltigen Grundabgaben der Feudalzeit zu verwechseln, obwohl letztere mehr oder weniger fortdauern und in gröfserem Umfange zu Einnahmequellen auch der landesherrlichen Gewalt werden.

Dieselbe gewaltig fortschreitende Differenzierung der Produktion, der Fabrikation, des Waren- und Kreditverkehres, welcher die erste Gliederung der direkten Besteuerung im Territorialstaate begünstigte, kam auch der üppigen, ja viel zu üppigen und brutalen Entwickelung der Verbrauchsabgaben und der steuerartigen Gebühren sowie der Stempel entgegen. Der Territorialismus kannte namentlich in den Aufschlägen weder Mafs noch Ziel. „Im 18. Jahrhundert kam es dahin, dafs sie die Haupteinnahmequelle der Landesherren bildeten, und dafs alle Gegenstände des Verbrauches, deren man im Verkehre ohne besondere Schwierigkeit habhaft werden konnte, namentlich auch die Lebensmittel in ihr Bereich gezogen wurden. Wo die Form des Aufschlags nicht wohl anwendbar war oder nicht genügte, half man sich mit Monopolen. Auch im aristokratischen England näherte man sich bis zum Ende des 18. Jahrhunderts, soweit es möglich war, dem Ziele, alles Einkommen, wie man sich auszudrücken pflegt, nach dem Maße des Verbrauchs zu besteuern. Man erfand Aufschläge für Ziegelsteine und Schmucksachen, für irdene Flaschen und Silbergeschirr, für Fleisch, Talgkerzen, gedruckte und gefärbte Stoffe, Seife, Lederwaren, Glas und Papier aller Art, Hüte, Handschuhe, Tabakspfeifen u. s. w. Aber allerdings nicht für Brot, das jedoch durch hohe Getreidezölle reichlich bedacht war; nach dieser Seite hatten sich die großen Grundbesitzer, in deren Händen die Macht war, ein Monopol gesichert." (Vocke, a. a. O.)

Von landesherrschaftlicher, schon mehr differenzierter Vermögensbesteuerung handelt vortrefflich Vocke (Grundzüge a. a. O. S. 152 ff.). Derselbe bemerkt: „Von der Vermögenssteuer konnte sich der Adel nicht immer befreien, doch fand er, abgesehen von der eben genannten Begünstigung, auch andere Mittel, die Last thatsächlich von sich wegzuschieben, wenn er sie hatte rechtlich auf sich nehmen müssen; dazu diente der Umstand, daß die Grundherren die Steuer auf ihre Unterthanen umlegen und sie von ihnen erheben mußten, was dazu benutzt wurde, einen Überschuß zu erheben und wenigstens die eigene Steuerschuldigkeit abzuwälzen. Bei der Bewilligung von Viehsteuern zeigt sich die Absicht, den Adel zu schonen, noch deutlicher. Diese Steuern, welche in manchen Gebieten mit der Vermögenssteuer abwechselten, trafen vorzugsweise nur den Bauer; immerhin ist indessen innerhalb des Kreises der Besteuerten eine Steuer nach dem Werte des Viehstandes jedenfalls nicht schlimmer als nach der bloßen Größe des Grundbezitzes, denn in jenem drückt sich die Leistungsfähigkeit mindestens ebensogut aus als in dieser. In Deutschland war die Vermögenssteuer wohl ziemlich allgemein, außer in den nördlichsten Teilen, wo neben militärischen Leistungen an Diensten und Naturallieferungen die Zinsen und rohe Grundsteuern die vollauf genügende Belastung der Landbevölkerung bildeten, bis der vom Adel und der Geistlichkeit auf jene ausgeübte Druck die preußischen Fürsten veranlaßte, einzugreifen und dabei bereits im 17. Jahrhundert verbesserte Grundsteuern einzuführen. Schon bevor die Vermögenssteuer allgemein wurde, war sie in den Städten erfunden und angewendet worden."

Von Reichssteuern waren der gemeine Pfennig und die Römermonate Vermögensteuern. Bei deren einer brauchte sich der Adel persönlich nicht zu beteiligen; sie wurde nur von den Bauern erhoben und daher mit weniger Schwierigkeit bewilligt.

Während in Deutschland die Vermögenssteuern erst im 14. Jahrhundert allgemein geworden zu sein scheinen, waren sie in Italien schon im 12. im Gebrauch. In England waren sie wohl noch früher üblich, denn da die Städte vermutlich den Hauptbestandteil der königlichen Unterthanschaft bildeten, welche der König lange Zeit unbeanstandet besteuerte, so ist mit Sicherheit anzunehmen, daß hier die uralte Abgabe des tallagium eine Steuer nach dem Maße des beweglichen Vermögens war. Allmählich wurde indessen auch dieses Besteuerungsrecht der Krone entwunden, und als das Parlament zur Entwickelung seiner Macht kam, ging diese besondere Besteuerung in der allgemeinen unter. Die allgemeine Vermögenssteuer entstand auch in England schon im 12. Jahrhundert, und zwar im Betrage des fünfzehnten Teiles vom Werte des beweglichen Vermögens und des zehnten der Grundrenten. Die Steuer behielt von da den Namen des Fünfzehntels, so sehr sie auch durch Vervielfältigung dieses Bruchteiles im Laufe der Zeit in ihrer Höhe wechselte. Der Verlauf war indessen in England von jenem in Deutschland insofern verschieden, als die nur unregelmäßig erhobene Hufensteuer dort zu Gunsten der grundbesitzenden Aristokratie verschwand, während in Deutschland die ähnlichen Steuern zum Nachteile der Bauernschaft zu Grundlasten erstarrten.

In Frankreich reicht die Besteuerung nach dem Maße der Feuerstellen (feux) neben Kopfsteuern bis in das 10. Jahrhundert zurück. Die Not der Zeit drängte aber immer weiter, und da die herrschenden Klassen keine Neigung hatten, Lasten auf sich zu nehmen, und lange Zeit die Macht besaßen, sich ihrer zu erwehren, wurden auch die Dienstboten und Handwerksgesellen nach dem Maße ihres Lohnes besteuert. Die Begründung dieser Dienstbotensteuer, welche sich in einem alten bayerischen Steuermandate findet, ist bezeichnend für die Zustände am Ende des 15. Jahrhunderts. „Denn sie vermögen die Steuer baß, denn die Armleut" d. h. als die Bauern, welche mit Grundsteuern, Zinsen, Natural- und Dienstleistungen mehr als genügend in Anspruch genommen waren. (VOCKE).

In den alten Vermögenssteuern der Städte und Staaten waren übrigens Zinserträge regelmäßig schon mit erfaßt, auch in den Anhängseln oder in den daneben bestehenden allgemeineren Personalsteuern die persönlichen Dienste, die unteren arbeitenden Klassen und die mancherlei verschiedenen sonstigen Erwerbsberufe in Stadt und Land mit getroffen, nur eben meistens unsystematisch und ungleichmäßig. Bei den Ständesteuern, einem häufigen Gliede der direkten, besonders außerordentlichen Besteuerung („gemeiner Pfennig" und andere ähnliche im übrigen Europa, 14. 15. bis 18. Jahrhundert) ist früher das Standesmoment auch das Steuerdifferenzmoment, während in der neueren Zeit die ökonomische Differenz im Einkommen auch die Grundlage für die Verschiedenheit der Steuerhöhe wird. (A. WAGNER).

Unsere landesherrlichen Vermögenssteuern waren wohl ähnlich, wie die Taille in Frankreich und in England, zuerst Abgaben, welche zum Entgelt für die Befreiung vom persönlichen Waffendienste dienen mußten. Diese Befreiung hatte sich mit dem Verfalle des Lehnswesens und mit der Ausbildung des landesherrlichen Militärwesens ergeben. Von da aus entwickelten sich die Abgaben zu allgemeinen direkten Steuern an den Landsherrn für alle möglichen Bedarfe des landesherrlichen Staates. Adel und Geistlichkeit, die bevorrechteten Stände aus der Feudalzeit wußten sich von diesen landherrlichen direkten Steuern im wesentlichen freizuhalten, obwohl sie, nachdem der landsherrliche Staat ihnen den öffentlichen Wehrdienst und mehr und mehr auch die Kosten der feudalen Civilverwaltung abgenommen hatte, die alten fort und fort auf ihren Hintersassen bleibenden, allerdings mehr und mehr auch in nichtfeudale Hände übergehenden einstigen Grundabgaben an den landsherrlichen Staat hätten abgeben sollen. Der dritte Stand blieb mit den alten Abgaben lehnszeitlicher Besteuerung belastet und zahlte nun auch allein oder ganz überwiegend die neuen direkten Steuern dem Landsherrn.

Typisch für die territorialistische direkte Besteuerung ist die französische Taille (vergl. den Artikel R. v. HECKELS in CONRADS H.-W.). Bei ihr trat allmählich eine Zweiteilung der Steuerleistung ein in eine Hauptsumme („Prinzipal") und in Zuschläge („Crues"). Letztere waren für spezielle, vornehmlich militärische Ausgaben bestimmt, woneben der sogen. „Taillon" als Geldersatzleistung für Naturallieferungen erscheint. — Man unterschied eine Taille personelle und eine Taille réelle, deren Einrichtung, Veranlagung, Erhebung und Verwaltung nach Provinzen verschieden war. Die eigentlichen Kronländer (pays d'élection) hatten durchweg eine Taille personelle (nur Montauban hatte eine Taille réelle). In den Provinzen mit ständischer Verfassung (pays d'états) war die Taille réelle vorherrschend, zuweilen findet sich auch eine Verbindung beider Formen. Taille réelle und personelle bezeichnen zwei fundamentale Systeme der Veranlagung, die sich eben nach Herkommen oder anderen geschichtlichen Momenten in den verschiedenen Teilen Frankreichs auch verschieden entwickelt hatten. Die Taille personelle (oder mixte) bezog sich auf den beweglichen und unbeweglichen Besitz und traf das Steuersubjekt gemäß seiner Leistungsfähigkeit und nach seinem Wohnorte. Die Einkünfte aus dem Betriebe der Landwirtschaft wurden nach Maßgabe des Grundwertes, diejenigen aus Handel und Gewerbe auf Grund von Deklarationen der Pflichtigen oder nach allgemein bekannten Merkmalen (commune renommée) bewertet. Die Handarbeiter endlich wurden nach dem präsumierten Ertrage von 200 Arbeitstagen eingeschätzt. Die Taille réelle war dagegen mehr eine wirkliche Realsteuer vom Grund- und Hausbesitze ohne Rücksicht auf die Individualität des Wirtschafters oder dessen Wohnsitz. (v. HECKEL, a. a. O.)

§ 260. *Das Steuerwesen im 19. Jahrhundert.* — Die landesherrliche Besteuerung hatte schliefslich alle Volksklassen und alle denkbaren Steuerobjekte mit den Schraubstöcken ihrer Verwaltungstechnik angefafst.

Ein Steuersystem, namentlich ein rationelles System der indirekten Besteuerung, hatte sie jedoch noch nicht entwickelt. Die direkten Real- und Personalsteuern waren nicht planmäfsig nach einem leitenden Grundgedanken ausgestaltet. Dies blieb, nachdem inzwischen eine rationelle Finanz- und Steuerwissenschaft durch JUSTI und A. SMITH (§ 8) gegründet worden war und der Riesenkampf mit Napoleon England auf den Weg der allgemeinen Personaleinkommensteuer gedrängt hatte, dem 19. Jahrhundert vorbehalten, und heute noch am Ende dieses Jahrhunderts ist ein vollkommen befriedigendes Steuersystem nirgends gewonnen. Zumal in der indirekten Besteuerung ist teils die Verbrauchs- teils die Verkehrbesteuerung noch viel zu mafslos, die Gebrauchsbesteuerung (allgemeine Luxusbesteuerung) dagegen noch kaum angefafst. So viel in der Steuerreform schon geschehen ist, so viel und noch mehr ist erst zu thun.

Eine Übersicht über das Steuerwesen des 19. Jahrhunderts ist aber erst zu gewinnen, nachdem in den „Steuern, besonderer Teil" die grofsen Hauptgebiete des Steuerwesens unseres Jahrhunderts einzeln in ihrer Ausbildung vorgeführt sein werden.

Vorläufig sei nur bemerkt, dafs bei zunehmender Verzweigung des Steuersystems dennoch, was die Zahl der Steuern betrifft, eine Vereinfachung eingetreten ist. Der thatsächliche Zustand vor dem 19. Jahrhunderte kennzeichnet sich durch ein Vorhandensein zahlreicher, ja fast zahlloser verschiedenartiger Abgaben verschiedensten Namens unter unentwickelteren Staats- und Wirtschaftsverhältnissen. — LANG spricht in seiner Schrift über die historische Entwickelung der deutschen Steuerverfassung von 750 Arten Abgaben!

§ 261. *Der Einflufs der Steuerentwickelung auf die allgemeine Staats- und Gesellschaftsentwickelung.* — Die ausschliefsend volkswirtschaftliche Betrachtung des § 107 genügt nicht. Man mufs die Wirkung der Vorgänge der Steuerentwickelung, des Kampfes des Staates mit den Steuerkräften, welcher, wie alles soziale Ringen, teils aus der Not (einerseits des Staates, anderseits der Steuerkräfte), teils aus dem Streben der mächtigeren Steuerkräfte nach Befreiung und Bevorzugung, teils aus den idealistischen Forderungen fortschreitender Vervollkommnung und Verbesserung entsteht, aus einem weiteren Gesichtspunkte ins Auge fassen.

Aufser dem Zufalle entscheidet die subjektive Übermacht der einen oder anderen Partei über den Erfolg. Diese Übermacht ist aber teils mechanisch zwingende Gewalt, teils überlistende geistige Überlegenheit, teils Ansehen und Besitz. Mit allen diesen Waffen kämpfen die Besteuerungsorgane und die Steuerkräfte.

Die edelste und beste Form der Entscheidung und daher das beste für eine gesunde allgemeine Volksentwickelung ist jene, welche aus dem staatsrechtlich organisierten Streite mit Gründen zwischen allen zu Wort und Abstimmung zugelassenen Interessen — durch wahrhaft freiheitliche Steuergesetzgebung und Budgetwirtschaft — hervorgeht.[1] Je edler und rechtlicher die Führung des Steuerkampfes sich gestaltet, desto gedeihlicher wird die Entwickelung des Steuerwesens verlaufen. Dabei besitzen beide Parteien eigentümliche Waffen von verschiedener Beschaffenheit und Stärke.

Dem Staate steht die Übermacht der öffentlichen Gewalt, der Steuerzwang, zu Gebote. Aber auch die Steuerträger haben starke Stellungen. Vor allem ist es die Heimlichkeit des Besitzes, die Undurchsichtigkeit der Einkünfte in einer durch und durch privatwirtschaftlich angelegten Volkswirtschaft, was auch der Steuergewalt den Zugang zu den isolierten Steuerkräften sehr erschwert. Der Staat muß daher von seiner Steuergewalt einen psychologisch feinen Gebrauch zu machen wissen, mit den Schwächen und Leidenschaften rechnen und sie in den Dienst des Besteuerungszweckes ziehen. Er muß dem kompakten Widerstande übermächtiger Privatinteressen, die ihn im Parlamente zu beherrschen suchen, klug auszuweichen suchen und auf Umwegen erreichen, was man ihm direkt nicht geben will. Der Staat gelangt daher in Anwendung der Steuergewalt zu einer vielseitigen Taktik, zu einem eigentümlichen Kampfverfahren. Diese Taktik rechnet genau mit dem Volksgeiste und mit den Schwächen der Steuerträger. Auf das Gewissen wird mit dem Steuereide gedrückt, auf das Ehrgefühl, das Interesse und den Neid mit der Offentlichkeit des Verfahrens, mit der Härte der Strafen und mit der Beiziehung gegensätzlicher Interessenten zur Einsteuerung. Das ganze Verfahren und die Kompetenz der Steuerbehörden nimmt den Charakter von taktischen Vorgängen zur Durchführung des Steuerbelastungskampfes an.

Was ist der Ausgang, die allgemeine Wirkung der Besteuerungskämpfe? Drei Fälle sind denkbar[2] und in der Wirklichkeit anzutreffen.

Entweder schwankt der Interessenkampf unentschieden hin und her; das ergiebt die Provisorien, die zahllosen unklaren und unsicheren Zwischenzustände der Steuer- und damit der ganzen Staats- und Volksentwickelung.

---

1) Vgl. „Bau und Leben", II, S. 404 ff.
2) Vgl. „Bau und Leben", II, S. 309.

Oder die Steuerkräfte lehnen endgiltig die Steuerlast ab. Dies kann mit Revolutionen und den schwersten politischen Katastrophen verbunden sein, wenn brutaler Mißbrauch der Steuergewalt durch Empörung zurückgewiesen wird. Dagegen wird die Ablehnung einer nach § 132 f. geforderten und berechtigten Besteuerung zur vorübergehenden Schwächung oder dauernden Verkümmerung des Staates und aller vom Staate zu pflegenden Volksentwickelung führen.

Oder — und diesen dritten Fall haben wir näher ins Auge zu fassen — die Steuergewalten haben den Erfolg!. Das ist regelmäßig dann der Fall, wenn die Steuergewalt nicht in der Hand von Sonderinteressen, sondern bei gewissenhaften Trägern des Staatsgedankens ruht. Formell besteht der steuerpolitische Erfolg des Staates im gesetzgeberischen Durchgehen der Auflagen und im administrativen Eingehen der Steuerbeträge.

Was sind die sachlichen Folgen dieses Streitausganges für die Steuerkräfte und weiterhin für das wirtschaftliche und sonstige Gesamtleben der Gesellschaft? Dieselben, welche allgemein aus den gesellschaftlichen Interessenkämpfen hervorgehen.[1]

Die wirklich erfaßten Steuerkräfte entledigen sich entweder teilweise der Steuerlast durch den schon beschriebenen Entlastungskampf der Steuerkräfte untereinander, d. h. durch Überwälzung und Amortisation der Steuerlast, oder sie müssen wirklich die Steuerlast auf sich nehmen. Wie wirkt das letztere? Die Folge kann Vernichtung sein. Die Besteuerung kann aber auch alle übrigen Folgen sozialer Daseinskämpfe herbeiführen: Verdrängung, Auswanderung, unfreie Unterwerfung, bessere Anpassung, vollkommenere Grade der Arbeitsteilung und der Arbeitsvereinigung. In der That treten erfahrungsmäßig alle diese Folgen bei dem vom Staate siegreich geführten Steuerbelastungskampfe auf.

Der Steuerdruck treibt die Leute aus dem Lande, verdrängt sie von einem Geschäfte und nötigt sie zu einem anderen. Der Steuerdruck ist vom Kampfe der Patrizier und Plebejer an durch das Mittelalter hindurch bis zur heutigen Steuerverschuldung ein Knechtungsmittel gewesen. Die mäßige Besteuerung bewirkt umgekehrt bessere Anpassung, mehr Arbeit und Fleiß, höhere Arbeitsteilung und hat — namentlich was die großen Verbrauchssteuern betrifft — sogar in technischer Hinsicht erziehend gewirkt (§ 210 ff.). Die Lehre vom vervollkommnenden Interessenkampfe findet also auch im Steuerwesen seine Bestätigung. Unsere Zeit sollte endlich dahin gelangen, nicht bloß die vernichtende, sondern auch die verdrängende und verknechtende Besteuerung ganz los zu werden und den Steuerkampf nur als Hebel der staatlichen und volkswirtschaftlichen Vervollkommnung zu handhaben.

---

[1] A. a. O. II, S. 310 ff.

Wie vollzieht sich nun der Untergang durch Überbürdung der schwachen Steuerkräfte mit unerschwinglichen Steuern? Durch Steuerexekution, Notverkäufe und Wucherschulden. Bei solchem Ausgange ist der Steuerkampf des Staates gegen die Steuerkräfte ein civilisationswidriger Kampf der Vernichtung, Verarmung, Knechtung und Verdrängung, wie überall sonst in diesem äußersten Falle sozialen Kampfes![1]) Sind die Lohnarbeiter überbürdet, so gehen sie im Elende unter oder sie verkommen, oder sie werden verdrängt, d. h. sie wandern aus. Sie werden als Steuerkräfte immer schwächer oder gehen als solche dem Staate ganz verloren. Nicht viel besser geht es der Masse kleiner Bauern und Handwerker. Auch sie werden und wurden steuergeschichtlich oftmals Proletarier oder Schuldknechte oder Auswanderer oder Bettler oder Verbrecher. Auch manches im Konkurrenzkampfe schwache Großgeschäft geht alsdann vollends zu Grunde. Der Mittelstand verschwindet. Eben die Überbürdung und Exekution des kleinen Mittelstandes führt zur Bereicherung der besitzenden Klasse durch Zinsen der Schuldner und durch Erwerbung des kleinen Grundbesitzes, sowie durch das Losschlagen der bankerotten Konkurrenten zu Not- und Schleuderpreisen. Man kann namentlich in solchen Zeiten, wo zur Steuerlast andere Notstände hinzutreten, nicht vorsichtig genug den Prozeß der Vernichtung, der Verdrängung und der proletarisierenden Unterjochung des Mittelstandes durch Steuerüberbürdung vermeiden. Eben jetzt, wo unsere Handwerke mit dem Großbetriebe, unsere Landwirte und Fabrikanten mit den jungen Ländern einen Konkurrenzkampf auf Leben und Tod zu bestehen haben, sollte man mit dem Steuerkampfe gegen sie sich möglichst weit von der äußersten Grenze der Belastungsmöglichkeit entfernt halten. Das soziale Mißbehagen droht sonst noch verstärkt zu werden.

Gelingt es wirklich der Plutokratie, den Vernichtungskampf des Staates gegen die Steuerträger zur Besitzergreifung des Vermögens und der Arbeitsüberschüsse der kleinen Leute zu gebrauchen, dann tritt sogar schon der Fall der Amortisation der Steuerlasten ein, welcher der Verödung des Landes und dem Rückfalle der ganzen Volkswirtschaft erheblichen Vorschub leistet. Der Staat hat dann nicht bloß die ergiebigste Massenschicht der „Kurve der Steuerkraft" (§ 202 f.) vernichtet, er hat auch noch dem Großbesitze auf Kosten der schwachen Steuerkräfte die Steuerlast thatsächlich abgenommen. Der Kapitalwert der unerträglichen Steuer kam nämlich im Notpreise der Zwangsverkäufe zur Abschreibung. Für den reichen Neubesitzer ist dann die Steuerlast durch den Untergang der Exequierten und Überschuldeten amortisiert. Die Grund- und Häusersteuer hat der neue Großbesitzer zwar noch zu zahlen, aber die Last fällt nicht mehr auf ihn; denn er hat sie am Notpreise

1) A. a. O. S. 310 ff.

des Exekutionskaufes für sich amortisiert. Dies befähigt ihn, da er selbst den außerordentlichen Ansprüchen der Verschuldung und des Notstandes nicht ausgesetzt ist, im Notfalle auf extensivere Bewirtschaftung des durch Not und Auswanderung entvölkerten Landes zurückzugehen.

Der Vernichtungskampf der Steuergewalt gegen die Steuerkräfte bereitet also dem Verfalle des Volkes in jeder Hinsicht die Wege. Er fällt in seinen Folgen auf die Steuergewalt, den Staat, zurück.

§ 262. *Die politische Aufgabe der Steuerwissenschaft.* — Es genügt nicht an der Darlegung dessen, was steuerpolitisch geworden ist. Erforderlich ist auch die Beschäftigung mit dem, was steuerpolitisch im Werden begriffen ist und in absehbarer Zeit steuerpolitisch werden soll, mit andern Worten: erforderlich ist auch die Beschäftigung mit der Steuerpolitik je für das gegebene Land und für die gegebene Zeit.

Die Steuerpolitik ist nun allerdings nicht auf rein wissenschaftliche Erkenntnis gerichtet. Ihr Inhalt ist ein praktischer, ein Inbegriff der Erkenntnis und des Wissens über erst durchzuführende Gestaltungen.

Allein dieser Zusatz, welcher von der theoretischen und historischen Steuerwissenschaft zur Steuerkunstlehre emporführt, darf dennoch der Steuerwissenschaft als Schlußstein eingefügt werden.

Eine denkende Besteuerungskunst wird sich der Ergebnisse wissenschaftlicher Steuertheorie sowie der Ergebnisse der bisherigen Steuergeschichte zu bemächtigen haben, wenn sie wirklich Praktisches finden, wirklich Gutes schaffen, wertvolle Umbildung (Reform) gewinnen will. Die Steuerwissenschaft aber als solche ist berechtigt und verpflichtet, mit der Leuchte ihrer steuertheoretischen und steuergeschichtlichen Erkenntnis an das Bestehende in der Absicht heranzutreten, an den Aufgaben der Steuerpolitik ihre Theorien auf Richtigkeit und Vollständigkeit stets aufs neue zu prüfen.

Die Steuerpolitik ist jedoch ein Inbegriff von Erörterungen über viele einzelne Fragen der Fort- und Umbildung des Steuerwesens. Auch der allgemeine Überblick über dieselbe setzt die vorangegangene Erörterung der steuerpolitischen Einzelfragen voraus. Die Steuerpolitik der Gegenwart, insbesondere Deutschlands, wird daher den Abschluß des Bandes „Steuern, besonderer Teil" bilden.

Bibliographie.

Vorbemerkung.

Entsprechend dem Charakter des Bandes „Steuern, allgemeiner Teil" sind in die nachfolgende Litteraturübersicht im wesentlichen nur Schriften und Abhandlungen allgemeineren Inhalts aufgenommen worden. Bezüglich der Speziallitteratur wird auf die Bände III—V des „Hand- und Lehrbuchs der Staatswissenschaften" verwiesen.

I. Systeme, Hand- und Lehrbücher der Finanzwissenschaft. Encyclopädien und Sammelwerke. Methodologische, theoretische und historische Untersuchungen zur Finanzwissenschaft.[1])

Aphorismen der Staatswirtschafts-Lehre und der Finanzwissenschaft. Berlin 1827.

Ariel, W.. Ein Finanz-System mit weniger Steuern, weniger Staatsschulden und mehr Wohlstand. Gewidmet den deutschen Fürsten und Völkern. 4. Aufl. Canstatt 1871.

Baldantoni, A., Economia e finanza: illusioni e realtà. Roma 1894.

Barth, A., Vorlesungen über Finanz-Wissenschaft. Augsburg 1843.

Bendencken, ein Kurtzes, welcher Maassen ein Stand dess Reichs, so mit grossen Aussgaben beladen, sich derselbigen erledligen, auch sein Gefäll vnd Einkommen verbessern möge. o. O. 1620.

Behr, W. J., Die Lehre von der Wirtschaft des Staates oder pragmatische Theorie der Finanzgesetzgebung und Finanzverwaltung. Leipzig 1822.

Beiträge zur Finanzgelahrtheit überhaupt, vorzüglich in den preufsischen Staaten. 3 Jahrgänge. Frankfurt und Leipzig 1785—88.

Beiträge zur Finanzlitteratur in den preufsischen Staaten. 2 Bde. Frankfurt und Leipzig 1781—85.

Bergius, C. F., Grundsätze der Finanzwissenschaft mit besonderer Beziehung auf den preufsischen Staat. Berlin 1865, 2. sehr vermehrte und verbesserte Aufl. 1871.

Bischof, A., Katechismus der Finanzwissenschaft. Leipzig 1870, 2. Aufl. 1876.

—, Erste beginselen van de kennis der financien. Uit het Hoogd met bijvoegsels en verbeteringen. s' Gravenbage 1871.

Borowski, G. H., Abrifs des praktischen Kameral- und Finanzwesens nach preufsischen Landesgesetzen. 2 Bde. Berlin 1795, 3. Aufl. 1805.

Büchler, L., Staathuishoudkunde als wetenschap. Zwolle, 1885.

Bülow-Cummerow, Politische und finanzwissenschaftliche Abhandlungen. 2 Hfte. Berlin 1844—95.

Cameral- und Finanzwissenschaft für angebende Cameralisten, Anleitung zur theoretischen und praktischen — nebst Anweisung zur Anlage eines Proviantmagazins und einer Landbank. Frankfurt und Leipzig 1795.

Charguéraud, A.. L'économie politique et l'impôt. Paris 1864.

---

1) Vgl. hierzu auch die in der Bibliographie zu Bd. I der I. Abt. des „Hand- und Lehrbuchs der Staatswissenschaften" (Grundlage und Grundbegriffe der Volkswirtschaft) mitgeteilte Litteratur der Hand- und Lehrbücher der polit. Ökonomie etc.

Choisy, E. de, Questioni finanziarie. Torino 1876.

Cohn, G., System der·Finanzwissenschaft. Stuttgart 1889.

Conigliani, C. A., L'indirizzo teorico nella scienza finanziara: Giornale degli Economisti, 1894.;

—, Le leggi scientifiche della finanza: Rivista di Sociologia, Anno II.

Cossa, L., Primi elementi della scienza delle finanze. Milano 1876, 6. ed. 1893.

—, Grundrifs der Finanzwissenschaft. Nach der 3. Aufl. der Elementi di Scienza delle finanze frei bearbeitet von K. Th. Eheberg. Autoris. Ausgabe. Erlangen 1882.

Dalberg, E. C. v., Beiträge zu Finanzverbesserungen. Mannheim 1808.

Eheberg, K. Th., Grundrifs der Finanzwissenschaft. Mit Benutzung von L. Cossas scienza delle finanze. Erlangen und Leipzig 1882, 3. vielf. verm. Aufl. 1891.

—, Finanzen: Handwörterbuch der Staatswissenschaften, Bd. III.

—, Geschichte der Finanzwissenschaft: Ebda.'

Faucher, L., Mélanges d'économie politique et de finances. 2 vol. Paris 1886.

Finanzmaterialien nach allgemeinen verbesserten und praktischen Grundsätzen. I. (einz.) Bd. Berlin, 1789.

Foyot, L., et A. Lanjalley, Dictionnaire des finances publié sous la direction de L. Say. Avec la collaboration des écrivains les plus compétents et des principaux fonctionnaires des administrations publiques. Nancy 1883—1893.

Fulda, F. C., Handbuch der Finanzwissenschaft. Tübingen 1827.

Gandillot, R., Principes de la science des finances. 3 vol. Paris 1875.

Garnier, J., Traité de finances. Paris, 2e éd. 1827.

—, Traité des finances. L'Jmpôt en général, les diverses espèces d'impôts, le crédit public, les emprunts et l'amortissement, les dépenses publiques et les attributions de l'Etat, les réformes financières, notes et notices complémentaires historiques et statistiques. Paris 1862, 3e éd. 1872, 4 éd. 1883.

Geffken, F. H., Wesen, Aufgaben, Geschichte der Finanzwissenschaft: Schönbergs Handbuch der politischen Ökonomie, Bd. III.

Giffen, R., Essays in Finance. London 1880, 2. ed. 1887.

Gioranelli, G., Della scienza finanziaria: Trattato teorico-pratico. Roma 1877.;

Huhn, E. H. Th., Finanzwissenschaft, volksthümliche Darstellung der Lehre vom Staats- und Gemeindehaushalt. Leipzig 1865.

Jacob, L, H. v., Die Staats- und Finanzwissenschaft, theoretisch und praktisch dargestellt und erläutert durch Beispiele aus der neueren Finanzgeschichte europäischer Staaten. 2 Bde. Halle 1821; 2. verb. Aufl. von J. F. H. Eiselen 1837.

Jevons, W. S., Investigations in Currency and Finance. With an introduction by H. S. Foxwell. London 1884.

Inama-Sternegg, K. Th. v., Der Accisenstreit deutscher Finanztheoretiker im¯17. u. 18. Jahrhundert: Zeitschrift f. d. gesamte Staatswissenschaft, 1865.

Justi, J. H. G. v., System des Finanzwesens nach vernünftigen aus dem Endzweck der bürgerlichen Gesellschaften und aus der Natur aller Quellen der Einkünfte des Staats hergeleiteten Grundsätze und Regeln. Halle 1786.

Kiehl, Mr. E. J., Korte stellingen van staathuishoudkunde. Middelburg 1869.;

Kletke, C., Litteratur über das Finanzwesen des Deutschen Reichs und der deutschen Bundesstaaten. Berlin, 3. Aufl. 1876.

Lehr, J., Abrifs der Finanzwissenschaft (als Manuskript gedruckt). Münden 1871.

Leroy-Beaulieu, P., Traité de la science des finances. t. 1.: Des revenus publics t. 2: Le budget et le credit public. 2 vol. Paris 1877, 2. éd. 1879, 4. éd. 1892.

Lévy, R. G., Mélanges financiers. Paris 1894.;7

van der Linden, Cort, Leerbock der financiën. De theorie der belastingen. 's Gravenhage 1887.

Lipsius, A. M., Einleitung zur Finanzwissenschaft überhaupt und der schlesischen insbesondere. Berlin 1761.

Litteratur über das Finanzwesen des preufsischen Staats (Beiheft des Kgl. Preufs. Staatsanzeigers, 1867). Berlin 1867.

De Luca, Scienza delle finanze. Napoli 1858.

Malchus, C. A. Frhrr. v., Handbuch der Finanzwissenschaft und Finanzverwaltung. Stuttgart und Tübingen 1930.

Marescotti, Le finanze. Bologna 1867.

Marzano, Scienza delle finanze. Torino, 2 ediz. 1887.

Mazzola, U., I dati scientifici della finanza pubblica. 1899.]

Meisel, F., Unrecht und Zwang im Finanzwesen: Finanzarchiv, V.

Mill's, J. S., Staathuishoudkunde door J. Oppenheim. 6 e afl. Groningen 1875.

Mischler, E., Über die Subjekte der Finanzwirtschaft: Finanzarchiv, IV.

Morpurgo, E., La Finanza: Studii di economia pubblica e di statistica comparata. Firenze 1877.

Neymarck, A., Aperçus financiers, 1868—1872. Paris 1872.

Patterson, R. H., The Science of Finance. A practical treatise. Edinburg and London 1868.

Rau, K. H., Grundsätze der Finanzwissenschaft. 2 Abteilungen. (A. u. d. T.: Lehrbuch der politischen Ökonomie, Bd. III). Leipzig und Heidelberg 1844.

—, Dasselbe unter dem Titel: Lehrbuch der Finanzwissenschaft. 6. Ausg., neu bearbeitet von Adolph Wagner. Abt. 1. Leipzig und Heidelberg 1872.

van Rees, O., Overzigt der staathuishoudkunde. Utrecht 1861.

Ricca Salerno, G., Scienza delle finanze. Firenze 1888.

—, Storia delle dottrine finanziarie in Italia: Scritti d. R. Academia dei Lincei, 1830—81.

—, Le dottrine finanziarie in Ingbelterra etc.: Giornale degli Economisti, 1889.

Roncali, Corso elementare di scienza finanziaria. Parma 1887.

Roudelet, A., Grondtrekken der staathuishoudkunde. Naar het Fransch door G. T. N. Gori. Amsterdam 1869.

Roscher, W., System der Finanzwissenschaft. Stuttgart 1886, 4. Aufl. 1894.

—, Versuch einer Theorie der Finanz-Regalien. Leipzig 1884.

Sax, E., Grundlegung der theoretischen Staatswirtschaft. Wien 1887.

Schmidt, Repetitorium des Systems des allgemeinen Finanzrechts und der Finanzwissenschaft. Leipzig 1880.

Schuckmann, F. v., Ideen über Finanzverbesserungen. Tübingen 1808.

Schön, J., Die Grundsätze der Finanz. Eine kritische Entwickelung. Breslau 1832.

Schönberg, G., Handbuch der politischen Ökonomie. III. Bd. Finanzwissenschaft und Verwaltungslehre. Tübingen 1895, 3. Aufl. 1892.]

Sherman, J., Selected speeches and reports on finance and taxation, frou 1859 to 1878. New-York 1879.

Soden, J. Gr. v., Die Staats-Finanz-Wirthschaft nach den Grundsätzen der Nazional-Oekonomie. Ein Versuch. Leipzig 1811.

Stein, L. v., Lehrbuch der Finanzwissenschaft. Als Grundlage für Vorlesungen und Selbststudium mit Vergleichung der Finanzsysteme und Finanzgesetze von England, Frankreich und Deutschland. Leipzig 1860, 2. Aufl. 1871, 5. Aufl. 1885—86. I. Die Finanzverfassung Europas. II. Die Finanzverwaltung Europas. 1. Der Staatshaushalt etc. 2. Die einzelnen Steuern. 3. Das Staatsschuldenwesen.

—, Zur Geschichte der deutschen Finanzwissenschaft im XVII. Jahrh.: Finanzarchiv, I.

Stokar v. Neuform, K., Handbuch der Finanzwissenschaft. 2 Bde. Rottenburg 1807.

Tellegen, B. D. H., Beginselen des staatbuishoudkunde. Groningen, 3e druk 1870.

Torrens, R., The budget. On comercial and colonial policy. London 1844.

Umpfenbach, K., Lehrbuch der Finanzwissenschaft. 2 Tle. Erlangen 1859—60, 2. Aufl. 1887.

Viti De Marco, A. de, Il carattere teorico dell' economia finanziaria. Roma 1888.

Vocke, W., Die Grundzüge der Finanzwissenschaft (Bd. 1 d. II. Abt. des Hand- und Lehrbuchs der Staatswissenschaften, hrsg. v. K. Frankenstein). Leipzig 1894.

Wagner, A., Finanzwissenschaft. Tl. I—III in 7 Tln. 1—3 Aufl. Leipzig 1884—90. I. Einleitg. Ordng. d. Finanzw. Finanzbedarf. Privaterwerb. 3. Aufl. 1884. II. Gebühren u. allg. Steuerlehre. 2. Aufl. 1890. 1. Gebühren. 2. Allgem. Steuerlehre.

III. Spezielle Steuerlehre 1888—89. 1. Steuergeschichte. 2. Besteuerung d.
19. Jahrh. Einleitg. Britische Besteuerung. 1888. 3. Franz. Besteuerung seit 1789.
Geschichtl. Übersicht. Direkte, Verkehrs- u. Erbschaftsbesteuerung. (Enregistrement u. Stempelwesen.) 1888. 4. Franz. Besteuerung seit 1789. Indirekte oder
Verbrauchsbesteuerung n. d. Zöllen. Departemental- und Kommunalbesteuerung.
1889.

Wagner, A., Finanzwissenschaft und Staatssocialismus: Zeitschr. f. d. gesamte Staatswissenschaft, 1887.

Walker, A., The science of wealth; a manual of political economy, embraciny the
laws of trade, currency and finance. Boston 1866, 7ª ed. 1875. Philadelphia
1872 (e 1878).

Walcker, K., Finanzwissenschaft. Leipzig 1884.

Wehnert, Vermischte Abhandlungen aus dem Gebiete des Staatsrechts, der Staatswirtschaft und der Finanzkünste, mit Rücksicht auf den Geist der neueren
preußsischen Gesetzgebung. Berlin 1814.

Willkomm, S., Nationalökonomie und Finanzwissenschaft. 1891.

Zeppa, D., La scienza finanziaria nelle sue relazioni coll' economia politica e col
diritto pubblico. Firenze 1870.

Zorli, Sistemi finanziarii. Bologna 1885.

Finanz-Archiv. Zeitschrift für das gesamte Finanzwesen. Herausgegeben von
Georg Schanz. Jahrg. 1 u. folg. Stuttgart 1884—95.

II. Theorie und Politik der Besteuerung im Allgemeinen.[1])

Antoni, G., Die Steuersubjekte im Zusammenhalte mit der Durchführung der
Allgemeinheit der Besteuerung nach den in Deutschland geltenden Staatssteuer-
gesetzen: Finanzarchiv, V.

Arnd, K., Die naturgemässe Steuer. Frankfurt a. M. 1852.

Audiffret, d', Système financier de la France. Introduction. Souvenirs de ma
carrière. Paris 1876.

Baer, avere e l'imposta. Torino 1871.

Buchanan, An inquiry into the taxation. Edinburgh 1844.

Barone, Di alcuni teoremi fondamentali per la teoria matematica dell' imposta:
Giornale degli Economisti, 1894.

Benzenberg, J. F., Über Preussens Geldhaushalt und neues Steuersystem. Leipzig
1820.

Benvenuti, B., Le imposte, teoria e pratica. Milano 1870.

Biersack, H. L., Über Besteuerung, ihre Grundsätze und ihre Ausführung. Frankfurt a. M. 1850.

—, Über die Steuerfreiheiten und die Nothwendigkeit ihrer Aufhebung. O. O. 1835.

Bilinski, L, Rittor v., Die Luxussteuer als Correctiv der Einkommensteuer. Finanzwissenschaftlicher Beitrag zur Lösung der sozialen Frage. Leipzig 1875.

Block, M., L'impôt et les formes variées qu' il affecte. Paris (1881).

Böthelt, Fr. W., Constitutioneller Morgenstern, das ist der Vorschlag einer gerech-
teren und mehr als genügenden Besteuerung des preussischen Landes. Gross-
Glogau 1848.

Bonnet, V., La question des impôts. Paris 1879.

Borsani, Il sistema dei tributi. Torino 1850.

Braun, K., Staats- und Gemeindesteuern: Vierteljahrsschrift für Volkswirtschaft, 1866.

Broggia, C. A., Trattato di tributi. Milano 1804.

1) Bezüglich der Litteratur über die einzelnen Arten von Steuern und
die Steuergesetzgebung der verschiedenen Staaten vgl. Bd. III, bezüglich der Litteratur
über die Kommunalbesteuerung Bd. V der III. Abt. des Hand- und Lehrbuchs
der Staatswissenschaften.

Bülow, D. v., Physisches Staatswohl oder eine Finanzeinrichtung, vermöge welcher Reichthum stets die Belohnung gemeinnütziger Tugend sein würde. Berlin 1800.

Castan, E., L'impôt et la famille. Projet de réforme de l'impôt mobitier. Argenteuil 1893.

Charguéraud, A., L'économie politique et l'impôt. Paris 1864.

Chevalier, M., Du nouveau système financier de la France. (Extrait de la Revue des Deux Mondes, livraison du 1er août 1874.) Ebda. 1874.

Cossa, L., Taxation: Its Principles and Methods. Translat-with Notes by White. London 1888.

Cummerow, B., Über Preußens Finanzen. Berlin 1841.

Dalla Volta, R., L'imposta progressiva dal punto di vista teorico: Rassegna delle scienze sociali e politiche, 1893.

Delatour, A., L'impôt. Extrait du Dictionnaire des finances. Paris 1891.

Dehn, P., Wirthschaftspolitische Aphorismen. Berlin 1879.

Denis, H., L'impôt. Bruxelles 1888.

Dufuor, Delle imposte. Genova 1881.

Dupont, E., De l'impôt. Paris 1872.

Du Puynode, De la monnaie du crédit et de l'impôt. 2 vols. Ebda. 1863.

Eheberg, K. Th., Steuer: Handwörterbuch der Staatswissenschaften, Bd. VI.

Eisenhart, W., Die Kunst der Besteuerung. Berlin 1868.

Emmermann, Betrachtungen über die Ursachen der Verlegenheiten in dem Staats-Finanzhaushalte. Leipzig 1829.

Eschenmayer, H., Über die Consumtionssteuer, eine staatswirthschaftliche Abhandlung. Heidelberg 1813.

—, Vorschlag zu einem Steuersystem. Ebda. 1808.

Esquirou de Parieu, Traité des impôts considérés sous le rapport historique économique et politique. 5 vls. Paris 1867. 2 éd. 1887.

Eulenstein, B., Nur eine einzige Steuer. Henry Georges „Single tax". Eine Steuerstudie. Berlin 1894.

Falck, G. v., Kritische Rückblicke auf die Entwicklung der Lehre von der Steuerüberwälzung seit Ad. Smith. Dorpat 1882.

Förstemann, Th., Die direkten und indirekten Steuern historisch und kritisch beleuchtet. Eine Untersuchung ihres Unterschiedes mit besonderer Berücksichtigung d. preuß. Steuersystems. Nordhausen 1868.

Fournier de Flaix, Critique et statistique comparée des institutions financières, systèmes d'impôts et réformes fiscales des divers Etats au XIX siècle. 1. série (Angleterre, Canada et Dominion, colonies anglaises d'Afrique, Etats-Unis, Russie, empire d' Allemagne, Etats allemands, Italie). Paris 1889.

Franconi, Sulle graduali reforme dei sistemi i tributarii. Napoli 1875.

Frantz, C., Die soziale Steuerreform. 1881.

Frieboes, Zur Steuerfrage. Breslau 1849.

Friedrichs II, Königs von Preußen ökonomisch-politisches Finanzsystem gerechtfertigt durch dessen Geheimen Oberfinanzrath de la Haye de Launay. Eine Widerlegung der falschen Behauptungen des Grafen Mirabeau in seiner Schrift: Ueber die preußische Monarchie. Berlin 1789.

Fuisting, B, Die geschichtliche Entwickelung des preussischen Steuersystems und systematische Darstellung der Einkommensteuer. S. A. a. d. Kommentar zum Einkommensteuergesetz. Berlin 1892, 2. Aufl. 1894.

v. Fulda, F. K., Über die Wirkung der verschiedenen Arten der Steuern auf die Moralität, den Fleiß u. die Industrie des Volks. Stuttgart 1837.

Girardin, E. de, De l'impôt. Paris, 6 éd. 1852.

Glattstern, S., Die Steuer vom Einkommen. Eine finanzwissenschaftliche Studie. Leipzig 1876.

Godard, J. G., Graduated Taxation: The Economic Review, Vol. V.

Hallwyl, H. v., Über das Wesen und die Wirkungen der Progressivsteuern. Leipzig 1869.

Harl, J. P., Vollständiges theoretisch-praktisches Handbuch der gesammten Steuer-Regulirung oder der allgemeinen und besonderen Steuerwissenschaft mit vorzüglicher Rücksicht sowohl auf die älteste als neueste Geschichte, Gesetzgebung und Litteratur des Steuerwesens zum Behufe einer allgemeinen Revision des Steuerwesens, Vereinfachung der Besteuerung und Einführung eines rationellen Steuersystems. 2 Bde. Erlangen o. J.

Haupt, O., Zur Frage ob direkte oder indirekte Steuern? Minden 1857.

Held, Ad., Die Einkommensteuer. Finanzwissenschaftliche Studien zur Reform der direkten Steuern in Deutschland. Bonn 1872.

—, Zur Lehre von der Überwälzung der Steuern: Zeitschrift f. d. gesammte Staatswissenschaft, 1868.

Helferich, J. A. R., Allgemeine Steuerlehre: Schönbergs Handbuch der polit. Ökonomie, Bd. III.

Hirth, G., Das souveräne Gesetz der Preisbildung. Beitrag zur Kritik der Einkommenvertheilung aus der Lehre von der Steuerprogression: Annalen des Deutschen Reichs 1875.'

Hock, C. (Frhrr.) v., Die öffentlichen Abgaben und Schulden. Stuttgart 1863.

Hoffmann, J. G., Die Lehre von den Steuern. Als Anleitung zu gründlichen Urtheilen über das Steuerwesen mit besonderer Beziehung auf den preußischen Staat vorgetragen. Berlin 1840.

Huber-Weissenbach, Das Staatsbedarfsdeckungswesen [Steuerwesen] in seinen realen Grundlagen wissenschaftlich entwickelt. München 1886.

Hüllmann, K. D., Ursprung der Besteuerung. Köln 1818.

Jäger, E. L., Die Steuern. Vortrag. Stuttgart 1877.

Johnson, E. R., Relation of taxation to monopoles: Annales of the American Academy of Political and Social Science, Vol. IV.

Kaizl, Lehre von der Überwälzung der Steuern. Leipzig 1881.

Killermann, J. G., Das Besitzsteuersystem, die künftige, einzige, direkte Steuerquelle aller Rechtsstaaten. Passau 1887.

Kleinwächter, Fr., Zwei steuertheoretische Fragen: Finanzarchiv, III.

Klock, C., Tractatus de contributionibus. Francofurt 1655.

Knapp, G. F., Ertragsteuer oder Einkommensteuer? Vortrag über die Steuerreform im Königr. Sachsen. Leipzig 1872.

Kraatz, F., Die Geschichte der Steuern und die Reform derselben in Reich, Staat und Stadt vom Standpunkt der Praxis. Liegnitz, 1881.

Krehl, A., Das Steuersystem nach den Grundsätzen des Staatsrechts und der Staatswirthschaft. Erlangen 1816.

v. **Kremer**, A. S., Darstellung des Steuerwesens. Wien 1821, 2. Aufl. 1825.

Kröncke, C., Das Steuerwesen, nach seiner Natur und seinen Wirkungen untersucht. Darmstadt und Giesen 1804.

—, Ausführliche Anleitung zur Regulirung der Steuern. Giessen 1810.

—, Über die Grundsätze einer gerechten Besteuerung. Heidelberg 1819.

Küster, C. G., De accisis. S. l. 1789.

Lassalle, F., Die indirekte Steuer und die Lage der arbeitenden Klassen. Eine Vertheidigungsrede. Zürich 1863.

Lehr, J., Kritische Bemerkungen zu den wichtigsten für und wider den progressiven Steuerfuss vorgebrachten Gründen: Jahrb. f. Nat. XXIX.

Leslie, C., Die Reform der Finanzen. Aus den Veröffentlichungen des Cobdenclubs. Im Auftr. des ständigen Ausschusses des Congresses deutscher Landwirthe übers. von M. Brömel. Berlin 1872.

Lith, J. W. v. d., Politische Betrachtungen über die verschiedenen Arten der Steuern. Berlin 1751.

Mac Culloch, A treatise on the principles and practical influence of taxation. London 1845, 3. ed. 1873.

Majorana, A., Teoria costituzionale delle entrate e delle spesa dello stato. Milano 1887.

Marescotti, Il finanze. Bologna 1867.

Maurus, H., Die moderne Besteuerung u. die Besteuerungsreform zum Standpunkte des gemeinen Rechts dargestellt. Heidelberg 1870.

Menier, Question des impôts. Paris, 1ᵉ et 2ᵉ éd. 1873.

Méthode pour la confection des rôles des contributions directes. Grenoble 1869.

Meyer, R., Die Principien der gerechten Besteuerung in der neueren Finanzwissenschaft. Berlin 1884.

Michaux, H. E., L'Impôt. Paris, Challamel ainé 1885.

Moltke, Magnus Graf v., Über die Einnahmequellen des Staates. Hamburg 1846.

Montyon, J. B. R. A., Quelle influence ont les diverses espèces d'impôts sur la moralité, l'activité et l'industrie des peuples? Publ. par P. de Molinari. Paris 1848.

Moser, J. J., Von der Landeshoheit in Steuer-Sachen, wie auch anderer Geld- und Natural-Abgaben. Frankfurt 1773.

Müller, J. J., De catastris, Von Steueranschlägen. O. O. 1726.

Murhard, A., Theorie und Politik der Besteuerung. Göttingen 1834.

Nasse, E., Steuern und Staatsanleihen: Zeitschrift f. d. gesammte Staatswissenschaft 1869.

Neumann, F. J., Die progressive Einkommensteuer im Staats- und Gemeindehaushalt. Gutachten über Personalbesteuerung, auf Veranlassung des Vereins für Sozialpolitik abgegeben. Leipzig 1874.

—, Die Steuer nach der Steuerfähigkeit: Jahrb. f. Nat. N. F. I u. II.

—, Die Unterscheidung zwischen direkten und indirekten Steuern: Jahrbuch für Gesetzgeb., Verw. u. Volkswirthschaft, 1882.

—, Ertragssteuern oder persönliche Steuern vom Einkommen und Vermögen? Ein Wort zur Steuerreform. Freiburg i. B. 1876.

—, Die Steuer. 1. Bd. A. u. d. T.: Die Steuer u. das öffentl. Interesse. Eine Untersuchg. üb. das Wesen der Steuer u. die Gliederg. der Staats- u. Gemeinde-Einnahmen. Leipzig 1887.

—, Schwebende Finanzfragen: Jahrbuch für Gesetzgebung, Verwaltung u. Volkswirthschaft. N. F. VI.

Oldenberg, K., Über soziale Steuerpolitik: Ebda. N. F. XVII.

Pallavicino, Teoria sulle imposte. Torino 1865.

Pescatore, La logica delle imposte. Ebda. 1867.

Personalbesteuerung, Die. Gutachten auf Veranlagung der Eisenacher Versammlung zur Besprechung der sozialen Frage abgegeben von E. Naſse, A. Held, J. Gensel, Graf von Wintzingerode, Const. Rössler. Leipzig 1873.

Peucker, O., Über die Befreiung einer gewissen Classe der Staatsbürger von der persönlichen Besteuerung. Breslau 1877.

Pfeiffer, E., Die Staatseinnahmen. Geschichte, Kritik und Statistik derselben. 2 Bde. Stuttgart 1866.

Platzmann, A., Die Steuern des Landwirths. Dresden 1887.

Pölitz, K. H. L., Die Vereinfachung der Besteuerung. Leipzig 1833.

Proudhon, P. J., Théorie de l'impôt. Question mise au concours par le conseil d'état du canton de Vaud en 1860. Nouv. édit. Paris 1869.

Pozzoni, C., Imposte e questione sociale. Genova 1893.

Prince-Smith, J., Die Abwälzung u. s. w. Berlin 1866.

Prittwitz, M. v., Theorie der Steuern und Zölle. Mit besonderer Beziehung auf Preußen und den deutschen Zollverein. Stuttgart u. Tübingen 1842.

Proust, A., La division de l'impôt. Paris 1869.

Raumer, F. v., Das Brittische Besteuerungs-System, insbesondere die Einkommensteuer, dargestellt mit Hinsicht auf die in der Preußischen Monarchie zutreffenden Einrichtungen. Berlin 1810.

Reitzenstein, F. Frhrr. v., Über finanzielle Konkurrenz von Gemeinden, Kommunalverbänden und Staat: Jahrbuch für Gesetzgebung, Verwaltung und Volkswirthschaft. N. F. XI.

Rössler, C., Die Gesichtspunkte der Steuerpolitik. Berlin 1868.

Royer, Mme., Théorie de l'impôt. 2 vls. Paris 1862.

Say, L , Les solutions démocratiques de la question des impôts. Paris 1886.

Schäffle, A. E. Fr., Die Grundzüge der Steuerpolitik und die schwebenden Finanz-fragen Deutschlands u. Oesterreichs. Tübingen 1880.

Schäffle, A. E. Fr., Theorie der Deckung des Staatsbedarfs: Zeitschrift für die gesammten Staatswissenschaften, 1884.

—, Deutsche Kern- und Zeitfragen. 2 Bde. Berlin 1894 u. 95.

Schall, K. Fr., Die Gebühren: Schönbergs Handbuch der polit. Ökonomie, Bd. III.

Schanz, G., Das Existenzminimum und seine Besteuerung: Handwörterbuch der Staatswissenschaften. Bd. II.

—, Zur Frage der Steuerpflicht: Finanzarchiv, IX.

—, Zur Frage der Überwälzung indirekter Vorbrauchssteuern: Jahrbuch für Gesetz-gebung etc., Bd. VI.

Scheel, H. v., Die progressive Besteuerung: Zeitschr. f. d. ges. Staatswissenschaft, 1855.

Scheffler, H., Die Regelung der Steuer-, Einkommen- u. Geldverhältnisse u. das natürliche Wahlrecht. Berlin 1887.

Schmidt, H., Die Steuerfreiheit des Existenzminimums. Ein Beitrag zur Theorie der Einkommensteuern. Leipzig 1877.

Schmoller, G., Die Lehre vom Einkommen in ihrem Zusammenhange mit den Grund-principien der Steuerlehre: Zeitschr. f. d. gesammte Staatswissenschaften 1863.

Schulz, A., Über Staats- und Gemeinde-Steuer. Volkswirthschaftliche Erwägungen. Berlin 1869.

Seeger, Versuch über das vorzüglichste Abgabesystem. Heidelberg 1810.

Seligman, G. R. A., Progressiv Taxation: Political Science Quarterly. Vol. VIII.

Sensburg, E. Th. v., Ideen über einige Probleme im Steuerwesen und einige andere Gegenstände, die an der Tagesordnung sind. Heidelberg 1831.

Speiser, Das Verbot der Doppelbesteuerung: Zeitschr. für schweizer. Recht, Bd. VI.

Stendel, H., Verbesserung des Steuer- und Pfandwesens. Stuttgart 1871.!

Steuerwesen, Das. Dresden 1860.

Stoepel, F., Theorie u. Praxis der Besteuerung. Leipzig 1895.

Telliez, De l'impôt et des douanes. Lille 1870.

Toubeau, La répartition metrique des impôts. 2 vols. Paris 1880.

Vauban, Maréchal de, Projet d'une dixme royale. Qui supprimant la taille, les aydes, les douans d'une province à l'autre, les décimes du clergé.... tous autres impôts onereux et non volontaires: et diminuent le prix du sel de moitié et plus, produisait au Roy un revenu certain et suffisant sans frais . . . (Paris) 1807.

—, Le même. Publié par Eugène Daire (Avec postr.). Paris 1843.!

Vocke, W., Abgaben und Steuern vom Standpunkte der Geschichte u. der Sittlich-keit. Stuttgart 1887.

—, Die Idee der Steuer in der Geschichte: Finanzarchiv, VII.

Wagner, A., Über soziale Finanz- und Steuerpolitik: Archiv f. soziale Gesetzgebung und Statistik, IV.

Waldmann, D., Das Steuersystem in Preufsen für den Umfang seiner Staatsbedürf-nisse ein verfehltes. Berlin 1861.

Walras, L , Théorie critique de l'impôt. Paris 1861.

Weissenbach, Das Staatsbedarfsdeckungswesen. München 1896.

Westphal-Conn, Ph., Die Steuersysteme und Staatseinnahmen sämmtlicher Staaten Europas und die Steuerreformgesetze in Österreich. Wien 1881.

Wiederhold, Wissenschaft der indirekten Steuern. 1 (einzl.) Tl. Marburg 1820.

Zeni, Le imposte. Ferrara 1869.

Blätter f. das bayerische Finanzwesen. Hrsg. v. J. Krapp. 1—3 Jahrg. München, s. 1893.

Finanz-Ministerialblatt für das Königreich Bayern. München.

Mittheilungen aus der Verwaltung der direkten Steuern im Königr. Sachsen. Hrsg. vom kgl. sächs. Finanzministerium. I.—VII. Bd. Dresden 1889—1895.

Umschau, Die, auf dem Gebiete des Zoll- und Steuerwesens. Fachschrift f. Zoll-
und Steuerbeamte. Herausgegeben von Albert Schneider. Jahrg. 1 u. ff. Berlin
1882—86.

Zeitschrift des Vereins der Finanzassistenten im Grofsherzogthum Baden. Karis-
ruhe, s. 1894.

*   *   *

Annuaire de l'administration des contributions directes et du cadastre. (Ministère
des finances.) I—XIVᵉ année. Paris 1882—95.

— **général** des finances, publié d'après les documents officiels, sous les auspices du
ministère des finances. Paris, s. 1890.

*   *   *

Annuaire des finances russes par Wesselowsky. Depuis 1869.

*   *   *

Annuario del Ministero delle Finanze e del tesoro del Regno d'Italia. I—XXXIII.
Roma, s. 1862.

Bolletino di legislazione statistica doganale. Roma.

Relazione sull' amministrazione delle gabelle. Roma, jährl.

Imposte (le) rivista finanziaria. Firenze, seit 1871.

*   *   *

Tidskrift för Sveriges landsting städer och hushalluingssällskap.   1—25: e arg.
Stockholm, seit 1869.

III. Finanz- und Steuergeschichte.[1])

Brückner, A., Zur Finanzgeschichte der Neuzeit. Riga 1864.

Ducrocq, Th., Études d' histoire finnancière et monétaire. Paris 1889.

Ganilh, Ch., Essai politique sur le revenu public des peuples de l'antiquité, du
moyen âge, des siècles modernes, et spécialement de la France et de l'Angleterre.
2 vols. Paris 1823.

Toussenel, A. Historie de la féodalité financière. Paris 1847.

Böckh, A., Die Staatshaushaltung der Athener. Vier Bücher in 2 Bänden mit
21 Inschrift. Berlin 1817, 2. Ausg. in 3 Bdn. 1851.

Boulanger, J. C., Traité des impôts du peuple romain, avec quelques indications
sur l'origine et le régime des impôts en France. Trad. du latin par E Renadin.
Paris 1871.

Bouchard, L., Etude sur l'administration des finances de l'empire romaine dans les
derniers temps de son existence, pour servir d'introduction a l'Histoire des
institutions financières en France. Paris 1876.⁴

Bücher, K., Die diokletianische Taxordnung vom Jahre 301: Zeitschrift für die
gesammte Staatswissenschaft, L.

Burmann, de vectigalibus populi romani. S. l. 1734.

Droysen, J. G., Zum Finanzwesen der Ptolomäer. S. A. Berlin 1882.

—, Zum Finanzwesen des Dionysios von Syrakus. S. A. Ebda. 1882.

Hegewisch, D. G., Historischer Versuch über die römischen Finanzen. Altona 1804.

Humbert, G., Les douanes et les octrois chez les Romains. Toulouse 1867.

—, Finances et comptabilité publique chez les Romains. Ebda. 1867.

Huschke, R. E., Über den Census und die Steuerverfassung der früheren römischen
Kaiserzeit. Ein Beitrag zur römischen Staatswissenschaft. Berlin 1847.

Matthiass, C., Römische Grundsteuer. Erlangen 1882.

Savigny, v., Über die Römische Steuerverfassung unter den Kaisern. S.-A. 1823.

Vocke, W., Die direkten Steuern der Römer: Zeitschr. f. d. gs. Staatswissenschaft 1859.

---

1) Bezüglich der Litteratur der Geschichte der einzelnen Arten von Steuern
und Zöllen, der Geschichte des deutschen Zollvereins u. s. w. vgl. Bd. III der III. Abt.
des Hand- und Lehrbuchs der Staatswissenschaften.

Zachariae v. Lingenthal, E., Zur Kenntnifs des römischen Steuerwesens in der Kaiserzeit. S.-A. O. O. 1863.

Aegidi, S. K., Aus der Vorzeit des Zollvereins. Hamburg 1865.

Baasch, E., Die Steuer im Herzogthum Baiern bis zum landständischen Freiheitsbrief München 1888.

Balck, C. W. A., Finanzverhältnisse in Mecklenburg-Schwerin, mit besonderer Berücksichtigung ihrer geschichtlichen Entwickelung dargestellt. Wismar, 1. Bd. 1877.

Beck, J.. Carl Friedrich Nebenius. Mannheim 1866.

Beguelin, H. v., Historisch-kritische Darstellung der Accise- und Zollverfassung in den preufsischen Staaten. Berlin 1797.

Below, G. v., Die landständische Verfassung in Jülich und Berg. 3. Tl. Geschichte der direkten Staatssteuern bis zum geldrischen Erbfolgekrieg. Düsseldorf 1891.

Bielefeld, H., Geschichte des Steuerwesens im Erzstifte Magdeburg. Leipzig 1888.

Bilow, F. v., Geschichtliche Entwickelung der Abgabenverhältnisse in Pommern und Rügen, seit Einführung des Christenthums bis auf die neuesten Zeiten. Greifswald 1893.

Bornhak, C., Die preufsische Finanzreform von 1810. Leipzig 1891.

Burkhard, W., Das bayerische Staatsbudget in den ersten 70 Jahren seit Bestehen der Verfassung 1819—1889: Finanzarchiv, VI.

Carnap, Über den Ursprung der Steuern in den Herzogthümern Jülich und Berg, Cleve und Mark: Zeitschrift f. d. gesammte Staatswissenschaft, 1858.

Dieterici, C., Zur Geschichte der Steuerreform in Preufsen 1810 bis 1820. Archiv-Studium. Berlin 1875.

Ephraim justifié. Mémoire historique sur l'état passé, présent et futur des finances de Saxe. Avec le parallèle de l'oeconomie Prussienne et de l'oeconomie Saxonne. (Adressé par le juif Ephraim de Berlin à son cousin Manacrès d' Amsterdam). A Erlang (à l'enseigne du tout est dit) 1758.

Falke, J., Die Geschichte des deutschen Zollvereins. Leipzg 1869.

v. Festenberg-Packisch, H., Geschichte des Zollvereins mit besonderer Berücksichtigung der staatlichen Entwickelung Deutschlands. Leipzig, 1869.

Freese, J. C., Geschichte und Erläuterung der vormaligen königlich preufsischen Domänen und anderer Renteigefälle in Ostfries- und Harrlingerland. Aurich 1848.

Gliemann, B., Die Einführung der Accise in Preufsen: Zeitschrift f. d. gesammte Staatswissenschaft, 1873.

Hartung, Die Augsburger Zuschlagssteuer von 1745: Jahrbuch für Gesetzgebung, Verwaltung und Volkswirthschaft, N. F. XIX.

Henning, A., Steuergeschichte von Köln in den ersten Jahrhunderten städtischer Selbständigkeit bis zum Jahre 1730. Diss. Dessau 1891.

Hoffmann, L., Geschichte der direkten Steuern in Bayern bis zum Beginne des 19. Jahrh. Leipzig 1883.

Hoffmann, C. H. L., Das Finanzwesen von Württemberg zu Anfang des XVI. Jahrhunderts. Ein Beitrag zur Württembergischen Finanzgeschichte. Tübingen 1840.

Hüllmann, K. D., Deutsche Finanz-Geschichte des Mittelalters. Berlin 1805.

—, Ursprünge der Besteuerung. Köln 1818.

Hunger, J. G., Denkwürdigkeiten zur Finanzgeschichte Sachsens. Leipzig 1790.

Inama-Sternegg, K. Th. v., Der Accisenstreit deutscher Finanztheoretiker, s. u. I.

(Kettennacker, J.), Über den Ursprung des Zehnten. Karlsruhe 1831.

Kiefer, L. A., Steuern, Abgaben und Gefälle in der ehemaligen Grafsch. Hanau-Lichtenberg. Eine Zusammenstellung der herrschaftl. hanauischen und der königl. französ. Lasten und Abgaben sowie der Kirchengefälle in den elsäss. Aemtern m. urkundl. Beilagen. Strafsburg 1891.

Kius, O., Das Finanzwesen des ernestinischen Hauses Sachsen im 16. Jahrh. Weimar 1863.

Klewitz, W. A., Steuerverfassung im Herzogthum Magdeburg. Aus öffentlichen Quellen. 2 Bände. Berlin 1797.

Kraetzer, A , Über Ursprung und Eigenthum der Domänen in Deutschland und insbesondere in Bayern. München 1840.

Kries, K. G., Historische Entwickelung der Steuerverfassung in Schlesien unter Theilnahme der allgemeinen Landtags-Versammlungen. Ein Beitrag zur Geschichte der schlesischen Stände. Breslau 1842.

Krökel, C., Das preufsisch-deutsche Zolltarifsystem in seiner historischen Entwickelung seit 1818. 2 Tle. Jena 1882.

Krug, L., Geschichte der preufsischen Staatsschulden. Im Auftrage seiner Erben herausgegeben von C. J. Bergius. Breslau 1861.

Küster, W., Beiträge zur Finanzgeschichte des deutschen Reichs nach dem Interregnum. I. Das Reichsgut in den Jahren 1273—1313 nebst e. Ausgabe und Kritik des Nürnberger Salbüchleins, Leipzig 1883.

Lang, Historische Entwicklung der deutschen Steuerverfassung. Berlin 1793.

Mamroth, K., Geschichte der preufsischen Staats-Besteuerung im 19. Jahrh. Mit Rücksicht auf Volks- und Staatswirtschaft, Finanzverfassung und Finanzverwaltg. dargestellt. 1 Tl. A. u. d. T. Geschichte der preufs. Staats-Besteuerung 1806—1816. Leipzig 1890.

Metterhausen, W., Die direkten Landessteuern im Grofsherzogthum Mecklenburg-Schwerin seit dem landesgrundgesetzlichen Erbvergleich vom 18. April 1755. Rostock 1894.

Meyer, R., Zur Geschichte der Hausiersteuern im Deutschen Reiche: Finanzarchiv, II.

Mollwo, C., Die ältesten lübischen Zollrollen. Lübeck 1895.

Müller, H., Reichssteuern u. s. w. im 15. u. 16. Jahrhundert. Prenzlau 1880.

Riedel, A. F., Der brandenburgisch-preufsische Staatshaushalt in den beiden letzten Jahrhunderten. Berlin 1866.

Rose, G. H., Historisch-kritische Übersicht des Fürstenthums Hildesheim vorzüglich in Bezug auf die Steuerverfassung unter Franz Egon und Friedrich Wilhelm III. Celle 1806.

Rothschild, Das Haus. Seine Geschichte und Geschäfte, Aufschlüsse und Enthüllungen zur Geschichte des Jahrhunderts insbesondere des Staatsfinanz- und Börsenwesens. 2 Teile. Prag 1857.

Schäfer, F., Wirthschafts- und Finanzgeschichte der Reichsstadt Überlingen am Bodensee in den Jahren 1550—1628 nebst einer Einleitung, Abrifs der Überlinger Verfassungsgeschichte. Breslau 1893.

Schmoller, G., Die Epochen der preufsischen Finanzpolitik: Jahrbuch f. Gesetzgebung, Verwaltung und Volkswirtschaft, N. F. I.

Schulze, W., Geschichte der preufsischen Regieverwaltung von 1766 bis 1786. Ein historisch-kritisch. Versuch. 1 Tl. Die Organisation der Regie von 1766 bis 1786 und die Reform der Akzise von 1766 bis 1770. Leipzig 1888.

Struben, G. B., Vom Ursprung der Zehenden in Deutschland. Darmstadt 1789.

Thile, C. G. v., Nachricht von der kurmärkischen Contributions- und Schosseinrichtung oder Land-Steuerverfassung des Rittschaftscorporis. Nebst beigefügter Nachricht von der Brau- und Krug-Verlagsgerechtigkeit des Adels auf dem Lande. Halle und Leipzig 1768.

Töppen, M., Die Zinsverfassung Preussens unter der Herrschaft des deutschen Ordens dargestellt. S.-A. a. Sybels histor. Zeitschr. Berlin 1867.

Tröltsch, W., Beiträge zur Finanzgeschichte Münchens im 18. u. 19. Jahrb.: Finanzarchiv, VII, X.

Weber, W., Der deutsche Zollverein. Geschichte seiner Entstehung und Entwickelung. Leipzig 1869.

Weiss, H., die ordentlichen direkten Staatssteuern von Kurtrier im Mittelalter. Münster 1893.

Weizsäcker, S., Geschichtliche Entwickelung der Idee einer allgemeinen Reichssteuer in Deutschlands Vergangenheit. Berlin 1882.

Zakrzewski, C. A., Die wichtigeren preufsischen Reformen der direkten ländlichen Steuern im 18. Jahrh. Leipzig 1887.

Zeller, H., Zur Statistik und Geschichte des öffentlichen Dienstes in Württemberg: Finanzarchiv, VI.

Zeumer, K., Die deutschen Städtesteuern, insbesondero die städtischen Reichssteuern im 12. u. 13. Jahrh. Zur Geschichte der Steuerverfassung des deutschen Reichs. Leipzig 1878.

Beer, A., Die Finanzen Österreichs im XIX. Jahrhundert. Nach archivalischen Quellen. Prag 1877.

Bielz, E. A., Beitrag zur Geschichte und Statistik des Steuerwesens in Siebenbürgen, Hermannstadt 1861.

d' Elvert, Chr., Zur österreichischen Finanzgeschichte mit besonderer Rücksicht auf die böhmischen Länder. Brünn 1881.

Gindely, Die Finanzen Böhmens im 16. u. 17. Jahrhundert: Wiener Akademieschriften, Bd. 18.

Hauer, J. v., Beiträge zur Geschichte der österreichischen Finanzen. Wien 1848.

Hübner, O., Geschichte und Statistik der direkten Steuern Österreichs. Leipzig 1859.

Mensi, Frhrr. v., Zur Geschichte der Finanzen Österreichs im spanischen Erbfolgekriege: Finanzarchiv, IV.

Oberleitner, K., Die Finanzlage Nieder-Österreichs im XVI. Jahrhundert nach handschriftlichen Quellen. Wien 1863.

—, Die Finanzlage in den deutschen österreichischen Erbländern im Jahre 1761. Ebda. 1865.

—, Österreichs Finanzen und Kriegswesen unter Ferdinand I. vom Jahre 1522 bis 1564. Nach den Quellen des K. K. Ministerialarchivs. Mit Urkunden und Plänen. Ebda. 1859.

Plenker, G. v., Die Entwickelung der indirekten Abgaben in Österreich 1790—1562. 2 Tle. Wien 1863.

Schwabe von Waisenfreund, C., Versuch einer Geschichte des österreichischen Staats-, Kredit- und Schuldenrechtes. Heft 1 u. 2 (mehr nicht erschienen). Wien 1860—66.

Thorsch, O., Materialen zu einer Geschichte der österreichischen Staatsschulden vor dem XVIII. Jahrhundert. Berlin 1891.

Weiss, S., Weitere Betrachtungen zur Geschichte der österreichischen Finanzen. Wien 1852.

Bücher, K., Basels Staatseinnahmen u. Steuerverteilung 1878—1887, tabellarisch dargestellt. Publiziert vom Finanz-Departement Basel-Stadt. Basel 1858.

Schanz, G., Die Steuern der Schweiz in ihrer Entwickelung seit Beginn des 19. Jahrhunderts. 5 Bde. Stuttgart 1890.

v. Schönberg, G., Finanzverhältnisse der Stadt Basel im XIV. u. XV. Jahrhundert. Freiburg 1879.

Mohr, M., Die Finanzverwaltung der Grafschaft Luxemburg im Beginn des 14. Jahrhunderts. Auf Grund der Urbare aus den Jahren 1306—1317. 1892.

Brander, H. F., Darstellung der niederländischen Finanzen seit der niederländischen Selbständigkeit des Staates im Jahre 1813. Amsterdam u. Leipzig 1829.

Bock, W. P. J., De belastingen in het Nederlandsche parlement van 1848—1866. 3e stuck. Haarlem 1893.

Osiander, H. P., Geschichtliche Darstellung der niederländigen Finanzen seit der wiedererlangten Selbständigkeit des Staates im Jahre 1813. Amsterdam und Leipzig 1829.

Malou, J., Notice historique sur les finances de la Belgique 1831 à 1865. Bruxelles 1867.

(Abel, Ch.,) Les impôts d'empire. Metz 1878.

Andellare, Marquis d', Finances de l'Empire recettes et dépenses de 1853 à 1863 par nature des ressources, par ministère, par sections et par chapitres. Paris 1862.

Arenz, C., Colbert. Ein Blick in die staatswirthschaftlichen Verhältnisse unter Ludwig XIV. Prag 1865.

Arnould, Histoire générale des finances de la France depuis le commencement de la monarchie. Paris 1806.

Aymé, A., Colbert promoteur des grandes ordonances de Louis XIV. Paris 1860.

Bacquès, H., Le douanes françaises. Essai historique. Paris 1862.

Bailly, Histoire financière de la France. Paris 1893.

Baumstark, E., Des Herzogs von Sully Verdienste um das französische Finanz-wesen. Heidelberg 1829.

—, Staatswissenschaftliche Versuche über Staatskredit, Staatsschulden und Staats-papiere, nebst zwei Übersichten der englischen und französischen Finanzen seit dem XI. Jahrhundert. Heidelberg 1833.

Besson, E., Un chapitre de notre histoire financière. L'Enregistrement et la Ferme générale. Paris 1893.

Bresson, J., Histoire financière de la France depuis l'origine de la monarchie jusqu' à l'année 1829 précédée d' une introduction sur le mode d'impôts en usage avant la révolution. 2 vols. Paris 1829.

Brzeski, N., Steuerreform. Die französischen Theorien des XVIII. Jahrhunderts. St. Petersburg 1888.

Calmon, A., Histoire parlementaire des finances de la Restauration. 2 vols. Paris 1870.

Chucheval-Clarigney, Les Finances de la France de 1870 à 1891. Paris 1893.

Clamageran, J. J., Histoire de l'impôt en France. 3 vols. Paris 1867—76.

Esquirou de Parieu, Histoire des impôts. Paris 1856.

Heymann, J., Law und sein System. Ein Beitrag zur Finanzgeschichte. München 1853.

Horn, J. E., Jean Law. Ein finanzgeschichtlicher Versuch. Leipzig 1858.

Houques-Fourcade, M., Les impôts sur le revenu en France au XVIII siècle. Histoire du dixième et du cinquantième. Paris 1888.

Jacqueton, G., Documents relatifs à l'administration financière en France de Charles VII à François I. 1443—1523. Paris 1892.

Joubert, A., Les Finances de la France. La rente et l'impôt, leur origine, leur histoire. Paris 1893.

d' Ivernois u. F. Gentz, Geschichte der französischen Finanz-Administration im Jahre 1796. Berlin 1797.

Mallet, M., Comptes rendus de l'administration des finances du royaume de France pendant les 11 dernières années du règne de Henri IV., le règne Louis XIII, et 65 années de celui de Louis XIV. Londres 1789.

Monteil, A., Histoire financière de la France depuis les premiers temps de la mo-narchie jusqu' à nos jours. Limoges s. a.

de Monthion, Particularités et observations sur les ministres des finance de la france depris 1660 jus q'en 1791. Pairs 1812.

Nervo, (Baron) de, Etudes historiques. Les finances francaises sous l'ancienne monarchie, la république, le consulat et l'empire. 2 vols. Paris 1863.

—, les finances francaises sous la restauration 1814—1830 faisant suite aux finances sous l'ancienne monarchie, la république, le consulat et l'empire. 4 vols. Paris 1865—68.

—, les finances de la France sous le règne de Napoléon III. Paris, 2. èd. 1861.

Oberleitner, K., Frankreichs Finanzverhältnisse unter Ludwig XVI. von 1774 bis 1792. Wien 1860.

Osiander, H. F., Darstellung der französischen Finanzen seit der Julirevolution von 1830—37. Stuttgart 1839.

Paz, E., et L. Gratien, La Finance d'autrefois. Paris, 2. ed, 1893.

Recherches et considérations sur les finances de France depuis l'année 1595 jusqu'à l'année 1721. 2 vols. Basel 1758.

Schwabach, P., Die Verwaltung der direkten Staatssteuern in Frankreich unter den drei ersten Nachfolgern Colberts (1683—1709). Diss. 1891.

Stourm, Les finances de l'ancien régime et de la revolution, origines du système financier actuel. 2 vols. Paris 1885.

Sancholle, F., Les finances de la France depuis 1815 jusqu' à nos jours. Paris 1872.

Sellnick, H., De principiis oecon., quae Maximilianus de Béthune, duc de Sully, sub Henrico IV. in publicis Franciae pecuniis administr. secutus est. Regimontani 1860.

Thiers, A., Histoire de Law. Leipzig 1858.

Vührer, A., Histoire de la dette publique en France. 2 vols. Paris 1886.

König, L., Die päpstliche Kammer unter Clemens V. und Johann XXII. Ein Beitrag zur Geschichte des päpstlichen Finanzwesens von Avignon. Wien 1893.

Plebano, A. et G. A. Musso, Les finances du royaume d'Italie. Avec une préface par P. Bosteau. Paris 1863.

Wilda, H., Zur sicilischen Gesetzgebung. Steuer- und Finanzverwaltung unter Kaiser Friedrich II. und seinen normanischen Vorfahren. Diss. 1889.

Benda, D. A., Rob. Peels Finanzsystem. Berlin 1842.

Doubleday, Financial history of England. London 1847.

Dowell, Sketch of the history of taxes in England. London 1876.

Gladstone, W. E., Financial Statements of 1853, 1860—63, to which are added a Speech on Tax Bills, 1861. London 1863.

Höfler, C., Geschichte der englischen Civilliste (von 1689—1830). Stuttgart, 1864.

Nasse, E., Über die Reformen im britischen Steuerwesen seit der Wiedereinführung der Einkommensteuer durch Sir Robert Peel: Zeitschrift f. d. gesammte Staatswissenschaft. 1854.

Sinclair, J., The History of the Public Revenue of the British Empire. 3 vol. London, 3 ed. 1803—1804.

Taylor, W., History of taxation of England. London 1853.

Vocke, W., Geschichte der Steuern des britischen Reichs. Eine finanzgeschichtlicher Versuch. Leipzig 1866.

Brückner, A., Zur Geschichte des russischen Papiergeldes und die Einlösung desselben auf Grund des Erlasses vom 25. April 1862: Jahrb. f. Nationalökonomie, I.

Zoltowski, S. v., Die Finanzen des Herzogthums Warschau (1806—15) vorzugsweise nach archivalischen Quellen bearbeitet. Diss. 1890.

Histoire financière de l'Égypte depuis Said Pascha 1854—1876. Paris 1878.

Adams, H. B., Zur Geschichte der Besteuerung in den Vereinigten Staaten von Nordamerika in der Periode von 1789—1816: Zeitschrift f. d. gesammte Staatswissenschaft. 1879.

Bolles, A. S, The financial history of the United States from 1774 to 1789: embracing the period of the American revolution. New-York 1789.

Douglas, C. H. J., Financial history of Massachusetts; from the organization of the Massachusetts Bay Company to the American Revolultion. New York 1892.

Hock, C. (Frhrr.) v., Die Finanzen und die Finanzgeschichte der Vereinigten Staaten von Nordamerika. Stuttgart 1867.

Kinley, D., The history, organization and influence of the independent treasury of the United States. New-York 1893.

Noble, J., Fiscal legislation, 1842—1865, a review of the financial changes of that period, and theis effects upon Revenue, Trade Manufactures and Employment. London 1867.

Northcote, St. H., Twenty years of financial policy, et summary of the chief financial measures passed between 1842 and 1861, with a table of Budgets. London 1862.

Rippley, W. Z., The financial History of Virginia 1609—1776. New-York 1893.

Scott, W. A., The repudiation of state debts: a study in the financial history of Mississippi, Florida, Alabama, North Carolina, South Carolina, Georgia, Louisiana, Arkansas, Tennesee, Minnesota, Michigan and Virginia. New-York 1893.

Schwab, Die Entwickelung der Vermögenssteuer im Staate New-York. Jena 1890.

Weereringh, J. J., Allgemeene geschiedenis der staatsfinancien. Naar de vornaamste schrivers en volgens origineele bronnen beweckt. I. De financiën en de financiëële geschiedenis van de Vereenigde Staten van Noord-Amerika, door von Hock. Amsterdam, 5. afl. 1869.

Yager, A., Die Finanzpolitik im nordamerikanischen Bürgerkriege. 1886.

IV. Finanz- und Steuerstatistik.

Neben den Statistischen Jahrbüchern etc. sind hauptsächlich zu nennen:

Harl, J. P., Grundriss einer General-Finanzstatistik. Als Mskrpt. gedr. Erlangen, 1810.

v. Kaufmann, R., Zur internationalen Finanzstatistik: Allgem. statist. Archiv, III. Jahrg., 2. Bd.

Reden, Fr. Frhrr. von, Allgemeine vergleichende Finanzstatistik. Vergleichende Darstellung des Haushalts, Abgabenwesens und der Schulden Deutschlands und des übrigen Europa. 2 Teile in 4 Bänden. Darmstadt, 1851—1856.

Riecke, K. V. v., Die internationale Finanz-Statistik, ihre Ziele und ihre Grenzen. Stuttgart 1876.

Haushalt, Der, der sieben europäischen Grossstaaten im Jahre 1882: Finanz-archiv, II.

v. Kaufmann, R., Finanzstatistisches zu den Schulden der europäischen Gross-mächte: Jahrbücher für Nationalökonomie u. Statistik, N. F. XV. Bd.

—, Die öffentlichen Ausgaben der grössern europäischen Länder nach ihrer Zweck-bestimmung: Ebda. N. F. XVIII.

Körösi, I., Bulletin annuel des finances des grandes. Budapest 1877 ff.

Likawetz-Oberhausen, A., Die europäischen Staatsschulden vergleichend darge-stellt. Wien, 1850.

Pfeiffer, E., Vergleichende Zusammenstellung der europäischen Staatsausgaben. Stuttgart und Leipzig 1865.

Price, H., Etudes sur les finances et l'économie des nations. 2 vols. Paris 1877.

Ricca-Salerno, La progressione dei bilanci negli stati moderni: Archivio di sta-tistica, 1878.

Soetbeer, A., Zur Einkommenstatistik von Preussen, Sachsen und Grossbritannien: Vierteljahrsschrift für Volkswirtschaft, Bd. 96 u. 97.

Abgabenwesen, Das indirekte, im Königreich Sachsen seit der Begründung des deutschen Zollvereins. Denkschrift der Kgl. Zoll- und Steuerdirektion. Leipzig 1884.

Abgaben und Lasten, Die kommunalen, im Grofsherzogthum Oldenburg. Hrsg. vom Grofsherzogl. statist. Bureau. Oldenburg 1881.

Beiträge, Amtliche, zur Statistik der Staatsfinanzen des Grofsherzogthums Mecklen-burg-Schwerin. Berlin 1866

Böhmert, V., Sächsische Einkommensteuerstatistik von 1875—1892: Zeitschrift des Kgl. sächs. statist. Bureaus, XXXIX. Jahrg.

Bruch, E., Die Finanzen der Stadt Berlin. Berlin 1869.

Czoernig, C. Frhrr. v., Darstellung der Einrichtungen über Budget, Staatsrechnung und Kontrole in Österreich, Preufsen, Sachsen, Baiern, Württemberg, Baden, Frankreich und Belgien. Wien 1866.

Denkschrift über die Ausführung der seit dem Jahre 1875 erlassenen Anleihegesetze: Drucksachen des Reichstags, 9. Legisl.-Periode, III. Sess. 1894/95. Nr. 13.

Einkommensteuer, Die, in Hamburg 1875/76: Annalen des Deutschen Reichs, 1879.

Finanz-Verwaltung, Die, Preufsens in den Jahren 1870—75. Bericht des Finanz-ministers an Seine Majestät den Kaiser und König. Berlin 1873—76.

Fitger, E., Die Finanzen Bremens: Finanzarchiv, I.

Gemeindesteuern, Die, in den Städten Preufsens mit mehr als 30000 Einw., sowie in kleineren Städten von Rheinland und Westfalen während der Jahre 1892/93, 1893/94 u. 1894/95. Vom statist. Bureau der Stadt Köln. Köln 1894.

Gerstfeldt, Ph., Beiträge zur Statistik der Finanzen in Preufsen. (S.-A. a. d. Jahrbüchern f. Nationalökonomie u. Statistik, N. F. VII. Bd) Jena 1883.

—, Vergleichende Zahlen und Bilder zur Reichssteuerfrage in ihrer Zweckbeziehung zu der Finanzlage der Gemeinden in Preufsen. Leipzig, 1881.

Heil, A., Resultate der Einschätzungen zur Einkommensteuer in Hessen, Sachsen und Hamburg in Bezug auf die Entwickelung des Mittelstandes. Jena 1888.

Herrfurth, L., Beiträge zur Statistik der Gemeindeabgaben in Preufsen: Zeitschrift des Kgl. Preufs. statist. Bureaus, XVIII.

—, Beiträge zur Finanzstatistik der Gemeinden in Preufsen. 6. Ergänzungsheft z. Zeitschr. d. Kgl. preufs. statist. Bureaus, Jahrg. 1878. Berlin 1879.

— und C. Studt, Finanzstatistik der Kreise des preufsischen Staats für die Jahre 1877—78. VII. Ergänzungsheft der Zeitschrift d. Kgl. preufs. statist. Bureaus. Berlin 1880.

— und E. v. den Brincken, Beiträge zur Statistik der Gemeindeabgaben in Preufsen. (XI. Ergänzungsheft d. Zeitschrift d. Kgl. preufs. statist. Bureaus.) Ebda. 1882.

— und W. v. Tzschoppe, Beiträge zur Finanzstatistik der Gemeinden in Preufsen. (XVI. Ergänzungsheft d. Zeitschrift d. Kgl. preuss. statist. Bureus.) Ebda. 1884.

Kühne, H. Th., Graphisch-synoptische Darstellung der finanziellen Verhältnisse des Herzogthums Gotha pro 1854—1860. Gotha, 1861.

Kybitz, Der Staatshaushalt des Herzogthums Braunschweig in den Jahren 1833—1886: Finanzarchiv, V.

Mittheilungen aus der Verwaltung der direkten Steuern im preufsischen Staate. Statistik der preufsischen Einkommensteuer-Veranlagung f. d. Jahr 1894/95. Im Auftrage des Finanzministers bearbeitet vom Königl. preufs. statist. Bureau. Berlin 1895.

—, Statistische, über die Ergebnisse der Einkommensteuer-Veranlagung nnd -Erhebung im Grofsherzogthum Sachsen-Weimar für die Finanzperiode 1884—86: Finanzarchiv, V.

Müller, v., Beiträge zur Statistik der Gemeindebesteuerung in Bayern (Aus „Zeitschrift des bayer. statist. Bureaus"). München 1893.

Philippovich, E. v., der badische Staatshaushalt in den J. 1868—1869. Mit e. Eisenbahnkarte d. Grofsherzogsth. Baden. Freib. i/Br. 1889.

Preussens Staatsfinanzen 1849—1867: Annalen des Deutschen Reichs, 1869.

Rasp, C., Zur Finanzstatistik der bayerischen Gemeinden (Aus „Zeitschrift des bayer. statist. Bureaus"). München 1893.

Reden, Fr. v., Staatshaushalt und Abgabenwesen des preufs. Königsstaats. Darmstadt 1856.

Sattler, Der preufsische Staatshaushalt von 1886—1893: Finanz-Archiv, XI.

Schäfer, F., Deutsche Städte von 10000 und mehr Einwohnern, deren jährliches Budget und Schulden: Finanzarchiv, VIII.

Soetbeer, A., Umfang und Verteilung des Volks-Einkommens im preufsischen Staate 1872—78. Leipzig 1879.

Staatshaushalt, der bayerische, in den Jahren 1876—1886: Finanzarchiv, V.

—, der, des Grofsherzogtums Oldenburg in den Jahren 1882—87: Ebda, VI.

—, der, der freien und Hansestadt Lübeck in den Jahren 1872-81. Lübeck 1883.

Steuern, Die direkten, im Grofsherzogthum Hessen: Beiträge zur Statistik des Grofsherzogthums Hessen, 1880. Darmstadt 1880.

v. Tzschoppe, W., Beiträge zur Statistik der Kommunalabgaben in Deutschland: Jahrbücher f. Nationalökonomie und Statistik, N. F. X. Bd.

Vocke, W., Statistik des bayerischen Staatshaushalts: Zeitschr. des Kgl. bayer. statist. Bureaus, 1870.

Zur Provinzial-, Kreis- und Kommunalfinanzstatistik in Preufsen: Annalen des deutschen Reichs 1875.

Hübner, O., Übersicht der Finanzen Österreichs von 1831—1857. Leipzig 1859.

Mandello, K., Ungarns Finanzwesen im Jahre 1891: Finanzarchiv, IX.

Menger, M., Das Finanzwesen Österreichs im Jahre 1891: Ebda., IX.

Bundesfinanzen, die, der Schweiz 1848—1886: Finanzarchiv, V.

Atlas de statistique financière. Paris 1891.

Fourier de Flaix, E., Traité de critique et de statistique comparée des institutions financières, systèmes d'impôts et réformes fiscales des divers Etats au XIX e . siècle. 1re série. Angleterro, Canada et Dominion colonies anglaises d'Afrique Etats-Unis, Russie, empiro d'Allemagne, Etats allemands, Italie. De nombreux tableaux sout affectés aux impôts et aux finances de chaque Etat. Paris 1888.

Harbulot, M., Frankreichs Finanzwesen im Jahre 1891: Finanzarchiv, IX.

—, Das Budget Frankreichs für das Jahr 1893 und die Rechnung von 1891: Ebda. X.

Hirschfeld, L. v., Die Finanzen Frankreichs nach dem Kriege von 1870—71. Mit einem Vorwort von A. Wagner. Berlin 1875.

Kaufmann, R. v., Die Finanzen Frankreichs. Leipzig 1882.

Martin, Situation financière des departements en 1892. Ebda. 1894.

Mastier, Situation financière de communes de France et d'Agérie en 1893. Melun 1894.

Merlin, H., Progression comparée des budgets de l'état sous le second Empire (1853—1866). Paris, 1863.

Renceignements statistiques relatifs aux contributions directes et aux taxes assimilées. Paris 1894.

Statistik der Zölle und Verbrauchssteuern in Frankreich: Annalen des deutschen Reichs, 1869.

Steuern, die, Frankreichs im Jahre 1875: Ebda., 1876.

Sudre, Les finances de la France au XIX siècle. 2 vols. Paris 1886.

Argentinien. Das Steuerwesen im Staate, den Provinzen und den bedeutendsten Städten. Amtl. Veröffentl. Jahrg. 1886—1894. Buenos-Aires 1887—95.

Elliot, F. H., Das Finanzwesen Grofsbritanniens im Fiscaljahr 1891/93: Finanzarchiv, IX.

Hübner, O., Die öffentlichen Abgaben in Grofsbritannien und Irland. Leipzig 1858.

Perozzo, L., Statistik der verzinslichen Kommunal- und Provinzialschulden in Italien am 31. Dezember 1880: Finanzarchiv, I.

Sachs, L., Das Finanzwesen Italiens im Jahre 1892: Ebda., X.

Statistica Debitelor de Bcuturi. Notita introductiva de C. E. Crupenski: Buletin statistic general al Romaniei, 1893.

Kaufman, H., Statistique financière de la Russie en 1862—84, publiée par le comité central de statistique de la Russie. St. Petersbourg 1897.

v. Keufsler, J., Das Finanzwesen Rufslands im Jahre 1891: Finanzarchiv, IX.

Winiarsky, L., Les dettes publiques russes de 1862 à 1894: Journal des Economistes, 1894.

Seligmann, R. A., Das Finanzwesen der Vereinigten Staaten von Amerika im Jahre 1891: Finanzarchiv, IX.

K. Frankenstein.

Druck von J. B. Hirschfeld in Leipzig.